最高の名前が見つかる！

男の子のハッピー名前事典

Boy's happy name.

東伯聰賢 監修

西東社

Contents

書籍ご購入者限定コンテンツ

赤ちゃんの名前 Web吉凶診断

ログインID・パスワード & スタートガイド

候補名を入力するだけで、
五大運格の画数と吉凶が診断できる特別コンテンツが、
1年間、何度でも、無料でご利用いただけます。
キリトリ線を切って中を開くと、
あなた専用のログインIDとパスワードが記載されています。
名づけライフにぜひお役立てください。

キリトリ線

赤ちゃんの名前
Web吉凶診断

ログインID・パスワード

ログインID

bnazuke6

ビー エヌ エイ ゼット ユー ケイ イー ロク

パスワード

LufPq8Vv

エル ユー エフ ピー キュー ハチ ブイブイ

● 英字はすべて半角で、大文字と小文字を正しく入力してください。数字も半角で入力してください。
● ログインIDとパスワードの再発行はできませんので、大切に保管してください。

スタートガイド

[1] 診断ページにアクセスする

下記URLにアクセスし、ログインIDとパスワードを入力します。また、診断ページには、西東社ホームページ右側のメニューからもアクセスいただけます。

https://www.seitosha.co.jp/nazuke/index.php

※初めてログインされた日から1年間無料でご利用いただけます。

[2] 候補名を入力する

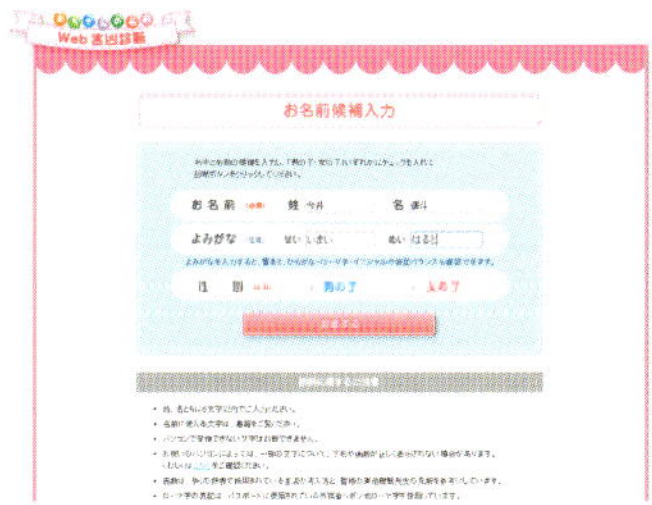

名字と名前の候補を入力し、「男の子・女の子」いずれかにチェックを入れて診断ボタンをクリックする。

※パソコンで入力できない漢字は、代わりに同画数の漢字を入力すると、画数と吉凶の診断が可能です。

[3] 診断結果を確認する

お名前と五大運格の画数・吉凶が表示されます。続けて別の候補名を診断する場合は「再診断する」を、診断を終了する場合には「終了する」をクリック。

※画数と吉凶についての考え方は、書籍Part7「姓名判断と名づけ」をご覧ください。
※決定の前に、漢字・画数に間違いがないか、バランスはよいか、書籍・漢和辞典などで十分ご確認ください。

■ **診断に関するご注意**

● 姓に使われていたり、名前に使える漢字であっても、パソコン・スマートフォン変換できない漢字は、本コンテンツで診断できません。

● 本コンテンツは、JIS2004字形が搭載されているパソコンでのご利用を推奨（下記参照）しています。JIS90字形搭載のパソコン・スマートフォンをご利用の場合、一部の文字について、字形や画数が正しく表示されない場合がありますので、十分ご注意ください。

推奨動作環境

■ Windows 10：Internet Explorer 11、Edge

■ Mac OS X 10.13以上：Safari 12.x

■ Android 6.0以上

■ iOS 10以上

※推奨動作環境でご利用の場合でも、一部の機能が動作しないことや画面が正常に表示されないことがあります。

※本コンテンツでは、Cookie、JavaScriptおよびスタイルシートを使用しています。ブラウザの設定でCookie、JavaScriptおよびスタイルシートを有効にしてください。

Part 7 「姓名判断」と名づけ

Part 8 名づけに使える文字リスト

名づけのヒント

本書について

画数

文字の画数については、統一した見解があるわけではなく、辞書や、姓名判断の流派によって異なります。本書では、多くの辞書で採用されている主流の考え方と、監修の東伯聰賢先生の見解を参考にしています。

字体

本書の漢字の字体は、法務省が開示している「常用漢字表」「人名用漢字表」の字体にもとづき、なるべく近い書体で掲載しました。字形の微細な相違点は、あくまでもデザイン上の違いであり、字体の違いとまではいえない範囲のものを使用しています。

名前の読み方

名前の読み方については、特にルールがないため、漢和辞書にない読み方でも、常識を逸脱しない限り、受理されます。本書でも、現代の名づけの傾向を踏まえ、常識の範囲を逸脱しない範囲で、漢和辞書にない読み方をする名前例も掲載しました。

各種データ

名づけに使える常用漢字や人名用漢字、各種データは、2022年6月現在のものです。

Part

1

名づけの基本

いい名前って どんな名前だろう?

いい名前ってどんな名前でしょうか? 名前は愛するわが子への最初のプレゼント。
まずは名づけの際にもっとも大切なことは何かをおさえましょう。

名づけはむずかしい!?

子どもも両親もずっと愛着を持てる名前に

名前は、子どもが一生つき合っていくものであり、社会生活やコミュニケーションにおいて欠かせないものです。ですから、子どもが愛着を持てる名前であるとともに、普段の生活で不便のない名前であり、周囲の人からも好感を持たれる名前をつけてあげたいもの。

そしてもちろん、何万回と子どもの名を呼ぶことになるパパ・ママが、心から気に入った名前であることも重要です。

平凡すぎず、奇抜すぎず、バランスのいい名前を

何にこだわって名づけをするかは人それぞれですが、なかでも多くのパパ・ママが意識するのが「オリジナリティ」です。

いい名前にするための3か条

1 子どもが愛着を持てる名前にする

奇抜すぎる名前や古い印象の名前などは、子どもは嫌がるもの。悪口やからかいの原因になりそうな名前も避けたい。成長してもずっと子どもが愛着を持てる名前を考えよう。

2 社会で受け入れられやすい名前にする

むずかしい漢字を使った名前や、読みにくい名前、性別がわかりにくい名前などは、日常生活で不便があることも。「社会生活をスムーズに送る」という観点も必要。

3 両親が心から愛せる名前にする

周囲の意見を気にしすぎたり、姓名判断にこだわりすぎて、本来の思いとかけ離れた名前にならないようにしたい。ふたりの思いがこもった心から愛せる名前をプレゼントしよう。

しかしオリジナリティにこだわるあまり、難読ネームや奇抜な名前になってしまうことも…。こうした名前は日常生活で不便があるだけでなく、子ども自身がその名前を好きになれない、といったことにもなりがちです。

その一方で、名前は自分と他人とを区別する一種の記号でもあります。ですから、同姓同名があちこちにいるような名前もまた不便があります。

奇抜すぎず、平凡すぎず——。このバランスを考えるのがなかなかむずかしいのですが、まだ見ぬわが子の未来を想像しながら、おおいに悩み、名づけのプロセスを楽しみましょう。

悩んだ時間は大きな財産です。パパ・ママの愛情がたくさん詰まった、素敵な名前をプレゼントしましょう。

名づけ タイムスケジュール

赤ちゃんの名前を考え出すと、1か月2か月はあっという間に過ぎてしまうもの。

子どもの名前は生後14日目までに役所に届けなければなりません。早めに準備を。

妊娠初期【1～4か月】 イメージづくり

♥赤ちゃんの性別もわからない段階なので、まだ具体的に考えなくても大丈夫。つわりに苦しむママも多いので、名づけに力を入れすぎず、体調管理優先でリラックスして過ごして。こんな名前がいいな、あんな名前がいいなと、楽しい気分でイメージをふくらませておこう。

妊娠中期【5～7か月】 本格的に名づけをスタート

♥胎動を感じ、ママの体調も安定してくるころ。のんびり屋のパパとママもこの時期には名前を考え始めよう。

♥具体的な名前だけでなく、名前のこだわりやイメージを、夫婦で話し合おう。

♥赤ちゃんの性別もわかってくる時期だが、ときには間違いもあるので、男女両方の名前を考えておくと安心。

妊娠後期【8～10か月】 名前の絞り込み

♥名前の候補をリストアップ。膨大な場合は、まず直感で取捨選択し、そのうえで残った名前を声に出し、紙に書いてチェック。響き、意味、字形、画数など、気になる点を確認（→P22～28）。納得いくまで夫婦で検討を。

♥それぞれの名前のチェックポイントや姓名判断の結果は、巻末の「名前チェックシート」に記入し、それぞれの名前を比較できるようにしておくと名前選びに便利。

♥早産のケースもあるので、出産予定日の1か月くらい前には男女各3つ程度まで絞っておこう。

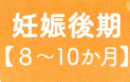

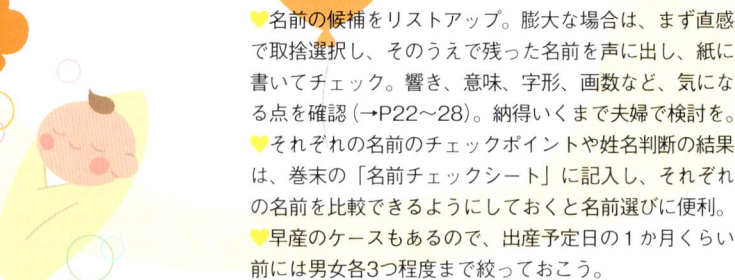

誕生！

誕生1日目～提出日 名前の最終チェック

♥候補の名前がしっくりくるか、赤ちゃんに呼びかけてみよう。実際に赤ちゃんの顔を見たり、反応を見たりしているうちに、「この名前だ！」とピンとくることも多い。

誕生3~5日目 出生届・出生証明書の受け取り

♥出生届は出生証明書と同じ紙になっており、このころになると病産院が用意してくれる（→P436）。

誕生6日目 名前決定

♥お七夜（→P442）のお祝いをする家庭では、6日目までに名前を決めておく。お七夜をしない場合でも、ギリギリになってあわてないよう先送りしすぎないこと。

誕生7日目 退院・お七夜

♥母子の体調などにもよるが、だいたい1週間くらいで退院する。母子ともに退院して、赤ちゃんが家族の一員になるころ。

♥お七夜では、赤ちゃんの名前を記した「命名書」を飾る（→P442）。

誕生～14日目まで 出生届の提出

♥出生届の期限は、出生日を含めて14日以内。できればギリギリではなく、余裕をもって提出したい。

♥提出期限が休日の場合には、休日明けが提出期限になる。

♥書きもれがないかチェックしてから、出生届と印鑑、母子健康手帳を持参して市区町村の役所に提出する（→P436）。

名づけ完了！

子どもの名前、どう考えればいい？

いざ名前を考えるとなると、何をどこから考えればよいのか、ピンとこない人もいるかもしれません。ここでは、さまざまな名づけのアプローチ法を紹介します。

名づけのさまざまなアプローチ法

陽、空、
光輝、颯、
陸、希、
ゆうま
ゆうせい
たいが
りくと

1 「響き（呼び名）」から考える

響きから考えるのは、現在の主流の方法。「ユウマ」「タイガ」などつけたい呼び名を考えてから、「悠真」「大雅」など、ふさわしい字を当てていく。

P14、Part2（P33～）

2 「季節」から考える

子どもが生まれた季節や誕生月にちなむのも定番の名づけ法。夏生まれなら「海晴（かいせい）」、5月生まれなら風薫る季節から「薫（かおる）」など、それぞれの時期に合う漢字や言葉から名前を考える。

Part3（P113～）

3 「イメージ」から考える

「両親とも音楽が好き」「海や空などさわやかなイメージを名前に取り入れたい」「明るい雰囲気の名前がいい」など、さまざまなものや思いをモチーフに名前を考えていく方法。

P15、Part4（P153～）

4 「漢字」から考える

男の子らしく「太」を使いたい、やさしい人になってほしいから「心」を使いたい、パパと同じ「亮」を使いたいなど、漢字にこだわった名づけ法。左右対称の漢字を選びたいなど、漢字の見た目の印象から考える方法もある。

P16、Part5（P177～）

5 「子どもへの思い・願い」から考える

「強くたくましい子に」「輝く未来を託して」など、こんなふうに成長してほしいという思いを込める方法も名づけの王道。最初は響きからアプローチしても、最終的には何かしら思いを込めた「由来づけ」をするパパ・ママも多い。

P17、Part6（P305～）

6
姓名判断（画数）から考える

名前の画数で吉凶を占い、運勢のよい名前をつける考え方。あまり固執しすぎず、うまく取り入れて、総合的にバランスのよい名前を考えたい。

Part7（P329～）

7
外国語や外国人名をヒントにする

個性的な名前や新鮮な響きを求めるパパ・ママも多く、外国語や外国の人名をもとにした名前も増えている。国際化の時代でもあり、実際に海外へ行ったときに違和感のない名前を考えたい。

P172～175

8
「家族とのつながり」を意識する

親や祖父母から1字もらう、パパと同じように自然をイメージして名前を考えるなど、家族とのつながりを意識した名前も多い。2人目、3人目を想定して、あらかじめ兄弟姉妹で共通性のある名前を考えるケースも。

P322～327

9
人名や地名、文学などの「あやかり名」にする

歴史上の人物や、神話、小説などの登場人物、文学、地名など、モチーフはさまざま。ただ名前をそのまま使うと、名前負けしたり、からかいの対象になることも。1文字だけ使う、読み方だけ使うなど、アレンジして使うほうがよいケースもある。

P170～171

10
「誕生のときの思い・出来事」を名前に込める

赤ちゃんが生まれた季節のほか、生まれた日の天気や出来事、はじめて子どもと対面したときの感動、わが子を見ているうちにふと浮かんだ名前など、その瞬間の思いを名前に込めるケースも。

名づけの発想はさまざま

これらのアプローチ法は、ひとつのきっかけに過ぎません。実際には、響きを重視しながら漢字の意味や姓名判断にもこだわるなど、複数の要素から考えるのが一般的です。

まずは気になるアプローチ法から名づけをスタートしてみましょう。さまざまな角度から、よりよい名前を探せるようにアプローチしてみてください。

14～17ページでは、「響きから考える」「イメージから考える」「漢字から考える」など4つの代表的なアプローチ法を具体的に紹介しています。また、姓名判断についてはＰａｒｔ７で詳しく解説しているので、そちらを参照してください。

名づけの手順1

響きから考えるとき

詳しくは
Part2

Step1 好きな響きを探す

まずは気になる響きを自由に書き出す。思い浮かばないときは、「力強い響き」「おおらかな響き」「和風の響き」など、響きのイメージ（語感）から考えてみる。また、「ゆうくん」など愛称から考えると最初の音を決めるきっかけになり、「○○が」などうしろの音から考える方法も。

●響きのイメージ別 名づけポイントと名前例 P36〜41
●50音別 響きから考えた名前例 P42〜101
●うしろの音から考えた名前 P102〜107

Step2 響きに合う文字を使う

響きのイメージに合う漢字を考える。漢字を使わず、ひらがな・カタカナのほうが、響きの雰囲気をいかせることもある。

●響きに合う文字をどう表現するか P35
●響きから考えた名前例 P42〜101
●ひらがな・カタカナの名前 P304
●読み方別漢字リスト P402〜425

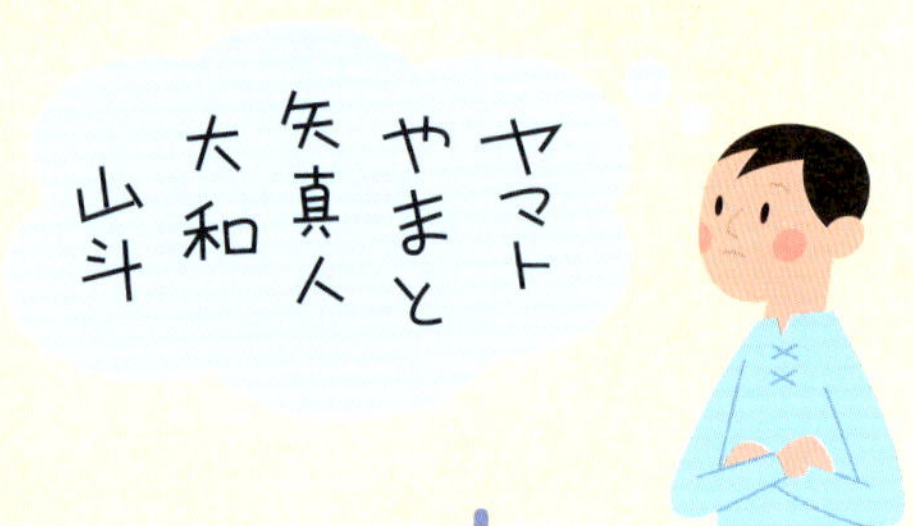

Step3 発音や文字のバランス、姓名判断などをチェック

フルネームで読み書きして、発音や文字のバランスなどをチェック。漢字の意味も確認する。運勢が気になる人は姓名判断もチェックを。

●名づけで気をつけたい10のポイント P22〜28
●「姓名判断」と名づけ Part7（P329〜）

やまと
こたろう
りょうま…
うん、和風の響きがいいな。

ワンポイント！

50音表を活用して新鮮な響きを探す

具体的なイメージがかたまらない、より個性的な名前を探したいというときには、大きめの50音表を用意して、指さしながら、音の組み合わせをいろいろ試してみるのもおすすめ。個性的で素敵な響きと出会えるかもしれない。

名づけの手順2
イメージから考えるとき

詳しくはPart4

Step1 好きなイメージを書き出す

空や海などの自然、夫婦の趣味や好きなもの、あるいはたくましさや明るさといった名前に求める雰囲気など、自由にキーワードを書き出す。季節については、Part3にキーワードの例があるので参考に。

●生まれ月・季節にちなんだ名前 Part 3（P113〜）

Step2 イメージを掘り下げる

気になるキーワードを選び、さらに発想を広げて、思いつく言葉や漢字を書き出す。発想を広げていくことで、つけたい名前のイメージがより明確になる。

Step3 イメージに合う名前を考える

イメージに合う漢字や響きを選び、名前を考える。また、イメージに合う外国語の響きを名前に取り入れたり、イメージに合う文芸作品や有名人などにあやかる方法も。

●こだわりの1字をどういかすか P179
●自然をモチーフにした名前 P156〜163
●趣味や芸術にちなんだ名前 P164〜167
●凛々しい日本男児らしい名前 P168〜171

Step4 発音や文字のバランス、姓名判断などをチェック

フルネームで読み書きして、発音や文字のバランスなどをチェック。漢字の意味も確認する。運勢が気になる人は姓名判断もチェックを。

●名づけで気をつけたい10のポイント P22〜28
●「姓名判断」と名づけ Part7（P329〜）

ワンポイント！

辞書や俳句歳時記は美しい言葉の宝庫

イメージが広がらないときは、辞書を活用しよう。国語辞典や漢和辞典のほか、とくに役立つのが、類語辞典と、俳句の季語が載っている俳句歳時記。同じ意味でもこんな表現があったのかとあらためて気づかされ、日本語の奥深さを感じることができる。そのほか、英語やフランス語、スペイン語など、主要な外国語の基本単語が掲載されているネーミング事典も名づけで重宝する。

名づけの手順3

漢字から考えるとき

詳しくはPart5

Step1 漢字を選ぶ

まずは使いたい漢字や好きな漢字を思いつくままに書き出す。意味のよさだけでなく、姓に合わせて名前も左右対称にしたいなど、見た目の印象から選んでもいい。

●名前例つき！おすすめ漢字770 P180～285
●左右対称の名前 P296～297
●画数別全文字リスト P426～435

Step2 漢字を組み合わせて名前を考える

基本となる1字が決まると名前は考えやすくなる。いろいろな止め字（最後の字）と組み合わせていくだけでも、名前のバリエーションが豊富になる。もちろんそのまま1字名にしたり、定番の止め字にこだわらない方法も。名前の文字数や読み方によっても印象が変わってくる。

●こだわりの1字をどういかすか P179

Step3 発音や文字のバランス、姓名判断などをチェック

フルネームで読み書きして、発音や文字のバランスなどをチェック。漢字の意味も確認する。運勢が気になる人は姓名判断もチェックを。

●名づけで気をつけたい10のポイント P22～28
●「姓名判断」と名づけ Part7（P329～）

ワンポイント！

止め字によって名前の印象は変わってくる

名づけに使える漢字はたくさんあるので、1字1字組み合わせていたら、すごく時間がかかってしまう。そこで便利なのが、名前の最後につける「止め字」。止め字にも定番のもの、最近人気が出始めたもの、個性的なものなどいろいろあり、止め字を1字加えたり、変えるだけで印象がグッと変わる。

名づけの手順4 子どもへの思いから考えるとき

詳しくはPart6

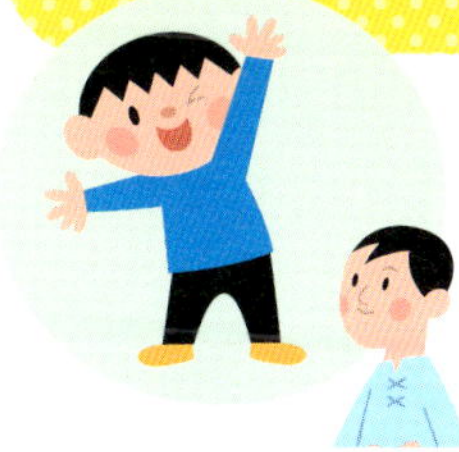

Step1 名前に込めたい思いを考える

「こんな子に育ってほしい」「こんな人生を歩んでほしい」という、子どもへの思いを考える。知性とやさしさなど、複数の要素を盛り込んでもOK。

Step2 イメージを掘り下げ、思いに合う漢字を探す

たとえば「やさしさ」の場合、ストレートに「優」という漢字を使ってもいいが、やさしさからイメージできるほかの漢字を使うこともできる。また、「海のように広く深いやさしさ」など、同じやさしさでも、イメージを具体化することで、より思いにあった漢字を見つけられる。

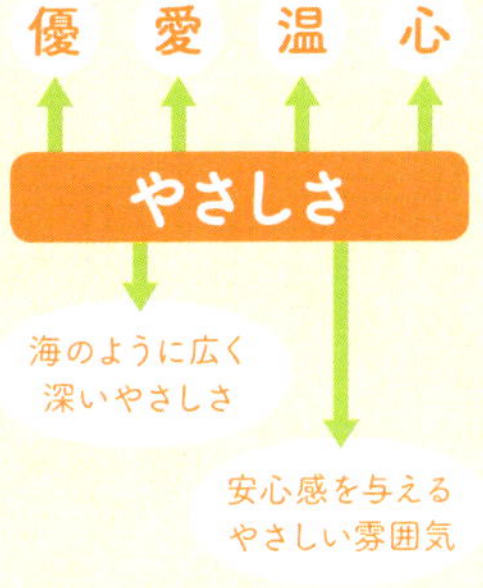

Step3 思いに合う名前を考える

思いに合う漢字を絞り込み、名前を考える。思いに合う四字熟語や慣用句、外国語の響きをヒントにしたり、文学作品や歴史上の人物にあやかる方法もある。

●こだわりの1字をどういかすか P179
●由来つき名前例 P308〜321

Step4 発音や文字のバランス、姓名判断などをチェック

フルネームで読み書きして、発音や文字のバランスなどをチェック。漢字の意味も確認する。運勢が気になる人は姓名判断もチェックを。

●名づけで気をつけたい10のポイント P22〜28
●「姓名判断」と名づけ Part7(P329〜)

ワンポイント!

あとから「思い」を考えるケースも

以前は「こういう人になってほしい」という思いが先にあって名づけをするケースが多かったが、個性的で印象的な名前を求める傾向が強い昨今では、響き先行で名前を考えるケースも多い。それでも名前に何か意味づけしたいと思うパパ・ママも多く、あとから名前に意味を持たせることもよくある。漢字にはそれぞれ意味があるので、少なくとも悪い意味の漢字を選ばなければ、何かしらポジティブな意味づけはできる。

男の子に人気があるのはどんな名前？

名前を考え始めると、ほかの子の名前も気になるもの。
明治安田生命が公表している名前ランキングから、最近の傾向を見てみましょう。

資料：明治安田生命「名前ランキング2021」

人気の名前（表記）Best50

- 1位　蓮
- 2位　陽翔
- 3位　蒼　湊
- 5位　樹
- 6位　朝陽
- 7位　大和　悠真
- 9位　颯真
- 10位　陽向
- 11位　伊織　新
- 13位　碧　律
- 15位　蒼空　大翔
- 17位　一颯　湊斗　悠翔　陽斗　颯
- 22位　暖　陽
- 24位　蒼大　陽太　陽大
- 27位　結斗　翔
- 29位　海翔　結翔　奏汰　碧人　悠　陸
- 35位　絢斗　晴翔　陸斗　怜　颯太
- 40位　葵　海斗　慧　朔　櫂
- 45位　岳　匠　大晴　凪　湊翔　悠人

思いをこめやすい1字名が大人気

近年は1字名に人気がひじょうに高く、2021年にはベスト50に21個もランクインしています。1位の「蓮」も1字名。仏教を象徴する神聖な花であり、泥の中でもしっかり根を張る力強さや、「レン」という呼びやすい響きなどから、根強い人気を保っています。

そのほか、「翔」「悠」「陽」「蒼」などを用いた、おおらかさや明るさ、さわやかさを感じさせる名前も人気です。空や海のブルーのイメージで、近年「碧」の人気も上昇しています。

読み方では、「ハルト」「ミナト」のように「ト」で終わる名前が多いのが、男の子の名前の特徴。「ト」の漢字は、「翔」と「斗」が人気を二分しています。

人気の読み Best30

1位	ハルト
2位	ミナト
3位	リク
4位	ソラ
5位	ソウタ
6位	ハルキ
7位	ユウト
8位	アオト
9位	ヒナタ
	カイト
11位	コウキ
12位	ユイト
13位	ソウマ
14位	ハル
15位	アオイ
16位	イツキ
17位	レン
18位	アサヒ
	ユウマ
20位	アキト
21位	アヤト
22位	ソウスケ
23位	イオリ
	カナタ
25位	イブキ
26位	カナト
27位	ユウセイ
28位	アオ
	リクト
	リツ

人気の漢字 Best25

1位	翔
2位	斗
3位	大
4位	陽
5位	太
6位	真
7位	人
8位	悠
9位	蒼
10位	一
11位	晴
12位	颯
13位	空
14位	希
15位	生
16位	湊
17位	琉
18位	奏
19位	郎
20位	優
21位	仁
22位	輝
23位	樹
24位	結
25位	碧

おさえておきたい 5つの基本ルール

名前に使える文字には、漢字には制限があります。
使える字や読み方、長さなど、名前の基本ルールをおさえておきまましょう。

基本ルール 1

名づけに使える文字は決まっている

漢字（常用漢字、人名用漢字）2999字のほか、ひらがなとカタカナ、また「ソータ」のように長音符号を使ったり、「日々希」のように繰り返し符号も使える。句読点やアルファベットなどは使用不可。使える文字・符号についてはPart8の「画数別名づけに使える全文字リスト」（→P426）にまとめてあるので参考に。

名前に使える字

- **常用漢字2136字**
- **人名用漢字863字**
  一部の旧字、異体字を含む
- **ひらがな、カタカナすべて**
  「ゐ」「ヰ」「ゑ」「ヱ」の
  特殊な字も含む
- **繰り返し符号**
  「々」「ゝ」「ゞ」
- **長音符号**
  「ー」

名前に使えない字

- **常用漢字、人名用漢字以外**の漢字
- **句読点**
  「。」「、」「.」などは不可
- **記号**
  ☆&@♪！＊＃￥などは不可
- **外国の文字**
  アルファベットなどは不可
- **漢数字以外の数字**
  123…、ⅠⅡⅢ…などは不可

常用漢字、人名用漢字とは？

常用漢字は、一般の社会生活で用いられることが多い漢字で、国語の教育や新聞、書籍などに普通に使用されている字。2010年に29年ぶりに改定され、「憬」「璧」など、それまで人名に使えなかった字が使えるようになった。一方、人名用漢字は、常用漢字以外に名前として使用できる漢字のこと。常用漢字よりも頻繁に改定されており、2004年の大きな見直しで約700字追加されたほか、近年も、一般の要望を受ける形で2015年に「巫」、2017年に「渾」が追加されている。

基本ルール 2

文字数は自由

長い名前といえば、落語の「寿限無」の話が有名だが、長さについても法律上の制限はない。とはいえ、あまりに長い名前は何かとわずらわしい。子どもにとっても周囲の人にとっても不便なので、常識的な長さにしたい。

基本ルール 3

読み方は原則自由

当て字も含め、読み方については規定がない。たとえば「空」を漢和辞典で調べると、音読みの「クウ」、訓読みの「そら」「から」「あ（く）」のほか、名のり（とくに人名に使う読み）として「たか」がある。これらの読みはすべて使えるが、辞書にのっていない読み方をしても法律上問題はなく、「空」と書いて「スカイ」と読ませる例も。ただし読みにくい名前は、日常生活で不便が多く、子ども自身も嫌がることもある。

基本ルール 4

法律的にはOKでも常識的な範囲で

法律的には許される名前でも、たとえば「悪」「死」「病」「貧」など到底名前にはふさわしくない漢字を使うことは当然避けるべき。「常識の範囲」の線引きはむずかしいが、漢字の選び方にしろ、読み方にしろ、長さにしろ、子どもが一生使い続けていく名前として適切かどうかをよく考えて名前を考えること。

基本ルール 5

名前は簡単に変えられない

家庭裁判所に申し立てをして、認められてはじめて改名ができるが、よほどの理由がないかぎり認められない。改名が認められるおもなケースは、①珍奇な名である、②むずかしくて正確に読まれない、③同姓同名者がいて不便、④異性とまぎらわしい、⑤外国人とまぎらわしい、⑥神官・僧侶となった、⑦通称として長年使用した、などだが、何をもって「珍奇」なのか、どの程度だと「まぎらわしい」といえるのか明確な基準があるわけではなく、改名のハードルはかなり高いのが実情。基本的には改名はむずかしいものと認識しておこう。ただし文字の変更はむずかしくても、読み方はもともと戸籍に記載されないので、居住する市町村の役所の手続きで変更できる。

名づけで気をつけたい 10のポイント

よい名前を考えるには、読みやすさや書きやすさ、響きのよさ、字面のよさなど、さまざまな点を考慮する必要があります。フルネームで読んで書いてチェックを。

よい名前にするためのチェックポイント

1. **読みやすく書きやすい**名前か
2. 身近に**同じ名前**の人がいないか
3. 名前を**間違えられやすく**ないか
4. **画数や文字数のバランス**が悪くないか
5. **字面（じづら）の印象**はどうか
6. **発音しやすく、聞き取りやすい**名前か
7. **性別**がまぎらわしくないか
8. **漢字の意味**は問題ないか
9. **あやかり名**は慎重に
10. **変なあだ名**につながらないか

響きや見た目の印象などをフルネームでチェック！

名前は子ども自身や家族だけでなく社会生活でも使うものですから、だれでも読み書きしやすく、覚えやすい名前が理想的です。

また、文字にはそれぞれ個性があり、見た目の印象も大きいもの。画数が多すぎて重たい印象になったり、妙に四角張った印象の名前になったり…。かっこいい響きの名前をつけても、字面（じづら）の印象が正反対だと、名前の魅力も半減してしまいます。逆に字面はよくても、声に出してみると発音しにくいということもあります。

いずれにしても大事なのは、姓と合わせてチェックすること。縦書き、横書きそれぞれでフルネームを書き、また声に出してチェックしましょう。

チェックポイント1 読みやすく書きやすい名前か

とくに姓がむずかしい場合は、シンプルな名前がベター

名前は日常生活でさまざまな人に使われるものなので、基本的にはだれでも読みやすく書きやすい名前が望ましい。とくに読みにくい姓やむずかしい漢字の姓で、名前も凝りすぎると、姓と名前の両方を訂正する機会も多くなり、かなりわずらわしく、相手にも余計な時間をとらせることに。姓に特徴がある場合はそれだけで十分個性的なので、名前はシンプルにしたほうが、全体的なバランスもとりやすい。

口頭での説明しやすさや、パソコン変換のしやすさもチェック

あまり一般的ではない漢字を使うと、口頭での説明がむずかしかったり、パソコン変換に時間がかかることも。旧字の一部など、なかにはパソコン変換できない漢字もあるので要注意。

チェックポイント2 身近に同じ名前の人がいないか

身近な人と同名だとまぎらわしい

親友の子どもやご近所、親戚など身近な人と名前がかぶるとまぎらわしい。相手もまねされた感じがして、あまりいい気がしないことも。漢字は違っても同じ響きだとやはりまぎらわしいので、ごく身近な人とは、なるべくかぶらないようにしたい。

よくある姓に人気の名前は避ける

名前は本来、個人を識別するためのものでもあり、よくある姓に人気の名前をつけると、同姓同名の確率が高まり、学校などで不便な思いをすることもある。「佐藤」「鈴木」など日本人に多い姓や、住んでいる地域に多い姓を持つ場合は、人気名は避けたほうが無難。

チェックポイント3 名前を間違えられやすくないか

入れ換えが起こりがちな名前は覚えにくい

「中山」と「山中」など上下を入れ替えても違和感がない姓の場合、名前も同様に入れ換えて違和感のないものだと、間違って記憶されがち。こういうケースでは「大輔」など入れ換えしにくい名前がベター。

村山賢豪くんだよね
山村豪賢です・・・

姓も名も複数読みできる名前は混乱のもと

「中谷（なかや、なかたに）」や「角田（かくた、かどた、すみだ）」のように複数の読み方がある場合、名前も同じように複数読みできるものだと、読み方が何通りにもなり、まぎらわしい。

姓と名の境目はわかりやすく

たとえば「松永剛」の場合、通常は「松永・剛（つよし、ごう）」と考えるので、「松さん」が子どもの名前を「松・永剛（えいごう）」にすると、誤解が生じやすい。

チェックポイント4 画数や文字数のバランスが悪くないか

総画数は多すぎず少なすぎず

少画数の漢字ばかりだとあっさりしすぎてさみしい印象になり、総画数が多いと見た目に黒々として重たく見え、書くときに時間もかかる。また、姓と名で画数に差がありすぎるのも少々バランスが悪い。

例
- 衛藤耀輔（16＋18＋20＋14＝68画）…画数の多い字が3つ続き、重たい印象
- ← 衛藤洋亮（16＋18＋9＋9＝52画）…画数の少ない名前に変えて、すっきりとした印象に
- 三上友人（3＋3＋4＋2＝12画）…全体的に画数が少なく、あっさりした印象
- ← 三上悠斗（3＋3＋11＋4＝21画）…同じ読みでも、もう少し画数の多い漢字に変えると安定感が出る

文字数も多すぎず少なすぎ

1字姓＋1字名は短くて詰まった印象、3字姓＋3字名は長すぎて間延びした印象に。文字数のバランスも考慮したい。

例
- 島 翔…短すぎる
- 島 大翔…安定した印象
- 島 翔太郎…安定した印象
- 長谷川 新…やや頭が重い印象
- 長谷川 新太…安定した印象
- 長谷川 新之介…長すぎる

チェックポイント5 字面（じづら）の印象はどうか

へんやつくりのダブリは見た目にうるさい印象

同じへん（偏）やつくり（旁）の字を多用したり、「直と真」のように似ている漢字が多いと、うるさい印象になる。

例
- 木村大樹…木へんの多用
- 浦沢海斗…さんずいの多用
- 田口哲和…「口」の多用
- 望月朔太郎…「月」の多用
- 真山直之…「真」と「直」、似ている漢字を使用
- 大谷爽介…左右に開いた「払い」が多い

姓と名のイメージが正反対だと違和感がある

冬と夏、赤と青など、まるっきり反対のイメージの字があると、どこか不自然な印象を受ける。同音のほかの字に置き換えられないか考えてみよう。

同じイメージの字が多いとややしつこい印象

逆に似たイメージの漢字が多いとしつこい印象になり、姓と名でイメージが合いすぎるのもペンネームや芸名のようで、やや違和感がある。

例
- 草野蓮…すべて植物のイメージ
- 高山岳登…すべて山のイメージ
- 三浦一馬…漢数字が多い

直線だけだとかたい印象

縦横の直線だけの名前はかたい印象になる。また横線の多い漢字ばかりだと詰まりすぎて、きゅうくつな印象を与える。

例
- 里中直輔…直線ばかりでかたい印象
- ← 里中直介…曲線や斜線のある字を加えるとかたさがやわらぐ
- 青島幸喜…横線が多く詰まった印象
- ← 青島広喜…横線の少ない字を加えると、バランスがよくなる

タテワレは安定感に欠く

姓名の字のすべてがへんとつくりに分かれている「タテワレ」は、縦書きにすると真ん中に空白ができ、左右がバラバラの印象を与える。

例
- 野村創佑…タテワレ
- ← 野村奏佑…左右に分かれていない字を1字加えると安定感が出る

チェックポイント6

発音しやすく、聞き取りやすい名前か

カ・サ・タ・ハ行ばかりだと発音しにくく、かたい印象

一般にカ・サ・タ・ハ行の音はかたい印象を与える。男の子の場合、女の子と違って響き自体のかたさはそれほど気にならないが、かたい音が続くと発音しにくくなることがあるので、姓がかたい音で構成されている場合は、やわらかい響きも入れてスムーズに発音できる名前にするのがベター。

例

カタセ サキト…カ・サ・タ行の音だけでかたい印象

↓

カタセ トモキ…やわらかい音も入って、発音しやすい

タカセサキト

同じ音が続くと発音しにくい

同じ音が3つ以上重なると、音感がしっくりせず発音しにくい。また、姓と名の境目が同じ音の場合も発音しにくい。とくにかたい音のカ・サ・タ・ハ行や、ラ行、なかでも「キ、ク、シ、シュ、ス、チ、ツ、ヒ、フ、ビ、ブ」は母音をはっきり発音しないのでこれらの音が続かないよう組み合わせに注意したい。さらに、姓と名が2音ずつ重なったり、韻を踏んでいると、やや単調な印象になる。

例

ササキ サトシ…同じ音が3つ以上で発音しにくい

カメイ イツキ…姓と名の境目の音が同じで発音しにくい

シミズ ミズキ…2音ずつ重なり、単調な印象

スズキ ユウキ…姓と名が韻を踏んでいて、やや単調な印象

濁音の多い名前はにごった印象

ガギグゲゴなどの濁音のある名前は力強さがあり男の子の名前でも人気。ただし、濁音が多いと重たい印象も与えるので、濁音は姓名合わせて2音程度までがベター。

例

ヤザワ ダイゴ…濁音が多いと重たい印象

↓

ヤザワ ユウゴ…濁音が少ないほうがすっきりし、さわやかな印象

発音の似た名前は聞き間違いが起こりやすい

「ゆう」と「りゅう」など、発音が似ていると、聞き間違いも多い。兄弟姉妹の場合も響きが似すぎていると、普段一緒に過ごす時間が多いだけに、より不便が多い。

聞き違いの多い名前の例

しょう↕そう　ゆうた↕りゅうた

ゆう↕りゅう　こうた↕ようた

ようへい↕りょうへい

チェックポイント7 性別がまぎらわしくないか

中性的な名前は不便もある

中性的な名前は個性的で印象的な反面、性別を間違われやすく、わずらわしい思いをすることも。とくに「由真」と書いて「よしまさ」「ゆうま」と読むなど、字だけでは明らかに女の子をイメージするような名前は、手続きの際などにトラブルになりやすい。女の子にも使われることが多い漢字を使う場合は、「大」「太」「介」「吾」など、いかにも男の子らしい漢字と組み合わせると、性別のまぎらわしさはなくなる。

男女の区別がつきにくい名前の例

瑞希、悠希、飛鳥、千尋、瑠生、伊織、日向、空、歩、光、潤　など

男の子ならではの漢字

大、太、介、輔、吾、悟、之、郎、朗、剛、毅、虎、龍　など

チェックポイント8 漢字の意味は問題ないか

漢字の意味はきちんと調べて使う

よい意味だと思って使った漢字が、実は悪い意味だと知って後悔するケースもあるので、そうならないためにも、漢字の意味は必ず調べること。ただし、漢字の多くはよい意味悪い意味両方持っていたり、漢字の成り立ちまでさかのぼると現在の意味とはまったく違うこともある。あまり神経質になりすぎると、選択肢が狭まり、満足のいく名づけができなくなるので、常識に照らし合わせて判断したい。

チェックポイント9 あやかり名は慎重に

あやかり名はアレンジして使いたい

有名人にあやかった名前は、必要以上に目立ってしまったり、同名の子がクラスに何人もいたりする可能性も高い。また、のちにその有名人が不幸な目にあったり、事件を起こしたりすることも考えられるので慎重に検討したい。あやかり名はそのまま同じ名前をつけるのではなく、1字だけもらったり、読みは同じで漢字は変えるなどアレンジして使うのがベター。

チェックポイント10

変なあだ名につながらないか

思いとは違う意味を持つ単語になることも

「海星（かいせい）」という名前は、雰囲気があってよさそうだが、実は「海星」はヒトデとも読む。このように漢字単体ではよい意味でも、組み合わせると思いがけない熟語になるものもけっこう多い。こうした名前は、子どもが変なあだ名をつけられたり、からかわれるきっかけにもなるので注意したい。

響きから受ける印象にも注意

漢字の意味や印象は問題なくても、響きが別の単語を連想してしまうこともある。また、音読みを訓読みに変えると悪い意味になったり、逆さ読みするとおかしな言葉になったり、姓と名をつなげて読むとおかしな意味になることもある。

イニシャルにも注意

意外とあとになって気づくのがイニシャル。渡辺さんが「千尋（ちひろ）」や「力（ちから）」と名づけると、イニシャルは「WC」でトイレの意味に。ほかにも「NG」「ED」「SM」「KY」などは、からかわれる原因になるかもしれない。ただイニシャルが「SM」や「KY」という人は実際にはかなり多い。

インターネットで検索してみよう

思いとは違う意味やマイナスのイメージを避けるために、候補の名前を一度インターネットで検索してみるのもおすすめ。思いがけず同姓同名の有名人がいたり、その名前が事件とかかわっていたり、変なお店の名前に使われていたりした場合に事前に発見できると、あとあと後悔しなくてすむ。

思いとは違う意味・ニュアンスのある名前の例

- 海星（かいせい）…ヒトデ
- 海馬（かいま）…かいば。タツノオトシゴやセイウチの名。脳の部位の名前のひとつ
- 和尚（かずなお）…おしょう。僧侶
- 心太（しんた）…ところてん
- 徳利（とくのり）…とっくり
- 風紀（ふうき）…道徳上の規律。とくに男女の交際についての規律や節度
- 達磨（たつま）…だるま
- 佳人（よしと）…「佳子（かじん）」は美女の意
- 愛人（あいと）…あいじん
- 信士（しんじ）…戒名でよくつけられる

響きが別の単語を連想しやすい名前の例

- 旺斗（おうと）…嘔吐
- 朔史（さくし）…策士
- 聖輝（せいき）…性器
- 誠司（せいし）…精子

姓とつなげると変な意味になる名前の例

- 秋田 賢（あきた けん）…秋田犬、秋田県
- 河合 聡（かわい さとし）…かわいそう
- 江口 秀雄（えぐち ひでお）…エロビデオ
- 花島 翔（はなしま しょう）…話しましょう
- 原 一平（はら いっぺい）…腹一杯

ヘボン式ローマ字一覧

名前はパスポートや各種カードの表記など、ローマ字を使うことも多いもの。ここではパスポートに使用されている外務省ヘボン式ローマ字を紹介します。ローマ字表記にしたときにおかしなイニシャルにならないか、また全体のバランスはどうかなどもチェックしておきましょう。

ん N(M)	わ WA	ら RA	や YA	ま MA	は HA	な NA	た TA	さ SA	か KA	あ A
	ゐ I	り RI		み MI	ひ HI	に NI	ち CHI	し SHI	き KI	い I
		る RU	ゆ YU	む MU	ふ FU	ぬ NU	つ TSU	す SU	く KU	う U
	ゑ E	れ RE		め ME	へ HE	ね NE	て TE	せ SE	け KE	え E
	を O	ろ RO	よ YO	も MO	ほ HO	の NO	と TO	そ SO	こ KO	お O

ヘボン式ローマ字表記の注意点

ヘボン式ローマ字表記には、下記のルールもあります。

★ 撥音「ん」は通常Nだが、B・M・Pの前ではMで表記。
例 てんま→TEMMA、しゅんぺい→SHUMPEI

★ 促音「っ」は子音を重ねる。ただし「チCHI」「チャCHA」「チュCHU」「チョCHO」の前はTで表記。
例 きっちょう→KATCHO

★ 長音は前の母音で代用する。
例 こうた→KOTA

★ そのほか、「じぇ」はJIE、「ふぃ」はFUIなどとなる。

＊ヘボン式表記以外でのパスポートの申請も理由によっては可能。

ぱ PA	ば BA	だ DA	ざ ZA	が GA
ぴ PI	び BI	ぢ JI	じ JI	ぎ GI
ぷ PU	ぶ BU	づ ZU	ず ZU	ぐ GU
ぺ PE	べ BE	で DE	ぜ ZE	げ GE
ぽ PO	ぼ BO	ど DO	ぞ ZO	ご GO

ぴゃ PYA	びゃ BYA	じゃ JA	ぎゃ GYA	りゃ RYA	みゃ MYA	ひゃ HYA	にゃ NYA	ちゃ CHA	しゃ SHA	きゃ KYA
ぴゅ PYU	びゅ BYU	じゅ JU	ぎゅ GYU	りゅ RYU	みゅ MYU	ひゅ HYU	にゅ NYU	ちゅ CHU	しゅ SHU	きゅ KYU
ぴょ PYO	びょ BYO	じょ JO	ぎょ GYO	りょ RYO	みょ MYO	ひょ HYO	にょ NYO	ちょ CHO	しょ SHO	きょ KYO

名づけにまつわるQ&A

名づけにまつわる素朴な疑問や
気になるウワサについて
お答えします。

Q 漢字は本当にどう読んでもいいの？

A 実は戸籍には読み方の記載がありません。ですから使用できる漢字は戸籍法で定められているのに対し、読み方に関しては基本的に制限がなく、いわゆる「当て字」も認められます。

とはいえ、いくら自由といっても程度はあります。たとえ役所では受理される名前でも、常識的に読める範囲、周囲の人にもある程度納得してもらえる読み方にとどめるべきでしょう。

なお、「太郎」を「はなこ」、「太陽」を「つき」と読ませるなど、混乱を生じさせるようなあまりにも極端なケースでは、役所の窓口で受理されないケースもあります。

Q 長男に「〇之介」、次男に「〇太郎」はダメ？

A 確かに「太郎」には長男の意味があります。また、古代の律令制における官職には「長官（かみ）」「次官（すけ）」「判官（じょう）」「主典（さかん」の４等級があり、「すけ」は2番目の序列であることから、名づけでは次男の名前とする考え方があります。

しかし、今はあまり序列を気にする時代でもありませんし、実際、兄弟3人とも「〇太郎」で統一しているケースも多いようです。古い人は気にするかもしれませんが、今はとくに気にしなくてもいいと思います。

Q 名前にはきちんとした由来がないとダメ？

A 名前の第一の目的は、個人個人を識別するためであり、社会生活をスムーズに送るためのものですから、必ずしも特別な由来はなくてもいいと思います。「覚えやすい名前だから」「男の子らしい響きだから」という理由で名づけをしてかまわないでしょう。

ただ将来子どもに由来を聞かれたときに、「なんとなく」と答えては子どもも傷つきます。特別な由来はなくても、「パパとママが好きな名前だから」「たくさんの候補から、気に入った名前をつけたの」と、愛情をもってつけた名前であることは、ぜひ伝えたいもの。響き重視でも、「みんなに愛されるような、かわいい響きにしたかったから」など、ひと言で加えるだけで十分素敵な理由になると思います。

漢字の意味から、由来を後づけすることもできます。少なくともマイナスの意味を持つ漢字でなければ、その漢字の意味からポジティブな意味づけをすることは可能です（→Part6）。

Q 「一」をつけていいのは長男だけ？

A 最近は子どもの数が減り、「雄一」「慎二」「敬三」など名前で序列をあらわすことも少なくなってきました。今は「一太」「一心」など漢数字を先頭に使うケースも多く、漢数字＝序列という印象も以前よりは薄れてきています。とはいえ、長男だと誤解されやすい面があるのは確か。その点を理解したうえで、あえて「一」を使うというのも、ひとつの考え方でしょう。

ちなみにプロ野球選手のイチロー（一朗）選手は次男。「一朗」の名は、祖父の「銀一」さんから1字とったそうで、一朗選手のお兄さん（長男）も一泰さんといって、「一」の字が入っています。

Q 親と同じ字は使わないほうがいい？

A 親と同じ字を使うと出世しない、親を超えられないという人もいますが、これは迷信。そもそも多様化の現代、何をもって「親を超えた」といえるのかもむずかしいところです。

Q 動物の漢字を使った名前はよくない？

A これも迷信です。動物の場合、多くは人間より寿命が短く、また家畜などのイメージから、人の名前にはふさわしくないと考えたのかもしれません。しかし地方によっては、動物の漢字を使うと子どもが丈夫に育つともいわれていました。いずれにしても、動物の漢字を使うことで、運勢が左右されることはありません。

Q ミドルネームはつけられる？

A 欧米などでは、姓（ファミリーネーム）と、名（ファーストネーム）の間に、ミドルネームを持つことも少なくありません。残念ながら日本では、正式にミドルネームを持つということはできませんが、名前の長さに決まりはないので、ミドルネーム風の名前をつけることは可能です。

たとえば、「中村ハリー大輔」で届ければ、氏が「中村」、名は「ハリー大輔」となります。つまり、ミドルネームとファーストネームをひとつの名として登録するわけです。

しかし、一度戸籍に登録されると、その名前が正式な名前ですから、本人はもちろん、幼稚園や学校の先生などにとっても、名前を書く際の負担が大きくなります。ミドルネームについては戸籍にはこだわらず、通称として与えるのもひとつの方法ではないでしょうか。

Q 祖父母や親戚が口出ししてくる…

A 名づけとなると、「そんな変わった名前はダメ」「画数がよくない」など、口を挟んでくる人がいるもの。周囲意見も参考になりますが、すべてを受け止めていると、パパ・ママの本来の思いとはかけ離れた名前になってしまうことも…。

一番よくないのは、周囲の意見に惑わされているうちに、もうこのへんでいいやと投げやりになってしまうことです。周囲の意見は意見として、その場ではまじめに聞いておきましょう。

しかし、子どもの名前の決定権はパパとママです。わが子が幸せになれる名前を第一に考え、最終的には、自分たちの意見で名前を決めてください。

Q 悩みすぎて名前をひとつに絞れない！

A 基本的には何をもっとも重視するのか、優先順位をきちんと整理することで、ある程度は絞られてくるはずです。

しかし、それでも絞り込めないときには、姓名判断をうまく利用するのもおすすめです。姓名判断を重視していないパパ・ママでも、甲乙つけがたい名前のなかからひとつ選ぶなら、それぞれの画数の吉凶を調べて、もっとも運勢のいい名前を選ぶというのも悪くないのではないでしょうか。

あるいは最終判断はわが子に託すという方法もあります。おなかのなかの赤ちゃんや誕生した赤ちゃんに、候補の名前で呼びかけて、その反応を見るのです。これは先輩パパ・ママも意外とやっている方法で、最終的には直感で決めた！　というケースも多いようです。

Q 夫婦の意見が合わない…

A ふたりの意見が合わないときには、いったん頭をリセットして、もう一度、思いつくままに好きな名前や漢字、イメージなどを書き出してみましょう。ひとつの名前やイメージに固執しすぎず、もう少し発想を広げて多めに候補を出し、書き出した名前を突き合わせて検討してみてください。そうすると、たとえば最初は「絶対に和風の名前！」と言っていても、自然をイメージした名前が入っていたり、ふたりで同じ漢字を使っていたり、共通点が見えてくることがあります。

それでも決まらない場合は、読みはパパが、漢字はママが、というように役割を分担するのもひとつの方法です。

いずれにしても、パパ・ママのどちらかが全然納得していない名前は避けたいもの。ふたりの思いをひとつにした愛情のこもった名前をつけましょう。

Part 2

「響き」から考える名前

響きにこだわって名前を考える

名前は、書く機会よりも、呼んだり呼ばれたりすることのほうが多いもの。
耳に心地よく、発音しやすく、よい印象の響きを考えましょう。

私はやさしい響きが好き。「あゆむ」とか「ゆうま」とか……
男の子だから、力強さもほしいなあ

50音の響きのイメージ

やわらかい音
あ行、な行、ま行、や行、ら行、わ行、ん

かたい音
か行、さ行、た行、は行、が行・ざ行など濁音全般

[かたい音中心の名前]
いぶき、かいと、かずき、かんた、けんすけ、さとし、だいすけ、だいち、たつき、たけし、たいが、てった、はるき、はやと、ひろと

[やわらかい音中心の名前]
あつや、いくま、かなむ、そうま、とうま、ともなり、なおたろう、ななと、はるま、まなと、ゆいと、ゆうき、ゆうと、りょうた、わたる

[やわらかい音のみの名前]
あおい、あまね、あゆま、あゆむ、いおり、なおや、まなむ、みらい、ゆう、ゆうや、ゆうま、ゆうり、よう、りょう、るい、れお、れん

50音の組み合わせ方で名前の印象が変わる

50音は、上のように「かたい音」と「やわらかい音」に分類され、「あゆむ」のように、やわらかい音のみの名前はやさしい印象を与え、「かずと」のようにかたい音のみ、あるいは「たける」のようにかたい音を中心にした名前は、力強くシャープな印象を与えます。「あつや」のように、やわらかい音を中心に、かたい音も加えた名前は、やさしさと男の子らしさの両方をあわせ持つ名前になります。

また、男の子の名前では、「そう」「こう」「ゆう」「りゅう」など、のばす音（長音）を取り入れた名前が人気です。長音を入れると、のびのびとおおらかな印象になります。

響きに合う文字をどう表現するか

1 響きと文字のイメージを合わせるのが基本

あえて響きと文字の雰囲気を変えて個性を出す方法もあるが、基本的には、やさしい雰囲気の響きなら、漢字もやさしいイメージのものを選んだほうがしっくりくる。また、響き重視の名前でも、漢字の意味をきちんと調べて使うようにしよう。

2 文字数で印象が変わる

1字名にするか、2字名、3字名にするかで印象が大きく変わる。3字名も候補に入れると、バリエーションは大きく広がる。

例「さとし」の場合
1字名…慧、聡、智
2字名…慧士、悟志、智史
3字名…佐斗史、沙登士

3 音の区切りを変えると新鮮

新鮮な名前を考えたいときには、音の区切りを変えるのもひとつの方法。たとえば「あきら」なら、「明」「晃」など1字名が一般的だが、「明良（あき・ら）」、あるいは「亜煌（あ・きら）」など、2文字にして、さらに区切る場所も変えると新鮮な印象。

例「あきら」の場合
明(あきら)、明良(あき・ら)、
亜煌(あ・きら)、
亜樹良(あ・き・ら)

4 ひらがなやカタカナも検討を

無理に漢字を当てても、響きの雰囲気と合わなかったり、見た目が重かったりすると、響きのよさも半減。場合によってはひらがなやカタカナのほうがしっくりくることもある。ひらがなの名前はやさしい印象、カタカナの名前は、個性的かつ現代的なイメージで、洋風の響きにも合う（P304）。

5 万葉仮名風に漢字を当てる方法も

漢字にこだわりたいけれどよい意味の漢字が見つからないとき、姓名判断の結果がよくないときなどには、「亜由武（あゆむ）」「巴琉（はる）」のように、特別な意味を持たせずに1音に1字の漢字を当てていく万葉仮名風の名づけ法もある（P291）。

例「あゆむ」の場合
定番…歩　万葉仮名風…亜由武

例「はる」の場合
定番…晴、陽
万葉仮名風…巴琉

響きのイメージ別

名づけポイントと名前例

50音を大きく分けると、やわらかい音とかたい音がありますが、
音の組み合わせによって、「力強い」「明るい」「おおらか」、
あるいは「和風」「洋風」など、さまざまなイメージの響きが生まれます。
イメージ別に男の子の名前の響きをピックアップしたので、参考にしてください。

かっこいい響き

ポイント1 名前の最後を新鮮な音にするとイマドキ感が出て、かっこいい響きに。今は、最後が「が」「く」「わ」、下の2音が「せい」「おん」などが人気。すでに定番だが、最後が「ま」「と」の響きもかっこいいイメージ。

ポイント2 新鮮でありながらも、決して奇抜ではないことが、かっこいい響きのポイント。

名前例

あさひ
あゆま
いくま
いずる
いち
いりゅう
えいと
かい
かいじ
かいせい
かいと
がく
がくと
かける
かぜなり
かなた
かむい
ぎんが
くうが
くおん
けい
こう
こうが
こうせい
こうめい
こうりん
しいま
しおん
しもん
しゅう
しゅうと
しゅうま
しゅんま
しょう
じょう
じん
すばる
せいりゅう
ぜん
そう
だいむ
たく
たくま
たける
とうま
とわ
はやて
はやと
はゆま
はるく
はるま
ひびき
ひゅうが
ひゅうま
ふうま
ほくと
めぐる
ゆうき
ゆうく
ゆうせい
ゆうと
ゆうま
りく
りゅう
りゅうく
りゅうせい
りゅうめい
りょう
りょうせい
りんせい
るい
れい
れおん
れん

力強い響き

ポイント1 濁音を使うと力強い印象にしやすい。とくに「だい（大）」「ごう（剛、豪快）」「どう（堂々、道）」などを入れると力強いイメージに。ただし、濁音が多すぎるとややくどくなるので注意。

ポイント2 「りゅう（龍）」や、「たいが（英語でトラ）」「れお（ラテン語でライオン）」など強いものを連想させる響きを入れるのも、力強さを出すポイント。

名前例				
いちどう	げんじ	だい	ちから	りゅうげん
いぶき	げんぶ	たいが	つよし	りゅうご
がいあ	げんま	だいき	ゆうけん	りゅうじ
かいどう	ごうき	だいご	ゆうごう	りゅうじん
がもん	ごうた	たいざん	ゆうだい	りゅうどう
ぎりゅう	こうだい	たいせい	りき	りゅうもん
けんごう	じげん	だいち	りきや	りょうが
	しどう	だいと	りゅうが	りょうだい

明るく元気な響き

ポイント1 「か行」「た行」などのかたい音を中心に、ほどよくやわらかい音をミックスすると明るく快活な印象になりやすい。

ポイント2 「けんた」「しゅんた」、あるいは「かずや」「たくや」など、最後の音が「た」や「や」だと、元気でわんぱくなイメージ。

ポイント3 「げんき（元気）」「たいよう（太陽）」などの響きも明るい印象になりやすい。

名前例				
かずや	こうたろう	だいすけ	てん	ひかる
かんた	こうよう	たいぞう	ともき	ひなた
げん	こたろう	たいち	ともや	ひろあき
げんき	しゅんた	たいよう	なおき	ひろき
けんた	しゅんや	たくや	なつき	よう
こうすけ	しんた	たけき	はるき	よういち
こうた	しんたろう	たつや	はるた	ようすけ
	しんや	てっぺい	はると	れんた

おおらかな響き

ポイント1 「ゆう（ユー）」「そう（ソー）」「しょう（ショー）」「りょう（リョー）」など、のばす音（長音）があると、おおらかでのびのびとした印象の名前になりやすい。

ポイント2 「そうへい（ソーヘー）」など、「ヘイ（平）」は長音に加え、平和の「平」でもあり、その意味合いからも、よりおおらかな印象になる。

ポイント3 「そら（空）」「だいち（大地）」「つばさ（翼）」などの響きもおおらかな印象に。

名前例

	しょうえい	そうや	にじのすけ	ゆうたろう
あおぞら	しょうた	そら	ばんり	ゆうへい
おうしろう	しょうへい	そらのすけ	ふうた	ゆうや
おうた	そう	だいご	ふうたろう	ようへい
おおすけ	そうかい	だいち	ふうと	りゅうへい
こうだい	そうた	ちひろ	ふうま	りょうた
こうへい	そうへい	つばさ	ゆう	りょうへい
しゅうへい	そうま	てんま	ゆうだい	れのん

シャープで知的な響き

ポイント1 かたくストレートな響きの「こう」、鋭いイメージの「えい」の音を使うと、シャープな響きに。「り」や「れ」もシャープな印象。

ポイント2 「りょう（亮、涼）」、「せい（聖、惺）」、「けい（啓、慧）」、「たつ（達）」「さとる（聡、悟、智）」などの響きもシャープで知的なイメージになりやすい。

ポイント3 最後の音を「き」にするとシャープな印象になりやすい。

名前例

	えいと	こう	しこう	ひでき
いつき	かずき	こうえい	しゅうえい	まさき
えい	きいち	こうき	すぐる	りいち
えいき	きりま	こうし	せいご	りつき
えいご	けいご	こうめい	たつき	りひと
えいせい	けいたつ	さきと	とうご	りょう
えいたつ	けんせい	さとき	とうせい	りょうえい
えいち	けんたつ	さとし	とうま	れいめい

やさしい響き

ポイント1 基本的にはやわらかい音を中心にすると、やさしい雰囲気の名前になりやすい。

ポイント2 やわらかい音のなかでも、人を包むイメージの「あ行」「な行」「ま行」を使うとあたたかい印象、「や行」を使うとソフトでやさしい印象になる。

名前例	あゆと	なおま	ふみと	むねのり
あいと	あゆま	なおみち	ふみのり	ゆあん
あつと	あゆむ	ななと	まさはる	ゆいと
あつむ	ここむ	なみと	まさひろ	ゆいま
あつや	さとふみ	なゆと	まなと	ゆうすけ
あまね	じゅんた	はゆま	まなむ	ゆうた
あやと	じゅんぺい	はる	まもる	ゆたか
あやむ	そうすけ	はるむ	みなと	ゆめと

スピード感のある響き

ポイント1 「しゅん（俊敏、瞬発力）」や「ごう（英語で行くの意）」「はや（速い）」などの響きを入れると、スピード感のある名前になりやすい。

ポイント2 「サ行」や「ラ行」の音も素早く俊敏なイメージがある。

ポイント3 「てった」「いっぺい」のように小さい「っ（拗音）」が入ると、小気味よく軽快ながらも、男の子らしい力強さもあわせ持つ名前に。

名前例	いりゅう	ごうた	すばる	びん
いしん	きりゅう	しゅん	せいりゅう	むげん
いっき	きっと	しゅんご	てっしん	りっと
いっさ	きっぺい	しゅんた	てった	りゅう
いっしん	くうが	しゅんと	はやて	りゅうが
いってつ	けん	しゅんや	はやと	りゅうく
いっと	ごう	しん	ばん	りん
いっぺい	ごうすけ	さとる	ひゅうが	れつ

和風の響き

ポイント1 「○のすけ」「○たろう」「○しろう」「○のしん」「○のじょう」など古典的な“型”にはめると、先頭にどんな響きを持ってきても和風の名前になる。

ポイント2 和歌のフレーズや俳句の季語には、日本の古い言葉や情緒のある言い回しが多く、参考になる。

名前例

いちのじょう	こたろう	たかとら	まさむね	ゆら
うきょう	こてつ	たけまる	むさし	よいち
おとじ	さくたろう	たすけ	やいち	らいぞう
かくのしん	さすけ	ときなり	やくも	らんまる
かげとら	しのすけ	とものしん	やまと	りゅうのすけ
ぎんじ	しんぺい	とらじ	ゆきまろ	りょうま
くらのすけ	せいしろう	とらのすけ	ゆづる	りんぞう
	だいきち	ぶんた	ゆめじ	りんたろう

外国人風の響き

ポイント1 外国人風の名前でよく使われるのは、「ら行」や「あ」。また、「ん」や「く」で終わる名前には、外国人風の響きのものが多い

ポイント2 日本では男の子の響きでも、海外では女の子名になるものもある。

ポイント3 日本にあまりなじみのない響きにすると、漢字を当てにくいケースもあるので、その場合はひらがなやカタカナも検討してみる。

名前例

ああさ	いあん	じょう	まりお	るうく
あもん	いおん	せな	よはん	るか
あらん	がい	とむ	らいと	れいもん
あれじ	くろうど	のえる	らいもん	れお
あれん	けいん	はんす	らもん	れおん
あろん	けんと	まあく	りあん	れのん
あんり	じえい	まいく	りおん	ろい
	しもん	ましゅう	るい	ろみお

中性的な響き

ポイント1 あきらかに女の子にしか使われないような響きは避ける。

ポイント2 組み合わせる音にもよるが、「き」「み」「り」「ひ」「い」「お」「おん」で終わる名前のなかには、比較的、男女共通で使用される響きが多い。

ポイント3 響きが中性的なぶん、文字はなるべく男の子イメージの強いものを選ぶようにする。

名前例

あおば	かずき	ちあき	のあ	ますみ
あすか	かずみ	ちはや	のぞみ	みさき
あまね	かなで	ちひろ	はる	みずき
いおり	けい	つかさ	はるみ	みらい
いずみ	けいと	つばさ	ひかる	ゆう
いつき	こころ	なぎさ	ひろ	ゆうわ
かおる	しのぶ	なつき	ひろみ	ゆずき
	じゅん	ななお	まさみ	るか

個性的な響き

ポイント1 「はやと」を「やはと」にするなど定番の名前を逆にしてみると、新鮮な響きに出会えることも。海外の地名や言葉などから、新鮮な響きを探してみるのも手。

ポイント2 新鮮な響きを探すために、50音表を利用して「あやと、かやと、さやと、たやと、なやと…」など、ひとつずつ組み合わせを試してみる方法もある。

ポイント3 響きが個性的なぶん、漢字は読みやすいものにする。

名前例

あたる	きあら	ここみち	とうい	ゆうぜ
ありと	きいと	さんご	なると	ゆめぞう
あんご	きぼう	ししまる	はあと	ようく
いまる	きゅうた	じゅきや	まはと	らいむ
おうく	きら	せかい	むう	らんま
かぜまる	きらま	そうる	むが	るお
かなむ	けいじゅ	だいや	めいた	るきや
	こうじゅ	たびと	やはと	れいご

50音別

響きから考えた名前

同じ呼び名でも、漢字の選び方によって印象は変わってきます。ここでは、「響き」から考える男の子の名前のバリエーションと、それぞれの呼び名の文字の組み合わせ例を紹介します。

リストの見方

あきら

諒15　15(1)

亜7 煌13　20

合計画数　霊数　各文字の画数

※姓名判断、霊数を含む画数の考え方はPart7参照

あ

ああさ
- 亜7 旭6　13
- 阿8 麻11　19

ああす
- 亜7 々3 澄15　25
- 阿8 々3 州6　17

ああと
- 亜7 々3 翔12　22
- 明8 々3 斗4　15

あいが
- 藍18 河8　26
- 亜7 伊6 雅13　26

あいき
- 相9 樹16　25
- 愛13 生5　18
- 愛13 輝15　28
- 藍18 紀9　27

あいく
- 藍18 玖7　25
- 亜7 伊6 久3　16

あいし
- 愛13 士3　16
- 藍18 司5　23
- 藍18 史5　23

あいじ
- 相9 司5　14
- 逢11 士3　14
- 藍18 路13　31

あいしろう
- 愛13 士3 郎9　25
- 藍18 志7 朗10　35

あいしん
- 愛13 臣7　20
- 藍18 心4　22

あいすけ
- 愛13 佑7　20
- 藍18 助7　25

あいた
- 相9 太4　13
- 藍18 汰7　25

あいと
- 逢11 人2　13
- 愛13 斗4　17
- 藍18 翔12　30
- 亜7 偉12 斗4　23

あいのすけ
- 愛13 之3 助7　23
- 藍18 之3 佑7　28

あいむ
- 愛13 夢13　26
- 藍18 夢13　31
- 亜7 依8 武8　23

あいや
- 愛13 哉9　22
- 藍18 也3　21

あいら
- 愛13 礼5　18
- 藍18 楽13　31

あいる
- 愛13 琉11　24
- 藍18 瑠14　32
- 亜7 衣6 琉11　24

あいろう
- 愛13 朗10　23
- 藍18 郎9　27

あお
- 青8　8(1)
- 碧14　14(1)
- 亜7 生5　12

あおい
- 蒼13　13(1)
- 碧14　14(1)
- 葵12 生5　17
- 蒼13 伊6　19
- 碧14 偉12　26

あおが
- 葵12 我7　19
- 蒼13 雅13　26

あおき
- 青8 葵12　20
- 葵12 祈8　20

あおし
- 葵12 詩13　25
- 蒼13 史5　18

あおじ
- 蒼13 路13　26
- 碧14 児7　21

あおしろう
- 青8 史5 朗10　23
- 蒼13 志7 朗10　30

あおぞら
- 青8 空8　16
- 蒼13 空8　21
- 蒼13 昊8　21

あおた
- 葵12 太4　16
- 碧14 汰7　21

あおと
青斗 8・4 12
青都 8・11 19
蒼翔 13・12 25
碧斗 14・4 18
碧音 14・9 23

あおなり
葵成 12・6 18
蒼也 13・3 16

あおば
青波 8・8 16
青葉 8・12 20
蒼芭 13・7 20
碧波 14・8 22

あおひこ
蒼彦 13・9 22
碧彦 14・9 23

あおま
青磨 8・16 24
碧真 14・10 24

あおみ
青海 8・9 17
碧海 14・9 23

あおや
碧也 14・3 17

あかし
明志 8・7 15
暁士 12・3 15

あきお
爽旺 11・8 19
瑛生 12・5 17
亜紀雄 7・9・12 28

あきかず
晃和 10・8 18
暁一 12・1 13

あきかぜ
明風 8・9 17
彰風 14・9 23

あきかね
秋兼 9・10 19
亮鐘 9・20 29

あきさと
明聖 8・13 21
晃聡 10・14 24
爽怜 11・8 19

あきたか
明貴 8・12 20
瑛嵩 12・13 25

あきつぐ
秋継 9・13 22
暁嗣 12・13 25

あきつね
明常 8・11 19
秋恒 9・9 18

あきと
秋人 9・2 11
晃翔 10・12 22
爽都 11・11 22
陽都 12・11 23
諒斗 15・4 19
亜稀斗 7・12・4 23

あきとし
明俊 8・9 17
瞭斗史 17・4・5 26

あきとも
秋智 9・12 21
晃友 10・4 14
暁朝 12・12 24

あきなり
明也 8・3 11
秋成 9・6 15

あきのすけ
晃之介 10・3・4 17
暁之佑 12・3・7 22

あきのり
明倫 8・10 18
彰法 14・8 22

あきは
秋葉 9・12 21
暁葉 12・12 24

あきはる
秋遥 9・12 21
晃治 10・8 18
瑛春 12・9 21

あきひ
秋飛 9・9 18
晶陽 12・12 24

あきひこ
昌彦 8・9 17
明彦 8・9 17
映彦 9・9 18
晃彦 10・9 19

あきひさ
秋寿 9・7 16
暁久 12・3 15

あきひで
秋秀 9・7 16
彰英 14・8 22

あきひと
晄人 10・2 12
暁人 12・2 14
秋陽斗 9・12・4 25

あきひろ
明紘 8・10 18
章大 11・3 14
暁尋 12・12 24

あきふみ
昭文 9・4 13
晃史 10・5 15
啓文 11・4 15
暁史 12・5 17

あきまさ
瑛大 12・3 15
彰真 14・10 24

あきみち
明路 8・13 21
秋実智 9・8・12 29

あきみつ
彬光 11・6 17
皓光 12・6 18

あきみね
旭峯 6・10 16
明峰 8・10 18

あきむ
亮夢 9・13 22
瑛武 12・8 20
明希夢 8・7・13 28

あきゆき
晃行 10・6 16
爽雪 11・11 22

あきよし
明快 8・7 15
彰義 14・13 27

あきら
明 8 8 (1)
亮 9 9 (1)
玲 9 9 (1)
晃 10 10 (1)
瑛 12 12 (1)
諒 15 15 (1)
亜煌 7・13 20
明楽 8・13 21
有祈良 6・8・7 21

あくあ
阿久亜 8・3・7 18
愛久亜 13・3・7 23

あぐり
亜久利 7・3・7 17
阿久浬 8・3・10 21

あけみつ
曙光 17・6 23

あさお
麻皇 11・9 20
朝雄 12・12 24

あさき
旭輝 6・15 21
朝祈 12・8 20
諒希 15・7 22

あさし
旭史 6・5 11

あさと
- 亜聡（7・14）21
- 朝翔（12・12）24
- 諒斗（15・4）19
- 亜瑳斗（7・14・4）25
- 愛沙人（13・7・2）22

あさのり
- 旭則（6・9）15
- 麻典（11・8）19

あさは
- 旭波（6・8）14
- 諒芭（15・7）22
- 諒葉（15・12）27

あさひ
- 旭（6）6 (1)
- 旭陽（6・12）18
- 朝日（12・4）16
- 朝陽（12・12）24
- 諒陽（15・12）27
- 亜沙飛（7・7・9）23

あさま
- 旭真（6・10）16
- 旭磨（6・16）22
- 諒眞（15・10）25

あさや
- 旭也（6・3）9
- 朝哉（12・9）21
- 諒耶（15・9）24

あすか
- 飛鳥（9・11）20

あずし
- 梓史（11・5）16

あすた
- 明日汰（8・4・7）19

あすと
- 旦斗（5・4）9
- 明日登（8・4・12）24

あずま
- 梓馬（11・10）21
- 安朱馬（6・6・10）22

あせい
- 亜惺（7・12）19
- 亜聖（7・13）20
- 愛誠（13・13）26

あそう
- 亜爽（7・11）18
- 愛蒼（13・13）26

あだむ
- 亜多夢（7・6・13）26

あたる
- 中（4）4 (1)
- 当（6）6 (1)
- あたる（3・4・2）9

あつお
- 淳皇（11・9）20
- 温生（12・5）17

あつき
- 充輝（6・15）21
- 淳基（11・11）22
- 惇騎（11・18）29
- 敦生（12・5）17
- 温希（12・7）19
- 篤祈（16・8）24
- 亜津生（7・9・5）21

あつし
- 淳（11）11 (1)
- 惇（11）11 (1)
- 敦（12）12 (1)
- 温士（12・3）15
- 篤志（16・7）23
- 亜都史（7・11・5）23

あつと
- 充都（6・11）17
- 惇斗（11・4）15
- 温人（12・2）14
- 敦斗（12・4）16
- 篤人（16・2）18
- 亜津翔（7・9・12）28

あつとも
- 惇友（11・4）15
- 篤智（16・12）28

あつのり
- 敦典（12・8）20
- 篤則（16・9）25

あつはる
- 惇悠（11・11）22
- 温春（12・9）21
- 篤晴（16・12）28

あつひ
- 淳陽（11・12）23
- 敦陽（12・12）24

あつひこ
- 惇彦（11・9）20
- 篤彦（16・9）25

あつひさ
- 敦久（12・3）15
- 温悠（12・11）23

あつひろ
- 温大（12・3）15
- 篤広（16・5）21
- 亜津宏（7・9・7）23

あつまさ
- 淳真（11・10）21
- 敦昌（12・8）20
- 篤允（16・4）20

あつむ
- 集（12）12 (1)
- 淳夢（11・13）24

あつもと
- 淳元（11・4）15

あつや
- 厚弥（9・8）17
- 温哉（12・9）21
- 篤矢（16・5）21

あつゆき
- 厚之（9・3）12
- 温行（12・6）18

あつよし
- 淳好（11・6）17
- 温義（12・13）25

あつろう
- 厚郎（9・9）18
- 淳朗（11・10）21
- 篤郎（16・9）25

あとう
- 吾冬（7・5）12
- 亜祷（7・11）18

あとむ
- アトム（2・2・2）6
- 亜斗夢（7・4・13）24
- 亜士武（7・3・8）18
- 亜登夢（7・12・13）32

あなん
- 吾南（7・9）16
- 阿南（8・9）17

あまじ
- 天慈（4・13）17
- 奄路（8・13）21

あまね
- 周（8）8 (1)

あまみ
- 天海（4・9）13
- 海心（9・4）13

あもん
- 亜門（7・8）15
- 阿門（8・8）16

あやき
- 絢希（12・7）19
- 綾生（14・5）19
- 亜矢希（7・5・7）19

あやた
- 礼汰（5・7）12
- 綾太（14・4）18

あやと
- 彪斗（11・4）15
- 彩翔（11・12）23
- 絢都（12・11）23
- 綾人（14・2）16

あやひこ
- 礼彦（5・9）14

名前	画数	総画
彩彦	11・9	20

あやふみ
名前	画数	総画
文史	4・5	9
絢文	12・4	16

あやむ
名前	画数	総画
文武	4・8	12
絢武	12・8	20
亜也夢	7・3・13	23

あゆき
名前	画数	総画
歩希	8・7	15
歩輝	8・15	23

あゆた
名前	画数	総画
歩多	8・6	14
歩汰	8・7	15
鮎太	16・4	20

あゆと
名前	画数	総画
歩登	8・12	20
歩翔	8・12	20

あゆま
名前	画数	総画
歩馬	8・10	18

あゆみ
名前	画数	総画
歩	8	8 (1)
歩海	8・9	17

あゆむ
名前	画数	総画
歩	8	8 (1)
歩武	8・8	16
歩夢	8・13	21
あゆむ	3・3・4	10

あゆら
名前	画数	総画
歩楽	8・13	21
亜悠良	7・11・7	25

あらお
名前	画数	総画
新生	13・5	18

あらき
名前	画数	総画
新己	13・3	16
新樹	13・16	29
新騎	13・18	31

あらし
名前	画数	総画
嵐	12	12 (1)
嵐士	12・3	15
新史	13・5	18
亜羅士	7・19・3	29

あらた
名前	画数	総画
新	13	13 (1)
新太	13・4	17
安良多	6・7・6	19

あらと
名前	画数	総画
嵐斗	12・4	16
新翔	13・12	25

あらや
名前	画数	総画
嵐弥	12・8	20
新哉	13・9	22

あらん
名前	画数	総画
亜嵐	7・12	19
阿藍	8・18	26

ありが
名前	画数	総画
有牙	6・4	10
存我	6・7	13

ありと
名前	画数	総画
有斗	6・4	10
亜利翔	7・7・12	26

ありとも
名前	画数	総画
在知	6・8	14
有朋	6・8	14

ありひろ
名前	画数	総画
有宏	6・7	13
在寛	6・13	19

ありま
名前	画数	総画
有馬	6・10	16
在磨	6・16	22

ありみち
名前	画数	総画
有道	6・12	18
亜利道	7・7・12	26

あるが
名前	画数	総画
有我	6・7	13
有雅	6・13	19

あるた
名前	画数	総画
有太	6・4	10

あると
名前	画数	総画
有仁	6・4	10
在都	6・11	17
歩翔	8・12	20

あれい
名前	画数	総画
亜怜	7・8	15
愛玲	13・9	22

あれん
名前	画数	総画
亜蓮	7・13	20
阿廉	8・13	21
愛連	13・10	23

あろ
名前	画数	総画
有呂	6・7	13
在路	6・13	19

あろう
名前	画数	総画
有郎	6・9	15
亜朗	7・10	17
阿朗	8・10	18

あん
名前	画数	総画
安	6	6 (1)
晏	10	10 (1)
庵	11	11 (1)

あんご
名前	画数	総画
安吾	6・7	13
晏悟	10・10	20

あんじ
名前	画数	総画
安治	6・8	14
杏司	7・5	12
庵治	11・8	19

あんじん
名前	画数	総画
晏仁	10・4	14
庵仁	11・4	15

いあん
名前	画数	総画
伊晏	6・10	16
偉安	12・6	18
維庵	14・11	25

いお
名前	画数	総画
惟生	11・5	16
偉凰	12・11	23

いおり
名前	画数	総画
庵	11	11 (1)
伊織	6・18	24
威織	9・18	27
偉織	12・18	30

いおん
名前	画数	総画
唯音	11・9	20
意温	13・12	25

いく
名前	画数	総画
郁	9	9 (1)
幾	12	12 (1)

いくお
名前	画数	総画
生央	5・5	10
郁生	9・5	14

いくた
名前	画数	総画
行太	6・4	10
育汰	8・7	15
郁太	9・4	13

いくたろう
名前	画数	総画
郁太朗	9・4・10	23
幾多郎	12・6・9	27

いくと
名前	画数	総画
生斗	5・4	9
郁人	9・2	11

いくのすけ
名前	画数	総画
育之祐	8・3・9	20

いくへい
名前	画数	総画
行平	6・5	11
郁平	9・5	14

いくほ
名前	画数	総画
行帆	6・6	12

いくま
名前	画数	総画
生眞	5・10	15
郁馬	9・10	19

いくや
名前	画数	総画
行哉	6・9	15
郁也	9・3	12

いくろう
名前	画数	総画
育朗	8・10	18
伊久郎	6・3・9	18

いこま
生5駒15　20
唯11駒15　26

いさお
功5　5(1)
魁14　14(1)

いさく
依8朔10　18
唯11作7　18

いさたけ
勇9武8　17
勇9剛10　19

いさと
勇9人2　11
勲15斗4　19

いさみ
勇9　9(1)
勇9海9　18

いさむ
武8　8(1)
勇9　9(1)
功5武8　13

いしと
威9志7斗4　20

いしん
以5心4　9
依8真10　18
惟11新13　24
維14臣7　21

いずき
出5輝15　20
泉9貴12　21

いずほ
出5帆6　11
出5歩8　13
出5穂15　20

いずみ
泉9　9(1)
出5海9　14
和8泉9　17

いずも
出5雲12　17

いずる
出5　5(1)
出5琉11　16
泉9瑠14　23

いたる
至6　6(1)
到8　8(1)
達12　12(1)

いちい
一1偉12　13
一1意13　14

いちか
一1珂9　10
一1翔12　13
壱7嘉14　21

いちご
一1悟10　11
壱7吾7　14

いちぞう
一1蔵15　16
市5造10　15

いちた
一1汰7　8
壱7太4　11

いちたか
一1鷹24　25
壱7孝7　14

いちたろう
一1太4郎9　14
壱7太4朗10　21

いちと
一1翔12　13
壱7斗4　11

いちどう
一1道12　13
壱7堂11　18

いちのじょう
壱7之3丞6　16

いちのしん
一1ノ1心4　6
一1之3晨11　15
壱7之3真10　20

いちのすけ
市5の1介4　10
壱7之3祐9　19

いちよし
壱7由5　12

いちりゅう
一1隆11　12
壱7竜10　17

いちる
一1瑠14　15
壱7琉11　18
伊6智12留10　28

いちろ
一1路13　14

いちろう
一1郎9　10
一1朗10　11
市5郎9　14
壱7郎9　16
伊6智12郎9　27

いちろうた
一1郎9太4　14

いっかい
一1櫂18　19
壱7介4　11

いっき
一1祈8　9
一1起10　11
一1稀12　13
一1輝15　16
一1樹16　17

いつき
樹16　16(1)
厳17　17(1)
乙1稀12　13
一1樹16　17
壱7季8　15
惟11月4　15
樹16生5　21

いっけい
一1慶15　16
一1慧15　16
壱7敬12　19

いっこう
一1光6　7
壱7高10　17

いっさ
一1瑳14　15
逸11沙7　18

いつし
乙1志7　8
逸11史5　16

いつじ
逸11児7　18
逸11侍8　19
逸11士3　14

いっしゅう
一1柊9　10
壱7周8　15

いっしん
一1心4　5
一1芯7　8
壱7信9　16

いっせい
一1惺12　13
一1誠13　14
壱7惺12　19

いっそう
一1創12　13
一1颯14　15

いった
一1汰7　8
壱7太4　11

いってつ
一1哲10　11
一1徹15　16

いっと 一翔 13
いつと 逸斗 15、逸音 20
いっぺい 一平 6、壱兵 14
いつま 一眞 11、逸馬 21
いつろう 乙朗 11、逸郎 20
いど 偉渡 24
いどむ 挑 9(1)
いのすけ 伊ノ佑 14、意之介 20
いのる 祈 8(1)、祷 11(1)
いぶき 生吹 12、伊吹 13、息吹 17、伊武季 22
いまる 偉丸 15、維丸 17
いゆう 伊悠 17、威侑 17
いら 李楽 20、偉良 19
いりゅう 伊琉 17、偉龍 28、維竜 24
いるま 入磨 18、伊瑠真 30
いわお 巌 20(1)
いわき 巌己 23
いわと 巌斗 24、維和人 24
いわね 巌音 29

う

うい 初 7(1)、宇意 19
ういと 初斗 11、初翔 19
うきょう 右京 13、宇響 26
うこん 宇渾 18
うしお 潮 15(1)
うしょう 宇将 16、羽翔 18
うた 詩 13(1)、宇太 10、羽汰 13、雅楽 26
うだい 有大 9、宇醍 22
うたき 唄希 17、歌祈 22
うたじ 詩士 16、有汰司 18
うたなり 唄成 16
うたまろ 歌磨 32
うたや 唄矢 15、詩哉 22
うへい 宇平 11、宇兵 13
うみ 海 9(1)、宇海 15
うみお 海央 14
うみと 海人 11、海渡 21、宇深斗 21
うみひこ 海彦 18
うもん 右門 13、宇門 14
うりゅう 有竜 16、羽琉 17、宇龍 22、羽龍 22
うりん 宇倫 16、羽琳 18、有凛 21

え

えい 永 5(1)、栄 9(1)、瑛 12(1)、衛 16(1)
えいいち 英一 9、栄一 10、鋭一 16、叡一 17
えいいちろう 英一郎 18、映一朗 20
えいが 永我 12、栄牙 13、瑛牙 16
えいき 永祈 13、永輝 20、英基 19、映喜 21、瑛希 19
えいきち 永吉 11、瑛吉 18
えいく 永琥 17、瑛駈 27
えいご 永護 25、英悟 18、詠呉 19、鋭吾 22、叡吾 23
えいこう 英晃 18

- 英煌（8・13）21
- 瑛幸（12・8）20
- 衛光（16・6）22

えいごう
- 永豪（5・14）19
- 英豪（8・14）22
- 瑛剛（12・10）22

えいさく
- 永朔（5・10）15
- 瑛咲（12・9）21
- 叡作（16・7）23

えいし
- 英士（8・3）11
- 詠史（12・5）17
- 瑛志（12・7）19

えいじ
- 永慈（5・13）18
- 映司（9・5）14
- 栄侍（9・8）17
- 詠慈（12・13）25
- 恵偉士（10・12・3）25

えいしゅん
- 英瞬（8・18）26
- 栄春（9・9）18
- 瑛隼（12・10）22

えいしょう
- 英翔（8・12）20
- 栄祥（9・10）19
- 瑛匠（12・6）18

えいしろう
- 英史朗（8・5・10）23
- 瑛士郎（12・3・9）24

えいじろう
- 永二郎（5・2・9）16
- 英慈郎（8・13・9）30

えいしん
- 永進（5・11）16
- 英心（8・4）12
- 栄伸（9・7）16
- 瑛臣（12・7）19

えいすけ
- 永祐（5・9）14
- 映介（9・4）13
- 瑛輔（12・14）26
- 叡介（16・4）20

えいせい
- 永惺（5・12）17
- 瑛世（12・5）17

えいぞう
- 英蔵（8・15）23
- 詠蔵（12・15）27

えいた
- 永汰（5・7）12
- 栄多（9・6）15
- 瑛太（12・4）16
- 詠汰（12・7）19
- 鋭太（15・4）19
- 衛太（16・4）20

えいだい
- 英大（8・3）11
- 瑛大（12・3）15
- 叡大（16・3）19

えいたつ
- 栄達（9・12）21
- 瑛達（12・12）24

えいたろう
- 映太朗（9・4・10）23
- 詠汰朗（12・7・10）29

えいち
- 永智（5・12）17
- 瑛智（12・12）24
- 慧一（15・1）16

えいと
- 永都（5・11）16
- 英登（8・12）20
- 瑛人（12・2）14
- 瑛音（12・9）21
- 詠翔（12・12）24
- 鋭斗（15・4）19
- 叡音（16・9）25

えいど
- 英土（8・3）11
- 栄渡（9・12）21
- 瑛渡（12・12）24

えいのすけ
- 永乃輔（5・2・14）21
- 瑛之介（12・3・4）19

えいま
- 英磨（8・16）24
- 詠馬（12・10）22
- 衛真（16・10）26

えいむ
- 英武（8・8）16
- 映夢（9・13）22
- 瑛夢（12・13）25

えいや
- 詠哉（12・9）21
- 衛也（16・3）19

えいゆう
- 永佑（5・7）12
- 栄悠（9・11）20
- 瑛侑（12・8）20
- 瑛優（12・17）29

えいる
- 瑛留（12・10）22
- 慧入（15・2）17
- 衛琉（16・11）27

えお
- 英桜（8・10）18
- 瑛央（12・5）17
- 慧生（15・5）20

えつし
- 悦史（10・5）15
- 悦思（10・9）19
- 越志（12・7）19

えつじ
- 悦司（10・5）15
- 越路（12・13）25

えつたろう
- 越太郎（12・4・9）25

えつろう
- 悦郎（10・9）19
- 越朗（12・10）22

えもり
- 瑛守（12・6）18
- 慧杜（15・7）22

えもん
- 詠門（12・8）20
- 慧文（15・4）19

えりと
- 衿斗（9・4）13
- 慧利人（15・7・2）24

えん
- 援（12）12（1）
- 縁（15）15（1）

えんじ
- 円慈（4・13）17
- 苑士（8・3）11

えんた
- 円汰（4・7）11

えんや
- 円矢（4・5）9
- 円哉（4・9）13

お

おう
- 旺（8）8（1）
- 欧（8）8（1）
- 皇（9）9（1）
- 桜（10）10（1）
- 凰（11）11（1）

おうが
- 欧我（8・7）15
- 旺河（8・8）16
- 皇牙（9・4）13
- 桜我（10・7）17
- 凰雅（11・13）24

おうき
- 旺希（8・7）15

- 皇輝 (9・15) 24
- 桜貴 (10・12) 22
- 凰希 (11・7) 18

おうく
- 王玖 (4・7) 11
- 旺久 (8・3) 11

おうし
- 旺士 (8・3) 11
- 欧志 (8・7) 15
- 皇史 (9・5) 14
- 桜司 (10・5) 15

おうしろう
- 央志郎 (5・7・9) 21
- 旺士郎 (8・3・9) 20
- 桜史朗 (10・5・10) 25

おうじろう
- 旺次郎 (8・6・9) 23
- 桜士朗 (10・3・10) 23

おうすけ
- 欧祐 (8・9) 17
- 旺輔 (8・14) 22
- 桜佑 (10・7) 17
- 凰介 (11・4) 15

おうせい
- 旺星 (8・9) 17
- 皇誠 (9・13) 22
- 桜世 (10・5) 15
- 凰聖 (11・13) 24

おうた
- 央汰 (5・7) 12
- 旺太 (8・4) 12
- 皇太 (9・4) 13
- 桜多 (10・6) 16
- 凰汰 (11・7) 18

おうだい
- 皇大 (9・3) 12
- 桜大 (10・3) 13
- 凰大 (11・3) 14

おうぶ
- 旺武 (8・8) 16

おうま
- 旺磨 (8・16) 24
- 皇馬 (9・10) 19
- 桜眞 (10・10) 20
- 桜磨 (10・16) 26
- 凰真 (11・10) 21

おうや
- 旺哉 (8・9) 17
- 桜弥 (10・8) 18

おうり
- 央理 (5・11) 16
- 旺吏 (8・6) 14
- 桜李 (10・7) 17

おうる
- 欧流 (8・10) 18
- 皇琉 (9・11) 20
- 凰琉 (11・11) 22

おおが
- 大牙 (3・4) 7
- 大芽 (3・8) 11
- 多雅 (6・13) 19

おおき
- 大己 (3・3) 6
- 巨樹 (5・16) 21

おおぞら
- 大空 (3・8) 11
- 大昊 (3・8) 11

おきた
- 沖太 (7・4) 11

おきと
- 沖人 (7・2) 9

おくと
- 憶斗 (16・4) 20

おさみ
- 修巳 (10・3) 13

おさむ
- 修 (10) 10 (1)
- 理 (11) 11 (1)
- 脩 (11) 11 (1)
- 修夢 (10・13) 23
- 理武 (11・8) 19

おと
- 音 (9) 9 (1)
- 響 (20) 20 (1)
- 生翔 (5・12) 17

おとじ
- 乙慈 (1・13) 14
- 音士 (9・3) 12
- 音児 (9・7) 16
- 音慈 (9・13) 22

おとなり
- 乙也 (1・3) 4
- 音成 (9・6) 15

おとはる
- 乙晴 (1・12) 13
- 音春 (9・9) 18
- 音陽 (9・12) 21

おとひこ
- 乙彦 (1・9) 10
- 音彦 (9・9) 18

おとま
- 音磨 (9・16) 25
- 央斗真 (5・4・10) 19

おとや
- 乙哉 (1・9) 10
- 音矢 (9・5) 14
- 音弥 (9・8) 17

おもい
- 思 (9) 9 (1)

おりおん
- 織音 (18・9) 27

おりと
- 織斗 (18・4) 22
- 央璃斗 (5・15・4) 24

おん
- 恩 (10) 10 (1)
- 温 (12) 12 (1)
- 穏 (16) 16 (1)

おんじ
- 音路 (9・13) 22
- 温侍 (12・8) 20
- 穏児 (16・7) 23

おんじゅん
- 音惇 (9・11) 20
- 恩純 (10・10) 20

おんじろう
- 音治朗 (9・8・10) 27
- 温二朗 (12・2・10) 24

おんしん
- 音心 (9・4) 13
- 穏伸 (16・7) 23

おんたろう
- 音多郎 (9・6・9) 24
- 温太朗 (12・4・10) 26

かい
- 快 (7) 7 (1)
- 海 (9) 9 (1)
- 開 (12) 12 (1)
- 魁 (14) 14 (1)
- 櫂 (18) 18 (1)

がい
- 凱 (12) 12 (1)
- 鎧 (18) 18 (1)
- 我惟 (7・11) 18
- 雅意 (13・13) 26

かいあ
- 快亜 (7・7) 14
- 海阿 (9・8) 17
- 櫂亜 (18・7) 25

がいあ
- 凱亜 (12・7) 19
- 我意亜 (7・13・7) 27

かいい
- 魁偉 (14・12) 26

かいおう
- 介皇 (4・9) 13
- 海欧 (9・8) 17

かいき
快7 基11　18
海9 輝15　24
開12 希7　19
夏10 偉12 輝15　37

がいき
凱12 己3　15
凱12 希7　19

かいご
海9 吾7　16
開12 悟10　22

かいこう
介4 煌13　17
海9 光6　15

かいし
快7 史5　12
海9 士3　12
海9 志7　16
開12 史5　17
櫂18 司5　23

かいじ
海9 慈13　22
海9 路13　22
魁14 士3　17
櫂18 路13　31

がいし
凱12 史5　17
鎧18 士3　21

かいじゅ
快7 珠10　17
海9 寿7　16

かいしゅう
快7 秀7　14
海9 州6　15
海9 舟6　15
海9 秀7　16
魁14 周8　22

かいしょう
介4 将10　14
快7 昇8　15
海9 翔12　21

かいしん
快7 心4　11
快7 真10　17

かいせ
海9 世5　14
諧16 世5　21

かいせい
快7 生5　12
快7 青8　15
海9 晴12　21
開12 成6　18
魁14 星9　23

がいせい
凱12 生5　17

かいぞう
介4 造10　14
海9 蔵15　24

かいた
快7 太4　11
楷13 汰7　20
魁14 太4　18

がいた
凱12 太4　16

がいたろう
凱12 太4 郎9　25

かいち
架9 一1　10
嘉14 壱7　21

かいと
快7 渡12　19
海9 音9　18
海9 翔12　21
開12 都11　23
魁14 斗4　18
櫂18 人2　20
佳8 偉12 斗4　24

がいと
凱12 音9　21
凱12 登12　24

かいどう
快7 道12　19
開12 堂11　23

かいへい
海9 平5　14
魁14 平5　19

かいほ
海9 帆6　15
開12 穂15　27

かいま
海9 磨16　25
櫂18 真10　28

かいむ
快7 夢13　20
開12 夢13　25

かいめい
快7 明8　15
開12 明8　20

がいもん
凱12 門8　20

かいや
快7 弥8　15
海9 椰13　22
櫂18 也3　21

がいや
凱12 也3　15

かいゆう
海9 悠11　20
魁14 佑7　21

かいよう
快7 洋9　16
海9 陽12　21

かいら
快7 羅19　26
海9 楽13　22
開12 良7　19

かいり
浬10　10 (1)
快7 吏6　13
海9 里7　16
海9 璃15　24
魁14 哩10　24

かいる
海9 瑠14　23
櫂18 琉11　29

かいれん
海9 蓮13　22
海9 漣14　23

かいろ
開12 路13　25

かおる
郁9　9 (1)
薫16　16 (1)
馨20　20 (1)

かく
格10　10 (1)
覚12　12 (1)
可5 玖7　12

がく
学8　8 (1)
岳8　8 (1)
楽13　13 (1)

がくし
岳8 士3　11
学8 志7　15
楽13 史5　18

がくじ
学8 示5　13
岳8 路13　21

かくと
覚12 斗4　16
穫18 人2　20

がくと
岳8 杜7　15
学8 渡12　20
岳8 登12　20
岳8 翔12　20
楽13 人2　15
楽13 都11　24
雅13 玖7 斗4　24

かくのしん 格(10)之(3)進(11) 24 / 覚(12)乃(2)信(9) 23

がくま 学(8)磨(16) 24 / 楽(13)真(10) 23

がくや 学(8)哉(9) 17 / 岳(8)耶(9) 17 / 楽(13)弥(8) 21

がくよう 岳(8)陽(12) 20 / 楽(13)洋(9) 22

かげとら 景(12)虎(8) 20 / 景(12)寅(11) 23

かげまる 景(12)丸(3) 15

かげみつ 景(12)光(6) 18

かげゆき 景(12)之(3) 15

かける 翔(12) 12(1) / 駆(14) 14(1) / 駈(15) 15(1)

かざき 風(9)祈(8) 17 / 風(9)輝(15) 24

かざと 風(9)斗(4) 13 / 風(9)音(9) 18 / 風(9)翔(12) 21

かじ 舵(11) 11(1)

かしお 加(5)志(7)旺(8) 20 / 架(9)士(3)雄(12) 24

かじと 梶(11)人(2) 13

かしわ 加(5)史(5)環(17) 27 / 可(5)志(7)和(8) 20

かず 寿(7) 7(1) / 和(8) 8(1)

かずあき 一(1)瑛(12) 13 / 和(8)暁(12) 20

かずお 一(1)生(5) 6 / 和(8)央(5) 13

かずおみ 寿(7)臣(7) 14 / 和(8)臣(7) 15

かずかげ 和(8)景(12) 20

かずき 一(1)紀(9) 10 / 一(1)稀(12) 13

一(1)輝(15) 16 / 和(8)己(3) 11 / 和(8)葵(12) 20 / 和(8)輝(15) 23 / 和(8)樹(16) 24

かずくに 一(1)邦(7) 8 / 和(8)国(8) 16

かずすけ 加(5)亮(9) 14 / 嘉(14)介(4) 18

かずさ 一(1)嵯(13) 14 / 和(8)瑳(14) 22

かずし 一(1)史(5) 6 / 和(8)志(7) 15

かずじ 一(1)路(13) 14 / 和(8)慈(13) 21

かずしげ 一(1)茂(8) 9 / 和(8)繁(16) 24

かずたか 一(1)天(4) 5 / 和(8)隆(11) 19 / 和(8)貴(12) 20

かずたけ 一(1)毅(15) 16 / 和(8)剛(10) 18

かずてる 一(1)瑛(12) 13 / 和(8)輝(15) 23

かずと 一(1)登(12) 13 / 和(8)翔(12) 20 / 可(5)寿(7)斗(4) 16

かずとき 和(8)時(10) 18 / 和(8)斗(4)希(7) 19

かずとし 一(1)俊(9) 10 / 和(8)利(7) 15

かずとも 一(1)知(8) 9 / 和(8)朋(8) 16

かずとよ 和(8)豊(13) 21

かずなり 一(1)成(6) 7 / 和(8)成(6) 14 / 和(8)哉(9) 17

かずのぶ 一(1)展(10) 11 / 和(8)宣(9) 17

かずのり 一(1)憲(16) 17 / 和(8)紀(9) 17

かずはる 一(1)晴(12) 13

和(8)悠(11) 19 / 和(8)陽(12) 20

かずひ 一(1)陽(12) 13 / 和(8)飛(9) 17

かずひこ 和(8)彦(9) 17

かずひさ 一(1)悠(11) 12 / 和(8)久(3) 11

かずひで 一(1)秀(7) 8 / 和(8)秀(7) 15 / 和(8)英(8) 16

かずひと 一(1)仁(4) 5 / 和(8)人(2) 10

かずひろ 一(1)尋(12) 13 / 一(1)博(12) 13

和(8)裕(12) 20 / 和(8)紘(10) 18

かずへい 一(1)兵(7) 8 / 和(8)平(5) 13

かずほ 一(1)帆(6) 7 / 和(8)穂(15) 23

かずま 一(1)馬(10) 11 / 一(1)眞(10) 11 / 一(1)磨(16) 17 / 和(8)真(10) 18 / 和(8)磨(16) 24

かずまさ 一(1)将(10) 11 / 和(8)真(10) 18

かずまる 一(1)丸(3) 4 / 佳(8)寿(7)丸(3) 18

かずみ
一望　1・11　12
和望　8・11　19

かずみつ
一光　1・6　7
和充　8・6　14

かずむ
一武　1・8　9
和夢　8・13　21

かずや
一矢　1・5　6
一弥　1・8　9
和也　8・3　11
和哉　8・9　17

かずゆき
一雪　1・11　12
和幸　8・8　16

かずよし
知良　8・7　15
和義　8・13　21

かざなり
風成　9・6　15

かせや
可成也　5・6・3　14
夏世哉　10・5・9　24

かたし
堅　12　12(1)

かたまさ
堅志　12・7　19
方正　4・5　9
堅真　12・10　22

かつ
克　7　7(1)
活　9　9(1)

かつあき
克明　7・8　15
勝亮　12・9　21

かつお
克凰　7・11　18
勝雄　12・12　24

かつき
克樹　7・16　23
活騎　9・18　27

かつし
活志　9・7　16

かつと
活人　9・2　11
勝斗　12・4　16

かつとし
克俊　7・9　16
勝利　12・7　19

かつなり
克也　7・3　10
勝成　12・6　18

かつのぶ
且暢　5・14　19
克信　7・9　16

かつのり
克憲　7・16　23
活紀　9・9　18

かつひこ
克彦　7・9　16
活彦　9・9　18

かつひで
且秀　5・7　12
克英　7・8　15

かつひと
克人　7・2　9
勝比斗　12・4・4　20

かつひろ
克弘　7・5　12
活宏　9・7　16

かつま
克磨　7・16　23
勝馬　12・10　22

かつみ
克己　7・3　10
活海　9・9　18

かつや
克弥　7・8　15
克哉　7・9　16
活矢　9・5　14
勝哉　12・9　21

かつゆき
克幸　7・8　15
勝行　12・6　18

かつら
桂　10　10(1)

かつろう
克郎　7・9　16
勝朗　12・10　22

がどう
我道　7・12　19
雅堂　13・11　24

かなき
叶紀　5・9　14
奏希　9・7　16

かなた
叶多　5・6　11
叶汰　5・7　12
哉太　9・4　13
奏太　9・4　13

かなで
奏　9　9(1)

かなと
叶登　5・12　17
叶翔　5・12　17
哉斗　9・4　13
奏人　9・2　11
叶南斗　5・9・4　18

かなむ
叶武　5・8　13
叶夢　5・13　18
奏夢　9・13　22

かなめ
要　9　9(1)
哉芽　9・8　17

かなる
叶琉　5・11　16
奏琉　9・11　20

かねと
兼人　10・2　12
佳寧斗　8・14・4　26

かねひこ
兼彦　10・9　19
錦彦　16・9　25

かねひろ
兼弘　10・5　15
加音広　5・9・5　19

かのん
佳穏　8・16　24

がのん
雅音　13・9　22

かぶき
兜貴　11・12　23
可武希　5・8・7　20

かぶと
兜　11　11(1)
加武斗　5・8・4　17
珂武人　9・8・2　19

かむ
加夢　5・13　18
可夢　5・13　18

かむい
可武威　5・8・9　22
夏夢偉　10・13・12　35

かもん
加門　5・8　13
佳聞　8・14　22
嘉門　14・8　22

がもん
我門　7・8　15
我聞　7・14　21

かやと
茅斗　8・4　12
伽弥斗　7・8・4　19
夏哉人　10・9・2　21

かゆう
佳勇　8・9　17
夏優　10・17　27

読み	名前	画数	総画
がら	我羅	7・19	26
	雅良	13・7	20
かりた	加利多	5・7・6	18
	夏浬太	10・10・4	24
かりと	珂吏斗	9・6・4	19
かりゅう	可琉	5・11	16
	夏竜	10・10	20
かるや	駆也	14・3	17
がろ	我蕗	7・16	23
	賀路	12・13	25
かわじ	河路	8・13	21
かん	完	7	7 (1)
	侃	8	8 (1)
	貫	11	11 (1)
	歓	15	15 (1)
	環	17	17 (1)
かんいち	貫一	11・1	12
	歓市	15・5	20
かんいちろう	柑一郎	9・1・9	19
	環一郎	17・1・9	27
かんご	完吾	7・7	14
	貫悟	11・10	21
	幹吾	13・7	20
	歓伍	15・6	21
	環悟	17・10	27
かんじ	完士	7・3	10
	貫路	11・13	24
	寛治	13・8	21
かんすけ	栞佑	10・7	17
	環介	17・4	21
かんせい	侃晴	8・12	20
	幹成	13・6	19
	寛青	13・8	21
がんせい	厳生	20・5	25
かんた	完太	7・4	11
	侃太	8・4	12
	貫太	11・4	15
	幹太	13・4	17
	歓太	15・4	19
かんだい	寛大	13・3	16
	幹大	13・3	16
かんたろう	侃太朗	8・4・10	22
	貫太郎	11・4・9	24
	幹太郎	13・4・9	26
がんたろう	厳太郎	20・4・9	33
かんと	侃斗	8・4	12
	貫登	11・12	23
	幹斗	13・4	17
	寛翔	13・12	25
がんのすけ	厳之介	20・3・4	27
かんぺい	貫平	11・5	16
	寛平	13・5	18
かんや	完弥	7・8	15
	幹也	13・3	16
かんゆう	歓有	15・6	21
	寛侑	13・8	21

読み	名前	画数	総画
きいち	希壱	7・7	14
	紀市	9・5	14
	基一	11・1	12
	貴一	12・1	13
	葵一	12・1	13
	稀市	12・5	17
	輝一	15・1	16
きいちろう	揮一郎	12・1・9	22
	葵市朗	12・5・10	27
	輝一郎	15・1・9	25
きいつ	紀逸	9・11	20
きいと	葵偉斗	12・12・4	28
	輝衣人	15・6・2	23
きお	紀雄	9・12	21
	輝央	15・4	19
	騎皇	18・9	27
きおと	祈音	8・9	17
	輝音	15・9	24
	希桜斗	7・10・4	21
きくお	稀久央	12・3・5	20
きくまる	菊丸	11・3	14
きくや	掬也	11・3	14
	喜久矢	12・3・5	20
きげん	祈現	8・11	19
	紀元	9・4	13
きさく	希作	7・7	14
	貴朔	12・10	22
きざし	兆	6	6 (1)
	萌	11	11 (1)
きし	稀士	12・3	15
	輝志	15・7	22
きしょう	希匠	7・6	13
	祈翔	8・12	20
	紀章	9・11	20
	輝昇	15・8	23
きしろう	祈志朗	8・7・10	25
	騎士郎	18・3・9	30
きしん	希新	7・13	20
	紀信	9・9	18
	喜伸	12・7	19
	騎臣	18・7	25
きずき	絆己	11・3	14
	絆生	11・5	16
	絆基	11・11	22
きすけ	希祐	7・9	16
	紀介	9・4	13
	貴介	12・4	16
きせい	祈聖	8・13	21
	輝星	15・9	24
きそう	競	20	20 (1)
きたる	来	7	7 (1)
	来琉	7・11	18
きたろう	輝多郎	15・6・9	30
ぎたん	義丹	13・4	17

きった
吉6 汰7 13
桔10 太4 14

きっと
吉6 都11 17
吉6 翔12 18
橘16 斗4 20

きっぺい
吉6 平5 11
吉6 兵7 13
桔10 平5 15

きてる
希7 輝15 22
季8 照13 21

ぎどう
宜8 道12 20
義13 堂11 24

きなり
希7 也3 10
貴12 成6 18

きはや
紀9 颯14 23
輝15 隼10 25

きへい
岐7 平5 12
騎18 平5 23

きぼう
希7 望11 18
喜12 望11 23
輝15 昴9 24
輝15 望11 26

きみあき
王4 明8 12
公4 暁12 16

きみお
工4 欧8 12
樹16 海9 生5 30

きみたか
公4 孝7 11
仁4 貴12 16

きみと
公4 翔12 16
輝15 巳3 斗4 22

きみとし
公4 俊9 13

きみのり
公4 紀9 13
公4 徳14 18

きみはる
公4 春9 13
仁4 晴12 16

きみひこ
公4 彦9 13
紀9 見7 彦9 25

きみひで
公4 秀7 11
仁4 英8 12

きみひと
公4 仁4 8
君7 人2 9

きみまる
公4 丸3 7
希7 巳3 丸3 13

きみまろ
公4 麿18 22

きみゆき
君7 征8 15

きゅう
弓3 3 (1)
究7 7 (1)
救11 11 (1)

きゅうご
究7 吾7 14

きゅうじ
究7 示5 12
穹8 児7 15
穹8 路13 21

きゅうすけ
弓3 輔14 17
究7 介4 11

きゅうせい
究7 誠13 20
穹8 晴12 20

きゅうた
弓3 太4 7
究7 太4 11
玖7 汰7 14
穹8 多6 14

きゅうたろう
弓3 太4 郎9 16
穹8 太4 朗10 22

きゅうと
究7 人2 9
穹8 斗4 12

きゅうどう
求7 堂11 18
究7 道12 19

きゅうへい
求7 平5 12
究7 平5 12

きゅうま
弓3 磨16 19
求7 真10 17

きゅうや
久3 弥8 11
究7 也3 10

きよあき
清11 爽11 22
聖13 明8 21

きょう
恭10 10 (1)
響20 20 (1)

ぎょう
暁12 12 (1)

きょういち
恭10 市5 15
響20 一1 21

きょういちろう
杏7 一1 朗10 18
京8 市5 郎9 22

きょうえい
享8 瑛12 20
恭10 栄9 19
響20 英8 28

きょうが
恭10 雅13 23
響20 河8 28

きょうご
杏7 瑚13 20
享8 悟10 18
京8 悟10 18
恭10 伍6 16
響20 吾7 27

きょうし
叶5 志7 12
恭10 史5 15

きょうじ
叶5 侍8 13
杏7 士3 10
享8 治8 16

きょうしろう
杏7 史5 朗10 22
杏7 志7 郎9 23
恭10 士3 郎9 22
響20 史5 郎9 34

きょうすけ
叶5 亮9 14
杏7 佑7 14
享8 祐9 17
恭10 輔14 24
喬12 介4 16

きょうせい
共6 聖13 19
亨7 成6 13
恭10 惺12 22
響20 世5 25

きょうた
享8 太4 12
恭10 太4 14
強11 汰7 18

きょうたろう
杏太郎 7・4・9 20
亨太郎 8・4・9 21
京汰朗 8・7・10 25
響太郎 20・4・9 33

きょうのすけ
杏乃助 7・2・7 16
亨之介 8・3・4 15
恭之助 10・3・7 20

きょうへい
叶平 5・5 10
匡平 6・5 11
京兵 8・7 15
恭平 10・5 15
響平 20・5 25

きょうま
叶磨 5・16 21
杏眞 7・10 17
恭馬 10・10 20
響真 20・10 30

きょうや
叶也 5・3 8
恭哉 10・9 19

きよかず
清和 11・8 19
聖一 13・1 14

きよし
聖士 13・3 16
希世士 7・5・3 15

きよずみ
清純 11・10 21
聖澄 13・15 28

きよたか
清貴 11・12 23
潔高 15・10 25

きよてる
清瑛 11・12 23
希与輝 7・3・15 25

きよと
清人 11・2 13
聖翔 13・12 25
潔斗 15・4 19
希与人 7・3・2 12

きよはる
清春 11・9 20
聖悠 13・11 24

きよひこ
清彦 11・9 20
聖彦 13・9 22

きよひさ
清悠 11・11 22
潔久 15・3 18

きよひで
聖秀 13・7 20
廉英 13・8 21

きよひと
清仁 11・4 15
希世人 7・5・2 14

きよひろ
清尋 11・12 23
聖大 13・3 16
潔広 15・5 20

きよま
清磨 11・16 27
聖真 13・10 23

きよまさ
清雅 11・13 24
聖正 13・5 18

きよまる
清丸 11・3 14
聖丸 13・3 16

きよみち
清路 11・13 24
聖道 13・12 25

きよもり
聖守 13・6 19
聖森 13・12 25

きよゆき
聖雪 13・11 24
潔之 15・3 18

きら
煌 13 13 (1)
希良 7・7 14
祈羅 8・19 27
稀楽 12・13 25

きらく
希楽 7・13 20
煌久 13・3 16

きらと
煌斗 13・4 17
希楽人 7・13・2 22
希羅斗 7・19・4 30

きらのすけ
煌ノ佑 13・1・7 21

きらま
煌真 13・10 23
希良磨 7・7・16 30

きり
稀里 12・7 19
稀浬 12・10 22

きりま
桐馬 10・10 20

きりゅう
希竜 7・10 17
祈龍 8・16 24
基隆 11・11 22
葵琉 12・11 23
輝龍 15・16 31

きわむ
究 7 7 (1)
極 12 12 (1)

きんが
錦我 16・7 23

ぎんが
銀河 14・8 22
銀雅 14・13 27

きんじ
錦士 16・3 19

ぎんじ
吟次 7・6 13
銀侍 14・8 22

ぎんじろう
銀士郎 14・3・9 26
銀次郎 14・6・9 29

ぎんぞう
銀蔵 14・15 29

きんた
錦太 16・4 20

ぎんた
吟汰 7・7 14
銀汰 14・7 21

きんと
錦斗 16・4 20

ぎんと
銀斗 14・4 18

ぎんのじょう
銀之丞 14・3・6 23

きんのすけ
錦之輔 16・3・14 33
謹之介 17・3・4 24

ぎんのすけ
吟乃輔 7・2・14 23
銀ノ助 14・1・7 22
銀之介 14・3・4 21

きんや
欽耶 12・9 21
錦也 16・3 19

ぎんや
銀也 14・3 17
銀弥 14・8 22

くう
空 8 8 (1)
駈宇 15・6 21

くうが
空牙 8・4 12
空河 8・8 16
空雅 8・13 21

くうき
空輝 8・15 23

くうご
空悟 8・10 18
玖宇吾 7・6・7 20

くうじ
空志 8・7 15

くうじろう
空次郎 8・6・9 23

くうた
空太 8・4 12

くうだい
空大 8・3 11

くうと
空斗 8・4 12
空飛 8・9 17
空羽斗 8・6・4 18

くうや
空弥 8・8 16
空哉 8・9 17

くおん
久遠 3・13 16
玖音 7・9 16
玖恩 7・10 17
駈音 15・9 24

くどう
玖堂 7・11 18
駈道 15・12 27

くにあき
邦明 7・8 15
国彰 8・14 22

くにえ
邦慧 7・15 22
訓慧 10・15 25

くにお
州生 6・5 11
邦雄 7・12 19
国央 8・5 13

くにさだ
国定 8・8 16

くにさと
邦智 7・12 19
国郷 8・11 19

くにと
邦斗 7・4 11
玖仁翔 7・4・12 23

くにひこ
邦彦 7・9 16
久仁彦 3・4・9 16

くにひろ
州広 6・5 11
邦裕 7・12 19

くにみつ
邦光 7・6 13

くらうど
蔵人 15・2 17
久羅人 3・19・2 24

くらのすけ
倉乃亮 10・2・9 21
蔵之介 15・3・4 22

くるり
來璃 8・15 23
来琉里 7・11・7 25

くれお
玖怜央 7・8・5 20

くろうど
蔵人 15・2 17

くろむ
久呂武 3・7・8 18
玖呂夢 7・7・13 27

くんじ
勲侍 15・8 23
薫司 16・5 21

くんぺい
勲平 15・5 20

けい
圭 6 6(1)
径 8 8(1)
奎 9 9(1)
啓 11 11(1)
渓 11 11(1)
慶 15 15(1)
慧 15 15(1)

けいいち
恵一 10・1 11
景市 12・5 17
慶一 15・1 16
繋一 19・1 20

けいいちろう
径一郎 8・1・9 18
慶一朗 15・1・10 26

けいが
圭河 6・8 14
恵雅 10・13 23

けいがく
圭楽 6・13 19
啓岳 11・8 19

けいき
圭紀 6・9 15
慧希 15・7 22

けいご
圭吾 6・7 13
恵悟 10・10 20
渓伍 11・6 17
慶吾 15・7 22
慧悟 15・10 25

けいさく
圭作 6・7 13
恵咲 10・9 19
敬朔 12・10 22

けいし
圭史 6・5 11
景司 12・5 17
慶士 15・3 18
慧志 15・7 22

けいじ
恵治 10・8 18
渓児 11・7 18
景侍 12・8 20
慧士 15・3 18
慶治 15・8 23

けいじゅ
圭寿 6・7 13
桂樹 10・16 26
慧樹 15・16 31

けいしゅう
奎秀 9・7 16
桂舟 10・6 16
慧秀 15・7 22

けいしょう
圭湘 6・12 18
敬将 12・10 22
慶翔 15・12 27

けいしろう
渓士郎 11・3・9 23
渓士朗 11・3・10 24
慧史朗 15・5・10 30

けいじろう
圭次郎 6・6・9 21
啓二郎 11・2・9 22

けいしん
恵真 10・10 20
敬心 12・4 16
慶心 15・4 19
慧心 15・4 19

けいすけ
圭佑 6・7 13
圭亮 6・9 15
径助 8・7 15
恵介 10・4 14
啓介 11・4 15
啓甫 11・7 18
慧介 15・4 19

けいせい
佳誠 8・13 21
敬正 12・5 17
慧聖 15・13 28

けいぞう
- 恵(10)造(10) 20
- 慶(15)蔵(15) 30

けいた
- 圭(6)太(4) 10
- 佳(8)太(4) 12
- 恵(10)汰(7) 17
- 啓(11)多(6) 17
- 渓(11)太(4) 15
- 敬(12)汰(7) 19
- 景(12)太(4) 16
- 慶(15)多(6) 21
- 慧(15)太(4) 19

けいだい
- 圭(6)大(3) 9
- 恵(10)大(3) 13
- 敬(12)大(3) 15
- 慧(15)大(3) 18

けいたつ
- 恵(10)達(12) 22
- 景(12)達(12) 24

けいたろう
- 圭(6)太(4)郎(9) 19
- 恵(10)太(4)朗(10) 24
- 敬(12)多(6)朗(10) 28

けいち
- 圭(6)智(12) 18
- 慧(15)知(8) 23

けいと
- 圭(6)翔(12) 18
- 恵(10)音(9) 19
- 蛍(11)斗(4) 15
- 渓(11)登(12) 23
- 慶(15)音(9) 24
- 慧(15)都(11) 26

けいのすけ
- 径(8)之(3)介(4) 15
- 恵(10)ノ(1)輔(14) 25

けいぶ
- 径(8)武(8) 16
- 慧(15)武(8) 23

けいま
- 圭(6)磨(16) 22
- 恵(10)真(10) 20
- 啓(11)馬(10) 21

けいむ
- 憬(15)夢(13) 28

けいめい
- 径(8)明(8) 16
- 啓(11)明(8) 19

けいや
- 啓(11)弥(8) 19
- 景(12)也(3) 15
- 慶(15)哉(9) 24

けいゆう
- 恵(10)悠(11) 21
- 敬(12)優(17) 29

けいん
- 圭(6)允(4) 10
- 恵(10)音(9) 19

げっと
- 月(4)音(9) 13
- 月(4)登(12) 16

げっとう
- 月(4)冬(5) 9

けん
- 研(9) 9(1)
- 剣(10) 10(1)
- 健(11) 11(1)
- 憲(16) 16(1)
- 賢(16) 16(1)

げん
- 元(4) 4(1)
- 弦(8) 8(1)
- 原(10) 10(1)
- 現(11) 11(1)
- 絃(11) 11(1)
- 舷(11) 11(1)

けんいち
- 舷(11)一(1) 12
- 健(11)壱(7) 18
- 絢(12)一(1) 13

げんいち
- 源(13)市(5) 18

けんいちろう
- 剣(10)一(1)朗(10) 21
- 健(11)一(1)郎(9) 21

げんえい
- 玄(5)英(8) 13
- 源(13)栄(9) 22

げんが
- 元(4)我(7) 11
- 弦(8)雅(13) 21

げんかい
- 玄(5)海(9) 14

げんき
- 元(4)気(6) 10
- 元(4)基(11) 15
- 弦(8)希(7) 15
- 絃(11)生(5) 16

けんきち
- 源(13)毅(15) 28
- 研(9)吉(6) 15
- 健(11)吉(6) 17

けんご
- 建(9)伍(6) 15
- 剣(10)呉(7) 17
- 絢(12)吾(7) 19
- 賢(16)悟(10) 26

げんご
- 源(13)吾(7) 20

けんごう
- 健(11)豪(14) 25
- 堅(16)剛(10) 26

けんさく
- 絢(12)作(7) 19
- 賢(16)咲(9) 25

けんし
- 拳(10)士(3) 13
- 舷(11)士(3) 14

けんじ
- 健(11)史(5) 16
- 剣(10)士(3) 13
- 健(11)治(8) 19
- 堅(12)二(2) 14
- 絢(12)次(6) 18
- 賢(16)治(8) 24

げんじ
- 元(4)治(8) 12
- 弦(8)慈(13) 21
- 源(13)士(3) 16

けんしょう
- 健(11)勝(12) 23
- 憲(16)章(11) 27

けんしろう
- 剣(10)士(3)郎(9) 22
- 絢(12)史(5)朗(10) 27
- 賢(16)志(7)朗(10) 33

けんじろう
- 健(11)児(7)郎(9) 27
- 賢(16)治(8)朗(10) 34

けんしん
- 健(11)伸(7) 18
- 賢(16)信(9) 25
- 謙(17)心(4) 21

けんすけ
- 研(9)輔(14) 23
- 剣(10)介(4) 14
- 賢(16)介(4) 20
- 憲(16)祐(9) 25
- 謙(17)介(4) 21

けんせい
- 拳(10)正(5) 15
- 憲(16)青(8) 24

げんせい
- 元(4)聖(13) 17

けんそう
- 賢(16)奏(9) 25

けんぞう
- 堅(12)蔵(15) 27

げんぞう
- 玄5造10　15

けんた
- 研9太4　13
- 拳10太4　14
- 健11太4　15
- 健11多6　17
- 絢12太4　16
- 賢16汰7　23

げんた
- 元4太4　8
- 弦8多6　14
- 絃11太4　15
- 源13太4　17

げんだい
- 元4大3　7
- 源13大3　16

けんたつ
- 賢16竜10　26
- 顕18達12　30

けんたろう
- 研9太4郎9　22
- 建9汰7朗10　26
- 健11太4郎9　24
- 賢16多6朗10　32
- 顕18太4郎9　31

げんたろう
- 舷11太4郎9　24
- 源13太4郎9　26

けんと
- 研9都11　20
- 剣10人2　12
- 剣10翔12　22
- 拳10斗4　14
- 健11翔12　23
- 賢16登12　28
- 顕18人2　20

げんと
- 言7斗4　11
- 弦8人2　10

げんとく
- 玄5徳14　19
- 現11徳14　25

けんのすけ
- 研9之3介4　16
- 健11之3佑7　21

げんのすけ
- 源13之3助7　23

けんぶ
- 剣10舞15　25
- 健11武8　19

げんぶ
- 玄5武8　13

けんま
- 健11磨16　27
- 賢16馬10　26

げんま
- 原10磨16　26

けんめい
- 憲16明8　24

けんや
- 研9也3　12
- 絢12矢5　17
- 賢16哉9　25
- 謙17也3　20

げんや
- 元4哉9　13
- 原10也3　13
- 絃11也3　14

けんゆう
- 健11有6　17
- 賢16悠11　27

げんわ
- 元4和8　12
- 源13和8　21

こあ
- 虎8愛13　21
- 琥12阿8　20

ごいち
- 吾7一1　8
- 悟10一1　11

こう
- 広5　5(1)
- 光6　6(1)
- 昂8　8(1)
- 昊8　8(1)
- 虹9　9(1)
- 洸9　9(1)
- 航10　10(1)
- 高10　10(1)
- 煌13　13(1)

ごう
- 剛10　10(1)
- 豪14　14(1)
- 轟21　21(1)

こうあん
- 巧5庵11　16
- 光6晏10　16

こういち
- 晃10壱7　17
- 煌13一1　14
- 煌13市5　18

ごういち
- 豪14一1　15

こういちろう
- 孝7一1郎9　17
- 倖10一1郎9　20

こうう
- 光6宇6　12
- 煌13宇6　19

こうえい
- 光6栄9　15
- 康11永5　16
- 煌13英8　21

こうが
- 行6河8　14
- 光6雅13　19
- 虹9雅13　22
- 煌13河8　21

こうかい
- 航10海9　19

こうき
- 弘5毅15　20
- 広5樹16　21
- 光6輝15　21
- 宏7基11　18
- 昂8輝15　23
- 洸9生5　14
- 皇9希7　16
- 航10紀9　19

ごうき
- 剛10生5　15
- 剛10輝15　25
- 豪14希7　21

こうきち
- 康11吉6　17
- 興16吉6　22

こうけん
- 功5謙17　22
- 孝7健11　18

こうさい
- 光6才3　9
- 虹9彩11　20

こうさく
- 弘5作7　12
- 孝7朔10　17
- 幸8作7　15

こうし
- 広5志7　12
- 虹9史5　14

こうじ
- 光6慈13　19
- 行6路13　19
- 孝7治7　14
- 幸8至6　14
- 晃10司4　14
- 浩10史5　15

ごうし
剛史（10・5）15
郷士（11・3）14
豪士（14・3）17
豪志（14・7）21

こうしゅ
洸守（9・6）15
晃主（10・5）15

こうじゅ
光寿（6・7）13
幸樹（8・16）24

ごうしゅ
剛主（10・5）15
豪守（14・6）20

こうしゅん
光春（6・9）15
煌俊（13・9）22

こうしょう
広祥（5・10）15
航翔（10・12）22

こうしろう
光士朗（6・3・10）19
光志朗（6・7・10）23
恒志郎（9・7・9）25
紘士郎（10・3・9）22
晃史朗（10・5・10）25

こうじろう
光児郎（6・7・9）22
宏二朗（7・2・10）19

こうじん
洸尋（9・12）21
晃仁（10・4）14

こうすけ
功祐（5・9）14
行輔（6・14）20
孝介（7・4）11
孝祐（7・9）16
昂介（8・4）12
虹佑（9・7）16
皇亮（9・9）18
航介（10・4）14
紘助（10・7）17
耕輔（10・14）24
皓介（12・4）16

ごうすけ
剛介（10・4）14
郷佑（11・7）18
豪助（14・7）21

こうせい
光惺（6・12）18
孝世（7・5）12
宏聖（7・13）20
昂星（8・9）17
洸生（9・5）14
航誠（10・13）23
康清（11・11）22
煌成（13・6）19

こうぞう
巧蔵（5・15）20
晃造（10・10）20

こうた
光汰（6・7）13
宏多（7・6）13
昂太（8・4）12
岬太（8・4）12
幸多（8・6）14
洸太（9・4）13
虹汰（9・7）16
倖太（10・4）14
浩太（10・4）14

ごうた
剛汰（10・7）17
郷太（11・4）15
豪太（14・4）18

こうだい
功大（5・3）8
孝大（7・3）10
宏大（7・3）10
航大（10・3）13
煌大（13・3）16

ごうだい
剛大（10・3）13
轟大（21・3）24

こうたく
孝琢（7・11）18
煌拓（13・8）21

こうたつ
宏達（7・12）19
幸龍（8・16）24

こうたろう
幸多郎（8・6・9）23
皇太郎（9・4・9）22
洸太朗（9・4・10）23
浩太郎（10・4・9）23
航太郎（10・4・9）23
高太郎（10・4・9）23

こうち
広智（5・12）17
昊知（8・8）16
耕智（10・12）22

こうと
考斗（6・4）10
晃人（10・2）12
航翔（10・12）22

ごうと
剛人（10・2）12
豪人（14・2）16
豪斗（14・4）18

こうのすけ
幸之祐（8・3・9）20
康之介（11・3・4）18

こうはん
光帆（6・6）12
幸絆（8・11）19

ごうひ
剛飛（10・9）19
豪陽（14・12）26

こうへい
虹平（9・5）14
倖平（10・5）15
晃平（10・5）15
航平（10・5）15
康平（11・5）16

こうま
行馬（6・10）16
晃真（10・10）20
煌真（13・10）23

こうむ
光武（6・8）14
航夢（10・13）23

こうめい
光明（6・8）14
孝明（7・8）15
昊明（8・8）16

こうや
光矢（6・5）11
虹也（9・3）12
航也（10・3）13
航弥（10・8）18
康哉（11・9）20
皓矢（12・5）17
滉也（13・3）16
煌矢（13・5）18

こうゆう
功優（5・17）22
光悠（6・11）17
幸侑（8・8）16

ごうゆう
剛勇（10・9）19
郷友（11・4）15

こうよう
光洋（6・9）15
向陽（6・12）18
行遥（6・12）18
幸陽（8・12）20
航洋（10・9）19
煌陽（13・12）25

こうりん
光琳（6・12）18
行凛（6・15）21

こくと
- 克都（7・11）18
- 刻斗（8・4）12

ここのり
- 心典（4・8）12
- 心紀（4・9）13

ここはる
- 心温（4・12）16
- 心晴（4・12）16
- 虎々悠（8・3・11）22

ここひろ
- 心大（4・3）7
- 心宏（4・7）11
- 心尋（4・12）16

ここまろ
- 心磨（4・18）22
- 心真呂（4・10・7）21

ここみち
- 心道（4・12）16
- 心実智（4・8・12）24

ここむ
- 心武（4・8）12
- 心夢（4・13）17

こころ
- 心（4）4 (1)
- 心路（4・13）17

こじゅうろう
- 小十郎（3・2・9）14
- 虎十朗（8・2・10）20

こしろう
- 虎史朗（8・5・10）23
- 湖志郎（12・7・9）28
- 瑚士朗（13・3・10）26

こじろう
- 小次郎（3・6・9）18
- 虎二朗（8・2・10）20
- 琥次郎（12・6・9）27

こた
- 虎汰（8・7）15
- 琥太（12・4）16
- 瑚大（13・3）16
- 鼓多（13・6）19

ごだい
- 吾大（7・3）10
- 悟大（10・3）13

こたろう
- 虎太朗（8・4・10）22
- 湖太郎（12・4・9）25
- 琥太郎（12・4・9）25
- 鼓太郎（13・4・9）26

こてつ
- 小鉄（3・13）16
- 虎哲（8・10）18

ごてん
- 伍天（6・4）10

ごどう
- 伍童（6・12）18
- 悟道（10・12）22

ことみち
- 言道（7・12）19

ことや
- 采也（8・3）11
- 琴耶（12・9）21
- 詞哉（12・9）21

ことら
- 小虎（3・8）11
- 瑚虎（13・8）21

こなん
- 虎南（8・9）17
- 湖南（12・9）21
- 琥南（12・9）21

こまき
- 駒己（15・3）18

こまなり
- 駒也（15・3）18

こむ
- 虎夢（8・13）21
- 琥武（12・8）20

こゆる
- 超（12）12 (1)

これきよ
- 是聖（9・13）22
- 惟清（11・11）22

これたか
- 是高（9・10）19
- 是隆（9・11）20

これひと
- 是人（9・2）11
- 惟人（11・2）13

これまさ
- 是真（9・10）19
- 是雅（9・13）22

これもと
- 是基（9・11）20

ごろう
- 伍朗（6・10）16
- 吾郎（7・9）16

こん
- 昆（8）8 (1)
- 渾（12）12 (1)
- 墾（16）16 (1)

こんたろう
- 渾太郎（12・4・9）25

さい
- 才（3）3 (1)

さいいち
- 才壱（3・7）10
- 采一（8・1）9

さいが
- 才牙（3・4）7
- 才我（3・7）10
- 采賀（8・12）20

さいじ
- 采志（8・7）15
- 彩士（11・3）14

さいしろう
- 才志郎（3・7・9）19
- 彩士朗（11・3・10）24

さいすけ
- 才介（3・4）7
- 彩佑（11・7）18

さいせい
- 采惺（8・12）20
- 彩誠（11・13）24

さいぞう
- 才蔵（3・15）18
- 彩造（11・10）21

さいと
- 才音（3・9）12
- 才翔（3・12）15
- 采斗（8・4）12
- 彩人（11・2）13

さいのすけ
- 才之介（3・3・4）10
- 彩乃輔（11・2・14）27

さいま
- 才磨（3・16）19
- 采磨（8・16）24

さいもん
- 才門（3・8）11
- 采門（8・8）16

さえき
- 冴生（7・5）12
- 冴騎（7・18）25

さきた
- 咲太（9・4）13
- 咲貴多（9・12・6）27

さきち
- 佐吉（7・6）13
- 瑳吉（14・6）20

さきと
- 咲人（9・2）11
- 咲翔（9・12）21
- 沙輝斗（7・15・4）26

さきょう
- 左京（5・8）13
- 冴恭（7・10）17

さく
- 朔10 — 10(1)
- 冴7玖7 — 14
- 咲9空8 — 17

さくじ
- 咲9路13 — 22
- 朔10次6 — 16

さくた
- 作7多6 — 13
- 咲9多6 — 15
- 咲9汰7 — 16
- 朔10太4 — 14

さくたろう
- 作7太4朗10 — 21
- 咲9多6郎9 — 24
- 朔10太4郎9 — 23

さくと
- 作7翔12 — 19
- 咲9人2 — 11
- 朔10斗4 — 14

さくとし
- 咲9利7 — 16

さくのすけ
- 作7之3介4 — 14
- 咲9乃2佑7 — 18

さくへい
- 咲9平5 — 14
- 朔10平5 — 15

さくま
- 作7馬10 — 17
- 咲9真10 — 19
- 朔10馬10 — 20
- 朔10磨16 — 26

さくや
- 作7哉9 — 16
- 咲9弥8 — 17
- 朔10也3 — 13

さくろう
- 咲9朗10 — 19
- 朔10郎9 — 19

さこん
- 左5近7 — 12

さすけ
- 沙7介4 — 11
- 冴7介4 — 11
- 冴7輔14 — 21
- 佐7助7 — 14
- 咲9佑7 — 16
- 颯14介4 — 18

さだお
- 貞9雄12 — 21

さだかず
- 定8和8 — 16

さだと
- 貞9登12 — 21
- 寧14斗4 — 18

さだはる
- 定8晴12 — 20

さだひこ
- 貞9彦9 — 18

さだひさ
- 寧14久3 — 17

さだむ
- 定8 — 8(1)
- 禎13夢13 — 26

さちお
- 幸8生5 — 13
- 祥10皇9 — 19
- 佐7智12雄12 — 31

さちと
- 幸8斗4 — 12
- 祥10都11 — 21

さちや
- 幸8也3 — 11
- 彩11千3哉9 — 23
- 彩11知8也3 — 22

さつき
- 冴7月4 — 11
- 颯14生5 — 19
- 颯14樹16 — 30

さつじ
- 颯14士3 — 17
- 颯14児7 — 21

さつま
- 颯14馬10 — 24

さつや
- 颯14也3 — 17
- 薩17矢5 — 22

さとあき
- 聡14晶12 — 26
- 慧15明8 — 23
- 慧15晃10 — 25

さとき
- 怜8貴12 — 20
- 悟10希7 — 17
- 郷11樹16 — 27
- 聖13輝15 — 28

さとし
- 怜8 — 8(1)
- 哲10 — 10(1)
- 聡14 — 14(1)
- 慧15 — 15(1)
- 悟10史5 — 15
- 智12史5 — 17
- 聖13志7 — 20
- 慧15士3 — 18

さとじ
- 聖13慈13 — 26
- 聡14次6 — 20

さとなり
- 慧15也3 — 18
- 諭16成6 — 22

さとのり
- 智12規11 — 23
- 慧15典8 — 23

さとふみ
- 郷11史5 — 16
- 智12文4 — 16

さとむ
- 聖13夢13 — 26

さとや
- 聡14武8 — 22
- 悟10也3 — 13
- 覚12哉9 — 21
- 賢16矢5 — 21

さとゆき
- 郷11雪11 — 22
- 賢16之3 — 19

さとる
- 悟10 — 10(1)
- 達12 — 12(1)
- 惺12 — 12(1)
- 聡14 — 14(1)
- 慧15 — 15(1)
- 聖13琉11 — 24

さない
- 左5内4 — 9

さねあつ
- 実8惇11 — 19
- 実8篤16 — 24

さねとし
- 実8利7 — 15
- 実8俊9 — 17

さねひこ
- 実8彦9 — 17

さのすけ
- 佐7之3助7 — 17
- 瑳14ノ1介4 — 19

さむ
- 佐7武8 — 15
- 咲9夢13 — 22

さもん
- 沙7門8 — 15
- 瑳14門8 — 22

さりゅう
- 沙7琉11 — 18
- 瑳14竜10 — 24

さん
- 賛15 — 15(1)
- 燦17 — 17(1)

さんか
山3架9 12
燦17夏10 27

さんが
山3河8 11
賛15雅13 28

さんご
参8吾7 15
珊9瑚13 22

さんし
燦17史5 22
燦17志7 24

さんじ
燦17侍8 25
讃22次6 28

さんた
山3太4 7
賛15多6 21

さんた
燦17太4 21

さんと
燦17人2 19
燦17斗4 21

さんぺい
珊9平5 14
燦17平5 22

さんり
山3璃15 18
燦17李7 24

しあ
史5阿8 13
志7亜7 14

しあん
上3庵11 14
詩13晏10 23

じあん
侍8庵11 19
慈13庵11 24

しい
史5偉12 17
思9惟11 20

しいた
椎12汰7 19
思9惟11太4 24

しいま
椎12真10 22
椎12磨16 28

しいや
椎12弥8 20

じえい
時10瑛12 22
慈13英8 21

しお
史5旺8 13
志7央5 12

しおう
史5桜10 15
詩13凰11 24

しおひこ
汐6彦9 15
潮15彦9 24

しおん
士3恩10 13
司5音9 14
志7温12 19
偲11音9 20
詞12穏16 28
紫12苑8 20
獅13温12 25

じおん
侍8温12 20
慈13音9 22

しがく
志7岳8 15

しき
志7稀12 19
詩13樹16 29

しきた
識19太4 23

しげあき
茂8晃10 18
繁16秋9 25

しげき
茂8希7 15
重9樹16 25
滋12樹16 28

しげたか
茂8貴12 20
重9隆11 20

しげと
成6斗4 10
慈13翔12 25

しげとら
成6虎8 14
茂8寅11 19

しげなり
重9成6 15
繁16也3 19

しげのぶ
成6伸7 13
繁16宣9 25

しげのり
成6紀9 15
重9典8 17

しげはる
茂8陽12 20
繁16陽12 28

しげひこ
滋12彦9 21

しげみつ
茂8光6 14

しげや
滋12矢5 17
繁16也3 19

しげゆき
成6之3 9
繁16行6 22

しげよし
成6能10 16

しげる
成6 6 (1)
茂8 8 (1)
繁16 16 (1)

じげん
侍8玄5 13
慈13元4 17

しこう
至6皇9 15
志7煌13 20

ししまる
獅13子3丸3 19

しずお
寧14雄12 26
志7寿7生5 19

しずか
玄5 5 (1)
静14 14 (1)

しずき
寧14生5 19
史5寿7希7 19

しずま
寧14真10 24
静14麻11 25

しずや
静14也3 17
寧14哉9 23

しせい
史5惺12 17
志7誠13 20
詩13聖13 26

しだい
志7大3 10

じたん
侍8旦5 13
慈13丹4 17

じだん
慈13暖13 26

しちのすけ
七之佑（2・3・7）12
質乃介（15・2・4）21

じつや
実也（8・3）11
実哉（8・9）17

じつろう
実郎（8・9）17

しと
史翔（5・12）17

しど
史渡（5・12）17
志努（7・7）14

しどう
史道（5・12）17
志道（7・12）19
獅堂（13・11）24

しなん
史南（5・9）14
詩南（13・9）22

しのすけ
士之輔（3・3・14）20
志之介（7・3・4）14

しのぶ
忍（7）7（1）
志伸（7・7）14

しば
士馬（3・10）13
志羽（7・6）13

しへい
至平（6・5）11
偲平（11・5）16

しま
史磨（5・16）21
志真（7・10）17

じむ
時夢（10・13）23
慈武（13・8）21

しめい
史明（5・8）13
紫明（12・8）20

しめす
示（5）5（1）

しもん
司門（5・8）13
志門（7・8）15

じゅあん
寿庵（7・11）18
樹晏（16・10）26

しゅう
秀（7）7（1）
周（8）8（1）
柊（9）9（1）
修（10）10（1）
脩（11）11（1）
集（12）12（1）

しゆう
志侑（7・8）15

じゅう
充（6）6（1）

しゅういち
柊市（9・5）14
修一（10・1）11

しゅういちろう
周一朗（8・1・10）19
柊一郎（9・1・9）19
脩一郎（11・1・9）21

しゅうえい
秀映（7・9）16
柊栄（9・9）18

しゅうが
秀牙（7・4）11
修我（10・7）17

しゅうき
秀貴（7・12）19
秋輝（9・15）24

しゅうご
秀悟（7・10）17
柊吾（9・7）16
修瑚（10・13）23

しゅうこう
周洸（8・9）17
崇広（11・5）16

しゅうさく
秀作（7・7）14
周咲（8・9）17

しゅうし
秀士（7・3）10
周史（8・5）13

しゅうじ
周慈（8・13）21
柊司（9・5）14
修治（10・8）18

しゅうすけ
秀介（7・4）11
周祐（8・9）17
柊介（9・4）13
脩輔（11・14）25

しゅうせい
秀成（7・6）13
周星（8・9）17
周晴（8・12）20
柊聖（9・13）22
脩正（11・5）16

しゅうぞう
柊蔵（9・15）24
修造（10・10）20

しゅうた
周太（8・4）12
柊汰（9・7）16
修太（10・4）14
集汰（12・7）19

しゅうだい
州大（6・3）9
秀大（7・3）10

しゅうたろう
周太郎（8・4・9）21
秋太郎（9・4・9）22

しゅうと
秀音（7・9）16
周翔（8・12）20
柊斗（9・4）13
修都（10・11）21

じゅうと
十翔（2・12）14
充斗（6・4）10

しゅうのすけ
周乃助（8・2・7）17
柊之介（9・3・4）16

しゅうへい
収平（4・5）9
秀兵（7・7）14
脩平（11・5）16

しゅうま
周磨（8・16）24
柊麻（9・11）20
修真（10・10）20
崇馬（11・10）21

しゅうむ
秀武（7・8）15

しゅうめい
周明（8・8）16
柊明（9・8）17

しゅうや
州也（6・3）9
秀弥（7・8）15
柊矢（9・5）14
脩哉（11・9）20

しゅうゆう
秀裕（7・12）19
周悠（8・11）19

しゅうよう
秀洋（7・9）16
秋陽（9・12）21

しゅうろう
秀郎（7・9）16
周朗（8・10）18

しゅおん
主恩（5・10）15
珠温（10・12）22

じゅき
寿7希7 14
珠10喜12 22

じゅきや
寿7祈8也3 18
樹16希7弥8 31

じゅだい
寿7大3 10
樹16大3 19

じゅたろう
寿7多6郎9 22
樹16太4朗10 30

じゅと
志7優17人2 26
詩13悠11斗4 28

じゅもん
主5門8 13
珠10文4 14

しゅん
旬6 6(1)
俊9 9(1)
峻10 10(1)
隼10 10(1)
駿17 17(1)
瞬18 18(1)

じゅん
巡6 6(1)
准10 10(1)
純10 10(1)
淳11 11(1)
詢13 13(1)
潤15 15(1)
遵15 15(1)
諄15 15(1)

しゅんいち
峻10市5 15
駿17一1 18

じゅんいち
准10一1 11
純10一1 11
淳11市5 16
順12一1 13

しゅんいちろう
俊9一1郎9 19

じゅんいちろう
純10一1郎9 20
惇11一1朗10 22
潤15一1郎9 25

しゅんえい
隼10栄9 19
瞬18永5 23

しゅんき
峻10己3 13
隼10輝15 25
駿17祈8 25

じゅんき
洵9葵12 21
惇11輝15 26

じゅんきち
純10吉6 16
淳11吉6 17

しゅんご
春9悟10 19
竣12吾7 19
駿17伍6 23

じゅんご
准10吾7 17
潤15吾7 22

しゅんさく
俊9作7 16
隼10作7 17

じゅんさく
潤15咲9 24

しゅんじ
洵9士3 12
遵15士3 18
駿17児7 24

じゅんじ
惇11司5 16
順12慈13 25

しゅんじろう
旬6次6郎9 21
峻10士3郎9 22

しゅんすけ
旬6輔14 20
俊9甫7 16
峻10介4 14
竣12亮9 21
舜13祐9 22
駿17介4 21
瞬18介4 22

じゅんすけ
純10輔14 24
潤15介4 19

しゅんせい
春9生5 14
俊9青8 17

じゅんせい
純10惺12 22
淳11誠13 24

しゅんぞう
旬6造10 16
駿17蔵15 32

しゅんた
隼10太4 14
舜13汰7 20
駿17太4 21

じゅんた
准10太4 14
惇11太4 15

しゅんだい
隼10大3 13
駿17大3 20

しゅんたろう
俊9太4朗10 23
春9多6朗10 25
隼10太4郎9 23
駿17太4郎9 30

じゅんたろう
惇11太4郎9 24
淳11多6朗10 27

しゅんと
俊9人2 11
春9翔12 21
駿17人2 19

しゅんのすけ
旬6之3介4 13
春9乃2輔14 25

じゅんのすけ
純10之3祐9 22
淳11之3助7 21
順12之3介4 19

しゅんぺい
俊9平5 14
春9平5 14
隼10平5 15

じゅんぺい
准10平5 15
順12平5 17
潤15平5 20

しゅんま
俊9眞10 19
隼10磨16 26
舜13馬10 23

じゅんま
純10真10 20
詢13真10 23

しゅんや
旬6哉9 15
俊9耶9 18
隼10矢5 15
竣12弥8 20

じゅんや
純10弥8 18
惇11哉9 20
閏12弥8 20
詢13也3 16

じゅんろう
准10郎9 19
淳11郎9 20

しゅんわ
- 俊[9]和[8] 17
- 駿[17]我[7] 24

しょう
- 匠[6] 6(1)
- 尚[8] 8(1)
- 昇[8] 8(1)
- 将[10] 10(1)
- 唱[11] 11(1)
- 渉[11] 11(1)
- 勝[12] 12(1)
- 惺[12] 12(1)
- 翔[12] 12(1)

じょう
- 丈[3] 3(1)
- 成[6] 6(1)
- 穣[18] 18(1)

しょうあ
- 将[10]亜[7] 17
- 翔[12]亜[7] 19

しょうい
- 昇[8]偉[12] 20
- 翔[12]李[7] 19

しょういち
- 尚[8]一[1] 9
- 惺[12]一[1] 13
- 翔[12]一[1] 13
- 湘[12]市[5] 17

じょういち
- 丈[3]壱[7] 10
- 譲[20]市[5] 25

じょういちろう
- 丈[3]一[1]郎[9] 13
- 譲[20]一[1]郎[9] 30

しょうえい
- 匠[6]永[5] 11
- 祥[10]英[8] 18
- 翔[12]永[5] 17
- 惺[12]栄[9] 21
- 照[13]映[9] 22

しょうき
- 昇[8]貴[12] 20
- 渉[11]稀[12] 23
- 勝[12]己[3] 15
- 翔[12]祈[8] 20

しょうきち
- 湘[12]吉[6] 18
- 翔[12]吉[6] 18

しょうご
- 昇[8]吾[7] 15
- 笑[10]伍[6] 16
- 祥[10]吾[7] 17
- 将[10]呉[7] 17
- 章[11]吾[7] 18
- 惺[12]五[4] 16
- 湘[12]吾[7] 19
- 翔[12]吾[7] 19
- 晶[12]悟[10] 22
- 照[13]悟[10] 23
- 彰[14]吾[7] 21

しょうじ
- 将[10]侍[8] 18
- 翔[12]司[5] 17
- 湘[12]児[7] 19

じょうじ
- 丈[3]士[3] 6
- 丞[6]児[7] 13
- 譲[20]司[5] 25

しょうすけ
- 匠[6]佑[7] 13
- 昇[8]輔[14] 22
- 翔[12]助[7] 19

じょうすけ
- 丈[3]祐[9] 12

じょうせい
- 丈[3]聖[13] 16
- 譲[20]正[5] 25

しょうぞう
- 匠[6]造[10] 16
- 昇[8]蔵[15] 23
- 翔[12]造[10] 22

しょうた
- 尚[8]汰[7] 15
- 昇[8]汰[7] 15
- 祥[10]太[4] 14
- 湘[12]太[4] 16
- 翔[12]太[4] 16
- 惺[12]多[6] 18

じょうた
- 丈[3]多[6] 9
- 丞[6]太[4] 10
- 譲[20]汰[7] 27

しょうだい
- 将[10]大[3] 13
- 翔[12]大[3] 15

しょうたろう
- 将[10]汰[7]朗[10] 27
- 梢[11]太[4]郎[9] 24
- 渉[11]太[4]郎[9] 24
- 翔[12]汰[7]朗[10] 29

じょうたろう
- 丈[3]多[6]郎[9] 18
- 常[11]太[4]朗[10] 25

じょうち
- 丞[6]智[12] 18
- 譲[20]知[8] 28

しょうと
- 昇[8]人[2] 10
- 笑[10]翔[12] 22
- 勝[12]斗[4] 16
- 翔[12]都[11] 23

じょうと
- 譲[20]斗[4] 24

しょうのすけ
- 匠[6]乃[2]介[4] 12
- 惺[12]之[3]介[4] 19
- 翔[12]ノ[1]輔[14] 27

しょうぶ
- 尚[8]武[8] 16
- 翔[12]武[8] 20

しょうへい
- 匠[6]平[5] 11
- 笑[10]平[5] 15
- 祥[10]兵[7] 17
- 惺[12]平[5] 17
- 翔[12]兵[7] 19

しょうま
- 匠[6]真[10] 16
- 尚[8]眞[10] 18
- 昇[8]馬[10] 18
- 将[10]磨[16] 26
- 惺[12]麻[11] 23
- 翔[12]馬[10] 22
- 翔[12]磨[16] 28

じょうま
- 丈[3]眞[10] 13

しょうむ
- 祥[10]夢[13] 23
- 笑[10]夢[13] 23
- 翔[12]武[8] 20

しょうや
- 匠[6]也[3] 9
- 捷[11]矢[5] 16
- 惺[12]也[3] 15
- 翔[12]哉[9] 21

じょうや
- 丈[3]哉[9] 12
- 譲[20]也[3] 23

しょうよう
- 匠[6]葉[12] 18
- 翔[12]陽[12] 24

しょうり
- 尚[8]浬[10] 18
- 祥[10]吏[6] 16
- 勝[12]利[7] 19

しょうりゅう
- 翔[12]竜[10] 22
- 翔[12]龍[16] 28

しょうりん
- 尚[8]琳[12] 20

しらく
士3楽13　16
志7楽13　20

しろ
白5　5(1)
志7路13　20

しろう
士3郎9　12
獅13朗10　23
詩13朗10　23

じろう
仁4朗10　14
次6郎9　15
侍8郎9　17
慈13朗10　23

しん
心4　4(1)
伸7　7(1)
芯7　7(1)
信9　9(1)
晋10　10(1)
進11　11(1)
慎13　13(1)
新13　13(1)

じん
仁4　4(1)
壬4　4(1)
尋12　12(1)

しんいち
芯7一1　8
進11一1　12
森12市5　17
慎13市5　18

しんいちろう
心4一1郎9　14
紳11一1朗10　22
新13市5郎9　27

しんが
心4雅13　17
真10駕15　25

しんかい
心4海9　13
伸7快7　14
真10快7　17
清11開12　23

しんき
心4基11　15
深11樹16　27

しんきち
森12吉6　18
新13吉6　19

しんげん
信9玄5　14
真10源13　23

しんご
伸7吾7　14
芯7悟10　17
真10護20　30
晋10悟10　20
進11呉7　18
慎13吾7　20
新13吾7　20

しんこう
心4航10　14
晨11倖10　21

しんさく
芯7作7　14
晋10咲9　19

じんさく
仁4作7　11

しんし
晨11士3　14
深11思9　20
慎13思9　22

しんじ
伸7路13　20
真10治8　18
真10路13　23

しんじょう
真10丈3　13

しんじろう
晋10仁4朗10　24
新13士2郎9　24

しんすけ
心4輔14　18
芯7介4　11
信9介4　13
真10佑7　17

しんせい
信9誠13　22
真10惺12　22

じんせい
人2成6　8
仁4成6　10

しんぞう
清11蔵15　26

しんた
心4汰7　11
慎13太4　17
新13多6　19

じんた
仁4多6　10
尽6太4　10
尋12太4　16

しんだい
心4大3　7
森12大3　15

しんたろう
心4太4朗10　18
芯7太4郎9　20
信7多6朗10　23
晋10太4郎9　23
森12太4郎9　25

じんたろう
仁4多6郎9　19

しんと
芯7都11　18
晨11人2　13
進11翔12　23
新13翔12　25

しんどう
心4道12　16
信9堂11　20

しんのすけ
心4乃2助7　13
信9之3介4　16
真10之3輔14　27
進11之3介4　18
慎13之3介4　20
新13之3佑7　23

じんのすけ
仁4之3介4　11
迅6乃2介4　12

しんぺい
心4平5　9
慎13平5　18
新13兵7　20

じんま
仁4磨16　20
尽6真10　16

しんや
心4弥8　12
伸7也3　10
晋10哉9　19
晨11也3　14
進11矢5　16

じんや
仁4哉9　13
迅6也3　9

しんゆう
伸7結12　19
真10勇9　19

しんら
心4楽13　17
森12羅19　31

しんり
真10理11　21

じんろ
仁4路13　17
尋12呂7　19

す

すいせい
- 彗(11)星(9) 20
- 翠(14)青(8) 22

すいと
- 粋(10)斗(4) 14
- 彗(11)翔(12) 23
- 翠(14)都(11) 25

すいへい
- 粋(10)平(5) 15
- 翠(14)平(5) 19

すえひろ
- 末(5)広(5) 10

すかい
- 澄(15)快(7) 22
- 澄(15)海(9) 24

すぐる
- 卓(8) 8(1)
- 俊(9) 9(1)
- 優(17) 17(1)

すすむ
- 先(6) 6(1)
- 晋(10) 10(1)
- 進(11) 11(1)

すなお
- 直(8) 8(1)
- 純(10) 10(1)
- 淳(11) 11(1)

すばる
- 昴(9) 9(1)
- すばる(3・6・2) 11

すみあき
- 純(10)暁(12) 22
- 澄(15)秋(9) 24

すみかず
- 澄(15)一(1) 16

すみた
- 澄(15)太(4) 19

すみと
- 純(10)人(2) 12
- 澄(15)杜(7) 22

すみはる
- 純(10)悠(11) 21
- 澄(15)晴(12) 27

すみや
- 純(10)弥(8) 18
- 澄(15)耶(9) 24

すみよし
- 純(10)良(7) 17

せ

せい
- 成(6) 6(1)
- 晟(10) 10(1)
- 晴(12) 12(1)
- 惺(12) 12(1)
- 聖(13) 13(1)

せいあ
- 惺(12)亜(7) 19
- 誠(13)阿(8) 21

せいいち
- 成(6)壱(7) 13
- 星(9)一(1) 10
- 惺(12)一(1) 13

せいいちろう
- 星(9)一(1)郎(9) 19
- 惺(12)一(1)朗(10) 23

せいうん
- 正(5)運(12) 17
- 晴(12)雲(12) 24

せいが
- 星(9)河(8) 17
- 清(11)牙(4) 15
- 誠(13)我(7) 20

せいきち
- 惺(12)吉(6) 18
- 誠(13)吉(6) 19

せいげん
- 清(11)元(4) 15

せいご
- 成(6)悟(10) 16
- 晴(12)伍(6) 18
- 惺(12)吾(7) 19

せいごう
- 正(5)豪(14) 19
- 青(8)昊(8) 16

せいさく
- 成(6)咲(9) 15
- 誠(13)作(7) 20

せいじ
- 征(8)児(7) 15
- 惺(12)司(5) 17
- 聖(13)侍(8) 21

せいじゅ
- 清(11)樹(16) 27

せいしゅう
- 晴(12)秀(7) 19
- 聖(13)柊(9) 22

せいじゅん
- 正(5)准(10) 15
- 聖(13)淳(11) 24

せいしょう
- 誠(13)翔(12) 25

せいしろう
- 清(11)司(5)郎(9) 25
- 惺(12)志(7)朗(10) 29
- 誠(13)史(5)朗(10) 28

せいしん
- 青(8)心(4) 12
- 聖(13)真(10) 23

せいじん
- 征(8)臣(7) 15
- 聖(13)仁(4) 17

せいすけ
- 星(9)佑(7) 16
- 誠(13)介(4) 17
- 聖(13)祐(9) 22

せいた
- 成(6)汰(7) 13
- 聖(13)太(4) 17

せいだい
- 晴(12)大(3) 15

せいたろう
- 征(8)太(4)郎(9) 21
- 青(8)汰(7)郎(9) 24
- 惺(12)太(4)朗(10) 26

せいと
- 星(9)斗(4) 13
- 聖(13)音(9) 22
- 誠(13)翔(12) 25

せいどう
- 正(5)堂(11) 16
- 惺(12)道(12) 24
- 聖(13)童(12) 25

せいのすけ
- 星(9)之(3)介(4) 16
- 誠(13)乃(2)介(4) 19

せいま
- 成(6)真(10) 16
- 星(9)磨(16) 25
- 聖(13)馬(10) 23

せいむ
- 成(6)夢(13) 19
- 惺(12)夢(13) 25
- 誠(13)武(8) 21

せいめい
- 成(6)明(8) 14
- 惺(12)明(8) 20

せいや
- 星(9)矢(5) 14
- 政(9)弥(8) 17
- 惺(12)弥(8) 20
- 誠(13)也(3) 16
- 聖(13)哉(9) 22
- 誓(14)也(3) 17

せいゆ
- 世(5)悠(11) 16

せいよう
- 青(8)葉(12) 20
- 晴(12)陽(12) 24
- 惺(12)陽(12) 24

せいりゅう
- 青(8)竜(10) 18
- 星(9)龍(16) 25
- 惺(12)琉(11) 23

せいる
- 星(9)琉(11) 20
- 惺(12)留(10) 22

せいろう
- 成(6)郎(9) 15
- 晴(12)朗(10) 22

せいわ
- 青(8)我(7) 15
- 誓(14)和(8) 22

せいん
- 世(5)音(9) 14
- 聖(13)允(4) 17

せが
- 世(5)雅(13) 18

せかい
- 世(5)海(9) 14
- 星(9)海(9) 18

せきや
- 星(9)希(7)哉(9) 25

せつや
- 節(13)也(3) 16

せな
- 世(5)南(9) 14
- 成(6)那(7) 13
- 星(9)那(7) 16
- 聖(13)七(2) 15

せぶみ
- 世(5)文(4) 11
- 晴(12)史(5) 17

せぶん
- 世(5)聞(14) 19
- 瀬(19)文(4) 23

せら
- 世(5)良(7) 12
- 青(8)楽(13) 21
- 聖(13)羅(19) 32

せん
- 先(6) 6 (1)
- 閃(10) 10 (1)

ぜん
- 然(12) 12 (1)
- 禅(13) 13 (1)

せんいち
- 千(3)一(1) 4
- 仙(5)一(1) 6

ぜんが
- 善(12)我(7) 19
- 然(12)河(8) 20

せんじょう
- 仙(5)丈(3) 8

せんすけ
- 千(3)佑(7) 10

せんた
- 千(3)汰(7) 10
- 仙(5)太(4) 9

せんたろう
- 宣(9)太(4)郎(9) 22
- 泉(9)太(4)郎(9) 22

せんと
- 千(3)翔(12) 15
- 宣(9)人(2) 11
- 閃(10)斗(4) 14

せんり
- 千(3)里(7) 10
- 千(3)哩(10) 13
- 仙(5)璃(15) 20

そあ
- 穹(8)亜(7) 15
- 颯(14)亜(7) 21

そう
- 壮(6) 6 (1)
- 宗(8) 8 (1)
- 奏(9) 9 (1)
- 創(12) 12 (1)
- 想(13) 13 (1)
- 蒼(13) 13 (1)
- 颯(14) 14 (1)
- 操(16) 16 (1)

そうあん
- 爽(11)晏(10) 21
- 創(12)庵(11) 23

そういち
- 奏(9)市(5) 14
- 爽(11)一(1) 12
- 創(12)一(1) 13
- 蒼(13)壱(7) 20

そういちろう
- 宗(8)一(1)郎(9) 18
- 創(12)市(5)朗(10) 27
- 蒼(13)一(1)郎(9) 23

そうえい
- 爽(11)瑛(12) 23
- 創(12)英(8) 20
- 蒼(13)永(5) 18

そうが
- 壮(6)駕(15) 21
- 奏(9)雅(13) 22
- 颯(14)牙(4) 18

そうかい
- 蒼(13)快(7) 20

そうき
- 壮(6)騎(18) 24
- 奏(9)輝(15) 24
- 創(12)己(3) 15
- 聡(14)希(7) 21
- 颯(14)祈(8) 22

そうきち
- 爽(11)吉(6) 17
- 颯(14)吉(6) 20

そうけん
- 宗(8)謙(17) 25
- 聡(14)賢(16) 30

そうご
- 壮(6)吾(7) 13
- 奏(9)伍(6) 15
- 爽(11)悟(10) 21
- 創(12)吾(7) 19
- 颯(14)吾(7) 21

そうし
- 壮(6)士(3) 9
- 創(12)志(7) 19
- 想(13)詩(13) 26

そうじ
- 壮(6)侍(8) 14
- 総(14)治(8) 22
- 颯(14)慈(13) 27

そうしゅん
- 壮(6)竣(12) 18
- 颯(14)俊(9) 23

そうじゅん
- 宗(8)純(10) 18
- 爽(11)淳(11) 22
- 蒼(13)順(12) 15

そうしろう
- 創(12)士(3)郎(9) 24
- 蒼(13)史(5)朗(10) 28
- 颯(14)史(5)朗(10) 29

そうじろう
- 創(12)司(5)朗(10) 27
- 蒼(13)二(2)郎(9) 24
- 颯(14)士(3)朗(10) 27

そうしん
- 奏(9)真(10) 19
- 爽(11)心(4) 15
- 蒼(13)伸(7) 20
- 颯(14)心(4) 18

そうじん
- 壮(6)仁(4) 10
- 颯(14)仁(4) 18

そうすけ
壮介（6・4）10
宗助（8・7）15
奏佑（9・7）16
爽甫（11・7）18
蒼亮（13・9）22
綜介（14・4）18
颯佑（14・7）21
颯祐（14・9）23

そうせい
壮惺（6・12）18
奏成（9・6）15

そうぞう
爽造（11・10）21

そうた
壮太（6・4）10
宗太（8・4）12
奏汰（9・7）16
爽多（11・6）17
創太（12・4）16
創多（12・6）18
想太（13・4）17
蒼汰（13・7）20
聡太（14・4）18
颯太（14・4）18

そうだい
壮大（6・3）9
創大（12・3）15
蒼大（13・3）16

そうたろう
颯太郎（14・4・9）27
奏汰朗（9・7・10）26
爽太郎（11・4・9）24
颯太朗（14・4・10）28

そうと
壮都（6・11）17
走翔（7・12）19
爽渡（11・12）23
創斗（12・4）16
颯斗（14・4）18

そうのすけ
宗之助（8・3・7）18
創乃介（12・2・4）18
颯乃介（14・2・4）20

そうへい
壮平（6・5）11
蒼兵（13・7）20
颯平（14・5）19

そうま
壮真（6・10）16
奏真（9・10）19
爽馬（11・10）21
創磨（12・16）28
聡真（14・10）24
颯馬（14・10）24

そうむ
奏武（9・8）17
創夢（12・13）25

そうめい
奏明（9・8）17
颯明（14・8）22

そうや
宗哉（8・9）17
奏弥（9・8）17
爽也（11・3）14
蒼弥（13・8）21
颯矢（14・5）19

そうら
壮羅（6・19）25
創楽（12・13）25
蒼良（13・7）20
颯良（14・7）21

そうる
奏留（9・10）19
爽留（11・10）21

そうわ
奏羽（9・6）15
奏和（9・8）17
創羽（12・6）18
颯羽（14・6）20

そなた
奏那多（9・7・6）22
爽南太（11・9・4）24

そなと
蒼七斗（13・2・4）19
想南人（13・9・2）24

そのま
奏乃眞（9・2・10）21
曽ノ真（11・1・10）22

そら
空（8）8（1）
宙（8）8（1）
昊（8）8（1）
そら（3・3）6
大空（3・8）11
宇宙（6・8）14
空良（8・7）15
青空（8・8）16
曽良（11・7）18
蒼空（13・8）21

そらい
昊威（8・9）17
空維（8・14）22

そらかぜ
空風（8・9）17
昊風（8・9）17

そらき
宙希（8・7）15
空輝（8・15）23

そらじ
空児（8・7）15
空侍（8・8）16

そらじろう
昊児朗（8・7・10）25
空治朗（8・8・10）26

そらた
空太（8・4）12
宙汰（8・7）15

そらと
空都（8・11）19
空翔（8・12）20

そらのすけ
昊乃助（8・2・7）17
空之祐（8・3・9）20

そらひこ
空彦（8・9）17
昊彦（8・9）17

そらひと
空人（8・2）10
空陽斗（8・12・4）24

そらや
空弥（8・8）16
宙哉（8・9）17

た

たい
泰（10）10（1）

だい
大（3）3（1）

だいあ
大亜（3・7）10
大阿（3・8）11

たいいち
泰一（10・1）11

だいえい
大永（3・5）8
大英（3・8）11
大瑛（3・12）15

たいか
泰珂（10・9）19

たいが
大我（3・7）10
大河（3・8）11
大峨（3・10）13
大雅（3・13）16
大駕（3・15）18
太雅（4・13）17
泰牙（10・4）14
泰賀（10・12）22

たいかい
大海 3 9 12
太快 4 7 11
泰海 10 9 19

たいき
大騎 3 18 21
泰紀 10 9 19
泰基 10 11 21
戴希 17 7 24

だいき
大希 3 7 10
大基 3 11 14
大喜 3 12 15
大貴 3 12 15
大毅 3 15 18
大輝 3 15 18
大樹 3 16 19
大騎 3 18 21

だいきち
大吉 3 6 9

たいげん
太源 4 13 17
泰玄 10 5 15

たいご
大悟 3 10 13

だいご
大吾 3 7 10
大湖 3 12 15
大瑚 3 13 16
醍醐 16 16 32

たいこう
太倖 4 10 14
泰煌 10 13 23

たいごう
泰剛 10 10 20

だいこう
大航 3 10 13
大煌 3 13 16

だいごう
大豪 3 14 17

だいさく
大咲 3 9 12
大朔 3 10 13

たいざん
泰山 10 3 13

たいし
大獅 3 13 16
大資 3 13 16
泰思 10 9 19

たいじ
泰司 10 5 15
泰治 10 8 18

だいし
大士 3 3 6
大志 3 7 10

だいじゅ
大寿 3 7 10
大樹 3 16 19

たいしゅう
大州 3 6 9
泰秋 10 9 19

たいしゅん
大駿 3 17 20

たいじゅん
大准 3 10 13
泰淳 10 11 21

たいしょう
大湘 3 12 15
大翔 3 12 15

たいしろう
大史朗 3 5 10 18
泰士朗 10 3 10 23

だいしろう
大志郎 3 7 9 19
大詩朗 3 13 10 26

だいじろう
大士郎 3 3 9 15
大慈郎 3 13 9 25

たいしん
泰心 10 4 14

だいしん
大心 3 4 7
大芯 3 7 10
大晋 3 10 13

たいすけ
泰介 10 4 14

だいすけ
大佑 3 7 10
大亮 3 9 12
大輔 3 14 17

たいせい
大成 3 6 9
大晴 3 12 15
大誠 3 13 16
泰惺 10 12 22

たいぞう
大蔵 3 15 18
泰造 10 10 20

だいぞう
大造 3 10 13

たいち
太壱 4 7 11
汰一 7 1 8
泰治 10 8 18
太偉知 4 12 8 24

だいち
大地 3 6 9
大知 3 8 11
大智 3 12 15

たいちろう
太一郎 4 1 9 14
泰知朗 10 8 10 28

たいと
泰人 10 2 12
泰翔 10 12 22

だいと
大都 3 11 14
大翔 3 12 15

たいどう
大道 3 12 15
泰童 10 12 22

だいな
大那 3 7 10
醍那 16 7 23

だいひ
大飛 3 9 12
大陽 3 12 15

たいへい
太平 4 5 9

たいほう
大凰 3 11 14
大鳳 3 14 17

たいぼう
大望 3 11 14

たいむ
泰武 10 8 18
泰夢 10 13 23

だいむ
大武 3 8 11
大夢 3 13 16

たいめい
大明 3 8 11
泰明 10 8 18

だいもん
大門 3 8 11

だいや
大也 3 3 6
大弥 3 8 11

たいゆう
大佑 3 7 10
太悠 4 11 15

だいゆう
大雄 3 12 15
大優 3 17 20

たいよう
大葉 3 12 15
大遥 3 12 15
大耀 3 20 23
太洋 4 9 13
太陽 4 12 16

たいら
平5 5(1)
平5良7 12
泰10良7 17
泰10楽13 23

だいら
大3良7 10
大3羅19 22

たいりく
大3陸11 14

だいりゅう
大3竜10 13
大3琉11 14

だいりん
大3倫10 13
大3輪15 18

たか
天4 4(1)
崇11 11(1)
貴12 12(1)

たかあき
尭8明8 16
隆11章11 22
隆11晃10 21
貴12秋9 21

たかお
貴12央5 17
嵩13生5 18

たかおみ
貴12臣7 19
多6佳8臣7 21

たかかげ
嵩13景12 25

たかきみ
貴12公4 16

たかし
天4 4(1)
孝7 7(1)
昂8 8(1)
崇11志7 18
隆11志7 18
貴12士3 15
貴12史5 17
嵩13士3 16
多6架9史5 20

たかしげ
孝7茂8 15
崇11重9 20

たかすけ
高10介4 14
貴12佑7 19

たかつね
隆11恒9 20
隆11常11 22

たかてる
高10瑛12 22
隆11照13 24

たかと
宇6翔12 18
尭8斗4 12
空8翔12 20
崇11人2 13
太4加5翔12 21
多6架9斗4 19

たかとき
崇11時10 21
隆11斗4生5 20

たかとし
孝7俊9 16
崇11利7 18

たかとも
尭8朋8 16
隆11智12 23

たかとら
崇11虎8 19
隆11虎8 19
多6佳8虎8 22

たかなお
孝7直8 15
貴12尚8 20

たかなり
天4成6 10
空8也3 11
尊12成6 18

たかのぶ
高10暢14 24
隆11宣9 20

たかのり
高10徳14 24
嵩13紀9 22

たかはる
天4晴12 16
孝7遥12 19
貴12陽12 24
太4架9陽12 25

たかひこ
崇11彦9 20
隆11彦9 20

たかひさ
高10悠11 21
貴12寿7 19

たかひで
天4英8 12
隆11秀7 18

たかひと
孝7人2 9
貴12仁4 16
嵩13人2 15
太4佳8仁4 16

たかひろ
宇6宙8 14
孝7宏7 14
孝7紘10 17
高10宥9 19
隆11浩10 21
隆11寛13 24
貴12大3 15
敬12大3 15
貴12弘5 17
敬12尋12 24

たかふみ
考6史5 11
孝7文4 11

たかまさ
天4聖13 17
貴12将10 22

たかまる
崇11丸3 14
太4珂9丸3 16

たかまろ
高10麿18 28
貴12磨16呂7 35

たかみち
隆11道12 23
貴12路13 25

たかみつ
天4満12 16
嵩13光6 19

たかみね
高10峯10 20

たかや
孝7弥8 15
高10哉9 19
貴12弥8 20

たかやす
高10靖13 23
隆11康11 22

たかゆき
孝7行6 13
隆11行6 17
敬12之3 15
貴12雪11 23

たかよし
天4良7 11
孝7義13 20
隆11芳7 18
貴12佳8 20

たかより
隆11依8 19
貴12依8 20

読み	名前（各字の画数）	総画
たから	宝(8)	8 (1)
たから	多(6)架(9)良(7)	22
たきお	滝(13)央(5)	18
たきお	多(6)祈(8)雄(12)	26
たきち	汰(7)吉(6)	13
たきち	太(4)希(7)知(8)	19
たきと	滝(13)斗(4)	17
たきと	多(6)希(7)人(2)	15
たきや	太(4)喜(12)弥(8)	24
たきや	多(6)季(8)也(3)	17
たく	卓(8)	8 (1)
たく	拓(8)	8 (1)
たく	琢(11)	11 (1)
たく	汰(7)玖(7)	14
たくいちろう	拓(8)一(1)郎(9)	18
たくえい	拓(8)映(9)	17
たくえい	琢(11)永(5)	16
たくお	卓(8)生(5)	13
たくお	汰(7)久(3)央(5)	15
たくし	卓(8)志(7)	15
たくし	琢(11)士(3)	14
たくじ	卓(8)史(5)	13
たくじ	拓(8)司(5)	13
たくじ	卓(8)治(8)	16
たくじ	琢(11)路(13)	24
たくと	匠(6)翔(12)	18
たくと	卓(8)人(2)	10
たくと	卓(8)斗(4)	12
たくと	拓(8)都(11)	19
たくと	拓(8)登(12)	20
たくと	逞(11)人(2)	13
たくと	琢(11)飛(9)	20
たくひろ	卓(8)大(3)	11
たくひろ	拓(8)弘(5)	13
たくひろ	琢(11)宏(7)	18
たくほ	拓(8)帆(6)	14
たくほ	琢(11)帆(6)	17
たくほ	多(6)久(3)穂(15)	24
たくま	匠(6)真(10)	16
たくま	卓(8)馬(10)	18
たくま	拓(8)眞(10)	18
たくま	拓(8)磨(16)	24
たくま	琢(11)真(10)	21
たくま	逞(11)麻(11)	22
たくま	琢(11)磨(16)	27
たくみ	巧(5)	5 (1)
たくみ	匠(6)	6 (1)
たくみ	匠(6)海(9)	15
たくみ	匠(6)望(11)	17
たくみ	拓(8)己(3)	11
たくみ	拓(8)心(4)	12
たくみ	拓(8)見(7)	15
たくみ	拓(8)海(9)	17
たくみ	琢(11)己(3)	14
たくみ	琢(11)海(9)	20
たくむ	拓(8)夢(13)	21
たくむ	逞(11)武(8)	19
たくも	拓(8)雲(12)	20
たくも	琢(11)百(6)	17
たくや	拓(8)也(3)	11
たくや	卓(8)矢(5)	13
たくや	拓(8)哉(9)	17
たくや	琢(11)耶(9)	20
たくや	多(6)玖(7)哉(9)	22
たくや	汰(7)久(3)弥(8)	18
たくやす	拓(8)康(11)	19
たくやす	琢(11)泰(10)	21
たくゆき	卓(8)行(6)	14
たくゆき	琢(11)之(3)	14
たくよう	卓(8)遥(12)	20
たくよう	拓(8)陽(12)	20
たくろう	拓(8)郎(9)	17
たくろう	卓(8)朗(10)	18
たくろう	琢(11)郎(9)	20
たけあき	丈(3)昭(9)	12
たけあき	武(8)明(8)	16
たけお	武(8)央(5)	13
たけお	剛(10)皇(9)	19
たけお	健(11)旺(8)	19
たけかつ	武(8)勝(12)	20
たけかつ	健(11)活(9)	20
たけき	丈(3)輝(15)	18
たけき	武(8)希(7)	15
たけき	健(11)樹(16)	27
たけき	豪(14)毅(15)	29
たけし	壮(6)	6 (1)
たけし	健(11)	11 (1)
たけし	毅(15)	15 (1)
たけし	岳(8)司(5)	13
たけし	武(8)史(5)	13
たけし	武(8)志(7)	15
たけし	猛(11)士(3)	14
たけしげ	剛(10)茂(8)	18
たけしげ	毅(15)成(6)	21
たけつね	長(8)恒(9)	17
たけつね	武(8)常(11)	19
たけと	壮(6)翔(12)	18
たけと	剛(10)都(11)	21
たけと	健(11)人(2)	13
たけと	毅(15)斗(4)	19
たけとし	丈(3)俊(9)	12
たけとし	武(8)俊(9)	17
たけなり	剛(10)成(6)	16
たけなり	豪(14)生(5)	19
たけのぶ	剛(10)信(9)	19
たけのぶ	毅(15)伸(7)	22
たけのり	武(8)則(9)	17
たけのり	孟(8)紀(9)	17
たけのり	長(8)徳(14)	22
たけはる	丈(3)陽(12)	15
たけはる	武(8)春(9)	17
たけはる	岳(8)晴(12)	20
たけはる	剛(10)陽(12)	22
たけはる	豪(14)遥(12)	26
たけひこ	武(8)彦(9)	17
たけひこ	毅(15)彦(9)	24
たけひろ	丈(3)宏(7)	10
たけひろ	武(8)宏(7)	15
たけひろ	岳(8)尋(12)	20
たけひろ	剛(10)大(3)	13
たけひろ	雄(12)宥(9)	21
たけひろ	武(8)陽(12)呂(7)	27

たけふみ
武8文4 12
健11史5 16

たけまさ
武8将10 18
豪14壮6 20

たけまる
猛11丸3 14

たけみ
壮6海9 15
健11巳3 14
豪14心4 18

たけみち
長8道12 20
建9道12 21

たけみつ
武8光6 14
剛10光6 16

たけゆき
建9之3 12
毅15之3 18

たける
武8 8(1)
建9 9(1)
健11 11(1)
猛11 11(1)
尊12 12(1)
丈3留10 13
健11瑠14 25

たけろう
丈3郎9 12
健11朗10 21

たすく
佑7 7(1)
祐9 9(1)
翼17 17(1)
佑7久3 10

たすけ
太4祐9 13
汰7助7 14

ただあき
唯11明8 19

ただお
忠8男7 15

ただかず
唯11一1 12

ただき
惟11樹16 27

ただくに
唯11邦7 18

ただし
正5 5(1)
匡6 6(1)
直8 8(1)
理11 11(1)
忠8史5 13
惟11志7 18

ただすけ
匡6亮9 15
唯11介4 15

ただたか
忠8貴12 20
惟11嵩13 24

ただと
惟11人2 13
唯11渡12 23

ただとし
忠8利7 15

ただはる
唯11春9 20
惟11晴12 23
唯11陽12 23

ただひこ
忠8彦9 17
維14彦9 23

ただふみ
唯11史4 15

ただまさ
正5允4 9
忠8誠13 21

ただみち
惟11路13 24

ただゆき
唯11行6 17

ただよし
忠8好6 14
唯11由5 16

たつ
立5 5(1)
達12 12(1)

たつあき
達12暁12 24

たつえ
辰7衛16 23
達12慧15 27

たつお
辰7生5 12
達12男7 19

たつかず
龍16和8 24

たつき
樹16 16(1)
立5騎18 23
辰7貴12 19
竜10生5 15
達12樹16 28
龍16祈8 24
龍16樹16 32

たつし
辰7史5 12
竜10士3 13

たつてる
達12輝15 27
龍16照13 29

たつと
辰7翔12 19
達12斗4 16
龍16登12 28

たつなり
竜10成6 16
龍16也3 19

たつのしん
達12之3心4 19
龍16乃2真10 28

たつのすけ
辰7之3佑7 17
達12ノ1介4 17
達12乃2介4 18

たつのり
辰7徳14 21
竜10典8 18
達12規11 23

たつはる
立5晴12 17
竜10晴12 22
達12陽12 24

たつひこ
辰7彦9 16
達12彦9 21
龍16彦9 25

たつひろ
辰7浩10 17
龍16弘5 21

たっぺい
達12平5 17

たつま
達12馬10 24
龍16真10 26

たつまさ
辰7将10 17
龍16聖13 29

たつみ
辰7心4 11
達12己3 15
達12海9 21
龍16心4 20

たつむ
立5武8 13
達12夢13 25
龍16夢13 29

読み	名前	画数	総画
たつや	立哉	5・9	14
	辰耶	7・9	16
	竜也	10・3	13
	竜矢	10・5	15
	達也	12・3	15
	達哉	12・9	21
	龍弥	16・8	24
たつゆき	達幸	12・8	20
	龍之	16・3	19
たつよし	達良	12・7	19
たつる	立	5	5 (1)
	辰琉	7・11	18
	達琉	12・11	23
たつろう	竜郎	10・9	19
	達朗	12・10	22
たてき	立希	5・7	12
	建基	9・11	20
たびじ	旅路	10・13	23
たびと	旅人	10・2	12
たまき	環	17	17 (1)
	珠樹	10・16	26
	環希	17・7	24
たもつ	存	6	6 (1)
	有	6	6 (1)
	完	7	7 (1)
	保	9	9 (1)
たもん	多聞	6・14	20
たろう	太郎	4・9	13
	太朗	4・10	14
	汰郎	7・9	16
たろうまる	太郎丸	4・9・3	16
たん	旦	5	5 (1)
	探	11	11 (1)
	鍛	17	17 (1)
だん	弾	12	12 (1)
	暖	13	13 (1)
たんじ	丹慈	4・13	17
	鍛士	17・3	20
だんじ	暖士	13・3	16
たんじろう	坦士郎	8・3・9	20
たんせい	丹生	4・5	9
たんと	丹斗	4・4	8
だんと	暖人	13・2	15

読み	名前	画数	総画
ちあき	千昭	3・9	12
	千暁	3・12	15
	知昌	8・8	16
	智彬	12・11	23
ちあり	智在	12・6	18
	知亜利	8・7・7	22
ちかい	誓	14	14 (1)
ちかし	誓士	14・3	17
	千珂志	3・9・7	19
ちかぜ	千風	3・9	12
ちかまさ	親允	16・4	20
	千佳昌	3・8・8	19
ちから	力	2	2 (1)
	周良	8・7	15
	千架良	3・9・7	19
ちくま	筑真	12・10	22
ちさと	千慧	3・15	18
	千叡	3・16	19
	智里	12・7	19
	千沙斗	3・7・4	14
	智佐斗	12・7・4	23
ちしょう	千翔	3・12	15
	智将	12・10	22
ちづか	千束	3・7	10
ちとせ	千歳	3・13	16
	千登世	3・12・5	20
ちはや	千勇	3・9	12
	智隼	12・10	22
ちはる	千晴	3・12	15
	千遥	3・12	15
	智陽	12・12	24
ちひろ	千宙	3・8	11
	千紘	3・10	13
	知尋	8・12	20
	智大	12・3	15
	智紘	12・10	22
ちふゆ	千冬	3・5	8
ちへい	地平	6・5	11
ちゅう	中	4	4 (1)
	宙	8	8 (1)
	忠	8	8 (1)
ちゅうじ	忠士	8・3	11
	宙路	8・13	21
ちゅうた	忠太	8・4	12
	宙汰	8・7	15
ちゅうや	中也	4・3	7
	宙矢	8・5	13
ちょう	挑	9	9 (1)
	跳	13	13 (1)
ちょうじ	兆治	6・8	14
	挑士	9・3	12
	調治	15・8	23
ちょうすけ	挑介	9・4	13
ちょうたろう	朝太郎	12・4・9	25
	暢太朗	14・4・10	28
ちょうめい	長明	8・8	16
	暢明	14・8	22

読み	名前	画数	総画
つかさ	司	5	5 (1)
	吏	6	6 (1)
	典	8	8 (1)
つきた	月汰	4・7	11
	槻太	15・4	19

つきと
月(4)斗(4) 8
月(4)翔(12) 16
津(9)希(7)人(2) 18
都(11)季(8)斗(4) 23

つきなり
月(4)成(6) 10
槻(15)成(6) 21

つきひこ
月(4)彦(9) 13
槻(15)彦(9) 24

つぐなり
継(13)生(5) 18
嗣(13)成(6) 19

つぐのすけ
継(13)之(3)助(7) 23
嗣(13)之(3)助(7) 23

つぐのり
次(6)徳(14) 20
継(13)則(9) 22

つぐはる
嗣(13)治(8) 21

つぐみち
継(13)路(13) 26

つぐや
嗣(13)弥(8) 21

つくる
造(10) 10 (1)
創(12) 12 (1)

つとむ
努(7) 7 (1)
励(7) 7 (1)
勉(10) 10 (1)

つなき
綱(14)基(11) 25
繋(19)希(7) 26

つなぐ
繋(19) 19 (1)

つなとも
綱(14)智(12) 26

つなひろ
綱(14)大(3) 17
綱(14)宏(7) 21

つなもと
綱(14)基(11) 25

つねき
恒(9)己(3) 12
常(11)希(7) 18

つねと
恒(9)都(11) 20
常(11)登(12) 23

つねのぶ
経(11)伸(7) 18
常(11)宣(9) 20

つねのり
恒(9)徳(14) 23
常(11)典(8) 19

つねひこ
恒(9)彦(9) 18
経(11)彦(9) 20

つねひさ
恒(9)久(3) 12
常(11)悠(11) 22

つねまさ
恒(9)正(5) 14
常(11)雅(13) 24

つねみち
恒(9)路(13) 22
常(11)路(13) 24

つねみつ
恒(9)光(6) 15

つねゆき
恒(9)之(3) 12
常(11)行(6) 17

つばさ
羽(6) 6 (1)
翼(17) 17 (1)
羽(6)翼(17) 23
飛(9)翔(12) 21
つ(1)ば(6)さ(3) 10

つよし
侃(8) 8 (1)
剛(10) 10 (1)
毅(15) 15 (1)
剛(10)志(7) 17
豪(14)士(3) 17

つよたけ
剛(10)健(11) 21
豪(14)猛(11) 25

つよと
剛(10)都(11) 21
毅(15)斗(4) 19

つよのぶ
剛(10)信(9) 19
強(11)伸(7) 18

つるぎ
剣(10) 10 (1)

つるひこ
弦(8)彦(9) 17
鶴(21)彦(9) 30

てい
逞(11) 11 (1)
禎(13) 13 (1)

ていじ
逞(11)司(5) 16
禎(13)士(3) 16

ていぞう
逞(11)三(3) 14
偵(11)蔵(15) 26

ていと
亭(9)斗(4) 13
逞(11)斗(4) 15

てつ
哲(10) 10 (1)
鉄(13) 13 (1)

てつあき
哲(10)秋(9) 19

てつお
徹(15)暁(12) 27
哲(10)雄(12) 22
徹(15)生(5) 20

てつご
哲(10)伍(6) 16
鉄(13)吾(7) 20

てつし
哲(10)司(5) 15
哲(10)嗣(13) 23
徹(15)志(7) 22

てつじ
哲(10)司(5) 15
哲(10)侍(8) 18
徹(15)路(13) 28

てっしん
哲(10)心(4) 14
哲(10)真(10) 20
鉄(13)芯(7) 20
徹(15)臣(7) 22

てっせい
哲(10)生(5) 15
哲(10)惺(12) 22
徹(15)誠(13) 28

てった
哲(10)太(4) 14
鉄(13)汰(7) 20
徹(15)太(4) 19

てつた
哲(10)太(4) 14
徹(15)太(4) 19

てつたろう
哲(10)多(6)郎(9) 25
徹(15)太(4)郎(9) 28

てつと
哲(10)翔(12) 22
徹(15)人(2) 17

てつなり
哲(10)成(6) 16
徹(15)生(5) 20

てつのしん
哲(10)ノ(1)心(4)　15

てつのすけ
哲(10)乃(2)介(4)　16
徹(15)乃(2)助(7)　24

てつはる
哲(10)治(8)　18
哲(10)陽(12)　22

てつひろ
哲(10)大(3)　13
徹(15)宥(9)　24

てっぺい
哲(10)平(5)　15
哲(10)兵(7)　17
徹(15)平(5)　20

てつま
哲(10)麻(11)　21
鉄(13)真(10)　23

てつや
哲(10)也(3)　13
哲(10)矢(5)　15
徹(15)也(3)　18
徹(15)弥(8)　23

てつろう
哲(10)郎(9)　19
徹(15)郎(9)　24

てる
光(6)　6(1)
晃(10)　10(1)
照(13)　13(1)
輝(15)　15(1)

てるあき
瑛(12)明(8)　20
照(13)章(11)　24

てるお
光(6)旺(8)　14
輝(15)雄(12)　27

てるおみ
瑛(12)臣(7)　19
輝(15)臣(7)　22

てるが
光(6)雅(13)　19
照(13)我(7)　20

てるき
晃(10)紀(9)　19
瑛(12)希(7)　19
照(13)貴(12)　25
輝(15)己(3)　18

てるし
瑛(12)思(9)　21
輝(15)志(7)　22

てるつぐ
輝(15)次(6)　21

てると
瑛(12)翔(12)　24
輝(15)斗(4)　19

てるとも
晃(10)智(12)　22
照(13)知(8)　21
輝(15)友(4)　19

てるひこ
晃(10)彦(9)　19
耀(20)彦(9)　29

てるひさ
晃(10)悠(11)　21
煌(13)久(3)　16
照(13)尚(8)　21
輝(15)寿(7)　22

てるひで
輝(15)秀(7)　22

てるほ
照(13)穂(15)　28
輝(15)帆(6)　21

てるまさ
光(6)真(10)　16
瑛(12)正(5)　17
照(13)昌(8)　21

てるみつ
瑛(12)充(6)　18
輝(15)光(6)　21

てるもと
晃(10)元(4)　14
輝(15)基(11)　26

てるや
瑛(12)哉(9)　21
輝(15)弥(8)　23

てるゆき
晃(10)幸(8)　18
照(13)行(6)　19

てるよし
瑛(12)佳(8)　20
輝(15)由(5)　20

てん
天(4)　4(1)
典(8)　8(1)
展(10)　10(1)

てんが
天(4)牙(4)　8
天(4)河(8)　12
天(4)駕(15)　19

てんき
天(4)輝(15)　19

てんご
天(4)悟(10)　14
展(10)吾(7)　17

てんこう
天(4)幸(8)　12
典(8)孝(7)　15

てんじ
展(10)司(5)　15

てんしょう
天(4)翔(12)　16
展(10)匠(6)　16

てんしん
天(4)真(10)　14
典(8)信(9)　17

てんせい
天(4)成(6)　10
天(4)晴(12)　16
展(10)世(5)　15

てんた
天(4)太(4)　8
典(8)汰(7)　15

てんち
典(8)知(8)　16
展(10)智(12)　22

てんと
天(4)翔(12)　16
展(10)斗(4)　14

てんま
天(4)馬(10)　14
天(4)磨(16)　20
典(8)真(10)　18
展(10)麻(11)　21

てんや
天(4)哉(9)　13
典(8)矢(5)　13

てんゆう
天(4)佑(7)　11
典(8)佑(7)　15
典(8)悠(11)　19

てんりゅう
天(4)竜(10)　14

とあ
都(11)亜(7)　18
翔(12)亜(7)　19

とう
投(7)　7(1)
統(12)　12(1)

どう
堂(11)　11(1)
道(12)　12(1)
瞳(17)　17(1)

とうい
斗(4)偉(12)　16
冬(5)威(9)　14
透(10)伊(6)　16

とういちろう
統(12)一(1)郎(9) 22
董(12)一(1)朗(10) 23

とうが
斗(4)雅(13) 17
冬(5)牙(4) 9
透(10)河(8) 18

どうが
堂(11)雅(13) 24
童(12)牙(4) 16

とうき
斗(4)貴(12) 16
冬(5)輝(15) 20
登(12)希(7) 19
透(10)輝(15) 25

とうげん
冬(5)絃(11) 16
統(12)元(4) 16

とうご
冬(5)瑚(13) 18
東(8)吾(7) 15
統(12)吾(7) 19
董(12)悟(10) 22

とうし
透(10)史(5) 15
統(12)志(7) 19

どうじ
堂(11)時(10) 21
堂(11)慈(13) 24

とうしろう
冬(5)詩(13)郎(9) 27
登(12)士(3)朗(10) 25

とうしん
冬(5)晨(11) 16
灯(6)新(13) 19

とうせい
灯(6)聖(13) 19
登(12)生(5) 17

どうせい
道(12)成(6) 18

どうた
堂(11)汰(7) 18
童(12)多(6) 18
道(12)多(6) 18

とうだい
登(12)大(3) 15
董(12)大(3) 15

とうち
冬(5)智(12) 17
統(12)知(8) 20

とうま
斗(4)眞(10) 14
冬(5)真(10) 15
透(10)馬(10) 20
統(12)真(10) 22
登(12)磨(16) 28

どうむ
童(12)武(8) 20
童(12)夢(13) 25
道(12)武(8) 20

とうや
冬(5)弥(8) 13
登(12)哉(9) 21
統(12)矢(5) 17

とうり
斗(4)理(11) 15
登(12)璃(15) 27

とうる
斗(4)瑠(14) 18
冬(5)琉(11) 16

とおい
登(12)生(5) 17

とおる
亨(7) 7(1)
享(8) 8(1)
透(10) 10(1)
徹(15) 15(1)
融(16) 16(1)

とが
斗(4)雅(13) 17
音(9)我(7) 16

とかい
斗(4)海(9) 13

とかし
渡(12)河(8)士(3) 23

とかち
十(2)勝(12) 14

とき
時(10) 10(1)
斗(4)希(7) 11
翔(12)己(3) 15

ときお
季(8)生(5) 13
時(10)央(5) 15
時(10)皇(9) 19
十(2)稀(12)央(5) 19
登(12)希(7)雄(12) 31

ときと
季(8)斗(4) 12
時(10)翔(12) 22

ときなり
季(8)成(6) 14
時(10)生(5) 15

ときのすけ
季(8)之(3)介(4) 15
時(10)之(3)助(7) 20

ときのぶ
時(10)暢(14) 24
常(11)信(9) 20

ときはる
季(8)晴(12) 20
時(10)悠(11) 21

ときひこ
時(10)彦(9) 19
斗(4)希(7)彦(9) 20

ときふみ
時(10)文(4) 14
刻(8)史(5) 13

ときまさ
時(10)允(4) 14
凱(12)正(5) 17

ときみち
時(10)道(12) 22
常(11)道(12) 23

ときみつ
季(8)光(6) 14
時(10)光(6) 16

ときや
季(8)哉(9) 17
斗(4)喜(12)弥(8) 24
時(10)哉(9) 19

とくま
篤(16)馬(10) 26
都(11)久(3)馬(10) 24

とくろう
篤(16)朗(10) 26

とし
俊(9) 9(1)
斗(4)獅(13) 17
登(12)士(3) 15

としあき
俊(9)章(11) 20

としお
俊(9)雄(12) 21

としかず
俊(9)一(1) 10
敏(10)和(8) 18

としき
寿(7)希(7) 14
利(7)輝(15) 22
俊(9)樹(16) 25
斗(4)司(5)貴(12) 21

としくに
俊(9)邦(7) 16

としたか
寿(7)隆(11) 18
俊(9)嵩(13) 22

としなり
利(7)成(6) 13
稔(13)成(6) 19

としのぶ
利7信9 16
俊9暢14 23

としのり
敏10範15 25

としはる
俊9陽12 21
敏10春9 19

としひこ
利7彦9 16
敏10彦9 19

としひで
利7秀7 14
俊9英8 17

としひろ
寿7広5 12
敏10宥9 19

としまさ
俊9将10 19
都11史5正5 21

としみ
俊9巳3 12
稔13実8 21

としみち
俊9道12 21

としみつ
利7光6 13
寿7満12 19

としや
俊9耶9 18
敏10哉9 19

としゆき
俊9雪11 20
聡14之3 17

としろう
利7郎9 16
俊9朗10 19

とと
虎8斗4 12
翔12々3 15

とみ
斗4海9 13

とみお
富12皇9 21
登12見7央5 24

とみゆき
冨11幸8 19
富12之3 15

とむ
斗4夢13 17
登12夢13 25
翔12夢13 25

とも
友4 4(1)
知8 8(1)
朋8 8(1)
智12 12(1)

ともあき
友4晃10 14
知8秋9 17

ともあつ
知8温12 20

ともあり
知8在6 14
智12有6 18

ともい
友4依8 12
智12生5 17

ともお
知8旺8 16
朋8雄12 20

ともかず
知8一1 9
智12和8 20

ともき
友4祈8 12
友4基11 15
知8己3 11
知8輝15 23
朋8希7 15
朋8騎18 26
智12紀9 21
智12樹16 28

ともし
知8志7 15
智12史5 17

ともたか
知8孝7 15
智12尭8 20
智12隆11 23

ともちか
知8親16 24

ともとし
知8俊9 17

ともなり
知8成6 14
智12哉9 21

とものり
朋8規11 19
智12徳14 26

ともはる
友4悠11 15
友4晴12 16
智12温12 24

ともひこ
灯6彦9 15
知8彦9 17

ともひさ
朋8悠11 19
智12寿7 19

ともひで
朋8秀7 15
智12英8 20

ともひと
友4仁4 8
灯6人2 8

ともひろ
友4尋12 16
朋8大3 11
知8宏7 15
知8洋9 17
智12大3 15
朝12寛13 25

ともまさ
朋8正5 13
智12将10 22

ともみち
灯6道12 18
知8道12 20

ともみつ
知8光6 14
智12光6 18
朝12充6 18

ともや
友4也3 7
友4哉9 13
知8也3 11
朋8弥8 16
智12矢5 17
智12弥8 20

ともやす
朋8安6 14
寅11泰10 21
智12靖13 25

ともゆき
友4幸8 12
知8行6 14
智12之3 15

ともよし
友4義13 17
智12祥10 22

とよかず
豊13和8 21

とよみつ
豊13充6 19

とよゆき
豊13倖10 23

とらい
斗4來8 12
翔12来7 19

とらじ
- 虎(8)治(8) 16
- 寅(11)司(5) 16
- 寅(11)次(6) 17

とらたろう
- 虎(8)太(4)郎(9) 21

とらのすけ
- 虎(8)之(3)佑(7) 18
- 寅(11)ノ(1)佑(7) 19

とらひこ
- 虎(8)彦(9) 17
- 寅(11)彦(9) 20

とらまる
- 虎(8)丸(3) 11
- 寅(11)丸(3) 14

とらや
- 虎(8)也(3) 11
- 寅(11)哉(9) 20

とわ
- 斗(4)和(8) 12
- 永(5)遠(13) 18
- 飛(9)和(8) 17
- 都(11)羽(6) 17
- 翔(12)和(8) 20

な

ないき
- 内(4)輝(15) 19
- 那(7)伊(6)希(7) 20

ないと
- 七(2)威(9)斗(4) 15
- 那(7)伊(6)斗(4) 17

ないん
- 那(7)音(9) 16
- 南(9)音(9) 18

なお
- 尚(8) 8(1)
- 直(8) 8(1)
- 那(7)央(5) 12

なおあき
- 直(8)央(5) 13
- 尚(8)明(8) 16
- 直(8)秋(9) 17

なおいち
- 直(8)一(1) 9
- 尚(8)市(5) 13

なおいちろう
- 直(8)一(1)郎(9) 18
- 尚(8)壱(7)郎(9) 24

なおえ
- 尚(8)慧(15) 23
- 直(8)衛(16) 24

なおかず
- 尚(8)一(1) 9
- 直(8)和(8) 16

なおき
- 直(8)生(5) 13
- 直(8)希(7) 15
- 直(8)祈(8) 16
- 直(8)紀(9) 17
- 直(8)樹(16) 24
- 尚(8)起(10) 18
- 尚(8)基(11) 19
- 尚(8)輝(15) 23
- 南(9)央(5)希(7) 21

なおし
- 直(8)士(3) 11
- 直(8)志(7) 15
- 尚(8)史(5) 13

なおすけ
- 直(8)助(7) 15
- 直(8)甫(7) 15
- 尚(8)祐(9) 17

なおずみ
- 直(8)純(10) 18
- 尚(8)澄(15) 23

なおた
- 尚(8)太(4) 12
- 直(8)汰(7) 15

なおたか
- 尚(8)孝(7) 15
- 直(8)嵩(13) 21

なおたけ
- 直(8)剛(10) 18
- 尚(8)毅(15) 23

なおたろう
- 直(8)太(4)郎(9) 21
- 直(8)太(4)朗(10) 22
- 尚(8)太(4)郎(9) 21
- 尚(8)多(6)朗(10) 24

なおてる
- 直(8)瑛(12) 20
- 尚(8)輝(15) 23

なおと
- 尚(8)斗(4) 12
- 直(8)音(9) 17
- 尚(8)翔(12) 20
- 直(8)翔(12) 20
- 那(7)央(5)斗(4) 16

なおはる
- 尚(8)遥(12) 20
- 直(8)陽(12) 20

なおひこ
- 直(8)彦(9) 17
- 南(9)旺(8)彦(9) 26

なおひさ
- 尚(8)久(3) 11
- 直(8)悠(11) 19

なおひで
- 直(8)秀(7) 15
- 尚(8)英(8) 16

なおひろ
- 尚(8)宏(7) 15
- 直(8)拓(8) 16

なおふみ
- 直(8)文(4) 12
- 尚(8)史(5) 13

なおまさ
- 尚(8)匡(6) 14

なおみ
- 直(8)真(10) 18
- 直(8)海(9) 17
- 那(7)央(5)己(3) 15

なおみち
- 直(8)道(12) 20
- 那(7)央(5)路(13) 25

なおや
- 尚(8)也(3) 11
- 直(8)弥(8) 16
- 直(8)哉(9) 17
- 七(2)旺(8)也(3) 13

なおゆき
- 直(8)之(3) 11
- 尚(8)幸(8) 16

なおよし
- 直(8)義(13) 21
- 尚(8)慶(15) 23

ながあき
- 永(5)昭(9) 14

ながと
- 長(8)明(8) 16
- 永(5)都(11) 16
- 永(5)翔(12) 17
- 長(8)登(12) 20

ながはる
- 永(5)晴(12) 17
- 長(8)陽(12) 20

ながひさ
- 永(5)悠(11) 16
- 長(8)久(3) 11

ながみち
- 永(5)道(12) 17

なかや
- 中(4)也(3) 7
- 那(7)加(5)也(3) 15

ながゆき
- 永(5)幸(8) 13

ながら
- 永(5)楽(13) 18

ながる
流10 — 10(1)

ながれ
流10 — 10(1)

なぎさ
渚11 — 11(1)
凪6瑳14 — 20

なぎと
凪6人2 — 8
凪6音9 — 15

なごむ
和8 — 8(1)
和8夢13 — 21

なつ
夏10 — 10(1)

なつお
夏10旺8 — 18
南9津9生5 — 23

なつき
夏10己3 — 13
夏10樹16 — 26
夏10輝15 — 25
七2津9希7 — 18

なつし
夏10士3 — 13
夏10志7 — 17

なつと
夏10渡12 — 22
南9津9斗4 — 22

なつひこ
夏10彦9 — 19
那7津9彦9 — 25

なつみ
夏10海9 — 19
夏10望11 — 21

なつや
夏10也3 — 13
夏10哉9 — 19

ななお
七2雄12 — 14
七2那7央5 — 14

ななき
七2祈8 — 10
那7々3己3 — 13

ななと
七2音9 — 11
七2翔12 — 14
七2々3翔12 — 17

ななみ
七2波8 — 10
七2海9 — 11

なはと
那7波8人2 — 17
南9波8音9 — 26

なみお
浪10雄12 — 22
南9見7央5 — 21

なみき
波8祈8 — 16
南9輝15 — 24
浪10貴12 — 22

なみじ
波8慈13 — 21
波8路13 — 21

なみと
波8音9 — 17
南9海9人2 — 20

なゆた
七2勇9太4 — 15
那7由5多6 — 18

なゆと
那7結12斗4 — 23
南9結12人2 — 23

なりあき
成6明8 — 14
為9章11 — 20

なりつら
成6貫11 — 17

なりとし
成6利7 — 13
斉8寿7 — 15

なりのり
成6憲16 — 24

なりひと
成6仁4 — 10
哉9人2 — 11

なりまさ
成6允4 — 10
成6真10 — 16

なりみち
也3充6 — 9
成6道12 — 18

なる
成6 — 6(1)
那7琉11 — 18

なるあき
成6明8 — 14
成6亮9 — 15

なるき
成6輝15 — 21
成6騎18 — 24

なると
成6斗4 — 10
徳14人2 — 16
直8琉11都11 — 30

なるひこ
成6彦9 — 15
稔13彦9 — 22

なるひと
成6仁4 — 10

なんと
南9渡12 — 21

に

にじのすけ
虹9乃2介4 — 15
虹9之3佑7 — 19

にじろう
虹9朗10 — 19

にちか
日4翔12 — 16
仁4千3佳8 — 15

にちや
日4弥8 — 12
日4哉9 — 13
仁4知8也3 — 15

ね

ねお
音9生5 — 14
音9旺8 — 17
音9皇9 — 18
寧14央5 — 19
寧14生5 — 19

ねおん
祢9音9 — 18
音9穏16 — 25
寧14温12 — 26

ねろ
音9路13 — 22
寧14呂7 — 21

ねん
然12 — 12(1)

の

のぞみ
希7海9 — 16
希7望11 — 18

のぞむ
希7 — 7(1)
眺11 — 11(1)
望11 — 11(1)
希7望11 — 18
希7夢13 — 20

のぶ
伸7 — 7(1)
信9 — 9(1)

のぶあき
伸7晃10 17
暢14明8 22

のぶお
信9央5 14
展10生5 15

のぶき
信9輝15 24
宣9輝15 24
展10希7 17

のぶたか
伸7喬12 19
信9孝7 16

のぶたけ
展10武8 18
暢14丈3 17

のぶてる
伸7瑛12 19
宣9晃10 19
信9輝15 24

のぶと
展10人2 12
暢14斗4 18

のぶとし
伸7寿7 14
暢14稔13 27

のぶなり
宣9成6 15
信9斉8 17

のぶはる
伸7遥12 19
信9悠11 20

のぶひこ
信9彦9 18
暢14彦9 23

のぶひと
伸7人2 9
信9仁4 13

のぶひろ
信9宥9 18
展10大3 13

のぶまさ
宣9正5 14
信9正5 14

のぶや
伸7也3 10
延8哉9 17

のぶやす
信9靖13 22
暢14穏16 30

のぶゆき
伸7行6 13
展10幸8 18
展10倖10 20

のぶよし
伸7好6 13
信9慶15 24

のぶろう
伸7朗10 17
宣9郎9 18

のぼる
昂8 8 (1)
昇8 8 (1)
登12 12 (1)

のり
則9 9 (1)
記10 10 (1)

のりあき
紀9暁12 21
範15彰14 29
憲16明8 24

のりあつ
法8篤16 24
倫10敦12 22

のりお
紀9雄12 21
範15央5 20

のりかず
紀9和8 17
憲16一1 17

のりさと
典8聡14 22
規11慧15 26

のりたか
法8孝7 15
徳14高10 24

のりたけ
紀9健11 20
憲16剛10 26

のりと
紀9都11 20
徳14人2 16

のりとも
法8智12 20
則9知8 17

のりひこ
宣9彦9 18
倫10彦9 19

のりひさ
法8悠11 19
憲16久3 19

のりひろ
典8大3 11
規11宏7 18

のりまさ
範15正5 20
憲16真10 26

のりみち
典8路13 21
軌9道12 21

のりみつ
規11光6 17
範15充6 21

のりもと
紀9元4 13

のりやす
典8靖13 21
紀9泰10 19

のりゆき
紀9之3 12
憲16行6 22

のりよし
則9慶15 24
規11良7 18

はあと
羽6亜7都11 24

はかる
斗4 4 (1)
計9 9 (1)

はく
拍8 8 (1)
珀9 9 (1)
舶11 11 (1)
博12 12 (1)
羽6琥12 18

はくと
拍8音9 17
珀9翔12 21
博12翔12 24

はくば
白5馬10 15

はくよう
珀9陽12 21
博12洋9 21

はくりゅう
白5龍16 21
珀9琉11 20

はじめ
一1 1 (1)
元4 4 (1)
始8 8 (1)
朔10 10 (1)
基11 11 (1)
萌11 11 (1)
創12 12 (1)

はたや
旗14哉9 23

はつき
初希（7・7）14
初樹（7・16）23

はづき
波月（8・4）12

はつし
初志（7・7）14
初思（7・9）16

はつと
初翔（7・12）19
発登（9・12）21

はつなり
初成（7・6）13
発也（9・3）12

はつのすけ
初之助（7・3・7）17
発之介（9・3・4）16

はつのり
初則（7・9）16
発紀（9・9）18

はつひ
初陽（7・12）19

はつひこ
初彦（7・9）16
発彦（9・9）18

はつほ
初帆（7・6）13

はつま
初馬（7・10）17
発真（9・10）18

はつや
初矢（7・5）12
発哉（9・9）18

はやが
隼雅（10・13）23

はやかぜ
快風（7・9）16
速風（10・9）19

はやし
隼志（10・7）17
隼獅（10・13）23
羽矢士（6・5・3）14

はやじ
颯児（14・7）21

はやせ
隼世（10・5）15
颯星（14・9）23

はやた
迅太（6・4）10
勇太（9・4）13
隼汰（10・7）17
颯太（14・4）18

はやて
颯（14）14（1）
疾風（10・9）19

はやと
隼（10）10（1）
迅翔（6・12）18
勇翔（9・12）21
速斗（10・4）14
隼飛（10・9）19
隼翔（10・12）22
颯音（14・9）23
颯都（14・11）25
駿斗（17・4）21
羽矢人（6・5・2）13

はやなり
隼也（10・3）13
駿成（17・6）23

はやま
速馬（10・10）20
隼磨（10・16）26
波弥真（8・8・10）26

はやみ
迅海（6・9）15
隼心（10・4）14

はる
大（3）3（1）
悠（11）11（1）
温（12）12（1）
晴（12）12（1）
遥（12）12（1）
陽（12）12（1）
波瑠（8・14）22
晴琉（12・11）23

はるあき
春暁（9・12）21
陽秋（12・9）21

はるいち
春一（9・1）10
陽一（12・1）13

はるお
陽生（12・5）17
晴皇（12・9）21

はるおみ
春臣（9・7）16
陽臣（12・7）19

はるか
永（5）5（1）
悠（11）11（1）
遥（12）12（1）
遼（15）15（1）
悠珂（11・9）20
遥伽（12・7）19

はるが
悠雅（11・13）24
陽賀（12・12）24

はるかげ
春景（9・12）21

はるかぜ
陽風（12・9）21

はるき
春祈（9・8）17
春暉（9・13）22
悠己（11・3）14
悠基（11・11）22
遥己（12・3）15
温希（12・7）19
陽来（12・7）19
晴樹（12・16）28

はるく
遥来（12・7）19
陽空（12・8）20

はるし
陽士（12・3）15
晴志（12・7）19

はるじ
遥次（12・6）18
温児（12・7）19
温慈（12・13）25
晴路（12・13）25

はるしげ
春茂（9・8）17
陽成（12・6）18

はるずみ
晴澄（12・15）27

はるた
春汰（9・7）16
悠太（11・4）15
温太（12・4）16
遥太（12・4）16
晴多（12・6）18
陽汰（12・7）19

はるたか
悠孝（11・7）18
晴天（12・4）16

はるたろう
春太郎（9・4・9）22
遥太朗（12・4・10）26
陽多朗（12・6・10）28

はるちか
春親（9・16）25

はると
大翔（3・12）15
春都（9・11）20
悠都（11・11）22
温人（12・2）14
陽人（12・2）14
遥斗（12・4）16
陽音（12・9）21

晴翔 24 / 晴渡 24 / 陽登 24 / 暖人 15 / 遼斗 19

はるとき
悠時 21 / 遥斗季 24

はるなり
春成 15 / 陽成 18

はるのじょう
春之丞 18 / 悠乃条 20

はるのすけ
遥之介 19 / 陽之佑 22

はるのぶ
春信 18 / 晴暢 26

はるのり
悠典 19 / 陽紀 21

はるひ
春陽 21 / 晴日 16 / 悠飛 21 / 遥陽 24

はるひこ
晴彦 21 / 遙彦 23

はるひさ
悠寿 18 / 遥久 15

はるひと
陽仁 16 / 遥日斗 20

はるふみ
春史 14 / 陽文 16

はるま
春馬 19 / 温真 22 / 遥馬 22 / 晴麻 23 / 陽磨 28 / 暖真 23

はるみ
悠心 15 / 陽己 15 / 晴海 21 / 遥海 21

はるみち
春路 22 / 陽美地 27

はるみつ
陽光 18

はるむ
晴武 20 / 遥夢 25 / 陽夢 25

はるや
春弥 17 / 遥也 15 / 温耶 21 / 晴哉 21 / 陽哉 21

はるやす
春康 20 / 晴恭 22

はるゆき
陽倖 22 / 晴雪 23

はるよし
温芳 19 / 晴義 25

はれる
晴 12 (1)

はん
帆 6 (1) / 畔 10 (1)

ばん
絆 11 (1) / 盤 15 (1)

はんすけ
絆佑 18

はんた
帆多 12 / 畔太 14 / 絆太 15

はんだい
帆大 9 / 汎大 9

はんと
汎都 17 / 絆音 20 / 絆都 22

ばんり
万里 10 / 絆理 22 / 絆璃 26

ひいろ
日彩 15 / 陽色 18

ひおなお
大巨 8

ひかり
光 6 (1) / 輝 15 (1) / 光璃 21

ひかる
光 6 (1) / 晃 10 (1) / 皓 12 (1) / 暉 13 (1) / 輝 15 (1) / 光留 16 / 陽加琉 28

ひこすけ
彦介 13

ひこなり
彦成 15 / 飛虎成 23

ひこま
彦馬 19

ひこまろ
彦磨 27 / 彦万呂 19

ひこみち
彦路 22 / 比胡路 26

ひこや
彦弥 17 / 飛虎矢 22

ひさお
久旺 11 / 久雄 15 / 尚男 15

ひさし
久 3 (1) / 永 5 (1) / 悠 11 (1) / 久獅 16 / 飛彩士 23 / 飛瑳士 26

ひさしげ
寿重 16

ひさてる
尚瑛 20 / 悠晃 21

ひさと
久翔 15 / 尚斗 12 / 悠人 13 / 陽佐翔 31

ひさとし
寿利 14

尚俊 8・9 17

ひさなり
尚成 8・6 14

ひさのぶ
久宣 3・9 12

ひさのり
悠紀 11・9 20

ひさひと
寿仁 7・4 11
悠人 11・2 13
悠仁 11・4 15
日瑳人 4・14・2 20

ひさひろ
尚尋 8・12 20
悠大 11・3 14

ひさみち
永道 5・12 17
悠道 11・12 23

ひさや
尚哉 8・9 17
悠弥 11・8 19

ひさゆき
久倖 3・10 13
尚之 8・3 11

ひさよし
寿良 7・7 14
悠義 11・13 24

ひしゅん
飛駿 9・17 26

ひしょう
飛翔 9・12 21
陽渉 12・11 23

ひじり
聖 13 13(1)

ひたち
飛立 9・5 14
陽達 12・12 24

ひで
秀 7 7(1)
英 8 8(1)

ひであき
秀暁 7・12 19
英彰 8・14 22

ひでお
秀生 7・5 12
英凰 8・11 19

ひでかず
秀和 7・8 15
英佳寿 8・8・7 23

ひでき
秀己 7・3 10
秀騎 7・18 25
英希 8・7 15
英樹 8・16 24

ひでさと
秀慧 7・15 22
英聖 8・13 21

ひでし
英士 8・3 11
日出志 4・5・7 16

ひでたか
秀昂 7・8 15
英隆 8・11 19

ひでたけ
秀丈 7・3 10
英猛 8・11 19

ひでつぐ
秀継 7・13 20
英嗣 8・13 21

ひでと
秀斗 7・4 11
秀翔 7・12 19

ひでとし
秀利 7・7 14
英俊 8・9 17

ひでとら
秀虎 7・8 15
英寅 8・11 19

ひでなり
秀也 7・3 10
英成 8・6 14

ひでのり
秀典 7・8 15
英則 8・9 17

ひでひこ
秀彦 7・9 16
日出彦 4・5・9 18

ひでひと
秀仁 7・4 11
英人 8・2 10
英仁 8・4 12

ひでふみ
秀章 7・11 18
英史 8・5 13

ひでほ
秀穂 7・15 22
英帆 8・6 14

ひでまさ
秀正 7・5 12
英匡 8・6 14

ひでまろ
秀磨 7・18 25

ひでみ
秀己 7・3 10
英実 8・8 16

ひでみち
英道 8・12 20

ひでみつ
英光 8・6 14

ひでや
秀哉 7・9 16
英弥 8・8 16
英耶 8・9 17

ひでゆき
秀之 7・3 10
英行 8・6 14

ひでよ
英世 8・5 13

ひでよし
秀好 7・6 13
英佳 8・8 16

びどう
弥堂 8・11 19
美童 9・12 21
琵堂 12・11 23

ひとし
仁 4 4(1)
人志 2・7 9

ひとなり
人成 2・6 8
仁也 4・3 7

ひとまろ
人磨 2・18 20
人麻呂 2・11・7 20

ひとむ
仁武 4・8 12
仁夢 4・13 17

ひとや
人哉 2・9 11
仁也 4・3 7

ひとわ
仁和 4・8 12

ひなた
陽 12 12(1)
日向 4・6 10
陽向 12・6 18
陽汰 12・7 19
日南汰 4・9・7 20
陽那太 12・7・4 23
陽南多 12・9・6 27

ひなと
陽仁 12・4 16
陽斗 12・4 16
陽音 12・9 21
日向音 4・6・9 19
陽南斗 12・9・4 25

ひなり
陽成 12・6 18

ひびき
響 20 20(1)

- 響生 20・5 ― 25
- 響祈 20・8 ― 28
- 響紀 20・9 ― 29
- 響基 20・11 ― 31
- 響輝 20・15 ― 35
- 日々輝 4・3・15 ― 22
- 飛比生 9・4・5 ― 18

ひゅう
- 日悠 4・11 ― 15
- 飛佑 9・7 ― 16
- 飛悠 9・11 ― 20
- 陽悠 12・11 ― 23
- 陽優 12・17 ― 29

ひゅうが
- 日向 4・6 ― 10
- 飛牙 9・4 ― 13
- 彪河 11・8 ― 19
- 彪雅 11・13 ― 24

ひゅうご
- 彪悟 11・10 ― 21
- 飛悠吾 9・11・7 ― 27

ひゅうま
- 飛馬 9・10 ― 19
- 彪真 11・10 ― 21
- 飛雄馬 9・12・10 ― 31

ひゅうや
- 飛哉 9・9 ― 18
- 彪也 11・3 ― 14

ひょう
- 彪 11 ― 11 (1)

ひょうが
- 彪雅 11・13 ― 24

ひょうご
- 兵悟 7・10 ― 17
- 彪吾 11・7 ― 18

ひょうた
- 彪汰 11・7 ― 18

ひょうま
- 豹真 10・10 ― 20
- 彪馬 11・10 ― 21

ひよく
- 飛翼 9・17 ― 26

ひらく
- 拓 8 ― 8 (1)
- 開 12 ― 12 (1)

ひりゅう
- 飛竜 9・10 ― 19
- 陽琉 12・11 ― 23

ひろ
- 大 3 ― 3 (1)
- 拓 8 ― 8 (1)
- 宥 9 ― 9 (1)
- 裕 12 ― 12 (1)
- ヒロ 2・3 ― 5
- 飛路 9・13 ― 22
- 陽呂 12・7 ― 19

ひろあ
- 大阿 3・8 ― 11
- 紘阿 10・8 ― 18
- 飛呂亜 9・7・7 ― 23

ひろあき
- 大彰 3・14 ― 17
- 宏晄 7・10 ― 17
- 紘晃 10・10 ― 20

ひろあつ
- 宥温 9・12 ― 21
- 寛厚 13・9 ― 22

ひろえ
- 大衛 3・16 ― 19
- 広慧 5・15 ― 20

ひろお
- 宏生 7・5 ― 12
- 紘央 10・5 ― 15
- 陽呂生 12・7・5 ― 24

ひろおみ
- 広臣 5・7 ― 12
- 尋臣 12・7 ― 19

ひろかず
- 宏和 7・8 ― 15
- 博一 12・1 ― 13
- 裕和 12・8 ― 20

ひろかぜ
- 大風 3・9 ― 12

ひろき
- 大祈 3・8 ― 11
- 弘毅 5・15 ― 20
- 弘樹 5・16 ― 21
- 宙輝 8・15 ― 23
- 拓騎 8・18 ― 26
- 紘希 10・7 ― 17
- 浩紀 10・9 ― 19
- 啓樹 11・16 ― 27
- 裕輝 12・15 ― 27

ひろきよ
- 宏聖 7・13 ― 20

ひろくに
- 浩邦 10・7 ― 17

ひろさだ
- 裕定 12・8 ― 20
- 裕貞 12・9 ― 21

ひろさと
- 宏聡 7・14 ― 21
- 大慧 3・15 ― 18

ひろし
- 大 3 ― 3 (1)
- 拓 8 ― 8 (1)
- 宙 8 ― 8 (1)
- 寛 13 ― 13 (1)
- 祐志 9・7 ― 16
- 紘史 10・5 ― 15
- 広思 5・9 ― 14

ひろじ
- 広次 5・6 ― 11

ひろしげ
- 宏茂 7・8 ― 15
- 寛重 13・9 ― 22

ひろすけ
- 紘佑 10・7 ― 17
- 大亮 3・9 ― 12
- 尋佑 12・7 ― 19

ひろたか
- 大空 3・8 ― 11
- 弘隆 5・11 ― 16
- 宇宙 6・8 ― 14
- 博貴 12・12 ― 24
- 裕嵩 12・13 ― 25

ひろたけ
- 宥丈 9・3 ― 12
- 浩岳 10・8 ― 18
- 大剛 3・10 ― 13

ひろただ
- 弘忠 5・8 ― 13
- 宏唯 7・11 ― 18

ひろたつ
- 宏達 7・12 ― 19
- 尋達 12・12 ― 24

ひろつな
- 大綱 3・14 ― 17

ひろつね
- 弘恒 5・9 ― 14
- 裕常 12・11 ― 23

ひろてる
- 宏照 7・13 ― 20
- 浩輝 10・15 ― 25

ひろと
- 大翔 3・12 ― 15
- 弘登 5・12 ― 17
- 宏都 7・11 ― 18
- 宙飛 8・9 ― 17
- 拓渡 8・12 ― 20
- 洋翔 9・12 ― 21
- 紘斗 10・4 ― 14
- 裕人 12・2 ― 14
- 寛人 13・2 ― 15
- 大斗 3・4 ― 7
- 紘音 10・9 ― 19
- 比呂斗 4・7・4 ― 15

ひろとき
- 紘時 10・10 ― 20
- 大時 3・10 ― 13

ひろとし
博12 利7　19
寛13 寿7　20

ひろとも
紘10 友4　14
裕12 知8　20

ひろなお
弘5 尚8　13
広5 直8　13
陽12 呂7 尚8　27

ひろなり
大3 成6　9
紘10 成6　16
尋12 也3　15

ひろの
大3 埜11　14
広5 野11　16

ひろのすけ
宙8 之3 介4　15
紘10 之3 助7　20

ひろのぶ
博12 信9　21
広5 展10　15

ひろのり
宏7 則9　16
裕12 徳14　26
浩10 典8　18

ひろはる
広5 温12　17
弘5 遥12　17
裕12 陽12　24

ひろひこ
尋12 彦9　21
裕12 彦9　21

ひろふみ
紘10 文4　14
浩10 史5　15

ひろま
弘5 磨16　21
紘10 馬10　20
裕12 真10　22
陽12 呂7 麻11　30

ひろまさ
大3 雅13　16
宏7 昌8　15
裕12 将10　22

ひろみ
大3 海9　12
洋9 望11　20
裕12 己3　15
博12 海9　21
比4 呂7 海9　20
寛13 海9　22

ひろみち
大3 進11　14
宏7 道12　19
紘10 路13　23
博12 通10　22

ひろみつ
皓12 光6　18

ひろむ
弘5　5 (1)
啓11　11 (1)
熙15　15 (1)
大3 武8　11
広5 夢13　18
紘10 夢13　23
宏7 武8　15

ひろもち
大3 望11　14
洋9 望11　20

ひろもり
紘10 守6　16

ひろや
大3 哉9　12
拓8 也3　11
皓12 矢5　17
裕12 也3　15

ひろやす
宥9 恭10　19
浩10 康11　21

ひろゆき
広5 行6　11
弘5 雪11　16
紘10 之3　13
博12 之3　15
宏7 行6　13
滉13 行6　19

ひろよし
大3 嘉14　17
広5 佳8　13

びん
敏10　10 (1)

びんと
敏10 斗4　14

ぶいち
武8 一1　9
武8 市5　13

ふうが
風9 我7　16
風9 河8　17
風9 賀12　21
風9 雅13　22
楓13 芽8　21
楓13 雅13　26

ふうき
阜8 樹16　24
風9 祈8　17
風9 輝15　24
楓13 己3　16
楓13 貴12　25

ふうご
風9 瑚13　22
富12 吾7　19
楓13 悟10　23

ふうし
風9 士3　12
楓13 志7　20

ふうじ
風9 児7　16
楓13 司5　18

ふうじん
風9 仁4　13
風9 迅6　15

ふうせい
風9 惺12　21
楓13 成6　19

ふうた
風9 太4　13
風9 汰7　16
風9 詩13　22
楓13 太4　17
楓13 汰7　20

ふうたろう
風9 太4 郎9　22
富12 多6 朗10　28
楓13 太4 朗10　27

ふうと
風9 人2　11
風9 音9　18
風9 翔12　21
楓13 斗4　17
楓13 都11　24

ふうま
風9 馬10　19
風9 真10　19
風9 磨16　25
楓13 馬10　23
楓13 真10　23

ふうや
風9 矢5　14
風9 弥8　17
楓13 弥8　21
楓13 哉9　22

ふかし
深11　11 (1)
深11 志7　18

ふきと
- 風9 起10 人2 — 21
- 風9 輝15 斗4 — 28

ふく
- 福13 — 13 (1)
- 風9 玖7 — 16

ふくし
- 福13 至6 — 19
- 福13 志7 — 20

ふくたろう
- 福13 太4 楼13 — 30
- 福13 多6 郎9 — 28

ふくと
- 福13 斗4 — 17
- 風9 久3 音9 — 21

ふくなり
- 福13 成6 — 19

ふくま
- 福13 眞10 — 23
- 風9 玖7 馬10 — 26

ふくまる
- 福13 丸3 — 16

ふじ
- 不4 二2 — 6
- 富12 史5 — 17

ふじお
- 不4 二2 雄12 — 18
- 富12 士3 央5 — 20

ふじと
- 藤18 人2 — 20
- 富12 士3 登12 — 27
- 富12 士3 翔12 — 27

ふじまる
- 藤18 丸3 — 21
- 富12 士3 丸3 — 18

ふとし
- 太4 — 4 (1)
- 太4 志7 — 11

ふなと
- 船11 人2 — 13

ふひと
- 不4 比4 斗4 — 12

ふみあき
- 文4 昭9 — 13
- 文4 晶12 — 16
- 史5 章11 — 16

ふみお
- 文4 雄12 — 16
- 史5 雄12 — 17

ふみかず
- 史5 一1 — 6
- 郁9 和8 — 17

ふみき
- 文4 樹16 — 20
- 史5 紀9 — 14
- 郁9 希7 — 16

ふみさと
- 文4 怜8 — 12

ふみと
- 文4 人2 — 6
- 史5 都11 — 16
- 郁9 斗4 — 13

ふみとし
- 文4 利7 — 11
- 文4 敏10 — 14

ふみなり
- 文4 成6 — 10
- 郁9 也3 — 12

ふみのり
- 文4 徳14 — 18
- 郁9 紀9 — 18

ふみひこ
- 史5 彦9 — 14
- 郁9 彦9 — 18

ふみひろ
- 文4 寛13 — 17
- 史5 尋12 — 17

ふみまろ
- 史5 麿18 — 23
- 文4 真10 呂7 — 21

ふみや
- 文4 弥8 — 12
- 文4 哉9 — 13
- 史5 也3 — 8
- 郁9 矢5 — 14
- 郁9 哉9 — 18

ふみやす
- 文4 恭10 — 14
- 史5 靖13 — 18

ふみよし
- 史5 好6 — 11

ふもと
- 麓19 — 19 (1)

ふゆき
- 冬5 基11 — 16
- 冬5 樹16 — 21

ふゆと
- 冬5 斗4 — 9
- 冬5 音9 — 14
- 風9 優17 斗4 — 30

ふゆひこ
- 冬5 彦9 — 14

ぶんご
- 文4 吾7 — 11
- 文4 醐16 — 20

ぶんしろう
- 文4 史5 朗10 — 19

ぶんた
- 文4 汰7 — 11
- 聞14 多6 — 20

ぶんたろう
- 文4 汰7 郎9 — 20
- 聞14 多6 朗10 — 30

へ

へいじ
- 平5 次6 — 11
- 平5 治8 — 13
- 兵7 慈13 — 20

へいすけ
- 平5 介4 — 9
- 平5 祐9 — 14

へいた
- 平5 太4 — 9
- 平5 汰7 — 12

へいま
- 平5 馬10 — 15

へいや
- 平5 弥8 — 13

ほ

ほうじょう
- 方4 丈3 — 7

ほうせい
- 峰10 成6 — 16
- 萌11 生5 — 16

ほがら
- 朗10 — 10 (1)

ほくせい
- 北5 星9 — 14

ほくと
- 北5 都11 — 16
- 北5 翔12 — 17
- 帆6 玖7 斗4 — 17

ほし
- 星9 — 9 (1)

ほしと
- 歩8 志7 — 15
- 星9 斗4 — 13
- 星9 都11 — 20

ほしひこ
- 星9 彦9 — 18
- 保9 志7 彦9 — 25

ほずみ
- 穂15 純10 — 25

ほたか
- 武8 尊12 — 20
- 穂15 高10 — 25

ほだか
帆(6)高(10) 16
穂(15)高(10) 25
穂(15)嵩(13) 28

ほづみ
歩(8)積(16) 24
穂(15)積(16) 31

ほまれ
誉(13) 13(1)
帆(6)希(7) 13
帆(6)稀(12) 18
歩(8)稀(12) 20
帆(6)真(10)礼(5) 21

ま

まあく
真(10)亜(7)玖(7) 24

まあさ
真(10)旭(6) 16
真(10)諒(15) 25
麻(11)諒(15) 26
磨(16)旭(6) 22

まあと
馬(10)亜(7)翔(12) 29
麻(11)愛(13)斗(4) 28

まいき
舞(15)樹(16) 31

まいく
真(10)郁(9) 19
舞(15)玖(7) 22

まいた
舞(15)太(4) 19

まいと
真(10)紘(11) 21
舞(15)斗(4) 19
舞(15)翔(12) 27
磨(16)伊(6)音(9) 31

まいる
哩(10) 10(1)

まお
真(10)生(5) 15
麻(11)雄(12) 23

まおと
真(10)音(9) 19

まきお
万(3)樹(16)央(5) 24
真(10)樹(16)生(5) 31

まきし
槙(14)史(5) 19
万(3)祈(8)司(5) 16
真(10)祈(8)史(5) 23

まきた
真(10)輝(15)太(4) 29

まきと
槙(14)人(2) 16
真(10)希(7)都(11) 28
磨(16)希(7)斗(4) 27

まきや
槙(14)也(3) 17
麻(11)希(7)哉(9) 27

まこと
一(1) 1(1)
実(8) 8(1)
信(9) 9(1)
真(10) 10(1)
誠(13) 13(1)
諒(15) 15(1)
真(10)人(2) 12
真(10)虎(8)斗(4) 22

まさあき
正(5)晃(10) 15
真(10)暁(12) 22
雅(13)明(8) 21
雅(13)章(11) 24

まさうみ
正(5)海(9) 14

まさお
真(10)凰(11) 21
雅(13)生(5) 18

まさおみ
正(5)臣(7) 12
雅(13)臣(7) 20

まさかげ
昌(8)景(12) 20

まさかず
将(10)和(8) 18
雅(13)和(8) 21

まさかつ
允(4)克(7) 11
正(5)勝(12) 17

まさかど
真(10)門(8) 18
雅(13)門(8) 21

まさき
正(5)起(10) 15
匡(6)希(7) 13
柾(9)樹(16) 25
将(10)輝(15) 25
真(10)騎(18) 28
雅(13)己(3) 16
雅(13)希(7) 20
雅(13)生(5) 18
誠(13)樹(16) 29
真(10)沙(7)己(3) 20

まさきよ
正(5)清(11) 16
柾(9)聖(13) 22

まさくに
匡(6)邦(7) 13

まさし
真(10) 10(1)
雅(13) 13(1)
真(10)史(5) 15
将(10)司(5) 15
将(10)史(5) 15
将(10)志(7) 17
雅(13)志(7) 20

まさしげ
匡(6)成(6) 12

まさずみ
真(10)純(10) 20
雅(13)澄(15) 28

まさたか
正(5)崇(11) 16
将(10)貴(12) 22
雅(13)孝(7) 20

まさたけ
昌(8)猛(11) 19
将(10)毅(15) 25

まさつぐ
正(5)嗣(13) 18
雅(13)次(6) 19

まさつね
真(10)経(11) 21
雅(13)常(11) 24

まさつら
将(10)貫(11) 21

まさてる
正(5)瑛(12) 17
政(9)晃(10) 19
真(10)晃(10) 20

まさと
正(5)翔(12) 17
匡(6)斗(4) 10
将(10)登(12) 22
真(10)惺(12) 22
真(10)慧(15) 25
雅(13)人(2) 15
聖(13)都(11) 24

まさとし
真(10)寿(7) 17
将(10)俊(9) 19

まさとも
正(5)智(12) 17
真(10)知(8) 18
勝(12)智(12) 24

まさなお
政(9)直(8) 17
雅(13)尚(8) 21

まさなり
真成（10・6）16

まさのり
匡徳（6・14）20
真教（10・11）21
雅典（13・8）21

まさはる
正晴（5・12）17
匡陽（6・12）18
真悠（10・11）21
雅陽（13・12）25

まさひこ
昌彦（8・9）17
真彦（10・9）19

まさひで
柾英（9・8）17
雅秀（13・7）20

まさひと
昌仁（8・4）12
真人（10・2）12

まさひろ
正尋（5・12）17
匡宏（6・7）13
真洋（10・9）19
雅裕（13・12）25
優大（17・3）20

まさふみ
将史（10・5）15
雅文（13・4）17

まさみ
政望（9・11）20
真心（10・4）14
真海（10・9）19
雅巳（13・3）16

まさみち
正道（5・12）17
真理（10・11）21
真路（10・13）23

まさみつ
匡満（6・12）18
真満（10・12）22

まさむね
雅宗（13・8）21

まさもと
正基（5・11）16
真元（10・4）14

まさや
正矢（5・5）10
昌哉（8・9）17
政也（9・3）12
将弥（10・8）18
真哉（10・9）19
雅也（13・3）16
雅矢（13・5）18

まさやす
征泰（8・10）18
雅康（13・11）24

まさゆき
正行（5・6）11
将之（10・3）13
雅之（13・3）16
雅倖（13・10）23

まさよし
正義（5・13）18
将慶（10・15）25

まさる
大（3）3(1)
勝（12）12(1)
優（17）17(1)
雅琉（13・11）24

ましお
真潮（10・15）25

ましゅう
真州（10・6）16
真柊（10・9）19
磨秀（16・7）23

ますみ
真澄（10・15）25

まと
真斗（10・4）14
磨翔（16・12）28

まなき
学希（8・7）15
真葵（10・12）22
愛紀（13・9）22
万那己（3・7・3）13

まなと
学翔（8・12）20
真人（10・2）12
愛斗（13・4）17
愛翔（13・12）25
万那人（3・7・2）12

まなぶ
学（8）8(1)
真武（10・8）18

まなむ
学夢（8・13）21
真夢（10・13）23

まのあ
真ノ亜（10・1・7）18
眞之亜（10・3・7）20

まはと
万羽都（3・6・11）20
真葉人（10・12・2）24

まはる
真晴（10・12）22
磨悠（16・11）27

まひろ
万尋（3・12）15
真大（10・3）13
眞紘（10・10）20

まもる
守（6）6(1)
葵（12）12(1)
衛（16）16(1)
護（20）20(1)

まよ
磨世（16・5）21

まりお
真理央（10・11・5）26
麻里生（11・7・5）23
磨利央（16・7・5）28

まるた
真瑠太（10・14・4）28

まると
真琉人（10・11・2）23
磨留斗（16・10・4）30

まれい
希威（7・9）16
真怜（10・8）18

まんたろう
万太郎（3・4・9）16

みおん
海音（9・9）18
海穏（9・16）25

みき
幹（13）13(1)
樹（16）16(1)

みきお
樹生（16・5）21

みきた
幹太（13・4）17
未来太（5・7・4）16

みきと
樹斗（16・4）20
未来翔（5・7・12）24

みきなり
幹成（13・6）19
樹也（16・3）19

みきのり
幹則（13・9）22
樹紀（16・9）25

みきひこ
幹彦（13・9）22
未来彦（5・7・9）21

みきひさ
幹寿（13・7）20

樹(16)尚(8) 24

みきひろ
幹(13)大(3) 16
幹(13)広(5) 18
樹(16)浩(10) 26

みきや
幹(13)弥(8) 21
樹(16)也(3) 19
美(9)樹(16)也(3) 28

みきやす
幹(13)恭(10) 23
樹(16)康(11) 27

みさき
岬(8) 8(1)
岬(8)希(7) 15
岬(8)祈(8) 16

みずあき
瑞(13)秋(9) 22

みずき
水(4)樹(16) 20
瑞(13)己(3) 16
瑞(13)生(5) 18
瑞(13)貴(12) 25
瑞(13)輝(15) 28

みずと
瑞(13)都(11) 24
瑞(13)翔(12) 25

みずはる
瑞(13)晴(12) 25

みずほ
瑞(13)帆(6) 19
瑞(13)甫(7) 20
瑞(13)穂(15) 28

みずむ
瑞(13)夢(13) 26

みち
理(11) 11(1)
路(13) 13(1)

みちあき
倫(10)亮(9) 19

みちお
道(12)旺(8) 20
美(9)智(12)央(5) 26

みちさと
充(6)慧(15) 21
三(3)千(3)里(7) 13

みちざね
道(12)真(10) 22
路(13)実(8) 21

みちた
理(11)太(4) 15
道(12)太(4) 16

みちたか
充(6)貴(12) 18
道(12)崇(11) 23
道(12)敬(12) 24

みちつな
道(12)綱(14) 26

みちてる
充(6)輝(15) 21
道(12)瑛(12) 24
美(9)智(12)輝(15) 36

みちと
充(6)渡(12) 18
理(11)人(2) 13
道(12)渡(12) 24

みちなお
道(12)直(8) 20

みちなり
倫(10)也(3) 13
道(12)成(6) 18

みちのぶ
充(6)暢(14) 20
迪(8)宣(9) 17
道(12)暢(14) 26

みちのり
充(6)規(11) 17

みちひこ
道(12)彦(9) 21
美(9)知(8)彦(9) 26

みちひろ
倫(10)尋(12) 22
理(11)宥(9) 20
道(12)大(3) 15

みちまさ
倫(10)正(5) 15
通(10)正(5) 15
道(12)真(10) 22

みちや
充(6)矢(5) 11
道(12)也(3) 15

みちゆき
満(12)之(3) 15
道(12)行(6) 18

みちる
充(6) 6(1)
み(3)ち(3)る(2) 8

みつあき
充(6)晄(10) 16
満(12)晃(10) 22

みつお
光(6)生(5) 11
充(6)男(7) 13

みつかげ
光(6)景(12) 18

みつき
三(3)希(7) 10
光(6)生(5) 11
光(6)祈(8) 14
充(6)稀(12) 18
充(6)輝(15) 21
光(6)樹(16) 22
満(12)希(7) 19

みつし
充(6)史(5) 11
未(5)都(11)史(5) 21

みつしげ
満(12)重(9) 21

みつたか
充(6)貴(12) 18
満(12)嵩(13) 25

みつてる
充(6)照(13) 19
光(6)輝(15) 21

みつとし
光(6)俊(9) 15
満(12)寿(7) 19

みつとも
光(6)智(12) 18

みつなり
光(6)也(3) 9
充(6)成(6) 12

みつのぶ
充(6)宣(9) 15

みつのり
充(6)典(8) 14
光(6)徳(14) 20

みつはる
光(6)晴(12) 18
満(12)陽(12) 24

みつひこ
光(6)彦(9) 15

みつひろ
充(6)紘(10) 16
満(12)弘(5) 17

みつほ
満(12)帆(6) 18

みつまさ
充(6)雅(13) 19

みつや
光(6)弥(8) 14
充(6)哉(9) 15

みつよし
光(6)義(13) 19

みつる
充(6) 6(1)
満(12) 12(1)
実(8)弦(8) 16

みと
心(4)翔(12) 16

海翔 (9・12) 21

みなと
湊 (12) 12 (1)
南翔 (9・12) 21
湊人 (12・2) 14

みなみ
海波 (9・8) 17
南海 (9・9) 18

みね
嶺 (17) 17 (1)

みねお
峰旺 (10・8) 18
峯雄 (10・12) 22

みねき
峰希 (10・7) 17

みねと
峰登 (10・12) 22
嶺斗 (17・4) 21

みねゆき
峰雪 (10・11) 21

みのり
実 (8) 8 (1)
稔 (13) 13 (1)

みのる
実 (8) 8 (1)
穣 (18) 18 (1)

みめい
未明 (5・8) 13
実明 (8・8) 16

みらい
未来 (5・7) 12
未徠 (5・11) 16
海來 (9・8) 17

みりゅう
海琉 (9・11) 20

む

むう
武宇 (8・6) 14
夢生 (13・5) 18
夢羽 (13・6) 19

むが
無我 (12・7) 19
夢雅 (13・13) 26

むく
椋 (12) 12 (1)
夢玖 (13・7) 20
夢久斗 (13・3・4) 20

むくと
椋都 (12・11) 23

むげん
武源 (8・13) 21
夢玄 (13・5) 18

むさし
武蔵 (8・15) 23
六佐史 (4・7・5) 16
武沙志 (8・7・7) 22

むつお
陸央 (11・5) 16
睦雄 (13・12) 25

むつき
六輝 (4・15) 19
睦月 (13・4) 17
睦希 (13・7) 20

むつと
陸登 (11・12) 23
睦人 (13・2) 15

むつひこ
睦彦 (13・9) 22

むつみ
睦 (13) 13 (1)
睦実 (13・8) 21
睦海 (13・9) 22

むつむね
睦宗 (13・8) 21

むつろう
睦朗 (13・10) 23

むどう
武堂 (8・11) 19
夢童 (13・12) 25

むねかず
心和 (4・8) 12
宗和 (8・8) 16

むねと
宗斗 (8・4) 12
夢音人 (13・9・2) 24

むねとし
宗利 (8・7) 15

むねのり
宗典 (8・8) 16
宗紀 (8・9) 17

むねひこ
志彦 (7・9) 16
宗彦 (8・9) 17

むねひさ
宗久 (8・3) 11
宗寿 (8・7) 15

むねひと
宗仁 (8・4) 12
宗日斗 (8・4・4) 16

むねひろ
宗宏 (8・7) 15

むねゆき
宗倖 (8・10) 18

め

めいが
明雅 (8・13) 21

めいし
明志 (8・7) 15
明紫 (8・12) 20

めいじ
明慈 (8・13) 21
盟士 (13・3) 16

めいせい
明青 (8・8) 16
明惺 (8・12) 20
盟成 (13・6) 19

めいてつ
明哲 (8・10) 18

めいと
盟斗 (13・4) 17

めいどう
明道 (8・12) 20

めいほう
明峯 (8・10) 18

めぐむ
恩 (10) 10 (1)
恵 (10) 10 (1)

めぐる
巡 (6) 6 (1)
周 (8) 8 (1)
環 (17) 17 (1)

も

もうり
望里 (11・7) 18

もちはる
望晴 (11・12) 23

もちひこ
望彦 (11・9) 20
茂知彦 (8・8・9) 25

もと
元 (4) 4 (1)
原 (10) 10 (1)
基 (11) 11 (1)

もとあき
元彬 (4・11) 15
基晶 (11・12) 23

もとい
基 (11) 11 (1)
元惟 (4・11) 15

もとお
基央 (11・5) 16

もとかず
元一 (4・1) 5
基和 (11・8) 19

もとき
基11 — 11 (1)
幹13 — 13 (1)
元4樹16 — 20
元4騎18 — 22
求7基11 — 18
基11希7 — 18
基11記10 — 21
幹13己3 — 16

もときよ
元4聖13 — 17
幹13清11 — 24

もとし
基11志7 — 18

もとてる
元4輝15 — 19
源13瑛12 — 25

もとなり
素10也3 — 13
基11成6 — 17

もとのり
元4徳14 — 18
素10典8 — 18

もとはる
元4陽12 — 16
基11晴12 — 23

もとひこ
心4彦9 — 13
素10彦9 — 19

もとひろ
基11宥9 — 20

もとまろ
元4麿18 — 22

もとみち
素10道12 — 22

もとむ
求7 — 7 (1)
求7夢13 — 20

もとや
元4哉9 — 13
基11哉9 — 20

もとゆき
素10之3 — 13
基11行6 — 17

もとよし
元4吉6 — 10

もりあき
守6明8 — 14
盛11彰14 — 25

もりお
守6生5 — 11
森12央5 — 17

もりと
杜7都11 — 18
護20人2 — 22

もりのすけ
守6之3介4 — 13
森12之3祐9 — 24

もりひこ
守6彦9 — 15
護20彦9 — 29

もりひろ
守6寛13 — 19

もりまさ
守6雅13 — 19

もりみち
守6充6 — 12
森12道12 — 24

もりや
杜7也3 — 10
護20弥8 — 28

もりやす
守6泰10 — 16
杜7康11 — 18

もんた
門8太4 — 12
紋10汰7 — 17
聞14多6 — 20

もんと
聞14人2 — 16

もんど
門8渡12 — 20

もんま
門8眞10 — 18

やくと
躍21人2 — 23
矢5玖7斗4 — 16

やくま
躍21真10 — 31

やくも
八2雲12 — 14

やすあき
安6晄10 — 16
康11明8 — 19

やすお
康11生5 — 16
靖13夫4 — 17

やすおみ
保9臣7 — 16

やすき
穏16 — 16 (1)
泰10希7 — 17

やすし
保9 — 9 (1)
恭10 — 10 (1)
穏16 — 16 (1)
靖13史5 — 18
穏16士3 — 19

やすじ
恭10路13 — 23
靖13侍8 — 21

やすたか
泰10崇11 — 21
康11高10 — 21

やすたろう
安6太4郎9 — 19
恭10太4朗10 — 24

やすと
泰10人2 — 12

やすとも
康11友4 — 15
靖13智12 — 25

やすなり
泰10成6 — 16
恭10斉8 — 18

やすのり
安6憲16 — 22
泰10典8 — 18

やすはる
保9晴12 — 21
靖13春9 — 22

やすひこ
泰10彦9 — 19
穏16彦9 — 25

やすひさ
恭10久3 — 13
靖13久3 — 16

やすひで
泰10英8 — 18
康11秀7 — 18

やすひと
保9仁4 — 13
靖13人2 — 15

やすひろ
恭10宥9 — 19
康11弘5 — 16
穏16広5 — 21

やすふみ
泰10史5 — 15

やすまさ
保9雅13 — 22
泰10正5 — 15

やすまる
恭10丸3 — 13

やすむね
保9宗8 — 17
康11宗8 — 19

やすゆき	泰之	10 3	13
	康倖	11 10	21
やすよし	康好	11 6	17
やたろう	矢太朗	5 4 10	19
	弥太郎	8 4 9	21
やのすけ	八之輔	2 3 14	19
	矢之佑	5 3 7	15
やひこ	矢彦	5 9	14
	弥彦	8 9	17
やひろ	八紘	2 10	12
	弥尋	8 12	20
やまと	和	8	8 (1)
	山斗	3 4	7
	大和	3 8	11
	大翔	3 12	15
	矢眞斗	5 10 4	19
やまひこ	山彦	3 9	12
ゆ			
ゆあん	由晏	5 10	15
	悠安	11 6	17
ゆい	惟	11	11 (1)
	結	12	12 (1)
ゆいが	惟芽	11 8	19
	結雅	12 13	25
ゆいた	惟多	11 6	17
	結太	12 4	16
ゆいと	惟斗	11 4	15
	唯翔	11 12	23
	結人	12 2	14
	結都	12 11	23
ゆいほ	唯帆	11 6	17
	惟歩	11 8	19
ゆいま	唯真	11 10	21
ゆいむ	唯武	11 8	19
ゆいや	結弥	12 8	20
	結哉	12 9	21
ゆう	友	4	4 (1)
	勇	9	9 (1)
	宥	9	9 (1)
	悠	11	11 (1)
	裕	12	12 (1)
	遊	12	12 (1)
	湧	12	12 (1)
	優	17	17 (1)
	悠有	11 6	17
ゆうあ	悠阿	11 8	19
	優亜	17 7	24
ゆうあん	悠晏	11 10	21
	優庵	17 11	28
ゆうい	宥生	9 5	14
	優威	17 9	26
ゆういち	悠壱	11 7	18
	優一	17 1	18
ゆういちろう	裕一郎	12 1 9	22
	雄市朗	12 5 10	27
ゆうえい	勇瑛	9 12	21
	悠永	11 5	16
ゆうが	侑我	8 7	15
	勇牙	9 4	13
	悠芽	11 8	19
	雄我	12 7	19
ゆうき	有貴	6 12	18
	佑來	7 8	15
	侑希	8 7	15
	祐樹	9 16	25
	勇騎	9 18	27
	悠祈	11 8	19
	裕基	12 11	23
	裕輝	12 15	27
	雄貴	12 12	24
	雄樹	12 16	28
	優生	17 5	22
ゆうきち	勇吉	9 6	15
	雄吉	12 6	18
ゆうく	侑久	8 3	11
	結玖	12 7	19
ゆうけい	侑恵	8 10	18
	宥圭	9 6	15
ゆうけん	侑賢	8 16	24
	勇健	9 11	20
	悠健	11 11	22
ゆうげん	悠元	11 4	15
	結玄	12 5	17
	優弦	17 8	25
ゆうご	有護	6 20	26
	悠梧	11 11	22
	雄呉	12 7	19
	優吾	17 7	24
ゆうごう	悠剛	11 10	21
	雄豪	12 14	26
	優剛	17 10	27
ゆうごろう	裕吾朗	12 7 10	29
	優伍郎	17 6 9	32
ゆうこん	雄渾	12 12	24
ゆうさく	有作	6 7	13
	勇咲	9 9	18
	優朔	17 10	27
ゆうし	悠士	11 3	14
	裕史	12 5	17
	結詩	12 13	25
	優志	17 7	24
ゆうじ	祐士	9 3	12
	勇次	9 6	15
	祐治	9 8	17
	悠児	11 7	18
	湧二	12 2	14
	優治	17 8	25
ゆうしゅう	悠周	11 8	19
ゆうしゅん	勇隼	9 10	19
	優駿	17 17	34
ゆうしょう	勇翔	9 12	21
	祐彰	9 14	23
ゆうじょう	悠丈	11 3	14
ゆうしろう	夕志郎	3 7 9	19
	侑史朗	8 5 10	23

ゆうしん
- 佑心（7・4）11
- 侑真（8・10）18
- 悠晋（11・10）21
- 優芯（17・7）24

ゆうじん
- 勇仁（9・4）13
- 悠人（11・2）13
- 悠臣（11・7）18
- 結仁（12・4）16
- 優仁（17・4）21

ゆうすけ
- 佑亮（7・9）16
- 勇介（9・4）13
- 宥輔（9・14）23
- 悠佑（11・7）18
- 結助（12・7）19
- 優介（17・4）21

ゆうせ
- 侑世（8・5）13
- 悠勢（11・13）24

ゆうせい
- 祐星（9・9）18
- 勇惺（9・12）21
- 悠誠（11・13）24
- 雄生（12・5）17
- 優晴（17・12）29

ゆうぜん
- 悠善（11・12）23
- 結然（12・12）24

ゆうぞう
- 有造（6・10）16
- 悠蔵（11・15）26

ゆうた
- 侑多（8・6）14
- 勇太（9・4）13
- 悠汰（11・7）18
- 雄太（12・4）16
- 裕汰（12・7）19
- 優多（17・6）23
- 悠宇多（11・6・6）23

ゆうたい
- 優泰（17・10）27

ゆうだい
- 勇大（9・3）12
- 祐大（9・3）12
- 湧大（12・3）15
- 雄大（12・3）15
- 優大（17・3）20

ゆうたつ
- 侑辰（8・7）15
- 勇達（9・12）21

ゆうたろう
- 祐太郎（9・4・9）22
- 勇多郎（9・6・9）24
- 結多朗（12・6・10）28
- 優汰郎（17・7・9）33

ゆうち
- 勇智（9・12）21

ゆうちょく
- 優直（17・8）25

ゆうと
- 有登（6・12）18
- 勇翔（9・12）21
- 祐人（9・2）11
- 悠杜（11・7）18
- 悠都（11・11）22
- 湧斗（12・4）16
- 雄飛（12・9）21
- 結都（12・11）23
- 優人（17・2）19

ゆうどう
- 有道（6・12）18
- 悠堂（11・11）22

ゆうな
- 勇那（9・7）16
- 悠那（11・7）18

ゆうのすけ
- 悠之助（11・3・7）21
- 裕之介（12・3・4）19
- 優乃助（17・2・7）26

ゆうは
- 勇波（9・8）17
- 悠羽（11・6）17

ゆうひ
- 夕陽（3・12）15
- 勇飛（9・9）18
- 雄飛（12・9）21
- 優陽（17・12）29

ゆうへい
- 宥兵（9・7）16
- 結平（12・5）17
- 湧平（12・5）17
- 優兵（17・7）24

ゆうほう
- 悠朋（11・8）19
- 雄峰（12・10）22

ゆうま
- 佑真（7・10）17
- 侑馬（8・10）18
- 勇磨（9・16）25
- 悠眞（11・10）21
- 雄馬（12・10）22
- 裕真（12・10）22
- 遊馬（12・10）22
- 優真（17・10）27

ゆうみ
- 佑海（7・9）16
- 優心（17・4）21

ゆうむ
- 勇武（9・8）17
- 結夢（12・13）25

ゆうや
- 友哉（4・9）13
- 佑弥（7・8）15
- 侑也（8・3）11
- 宥矢（9・5）14
- 湧也（12・3）15
- 結哉（12・9）21
- 裕哉（12・9）21
- 優弥（17・8）25

ゆうら
- 勇楽（9・13）22
- 悠良（11・7）18
- 優楽（17・13）30

ゆうり
- 祐吏（9・6）15
- 悠浬（11・10）21
- 結吏（12・6）18

ゆうろ
- 宥呂（9・7）16
- 悠路（11・13）24

ゆうわ
- 悠和（11・8）19
- 優羽（17・6）23

ゆおう
- 夕凰（3・11）14
- 由旺（5・8）13

ゆおん
- 宥音（9・9）18
- 優恩（17・10）27

ゆきお
- 倖生（10・5）15
- 悠希央（11・7・5）23

ゆきち
- 悠吉（11・6）17
- 諭吉（16・6）22

ゆきと
- 行翔（6・12）18
- 享人（8・2）10
- 幸斗（8・4）12
- 倖人（10・2）12
- 悠己斗（11・3・4）18
- 優祈人（17・8・2）27

ゆきなり
- 幸也（8・3）11
- 幸成（8・6）14
- 雪哉（11・9）20

ゆきのじょう
- 倖之丈（10・3・3）16

ゆきのしん
- 雪之丞（11・3・6）20
- 幸之心（8・3・4）15

ゆきのすけ
- 幸ノ介（8・1・4）13
- 倖之助（10・2・7）19

ゆきのり
- 行規（6・11）17
- 雪紀（11・9）20

ゆきひさ
- 幸久（8・3）11
- 往悠（8・11）19

ゆきひで
- 幸英（8・8）16
- 雪秀（11・7）18

ゆきひろ
- 行紘（6・10）16
- 倖大（10・3）13

ゆきほ
- 征帆（8・6）14

ゆきまさ
- 行勝（6・12）18
- 幸雅（8・13）21

ゆきや
- 幸哉（8・9）17
- 倖也（10・3）13
- 優希弥（17・7・8）32

ゆずき
- 柚貴（9・12）21
- 柚樹（9・16）25

ゆずる
- 謙（17）17 (1)
- 譲（20）20 (1)
- 柚琉（9・11）20

ゆたか
- 裕（12）12 (1)
- 豊（13）13 (1)
- 穣（18）18 (1)
- 由隆（5・11）16
- 優貴（17・12）29

ゆつき
- 悠槻（11・15）26
- 優月（17・4）21

ゆづき
- 祐月（9・4）13
- 悠月（11・4）15
- 優月（17・4）21

ゆづる
- 弦（8）8 (1)
- 弓弦（3・8）11
- 悠弦（11・8）19

ゆどう
- 悠堂（11・11）22

ゆみなり
- 弓成（3・6）9

ゆみひこ
- 弓彦（3・9）12

ゆめき
- 夢希（13・7）20
- 夢樹（13・16）29

ゆめきち
- 夢吉（13・6）19

ゆめし
- 夢志（13・7）20

ゆめじ
- 夢次（13・6）19
- 夢路（13・13）26

ゆめと
- 夢人（13・2）15
- 夢飛（13・9）22

ゆめのじょう
- 夢之丞（13・3・6）22

ゆめひこ
- 夢彦（13・9）22

ゆめまる
- 夢丸（13・3）16

ゆめまろ
- 夢麿（13・18）31

ゆら
- 由羅（5・19）24
- 悠良（11・7）18
- 優楽（17・13）30

ゆらと
- 佑楽斗（7・13・4）24
- 結良都（12・7・11）30

よいち
- 与一（3・1）4
- 誉一（13・1）14

よう
- 洋（9）9 (1)
- 遥（12）12 (1)
- 陽（12）12 (1)
- 耀（20）20 (1)

よういち
- 陽一（12・1）13
- 遥壱（12・7）19
- 暢一（14・1）15
- 曜一（18・1）19
- 耀市（20・5）25

よういちろう
- 要一郎（9・1・9）19
- 曜一郎（18・1・9）28
- 耀市朗（20・5・10）35

ようが
- 陽我（12・7）19
- 遥河（12・8）20
- 葉雅（12・13）25

ようき
- 謡紀（16・9）25
- 耀希（20・7）27

ようく
- 遥玖（12・7）19
- 陽来（12・7）19

ようこう
- 洋昂（9・8）17
- 洋皇（9・9）18
- 陽幸（12・8）20

ようさく
- 陽作（12・7）19
- 耀咲（20・9）29

ようし
- 陽史（12・5）17
- 遥思（12・9）21

ようじ
- 陽司（12・5）17
- 遥治（12・8）20

ようしろう
- 陽士朗（12・3・10）25
- 葉詩郎（12・13・9）34

ようじろう
- 洋児郎（9・7・9）25
- 遥士朗（12・3・10）25

ようすけ
- 洋介（9・4）13
- 要佑（9・7）16
- 洋亮（9・9）18
- 遥介（12・4）16

ようせい
- 要正（9・5）14
- 陽青（12・8）20
- 耀成（20・6）26
- 耀星（20・9）29

ようた
- 洋太（9・4）13
- 要汰（9・7）16
- 陽多（12・6）18
- 遥多（12・7）19
- 耀太（20・4）24

ようだい
- 陽大（12・3）15
- 耀大（20・3）23

ようたろう
- 葉太郎（12・4・9）25
- 陽汰朗（12・7・10）29

ようと
- 陽斗（12・4）16
- 遥都（12・11）23

ようのすけ
- 陽(12)之(3)佑(7) 22
- 曜(18)乃(2)介(4) 24

ようへい
- 洋(9)平(5) 14
- 要(9)平(5) 14
- 遥(12)平(5) 17
- 瑶(13)平(5) 18

ようま
- 遥(12)磨(16) 28
- 陽(12)磨(16) 28
- 耀(20)真(10) 30

ようめい
- 遥(12)明(8) 20
- 陽(12)明(8) 20

よくと
- 沃(7)斗(4) 11
- 翼(17)飛(9) 26

よくなり
- 沃(7)成(6) 13

よくはる
- 沃(7)晴(12) 19
- 翼(17)陽(12) 29

よくへい
- 翼(17)兵(7) 24

よくろう
- 翼(17)郎(9) 26

よしあき
- 快(7)聡(14) 21
- 佳(8)暁(12) 20
- 義(13)明(8) 21

よしお
- 義(13)央(5) 18
- 世(5)志(7)旺(8) 20

よしかぜ
- 芳(7)風(9) 16
- 佳(8)風(9) 17

よしかつ
- 芳(7)克(7) 14
- 能(10)活(9) 19

よしき
- 由(5)基(11) 16
- 祥(10)希(7) 17
- 義(13)紀(9) 22
- 慶(15)生(5) 20

よしくに
- 好(6)邦(7) 13

よししげ
- 能(10)成(6) 16

よしたか
- 佳(8)貴(12) 20
- 喜(12)隆(11) 23
- 義(13)嵩(13) 26

よしたけ
- 由(5)丈(3) 8
- 嘉(14)武(8) 22

よしたろう
- 芳(7)太(4)郎(9) 20

よしつぐ
- 由(5)次(6) 11
- 良(7)嗣(13) 20

よしてる
- 良(7)輝(15) 22
- 佳(8)瑛(12) 20
- 慶(15)晃(10) 25

よしと
- 快(7)斗(4) 11
- 佳(8)飛(9) 17

よしとも
- 快(7)知(8) 15
- 祥(10)智(12) 22

よしなり
- 由(5)成(6) 11
- 佳(8)成(6) 14
- 嘉(14)也(3) 17

よしのすけ
- 吉(6)之(3)佑(7) 16
- 慶(15)乃(2)介(4) 21

よしのぶ
- 佳(8)暢(14) 22
- 義(13)宣(9) 22

よしのり
- 圭(6)倫(10) 16
- 善(12)宣(9) 21

よしはる
- 由(5)遥(12) 17
- 佳(8)晴(12) 20
- 義(13)陽(12) 25

よしひこ
- 好(6)彦(9) 15
- 慶(15)彦(9) 24

よしひさ
- 由(5)悠(11) 16
- 芳(7)寿(7) 14

よしひで
- 良(7)秀(7) 14
- 快(7)英(8) 15

よしひと
- 義(13)人(2) 15
- 嘉(14)仁(4) 18

よしひろ
- 由(5)大(3) 8
- 良(7)寛(13) 20
- 佳(8)宥(9) 17

よしふみ
- 佳(8)史(5) 13
- 慶(15)文(4) 19

よしへい
- 吉(6)平(5) 11
- 好(6)平(5) 11

よしまさ
- 由(5)允(4) 9
- 義(13)昌(8) 21

よしまる
- 慶(15)丸(3) 18

よしみ
- 佳(8)海(9) 17
- 喜(12)望(11) 23

よしみず
- 芳(7)瑞(13) 20

よしみち
- 佳(8)充(6) 14
- 嘉(14)道(12) 26

よしみつ
- 芳(7)光(6) 13
- 慶(15)光(6) 21

よしむね
- 吉(6)宗(8) 14

よしもち
- 良(7)宗(8) 15
- 喜(12)望(11) 23

よしや
- 芳(7)弥(8) 15
- 快(7)哉(9) 16

よしやす
- 由(5)康(11) 16
- 佳(8)恭(10) 18

よしゆき
- 快(7)行(6) 13
- 佳(8)雪(11) 19
- 義(13)之(3) 16

よしろう
- 芳(7)朗(10) 17
- 喜(12)朗(10) 22
- 義(13)郎(9) 22

よはん
- 世(5)帆(6) 11
- 世(5)絆(11) 16

よひと
- 与(3)仁(4) 7
- 呼(8)人(2) 10

よりかず
- 依(8)和(8) 16
- 寄(11)和(8) 19

よりたか
- 順(12)敬(12) 24
- 頼(16)隆(11) 27

よりたつ
- 依(8)辰(7) 15
- 頼(16)達(12) 28

よりと
依8翔12 20
頼16斗4 20

よりのぶ
寄11暢14 25
頼16宣9 25

よりひこ
依8彦9 17
寄11彦9 20

よりまさ
依8雅13 21
頼16真10 26

ら

らい
礼5 5(1)
徠11 11(1)

らいあ
礼5亜7 12

らいおん
礼5恩10 15
頼16音9 25

らいが
礼5牙4 9
來8我7 15

らいき
礼5己3 8
来7輝15 22

らいく
来7駈15 22
頼16久3 19

らいご
礼5吾7 12
頼16悟10 26

らいごう
来7豪14 21
頼16剛10 26

らいじ
礼5治8 13
來8児7 15

らいた
礼5汰7 12
雷13太4 17

らいだ
礼5那7 12

らいち
来7知8 15

らいと
礼5斗4 9
来7都11 18
来7翔12 19
頼16登12 28

らいど
礼5渡12 17
来7渡12 19

らいへい
礼5平5 10
来7平5 12
頼16兵7 23

らいむ
礼5武8 13
來8夢13 21

らう
楽13宇6 19
羅19羽6 25

らお
来7央5 12
羅19旺8 27

らく
楽13 13(1)
羅19久3 22

らくたろう
楽13太4郎9 26

らくと
楽13飛9 22
楽13都11 24

らま
良7磨16 23
楽13眞10 23

らん
嵐12 12(1)
藍18 18(1)

らんた
嵐12汰7 19
藍18太4 22

らんと
嵐12斗4 16
藍18都11 29

らんま
藍18馬10 28
蘭19真10 29

らんまる
藍18丸3 21
蘭19丸3 22

り

りあと
理11阿8斗4 23
璃15亜7人2 24

りあん
吏6晏10 16
里7庵11 18
理11晏10 21
璃15庵11 26

りいち
浬10一1 11
莉10一1 11
理11壱7 18

りいど
吏6偉12土3 21
璃15伊6土3 24

りお
吏6雄12 18
吏6雄12 18
理11生5 16
陸11央5 16
理11凰11 22
璃15生5 20

りおと
利7音9 16
理11音9 20

りおん
吏6温12 18
哩10音9 19
理11恩10 21
理11温12 23
璃15音9 24
璃15穏16 31

りき
力2 2(1)
吏6稀12 18
利7輝15 22
利7樹16 23
陸11希7 18
璃15希7 22

りきと
力2人2 4
力2翔12 14
理11希7斗4 22

りきまる
力2丸3 5

りきや
力2也3 5
力2弥8 10
吏6希7矢5 18

りく
陸11 11(1)
吏6琥12 18
陸11空8 19
理11矩10 21
凜15玖7 22
璃15空8 23

りくお
陸11央5 16
理11久3旺8 22

りくた
陸11太4 15
陸11汰7 18

りくと
- 陸(11)人(2) 13
- 陸(11)斗(4) 15
- 陸(11)音(9) 20
- 陸(11)渡(12) 23
- 陸(11)翔(12) 23
- 利(7)久(3)都(11) 21

りくま
- 陸(11)真(10) 21
- 陸(11)磨(16) 27
- 吏(6)玖(7)馬(10) 23

りくや
- 陸(11)也(3) 14
- 陸(11)哉(9) 20
- 莉(10)玖(7)矢(5) 22

りずむ
- 里(7)澄(15) 22
- 璃(15)澄(15) 30

りだい
- 璃(15)大(3) 18
- 凛(15)大(3) 18

りつ
- 立(5) 5(1)
- 律(9) 9(1)

りつき
- 立(5)樹(16) 21
- 律(9)己(3) 12
- 律(9)輝(15) 24

りつや
- 立(5)哉(9) 14
- 律(9)也(3) 12

りと
- 吏(6)翔(12) 18
- 理(11)都(11) 22
- 璃(15)斗(4) 19

りど
- 理(11)土(3) 14

りはく
- 吏(6)博(12) 18
- 理(11)珀(9) 20

りひと
- 吏(6)仁(4) 10
- 理(11)人(2) 13
- 璃(15)人(2) 17
- 璃(15)仁(4) 19

りもん
- 理(11)門(8) 19

りゅう
- 竜(10) 10(1)
- 琉(11) 11(1)
- 隆(11) 11(1)
- 龍(16) 16(1)

りゅうあ
- 琉(11)阿(8) 19

りゅうあん
- 琉(11)晏(10) 21
- 龍(16)庵(11) 27

りゅうい
- 琉(11)伊(6) 17
- 龍(16)偉(12) 28

りゅういち
- 竜(10)市(5) 15
- 琉(11)一(1) 12
- 瑠(14)壱(7) 21
- 龍(16)市(5) 21
- 龍(16)宇(6)一(1) 23

りゅういちろう
- 隆(11)市(5)郎(9) 25
- 琉(11)一(1)朗(10) 22
- 龍(16)一(1)郎(9) 26

りゅうおう
- 琉(11)欧(8) 19
- 龍(16)皇(9) 25

りゅうが
- 竜(10)牙(4) 14
- 隆(11)我(7) 18
- 琉(11)雅(13) 24
- 琉(11)駕(15) 26
- 龍(16)雅(13) 29
- 龍(16)駕(15) 31

りゅうき
- 竜(10)稀(12) 22
- 隆(11)祈(8) 19
- 琉(11)輝(15) 26
- 龍(16)生(5) 21
- 龍(16)貴(12) 28

りゅうきょう
- 竜(10)強(11) 21
- 隆(11)恭(10) 21

りゅうく
- 亮(9)玖(7) 16
- 琉(11)駈(15) 26

りゅうげん
- 竜(10)源(13) 23
- 琉(11)玄(5) 16

りゅうこ
- 隆(11)瑚(13) 24
- 龍(16)虎(8) 24

りゅうご
- 竜(10)伍(6) 16
- 竜(10)呉(7) 17
- 琉(11)吾(7) 18
- 隆(11)吾(7) 18

りゅうこう
- 琉(11)皇(9) 20
- 龍(16)晃(10) 26

りゅうし
- 隆(11)史(5) 16
- 龍(16)志(7) 23

りゅうじ
- 竜(10)司(5) 15
- 隆(11)士(3) 14
- 龍(16)史(5) 21

りゅうしょう
- 竜(10)翔(12) 22
- 龍(16)昇(8) 24

りゅうしん
- 隆(11)心(4) 15
- 琉(11)真(10) 21
- 龍(16)伸(7) 23

りゅうじん
- 琉(11)仁(4) 15
- 龍(16)仁(4) 20
- 龍(16)臣(7) 23

りゅうすけ
- 竜(10)祐(9) 19
- 竜(10)輔(14) 24
- 琉(11)祐(9) 20
- 隆(11)亮(9) 20
- 龍(16)介(4) 20

りゅうせい
- 竜(10)青(8) 18
- 流(10)星(9) 19
- 隆(11)生(5) 16
- 隆(11)成(6) 17
- 琉(11)晴(12) 23
- 琉(11)惺(12) 23
- 龍(16)青(8) 24

りゅうそう
- 竜(10)爽(11) 21
- 琉(11)蒼(13) 24

りゅうぞう
- 竜(10)蔵(15) 25
- 隆(11)三(3) 14
- 琉(11)造(10) 21

りゅうた
- 竜(10)太(4) 14
- 隆(11)多(6) 17
- 琉(11)汰(7) 18
- 劉(15)太(4) 19
- 龍(16)太(4) 20

りゅうだい
- 隆(11)大(3) 14
- 龍(16)大(3) 19

りゅうたろう
- 琉(11)多(6)朗(10) 27
- 龍(16)太(4)郎(9) 29

りゅうと
- 竜(10)翔(12) 22
- 琉(11)斗(4) 15

隆(11)都(11) 22
琉(11)翔(12) 23
瑠(14)斗(4) 18
龍(16)登(12) 28

りゅうどう
琉(11)堂(11) 22
隆(11)道(12) 23
龍(16)道(12) 28

りゅうのすけ
竜(10)之(3)佑(7) 20
琉(11)乃(2)介(4) 17
隆(11)之(3)祐(9) 23
龍(16)之(3)介(4) 23

りゅうひ
竜(10)陽(12) 22
琉(11)日(4) 15
龍(16)飛(9) 25

りゅうび
竜(10)毘(9) 19
琉(11)飛(9) 20

りゅうへい
琉(11)平(5) 16
龍(16)平(5) 21
龍(16)兵(7) 23

りゅうま
竜(10)真(10) 20
隆(11)真(10) 21
琉(11)磨(16) 27
龍(16)馬(10) 26

りゅうめい
隆(11)明(8) 19
琉(11)盟(13) 24

りゅうもん
竜(10)門(8) 18
龍(16)紋(10) 26

りゅうや
竜(10)也(3) 13
隆(11)弥(8) 19
琉(11)哉(9) 20
龍(16)矢(5) 21

りゅうゆう
琉(11)勇(9) 20
龍(16)悠(11) 27

りょう
良(7) 7 (1)
亮(9) 9 (1)
凌(10) 10 (1)
梁(11) 11 (1)
諒(15) 15 (1)
遼(15) 15 (1)

りょういち
亮(9)市(5) 14
諒(15)一(1) 16
遼(15)一(1) 16

りょうえい
良(7)永(5) 12
亮(9)瑛(12) 21
諒(15)英(8) 23

りょうか
亮(9)珂(9) 18
凌(10)嘉(14) 24

りょうが
亮(9)牙(4) 13
亮(9)我(7) 16
涼(11)雅(13) 24
稜(13)河(8) 21
遼(15)我(7) 22
遼(15)河(8) 23

りょうかん
良(7)環(17) 24
諒(15)寛(13) 28

りょうきち
凌(10)吉(6) 16
遼(15)吉(6) 21

りょうく
良(7)駆(14) 21
亮(9)玖(7) 16
亮(9)駈(15) 24
諒(15)久(3) 18
遼(15)玖(7) 22

りょうご
良(7)吾(7) 14
亮(9)悟(10) 19
諒(15)伍(6) 21
遼(15)吾(7) 22

りょうさく
凌(10)朔(10) 20
遼(15)作(7) 22

りょうじ
亮(9)士(3) 12
諒(15)士(3) 18
遼(15)路(13) 28

りょうじゅん
良(7)惇(11) 18
遼(15)順(12) 27

りょうじろう
亮(9)次(6)朗(10) 25
遼(15)二(2)郎(9) 26

りょうすけ
良(7)亮(9) 16
亮(9)祐(9) 18
亮(9)輔(14) 23
涼(11)甫(7) 18
諒(15)介(4) 19
遼(15)佑(7) 22
瞭(17)介(4) 21

りょうせい
亮(9)晴(12) 21
諒(15)生(5) 20
遼(15)成(6) 21

りょうた
良(7)太(4) 11
良(7)多(6) 13
亮(9)太(4) 13
竜(10)汰(7) 17
涼(11)太(4) 15
諒(15)太(4) 19
遼(15)多(6) 21

りょうだい
亮(9)大(3) 12
凌(10)大(3) 13
遼(15)大(3) 18
瞭(17)大(3) 20

りょうたろう
亮(9)多(6)朗(10) 25
凌(10)太(4)朗(10) 24
梁(11)太(4)郎(9) 24
涼(11)太(4)朗(10) 25
遼(15)太(4)郎(9) 28

りょうと
亮(9)都(11) 20
崚(11)登(12) 23
遼(15)人(2) 17
諒(15)渡(12) 27

りょうのすけ
亮(9)乃(2)介(4) 15
遼(15)之(3)佑(7) 25

りょうへい
亮(9)平(5) 14
涼(11)平(5) 16
遼(15)兵(7) 22
燎(16)平(5) 21

りょうま
良(7)眞(10) 17
亮(9)磨(16) 25
竜(10)馬(10) 20
涼(11)磨(16) 27
諒(15)真(10) 25
遼(15)麻(11) 26
龍(16)馬(10) 26
瞭(17)真(10) 27

りょうや
亮(9)弥(8) 17
梁(11)矢(5) 16
諒(15)也(3) 18
遼(15)弥(8) 23

りん
倫(10) 10 (1)
琳(12) 12 (1)
稟(13) 13 (1)

輪15 15(1)
凛15 15(1)
麟24 24(1)

りんかい
凛15海9 24

りんじゅ
琳12寿7 19

りんしょう
倫10将10 20
凜15昌8 23

りんせい
倫10生5 15
稟13成6 19
凛15青8 23

りんぞう
林8蔵15 23
凜15造10 25

りんた
倫10多6 16
琳12太4 16
凛15汰7 22

りんたろう
倫10汰7郎9 26
鈴13太4朗10 27
凛15太4郎9 28
麟24多6郎9 39

りんと
倫10人2 12
倫10都11 21
琳12登12 24
鈴13斗4 17
稟13翔12 25
凛15人2 17

りんどう
倫10堂11 21
凛15道12 27

りんのすけ
倫10乃2祐9 21
凛15ノ1輔14 30
凜15之3助7 25

りんや
綸14哉9 23
凜15哉9 24

るあ
琉11阿8 19
瑠14亜7 21

るい
塁12 12(1)
類18 18(1)
琉11生5 16
琉11威9 20
琉11惟11 22
瑠14伊6 20
瑠14偉12 26

るいじ
類18侍8 26
琉11偉12司5 28

るいと
塁12斗4 16

るう
琉11有6 17

るうく
琉11宇6久3 20

るうと
琉11羽6斗4 21

るうま
流10宇6馬10 26

るお
琉11生5 16
琉11音9 20
瑠14皇9 23

るおう
琉11旺8 19

るか
留10架9 19
琉11夏10 21
琉11翔12 23
瑠14可5 19

るき
琉11基11 22
琉11輝15 26
瑠14紀9 23

るきあ
琉11祈8亜7 26

るきや
瑠14希7也3 24

るそう
琉11壮6 17
琉11颯14 25

るた
琉11太4 15
瑠14汰7 21

れある
玲9有6 15
礼5亜7留10 22

れい
励7 7(1)
怜8 8(1)
玲9 9(1)
羚11 11(1)
零13 13(1)
黎15 15(1)
嶺17 17(1)
怜8生5 13

れいあ
玲9阿8 17

れいいち
礼5市5 10
羚11一1 12

れいが
礼5雅13 18
玲9牙4 13

れいく
礼5郁9 14
玲9駈15 24

れいご
礼5呉7 12
怜8吾7 15
澪16吾7 23

れいし
礼5志7 12
怜8士3 11
玲9司5 14

れいじ
怜8次6 14
玲9司5 14
玲9侍8 17
零13士3 16

れいしょう
礼5将10 15
玲9翔12 21

れいじろう
礼5治8郎9 22
怜8次6朗10 24

れいしん
礼5真10 15
怜8心4 12

れいすけ
礼5助7 12
怜8介4 12
玲9祐9 18

れいた
礼5汰7 12
玲9汰7 16
麗19太4 23

れいたろう
礼5多6朗10 21
玲9太4郎9 22

れいと
礼5都11 16
伶7人2 9
怜8音9 17
玲9翔12 21
鈴13斗4 17

れいめい 怜明 16 / 黎明 23

れいもん 礼門 13 / 鈴紋 23

れいや 礼弥 13 / 怜也 11 / 玲哉 18

れいる 礼入 7 / 玲琉 20

れいん 礼韻 24 / 玲音 18

れお 礼央 10 / 礼旺 13 / 伶生 12 / 怜皇 17 / 玲於 17 / 零央 18

れおと 礼旺斗 17 / 玲央登 26

れおな 玲於奈 25

れおま 玲央真 24 / 玲央馬 24

れおん 礼温 17 / 玲音 18 / 玲穏 25 / 蓮音 22

れき 暦 14(1) / 歴 14(1) / 礼稀 17

れきなり 暦也 17 / 暦成 20

れきや 歴矢 19 / 歴哉 23 / 怜希也 18

れつ 烈 10(1)

れのん 玲音 18 / 連暖 23 / 零音 22

れん 怜 8(1) / 連 10(1) / 廉 13(1) / 蓮 13(1) / 漣 14(1) / 錬 16(1)

れんおん 連温 22

れんご 蓮悟 23 / 廉瑚 26

れんじ 蓮士 16 / 廉児 20

れんすけ 蓮介 17 / 廉佑 20

れんせい 廉清 24 / 練惺 26 / 錬成 22

れんた 連太 14 / 錬太 20

れんたろう 蓮太朗 27 / 廉汰郎 29

れんと 蓮斗 17 / 廉音 22 / 練登 26

れんのすけ 廉乃助 22 / 蓮之介 20

れんま 連磨 26 / 廉馬 23 / 蓮真 23

れんや 蓮弥 21 / 錬也 19

ろい 呂偉 19 / 路生 18

ろいど 侶威士 21

ろう 朗 10(1) / 浪 10(1)

ろうじ 朗士 13

ろうど 呂宇渡 25 / 路宇士 22

ろうま 朗真 20 / 浪馬 20

ろうむ 朗武 18

ろみお 呂弥央 20

ろん 論 15(1)

わいち 和一 9 / 倭市 15 / 環一 18

わおん 我音 16 / 和恩 18

わかと 若斗 12 / 和架人 19

わく 湧 12(1)

わくし 和琥 20 / 湧史 17

わくと 湧斗 16 / 羽玖人 15

わこう 我煌 20 / 和洸 17

わたし 渡志 19

わだち 軌 9(1)

わたり 亘 6(1) / 渡 12(1)

わたる 亘 6(1) / 航 10(1) / 渉 11(1) / 渡 12(1) / 亘琉 17 / 和太琉 23

わへい 和平 13

うしろの音から探す名前リスト

「"ま"で終わる名前がいいな」など、最後の音から名前を考えるのもひとつの方法。
うしろの音別に名前の響きを並べてみたので、参考にしてください。

あ

あくあ かいあ がいあ こあ しあ しょうあ せいあ そあ だいあ とあ ひろあ まのあ ゆうあ らいあ りゅうあ るあ るきあ れいあ

あき

かつあき きみあき きよあき くにあき さとあき しげあき すみあき たかあき たけあき ただあき たつあき ちあき てつあき てるあき としあき ともあき なおあき ながあき なりあき なるあき のぶあき のりあき はるあき ひであき ひろあき ふみあき まさあき みずあき みちあき みつあき もとあき もりあき やすあき よしあき

あつ

ともあつ のりあつ ひろあつ

あん

こうあん しあん じあん じゅあん そうあん ゆあん ゆうあん りあん りゅうあん

い

あおい あれい いちい うい おもい がい かいい かむい こうさい さい さない しい しょうい そらい たい てい とうい とおい ともい とらい まれい みらい もとい ゆい ゆうい ゆうたい らい りゅうい るい ろい

いち

えいいち かいち かんいち きょういち けいいち けんいち げんいち こういち ごういち さいいち しゅういち しゅんいち じゅんいち しょういち じょういち しんいち せいいち せんいち そういち たいいち なおいち はるいち ゆういち よういち りゅういち りょういち れいいち

う

あとう きぼう きゅう ぎょう くう げっとう ごう こうう しゅう じゅう しょう じょう そう たいぼう ちゅう ちょう とう どう ひょう むう ゆう よう らう りゅう りょう るう ろう

え

くにえ たつえ なおえ ひろえ

えい

きょうえい げんえい こうえい じえい しゅうえい しゅんえい しょうえい そうえい だいえい たくえい ゆうえい りょうえい

お

あお あきお あさお あつお あらお いお いくお いさお いわお うしお うみお えお かしお かずお かつお きお きくお きみお くにお くれお さだお さちお しお しずお たかお たきお たくお たけお ただお たつお てつお てるお ときお としお とみお ともお なお なつお なみお ねお のぶお のりお はるお ひさお ひでお ひろお ふじお ふみお まお まきお まさお ましお まりお みきお みちお みつお みねお むつお もとお もりお やすお ゆきお よしお らお りお りくお るお れお ろみお

おう

かいおう しおう ゆおう りゅうおう るおう

おみ

かずおみ たかおみ てるおみ はるおみ ひろおみ まさおみ やすおみ

おん

いおん おりおん くおん しおん じおん しゅおん ねおん みおん ゆおん らいおん りおん れおん れんおん わおん

か

いちか さんか しずか たいか ちづか はるか ほだか りょうか るか

が

あいが あおが ありが あるが えいが おうが おおが きょうが きんが ぎんが くうが けいが げんが こうが さいが さんが しゅうが しんが せいが せが ぜんが そうが たいが てるが てんが とうが どうが とが はやが はるが ひゅうが ひょうが ふうが むが めいが ゆいが ゆうが ようが らいが りゅうが りょうが れいが

かい

いっかい げんかい こうかい しんかい すかい せかい そうかい たいかい ちかい とかい りんかい

かげ

かずかげ たかかげ はるかげ まさかげ みつかげ

かず

あきかず きよかず さだかず すみかず ただかず たつかず としかず ともかず とよかず なおかず のりかず ひでかず ひろかず ふみかず まさかず むねかず もとかず よりかず

かぜ

あきかぜ そらかぜ ちかぜ はやかぜ はるかぜ ひろかぜ よしかぜ

かつ

たけかつ まさかつ よしかつ

き

あいき あおき あさき あつき あやき あゆき あらき いずき いっき いつき いぶき いわき うたき えいき おうき おおき かいき がいき かざき かずき かつき かなき かぶき きずき くうき けいき げんき こうき ごうき こまき さえき さつき しき しげき しずき しゅうき じゅき しゅんき じゅんき しょうき しんき そうき そらき たいき

だいき
たけき
ただき
たつき
たてき
たまき
つなき
つねき
てるき
てんき
とうき
としき
ともき
ないき
なおき
なつき
ななき
なみき
なるき
のぶき
はつき
はづき
はるき
ひでき
ひびき
ひろき
ふうき
ふみき
ふゆき
まいき
まさき
まなき
みき
みさき
みずき
みつき
みねき
むつき
やすき
ゆうき
ゆずき
ゆつき
ゆづき
ゆめき
ようき
よしき
らいき
りき
りつき
りゅうき
るき
れき

ぎ

つるぎ
てるつぎ

きち

えいきち
けんきち
こうきち
さきち
じゅんきち
しょうきち
しんきち
せいきち
そうきち
だいきち
たきち
ゆうきち
ゆきち
ゆめきち
りょうきち

きよ

これきよ
ひろきよ
まさきよ
もときよ

きょう

うきょう
さきょう
りゅうきょう

く

あいく
いく
えいく
おうく
かく
がく
きらく
けいがく
げんとく
こうたく
しがく
しらく
たいりく
たく
たすく
はく
はるく
ひよく
ひらく
ふく
まあく
まいく
むく
ゆうく
ゆうちょく
ようく
らいく
らく
りく
りはく
りゅうく
りょうく
るうく
れいく
わく

ぐ

つなぐ

くに

かずくに
ただくに
としくに
ひろくに
まさくに
よしくに

けい

いっけい
ゆうけい

けん

こうけん
そうけん
ゆうけん

げん

きげん
じげん
しんげん
せいげん
たいげん
とうげん
むげん
ゆうげん
りゅうげん

こ

りゅうこ

ご

あんご
いちご
えいご
かいご
かんご
きゅうご
きょうご
くうご
けいご
けんご
げんご
さんご
しゅうご
しゅんご
じゅんご
しょうご
しんご
せいご
そうご
たいご
だいご
てつご
てんご
とうご
ひゅうご
ひょうご
ふうご
ぶんご
ゆうご
らいご
りゅうご
りょうご
れいご
れんご

こう

いっこう
えいこう
かいこう
しこう
しゅうこう
しんこう
たいこう
だいこう
てんこう
ようこう
りゅうこう
わこう

ごう

えいごう
けんごう
せいごう
たいごう
だいごう
ゆうごう
らいごう

さ

ああさ
いっさ
かずさ
つかさ
つばさ
なぎさ
まあさ

さく

いさく
えいさく
きさく
けいさく
けんさく
こうさく
しゅうさく
じゅんさく
しんさく
じんさく
せいさく
だいさく
ゆうさく
ようさく
りょうさく

さと

あきさと
くにさと
のりさと
ひでさと
ひろさと
ふみさと
みちさと

し

あいし
あおし
あかし
あさし
あずし
あつし
あらし
いつし
えいし
えつし
おうし
かいし
がいし
がくし
かずし
かたし
かつし
きざし
きし
きょうし
きよし
けいし
けんし
こうし
ごうし
さとし
さんし
しゅうし
しんし
そうし
たいし
だいし
たかし
たくし
たけし
ただし
たつし
ちかし
つよし
てつし
てるし
とうし
とかし
ともし
なおし
なつし
はつし
はやし
はるし
ひさし
ひでし
ひろし
ふうし
ふかし
ふくし
ふとし
ほし
まきし
まさし
みつし
むさし
めいし
もとし
やすし
ゆうし
ゆめし
ようし
りゅうし
れいし
わくし
わたし

じ

あいじ
あおじ
あまじ
あんじ
いつじ
うたじ
えいじ
えつじ
えんじ
おとじ
おんじ
かいじ
がくじ
かじ
かずじ
かわじ
かんじ
きゅうじ
きょうじ
きんじ
ぎんじ
くうじ
くんじ
けいじ
けんじ
げんじ
こうじ
さいじ
さくじ
さつじ
さとじ
さんじ
しゅうじ
しゅんじ
じゅんじ
じょうじ
しんじ
せいじ
そうじ
そらじ
たいじ
たくじ
たびじ
たんじ
だんじ
ちゅうじ
ちょうじ
ていじ
てつじ
てんじ
どうじ
とらじ
なみじ
はやじ
はるじ
ひろじ
ふうじ
ふじ
へいじ
めいじ
やすじ
ゆうじ
ゆめじ
ようじ
らいじ
りゅうじ
りょうじ
るいじ
れいじ
れんじ
ろうじ

しげ

かずしげ
たかしげ
たけしげ
はるしげ
ひさしげ
ひろしげ
まさしげ
みつしげ
よししげ

しゅ

こうしゅ
ごうしゅ

じゅ

かいじゅ
けいじゅ
こうじゅ
せいじゅ
だいじゅ
りんじゅ

しゅう

いっしゅう
かいしゅう
けいしゅう
せいしゅう
たいしゅう
ましゅう
ゆうしゅう

しゅん

えいしゅん
こうしゅん
そうしゅん
たいしゅん
ひしゅん
ゆうしゅん

じゅん

おんじゅん
せいじゅん
そうじゅん
たいじゅん
りょうじゅん

しょう

うしょう
えいしょう
かいしょう
きしょう
けいしょう
けんしょう
こうしょう
せいしょう
たいしょう
ちしょう
てんしょう
ひしょう
ゆうしょう
りゅうしょう
りんしょう
れいしょう

じょう

いちのじょう
ぎんのじょう
しんじょう
せんじょう
はるのじょう
ほうじょう
ゆうじょう
ゆきのじょう
ゆめのじょう

しん

あいしん
いしん
いちのしん
いっしん
えいしん
おんしん
かいしん
かくのしん
きしん
けいしん
けんしん
せいしん
そうしん
たいしん
だいしん
たつのしん
てっしん
てつのしん
てんしん
とうしん
ゆうしん
ゆきのしん
りゅうしん
れいしん

じん

あんじん
こうじん
せいじん
そうじん
ふうじん
ゆうじん
りゅうじん

す

ああす
しめす

すけ

あいすけ
あいのすけ
あきのすけ

いくのすけ
いちのすけ
いのすけ
えいすけ
えいのすけ
おうすけ
かすけ
かんすけ
がんのすけ
きすけ
きゅうすけ
きょうすけ
きょうのすけ
きらのすけ
きんのすけ
ぎんのすけ
くらのすけ
けいすけ
けいのすけ
けんすけ
けんのすけ
げんのすけ
こうすけ
ごうすけ
こうのすけ
さいすけ
さいのすけ
さくのすけ
さすけ
さのすけ
しちのすけ
しのすけ
しゅうすけ
しゅうのすけ
しゅんすけ
じゅんすけ
しゅんのすけ
じゅんのすけ
しょうすけ
じょうすけ

しょうのすけ
しんすけ
しんのすけ
じんのすけ
せいすけ
せいのすけ
せんすけ
そうすけ
そうのすけ
そらのすけ
たいすけ
だいすけ
たかすけ
たすけ
ただすけ
たつのすけ
ちょうすけ
つぐのすけ
てつのすけ
ときのすけ
とらのすけ
なおすけ
にじのすけ
はつのすけ
はるのすけ
はんすけ
ひこすけ
ひろすけ
ひろのすけ
へいすけ
もりのすけ
やのすけ
ゆうすけ
ゆうのすけ
ゆきのすけ
ようすけ
ようのすけ
よしのすけ
りゅうすけ
りゅうのすけ

りょうすけ
りょうのすけ
りんのすけ
れいすけ
れんすけ
れんのすけ

ずみ

きよずみ
なおずみ
はるずみ
ほずみ
まさずみ

せ

かいせ
ちとせ
はやせ
ゆうせ

せい

あせい
いっせい
えいせい
おうせい
かいせい
がいせい
かんせい
がんせい
きせい
きゅうせい
きょうせい
けいせい
けんせい
げんせい
こうせい
さいせい
しせい
しゅうせい
しゅんせい

じゅんせい
じょうせい
しんせい
じんせい
すいせい
そうせい
たいせい
たんせい
てっせい
てんせい
とうせい
どうせい
ふうせい
ほうせい
ほくせい
めいせい
ゆうせい
ようせい
りゅうせい
りょうせい
りんせい
れんせい

そう

あそう
いっそう
きそう
けんそう
りゅうそう
るそう
ぞう
いちぞう
えいぞう
かいぞう
ぎんぞう
けいぞう
けんぞう
げんぞう
こうぞう
さいぞう

しゅうぞう
しゅんぞう
しょうぞう
しんぞう
そうぞう
たいぞう
だいぞう
ていぞう
ゆうぞう
りゅうぞう
りんぞう

た

あいた
あおた
あすた
あやた
あゆた
あらた
あるた
いくた
いちた
いちろうた
いった
うた
えいた
えんた
おうた
おきた
かいた
がいた
かなた
かりた
かんた
きった
きゅうた
きょうた
きんた
ぎんた
くうた

けいた
けんた
げんた
こうた
ごうた
こた
さきた
さくた
さんた
しいた
しきた
しゅうた
しゅんた
じゅんた
しょうた
じょうた
しんた
じんた
すみた
せいた
せんた
そうた
そなた
そらた
ちゅうた
つきた
てった
てつた
てんた
どうた
なおた
なゆた
はやた
はるた
はんた
ひなた
ひょうた
ふうた
ぶんた
へいた

まいた
まきた
まるた
みきた
みちた
もんた
ゆいた
ゆうた
ようた
らいた
らんた
りくた
りゅうた
りょうた
りんた
るた
れいた
れんた

だ

くにさだ
ひろさだ
ひろただ
らいだ

だい

うだい
えいだい
おうだい
かんだい
くうだい
けいだい
げんだい
こうだい
ごうだい
ごだい
しだい
しゅうだい
じゅだい
しゅんだい

しょうだい
しんだい
せいだい
そうだい
とうだい
はんだい
ゆうだい
ようだい
りだい
りゅうだい
りょうだい

たか

あきたか
いちたか
かずたか
きみたか
きよたか
これたか
しげたか
ただたか
としたか
ともたか
なおたか
のぶたか
のりたか
はるたか
ひでたか
ひろたか
ほたか
まさたか
みちたか
みつたか
やすたか
ゆたか
よしたか
よりたか

たけ

いさたけ

かずたけ
つよたけ
なおたけ
のぶたけ
のりたけ
ひでたけ
ひろたけ
まさたけ
よしたけ

たつ

えいたつ
けいたつ
けんたつ
こうたつ
ひろたつ
ゆうたつ
よりたつ

ち

えいち
きいち
けいち
ごいち
こうち
じょうち
たいち
だいち
てんち
とうち
とかち
ひたち
ぶいち
ゆうち
よいち
らいち
りいち
わいち
わだち

ちか

ともちか
にちか
はるちか

つ

きいつ
たもつ
なつ
りつ
れつ

つぐ

あきつぐ
ひでつぐ
まさつぐ
よしつぐ

つな

ひろつな
みちつな

つね

あきつね
たかつね
たけつね
ひろつね
まさつね

つら

なりつら
まさつら

て

はやて

で

かなで

てつ

いってつ
こてつ
めいてつ

てる

かずてる
きてる
きよてる
たかてる
たつてる
なおてる
のぶてる
ひさてる
ひろてる
まさてる
みちてる
みつてる
もとてる
よしてる

と

ああと
あいと
あおと
あきと
あさと
あすと
あつと
あやと
あゆと
あらと
ありと
あると
いくと
いさと
いしと
いちと
いっと

いつと
いわと
ういと
うみと
えいと
えりと
おきと
おくと
おと
おりと
かいと
がいと
かくと
がくと
かざと
かじと
かずと
かつと
かなと
かねと
かぶと
かやと
かりと
かんと
きいと
きおと
きっと
きみと
きゅうと
きよと
きらと
きんと
ぎんと
くうと
くにと
けいと
げっと
けんと
げんと
こうと

ごうと
こくと
さいと
さきと
さくと
さだと
さちと
さんと
しげと
しと
しゅうと
じゅうと
しゅと
しゅんと
しょうと
じょうと
しんと
すいと
すみと
せいと
せんと
そうと
そなと
そらと
たいと
だいと
たかと
たきと
たくと
たけと
ただと
たつと
たびと
たんと
だんと
ちさと
つきと
つねと
つよと
ていと

てつと
てると
てんと
ときと
とと
ないと
なおと
ながと
なぎと
なつと
ななと
なはと
なみと
なゆと
なると
なんと
のぶと
のりと
はあと
はくと
はつと
はやと
はると
はんと
ひさと
ひでと
ひなと
ひろと
びんと
ふうと
ふきと
ふくと
ふじと
ふなと
ふみと
ふもと
ふゆと
ほくと
ほしと
まあと
まいと
まおと
まきと
まこと
まさと
まと
まなと
まはと
まると
みきと
みずと
みちと
みと
みなと
みねと
むくと
むつと
むねと
めいと
もと
もりと
もんと
やくと
やすと
やまと
ゆいと
ゆうと
ゆきと
ゆめと
ゆらと
ようと
よくと
よしと
よりと
らいと
らくと
らんと
りあと
りおと
りきと
りくと
りと
りゅうと
りょうと
りんと
るいと
るうと
れいと
れおと
れんと
わかと
わくと

ど

いど
えいど
くらうど
くろうど
しど
まさかど
もんど
らいど
りいど
りど
ろいど
ろうど

どう

いちどう
かいどう
がどう
ぎどう
きゅうどう
くどう
ごどう
しどう
しんどう
せいどう
たいどう
びどう
むどう
めいどう
ゆうどう
ゆどう
りゅうどう
りんどう

とき

かずとき
さとき
たかとき
はるとき
ひろとき
もとき

とし

あきとし
かずとし
かつとし
きみとし
さくとし
さねとし
たかとし
たけとし
ただとし
ともとし
なりとし
のぶとし
ひさとし
ひでとし
ひとし
ひろとし
ふみとし
まさとし
みつとし
むねとし

とも

あきとも
あつとも
ありとも
かずとも
たかとも
つなとも
てるとも
のりとも
ひろとも
まさとも
みつとも
やすとも
よしとも

とよ

かずとよ

とら

かげとら
ことら
しげとら
たかとら
ひでとら

な

せな
だいな
ゆうな
れおな

なお

すなお
たかなお
ななお
ひおなお
ひろなお
まさなお
みちなお

なり

あおなり
あきなり
うたなり
おとなり
かずなり
かぜなり
かつなり
きなり
こまなり
さとなり
しげなり
たかなり
たけなり
たつなり
つきなり
つぐなり
てつなり
ときなり
としなり
ともなり
のぶなり
はつなり
はやなり
はるなり
ひこなり
ひさなり
ひでなり
ひとなり
ひなり
ひろなり
ふくなり
ふみなり
まさなり
みきなり
みちなり
みつなり
もとなり
やすなり
ゆきなり
ゆみなり
よくなり
よしなり
れきなり

ね

あきかね
あまね
いわね
みちざね

の

ひろの

のぶ

かずのぶ
かつのぶ
しげのぶ
しのぶ
たかのぶ
たけのぶ
つねのぶ
つよのぶ
ときのぶ
としのぶ
はるのぶ
ひさのぶ
ひろのぶ
みちのぶ
みつのぶ
よしのぶ
よりのぶ

のり

あきのり
あさのり
あつのり
かずのり
かつのり
きみのり
ここのり
さとのり
しげのり
たかのり
たけのり
たつのり
つぐのり
つねのり
としのり
とものり
なりのり
はつのり
はるのり
ひさのり
ひでのり
ひろのり
ふみのり
まさのり
みきのり
みちのり
みつのり
みのり
むねのり
もとのり
やすのり
ゆきのり
よしのり

は

あきは
あさは
ゆうは

ば

あおば
しば
はくば

はる

あきはる
あつはる
おとはる
かずはる
きみはる
きよはる
ここはる
さだはる
しげはる
すみはる
たかはる
たけはる
ただはる
たつはる
ちはる
つぐはる
てつはる
ときはる
としはる
ともはる
なおはる
ながはる
のぶはる
ひろはる
まさはる
まはる
みずはる
みつはる
もちはる
もとはる
やすはる
よくはる
よしはる

ひ

あきひ
あさひ
あつひ
かずひ
ごうひ
だいひ
はつひ
はるひ
ゆうひ
りゅうひ

び

りゅうび

ひこ

あおひこ
あきひこ
あつひこ
あやひこ
うみひこ
おとひこ
かずひこ
かつひこ
かねひこ
きみひこ
きよひこ
くにひこ
さだひこ
さねひこ
しおひこ
しげひこ
そらひこ
たかひこ
たけひこ
ただひこ
たつひこ
つきひこ
つねひこ
つるひこ
てるひこ
ときひこ
としひこ
ともひこ
とらひこ
なおひこ
なつひこ
なるひこ
のぶひこ
のりひこ
はつひこ
はるひこ
ひでひこ
ひろひこ
ふみひこ
ふゆひこ
ほしひこ
まさひこ
みきひこ
みちひこ
みつひこ
むつひこ
むねひこ
もちひこ
もとひこ
もりひこ
やすひこ
やひこ
やまひこ
ゆみひこ
ゆめひこ
よしひこ
よりひこ

ひさ

あきひさ
あつひさ
かずひさ
きよひさ
さだひさ
たかひさ
つねひさ
てるひさ
ともひさ
なおひさ
ながひさ
のりひさ
はるひさ
みきひさ
むねひさ
やすひさ
ゆきひさ
よしひさ

ひで

あきひで
かずひで
かつひで
きみひで
きよひで
たかひで
てるひで
としひで
ともひで
なおひで
まさひで
やすひで
ゆきひで
よしひで

ひと

あきひと
かずひと
かつひと
きみひと
きよひと
これひと
そらひと
たかひと
ともひと
なりひと
なるひと
のぶひと
はるひと
ひさひと
ひでひと
ふひと
まさひと
むねひと
やすひと
よしひと
よひと
りひと

ひろ

あきひろ
あつひろ
ありひろ
かずひろ
かつひろ
かねひろ
きよひろ
くにひろ
ここひろ
すえひろ
たかひろ
たくひろ
たけひろ
たつひろ
ちひろ
つなひろ
てつひろ
としひろ
ともひろ
なおひろ
のぶひろ
のりひろ
ひさひろ
ふみひろ
まさひろ
まひろ
みきひろ
みちひろ
みつひろ
むねひろ
もとひろ
もりひろ
やすひろ
やひろ
ゆきひろ

よしひろ

ぶ

おうぶ けいぶ けんぶ げんぶ しょうぶ まなぶ

ふみ

あきふみ あやふみ さとふみ たかふみ たけふみ ただふみ ときふみ なおふみ はるふみ ひでふみ ひろふみ まさふみ やすふみ よしふみ

へい

いくへい うへい かいへい かずへい きへい きゅうへい きょうへい こうへい さくへい しへい しゅうへい しょうへい すいへい そうへい たいへい ちへい ゆうへい ようへい よくへい よしへい らいへい りゅうへい りょうへい わへい

ぺい

いっぺい かんぺい きっぺい くんぺい さんぺい しゅんぺい じゅんぺい しんぺい たっぺい てっぺい

ほ

いくほ いずほ かいほ かずほ たくほ てるほ はつほ ひでほ みずほ みつほ ゆいほ ゆきほ

ほう

たいほう めいほう ゆうほう

ま

あおま あさま あずま あゆま ありま いくま いこま いつま いるま えいま おうま おとま かいま がくま かずま かつま きゅうま きょうま きよま きらま きりま けいま けんま げんま こうま こだま さいま さくま さつま しいま しずま しま しゅうま しゅんま じゅんま しょうま じょうま じんま せいま そうま そのま たくま たつま ちくま てつま てんま とうま とくま はつま はやま はるま ひこま ひゅうま ひょうま ひろま ふうま ふくま へいま もんま やくま ゆいま ゆうま ようま らま らんま りくま りゅうま りょうま るうま れおま れんま ろうま

まさ

あきまさ あつまさ かずまさ かたまさ きよまさ これまさ たかまさ たけまさ ただまさ たつまさ ちかまさ つねまさ てるまさ ときまさ としまさ ともまさ なおまさ なりまさ のぶまさ のりまさ ひでまさ ひろまさ みちまさ みつまさ もりまさ やすまさ ゆきまさ よしまさ よりまさ

まる

いまる かげまる かずまる きくまる きみまる きよまる ししまる たかまる たけまる たろうまる とらまる ふくまる ふじまる やすまる ゆめまる よしまる らんまる りきまる

まろ

うたまろ きみまろ ここまろ たかまろ ひこまろ ひでまろ ひとまろ ふみまろ もとまろ ゆめまろ

み

あおみ あまみ あゆみ いさみ いずみ うみ おさみ かずみ かつみ せぶみ たかきみ たくみ たけみ たつみ としみ とみ なおみ なつみ ななみ のぞみ はやみ はるみ ひでみ ひろみ ほづみ まさうみ まさみ ますみ みなみ むつみ ゆうみ よしみ

みず

よしみず

みち

あきみち ありみち きよみち ここみち ことみち たかみち たけみち ただみち つぐみち つねみち ときみち としみち ともみち なおみち ながみち なりみち のりみち はるみち ひこみち ひさみち ひでみち ひろみち まさみち もとみち もりみち よしみち

みつ

あきみつ あけみつ かげみつ かずみつ くにみつ しげみつ たかみつ たけみつ つねみつ てるみつ ときみつ としみつ ともみつ とよみつ のりみつ はるみつ ひでみつ ひろみつ まさみつ よしみつ

みね

あきみね たかみね

む

あいむ あきむ あだむ あつむ あとむ あやむ あゆむ いさむ いどむ えいむ おさむ かいむ かずむ かなむ かむ きわむ くろむ けいむ こうむ ここむ こむ さだむ さとむ さむ じむ しゅうむ しょうむ すすむ せいむ そうむ たいむ だいむ たくむ たつむ つとむ どうむ とむ なごむ のぞむ はるむ ひとむ ひろむ まなむ みずむ めぐむ もとむ ゆいむ ゆうむ らいむ りずむ ろうむ

むね

まさむね むつむね やすむね よしむね

め

かなめ はじめ

めい

かいめい けいめい けんめい こうめい しめい しゅうめい せいめい そうめい たいめい ちょうめい みめい ようめい りゅうめい れいめい

も

いずも たくも やくも

もち

ひろもち よしもち

もと

あつもと これもと つなもと てるもと のりもと まさもと

もり

えもり きよもり ひろもり

もん

あもん うもん えもん がいもん かもん がもん さいもん さもん しもん しゅもん だいもん たもん りもん りゅうもん れいもん

や

あいや あおや あさや あつや あらや いくや うたや えいや えんや おうや おとや かいや がいや がくや かずや かせや かつや かるや かんや きくや きはや きゅうや きょうや きんや ぎんや くうや けいや けんや げんや こうや ことや さくや さちや さつや さとや しいや しげや しずや じつや しゅうや じゅきや しゅんや じゅんや しょうや じょうや しんや じんや すみや せいや せきや せつや そうや そらや だいや たかや たきや たくや たつや ちはや ちゅうや つぐや てつや てるや てんや とうや ときや としや ともや とらや なおや なかや なつや にちや のぶや はたや はつや はるや ひこや ひさや ひでや ひとや ひゅうや ひろや ふうや ふみや へいや まきや まさや

みきや
みちや
みつや
もとや
もりや
ゆいや
ゆうや
ゆきや
よしや
りきや
りくや
りつや
りゅうや
りょうや
りんや
るきや
れいや
れきや
れんや

やす

たかやす
たくやす
ともやす
のぶやす
のりやす
はるやす
ひろやす
ふみやす
まさやす
みきやす
もりやす
よしやす

ゆ

せいゆ
ちふゆ

ゆう

いゆう
えいゆう
かいゆう
かゆう
かんゆう
けいゆう
けんゆう
こうゆう
ごうゆう
しゆう
しゅうゆう
しんゆう
たいゆう
だいゆう
てんゆう
ひゆう
りゅうゆう

ゆき

あきゆき
あつゆき
かげゆき
かずゆき
かつゆき
きみゆき
きよゆき
さとゆき
しげゆき
たかゆき
たくゆき
たけゆき
ただゆき
たつゆき
つねゆき
てるゆき
としゆき
とみゆき
ともゆき
とよゆき
なおゆき
ながゆき
のぶゆき
のりゆき
はるゆき
ひさゆき
ひでゆき
ひろゆき
まさゆき
みちゆき
みねゆき
むねゆき
もとゆき
やすゆき
よしゆき

よ

ひでよ
まよ

よう

かいよう
がくよう
こうよう
しゅうよう
しょうよう
せいよう
たいよう
たくよう
はくよう

よし

あきよし
あつよし
いちよし
かずよし
しげよし
すみよし
たかよし
ただよし
たつよし
てるよし
ともよし
なおよし
のぶよし
のりよし
はるよし
ひさよし
ひでよし
ひろよし
ふみよし
まさよし
みつよし
もとよし
やすよし

ら

あいら
あおぞら
あきら
あゆら
いら
おおぞら
かいら
かつら
がら
きら
しんら
せら
そうら
そら
たいら
だいら
たから
ちから
ながら
ほがら
ゆうら
ゆら

り

あぐり
いおり
おうり
かいり
きり
くるり
さんり
しょうり
しんり
せんり
たかより
ちあり
とうり
ともあり
ばんり
ひかり
ひじり
もうり
ゆうり
わたり

りゅう

いちりゅう
いりゅう
うりゅう
かりゅう
きりゅう
さりゅう
しょうりゅう
せいりゅう
だいりゅう
てんりゅう
はくりゅう
ひりゅう
みりゅう

りん

うりん
こうりん
しょうりん
だいりん

る

あいる
あたる
いずる
いたる
いちる
いのる
えいる
おうる
かいる
かおる
かける
かなる
きたる
こゆる
さとる
しげる
すぐる
すばる
せいる
そうる
たける
たつる
つくる
とうる
とおる
ながる
なる
のぼる
はかる
はれる
ひかる
まいる
まさる
まもる
みちる
みつる
みのる
めぐる
ゆずる
ゆづる
れある
れいる
わたる

れ

ながれ
ほまれ

ろ

あろ
いちろ
かいろ
がろ
こころ
しろ
じんろ
ねろ
ひいろ
ゆうろ

ろう

あいしろう
あいろう
あおしろう
あつろう
あろう
いくたろう
いくろう
いちたろう
いちろう
いつろう
えいいちろう
えいしろう
えいじろう
えいたろう
えつろう
おうしろう
おうじろう
おんじろう
おんたろう
がいたろう
かつろう
かんいちろう
かんたろう
がんたろう
きいちろう
きしろう
きたろう
きゅうたろう
きょういちろう
きょうしろう
きょうたろう
ぎんじろう
くうじろう
けいいちろう
けいしろう
けいじろう
けいたろう
けんいちろう
けんしろう
けんじろう
けんたろう
げんたろう
こういちろう
こうしろう
こうじろう
こうたろう
ごじゅうろう
こしろう
こじろう
こたろう
ごろう
さいしろう
さくたろう
さくろう
じつろう
しゅういちろう
しゅうたろう
しゅうろう
じゅたろう
しゅんいちろう
じゅんいちろう
しゅんじろう
しゅんたろう
じゅんたろう
じゅんろう
じょういちろう
しょうたろう
じょうたろう
しろう
じろう
しんいちろう
しんじろう
しんたろう
じんたろう
せいいちろう
せいしろう
せいたろう
せいろう
せんたろう
そういちろう
そうしろう
そうじろう
そうたろう
そらじろう
たいしろう
だいしろう
だいじろう
たいちろう
たくいちろう
たくろう
たけろう
たつろう
たろう
たんじろう
ちょうたろう
てつたろう
てつろう
とういちろう
とうしろう
とくろう
としろう
とらたろう
なおいちろう
にじろう
のぶろう
はるたろう
ふうたろう
ふくたろう
ぶんしろう
ぶんたろう
まんたろう
むつろう
やすたろう
やたろう
ゆういちろう
ゆうごろう
ゆうしろう
ゆうたろう
よういちろう
ようしろう
ようじろう
ようたろう
よくろう
よしたろう
よしろう
らくたろう
りゅういちろう
りゅうたろう
りょうじろう
りょうたろう
りんたろう
れいじろう
れいたろう
れんたろう

わ

かしわ
げんわ
しゅんわ
せいわ
そうわ
とわ
ひとわ
ゆうわ

ん

あなん
あらん
あれん
あん
えん
おん
かいれん
がのん
かん
ぎたん
けいん
けん
げん
こうはん
ごてん
こなん
こん
さこん
さん
じたん
じだん
しなん
しゅん
じゅん
しん
じん
せいうん
せいん
せぶん
せん
ぜん
たいざん
たん
だん
てん
ないん
ねん
はん
ばん
びん
ゆうぜん
よはん
りょうかん
りん
れいん
れのん
れん
ろん

濁音のある力強い名前

「ぎんが」「だいご」など濁音を含んだ名前には、どっしりとした重量感と、力強くたくましいイメージがあり、男の子に人気です。

あんじ 安慈
いぞう 惟造
いちどう 壱堂
いぶき 伊吹
えいごう 永剛
えいじ 英侍
えいだい 鋭大
えいど 瑛土
おおが 大雅
がいあ 我意亜
かいじ 海慈
かいどう 開道

がいや 凱也
がくと 学翔
かざき 風生
かざと 風渡
かぜなり 風成
がどう 雅堂
かぶと 可武斗
がもん 我門
がりゅう 賀竜
ぎたん 儀丹
きょうご 響五
ぎん 吟

ぎんが 銀河
きんじ 欣二
ぎんじ 吟慈
ぎんしろう 吟史郎
ぎんじろう 銀次郎
ぎんぞう 吟造
ぎんた 銀太
ぎんのじょう 吟乃丞
ぎんのすけ 銀ノ介
くうが 空河
くうご 空悟
くどう 駈堂

ぐんじ 郡侍
けいご 恵吾
げん 源
げんき 弦希
けんご 健呉
けんごう 堅豪
げんじ 源示
けんじろう 剣治郎
げんた 厳太
げんたろう 舷太朗
げんぶ 源武
げんま 元真

げんりゅう 玄龍
ごいち 護一
ごう 剛
ごうき 豪希
ごうし 郷志
ごうすけ 轟介
ごうた 郷太
こうだい 航大
ごうだい 剛大
ごうと 昂斗
ごうゆう 豪祐
ごくう 冴空

さいぞう	才造
じえい	慈英
しぐま	志久真
じげん	次源
しどう	志童
しば	士馬
しゅうご	周悟
しゅうぞう	柊蔵
じゅうと	十翔
じゅんき	淳基
じゅんご	潤吾
しゅんだい	駿大
じょういち	穣一
しょうご	翔吾
じょうじ	譲司
しょうだい	祥大
じん	迅
じんせい	仁成
すばる	昴
せいが	晟我
せいご	星吾
せいごう	聖剛
せいじ	晴慈
せいじゅん	成潤
せいどう	晴道
ぜん	善
そうご	爽梧
そうじろう	颯次郎
だい	大
たいが	大河
だいき	大毅
だいきち	大吉
だいご	大吾
だいごう	大豪
たいざん	泰山
たいじ	太路
だいじゅ	大樹
だいすけ	大輔
たいぞう	泰蔵
だいち	大智
だいと	大渡
だいな	大偉成
ちゅうじ	宙治
つばさ	翼
とうが	冬雅
とうご	灯吾
どうじ	堂路
ときかぜ	斗希風
とらじ	虎次
なぎと	凪斗
はるかぜ	春風
ばん	絆
ばんと	万登
ばんり	絆吏
ひびき	響
ひゅうご	彪吾
びんと	敏斗
ぶいち	武市
ふうが	風雅
ふうご	風悟
ふうじん	風仁
ぶんご	文吾
ぶんた	聞多
みちざね	路実
もりじ	守次
もんど	門土
ゆうが	有我
ゆうぎ	佑義
ゆうご	宥悟
ゆうごう	結豪
ゆうぜん	優然
ゆうぞう	勇造
ゆうだい	雄大
ゆうどう	悠道
らいご	頼吾
りゅうが	琉賀
りゅうご	龍悟
りゅうじ	琉児
りゅうじん	竜迅
りゅうぞう	瑠造
りゅうどう	龍堂
りゅうび	琉飛
りょうご	諒吾
りょうだい	遼大
れんじ	漣司

長音のあるのびやかな名前

「そうた（ソータ）」のようにのばす音が入る名前は、のびのびと広がりのある印象で、おおらかさを感じさせます。発音しやすいので、海外の人にも名前を覚えてもらいやすいという利点があります。

- おうすけ　央輔
- おうた　旺太
- きゅうた　究太
- きょうま　恭真
- けいすけ　恵介
- けいた　圭太
- こう　航
- こうしろう　晃志郎
- こうた　虹太
- こうたろう　洸太朗
- こうへい　昂平
- しいま　椎真

- しゅうと　脩斗
- しゅうま　柊馬
- しょう　勝
- しょうた　祥太
- しょうへい　翔平
- せいしろう　清士郎
- せいま　聖磨
- せいや　惺矢
- そう　壮
- そうき　奏樹
- そうご　壮吾
- そうすけ　蒼介

- そうた　爽太
- そうたろう　創多朗
- そうへい　綜平
- そうま　壮馬
- そうや　総也
- たくろう　拓郎
- たろう　太朗
- ちゅうや　宙哉
- ちょうたろう　長太郎
- とう　統
- とうま　冬馬
- どうむ　道夢

- ひゅうが　日向
- ひゅうご　彪吾
- ふうた　風太
- ふうと　楓仁
- ふうや　風矢
- へいた　平太
- むう　夢生
- めいと　盟斗
- ゆう　侑
- ゆうが　悠河
- ゆうき　優基
- ゆうじ　勇次

- ゆうた　侑太
- ゆうたろう　結太郎
- ゆうと　佑都
- ゆうひ　優飛
- ゆうま　悠馬
- ゆうわ　優和
- ようたろう　容太郎
- ようへい　遥平
- ようま　陽磨
- りょうへい　梁平
- りょうま　遼真
- るおう　琉旺

音読みの名前

「一樹（かずき）」「泰成（やすなり）」「英俊（ひでとし）」を、それぞれ「いっき」「たいせい」「えいしゅん」と音読みの名前にすると、同じ字でも印象が変わります。シャープで力強さもある、男の子らしい名前になります。

いっき	一樹
いっきゅう	一究
いっけい	壱啓
いっしん	一心
いっせい	逸成
いりゅう	偉竜
えいこう	英煌
えいしゅん	英俊
かいしゅう	快秀
かいせい	魁星
かいどう	開堂
かいゆう	海悠
かいりゅう	海琉
かんせい	寛成
きしん	希信
きりゅう	希竜
くんどう	訓堂
けいしゅう	桂舟
けいしょう	圭尚
けいせい	敬正
けんしん	賢信
けんりゅう	賢龍
こうえい	光瑛
こうせい	幸成
こうだい	広大
こうめい	煌明
しどう	士堂
しゅうえい	周瑛
しゅうめい	周明
しゅんわ	隼和
しょうえい	翔永
じんせい	迅生
せいじゅ	成樹
せいりゅう	青龍
せいわ	正和
たいしゅう	泰秀
たいせい	泰成
たいよう	太陽
とうせい	登晴
てんゆう	典佑
てんりゅう	天竜
ひりゅう	飛竜
ゆうごう	雄剛
ゆうしゅん	勇駿
ゆうしょう	勇翔
ゆうしん	優心
ゆうじん	勇迅
ゆうせい	雄世
ゆうほう	有朋
ようせい	洋晟
りゅうあん	琉庵
りゅうき	隆希
りゅうこう	琉皇
りゅうしょう	龍昇
りゅうじん	龍臣
りゅうせい	琉青
りょうえい	良瑛
りょうが	諒我
りょうく	亮駆
りょうじゅん	良淳
りょうせい	良成
りょうめい	亮明
りんどう	凜堂
れいめい	礼明
わこう	和晃

名づけのヒント

数字の語呂合わせができる名前

携帯電話やパソコンのアドレス、車のナンバーなどを、名前の語呂合わせで考える人もけっこういます。右表のように数字にはさまざまな読み方があるので、これらを活用して、語呂合わせができる名前にするのもおもしろいでしょう。また、右表の読み方のほか、「0」は見た目の形から「O(英語のオー)」、「2」は英語の発音の「ツー」の音で語呂合わせを考えることもできます。

数字	現代の読み方	大和言葉
0	ぜろ、れい	-
1	いち	ひ、ひとつ
2	に	ふ、ふたつ
3	さん	み、みつ
4	し、よん	よ、よつ
5	ご	い、いつつ
6	ろく	む、むつ
7	しち、なな	な、ななつ
8	はち	や、やつ
9	く、きゅう	こ、ここのつ
10	じゅう	と、とを
100	ひゃく	も、もも
1000	せん	ち

いくと 1910
いさお 130
いさみ 133
いさむ 136
いちと 110
いちろう 16
いっさ 13
いつむ 56、126
いつや 58、128
くにと 9210
こういち 51
こうじ 52
ごうし 54
ごうと 510
ここひろ 916
こうしろう 546
ごろう 56
さとし 3104
さぶろう 36
じゅうと 1010
しろう 46
つとむ 2106
つばさ 283
つよし 244
つよと 2410
とうい 101
とうご 105
とうや 108
としや 1048
とむ 106
とも 10100
ともや 101008
なおいち 701
なおと 7010
なおや 708
なつお 720
ななと 710
なみと 7310
はやと 8810
ひさし 134
ひさひと 131
ひとし 1104
ひろし 164
ひろと 1610
ひろみ 163
ひろむ 166
ふく 29
ふくと 2910
ふじお 220
ふとし 2104
ふたば 28
ふみお 320
ふみと 2310
ふみや 238
みつお 30
みつむ 36、326
みつや 38、328
みなと 3710
むさし 634
むつと 610
やくと 8910
やひろ 816
よしと 4410
れいご 05
れいと 010
れいや 08
ろい 61

Part

3

「生まれ月・季節」にちなんだ名前

生まれ月や季節にちなんだ名前を考える

生まれた季節や誕生月にちなんだ名前をつけるのは定番の名づけ法のひとつ。
季節の花や行事など、名前のヒントになるものがたくさんあります。

季節はヒントの宝庫

季節にちなんだ名前は日本ならでは

「夏生まれだから海のイメージで」「クリスマスに生まれたから〝聖〟の字を入れて」など、子どもが生まれた季節や誕生月にちなむのも、人気の名づけ法のひとつ。

また、名前をどこから考えていいかわからないというパパ・ママにも、季節や誕生月からのアプローチはおすすめ。日本には四季折々の情緒ある言葉がたくさんあります。日本の美しい自然や文化を名前に取り入れるのはとても素敵ですし、多くの人に好感を持たれる名づけ法といえるでしょう。

１１６ページからは月ごとに代表的なキーワードを紹介しています。眺めるだけでもいろいろなイメージがわいてくると思います。名づけの参考にしてください。

名づけのヒントになるもの

1 月の異名

3月の「弥生」ように、よく知られているもののほか、同じ3月でも、ほかに「嘉月（かげつ）」「建辰月（けんしんづき）」などの異名がある。ただし、月の異名は旧暦のときに考えられたものなので、現在の季節感覚とは合わないものもある。

2 誕生石

4月は「ダイヤモンド（金剛石）」、9月は「サファイア（青玉）」など、月ごとにある。和名をいかすと名前にしやすい。

3 12星座と夜空の星座

星占いの12星座のほか、夜空に見える星も季節ごとに変わる。なお、12星座と夜空の星座は時期的にはずれており、たとえば乙女座は、星占いでは8/23〜9/22生まれだが、夜空の星としては春の星座として知られる。

4 その月を意味する外国語

6月を意味する英語の「June（ジューン）」から「潤（じゅん）」にするなど、外国語の響きをヒントに名前を考えるのもひとつの方法。英語以外の外国語だと、さらに新鮮な響きが見つけられそう。

5 動物、植物

鳥や昆虫ほか、力強く成長するイメージの樹木などにちんだ名前も人気がある。

6 天候、地理

特定の時期や各季節に吹く風に名前がついていたり、季節ごとに山の様子を表現したり、天候や地理にちなんだ言葉は、風情のあるものが多い。

7 行事、暮らし

「正月」「クリスマス」「七夕」「お月見」など、各月の行事や風習を出発点に、関連するキーワードやイメージを広げていくと、いろいろな名前を考えることができる。

8 記念日、その日の出来事

ポピュラーな行事だけでなく、たとえば3月19日は「ミュージックの日」など、366日何かしら記念日があったり、有名な出来事があり、名づけのヒントになる。

9 二十四節気（にじゅうしせっき）

2月4日ごろの「立春」、6月21日ごろの「夏至」など、1年を24等分して季節の特徴をあらわしたもの。中国発祥のため日本の気候と合わないものもあるが、「暦の上では春（立春）」など、よく利用されている。なお、二十四節気の日付は、年によって多少変動する。

10 七十二候（しちじゅうにこう）

二十四節気をさらに3つに分けて、72の短文でその時期の天候や動植物の変化を表現したもの。七十二候の日付も年によって多少変動する。

※116ページから、上記の項目のキーワードを月ごとに紹介しています。
※漢字の使い方については179ページも参照してください。

March

3月のキーワード

春

龍天に昇る
（りゅうてんにのぼる）

古代中国では、春分のころに龍が天に昇って雨を降らせ、秋分には淵に潜む、といわれていた。

春疾風（はるはやて）
春に激しく吹き起こる風のこと。「春嵐（はるあらし）」「春荒（はるあれ）」とも。

動物、植物

啓蟄（けいちつ）
二十四節気のひとつで3月6日ごろをさす。春になり、土の中で冬籠りしていた虫や蛙が外に出てくるころ。

蒲公英（たんぽぽ）
春の到来を感じさせる身近な花。英名の「ダンディライオン」は、独特の葉のギザギザがライオンの歯に似ていることから。

芽吹き（めぶき）
萌える（もえる）
3月は雪がとけ、草木の芽吹きが活発になるころ。「萌える」とは植物が芽を出す意。

そのほかの動物、植物キーワード
◎雲雀（ひばり）◎紋白蝶（もんしろちょう）◎七星天道（ななほしてんとう）◎土筆（つくし）◎木の芽（このめ）◎菫（すみれ）◎桜（さくら）◎桃の花（もものはな）◎杏の花（あんずのはな）◎花木蓮（はなもくれん）

3月の異名
弥生（やよい）
嘉月（かげつ）
花月（かげつ）
桃月（とうげつ）
桜月（さくらづき）
夢見月（ゆめみづき）
花津月（はなつづき）
建辰月（けんしんげつ）
五陽（ごよう）
青章（せいしょう）

3月の誕生石
アクアマリン（藍玉）
コーラル（珊瑚）

3月の12星座
魚座（2/19〜3/20生まれ）
牡羊座（3/21〜4/19生まれ）

3月を意味する外国語
英語：March（マーチ）
フランス語：mars（マルス）
スペイン語：marzo（マルソ）
イタリア語：marzo（マルツォ）
ドイツ語：März（メルツ）
ロシア語：март（マールト）
ラテン語：Martius（マルティウス）
ハワイ語：Malaki（マラキ）
中国語：三月（サンユエ）
韓国語：삼월（サムォル）

日	★今日は何の日？	二十四節気	七十二候
1日	マーチ日、行進曲の日		草木萌動 草木が芽吹き始める
2日	遠山の金さんの日		
3日	桃の節句・雛祭り／平和の日		
4日	円の日(円貨制度を定めた日)		
5日	珊瑚(サンゴ)の日		
6日	世界一周記念日	3/6頃 啓蟄	蟄虫啓戸 冬籠りの虫が出てくる
7日	消防記念日		
8日	みつばちの日／雅の日		
9日	ありがとうの日		
10日	ミントの日		
11日	パンダ発見の日		桃始笑 桃の花が咲き始める
12日	スイーツの日		
13日	新選組の日		
14日	ホワイトデー		
15日	涅槃会(釈迦入滅の日)		
16日	国際公園指定記念日		菜虫化蝶 青虫が紋白蝶になる
17日	セントパトリックデー		
18日	精霊の日		
19日	ミュージックの日		
20日	サブレの日		
21日	国際人種差別撤廃デー	3/21頃 春分	雀始巣 雀が巣を構え始める
22日	放送記念日		
23日	世界気象デー		
24日	ホスピタリティデー		
25日	電気記念日		
26日	普通選挙法成立		桜始開 桜の花が咲き始める
27日	さくらの日		
28日	シルクロードの日		
29日	マリモ記念日		
30日	国立競技場落成記念日		
31日	エッフェル塔の日		

3月20日頃　春分の日
3月下旬～4月中旬　イースター(キリスト教)

天候、地理

山笑う(やまわらう)

草木が芽吹き、花が咲き始め、明るく色づく春の山のこと。ちなみに夏の山は「山滴る(やましたたる)」、秋の山は「山粧ふ(やまよそおふ)」、冬の山は「山眠る(やまねむる)」。

東風(こち)

春に東から吹く風。桜の季節に吹く東風は「さくら東風(ごち)」とも。

そのほかの天候、地理キーワード

◎春風(はるかぜ)◎麗らか(うららか)◎春光(しゅんこう)◎陽炎(かげろう)◎春一番(はるいちばん)◎桜前線(さくらぜんせん)

行事、暮らし

踏青(とうせい)

春の野に出て、萌え出た青草を踏みしめて歩くことで、ピクニックのようなもの。ルーツは古代中国の習俗で、災厄やけがれをはらう行事として行われていた。

修二会(しゅにえ)

2～3月にかけて各地のお寺で行われる法会で、五穀豊穣、天下安寧などを祈るもの。お水取りが行われる奈良の東大寺の法会が有名。

そのほかの行事、暮らしキーワード

◎雛祭り(ひなまつり)◎桃の節句(もものせっく)◎卒業(そつぎょう)◎旅立ち(たびだち)◎春日祭(かすがまつり)◎草餅(くさもち)◎摘草(つみくさ)◎ホワイトデー

April 4月のキーワード 春

天候、地理

日永（ひなが）
実際には夏のほうが日が長いが、春分を過ぎると夜よりも昼の時間が長くなり、日ごとに昼の長さを感じ始める。「春永（はるなが）」とも。

清明（せいめい）
二十四節気のひとつ。「清浄明瞭」の略で、桜など草木の花が咲き始め、万物のものがイキイキとしてくること。清らかで明るい人という意味も。

行事、暮らし

春耕（しゅんこう）
春、農作物を植えるために田畑を耕すこと。

そのほかの行事、暮らしキーワード
◎入園・入学（にゅうえん・にゅうがく）◎花見（はなみ）◎種蒔き（たねまき）◎潮干狩り（しおひがり）◎風船（ふうせん）◎風車（ふうしゃ）◎踏青（とうせい）

スタート新生活（しんせいかつ）
4月は入園・入学・入社、新学期、新生活と、さまざまなスタートの時期。気候も穏やかになり、何かを始めたり、新しいことに挑戦する意欲にわく時期でもある。

4月の異名
卯月（うづき）
卯花月（うのはなづき）
花残月（はなのこりづき）
清和月（せいわづき）
木葉採月（このはとりづき）
得鳥羽月（えとりはづき）
初夏（しょか）
純陽（じゅんよう）
修景（しゅうけい）
青和（せいわ）

4月の誕生石
ダイヤモンド（金剛石）
クォーツ（水晶）

4月の12星座
牡羊座（3/21～4/19生まれ）
牡牛座（4/20 ～5/20生まれ）

4月を意味する外国語
英語：April（エイプリル）
フランス語：avril（アヴリル）
スペイン語：abril（アブリィル）
イタリア語：aprile（アプリーレ）
ドイツ語：April（アプリル）
ロシア語：апрель（アプリエーリ）
ラテン語：Aprilis（アプリーリス）
ハワイ語：Àpelila（アペリラ）
中国語：四月（スーユエ）
韓国語：사월（サウォル）

★今日は何の日？

日	★今日は何の日？	二十四節気	七十二候
1日	エイプリール・フール／親鸞誕生の日		雷乃発声　遠くで雷の音がする
2日	国際子どもの本の日		
3日	みずの日／アーバーデー（愛林日）		
4日	獅子の日		
5日	チーズケーキの日	4/5頃 清明	玄鳥至　燕が南からやってくる
6日	城の日		
7日	世界保健デー		
8日	忠犬ハチ公の日		
9日	世界海の日		
10日	ヨットの日／四万十の日		鴻雁北　雁が北へ渡っていく
11日	ガッツポーズの日		
12日	世界宇宙飛行の日		
13日	喫茶店の日		
14日	オレンジデー		
15日	よいこの日		虹始見　雨の後に虹が出始める
16日	ボーイズ・ビー・アンビシャス・デー		
17日	恐竜の日		
18日	発明の日		
19日	最初の一歩の日（地図の日）		
20日	郵政記念日	4/20頃 穀雨	葭始生　葦が芽を吹き始める
21日	民放の日		
22日	アースデー（地球の日）		
23日	子ども読書の日		
24日	植物学の日		
25日	国連記念日		霜止出苗　霜が終わり稲の苗が生長
26日	よい風呂の日		
27日	絆の日／哲学の日		
28日	サンフランシスコ平和条約発効記念日		
29日	昭和の日		
30日	図書館記念日		

そのほかの天候、地理キーワード

◎長閑（のどか）◎清風（せいふう）◎和風（わふう）◎光風（こうふう）◎花信風（かしんふう）◎養花雨（ようかう）◎暖か（あたたか）

暁（あかつき）
曙（あけぼの）

いずれも夜明けのころをさすが、厳密には「暁」はまだ暗く、「曙」はほのぼのと明るくなってきたころをいう。古来より春の夜明けは心地よく風情あるものとされてきた。

若駒（わかこま）
春駒（はるこま）

駒は馬の総称で、とくに仔馬のことをいう。「若駒」「春駒」は、あたたかくなった春の野に放たれて、のびのびと遊ぶ仔馬のこと。

桜（さくら）

日本の春の代名詞ともいえる花。その美しく情緒あるさまは古くから日本人に親しまれてきた。「染井吉野（そめいよしの）」「八重桜（やえざくら）」などさまざまな種類がある。

動物、植物

ヒアシンス

ギリシャ神話の美少年「ヒュアキントス」にちなんだ名を持つユリ科の花。和名は「風信子（ふうしんし）」「飛信子（ひしんし）」。

そのほかの動物、植物キーワード

◎燕（つばめ）◎七星天道（ななほしてんとう）◎紋白蝶（もんしろちょう）◎欅（けやき）◎菜の花（なのはな）◎山吹（やまぶき）◎春紫苑（はるじおん）◎花水木（はなみずき）◎花海棠（はなかいどう）◎李の花（すもものはな）◎蓮華草（れんげそう）◎諸葛菜（しょかつさい）◎若草（わかくさ）

May

5月のキーワード

春

凱風（がいふう）

「凱」はやわらぐという意味で、凱風とは初夏に吹く心地よく穏やかな南風。

薫風（くんぷう）

若葉の間を吹き抜ける、さわやかな南風。「風薫る（かぜかおる）」とも。

光風（こうふう）

晴れた春の日に吹き渡る風。日に日に陽射しが強くなるなか、吹く風もキラキラと輝くように思えることから。また、雨上がりの濡れた草木を吹き渡る風のことも光風という。

5月の異名

皐月（さつき）
橘月（たちばなづき）
鶉月（うずらづき）
多草月（たぐさづき）
吹喜月（ふききづき）
早稲月（さいねづき）
月不見月（つきみずづき）
仲夏（ちゅうか）
開明（かいめい）
茂林（もりん）
星花（せいか）

5月の誕生石

エメラルド（翠玉）
ジェイダイド（翡翠）

5月の12星座

牡牛座（4/20 ～5/20生まれ）
双子座（5/21～6/21生まれ）

5月を意味する外国語

英語：May（メイ）
フランス語：mai（メ）
スペイン語：mayo（マジョ）
イタリア語：maggio（マッジョ）
ドイツ語：Mai（マイ）
ロシア語：май（マーイ）
ラテン語：Maius（マーイウス）
ハワイ語：Mei（メイ）
中国語：五月（ウーユエ）
韓国語：오월（オウォル）

動物、植物

時鳥（ほととぎす）

カッコウの仲間で、5月中旬ごろに日本に飛来する夏鳥。古くは、初春のウグイスとともに初鳴きを待ちわびた鳥でもある。

皐月（さつき）

5月の和名を冠した花。もともとは旧暦の皐月（現在の6月ごろ）に咲くことから、この名がある。栽培の歴史は江戸時代にさかのぼり、品種も多数ある。

リナム

アマ科の植物で、小さな空色の花をつける「宿根亜麻（しゅっこんあま）」や、赤い色の「紅花亜麻（べにばなあま）」などの品種がある。

そのほかの動物、植物キーワード

◎郭公（かっこう）◎菖蒲（しょうぶ）◎葉桜（はざくら）◎文目（あやめ）◎紫蘭（しらん）◎鈴蘭（すずらん）◎藤（ふじ）◎満天星躑躅（どうだんつつじ）◎ライラック ◎桐（きり）◎双葉葵（ふたばあおい）◎金鳳花（きんぽうげ）◎柚木の花（ゆずのはな）◎若葉（わかば）◎新緑（しんりょく）◎新樹（しんじゅ）

★今日は何の日？		二十四節気	七十二候
1日	日本赤十字社創立記念日		牡丹華　牡丹の花が咲く
2日	緑茶の日		
3日	憲法記念日		
4日	みどりの日		
5日	こどもの日／端午の節句		
6日	ゴムの日	5/6頃 立夏	蛙始鳴　蛙が鳴き始める
7日	博士の日		
8日	世界赤十字デー		
9日	呼吸の日		
10日	地質の日		
11日	大阪神戸間鉄道開通日		蚯蚓出　みみずが這い出る
12日	ナイチンゲールデー		
13日	愛犬の日		
14日	温度計の日		
15日	国際家族デー		
16日	旅の日		竹笋生　竹の子が生えてくる
17日	生命・きずなの日		
18日	国際親善デー／ことばの日		
19日	チャンピオンの日（ボクシング記念日）		
20日	森林の日		
21日	リンドバーグ翼の日	5/21頃 小満	蚕起食桑　蚕が桑を盛んに食べる
22日	スカイツリー開業		
23日	キスの日／ラブレタ　の日		
24日	ゴルフ場記念日		
25日	広辞苑記念日		
26日	東名高速道路開通記念日		紅花栄　紅花が盛んに咲く
27日	百人一首の日		
28日	国際アムネスティ記念日		
29日	エベレスト登頂記念日		
30日	お掃除の日		
31日	サッカーW杯が日韓で開催		

第2日曜日　母の日

そのほかの天候、地理キーワード

◎五月晴れ（さつきばれ）◎清風（せいふう）◎青風（せいふう）◎景風（けいふう）◎若葉風（わかばかぜ）◎翠雨（すいう）

天候、地理

行事、暮らし

菖蒲湯（しょうぶゆ）

端午の節句は、「菖蒲の節句」ともいい、菖蒲湯に入る風習がある。菖蒲が「勝負」や「尚武（武を重んじる）」に通じることから。

端午の節句（たんごのせっく）

端午の節句は、男の子のすこやかな成長を願う行事。たくましく育ってほしいとの願いから、鎧兜（よろいかぶと）の武者人形や、中国の故事「鯉が龍になって天に昇る」に由来する鯉のぼりを飾る。

そのほかの行事、暮らしキーワード

◎八十八夜（はちじゅうはちや）◎茶摘み（ちゃつみ）◎田植え（たうえ）◎柏餅（かしわもち）◎粽（ちまき）◎ゴールデンウイーク◎みどりの日（みどりのひ）◎母の日（ははのひ）

Spring

春 3・4・5月 生まれの名前例

剛輝 ごうき
4月の誕生石ダイヤモンド（金剛石）から。

皐介 こうすけ
5月の異名、皐月（さつき）から。

耕平 こうへい
田畑を耕す季節をイメージして。

咲太郎 さくたろう
草花が咲き誇るイメージから。

颯貴 さつき
春のさわやかな風と、5月の異名である皐月（さつき）から。

修二 しゅうじ
五穀豊穣などを祈願して行われる修二会（しゅにえ）から。

春太朗 しゅんたろう
春のほがらかなイメージから。

笑太朗 しょうたろう
草木が芽吹き、明るくなった春の山の様子をあらわす言葉、山笑う（やまわらう）から。

青風 せいふう
新緑のころのさわやかな風のイメージから。

嘉月 かづき
3月の異名、嘉月（かげつ）から。

輝八 きはち
5月2日ごろをさす八十八夜にちなんで。

清瞭 きよあき
二十四節気のひとつ、清明（清浄明瞭の略）から。

桐仁 きりひと
5月ごろに花を咲かせる桐にちなんで。

啓弥 けいや、ひろや
二十四節気のひとつで3月6日ごろをさす啓蟄（けいちつ）と、3月の異名、弥生から。

健辰 けんしん
3月の異名、建辰月から。

憲太郎 けんたろう
5月3日の憲法記念日から。

煌芽 こうが
春の芽吹きのイメージから。

藍琉 あいる
3月の誕生石アクアマリンの和名、藍玉（らんぎょく）から。

暁 あきら、さとる
風情のある春の夜明けをさすこと言葉、暁（あかつき）から。

新志 あらし
新生活の季節にちなんで。

桜介 おうすけ
春を代表する花の桜から。

凱 がい
初夏に吹く穏やかな南風を意味する凱風（がいふう）から。

海堂 かいどう
桜と同じころに咲く花海棠（はなかいどう）から。

開明 かいめい
5月の異名、開明から。

薫 かおる
若葉のころに吹く薫風（くんぷう）から。

水紀 みずき
春に花を咲かせる花水木（はなみずき）から。

光風 みつかぜ
春の晴れた日に吹き渡る風をさす言葉、光風（こうふう）から。

悠陽 ゆうひ、はるひ
春ののどかな雰囲気と、あたたかい陽射しのイメージから。

嘉晴 よしはる
3月の異名である嘉月（かげつ）と、晴れやかな陽射し、「はる」の響きを重ねて。

吏駒 りく
春の野に放たれてのびのびと遊ぶ仔馬をさす春駒から。

利那武 りなむ
春に空色などの花をつけるリナムの響きから。

龍昇 りゅうしょう
春分のころに龍が天に昇り雨を降らせるという中国の古代伝説「龍天に昇る」から。

信飛 のぶと
ヒアシンスの和名、飛信子（ひしんし）から。

颯 はやて
春に吹く春疾風（はやて）から。

暖生 はるき
あたたかくなり、生き物が動き出す季節をイメージして。

晴吾 はるご
五月晴れのイメージから。

春馬 はるま
春の野でのびのびと遊ぶ馬のイメージから。

陽弥 はるや
3月の異名である弥生（やよい）と、あたたかい陽射しから。春の響きも重ねて。

英輝 ひでき
春の陽射しと、蒲公英（たんぽぽ）から。

陽向 ひなた
春の明るくあたたかいイメージから。

萌成 ほうせい
草木の芽が出るという意味の萌えから。

瑞樹 みずき
若葉の萌え出た、みずみずしい木々をイメージして。

清明 せいめい
二十四節気のひとつ、清明から。

颯馬 そうま
春のさわやかな風のイメージから。

大芽 たいが
春の芽吹きのイメージから。

大地 だいち
4月22日のアースデーにちなんで。

旅斗 たびと
5月16日の旅の日にちなんで。

翼 つばさ
5月21日のリンドバーグ翼の日（大西洋無着陸横断飛行に成功した日）にちなんで。

踏青 とうせい
春の野に出て青草を踏むことをいう、踏青（とうせい）から。

登成 とうせい
春の野に出て青草を踏む風習、踏青（とうせい）の響きから。

尚武 なおたけ
端午の節句の別名、菖蒲（尚武）の節句から。

永陽 ながはる
日ごとに昼の長さを感じ始めることをあらわす言葉、日永（ひなが）から。

June

6月のキーワード

夏

天候、地理

梅雨（つゆ）

梅の実が熟す6月ごろに降る雨だから、「梅雨」という名がついたといわれる。梅雨の雨は、稲などの作物にとっては恵みの雨。夏の水不足に備える命の水でもある。

夏至（げし）

1年でもっとも昼の時間が長くなる日で、例年6月21日ごろ。伊勢の二見興玉神社（ふたみおきたまじんじゃ）では、太陽神・天照大神（あまてらすおおみかみ）を迎えるための儀式が行われる。

そのほかの天候、地理キーワード

◎山背風（やませかぜ）◎黒南風（くろはえ）
◎黄雀風（こうじゃくふう）

行事、暮らし

時の記念日

（ときのきねんび）

1929年より毎年6月10日に制定。もともとは、天智天皇671年4月25日に水時計が設置され、時が告げられたという史実が残っており、現代の6月10日にあたるとされる。

嘉祥菓子（かじょうがし）

6月16日は、「和菓子の日」。平安中期の848年6月16日に、16個の菓子を神前に供えて、厄病除けと健康招福を祈ったことが嘉祥菓子の始まりといわれる。

そのほかの行事、暮らしキーワード

◎衣替え（ころもがえ）◎父の日（ちちのひ）◎夏至祭（げしさい）◎夏越の祓（なつごしのはらえ）◎田植え（たうえ）

6月の異名

水無月（みなづき）
水月（すいげつ）
季月（きげつ）
涼暮月（すずくれづき）
松風月（まつかぜづき）
風待月（かぜまちづき）
鳴雷月（なるかみづき）
炎陽（ようえん）
積夏（せきか）
小暑（しょうしょ）
林鐘（りんしょう）

6月の誕生石

パール（真珠）
ムーンストーン（月長石）

6月の12星座

双子座（5/21～6/21生まれ）
蟹座（6/22～7/22生まれ）

6月を意味する外国語

英語：June（ジューン）
フランス語：juin（ジュワン）
スペイン語：junio（フニオ）
イタリア語：giugno（ジューニョ）
ドイツ語：Juni（ユーニ）
ロシア語：июнь（イユーニ）
ラテン語：Iunius（ユーニウス）
ハワイ語：Lune（ルネ）
中国語：六月（リョウユエ）
韓国語：육월（ユウォル）

6月のキーワード

★今日は何の日？

日付	今日は何の日？	二十四節気	七十二候
1日	写真の日／真珠の日		麦秋至（麦が熟し麦秋となる）
2日	横浜開港記念日		
3日	測量の日		
4日	虫の日		
5日	世界環境デー		
6日	梅の日／楽器の日	6/6頃 芒種	螳螂生（カマキリが生まれる）
7日	母親大会記念日		
8日	安全管理の日		
9日	ロックの日		
10日	時の記念日		
11日	傘の日		腐草為蛍（腐草の下から蛍が生ずる）
12日	恋人の日		
13日	小さな親切運動スタートの日		
14日	世界献血者デー		
15日	米百俵デー		
16日	和菓子の日		梅子黄（梅の実が黄ばんで熟す）
17日	考古学出発の日		
18日	海外移住の日		
19日	ベースボール記念日		
20日	ペパーミントの日		
21日	世界音楽の日	6/21頃 夏至	乃東枯（夏枯草が枯れる）
22日	ボウリングの日		
23日	オリンピックデー		
24日	UFO記念日／ドレミの日		
25日	菅原道真誕生の日		
26日	国連憲章調印記念日		
27日	ヘレン・ケラー・バースデー（奇跡の人の日）		菖蒲華（あやめの花が咲く）
28日	貿易記念日		
29日	ビートルズの日／星の王子さまの日		
30日	夏越の祓／アインシュタイン記念日		

第3日曜日　父の日

動物、植物

若竹（わかたけ）
4～5月ごろに地上に出たたけのこは、その後グングン成長し、6月ごろには親竹をしのぐほどに成長する。

泰山木（たいさんぼく）
花径は約20cm。花も葉も大きく存在感があり、「大山木」と書いたり、その杯のような花の形から「大盃木」と書くことも。

紫陽花（あじさい）
紫、青、白、ピンクなどの花をつけ、梅雨の時期を彩る日本情緒あふれる花。

蛍（ほたる）
6～7月にかけては蛍狩りのシーズン。きれいな水辺などに出かけると、幻想的な蛍の光の競演が見られる。

そのほかの動物、植物キーワード
◎蝸牛（かたつむり）◎雨蛙（あまがえる）◎紫露草（むらさきつゆくさ）◎花菖蒲（はなしょうぶ）◎花橘（はなたちばな）◎クローバー◎梅の実（うめのみ）◎杏の実（あんずのみ）◎枇杷の実（びわのみ）◎麦（むぎ）◎青葉（あおば）

July 7月のキーワード 夏

天候、地理

虹（にじ）
雨上がり、とくに夏の夕立のあとに見ることが多い。外側から赤、橙、黄、緑、青、藍、紫の順で並ぶ。古代中国では「虹」を、天に住む大蛇や龍と考えていた。

入道雲（にゅうどうぐも）
もくもくと高く盛り上がった夏特有の雲で、別名「雲の峰（くものみね）」。夕立や雷の前兆のことも多いが、それだけに夏を感じさせてくれる雲である。地方によっては「坂東太郎（ばんどうたろう）、「丹波太郎（たんばたろう）」などの呼び名も。

海の日（うみのひ）
7月の第3月曜日は「海の日」で国民の祝日。夏休みの始まりとともに、本格的な海水浴シーズンもスタートする。

行事、暮らし

七夕（たなばた）
7月7日の夜、天の川にへだてられた織姫と彦星が、年に一度だけ会うという伝説にちなむ行事。笹竹に願いを書いた短冊を吊るしたりする。

そのほかの行事、暮らしキーワード
◎海開き（うみびらき）◎山開き（やまびらき）◎川開き（かわびらき）◎星写し（ほしうつし）◎土用の丑の日（どようのうしのひ）◎祇園祭（ぎおんまつり）◎天神祭（てんじんまつり）

7月の異名
文月（ふみづき）
親月（しんげつ）
蘭月（らんげつ）
涼月（りょうげつ）
相月（そうげつ）
七夕月（たなばたつき）
七夜月（ななよづき）
愛逢月（めであいづき）
瓜時（かじ）
大晋（たいしん）

7月の誕生石
ルビー（紅玉）

7月の12星座
蟹座（6/22～7/22生まれ）
獅子座（7/23～8/22生まれ）

7月を意味する外国語
英語：July（ジュライ）
フランス語：juillet（ジュイエ）
スペイン語：julio（フリオ）
イタリア語：luglio（ルーリョ）
ドイツ語：Juli（ユーリ）
ロシア語：июль（イユーリ）
ラテン語：Iulius（ユーリウス）
ハワイ語：Lunai（ルナイ）
中国語：七月（チーユエ）
韓国語：칠월（チロル）

Part 3 「生まれ月・季節」にちなんだ名前

7月のキーワード

★今日は何の日？		二十四節気	七十二候
1日	山開き		
2日	ユネスコ加盟記念日		半夏生 からすびしゃくが生える
3日	波の日／渚の日		
4日	アメリカ独立記念日		
5日	江戸切子の日		
6日	ピアノの日／サラダ記念日		
7日	七夕	7/7頃 小暑	温風至 暖かい風が吹いてくる
8日	那覇の日		
9日	ジェットコースターの日		
10日	ウルトラマンの日		
11日	真珠記念日		
12日	ラジオ本放送の日		蓮始開 蓮の花が開き始める
13日	盆迎え火／ナイスの日		
14日	ひまわりの日		
15日	盆（盂蘭盆会）／中元		
16日	盆送り火／虹の日		
17日	国際司法の日／漫画の日		鷹乃学習 鷹の幼鳥が飛ぶ
18日	ネルソン・マンデラ・デー		
19日	サイボーグ009の日		
20日	月面着陸の日		
21日	自然公園の日		
22日	ナッツの日		
23日	文月ふみの日	7/23頃 大暑	桐始結花 桐の実がなり始める
24日	劇画の日		
25日	かき氷の日		
26日	ポツダム宣言記念日		
27日	スイカの日		
28日	菜っ葉の日		土潤溽暑 土が湿り蒸し暑い
29日	凱旋門の日		
30日	梅干しの日／プロレス記念日		
31日	こだまの日		

第3月曜日　海の日　　第4日曜日　親子の日

白南風（しらはえ）

南風とは夏の季節風のことだが、「白南風」はとくに梅雨が明けたころに吹く南風をいう。楽しい夏の訪れをいち早く知らせてくれる。

そのほかの天候、地理キーワード

◎天の川（あまのがわ）◎夕立（ゆうだち）◎雷（かみなり）◎青嶺（あおね）◎風青し（かぜあおし）◎夏木立（なつこだち）

向日葵（ひまわり）

花が太陽を追って回るところからこの名がある。夏の明るさを象徴する花。

立葵（たちあおい）

人の背丈ほどに成長し、赤やピンク、紫などの大きな花をつける。徳川家の家紋としておなじみの「葵の紋」は、フタバアオイという別種。

そのほかの動物、植物キーワード

◎鮎（あゆ）◎甲虫（かぶとむし）◎蝉（せみ）◎揚羽蝶（あげはちょう）◎大瑠璃（おおるり）◎翡翠（かわせみ）◎駒鳥（こまどり）◎梧桐（あおぎり）◎芭蕉（ばしょう）◎茉莉（まつり）◎沙羅の花（さらのはな）◎杏の実（あんずのみ）◎李の実（すもものみ）◎西瓜（すいか）◎茂（しげる）◎万緑（ばんりょく）

動物、植物

蓮（はす）

7～8月にかけて白、淡紅などの大きな花を咲かせる。仏教では、泥から美しい花が咲くことから、清らかさや、慈悲の象徴とされる。

August

夏

8月のキーワード

天候、地理

天の川（あまのがわ）

約2000億個ともいわれる膨大な星の集まり。夏から秋にかけて澄んだ夜空に見える。

青嶺（あおね）

青々と生い茂った夏の山。夏嶺（なつね）、翠嶺（すいれい）とも。

動物、植物

甲虫（かぶとむし）

兜虫とも書き、大きな角のある頭部が兜のように見えることに由来する。

そのほかの動物、植物キーワード

◎鮎（あゆ）◎蝉（せみ）◎揚羽蝶（あげはちょう）◎大瑠璃（おおるり）◎駒鳥（こまどり）◎太刀魚（たちうお）◎向日葵（ひまわり）◎睡蓮（すいれん）◎蓮（はす）◎百日紅（さるすべり）◎芭蕉（ばしょう）◎鳳仙花（ほうせんか）◎西瓜（すいか）◎茂（しげる）◎万緑（ばんりょく）

翡翠（かわせみ）

渓流などの水辺に生息する小鳥。鮮やかな青の体色を持ち、空飛ぶ宝石ともいわれる。

8月の異名

葉月（はづき）
桂月（けいげつ）
観月（かんげつ）
木染月（こぞめづき）
月見月（つきみづき）
紅染月（べにそめづき）
雁来月（かりきづき）
竹春（ちくしゅん）
大章（たいしょう）

8月の誕生石

ペリドット（かんらん石）
サードオニキス（紅縞めのう）

8月の12星座

獅子座（7/23～8/22生まれ）
乙女座（8/23～9/22生まれ）

8月を意味する外国語

英語：August（オーガスト）
フランス語：août（ウットゥ）
スペイン語：agosto（アゴスト）
イタリア語：agosto（アゴスト）
ドイツ語：August（アウグスト）
ロシア語：август（アーブグスト）
ラテン語：Augustus（アウグストゥス）
ハワイ語：Àukake（アウカケ）
中国語：八月（バーユエ）
韓国語：팔월（パロル）

Part 3 「生まれ月・季節」にちなんだ名前

8月のキーワード

★今日は何の日？

日	今日は何の日？	二十四節気	七十二候
1日	水の日／自然環境グリーンデー		
2日	ハーブの日		大雨時行（時として大雨が降る）
3日	はちみつの日		
4日	橋の日／箸の日		
5日	ハンコの日		
6日	広島平和記念日		
7日	花の日	8/8頃 立秋	涼風至（涼しい風が立ち始める）
8日	親孝行の日		
9日	野球の日／ハグの日		
10日	道の日		
11日	山の日／ガンバレの日		
12日	太平洋横断記念日		
13日	月遅れ盆迎え火／函館夜景の日		寒蝉鳴（ひぐらしが鳴き始める）
14日	特許の日		
15日	月遅れ盆／終戦記念日		
16日	月遅れ盆送り火		
17日	パイナップルの日		
18日	米の日		蒙霧升降（深い霧が立ち込める）
19日	俳句の日		
20日	交通信号の日		
21日	噴水の日		
22日	チンチン電車の日		
23日	白虎隊の日	8/23頃 処暑	綿柎開（綿を包む咢が開く）
24日	月遅れ地蔵盆／ラグビーの日		
25日	サマークリスマス		
26日	人権宣言記念日／レインボーブリッジの日		
27日	寅さんの日／孔子誕生の日		
28日	バイオリンの日		天地始粛（暑さが鎮まる）
29日	文化財保護法施行記念日		
30日	冒険家の日／ハッピーサンシャインデー		
31日	野菜の日		

流星（りゅうせい）

流星は1年を通して見られるが、7月下旬～8月下旬に見られる「ペルセウス座流星群」はもっとも見えやすい流星群とされる。

そのほかの天候、地理キーワード

◎風青し（かぜあおし）◎夕立（ゆうだち）◎雷（かみなり）◎慈雨（じう）◎虹（にじ）◎夏木立（なつこだち）◎夕凪（ゆうなぎ）◎夏の果て（なつのはて）

行事、暮らし

甚平（じんべい）

夏に男性や子どもが着る和装のひとつ。甚平という名前の人が着ていたためにこの名がついたという説も。風通しがよいので、涼しく着られる。

風鈴（ふうりん）

風通しのよいところに吊るして涼しげな音色を楽しむ、情緒あふれる夏の風物詩。

納涼（のうりょう）夕涼み（ゆうすずみ）

暑さから逃れるために、工夫を凝らして涼しさを味わうこと。川べりや軒先に出て涼風に当たったり、舟遊びや花火見物などに出かけて清涼感を得る。

そのほかの行事、暮らしキーワード

◎精霊流し（しょうろうながし）◎大文字（だいもんじ）◎打水（うちみず）◎団扇（うちわ）◎心太（ところてん）◎浴衣（ゆかた）

Summer 夏 6・7・8月 生まれの名前例

青波 せいは、あおば
青田が風で波打つ様子や、海の波をイメージして。

壮太朗 そうたろう
血気盛んという意味の「壮」を使い、活動的な夏らしい名前に。

天 そら、てん
夏空にきれいに見える、天の川から。

大葵 だいき
夏に大きな花を咲かせる葵（あおい）から。

大梧 だいご
夏の強い陽射しをさえぎる街路樹、梧桐（あおぎり）から。

泰山 たいざん
初夏に花を咲かせる泰山木から。

大晋 たいしん
7月の異名、大晋（たいしん）から。

大峰 たいほう
夏特有の入道雲の別名、雲の峰（くものみね）から。

虹太 こうた
夏の雨上がりによく見られる虹から。

甲太郎 こうたろう
夏の昆虫の代表、甲虫（かぶとむし）から。

燦太 さんた
夏の輝く太陽のイメージから。

紫恩 しおん
梅雨時期に花を咲かせる花紫陽花（あじさい）のイメージから。

潤 じゅん
6月を意味する英語「ジューン」に、雨で潤うイメージを重ねて。

甚 じん
男性の夏の部屋着、甚平（じんべい）から。

晋梧 しんご
7月の異名の大晋（たいしん）と、梧桐（あおぎり）から。

青葉 あおば
青々と茂った夏の青葉から。

晶彦 あきひこ
七夕の彦星のイメージから。

翠 あきら
鮮やかな青色の夏鳥、翡翠（かわせみ）から。

彩翔 あやと
七色の虹のイメージから。

海児 かいじ
海のイメージと、夏らしく元気な男の子をイメージして。

海青 かいせい
青い空と青い海のイメージから。

蛍太 けいた
夏の夜に幻想的な光の競演を見せる蛍にちなんで。

元輝 げんき
夏の活動的なイメージから。

昊志朗 こうしろう
明るい夏空を意味する「昊」の字をいかして。

陽紫斗 よしと

梅雨の時期に咲く花、紫陽花（あじさい）から。

流星 りゅうせい

流星がきれいに見える時期にちなんで。

琉青 りゅうせい

青い空と青い海のイメージから。

涼平 りょうへい

納涼や夕涼みのイメージから。

凛章 りんしょう

6月の異名、林鐘（りんしょう）の響きから。

瑠生 るい

夏鳥の大瑠璃から。

琉夏 るか

青い海をイメージさせる「琉」と、「夏」を組み合わせて。

礼央 れお

12星座の獅子座を意味する英語「レオ」から。

蓮 れん

夏に咲く蓮（はす）から。

文哉 ふみや

7月の異名、文月（ふみづき）から。

鳳生 ほうせい

夏に花をつける鳳仙花（ほうせんか）から。

松風 まつかぜ

6月の異名、松風月（まつかぜづき）にちなんで。

峰太郎 みねたろう

入道雲の別名、雲の峰、坂東太郎（ばんどうたろう）の呼び名にちなんで。

葉介 ようすけ

8月の異名、葉月（はづき）から。

洋平 ようへい

大きな海を意味する「洋」と、「平」の組み合わせ、ゆったりとした夏の海をイメージ。

嘉和 よしかず

6月16日の和菓子の日に食べる嘉祥菓子（かじょうがし）から。

太陽 たいよう

夏の燦々と輝く太陽のイメージから。

拓海 たくみ

人気漢字と、夏らしい「海」の1字の組み合わせ。

竹琉 たける

初夏に大きく成長する竹にちなんで。

時生 ときお

6月10日の時の記念日にちなんで。

登茂生 ともき

夏の生い茂る草木のイメージ。

直葵 なおき

茎を真っすぐのばし、大型の花を咲かせる立葵（たちあおい）から。

七緒彦 なおひこ

7月7日の七夕のイメージから。

渚斗 なぎと

海に関連する言葉を使って。

凪斗 なぎと

海の凪のイメージから。

夏輝 なつき

夏の明るさと、輝く太陽をイメージして。

日向 ひなた

夏に咲く向日葵（ひまわり）から。

September

9月のキーワード

秋

天候、地理

秋の夕暮れ
（あきのゆうぐれ）

「春はあけぼの」に対して「秋は夕暮れ」とは、清少納言の『枕草子』の一説。澄んだ秋の空は夕焼けも美しい。夏にくらべ日没が早くなることもあり、夕焼けを意識しやすい季節。

白露（はくろ）

二十四節気のひとつで、9月7日ごろをさす。まだ残暑が厳しいころだが、地域によっては秋が本格的に到来し、草花に朝露がつくようになること。

桔梗（ききょう）

秋の七草のひとつ。古来より日本人に親しまれ、家紋に取り入れられたり、皇居（江戸城）の桔梗門としても知られる。

そのほかの動物、植物キーワード

◎秋茜（あきあかね）◎萩（はぎ）◎葡萄（ぶどう）◎露草（つゆくさ）◎竜胆（りんどう）◎曼珠沙華（まんじゅしゃげ）◎紫苑（しおん）◎藍の花（あいのはな）◎吾亦紅（われもこう）◎稲穂（いなほ）◎桐一葉（きりひとは）◎竹の春（たけのはる）

動物、植物

鈴虫（すずむし）

秋の夜にはさまざまな虫の音が聞こえる。なかでも「リーン、リーン」と鳴く鈴虫は、月から降ってきた鈴という意味の「月鈴子（げつれいし）」の異称を持つ。

秋桜（こすもす）

秋を代表するピンクの花。コスモスの名は、ギリシャ語で秩序や宇宙を意味する「コスモス（kosmos）」が由来。

9月の異名

長月（ながつき）
菊月（きくづき）
祝月（いわいづき）
紅葉月（もみじづき）
青女月（せいじょづき）
色取月（いろどりづき）
季秋（きしゅう）
高秋（こうしゅう）
季白（きはく）
授衣（じゅえ）

9月の誕生石

サファイア（青玉）

9月の12星座

乙女座（8/23～9/22生まれ）
天秤座（9/23～10/23生まれ）

9月を意味する外国語

英語：September（セプテンバー）
フランス語：septembre（セプタンブル）
スペイン語：septiembre（セプティエンブレ）
イタリア語：settembre（セッテンブレ）
ドイツ語：September（ゼプテムバー）
ロシア語：сентябрь（シンチャーブリ）
ラテン語：September（セプテンベル）
ハワイ語：Kepakemapa（ケパケマパ）
中国語：九月（ジョウユエ）
韓国語：구월（クウォル）

★今日は何の日？

日	今日は何の日？	二十四節気	七十二候
1日	防災の日		
2日	宝くじの日		
3日	ホームランの日		禾乃登（稲が実る）
4日	くしの日／クラシック音楽の日		
5日	国民栄誉賞の日		
6日	妹の日／黒の日		
7日	CMソングの日		
8日	サンフランシスコ平和条約調印記念日	9/8頃 白露	草露白（露が白く光る）
9日	重陽の節句（菊の節句）		
10日	カラーテレビ放送記念日		
11日	公衆電話の日		
12日	マラソンの日／宇宙の日		
13日	世界の法の日		鶺鴒鳴（せきれいが鳴く）
14日	コスモスの日		
15日	老人の日／スカウトの日		
16日	オゾン層保護のための国際デー		
17日	イタリア料理の日		
18日	かいわれ大根の日		玄鳥去（燕が南へ帰る）
19日	苗字の日		
20日	空の日		
21日	国際平和デー		
22日	国際ビーチクリーンアップデー		
23日	海王星の日／万年筆の日	9/23頃 秋分	雷乃収声（雷が鳴らなくなる）
24日	畳の日		
25日	介護の日		
26日	ワープロの日		
27日	世界観光の日		
28日	パソコン記念日		蟄虫坏戸（虫が土中に戻る）
29日	招き猫の日／大天使ガブリエル、ミカエルの祝日		
30日	くるみの日		

第3月曜日　敬老の日　　9月22日頃　秋分の日

そのほかの天候、地理キーワード

◎荻野風（おぎのかぜ）◎金風（きんぷう）◎野分（のわき）◎葉風（はかぜ）◎望月（もちづき）◎満月（まんげつ）◎照る月（てるつき）◎月の桂（つきのかつら）◎月の滴（つきのしずく）◎稲の波（いねのなみ）◎秋の夜長（あきのよなが）

重陽の節句（ちょうようのせっく）

五節句のひとつで、9月9日のこと。旧暦では菊が咲く季節でもあるため「菊の節句」とも。最近はあまり行われないが、かつては邪気払いや長寿を願って、この日に菊の花を飾ったり、菊の花びらを浮かべたお酒を飲んだりする風習があった。

十五夜（じゅうごや）

旧暦8月15日の月のこと。1年でもっとも月が美しいとされ「中秋の名月」ともいう。現在の暦では9～10月上旬にあたる。

行事、暮らし

実りの秋（みのりのあき）

秋は新米の収穫をはじめ、野山の木の実やきのこ、またブドウ、ナシ、カキ、リンゴなどさまざまな果物がおいしい季節。収穫に感謝する秋祭りも各地で行われる。

そのほかの行事、暮らしキーワード

◎秋社（しゅうしゃ）◎流鏑馬（やぶさめ）◎稲刈り（いねかり）◎観月の夕べ（かんげつのゆうべ）◎二百十日（にひゃくとおか）

October

10月のキーワード

秋

豊の秋（とよのあき）

冷害や干ばつなどにあわずに、五穀、とくに稲のよく実った収穫の秋のこと。

動物、植物

金木犀（きんもくせい）

庭木に広く用いられる木で、9月下旬から10月上旬にかけてオレンジがかった黄色の花を咲かせ、独特の強くやさしい香りをただよわせる。

そのほかの動物、植物キーワード

◎秋茜（あきあかね）◎椋鳥（むくどり）◎葡萄（ぶどう）◎梨（なし）◎林檎（りんご）◎栗（くり）◎胡桃（くるみ）◎柿（かき）◎松茸（まつたけ）◎舞茸（まいたけ）◎新米（しんまい）◎秋桜（こすもす）◎菊（きく）◎真弓（まゆみ）

竜胆（りんどう）

釣鐘型の美しい紫の花は、古くから鑑賞花として親しまれてきた。また根は漢方の健胃薬にも用いられ、それが非常に苦いことから、最強という意味で竜の字が当てられている。

紫苑（しおん）

茎は2mくらいまで伸び、秋になると野菊のような淡い紫色の優美な花をつける。学名の「アスター」はギリシャ語で星の意。根は漢方でせき止めにも用いられる。

10月の異名

神無月（かんなづき）
建亥月（けんがいげつ）
陽月（ようげつ）
良月（りょうげつ）
時雨月（しぐれづき）
小春（こはる）
小陽春（しょうようしゅん）
大素（たいそ）
大章（たいしょう）
大月（だいげつ）

10月の誕生石

オパール（たんぱく石）
トルマリン（電気石）

10月の12星座

天秤座（9/23～10/23生まれ）
蠍座（10/24～11/22生まれ）

10月を意味する外国語

英語：October（オクトーバー）
フランス語：octobre（オクトーブル）
スペイン語：octubre（オクトゥブレ）
イタリア語：ottobre（オットーブレ）
ドイツ語：Oktober（オクトーバー）
ロシア語：октябрь（アクチャーブリ）
ラテン語：October（オクトーベル）
ハワイ語：Òkakopa（オカコパ）
中国語：十月（シーユエ）
韓国語：시월（シウォル）

★今日は何の日？

日		二十四節気	七十二候
1日	法の日／国際音楽の日		
2日	トレビの泉の日		
3日	登山の日		水始涸 田畑の水を干し始める
4日	宇宙開発記念日		
5日	時刻表記念日		
6日	国際協力の日		
7日	ミステリー記念日		
8日	木の日	10/8頃 寒露	鴻雁来 雁が飛来し始める
9日	世界郵便デー		
10日	目の愛護デー		
11日	鉄道安全確認の日		
12日	コロンブス・デー		
13日	サツマイモの日		菊花開 菊の花が咲く
14日	鉄道の日／世界標準の日		
15日	たすけあいの日		
16日	世界食糧デー		
17日	貯蓄の日／神嘗祭		
18日	統計の日		蟋蟀在戸 キリギリスが鳴く
19日	日ソ国交回復の日		
20日	リサイクルの日		
21日	国際反戦デー／あかりの日		
22日	平安京遷都の日		
23日	電信電話記念日	10/23頃 霜降	霜始降 霜が降り始める
24日	国連デー		
25日	民間航空記念日		
26日	サーカスの日		
27日	世界新記録の日		
28日	もめんの日		霎時施 小雨がしとしと降る
29日	てぶくろの日		
30日	初恋の日／マナーの日		
31日	ハロウィン／日本茶の日		

第2月曜日　スポーツの日

天候、地理

天高し（てんたかし）

秋は空気が澄み、晴れ渡った空がより高く広々と感じること。「秋高し」ともいう。

秋晴れ（あきばれ）

すがすがしく晴れ渡った秋の空のこと。春の空が白く霞がかっているのにくらべ、秋の空は青く澄んでいる。

そのほかの天候、地理キーワード

◎清秋（せいしゅう）◎秋澄む（あきすむ）◎空澄む（そらすむ）◎鱗雲（うろこぐも）◎羊雲（ひつじぐも）◎釣瓶落とし（つるべおとし）◎秋夕（しゅうせき）◎風爽か（かぜさやか）

行事、暮らし

味覚狩り（みかくがり）

きのこ、果物などたくさんのおいしい食べ物が実りを迎える秋は、気候の心地よさも手伝って、絶好の味覚狩りシーズン。

そのほかの行事、暮らしキーワード

◎十三夜（じゅうさんや）◎秋の行楽（あきのこうらく）◎稲刈り（いねかり）◎ハロウィン

体育の日（たいいくのひ）

1964年に開催された東京オリンピックの開会式を記念した祝日。全国各地で体育祭やスポーツイベントが行われる。

November

11月のキーワード

秋

天候、地理

野の錦（ののにしき）山の錦（やまのにしき）

紅葉した野や山の美しい景観を錦にたとえた言葉。「錦」とは、金色の糸で美しい模様を織りなした絹織物のこと。

紅葉（こうよう、もみじ）

赤黄に染まった風景は、春の桜とともに、日本の美しい風景を代表する景色。もみじは「椛」とも書く。

読書の秋（どくしょのあき）

秋は読書に一番適した季節であることから「読書の秋」ともいわれる。文化の日を挟んだ10月27日〜11月9日は「読書週間」で、1947年から続いている。

行事、暮らし

芸術の秋（げいじゅつのあき）文化の日（ぶんかのひ）

11月3日は文化の日。さわやかで涼しい秋は「芸術の秋」ともいわれ、創作意欲わく季節。大きな美術展なども多い。

そのほかの行事、暮らしキーワード

◎紅葉狩り（もみじがり）◎新嘗祭（にいなめさい）◎高千穂の夜神楽（たかちほのよかぐら）◎酉の市（とりのいち）◎勤労感謝の日（きんろうかんしゃのひ）◎十日夜（とおかんや）◎七五三（しちごさん）

11月の異名

霜月（しもつき）
建子月（けんしげつ）
暢月（ちょうげつ）
達月（たつげつ）
雪待月（ゆきまちづき）
神帰月（かみきづき）
盛冬（せいとう）
天泉（てんせん）
周正（しゅうしょう）
黄鐘（おうしょう）

11月の誕生石

トパーズ（黄玉）
シトリン（黄水晶）

11月の12星座

蠍座（10/24〜11/22生まれ）
射手座（11/23〜12/21生まれ）

11月を意味する外国語

英語：November（ノヴェンバー）
フランス語：novembre（ノヴァンブル）
スペイン語：noviembre（ノビエンブレ）
イタリア語：novembre（ノヴェンブレ）
ドイツ語：November（ノヴェムバー）
ロシア語：ноябрь（ナヤーブリ）
ラテン語：November（ノウェンベル）
ハワイ語：Nowemapa（ノウェマパ）
中国語：十一月（シーイーユエ）
韓国語：십일월（シビロル）

★今日は何の日？

日	記念日	二十四節気	七十二候
1日	灯台記念日		
2日	阪神タイガース記念日		楓蔦黄 もみじや蔦が黄葉する
3日	文化の日／ゴジラの日		
4日	ユネスコ憲章記念日		
5日	電報の日／縁結びの日		
6日	アパート記念日		
7日	知恵の日	11/7頃 立冬	山茶始開 椿の花が咲き始める
8日	いい歯の日		
9日	太陽暦採用記念日		
10日	いい音・オルゴールの日		
11日	世界平和記念日		
12日	洋服記念日		地始凍 大地が凍り始める
13日	うるしの日		
14日	いい石の日		
15日	七五三		
16日	国際寛容デー		
17日	将棋の日		金盞香 水仙の花が咲く
18日	もりとふるさとの日／ミッキーマウス誕生日		
19日	鉄道電化の日		
20日	世界こどもの日		
21日	世界ハローデー／インターネット記念日		
22日	いい夫婦の日	11/22頃 小雪	虹蔵不見 虹を見かけなくなる
23日	勤労感謝の日／いいふみの日		
24日	東京天文台設置記念日／進化の日		
25日	金型の日		
26日	ペンの日		
27日	ノーベル賞制定記念日		朔風払葉 北風が木の葉を払う
28日	太平洋記念日		
29日	いい服の日		
30日	カメラの日／鏡の日		

そのほかの天候、地理キーワード

◎初霜（はつしも）◎木枯らし（こがらし）◎神立風（かみたつかぜ）◎山茶花梅雨（さざんかづゆ）◎小春日和（こはるびより）◎秋の果（あきのはて）◎水澄む（みずすむ）◎照葉（てりは）

星の入東風
（ほしのいりごち）

陰暦10月ごろ（現在の11月ごろ）に吹く北東の風。この場合の星とは「昴（すばる）」をさし、昴がよく見えるようになる時期に吹く風のこと。

動物、植物

楓（かえで）

秋に紅葉する樹木の代表格。なかでもよく見るのが、葉が5〜7つに裂けた手の平状の楓で、これを「伊呂波楓（いろはかえで）」または「伊呂波紅葉（いろはもみじ）」という。

菊（きく）

秋を代表する花であり、10〜11月には全国各地で菊祭りが開催される。桜とともに日本を象徴する花でもある。

そのほかの動物、植物キーワード

◎鶫（つぐみ）◎山茶花（さざんか）◎棗（なつめ）◎林檎（りんご）◎丸葉木（まるばのき）◎桂（かつら）◎木の実（このみ）◎小紫（こむらさき）◎茶の花（ちゃのはな）

銀杏（いちょう、ぎんなん）

街路樹として全国に多数植えられており、秋には黄葉の美しさで人々を魅了する。長寿で、成長すると巨木になる。

Autumn

秋 9・10・11月 生まれの名前例

周正 しゅうせい

11月の異名、周正（しゅうしょう）から。

澄快 すかい

秋の澄んだ空や、心地よいさわやかな風をイメージして。

澄晴 すみはる

秋の澄み渡る空のイメージから。

爽介 そうすけ

秋のさわやかな空気や天候をイメージして。

爽良 そら

さわやかな空をイメージして。

宇宙 そら、たかひろ

秋に咲く秋桜（こすもす）の名の由来である「宇宙（コスモ）」から。

大檎 だいご

秋の味覚の林檎から1字を使って。

大知 だいち

11月7日の知恵の日にちなんで。

錦司 きんじ

紅葉した美しい景観をたとえた言葉、山の錦（やまのにしき）、野の錦（ののにしき）から。

桂太 けいた

月のなかに生えているという伝説の桂（かつら）の木から。

光秋 こうしゅう

9月の異名の高秋（こうしゅう）を1字変えて。

広葉 こうよう

秋を彩る紅葉のイメージから。

志音 しおん

芸術の秋のイメージから。

紫苑 しおん

秋に花を咲かせる紫苑（しおん）から。

実太 じった

実りの秋のイメージから。

藍太 あいた

秋に花をつける藍にちなんで。

明登 あきと

10月3日の登山の日にちなんで。

亮晴 あきはる

秋晴れのイメージから。

秋嶺 あきみね

紅葉した美しい山のイメージから。

育磨 いくま

10月の体育の日にちなんで。

快晴 かいせい

秋晴れのイメージから。

奏多 かなた

芸術の秋のイメージから。

菊之介 きくのすけ

秋を代表する花の菊から。

桔平 きっぺい

秋の七草のひとつ、桔梗から。

悠豊 ゆうと
実りの秋のイメージから。

夕陽 ゆうひ
秋の夕暮れのイメージから。

悠月 ゆづき、ゆつき
秋のきれいな月をイメージして。

陽介 ようすけ
10月の異名、陽月（ようげつ）から。

琉青 りゅうせい
9月の誕生石サファイアの和名、青玉（せいぎょく）から。

竜堂 りゅうどう
秋に紫色の花を咲かせる竜胆（りんどう）の「竜」の字と響きから。

鈴太朗 りんたろう
秋の夜長に、リーンリーンと鳴く鈴虫のイメージから。

和平 わへい、かずひら
9月21日の国際平和デーにちなんで。

十吾 とうご
十五夜の月にちなんで。

望 のぞむ
満月の異称、望（ぼう）から。

暢 のぼる
11月の異名、暢月（ちょうげつ）から。

晴天 はるたか
秋晴れのイメージから。

楓太 ふうた
秋を彩る紅葉のイメージから。

豊成 ほうせい
実りの秋のイメージから。

穂高 ほだか
稲穂のイメージから。

真澄 ますみ
秋の澄んだ空をイメージして。

穣 みのる
実りの秋のイメージから。

夕輝 ゆうき
秋の夕暮れのイメージから。

高志 たかし、こうし
晴れ渡った空がより高く感じる、天高しという言葉から。

匠音 たくと
芸術の秋のイメージから。

拓実 たくみ
実りの秋のイメージから。

太助 たすけ
10月15日のたすけあいの日にちなんで。

達紀 たつき
11月の異名、達月（たつげつ）から。

長太郎 ちょうたろう
9月の異名、長月（ながつき）から。

月都 つきと
月の美称、月の都から。

創 つくる、そう
芸術の秋のイメージから。

照 てる
紅葉した草木が陽射しで輝くことを意味する言葉、照葉（てりは）から。

天馬 てんま
秋の故事「天高く馬肥ゆ」にちなんで。

December 12月のキーワード 冬

行事、暮らし

クリスマス
イエス・キリストの降誕を祝う日。街中がクリスマスイルミネーションに彩られ、子どもたちはサンタクロースからの贈物を心待ちにする日。24日のクリスマスイブは「聖夜」ともいう。

除夜の鐘（じょやのかね）
12月31日の夜、深夜0時を挟む時間帯に、お寺の鐘をつくこと。人間にあるとされる108の煩悩（ぼんのう）をはらうために、108回の鐘をつく。

柚子湯（ゆずゆ）
冬至の日に柚子入りのお風呂に入ると風邪をひかないといわれる。

そのほかの行事、暮らしキーワード
◎大晦日（おおみそか）◎年越し（としこし）◎囲炉裏（いろり）◎暖炉（だんろ）◎義士会（ぎしかい）◎神楽（かぐら）◎成道会（じょうどうえ）

柊（ひいらぎ）
一般にヒイラギといえば、11～12月に香りのよい白い花をつけるモクセイ科の常緑小高木と、モチノキ科で、赤い実をつける西洋柊の2種類がある。いずれもギザギザの葉が特徴。クリスマスの装飾に使用されるのは西洋柊。

12月の異名
師走（しわす）
暮来月（くれこづき）
年満月（としみつづき）
乙子月（おとごづき）
氷月（ひょうげつ）
茶月（さげつ）
清祀（せいし）
嘉平（かへい）
大呂（たいりょ）
玄律（げんりつ）

12月の誕生石
ターコイズ（トルコ石）
ラピスラズリ（瑠璃）

12月の12星座
射手座（11/23～12/21生まれ）
山羊座（12/22～1/19生まれ）

12月を意味する外国語
英語：December（ディセンバー）
フランス語：décembre（デサンブル）
スペイン語：diciembre（ディシンブレ）
イタリア語：dicembre（ディチェンブレ）
ドイツ語：Dezember（デツェンバー）
ロシア語：декабрь（ジェカーブリ）
ラテン語：December（デケンベル）
ハワイ語：Kekemapa（ケケマパ）
中国語：十二月（シーアーユエ）
韓国語：십이월（シビウォル）

★今日は何の日？

日	記念日	二十四節気	七十二候
1日	鉄の記念日／映画の日		
2日	日本人宇宙飛行記念日		橘始黄（橘が黄葉し始める）
3日	カレンダーの日		
4日	E・Tの日		
5日	国際ボランティア・デー		
6日	音の日／聖ニコラウスの日		
7日	神戸開港記念日	12/7頃 立冬	閉塞成冬（天地の気が塞がり冬に）
8日	事納め／成道会		
9日	地球感謝の日		
10日	世界人権デー		
11日	ユニセフ創立記念日		
12日	漢字の日		熊蟄穴（熊が冬眠する）
13日	ビタミンの日／正月事始め		
14日	南極の日		
15日	観光バス記念日		
16日	電話創業の日		
17日	飛行機の日		鮭魚群（鮭が群がり川を上る）
18日	国連加盟記念日		
19日	日本初飛行の日		
20日	ブリの日		
21日	回文の日		
22日	改正民法公布記念日	12/22頃 冬至	乃東生（夏枯草が芽を出す）
23日	東京タワー完工の日		
24日	クリスマス・イブ		
25日	クリスマス		
26日	プロ野球誕生の日		
27日	ピーターパンの日		麋角解（大鹿が角を落とす）
28日	身体検査の日		
29日	シャンソンの日		
30日	地下鉄記念日		
31日	大晦日		

天候、地理

朔風（さくふう）

「朔」は北の方角をあらわす漢字で、朔風は北風のこと。

冴ゆる（さゆる）

冬の寒さを表現した季語。寒さが極まって、あらゆるものに透き通ったような、凜とした冷たさを感じること。

一陽の嘉節（いちようのかせつ）
一陽来復（いちようらいふく）

12月22日ごろの冬至は、1年でもっとも昼が短い日。古くはこの日を境に陽が増してくることを喜び、冬至の日を「一陽の嘉節」や「一陽来復」といってお祝いした。

そのほかの天候、地理キーワード

◎北風（きたかぜ）◎霜柱（しもばしら）◎初雪（はつゆき）◎樹氷（じゅひょう）◎星冴ゆ（ほしさゆ）◎風冴ゆ（かぜさゆ）◎月冴ゆ（つきさゆ）◎天狼（てんろう）◎昴（すばる）

動物、植物

鷲（わし）鷹（たか）隼（はやぶさ）

古くからタカやハヤブサを使って野生の鳥や獣を捕獲する鷹狩りが冬に行われていたこともあり、これら猛禽類（もうきんるい）の季語はいずれも冬。

龍の髭（りゅうのひげ）
龍の玉（りゅうのたま）

「龍の髭」とは庭の植込みなどにも利用される常緑多年草。初夏に白い小花をつけ、冬に瑠璃色の丸い種子をつける。

そのほかの動物、植物キーワード

◎百合鷗（ゆりかもめ）◎白鳥（はくちょう）◎都鳥（みやこどり）◎羚羊（かもしか）◎蜜柑（みかん）◎柚子（ゆず）◎橘（たちばな）

January 1月のキーワード 冬

行事、暮らし

正月（しょうがつ）
本来は、子孫繁栄、五穀豊穣を司る歳神様（正月様）をお迎えする行事。古来より「神の宿る木」とされる松（門松）を飾って、神様をお迎えする。

破魔矢（はまや）
もともとは破魔弓（魔障を払い除くという神事用の弓）につがえて放つ矢のこと。今はお正月の縁起物のひとつとして飾られ、神社などで授与される。

獅子舞（ししまい）
獅子頭をかぶって舞う伝統芸能。無病息災を祈り、正月などの縁起のよい日に行われる。

元旦（がんたん）
1年の始まりを祝う日。新しい年がよい年になるよう、初日の出参りや初詣に出かける。「旦」には、地平線、朝、日の出の意味があり、厳密には1月1日の朝をさす。

そのほかの行事、暮らしキーワード
◎御慶（ぎょけい）◎年賀（ねんが）◎お節料理（おせちりょうり）◎鏡開き（かがみびらき）◎初夢（はつゆめ）◎初詣（はつもうで）◎七福神詣（しちふくじんもうで）◎凧揚げ（たこあげ）◎独楽回し（こままわし）◎伊呂波歌留多（いろはかるた）◎羽根つき（はねつき）◎福笑い（ふくわらい）◎七草粥（ななくさがゆ）◎成人式（せいじんしき）

水仙（すいせん）
「水仙」の名は、水辺で咲く姿を仙人にたとえた中国の古典に由来。雪の中でも咲くことから、雪中花（せっちゅうか）ともいう。

1月の異名
睦月（むつき）
元月（げんげつ）
初月（しょげつ）
泰月（たいげつ）
太郎月（たろうづき）
早緑月（さみどりづき）
新春（しんしゅん）
初歳（しょさい）
華歳（かさい）
初陽（しょよう）

1月の誕生石
ガーネット（ざくろ石）

1月の12星座
山羊座（12/22〜1/19生まれ）
水瓶座（1/20〜2/18生まれ）

1月を意味する外国語
英語：January（ジャニュエリー）
フランス語：janvier（ジャンヴィエ）
スペイン語：enero（エネロ）
イタリア語：gennaio（ジェナーイオ）
ドイツ語：Januar（ヤヌアー）
ロシア語：январь（インヴァーリ）
ラテン語：Ianuarius（ヤヌアーリウス）
ハワイ語：Ianuali（ラヌアリ）
中国語：一月（イーユエ）
韓国語：일월（イロル）

★今日は何の日？

日	今日は何の日？	二十四節気	七十二候
1日	元旦／鉄腕アトムの日		雪下出麦　雪の下で麦が芽を出す
2日	初夢の日／月ロケットの日		
3日	瞳の日		
4日	ストーンズデー（石の日）		
5日	囲碁の日	1/5頃 小寒	
6日	ジャンヌ・ダルク誕生の日		芹乃栄　芹がよく生育する
7日	人日の節句（七草粥）		
8日	勝負事の日		
9日	とんちの日		
10日	110番の日		
11日	鏡開き		水泉動　凍った泉がとけ始める
12日	スキー記念日		
13日	咸臨丸出航記念日		
14日	飾納（かざりおさめ）・松納（まつおさめ）		
15日	小正月		
16日	初閻魔（はつえんま）／囲炉裏の日		雉始雊　雄の雉が鳴き始める
17日	今月今夜の月の日（尾崎紅葉祭）		
18日	都バス記念日		
19日	のど自慢の日		
20日	二十日正月	1/20頃 大寒	
21日	ライバルが手を結ぶ日		款冬華　フキノトウが蕾を出す
22日	ジャズの日		
23日	電子メールの日		
24日	郵便制度施行記念日		
25日	お詫びの日		
26日	文化財防火デー		水沢腹堅　沢に氷が厚く張る
27日	国旗制定記念日		
28日	逸話の日		
29日	人口調査記念日		
30日	3分間電話の日		
31日	晦日正月		

第2月曜日　成人の日

天候、地理

雪（ゆき）
六花（りっか）

雪にもさまざまな呼び方があり、雪の美称としては、「雪花（せっか）」「深雪（みゆき）」などがある。雪の結晶が六角形であることから、「六花（りっか）」ともいう。

銀世界（ぎんせかい）

雪が降り積もってあたり一面真っ白な景色のこと。

そのほかの天候、地理キーワード

◎新春（しんしゅん）◎初春（しょしゅん）◎初日の出（はつひので）◎初茜（はつあかね）◎冴ゆる（さゆる）◎風花（かざはな）◎氷柱（つらら）◎吹雪（ふぶき）◎雪明かり（ゆきあかり）

動物、植物

福寿草（ふくじゅそう）

本来の開花時期は2～3月だが、旧暦の正月ごろ（現在の2月）に咲き出すことから「元日草（がんじつそう）」の名も。縁起のよい名前と黄色の明るい花のイメージで、現在でもお正月の床飾りにする習慣がある。

そのほかの動物、植物キーワード

◎鶴（つる）◎白鳥（はくちょう）◎羚羊（かもしか）◎橘（たちばな）◎蜜柑（みかん）◎芹（せり）◎南天の実（なんてんのみ）◎万両（まんりょう）◎千両（せんりょう）◎葉牡丹（はぼたん）◎侘助（わびすけ）

February

2月のキーワード

冬

行事、暮らし

初午（はつうま）

2月最初の「午の日」に行われる稲荷社の縁日。この日を蚕や牛、馬の祭日とする風習もある。2月の2回目や3回目の午の日にも祭礼を行う地方もある。

節分（せつぶん）

季節の変わり目に生じる邪気を払うための行事。節分に食べる恵方巻の「恵方」は、その年のもっともよい方位のことで、そこには歳徳神（としとくじん）がいるとされる。

立春大吉

（りっしゅんだいきち）

この言葉は、縦書きすると左右対称になるため縁起がいいとされ、禅寺では立春の朝に、厄除けを祈ってこの言葉を書いた紙を門に貼る習慣がある。

バレンタインデー

愛の誓いの日とされ、世界各地でさまざまな祝い方がある。日本では女性から男性にチョコレートを贈り、愛を告白できる日だが、最近は友達や家族に感謝して贈ることも。

柊挿す（ひいらぎさす）

節分の夜、焼いたイワシの頭を刺した柊の枝を戸口に挿す風習。柊の葉の鋭いトゲと、イワシの匂いで鬼を追い払うとされた。

そのほかの行事、暮らしキーワード

◎福豆（ふくまめ）◎初午（はつうま）◎閏年（うるうどし）◎仁王会（におうかい）◎祈年祭（きねんさい）◎建国記念日（けんこくきねんび）

2月の異名

如月（きさらぎ）
令月（れいげつ）
麗月（れいげつ）
梅見月（うめみづき）
初花月（はつはなづき）
仲陽（ちゅうよう）
美景（びけい）
華朝（かちょう）
恵風（けいふう）
星鳥（せいちょう）

2月の誕生石

アメシスト（紫水晶）

2月の12星座

水瓶座（1/20～2/18生まれ）
魚座（2/19～3/20生まれ）

2月を意味する外国語

英語：February（フェビリエリー）
フランス語：février（フェヴリエ）
スペイン語：febrero（フェブレロ）
イタリア語：febbraio（フェッブラーイオ）
ドイツ語：Februar（フェブルアー）
ロシア語：февраль（フィヴラーリ）
ラテン語：Februarius（フェブルアーリウス）
ハワイ語：Pepeluali（ペペルアリ）
中国語：二月（アールユエ）
韓国語：이월（イウォル）

★今日は何の日？

日	今日は何の日	二十四節気	七十二候
1日	テレビ放送記念日		鶏始乳　鶏が卵を産み始める
2日	おんぶの日		
3日	節分		
4日	銀閣寺の日	2/4頃 立春	東風解凍　東風が厚い氷をとかす
5日	笑顔の日		
6日	ブログの日		
7日	オリンピックメモリアルデー		
8日	ロカビリーの日		
9日	漫画の日		黄鶯睍睆　鶯が山里で鳴き始める
10日	キタノ記念日		
11日	建国記念の日		
12日	ダーウィンの日		
13日	苗字制定記念日		
14日	聖バレンタインデー		魚上氷　割れた氷から魚が飛び出る
15日	春一番名づけの日		
16日	天気図記念日		
17日	天使のささやきの日		
18日	エアメールの日		
19日	天地の日	2/19頃 雨水	土脉潤起　雨で土が湿り気を含む
20日	普通選挙の日／歌舞伎の日		
21日	漱石の日／日刊新聞創刊の日		
22日	世界友情の日／猫の日		
23日	天皇誕生日／富士山の日		
24日	月光仮面登場の日		霞始靆　霞がたなびき始める
25日	夕刊紙の日		
26日	包むの日		
27日	絆の日／新撰組の日		
28日	エッセイ記念日		
29日	閏日		

天候、地理

春一番（はるいちばん）

立春を過ぎ、その年はじめて吹く南寄りの風。春の訪れを感じさせる。

春信（しゅんしん）

長かった冬も終わりに近づき、花が咲き始めるなど春の気配がただようこと。

そのほかの
天候、地理キーワード

◎玉風（たまかぜ）◎風巻（しまき）◎春霙（はるみぞれ）◎春隣（はるどなり）◎春めく（はるめく）◎雪（ゆき）◎雪間（ゆきま）◎早春（そうしゅん）

動物、植物

梅（うめ）

冬の終わりから春先にかけて咲き、「春告草（はるつげぐさ）」の名も。香りがよく可憐な花は古来より愛され、かつては花見といえば桜ではなく梅だった。

満作（まんさく）

まだ雪の残る2月ごろ、黄色い花を咲かせる。名前は、ほかの花に先駆けて「まず咲く」からとも、花がたくさんつく様子を「豊年満作」になぞらえたものともいわれる。

蕗の薹（ふきのとう）

雪解けを待たずに卵形で淡緑色の花茎を出す、春の訪れを告げる代表的な山菜。

そのほかの
動物、植物キーワード

◎鶯（うぐいす）◎目白（めじろ）◎鰆（さわら）◎金目鯛（きんめだい）◎公魚（わかさぎ）◎寒紅梅（かんこうばい）◎黄梅（おうばい）◎節分草（せつぶんそう）◎雪割一華（ゆきわりいちげ）

Winter

冬 12・1・2月 生まれの名前例

柊斗 しゅうと

秋から冬にかけて咲く、柊（ひいらぎ）から。

鷲平 しゅうへい

冬の季語でもある「鷲」の1字を使って。

春一 しゅんいち、はるいち

立春のあとに吹くその年最初の南よりの風、春一番から。

隼介 しゅんすけ

冬の季語でもある「隼」の1字を使って。

閏也 じゅんや

2月29日の閏日から。

鐘 しょう、あつむ

除夜の鐘のイメージから。

昴 すばる

澄んだ夜空によく見える昴（すばる）から。

星冴 せいご

冬の澄んだ空に輝く星を表現した言葉、星冴ゆ（ほしさゆ）から。

恵太 けいた

節分の行事、恵方巻きから。

慶太 けいた

正月らしい縁起のいい字「慶」を使って。

建 けん

2月11日の建国記念の日から。

朔太郎 さくたろう

冬の北風の別名、朔風から。

聖士 さとし、きよし

クリスマスのイメージから。

燦太 さんた

サンタクロースにちなんで。

寿一 じゅいち

正月らしい縁起のいい字「寿」を入れて。

獅温 しおん

正月の風物詩の獅子舞から1字使って。

愛斗 あいと

2月14日のバレンタインデーにちなんで。

旦 あきら

元旦から1字使って。

一冴 いっさ

冬の寒さを表現する言葉、冴ゆる（さゆる）から。

嘉一 かいち

古来より、冬至の日を「一陽の嘉節」「一陽嘉節」といってお祝いしたことにちなんで。

開翔 かいと

凧揚げを意味する英語「カイト」から。

嘉平 かへい

12月の異名、嘉平（かへい）から。

銀河 ぎんが

雪が降り積もる銀世界や、夜空の銀河のイメージから。

真冴 しんご

冬の寒さを表現する言葉、冴ゆる（さゆる）から。

元希 もとき
元旦から1字使って。

悠聖 ゆうせい
クリスマスのイメージから。

雪斗 ゆきと
雪のイメージから。

柚貴 ゆずき
冬に実が熟す柚（ゆず）から。

陽来 ようく
古来より、冬至の日を「一陽の嘉節」「一陽嘉節」といってお祝いしたことにちなんで。

来夢 らいむ
初夢のイメージから

龍青 りゅうせい
冬に瑠璃色の丸い種子をつける、常緑多年草の龍の髭（玉）のイメージから。

凛太郎 りんたろう
凛とした冬の空気をイメージして。

瑠生 るい
12月の誕生石ラピスラズリの和名、瑠璃（るり）から。

冬吾 とうご
冬の1字を入れて。

透真 とうま
冬の澄んだ水をイメージして。

友希 ともき、ゆうき
2月22日の世界友情の日から。

初陽 はつひ
初日の出のイメージから。

羽真矢 はまや
お正月の縁起物のひとつ、破魔矢（はまや）の響きから。

広鷹 ひろたか
冬の季語でもある「鷹」の1字を使って。

福 ふく
お正月の福笑いや、福寿草（ふくじゅそう）から。

満作 まんさく
春先に黄色の花を咲かせる満作（まんさく）から。

睦貴 むつき
1月の異名、睦月（むつき）から。

聖斗 せいと
クリスマスのイメージから。

清真 せいま、きよま
清らかな冬のイメージから。

星矢 せいや
冬の澄んだ空に輝く星のイメージから。

大吉 だいきち
立春の朝、厄除け祈願のために、「立春大吉」と紙に書いて貼る習慣から。

泰正 たいせい、やすまさ
1月の異名、泰月（たいげつ）と、正月から。

鷹雪 たかゆき
冬の季語でもある鷹と、雪のイメージから。

拓夢 たくむ
初夢のイメージから。

太郎 たろう
1月の異名、太郎月（たろうづき）から。

地洋 ちひろ
12月9日の地球感謝の日にちなんで。

鶴丸 つるまる
冬鳥の鶴のイメージから。

どんな思いを込めた？

先輩パパ・ママの

赤ちゃんの名づけエピソード

名前は、パパ・ママから赤ちゃんへのファーストプレゼント。「こんな子に育ってほしい」「こんな人生を歩んでほしい」など、パパとママの思いがたくさん詰まっているはず。
先輩パパ・ママが、愛するわが子のために一生懸命考えた名前と、決定までのエピソードを紹介します。

しょうた
翔大くん

←夏の終わり青い空のなかに白い雲。羽根が舞い降りてきたかのように見えるそんな時を選んで誕生した息子。ママは、この大空のもとで、自由にのびのびと羽ばたいて育ってほしいという願いをこめて、パパは苗字と名前の響きを考えて、「翔大」と決まりました。＜利江ママ＞

れんた
連大くん

↑長男長女に続く3番目として誕生。上の2人がとても仲よしだったので兄弟仲よく連なって大きく育ってほしいと思い命名しました。「れん」の愛称で呼ばれることが多く、物心つくまでは自分が「れんた」という名前だと思っていなかったと思います（笑）＜一貴パパ＞

↓おなかの中にいるときから切迫早産しかかったり、生まれてからも母乳を吸う力が弱々しく、心配の尽きないわが子でした。2人のお兄ちゃんたちを含む家族全員でいろいろ考え、台風にも耐え抜いた熊野速玉大社の御神木「梛（なぎ）」のように強く育ってほしいと思い名づけました。＜元久パパ・有子ママ＞

なぎと
梛斗くん

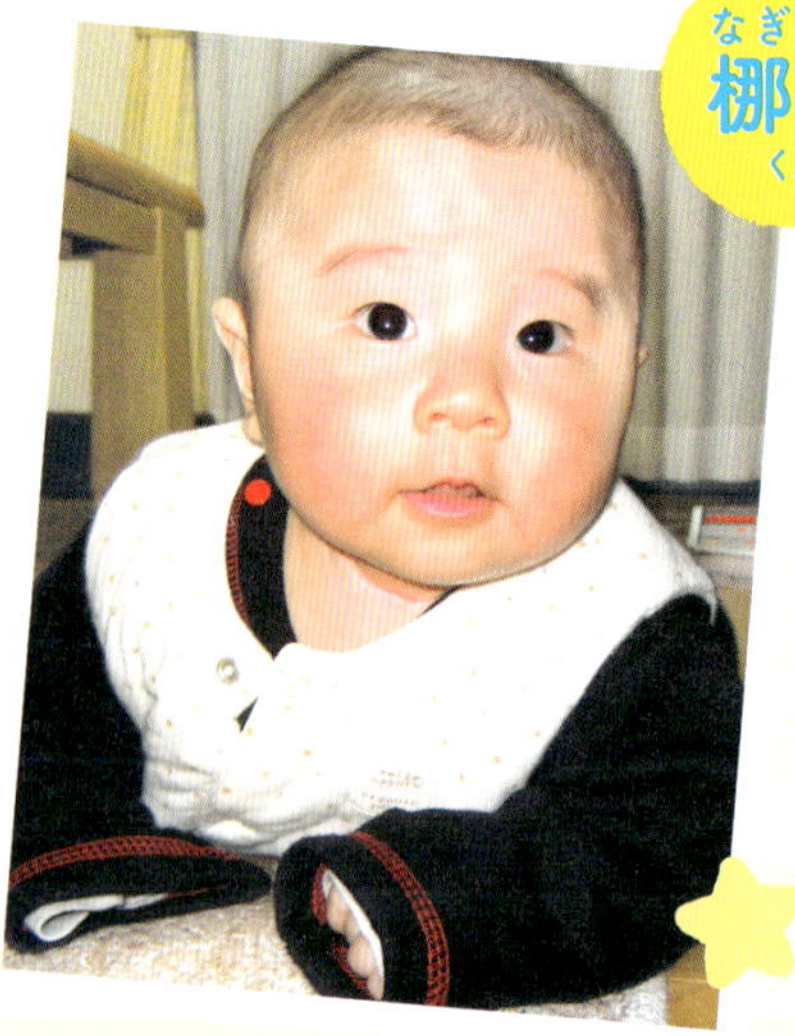

はるま
遥眞くん

→小さいことにクヨクヨしない、縮こまらないで広々と歩んでほしいという思いから「遥」という字をつけました。またお兄ちゃんが2人いて、兄弟全員が「眞」という字を使っています。男ならば自分が信じる道＝“まこと”の道を歩んでもらいたいと思い全員につけています。＜和紀パパ＞

おうすけ
桜介
くん

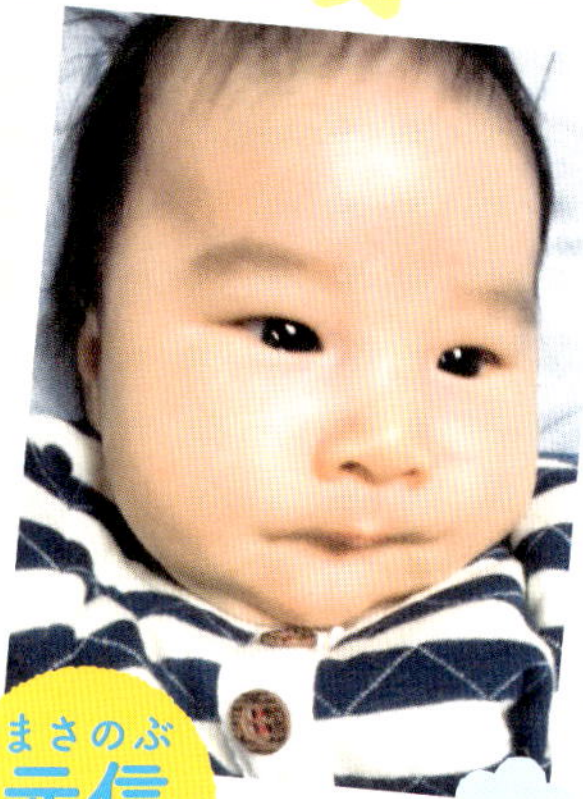

まさのぶ
元信
くん

→健康で元気でプラス思考の子に育ってほしいというパパの願いと、強い精神力と信念を持ち、この情報化社会でまわりの意見や雑念に振り回されず、考え方がブレない子に育ってほしいというママの願いを込めて名づけました。＜留美子ママ＞

↑散歩好きな私たち夫婦。お花見の時期には、よく近くの公園を散歩しました。桜の木のようにずっしりかまえ、みんなが自然と集まってくるような人になってほしいという願いを込めて。また、「桜」の花言葉である「精神美」のとおり、心の美しい思いやりのある子に育ってほしいと思っています。＜佳世ママ＞

しょうへい
翔平
くん

→誕生した2011年は震災をはじめ、悲しい出来事が数々ありました。そんな状況にも負けず、息子はおなかの中ですくすくと成長し、無事に誕生しました。そんな力強い息子がこれからの平成の世の高野（こうや。名字とからめました）に翔ぶがごとく羽ばたき、平和な世の中にしてほしいという願いを込めました。＜淳司パパ＞

たくま
拓真
くん

←人生を真っすぐに切りひらいてほしいという思いを名前に込めました。＜健佑パパ・幸代ママ＞

はる
晴
くん

ひなた
陽太
くん

→長男の「晴」は、明るく元気なお日さまのように素敵な子になってくれますように。次男の「陽太」は、お日さまの当たったぽかぽかの大地、そんなあたたかい子に育ってくれますように。そして、まわりの人たちをほっこり笑顔にさせる、仲よしのお日さま兄弟になってくれますようにと願って。＜優子ママ＞

←たくさん名前を呼んでもらえるように、読みやすい漢字と、響きにこだわりました。"幸せ"をたくさん授かって、太くたくましく、まわりの人を幸せな気持ちに包んでくれるやさしい子に育ってくれたらと願って。
＜大輔パパ・知佳ママ＞

幸太（こうた）くん

冠太朗（かんたろう）くん

↑パパは元お相撲さんでそのときの四股名の一文字「冠」を名前につけようと夫婦でいろいろ考えました。「冠人」や「冠門」も候補にありましたが、最後は生まれたわが子の顔を見て「冠太朗」に決めました。字のごとく、太くたくましく、ほがらかな笑顔で、自分なりの栄冠をつかんでくれたらと願っています。＜利喜男パパ・裕美ママ＞

→夢に向かって努力し、大きく羽ばたいてほしいと思い、「飛翔」の「翔」の文字を組み合わせて「大翔」と名づけました。好奇心旺盛な性格で将来がいまから楽しみです。
＜信行パパ・有香ママ＞

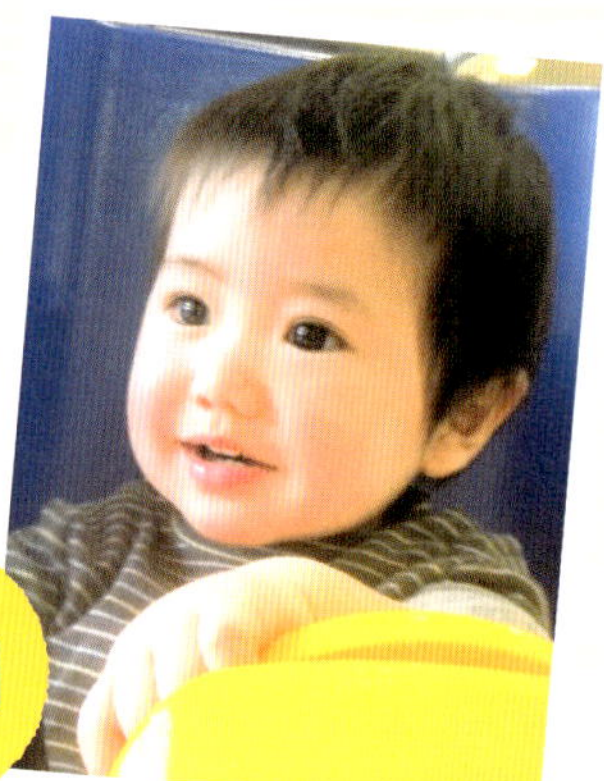

大翔（だいと）くん

↓「苗字が4音なので、名前は3音がおさまりいいかなぁ…」、夫婦でそんな何気ない話から始まった名づけ。本で「瑛」という字が玉の光という意味を持つのを知り、そんな清らかな心を持って生きていけるように願って、「瑛生」。直前まで悩みに悩んで決定しました。＜絵里ママ＞

広大（こうだい）くん

←響きや呼びやすさを重視しました。いくつか候補がありましたが、出産後にあらためてじいじ・ばあばと一緒に考え、生まれてきた赤ちゃんの男らしい顔を見て「広大」に。心が広くおおらかな子に育ってほしい、広い視野を持って大きく羽ばたいてほしいという願いを込めて。
＜良祐パパ・真由美ママ＞

瑛生（えいき）くん

悠真(ゆうま)くん

↑響きと画数を重視して候補をしぼり、「いつまでも真っすぐに、誠実に生きてほしい」という思いを込めて、この名前に決定しました。字は違いますが、結果的にパパと同じ響きも入っています。＜祐樹パパ・真澄ママ＞

遥吾(はるご)くん

→愛称を「はるくん」と呼びたくて「はる○」で考えました。「はる○」の呼び名は人気でよく聞くので、聞いたことがなく、でも名前らしい「吾」を組み合わせて「遥吾（はるご）」に。「遥かなる自分(吾)の道を一途に歩んでほしい」という願いも込めています。
＜ひとみママ＞

潤弥(じゅんや)くん

→「潤いのある人生を歩んでほしい」という気持ちから「潤」と、もともと和風の名前にしたかったこともあって「ますます」という意味の「弥」という止め字を組み合わせました。これからの長い人生がますます潤いますように。
＜圭司パパ・真弓ママ＞

明彦(あきひこ)くん

↑パパが「和彦」で、「彦」つながりで考えました。画数なども気になっていろいろ調べましたが、パパ「和彦」は「過去に後悔がまったくない！」と豪語するので、同じ画数で、かつ前向きでわかりやすい名前にすることに。明るい未来、そして自らも明るく周囲を照らす存在であるようにとの願いを込めて。

＜和彦パパ・美知代ママ＞

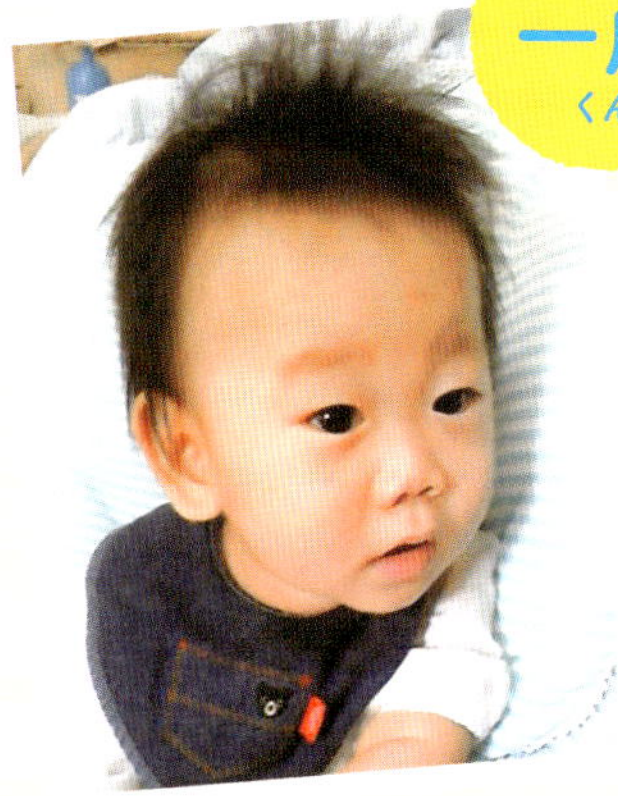

一成(かずなり)くん

←ひとつのことでも小さなことでも何か成し遂げてほしい、人の役に立つ人間になってほしい、そんな思いが込められています。おじいちゃんにいくつか考えてもらい、夫婦で選びました。

＜和彦パパ・晴代ママ＞

つなぐくん

↑人と人とのつながりを大切にして生きていってほしい…そんな思いを込めてこの名前をつけました。漢字を使うことも考えましたが、名字がかたいこともあり、やわらかい雰囲気を出すためにもひらがなを選びました。<遊パパ・桃子ママ>

りょうたろう
遼太郎くん

↑パパが読書好きで、司馬遼太郎さんの本が大好きなので、司馬さんの名前をいただきました。「本をたくさん読んで知識を増やし、たくさん考えることのできる子に」という願いを込めて。胎教で読み聞かせをしていたせいか、８か月になる息子は今のところ絵本が大好きです。<泰造パパ・小百合ママ>

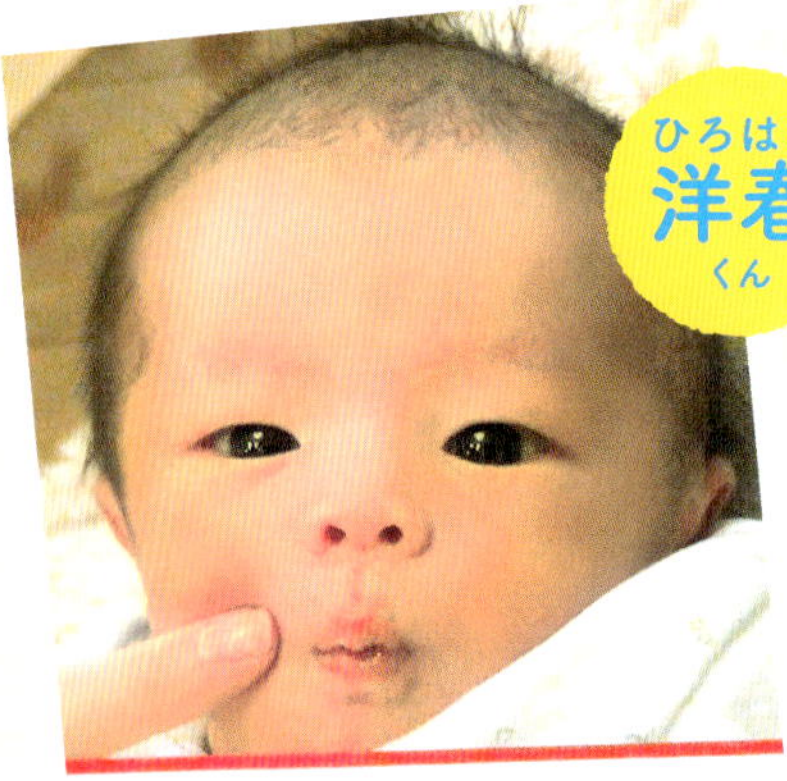

ひろはる
洋春くん

↑春分の日の夜から翌朝にかけて、顔を見せてくれた待望の第一子。穏やかな春の日に誕生したわが子に、広大であたたかい人であるようにとの願いを込め、パパ「洋史」、ママ「春香」の一文字ずつを使って、「洋春（ひろはる）」と名づけました。
<洋史パパ・春香ママ>

りょうすけ
亮佑くん

→おじいちゃんの名前と、人を助けるという意味を持つ漢字を合わせました。これから出会う人々を助け、助けられて、素敵な人生を送ってほしいという願いを込めて。今では小さいながらも新米ママを助けてくれる大きな存在です。
<祐岳パパ・奏子ママ>

てんま
天馬くん

←天を駆け巡るペガサスのように、世界へ羽ばたくスケールの大きな人間になってほしいと思って名づけました。天馬の「天」はおじいちゃんからもらった1字でもあります。<水無ママ>

Part 4

「イメージ」から考える名前

イメージから名前を考える

好きなイメージから名前を考えていくのも楽しいものです。
自由に連想して、イメージにぴったりの名前を見つけましょう。

名づけで人気のイメージ

海・空

自然をイメージした名前のなかでも、とくに人気があるのが「海」と「空」。海や空のさわやかさ、おおらかさを名前に重ねて。

音楽

人生に大きな幸せと影響を与えてくれる音楽。音楽的な才能のある子に育ってほしい、音楽を楽しみ心豊かに暮らせる人生を願って。

動物

止め字として人気の「馬」や、和風の名前で人気の「虎」、勇ましく俊敏なイメージの「隼」など。伝説上の動物の「龍」も人気。

まずは自由に連想していこう

海や空などの自然をモチーフにした名前や、音楽や文学にちなんだ名前、あるいは和風情緒を感じさせる名前など、さまざまなイメージから名前を考える方法も人気です。最初は漠然としたイメージでも、そこから連想していき、キーワードを書き出していくことで、イメージや思いがはっきりしてくるはずです。

イメージがかたまったら、漢字や響きを考えます。「空」「虎」「音」などイメージそのものをストレートに名前にするほか、イメージからさらに発想を広げて漢字や響きを探したり、そのイメージが意味する外国語の響きを名前にしたり、芸術作品などにあやかった名前にする方法もあります。

「イメージ」をどう表現するか

穹（そら）
瑠空（りく）
青空（そら）
大晴（たいせい）
澄快（すかい）
奏良（そら）

1 イメージをストレートに表現する

「海」「空」「音」など、イメージをそのまま名前にする。1字名ではバリエーションが少ないが、「海斗（かいと）」「空雅（くうが）」「志音（しおん）」など、いろいろな字と組み合わせれば、名前のバリエーションも増える。

2 イメージから連想する漢字をいかす

イメージに合う漢字や言葉を連想していき、そのなかの漢字を使って名前にする。

例「海」の場合

イメージ　海
↓
連想　青い、波、広い、岬、湊帆、自由、世界につながる
↓
名前例　琉青（りゅうせい）、岬（みさき）、広海（ひろみ）、湊太（そうた）

3 イメージに合う響きで表現する

たとえば「空」のイメージでも、「奏楽（そら）」など、空とは直接関係ない表記にする方法。この場合、「そら」の響きには「空のようにおおらかに」、漢字には「音を奏でるように人生を軽やかに楽しく生きてほしい」など、響きと漢字それぞれに意味づけすることもできる。

例 空（そら）→ 奏楽、爽良
大河（たいが）→ 大雅、泰賀

4 外国語の響きで表現する

たとえば、フランス語で「風」を意味する「ventヴァン」の響きに漢字を当てて名前にする方法。「絆（ばん）」にすれば、響きには「風のようにさわやかな子に」、漢字には「人と人との絆を大事にしてほしい」など、ダブルでの意味づけもできる。

例「空」の場合
英語で「空」を意味する「skyスカイ」から → 澄快（すかい）

例「風」の場合
フランス語で「風」を意味する「ventヴァン」から → 絆（ばん）

例「光」の場合
ドイツ語で「光」を意味する「Lichtリヒト」から → 理仁（りひと）

5 人物や文学作品などにあやかる

好きな音楽家や好きな曲のタイトルからヒントをもらったり、作家や文学作品にあやかるのもひとつの方法。和風の名前が好きなら、日本の地名や、歴史上の人物にあやかる方法もある。

※漢字の使い方については179ページも参照してください。

自然をモチーフにした名前

海、空、大地…など、美しく雄大な自然をモチーフにした名前は、男女問わず人気があります。ときに厳しく、あたたかく、すべてのものを包み込むような包容力ややさしさもあわせ持つのが自然の魅力。イメージを広げて、情景が目に浮かぶような素敵な名前を考えてみましょう。

海

イメージに合う漢字

凪 P198　帆 P198　岬 P211　波 P215　海 P218　洋 P226　航 P230　浬 P236
浪 P237　舷 P240　湘 P254　湊 P255　蒼 P264　碧 P271　漣 P271　櫂 P282

碧	あお
碧生	あおい
青翔	あおと
碧人	あおと
碧斗	あおと
青波	あおば、せいは
瑛洋	あきひろ
阿沙人	あさと
篤洋	あつひろ
育海	いくみ
勇海	いさみ
出帆	いずほ
一沙	いっさ
櫂	かい
海	かい、うみ
海慈	かいじ
海舟	かいしゅう
海聖	かいせい
櫂人	かいと
海斗	かいと、うみと
海翔	かいと、かいしょう
海里	かいり
浬	かいり
海琉	かいる
航斗	かずと
一帆	かずほ
克海	かつみ
輝汐	きせき
舷	げん
舷旗	げんき
舷太	げんた
航	こう、わたる

外国語の響きから

翔 しょう… 英語で「岸部」を意味するshoreショーから
太渡 たいど… 英語で「潮」を意味するtideタイドから
輝人 こうと… フランス語で「海岸」を意味するcôteコートから
希 まれ… スペイン語で「海」を意味するmarマレから
旺羅 おうら… スペイン語で「波」を意味するolaオーラから
究真 きゅうま… ギリシャ語で「波」を意味する*κύμα*キューマから
海 かい… ハワイ語で「海」を意味するkaiカイから
成 なる… ハワイ語で「波」を意味するnaluナルから

川、湖、水辺

イメージに合う漢字

水 P186　江 P194　河 P207　洸 P220　泉 P223　透 P235　流 P237　渉 P242
清 P243　涼 P248　湖 P252　湧 P258　源 P261　潤 P274　澄 P275　瀬 P283

航瑛	こうえい
航介	こうすけ
岬亮	こうすけ
航星	こうせい
岬汰	こうた
瑚太郎	こたろう
珊太	さんた
湘吾	しょうご
湘真	しょうま
澄海	すかい
千浬	せんり
湊一	そういち
湊太	そうた
蒼真	そうま
太洋	たいよう
崇洋	たかひろ
拓渡	たくと
拓海	たくみ
龍海	たつみ
凪人	なぎと
浪輝	なみき
波音	なみと
望海	のぞみ
波琉	はる
和泉	いずみ
出流	いずる
聖澄	きよずみ
源	げん、はじめ
煌河	こうが
洸青	こうせい
江太朗	こうたろう
湖太郎	こたろう
遥海	はるみ
帆太	はんた
帆斗	はんと
洋輝	ひろき、ようき
弘渡	ひろと
洋望	ひろみ
大海	ひろみ、たいかい
洋武	ひろむ
潤哉	じゅんや
渉	しょう、わたる
瀬那	せな
清磨	せいま
大河	たいが
拓水	たくみ
透青	とうせい
透真	とうま
洋哉	ひろや
帆高	ほだか
真洋	まひろ、まさひろ
岬	みさき、こう
湊	みなと、そう
海來	みらい
悠帆	ゆうほ
洋	よう、ひろし
流	ながれ、りゅう
真湖斗	まこと
水紀	みずき
元澄	もとずみ
洋佑	ようすけ
洋平	ようへい
浬玖	りく
琉青	りゅうせい
漣	れん
漣斗	れんと
浪真	ろうま
渡	わたる
湧	ゆう
悠河	ゆうが
琉清	りゅうせい
涼吾	りょうご

外国語の響きから

旺 おう …フランス語で「水」を意味するeauオーから
楽 らく …フランス語で「湖」を意味するlacラックから
理央 りお …スペイン語で「大河」を意味するrioリオから

空、風、天気

イメージに合う漢字

天 P186　羽 P193　穹 P209　空 P209　昊 P211　青 P212　虹 P221　飛 P225
風 P225　高 P231　爽 P244　雲 P249　翔 P253　晴 P254　颯 P269　翼 P280

蒼翔	あおと、そうと
青羽	あおば
明風	あきかぜ
亮天	あきたか
爽良	あきら
天仁	あまと
嵐志	あらし
郁飛	いくと

出雲	いずも
一颯	いっさ
惟吹	いぶき
開晴	かいせい
快飛	かいと
翔流	かける
一翔	かずと、いっと
叶翔	かなと

空我	くうが
恵翔	けいと
光雲	こううん
昊輝	こうき
虹児	こうじ
高晴	こうせい、たかはる
虹太朗	こうたろう
昊汰朗	こうたろう
昇	しょう、のぼる
翔英	しょうえい
昇太朗	しょうたろう
翔馬	しょうま
澄快	すかい
澄人	すみと
清一	せいいち、はるいち
青陽	せいよう
壮雲	そううん

颯佑	そうすけ
爽平	そうへい
颯真	そうま
穹	そら
青昊	そら、あおぞら
蒼空	そら、あおぞら
大空	そら、おおぞら
空	そら、くう
昊	そら、こう
空翔	そらと、たかと
大晴	たいせい
大翔	だいと、ひろと
高翔	たかと
翼	つばさ、たすく
翼翔	つばさ
天	てん、たかし
天真	てんま

飛羽	とわ
直澄	なおずみ
七翔	ななと
虹之介	にじのすけ
颯斗	はやと
羽琉	はる
晴空	はるく
風太郎	ふうたろう
風馬	ふうま

舞翔	まいと
八雲	やくも
悠羽	ゆう、ゆうは
優晴	ゆうせい
友翔	ゆうと、ゆうしょう
雄飛	ゆうひ、ゆうと
璃空	りく
琉青	りゅうせい
竜翔	りゅうと、りゅうしょう

外国語の響きから

澄快 すかい…英語で「空」を意味するskyスカイから
爽 そう…英語で「雪どけ」を意味するthawソーから
穹 そら…英語で「太陽の」を意味するsolarソーラーから
零音 れいん…英語で「雨」を意味するrainレインから
敏斗 びんと…ドイツ語で「風」を意味するWindビントから
絆 ばん…フランス語で「風」を意味するventヴァンから
寧樹 ねいじゅ…フランス語で「雪」を意味するneigeネイジュから

光、太陽

イメージに合う漢字

日 P187　旭 P194　光 P195　旺 P207　昌 P212　明 P216　映 P217　晃 P230　晟 P234　晨 P243　皓 P252　陽 P259　煌 P261　照 P263　輝 P272　燦 P280

- 暁生　あきお
- 暁登　あきと
- 陽宜　あきのり
- 暁丈　あきひろ
- 旭央　あきひろ、あきお
- 瑛光　あきみつ
- 晃　あきら、こう
- 亜煌　あきら

- 皓　あきら
- 暁良　あきら、あきよし
- 旭基　あさき
- 朝陽　あさひ
- 旭飛　あさひ、あきと
- 明日真　あすま
- 彩輝　あやき
- 一晟　いっせい

- 映　えい、あきら
- 永暉　えいき
- 英照　えいしょう
- 映汰　えいた
- 映斗　えいと
- 旺輔　おうすけ
- 旺太朗　おうたろう
- 快晟　かいせい
- 一輝　かずき、いっき
- 煌　きら、こう
- 煌斗　きらと、こうと
- 景伍　けいご
- 晃希　こうき
- 光輝　こうき、みつき
- 煌介　こうすけ
- 皓太　こうた
- 光多朗　こうたろう

- 晃太朗　こうたろう
- 晃平　こうへい
- 光矢　こうや
- 光葉　こうよう
- 浩耀　こうよう
- 燦　さん
- 燦路　さんじ
- 晟　じょう、あきら
- 照　しょう、てる
- 昌太郎　しょうたろう
- 照真　しょうま、てるま
- 晨之介　しんのすけ
- 大暉　だいき、はるき
- 大晟　たいせい
- 太陽　たいよう
- 大耀　たいよう
- 日翔　にちか、ひしょう

- 陽　はる、よう
- 陽風　はるかぜ
- 陽斗　はると
- 陽之介　はるのすけ
- 陽真　はるま
- 光琉　ひかる
- 光　ひかる、こう
- 陽向多　ひなた
- 日向　ひなた、ひゅうが
- 日々輝　ひびき
- 昌亮　まさあき

- 光毅　みつき
- 裕暉　ゆうき
- 燿　よう、てる
- 曜　よう、てる、あきら
- 耀　よう、てる、あきら
- 晄　よう、てる、あきら
- 曜介　ようすけ
- 陽成　ようせい
- 燿太　ようた
- 琉晟　りゅうせい
- 礼旺　れお

外国語の響きから

- 燦　さん…英語で「太陽」を意味するsunサンから
- 來斗　らいと…英語で「光」を意味するlightライトから
- 怜　れい…英語で「光線」を意味するrayレイから
- 奏琉　そる…スペイン語で「太陽」を意味するsolソルから
- 吏陽斗　りひと…ドイツ語で「光」を意味するLichtリヒトから

宇宙

イメージに合う漢字

月 P185　天 P186　斗 P187　玄 P189　宇 P193　弦 P210　宙 P213　奎 P219
星 P222　昴 P225　晶 P253　惺 P254　銀 P268　魁 P268

晶斗　あきと、まさと
惟月　いつき
壱星　いっせい
宇太　うた
魁　かい
魁司　かいじ
魁星　かいせい
希昴　きぼう

聖天　きよたか
銀河　ぎんが
奎児　けいじ
玄　げん、はじめ
弦貴　げんき
玄汰　げんた
玄斗　げんと
光惺　こうせい

惺　さとる、せい
晶英　しょうえい、あきひで
昴　すばる
星志朗　せいしろう
星磨　せいま
惺矢　せいや
宇宙　そら、たかひろ
宙　そら、ひろし
宇翔　たかと、うしょう
天翔　たかと、てんしょう
千宙　ちひろ
宙哉　ちゅうや、ひろや

月斗　つきと
天吾　てんご
天馬　てんま
宙輝　ひろき
北斗　ほくと
星斗　ほしと、せいと
真宙　まひろ、まさひろ
雄宇　ゆう
悠星　ゆうせい
悠月　ゆづき
由弦　ゆづる
琉星　りゅうせい

外国語の響きから

真琉須　まるす…フランス語で「火星」を意味するMarsマルスから
門翔　もんと…ドイツ語で「月」を意味するMondモーントから
歩玖　ほく…ハワイ語で「星」を意味するhokuホクから
信　しん…メソポタミア神話の「月の神」シンから

名づけのヒント　月の満ち欠けの和名

月の満ち欠けの状態には、情緒のある和名があります。赤ちゃんが生まれた日の月の状態にちなんで名前を考えるのもひとつの方法。新月の日に生まれ子なら「新太（あらた）」や「朔太郎（さくたろう）」、「弓張月」の日なら「弓弦（ゆづる）」などの名前が考えられます。

新月 しんげつ **朔** さく	**三日月** みかづき **眉月** まゆづき	**上弦の月** じょうげんのつき **弓張月** ゆみはりづき	**十三夜** じゅうさんや
小望月 こもちづき	**十五夜** じゅうごや **満月** まんげつ　**望** ぼう	**十六夜** いざよい	**立待月** たちまちづき
二十日月 はつかづき **更待月** ふけまちづき	**下弦の月** かげんのつき **弓張月** ゆみはりづき	**有明の月** ありあけのつき	**三十日月** みそかづき

大地

イメージに合う漢字

地 P197　岳 P208　実 P211　拓 P213　恵 P229　耕 P231　峻 P232　峰 P236
渓 P239　郷 P239　崇 P243　野 P246　陸 P247　嵯 P261　嶺 P281　麓 P284

晃丘	あきたか
明峰	あきみね、めいほう
一嵯	いっさ
開地	かいち
岳	がく、たけし
岳斗	がくと
和峰	かずみね
峡介	きょうすけ
渓	けい
恵悟	けいご
渓吾	けいご
渓介	けいすけ
恵太	けいた
渓馬	けいま
郷士	ごうし、さとし
耕作	こうさく
耕史朗	こうしろう
耕太	こうた
里志	さとし
郷哉	さとや
山河	さんが
崇介	しゅうすけ
峻	しゅん
峻介	しゅんすけ
峻斗	しゅんと
峻平	しゅんぺい
峻也	しゅんや
森太郎	しんたろう
千里	せんり
奏野	そうや
泰山	たいざん
泰地	たいち
大地	だいち
大陸	たいりく、ひろみち
丘志	たかし
峻志	たかし
崇	たかし、しゅう
崇虎	たかとら
岳弘	たかひろ
崇央	たかひろ
高峰	たかみね
拓	たく、ひろし
拓人	たくと
拓実	たくみ
拓弥	たくや
拓朗	たくろう
岳志	たけし、たかし
岳陽	たけはる
岳琉	たける
地宏	ちひろ
万里	ばんり
大岳	ひろたけ
比呂野	ひろや
麓	ふもと
峰正	ほうせい
実樹斗	みきと
峰輝	みねき
実麓	みろく
山斗	やまと、たかと
悠郷	ゆうごう
雄山	ゆうざん
雄地	ゆうち
雄峰	ゆうほう
悠野	ゆうや
陸	りく
陸央	りくお
陸斗	りくと
嶺	れい、みね
嶺太	れいた
麓斗	ろくと

外国語の響きから

亜々須 ああす…英語で「大地」を意味するearthアースから
久里歩 くりふ…英語で「絶壁」を意味するcliffクリフから
輝人 てる…フランス語で「大地」を意味するTerreテールから
紋太 もんた…フランス語で「山」を意味するmontagneモンターニュから
藍斗 らんと…ドイツ語で「陸」を意味するLandラントから
真宇南 まうな…ハワイ語で「山」を意味するmaunaマウナから

動物

イメージに合う漢字

- 巳 P183
- 辰 P203
- 虎 P210
- 隼 P232
- 馬 P235
- 竜 P236
- 寅 P238
- 凰 P238
- 羚 P248
- 獅 P262
- 鳳 P271
- 龍 P279
- 麒 P283
- 麟 P285
- 鷲 P285
- 鷹 P285

瑛鷹 あきたか
亜麒斗 あきと
彪 あきら
飛鳥 あすか
彪仁 あやと
鮎人 あゆと
郁馬 いくま
英騎 えいき

凰雅 おうが
鷹介 おうすけ
凰太郎 おうたろう
凰真 おうま
鶴之介 かくのすけ
景虎 かげとら
駆琉 かける
駈 かける

和虎 かずとら
一馬 かずま
克騎 かつき
勝巳 かつみ
蛍介 けいすけ
蛍太郎 けいたろう
虎太郎 こたろう
獅堂 しどう
獅乃介 しのすけ
鷲斗 しゅうと
駿 しゅん
駿介 しゅんすけ
隼太 しゅんた
駿矢 しゅんや
辰之介 しんのすけ
辰也 しんや
奏馬 そうま

鷹司 たかし
鷹矢 たかや
卓巳 たくみ
辰雄 たつお
竜生 たつき
龍基 たつき
辰巳 たつみ
龍海 たつみ
辰哉 たつや
竜哉 たつや
斗馬 とうま
隼彦 としひこ
寅雄 とらお
寅次郎 とらじろう
虎之介 とらのすけ
隼 はやと
陽馬 はるま

彪真 ひゅうま
豹 ひょう
風馬 ふうま
真駿 まさとし
悠駈 ゆうく
優馬 ゆうま
龍一 りゅういち
龍介 りゅうすけ

竜成 りゅうせい
竜太 りゅうた
龍之介 りゅうのすけ
竜矢 りゅうや
龍馬 りょうま
麟 りん
麟太郎 りんたろう
羚太 れいた

外国語の響きから

大雅 たいが…英語で「トラ」を意味するtigerタイガーから
快登 かいと…英語で「トビ」を意味するkiteカイトから
理恩 りおん…フランス語で「ライオン」を意味するlionリオンから
琉宇 るう…フランス語で「オオカミ」を意味するloupルーから
理音 りおん…スペイン語で「ライオン」を意味するleónリオンから
亜伎羅 あぎら…スペイン語で「ワシ」を意味するaguilaアギラから
連 れん…ドイツ語で「トナカイ」を意味するRenレンから
貴伊斗 きいと…ロシア語で「クジラ」を意味するкитキートから

樹木、草花

イメージに合う漢字

杜 P204　芭 P204　芽 P208　柊 P221　咲 P222　草 P223　桜 P228　桔 P229
梧 P240　菖 P243　萌 P246　葵 P250　葉 P258　幹 P260　蓮 P267　樹 P278

青葉	あおば
歩杜	あゆと
樹	いつき
桜介	おうすけ
桜太朗	おうたろう
哉萌	かなめ
幹太朗	かんたろう
桔平	きっぺい
桐斗	きりと
圭樹	けいき、けいじゅ
啓杜	けいと
賢梧	けんご
光芽	こうが
昊樹	こうき
咲太郎	さきたろう、さくたろう
咲翔	さきと、さくと
柊介	しゅうすけ
樹里斗	じゅりと
樟五	しょうご
菖介	しょうすけ
樟太	しょうた
菖平	しょうへい
真梧	しんご
森太	しんた
森乃介	しんのすけ
森哉	しんや
草太	そうた
草馬	そうま
大芽	たいが
大樹	だいき、だいじゅ
大梧	だいご
竹志	たけし
竹琉	たける
藤吾	とうご
藤士郎	とうしろう
桐真	とうま
智樹	ともき
直樹	なおき
萌	はじめ、きざし
芭琉	はる
葉琉	はる
陽杜	はると
宏幹	ひろき
楓太朗	ふうたろう
楓斗	ふうと
萌生	ほうせい
穂高	ほだか
柾貴	まさき
真柊	ましゅう
幹斗	みきと
瑞葵	みずき
椋人	むくと
幹哉	もとや
森央	もりお
悠葵	ゆうき
雄梧	ゆうご
勇咲	ゆうさく
柚貴	ゆずき
悠槻	ゆづき
葉太	ようた
諒芽	りょうが
椋平	りょうへい
蓮	れん
蓮太郎	れんたろう

外国語の響きから

留宇斗 るうと…英語で「根」を意味するrootルートから
惟音 いおん…ギリシャ語で「スミレ」を意味するionイオンから
亜琉世 あるせ…スペイン語で「楓」を意味するarceアルセから
呂宇翔 ろうと…スペイン語で「ハス」を意味するlotoロートから
覚都 かくと…スペイン語で「サボテン」を意味するcactoカクトから
開夢 かいむ…ドイツ語で「芽」を意味するKeimカイムから
利須斗 りすと…ロシア語で「葉」を意味するлистリーストから
源真 げんま…ラテン語で「つぼみ」を意味するgemmaゲンマから
真伊礼 まいれ…ハワイで「神が宿る葉」といわれるmaileマイレから

趣味や芸術にちなんだ名前

努力やチャレンジ精神、前向きな姿勢などを、旅や冒険といった壮大なテーマやスポーツや武道のイメージに重ねて名前を考えるのも、男の子ならではの名づけ法。

また、創造力を豊かにし、人生に潤いを与える音楽や文学、色彩や宝石にちなむ言葉や漢字は、雰囲気のある個性的な名前のヒントになります。

旅、冒険

イメージに合う漢字

世 P191　出 P191　帆 P198　岳 P208　拓 P213　歩 P215　航 P230　旅 P237
渉 P242　進 P243　開 P249　渡 P256　登 P256　遥 P258　遼 P275　櫂 P282

歩武	あゆむ
新太	あらた
行磨	いくま、こうま
出琉	いずる
到	いたる
一行	いっこう、かずゆき
挑	いどむ
英渡	えいと
櫂	かい
開慈	かいじ
海渡	かいと
櫂斗	かいと
開道	かいどう
一路	かずじ、いちろ
航	こう、わたる
航世	こうせい
渉	しょう わたる
渉馬	しょうま
新一郎	しんいちろう
進之介	しんのすけ
進武	すすむ
岳志	たけし
拓海	たくみ
拓夢	たくむ
旅人	たびと
遥登	はると
帆太	はんた
帆高	ほだか
帆希	ほまれ
悠世	ゆうせい
勇歩	ゆうほ
遼平	りょうへい

外国語の響きから

朗 ろう……英語で「漕ぐ」を意味するrowロウから
礼瑠 れいる……英語で「線路」を意味するrailレイルから
路於土 ろおど……英語で「道」を意味するroadロードから
斗藍 とらん……フランス語で「列車」を意味するtrainトランから
文渡 もんど……フランス語やイタリア語で「世界」を意味するmondeモンドから
琉宇多 るうた……スペイン語で「行程」を意味するrutaルータから
玲渡 れと……スペイン語で「挑戦」を意味するretoレトから
斗連 とれん……スペイン語で「列車」を意味するtrenトレンから

スポーツ、武道

イメージに合う漢字

力 P182
弓 P182
矢 P190
壮 P197
武 P215
活 P219
俊 P221
飛 P225
剣 P229
拳 P229
強 P239
捷 P242
逞 P244
勝 P254
跳 P265
錬 P280

惇武	あつむ
快飛	かいと
駈	かける
一矢	かずや
活志	かつし
勝利	かつとし
勝実	かつみ
活也	かつや
球太	きゅうた
弓磨	きゅうま
球真	きゅうま
剣一	けんいち
拳梧	けんご
剣士郎	けんしろう
剣心	けんしん
拳介	けんすけ
剣太	けんた
強志	ごうし
蹴太	しゅうた
蹴斗	しゅうと
俊介	しゅんすけ
俊太	しゅんた
勝太	しょうた
捷真	しょうま
誠矢	せいや
壮	そう、たけし
壮侍	そうじ
壮介	そうすけ
壮馬	そうま
大跳	だいと、ひろと
逞真	たくま
逞也	たくや
豪壮	たけまさ
武琉	たける
速翔	はやと
捷斗	はやと
羽矢人	はやと
広武	ひろむ
真活	まさかつ
真跳	まさと
躍人	やくと
勇侍	ゆうじ
裕矢	ゆうや
雄矢	ゆうや
弓弦	ゆづる
力哉	りきや
力駆	りく
塁	るい
錬	れん
錬斗	れんと

名づけのヒント　世界で活躍するスポーツ選手の名前

大きく羽ばたいてほしいという願いも込め、世界で活躍する選手にあやかるのもひとつの方法。1字だけもらう、響きだけ同じにするなど、少しアレンジして使うのがおすすめです。

名前例

- 本田圭佑　けいすけ（サッカー）
- 長友佑都　ゆうと（サッカー）
- 香川真司　しんじ（サッカー）
- 宮市　亮　りょう（サッカー）
- 鈴木一朗　いちろう（野球）
- 松井秀喜　ひでき（野球）
- 松坂大輔　だいすけ（野球）
- ダルビッシュ有　ゆう（野球）
- 北島康介　こうすけ（水泳）
- 松田丈志　たけし（水泳）
- 入江陵介　りょうすけ（水泳）
- 内村航平　こうへい（体操）
- 錦織　圭　けい（テニス）
- 水谷　隼　じゅん（卓球）
- 石川　遼　りょう（ゴルフ）
- 室伏広治　こうじ（ハンマー投げ）
- 高橋大輔　だいすけ（フィギュア）
- 羽生結弦　ゆづる（フィギュア）
- 井上康生　こうせい（柔道）
- 野村忠宏　ただひろ（柔道）

芸術、文学

イメージに合う漢字

- 文 P188
- 匠 P196
- 吟 P200
- 音 P218
- 奎 P219
- 奏 P223
- 造 P234
- 庵 P238
- 紘 P240
- 詠 P249
- 詞 P252
- 創 P255
- 楽 P260
- 鼓 P261
- 詩 P262
- 響 P284

- 碧音 あおと
- 章斗 あきと
- 庵慈 あんじ
- 庵 いおり
- 一巧 いっこう
- 詩太 うた
- 詠介 えいすけ
- 永音 えいと

- 詠斗 えいと
- 音哉 おとや
- 絵斗 かいと
- 海音 かいと
- 楽都 がくと
- 和揮 かずき
- 奏多 かなた
- 奏音 かなと

- 栞太 かんた
- 響伍 きょうご
- 響介 きょうすけ
- 響太 きょうた
- 吟史郎 ぎんしろう
- 吟太 ぎんた
- 奎吾 けいご
- 奎介 けいすけ
- 紘揮 げんき
- 紘斗 げんと
- 光詠 こうえい
- 幸造 こうぞう
- 鼓太朗 こたろう
- 作太郎 さくたろう
- 志音 しおん
- 詩温 しおん
- 詞音 しおん、ふみと

- 詩門 しもん
- 匠庵 しょうあん
- 章吾 しょうご
- 笙平 しょうへい
- 創 そう、つくる
- 創一朗 そういちろう
- 奏伍 そうご
- 奏士郎 そうしろう
- 奏亮 そうすけ
- 創真 そうま
- 泰造 たいぞう
- 貴詞 たかし、たかのり
- 拓音 たくと
- 匠翔 たくと、しょうと
- 巧真 たくま
- 匠 たくみ
- 造 つくる

- 陶真 とうま
- 悠音 はると
- 響生 ひびき
- 広揮 ひろき
- 文記 ふみき、ふみのり
- 文音 ふみと、あやと
- 史哉 ふみや
- 文汰郎 ぶんたろう
- 真紘 まいと
- 麻鼓斗 まこと

- 雅史 まさし、まさふみ
- 弓紘 ゆいと、ゆづる
- 悠庵 ゆうあん
- 悠作 ゆうさく
- 宥詩 ゆうし
- 優笙 ゆうしょう
- 楽太楼 らくたろう
- 律紀 りつき、たてき
- 律太 りった
- 礼音 れおん、れのん

外国語の響きから

- **亜々斗** ああと…英語で「芸術」を意味するArtアートから
- **実悠士** みゆじ…英語で「音楽」を意味するmusicミュージックから
- **晃渡** こうど…英語で「和音」を意味するchordコードから
- **吏惟士** りいど…英語で「読む」を意味するreadリードから
- **理意士** りいど…ドイツ語で「歌」を意味するLiedリードから
- **路之** ろの…ハワイの繁殖と音楽の神lonoロノから

色彩、宝石

イメージに合う漢字

朱 P195　彩 P241　蒼 P264　碧 P271　藍 P283　圭 P194　玖 P201　珂 P218
琉 P247　瑛 P248　琥 P252　琳 P259　瑚 P261　瑞 P263　瑠 P271　璃 P275

藍斗　あいと
藍之介　あいのすけ
藍琉　あいる
青　あお、せい
蒼　あおい、そう
青翔　あおと、せいと
青波　あおば、せいは
碧真　あおま

朱生　あきお
彩樹　あやき
彩斗　あやと、さいと
桜介　おうすけ
銀牙　ぎんが
銀蔵　ぎんぞう
銀汰　ぎんた
銀ノ助　ぎんのすけ

虹輝　こうき
虹介　こうすけ
紅太　こうた
采門　さいもん
紫庵　しあん
紫苑　しおん
朱門　しゅもん
朱吏　しゅり
紫琉　しりゅう
紫朗　しろう
翠生　すいせい
青史朗　せいしろう
青哉　せいや
蒼介　そうすけ
蒼太　そうた
橙磨　とうま
橙矢　とうや

虹太朗　にじたろう、こうたろう
白斗　はくと
陽色　ひいろ
陽翠　ひすい
悠青　ゆうせい
琉青　りゅうせい
翠　あきら
一瑳　いっさ
瑛士　えいじ
瑛斗　えいと
瑛磨　えいま
珂偉　かい
海璃　かいり
珂那多　かなた
圭司　けいし
圭成　けいせい
圭真　けいま

光瑛　こうえい
光琳　こうりん
琥太郎　こたろう
大瑚　だいご
丈琉　たける
珠樹　たまき
珀斗　はくと
波瑠　はる
瑞紀　みずき
光琉　みつる
充琉　みつる

瑶大　ようだい
瑶平　ようへい
史琥　りく
哩玖　りく
璃玖　りく
琉聖　りゅうせい
琉平　りゅうへい
琉磨　りゅうま
琳太郎　りんたろう
琉生　るい
瑠来斗　るきと

外国語の響きから

志琉羽　しるば…英語で「銀」を意味するsilverシルバーから
央瑠　おうる…フランス語で「金」を意味するorオールから
亜須琉　あする…スペイン語で「青」を意味するazulアスールから
朗斗　ろうと…ドイツ語で「赤」を意味するRotロートから
弦磨　げんま…ラテン語で「宝石」を意味するgemmaゲンマから

凛々しい日本男児らしい名前

洋風の個性的でかっこいい名前が人気を集める一方で、"日本男児"をイメージさせる和風の名前も根強い人気。和の雰囲気を持つ漢字や響きは力強さのなかにもしなやかさがあり、情緒的かつ文学的な雰囲気も感じさせます。また日本神話や歴史上の人物、日本の地名、古典文学なども和風の名前を考えるうえでヒントになります。

和風

イメージに合う漢字

丸 P182　之 P183　太 P187　平 P192　助 P203　京 P209　侍 P211　虎 P210

武 P215　和 P217　郎 P227　紫 P253　雅 P260　蔵 P274　凛 P276　龍 P279

飛鳥	あすか
周	あまね、しゅう
伊織	いおり
出雲	いずも
一丸	いちまる、かずまる
樹	いつき
一平	いっぺい
右京	うきょう
右近	うこん
雅楽	うた
歌麻呂	うたまろ
詠吉	えいきち
栄吉	えいしん
桜太郎	おうたろう
音之介	おとのすけ
音麻呂	おとまろ
織斗	おりと
海蔵	かいぞう
景虎	かげとら
風丸	かぜまる、かざまる
貫太郎	かんたろう
菊太郎	きくたろう
吉平	きっぺい
京之介	きょうのすけ
吟侍	ぎんじ
銀蔵	ぎんぞう
銀之丞	ぎんのじょう
蔵之介	くらのすけ
玄	げん
源太	げんた
玄武	げんぶ
光士朗	こうしろう
高太朗	こうたろう
光徳	こうとく
小次郎	こじろう
虎太朗	こたろう
小鉄	こてつ
伍朗	ごろう
才蔵	さいぞう
才之介	さいのすけ
左京	さきょう
咲太朗	さくたろう
朔太郎	さくたろう
左近	さこん
佐之助	さのすけ
三平	さんぺい
詩之介	しのすけ
志門	しもん
周之助	しゅうのすけ
春太朗	しゅんたろう

笑太郎	しょうたろう
丈汰郎	じょうたろう
仁	じん、ひとし
新之助	しんのすけ
心平	しんぺい
清志郎	せいしろう
宗一郎	そういちろう
颯士	そうじ
颯仁朗	そうじろう
草平	そうへい
壮馬	そうま
空侍	そらじ
空之介	そらのすけ
大雅	たいが
大吉	だいきち
大吾郎	だいごろう
太一	たいち
匠	たくみ
武士	たけし
竹千代	たけちよ
武丸	たけまる
丈琉	たける
龍臣	たつおみ
多聞	たもん
太郎	たろう
哲平	てっぺい
時之介	ときのすけ
時宗	ときむね
友之信	とものしん
虎之助	とらのすけ
寅丸	とらまる
晴臣	はるおみ
陽風	はるかぜ
風太朗	ふうたろう
文麿	ふみまろ
文史朗	ぶんしろう
文汰	ぶんた
真宗	まさむね
雅琉	まさる
武蔵	むさし
守之介	もりのすけ
弥一	やいち
八雲	やくも
弥平	やへい
大和	やまと
優之心	ゆうのしん
行乃丞	ゆきのじょう
幸乃進	ゆきのしん、こうのしん
雪麻呂	ゆきまろ
由弦	ゆづる
弓太郎	ゆみたろう
夢路	ゆめじ
夢乃丞	ゆめのじょう
夢之介	ゆめのすけ
由良	ゆら
与一	よいち
要士郎	ようしろう
佳丸	よしまる
雷蔵	らいぞう
蘭丸	らんまる
力丸	りきまる
龍太郎	りゅうたろう
龍之介	りゅうのすけ
凜蔵	りんぞう
凜太郎	りんたろう
倫ノ助	りんのすけ
礼侍	れいじ
和太流	わたる

名づけのヒント 「今風の漢字」+「太郎」「之介」の名前

最近は、「○太郎」「○之介」など、3文字の和風の名前も人気があります。1字目に今風の漢字を使うと、古風でありながら、新鮮さのある名前になります。

名前例

旺太郎	おうたろう
環太郎	かんたろう
叶太郎	きょうたろう
慧太郎	けいたろう
絢太郎	けんたろう
昊太郎	こうたろう
煌太郎	こうたろう
航太郎	こうたろう
柊太郎	しゅうたろう
隼太郎	しゅんたろう
旬太郎	しゅんたろう
心太郎	しんたろう
颯太郎	そうたろう
奏太郎	そうたろう
蒼太郎	そうたろう
遥太郎	はるたろう
遊太郎	ゆうたろう
琉太郎	りゅうたろう
諒太郎	りょうたろう
愛之介	あいのすけ
潤之介	じゅんのすけ
芯之介	しんのすけ
爽之介	そうのすけ
虹之介	にじのすけ
晴之介	はれのすけ
悠之介	はるのすけ
結之介	ゆいのすけ

日本の地名

地名には、昔ながらの大和言葉が残っているケースも多く、情緒のある響きがたくさんあります。うまく名前に取り入れてみましょう。

- 青葉　あおば
- 旭　あさひ
- 明日香　あすか
- 天城　あまぎ
- 有馬　ありま
- 和泉　いずみ
- 出雲　いずも
- 小樽　おたる

- 甲斐　かい
- 柏　かしわ
- 桂　かつら
- 木曽　きそ
- 釧路　くしろ
- 鞍馬　くらま
- 薩摩　さつま
- 駿河　するが

- 平　たいら
- 武雄　たけお
- 千歳　ちとせ
- 長州　ちょうしゅう
- 天竜　てんりゅう
- 十勝　とかち
- 土佐　とさ
- 長門　ながと

- 灘　なだ
- 鳴海　なるみ
- 武尊　ほたか
- 摩周　ましゅう
- 大和　やまと
- 結城　ゆうき
- 竜王　りゅうおう
- 渡　わたり

神話や歴史

和風の名前を考えるなら、日本神話の女神や歴史上の女性にあやかるのも、ひとつの方法。響きだけ、あるいは1字だけもらうのもよいでしょう。

- 武　たける…日本武尊（やまとたけるのみこと）
- 旅人　たびと…大伴旅人（奈良時代の歌人）
- 道真　みちざね…菅原道真（学問の神としてあがめられる）
- 謙信　けんしん…上杉謙信（戦国武将）
- 信玄　しんげん…武田信玄（戦国武将）
- 政宗　まさむね…伊達政宗（戦国武将）
- 武蔵　むさし…宮本武蔵（江戸時代の剣豪）
- 光琳　こうりん…尾形光琳（画家）

- 勇　いさむ…近藤勇（新撰組局長）
- 総司　そうじ…沖田総司（新撰組）
- 竜馬　りょうま…坂本竜馬（幕末の武士）
- 龍之介　りゅうのすけ…芥川龍之介（作家）
- 漱石　そうせき…夏目漱石（作家）
- 博文　ひろぶみ…伊藤博文（初代内閣総理大臣）
- 諭吉　ゆきち…福沢諭吉（慶応義塾創設者）
- 英世　ひでよ…野口英世（細菌学者）

名づけのヒント 四字熟語にちなんだ名前

四字熟語には、短い言葉のなかに、人生の教訓や人生観、自然の素晴らしさなどが込められています。四字熟語の漢字をうまく組み合わせて、わが子への思いを表現するのもおすすめです。

初志貫徹（しょしかんてつ）
【意味】最初に決めた志を最後まで持ち続けること。
【名前例】
- 初志 はつし、もとし
- 徹志 てつし

首尾一貫（しゅびいっかん）
【意味】物事の考え方や態度が、最初から最後まで変わることなく同じこと。
【名前例】
- 貫一 かんいち
- 貫 かん、とおる

質実剛健（しつじつごうけん）
【意味】飾り気がなく、まじめで強くしっかりしていること。
【名前例】
- 剛健 ごうけん
- 剛実 たけみ

謹厳実直（きんげんじっちょく）
【意味】慎み深く、誠実で正直なこと。
【名前例】
- 直実 なおざね、なおみ
- 厳 いつき、いわお

切磋琢磨（せっさたくま）
【意味】学問などに励むこと。また仲間同士励まし合って学問などを磨くこと。
【名前例】
- 琢磨 たくま
- 琢真 たくま

知行合一（ちこうごういつ）
【意味】知識と行動は表裏一体であり、真に知ることは、必ず実行をともなうこと。
【名前例】
- 知行 ともゆき、かずゆき
- 行一 こういち、ゆきかず

真実一路（しんじついちろ）
【意味】偽りのない真心をもって一筋に進むこと。
【名前例】
- 真一 しんいち
- 一路 いちろ

天佑神助（てんゆうしんじょ）
【意味】天や神の助け。思いがけない偶然によって助けられること。
【名前例】
- 天佑 てんゆう
- 佑助 ゆうすけ

泰山北斗（たいざんほくと）
【意味】泰山と北斗星。転じて、その道の第一人者として尊敬される人。
【名前例】
- 泰斗 たいと、やすと、ひろと
- 北斗 ほくと

天馬行空（てんばこうくう）
【意味】自由でのびのびしていること。
【名前例】
- 天馬 てんま
- 行空 ゆきたか

一望千里（いちぼうせんり）
【意味】遠くまで、見渡す限り広々としている様子。
【名前例】
- 千里 せんり
- 千望 かずみ

山紫水明（さんしすいめい）
【意味】陽に映えて山は紫に見え、川は澄んでいる。自然の美しい景色の形容。
【名前例】
- 紫明 しめい
- 水明 すいめい、みずあき

外国語や外国人名をヒントにした名前

国際化社会の現代では、海外で通用する名前を考えるパパ・ママも多いようです。外国語由来の名前、外国人風のおしゃれな響きの名前も人気があります。

名づけのアプローチのひとつとして、外国の単語をモチーフにしたり、新鮮な響きを求めて外国人の名前をヒントにする方法もあります。たとえば、ドイツ語で光を意味するリヒトから「理仁（りひと）」、英語圏でポピュラーな男性名ケントから「賢斗（けんと）」とするなど…。外国語の場合、日本ではあまり発音しない音もあるため、よい漢字が見つからないこともありますが、その場合は、ひらがなやカタカナも含めて検討するとよいでしょう。

なお、日本では普通の名前でも外国では特定の意味に受け取られることもあります。あまり気にしすぎることもないですが、外国に転勤などの可能性がある場合は、その国の事情に詳しい人にアドバイスをもらうとより安心です。

名前	外国での意味や連想しやすい言葉
あんと	英語で「アリ」
いつお	ロシア語で「卵」
かつお	イタリア語で「男性器」
けいと	欧米では女性名
しあん	フランス語で「犬」
しゅう	フランス語で「キャベツ」
じゅん	欧米では女性名
しん	英語で「足のすね」
そう	フランス語で「バケツ」
そうや	イタリア語で「大豆」
そうは	スペイン語で「大豆」
ゆうご	英語で「出て行け（You go）」
ゆうだい	英語で「お前は死ね（You die）」
らい	英語で「嘘」
らいと	英語で「軽い」
れいじ	英語で「激怒」
ろう	英語で「低い」

英語圏

漢字	読み	単語	読み方	意味
鋭	えい	A	(エー)	アルファベット
旺	おう	O	(オー)	アルファベット
求	きゅう	Q	(キュー)	アルファベット
慧	けい	K	(ケイ)	アルファベット
亜々登	ああと	Art	(アート)	芸術
阿斗夢	あとむ	atom	(アトム)	原子
瑛侍	えいじ	age	(エイジ)	時代
衛斗	えいと	eight	(エイト)	8
慧渡	えいど	aid	(エイド)	援助
魁人	かいと	kite	(カイト)	凧
珂音	かいん	kind	(カインド)	やさしい
豪	ごう	go	(ゴー)	行く
洸士	こうじ	cozy	(コージ)	気持ちよい
晃士	こうど	chord	(コード)	和音
燦	さん	sun	(サン)	太陽
匠	しょう	shore	(ショー)	岸辺
澄快	すかい	sky	(スカイ)	空
聖慈	せいじ	sage	(セイジ)	賢人
瀬文	せぶん	seven	(セブン)	7
然	ぜん	then	(ゼン)	そのとき
千汰	せんた	center	(センター)	中央
爽	そう	sow	(ソウ)	種蒔く
壮	そう	thaw	(ソー)	雪解け
空	そら	solar	(ソーラー)	太陽の
泰河	たいが	tiger	(タイガー)	トラ
太渡	たいど	tide	(タイド)	潮
泰夢	たいむ	time	(タイム)	時間
天	てん	ten	(テン)	10
享	とおる	tall	(トール)	高い
那緯斗	ないと	knight	(ナイト)	騎士、ナイト
羽亜斗	はあと	heart	(ハート)	心
帆太	はんた	hunter	(ハンター)	狩人
彪真	ひゅうま	humor	(ヒューマー)	ユーモア
宙	ひろ	hero	(ヒーロー)	英雄
哩	まいる	mile	(マイル)	距離の単位
明翔	めいと	mate	(メイト)	友達
悠斗	ゆうと	Utopia	(ユートピア)	理想郷
頼登	らいと	light	(ライト)	光
吏惟士	りいど	read	(リード)	読む
理士	りど	lead	(リード)	導く
励	れい	ray	(レイ)	光線
礼韻	れいん	rain	(レイン)	雨
郎	ろう	row	(ロウ)	漕ぐ
亜蓮	あれん	Allen	(アレン)	人名
久璃須	くりす	Chris	(クリス)	人名
謙斗	けんと	Kent	(ケント)	人名
慈衛	じえい	Jay	(ジェイ)	人名
丈	じょう	Joe	(ジョー)	人名
穣士	じょうじ	George	(ジョージ)	人名
暖	だん	Dan	(ダン)	人名
真亜玖	まあく	Mark	(マーク)	人名
理生	りお	Leo	(リオ)	人名
里穏	りおん	Leon	(リオン)	人名
呂偉	ろい	Roy	(ロイ)	人名

フランス

漢字	読み	単語	読み方	意味
旺	おう	eau	(オー)	水
央武	おうぶ	aube	(オウブ)	夜明け
央瑠	おうる	or	(オール)	金
洸都	こうと	côte	(コート)	海岸
燦	さん	cent	(サン)	百
丹	たん	temps	(タン)	時間
暉	てる	terre	(テル)	大地、地球
亨	とおる	tour	(トゥール)	塔
磐	ばん	vent	(ヴァン)	風
聞多	もんた	montagne	(モンターニュ)	山
宥	ゆう	yeux	(ユー)	目
楽	らく	lac	(ラック)	湖
璃安	りあん	lien	(リアン)	絆
吏音	りおん	lion	(リオン)	ライオン
琉宇	るう	loup	(ルー)	オオカミ
論	ろん	rond	(ロン)	丸い
亜藍	あらん	Alain	(アラン)	人名
安理	あんり	Henri	(アンリ)	人名
蔵人	くろうど	Claude	(クロード)	人名
琉偉	るい	Louis	(ルイ)	人名
玲門	れいもん	Raymond	(レイモン)	人名
怜恩	れおん	Léon	(レオン)	人名

ドイツ

名前（読み）	単語（発音）	意味
慧人（えひと）	echt（エヒト）	本物の
海（かい）	Kai（カイ）	埠頭、波止場
開武（かいむ）	Keim（カイム）	芽
拓斗（たくと）	Taktstock（タクトストック）	指揮棒
暖玖（だんく）	Dank（ダンク）	感謝
翔亜（とあ）	Tor（トア）	門
徹（とおる）	toll（トール）	素晴らしい
虎武（とらむ）	Traum（トラウム）	夢
敏翔（びんと）	Wind（ビント）	風
真羽人（まはと）	Macht（マハト）	力
夢羽斗（むうと）	Mut（ムート）	勇気、度胸
門斗（もんと）	Mond（モーント）	月
悠吏（ゆうり）	Juli（ユーリ）	7月
藍斗（らんと）	Land（ラント）	陸
理太（りた）	Ritter（リッター）	騎士
利陽人（りひと）	Licht（リヒト）	光、明かり
帆須（はんす）	Hanns（ハンス）	人名
世絆（よはん）	Johann（ヨハン）	人名

スペイン

名前（読み）	単語（発音）	意味
亜義良（あぎら）	águila（アギラ）	鷲
亜渡（あど）	hado（アド）	運命
亜琉世（あるせ）	arce（アルセ）	楓
或真（あるま）	alma（アルマ）	魂、精神
旺羅（おうら）	ola（オーラ）	波
久藍（ぐらん）	grande（グラン）	大きい
燦人（さんと）	santo（サント）	聖人
奏琉（そる）	sol（ソル）	太陽
風里央（ふりお）	julio（フリオ）	7月
磨世（まよ）	mayo（マヨ）	5月
真礼（まれ）	mar（マレ）	海
吏雄（りお）	río（リオ）	大河
玲伊（れい）	rey（レイ）	王様
零斗（れと）	reto（レト）	挑戦
吾論（あろん）	Aarón（アーロン）	人名
志門（しもん）	Simón（シモン）	人名
羅門（らもん）	Ramón（ラモン）	人名
礼那斗（れなと）	Renato（レナート）	人名

ロシア

名前（読み）	単語（発音）	意味
亜仁（あじん）	один（アジン）	1
皇志（おうし）	ось（オーシ）	軸
希以斗（きいと）	кит（キート）	クジラ
豪斗（ごうと）	Годы（ゴート）	年
充駈（じゅうく）	жук（ジューク）	カブトムシ
仁（じん）	день（ジーン）	日
丸登（まると）	март（マールト）	3月
悠久（ゆうく）	юг（ユーク）	南
楽（らく）	рак（ラーク）	かに座
利須斗（りすと）	лист（リースト）	葉
礼太（れいた）	лето（レータ）	夏
朗太（ろうた）	лотос（ロータス）	蓮
亮武（あきむ）	Аким（アキム）	人名
惟才（いさい）	Исай（イサイ）	人名
入哉（いりや）	Илья（イリヤ）	人名
真留久（まるく）	Марк（マルク）	人名
祐吏（ゆうり）	Юрий（ユーリー）	人名
世志歩（よしふ）	Иосиф（ヨーシフ）	人名

イタリア

名前（読み）	単語（発音）	意味
有翔（あると）	alto（アルト）	高い
惟出亜（いであ）	idea（イデア）	思想、観念
慧太（えた）	età（エター）	時代
凰来（おうら）	ora（オーラ）	時間
加琉土（かるど）	caldo（カルド）	熱い
世吏雄（せりお）	serio（セーリオ）	まじめな
勉斗（べんと）	vento（ヴェント）	風
門土（もんど）	mondo（モンド）	世界
吏伊斗（りいと）	rito（リート）	儀式
浪登（ろうと）	loto（ロート）	蓮
慧利雄（えりお）	Elio（エリオ）	人名
樹吏央（じゅりお）	Giulio（ジュリオ）	人名
磨羽呂（まうろ）	Mauro（マウロ）	人名
万里央（まりお）	Mario（マリオ）	人名
塁路（るいじ）	Luigi（ルイージ）	人名
琉架（るか）	Luca（ルカ）	人名
礼央（れお）	Leo（レオ）	人名
呂盟央（ろめお）	Romeo（ロメオ）	人名

ハワイ

亜羅	あら	ala	(アラ)	道
亜呂波	あろは	aloha	(アロハ)	あいさつ全般、愛
衣吏磨	いりま	ilima	(イリマ)	オアフ島の花
海	うみ	umi	(ウミ)	10
慧央	えお	eo	(エオ)	勝つ
瑛里磨	えりま	elima	(エリマ)	5
海	かい	kai	(カイ)	海
光	こう	kou	(コウ)	あなたの
成	なる	nalu	(ナル)	波
峰	ほう	hou	(ホウ)	新しい
帆玖	ほく	hoku	(ホク)	星
磨以礼	まいれ	maile	(マイレ)	神が宿る葉
磨之亜	まのあ	manoa	(マノア)	広大な
真波呂	まはろ	mahalo	(マハロ)	ありがとう
麻良樹	まらき	malaki	(マラキ)	3月
理央	りお	lio	(リオ)	馬
理磨	りま	lima	(リマ)	手
黎	れい	lei	(レイ)	花輪

中国

有	ある	二	(アル)	2
在志	あるし	二十	(アルシー)	20
開真	かいしん	快心	(カイシン)	楽しい
我央	がお	高	(ガオ)	高い
燦	さん	三	(サン)	3
讃	さん	山	(サン)	山
慈円	じえん	箭	(ジエン)	矢
周	しゅう	树	(シュー)	木
秀完	しゅうかん	树干	(シューカン)	木の幹
新	しん	星	(シン)	星
心	しん	心	(シン)	心
信風	しんふう	幸福	(シンフー)	幸せ
聞	もん	梦	(モン)	夢
來	らい	来	(ライ)	来る
隆	りゅう	六	(リウ)	6
琉心	りゅうしん	流星	(リュウシン)	流星
麟	りん	零	(リン)	0
論	ろん	龙	(ロン)	竜

名づけのヒント

中国・韓国の人気漢字から考える

中国は同じ漢字圏ですし、韓国は現在はハングルですが、もともとは漢字圏だったので、名前に関しては漢字名を持っている人がほとんどです。中国や韓国の名づけでポピュラーな漢字を使うと、現地でも説明しやすく受け入れられやすいでしょう。

日本と共通する漢字で、中国でも人気があるのは「翔」「亮」「克」「建」「宏」「志」「賢」「天」「祥」「英」「偉」「孝」「偉」など。韓国では「哲」「秀」「勝」「昌」「正」「俊」「男」「元」「泰」などです。

なお、同じ漢字でも、日本と中国、韓国では、それぞれ意味が異なることもあるので注意してください。

韓国

偉留	いる	일	(イル)	1
宇太	うた	웃다	(ウッタ)	笑う
旺	おう	오	(オー)	5
加宇留	かうる	가을	(カウル)	秋
侃	かん	강	(カン)	川
玖夢	くむ	꿈	(クム)	夢
久璃武	くりむ	그림	(クリム)	絵
久琉夢	くるむ	구름	(クルム)	雲
晃琉	こうる	거울	(コウル)	鏡
虎太	こた	걷다	(コッタ)	歩く
沙武	さむ	삼	(サム)	3
讃	さん	산	(サン)	山
世武	せむ	샘	(セーム)	泉
芭琉	はる	하루	(ハル)	1日
真宇武	まうむ	마음	(マウム)	心
夢琉	むる	물	(ムル)	水
優駆	ゆうく	육	(ユク)	6
与琉武	よるむ	여름	(ヨルム)	夏

名づけのヒント

干支にちなんだ名前

生まれ年の干支にちなんだ名前にするのも、名づけ法のひとつ。干支の漢字をそのまま使うのがむずかしいケースもありますが、その場合は、「学（子）」「牧（牛）」「伸（申）」のように部分的に干支が入った漢字を使ったり、干支の読みやイメージ、外国語からヒントを得てもよいでしょう。また、たとえば酉年なら、鷹や鷲、隼など、鳥の種類から考えることもできます。

子（鼠）

名前例

学	まなぶ
学斗	がくと
裕季	ゆうき
子庵	しあん
音央	ねお

丑（牛）

名前例

牧斗	まきと
牧水	ぼくすい
昴	すばる

＊昴は牡牛座のプレアデス星団の名。

寅（虎）

名前例

虎太郎	こたろう
寅之助	とらのすけ
寅丸	とらまる
大雅	たいが

＊英語でトラはタイガー。

卯（兎）

名前例

卯京	うきょう
卯太	うた
月兎	つきと
玄兎	げんと
昴	すばる

辰（竜、龍）

名前例

辰希	たつき
辰汰	しんた
竜堂	りゅうどう
龍也	たつや
龍青	りゅうせい

巳（蛇）

名前例

和巳	かずみ
卓巳	たくみ
雅巳	まさみ
直巳	なおみ
巳知彦	みちひこ

午（馬）

名前例

雄午	ゆうご
颯馬	そうま
駈	かける
駿斗	しゅんと
悠駆	ゆうく

未（羊）

名前例

未来	みらい
拓未	たくみ
大洋	たいよう
祥太	しょうた
翔平	しょうへい

申（猿）

名前例

申太郎	しんたろう
申吉	しんきち
瑛申	えいしん
伸吾	しんご
悟空	ごくう

＊悟空は孫悟空から。

酉（鳥、鶏）

名前例

飛鳥	あすか
雄飛	ゆうひ
羽琉	はる
翼	つばさ
鷹紀	たかのり

戌（犬）

名前例

献心	けんしん
猛	たける
猛士	たけし
剣	けん

亥（豬）

名前例

亥雄	いお
秀亥	しゅうい
亥都	がいと
伊織	いおり
瑠偉	るい

※「鼠」「戌」は名前に使えません。

Part 5

「漢字」から考える名前

漢字にこだわって名前を考える

漢字にはそれぞれ意味があり、また視覚的な印象もそれぞれ異なります。
漢字の意味、見た目の印象、姓とのバランスなどを考慮して名前を考えましょう。

漢字1字でいろいろ広がる

陽飛 はると
陽平 ようへい
陽向 ひなた
陽 はる
朝陽 あさひ
陽那太 ひなた
太陽 たいよう
陽之介 はるのすけ
1字で「陽」がいいかなあ。「朝陽」もいいなあ…
「陽之介」の古風な雰囲気も悪くないね。

意味だけでなく視覚的な印象も大事

漢字から考えるのもスタンダードな名づけ法です。これという1字を決め、定番の止め字（最後の字）と組み合わせるだけでも、たくさんの名前をつくれます。

ただし、やみくもに組み合わせていると、性別のまぎらわしい名前になったり、見た目に重たい印象の名前になることがあります。

たとえば「悠」「希」「真」「生」「海」など男女に人気の漢字を使う場合は、男の子イメージの強い漢字と組み合わせたほうが、周囲に性別を誤解される心配は少ないでしょう。また、画数の多い漢字ばかり使うと、見た目が重くなりがちです。姓の画数もふまえて、視覚的にもバランスのよい名前を考えましょう。

こだわりの1字をどういかすか

1 1字でストレートに

1字名は、意味がストレートに伝わりやすく、印象的な名前になりやすい。あまりなじみのない漢字も、名前自体がシンプルなぶん、2字名や3字名よりも取り入れやすい（P286）。

例 人気の1字名
樹（いつき）、岳（がく）、翔（しょう）、翼（つばさ）、陸（りく）、蓮（れん）

2 こだわりの1字＋止め字

これという1字を決め、さまざまな止め字（最後の字）と組み合わせるだけでも、たくさんの名前をつくれる（P298）。

例「悠」＋定番の止め字
悠太（ゆうた）、悠斗（ゆうと）、悠樹（ゆうき）、悠真（ゆうま）

例「悠」＋個性的な止め字
悠栄（ゆうえい）、悠河（ゆうが）、悠心（ゆうしん）、悠堂（ゆうどう）

3 こだわりの1字を止め字に使う

一般的には先頭字にこだわりの1字を使うことが多いが、止め字にこだわりの1字を使う方法もある（P298）。

例 止め字に「真」を使った名前
拓真（たくま）、颯真（そうま）、和真（かずま）、諒真（りょうま）

例 止め字に「翔」を使った名前
大翔（だいと）、陽翔（はると）、陸翔（りくと）、佑翔（ゆうと）

4 3字名にする

「○太郎」「○之介」など、男の子の3字名は和風の止め字を使った名前が多く、男の子らしく凛々しいイメージや誠実な印象を与える。3字名の場合、画数が多くなりがちなので、姓名全体のバランスをしっかり確認しよう。

例 人気の3字名
龍之介（りゅうのすけ）、凛太郎（りんたろう）

5 万葉仮名風に漢字を当てる

「八真斗（やまと）」など、ひとつの音にひとつの漢字を当てる名づけを「万葉仮名風名づけ」という。万葉仮名風名づけは、漢字の意味よりも響きや字面の印象を重視するときにおすすめ（P291）。

6 読み方によって印象が変わる

ひとつの漢字にも、さまざまな読み方があり、どの読み方を使うかでも印象は変わる。男の子の場合、近年は、訓読みや名のりより、音読みの名前が人気。たとえば「龍仁」は、音読みなら「りゅうじん」、訓読みや名のりなら「たつひと」となり、前者は現代的で軽やかな印象、後者はオーソドックスで誠実な印象を与える。

例「仁」を使った名前
仁（じん、ひとし）、龍仁（りゅうじん、たつひと）、仁貴（きみたか、ひとき）

名前例つき！ おすすめ漢字770

名前に使える漢字のなかから、
人気のある漢字や名づけにふさわしい漢字を770ピックアップ。
その読み方や意味、名づけに使用する際のポイント、名前例などを解説します。

リストの見方

ポイント
その漢字の成り立ちや名づけでの人気度、漢字の意味から名前に込められる思いなど、名づけに使用する際のポイントや注意点を掲載。

意味
漢字のおもな意味を掲載。

画数
リストは画数順に並んでいます。

漢字
同じ画数のなかでは、原則として音読みの50音順に掲載していますが、一部レイアウトの都合により順番が前後しています。

音訓
音読み（中国語の発音に起源を持つ読み方）はカタカナで、訓読み（漢字の意味する内容を日本語〈大和言葉〉に置き換えたところから発生した読み方）はひらがなで掲載。いずれも代表的な読みを掲載しています。（　）内は一般的な送りがなです。

7

佑

音訓 ユウ、ウ、たす(ける)

名のり すけ、たすく、ゆ

【意味】たすける。支える。

【ポイント】よい意味を持つことと、やわらかい「ユウ」の響きで、男女ともに使われている人気の字。男の子では、「すけ」の読みで止め字に使用されることも多く、「介」や「助」にくらべると、視覚的には今風の印象に。画数で困ったときには、同音同意で字形も似ている字に「祐」があるので、そちらも候補になる。

【参考】●長友佑都（ながとも・ゆうと）…サッカー選手。●斉藤佑樹（さいとう・ゆうき）…野球選手。●真田佑馬（さなだ・ゆうま）…タレント。●榎本佑（えのもと・たすく）…俳優。

佑 ゆう、たすく
桜佑 おうすけ
光佑 こうゆう
翔佑 しょうすけ
大佑 だいすけ
佑輝 ゆうき
佑悟 ゆうご
佑寿 ゆうじゅ
佑尽 ゆうじん
佑星 ゆうせい
佑大 ゆうだい
佑翔 ゆうと
佑陽 ゆうひ
佑磨 ゆうま
新ノ佑 しんのすけ
佑太郎 ゆうたろう

参考
その漢字を使った熟語や、著名人、歴史上の偉人など、実際の使用例。

名前例
その漢字を使った名前例。

名のり
音読み訓読み以外に、とくに名前で使われる読みで、代表的なものを掲載しています。また、一般の漢和辞書等にのっていないものでも、最近名づけに使用されることの多い読みについては掲載しています。

一（1画）

音訓 イチ、イツ、ひと
名のり い、か、かず、はじめ、ひ、まこと、もと

【意味】ひとつ。はじめ。一番目。すべて。等しい。

【ポイント】男の子の名前では、かつては「健一（けんいち）」などのように止め字に使われることが多かった字。最近は、「一太（いちた）」「一渡（かずと）」のように、1字目に使う名前が人気を集めている。「何かで一番になれるように」「唯一の何かを持てるように」など、意味づけもしやすい字。

【参考】●一期一会（いちごいちえ）…一生に一度しかない出会い。茶道への心得。●小林一茶（こばやし・いっさ）…江戸時代の俳人。●鈴木一朗（すずき・いちろう）…野球選手。

一太	いちた
一陽	いちよう、かずひ
一琉	いちる
一朗	いちろう
一心	いっしん
一徹	いってつ
一渡	かずと
一眞	かずま
一武	かずむ
晄一	こういち
蒼一	そういち
晴一	せいいち
礼一	れいいち
和一	わいち
藍一郎	あいいちろう
幸一郎	こういちろう

乙（1画）

音訓 オツ、イツ、きのと、おと
名のり お、き、つぎ

【意味】十干の2番目。きのと。

【ポイント】「乙（おつ）な味」などと使われるように、ちょっと変わった、気のきいたという意味も。イメージは和風だが、個性的な字形で見た目のインパクトもある。

乙紀	いつき
乙瑳	いつさ、いっさ
乙彦	おとひこ
乙哉	おとや
煌乙	こうき
翔乙	しょうき
南々乙	ななき

七（2画）

音訓 シチ、なな、なな(つ)、なの
名のり かず、な

【意味】数字の7。数が多いこと。

【ポイント】「ラッキーセブン」の言葉もあるように、縁起のよい字。「七之介（しちのすけ）」のように古典的にも、「七央斗（なおと）」のように現代的にもできる。

聖七	せな
七樹	ななき
七斗	ななと
七陽	ななひ
七之介	しちのすけ
七央紀	なおき
七欧斗	なおと
真七都	まなと

十（2画）

音訓 ジュウ、ジッ、とお、と
名のり かず、じつ、そ

【意味】数字の10。十分。まとまっている。

【ポイント】一般的な字で意味もよいが、名前では使用例が少ないので、新鮮。「ジュウ」「とお」の響きも男の子向きで、クールな印象。

櫂十	かいと
十翔	じゅうと
十悟	とおご
十馬	とおま
十勝	とかち
礼十	らいと、れいと
十玖真	とくま

乃（2画）

音訓 ダイ、ナイ、の、すなわ(ち)、なんじ
名のり いまし、おさむ

【意味】すなわち。これ。わたし。

【ポイント】男の子名での使用例は少ないが、「ダイ」の読みを活かすと今風の新鮮な名前になり、「健乃介（けんのすけ）」のように中間字に使うと和風の名前になる。

乃都	だいと
乃南	だいな
乃登	ないと
健乃介	けんのすけ
光乃輔	こうのすけ
信乃助	しんのすけ
辰乃真	たつのしん
幸乃進	ゆきのしん

人（2画）

音訓 ジン、ニン、ひと
名のり きよ、さね、たみ、と、ひこ、ひとし、め

【意味】ひと。民。

【ポイント】「ひと」「と」の音で使われる、男の子の止め字の定番。左右対称の末広がりの字は、地に足をつけた力強いイメージがある。また、どのような字と組み合わせてもおさまりがいいのも、人気の一因。ただし近年は、「と」の止め字では、「斗」や「翔」の人気が高く、やや押され気味。タレントの松本人志さんのように1字目に使うと新鮮な印象。「人成（じんせい）」のように音読みを使っても。

【参考】●松本人志（まつもと・ひとし）…タレント。●内田篤人（うちだ・あつと）…サッカー選手。

篤人	あつと
和人	かずと
慧人	けいと
駿人	しゅんと
翔人	しょうと
人成	じんせい、ひとなり
颯人	はやと
人希	ひとき
人志	ひとし
結人	ゆいと、ゆうと
勇人	ゆうと、ゆうじん
亜佐人	あさと
雅久人	がくと
真瑳人	まさと

二（2画）

音訓 ニ、ジ、ふた、ふた(つ)
名のり つぎ、つぐ、ふ

【意味】ふたつ。

【ポイント】以前は「ジ」の読みで、次男の止め字の定番としてよく使われていたが、最近は、「二」や「ふ」の音に当てて、万葉仮名風に使うことが多い。

光二	こうじ
祥二	しょうじ
二朗	じろう
信二	しんじ
侑二	ゆうじ
光二郎	こうじろう
二陽斗	にひと
二三央	ふみお

八（2画）

音訓　ハチ、や、や(つ)、やっ(つ)、よう
名のり　は、やつ、わ

【意味】数字の8。

【ポイント】「八」は末広がりで縁起のよい字。「ハチ」の読みで止め字に使うと古典的な雰囲気になるが、「は」「や」の読みで先頭字や中間字に使うと今風に。

輝八	きはち
尚八	なおや
八雲	やくも
八聖	ようせい
龍八	りゅうや
八琉彦	はるひこ
八須人	やすと
八真斗	やまと

了（2画）

音訓　リョウ
名のり　あき、あきら、さと、さとる、のり

【意味】物事に結末をつける。さとる。

【ポイント】画数が少ない独特の字形が特徴。組み合わせる字は、全体のバランスがおかしくならないように工夫したい。

了	りょう、さとる
了良	あきら
和了	かずあき
了寛	りょうかん
了星	りょうせい
了汰	りょうた
了真	りょうま

力（2画）

音訓　リョク、リキ、ちから
名のり　つとむ、り

【意味】ちから。勢い。

【ポイント】たくましく健康的なイメージで、男の子らしい字。「リキ」の読みが定番だが、最近は「力騎（りき）」「力玖（りく）」など、「り」と読ませる傾向も。

力	ちから、りき
一力	いちりき
力騎	りき
力太	りきた
力人	りきと
力丸	りきまる
力玖	りく

丸（3画）

音訓　ガン、まる
名のり　たま、まろ

【意味】まる。円。まるごと。

【ポイント】まあるいことを示すことから、やわらかく穏やかなイメージがある。古くは「牛若丸」など、男子の幼名の止め字にも使われた字。

武丸	たけまる
虎丸	とらまる
丸斗	まると、がんと
夢丸	ゆめまる
蘭丸	らんまる
獅子丸	ししまる
富士丸	ふじまる

久（3画）

音訓　キュウ、ク、ひさ(しい)
名のり　ぐ、つね、なが、ひこ、ひさ、ひさし

【意味】ひさしい。長い間。

【ポイント】少ない画数だが、のびやかな印象の字。以前は「ひさ」の読みが多かったが、現在は「ク」の読みが人気。同じ「ク」の読みでは王へんの「玖」も人気。

久真	きゅうま
久遠	くおん
智久	ともひさ
永久	とわ
久弥	ひさや
璃久	りく
伊久磨	いくま
久太朗	きゅうたろう

弓（3画）

音訓　キュウ、ゆみ
名のり　み、ゆ

【意味】ゆみ。

【ポイント】弓道の「弓」で、凛々しさと柔軟さに、和の雰囲気を感じさせる。「弓のように強くしなやかな人に」などの思いを込めて。「キュウ」の読みも個性的。

一弓	いっきゅう
弓伍	きゅうご
弓伸	きゅうしん
弓道	きゅうどう
弓月	ゆづき
弓弦	ゆづる
弓斗	ゆみと
弓彦	ゆみひこ

己（3画）

音訓　コ、キ、おのれ
名のり　お、おとこ、な、み

【意味】自分。私心。

【ポイント】画数は少ないが、存在感のある字形。「おのれ」「自分」を意味する漢字なので、「自分をしっかり持った人に」「己の道を歩める人に」などの意味づけができ、名前向きの一字といえる。ただし、「キ」または「み」の読みで止め字で使われることが多いが、どちらの読みも一般的で、また、「巳（み）」「已（い）」など似た字も多く、少々まぎらわしい面もある。

【参考】●克己（こっき）：自分のわがままや欲望に打ち勝つこと。●植村直己（うえむら・なおみ）：冒険家。●江成和己（えなり・かずき）：俳優えなりかずきの本名。

己	おのれ
克己	かつみ
己由	きよし
己亜	こあ
翔己	しょうき
卓己	たくみ
達己	たつみ
智己	ともき
己来	みらい
悠己	ゆうき、はるき
頼己	らいき
己津南	きづな
己治郎	こじろう
己太朗	こたろう
渡己央	ときお
真己斗	まこと

工（3画）

音訓　コウ、ク、たくみ、たく(む)
名のり　たくむ、ただ、のり、よし

【意味】たくみ。わざ。

【ポイント】細工や技工が優れていることを示す字。カタカナの「エ」に似ているので、その点も考慮して組み合わせる漢字を選びたい。

工	こう、たくみ
我工	がく
工成	こうせい
工海	たくみ
伊工真	いくま
工太郎	こうたろう
太工真	たくま

才 (3画)

音訓 サイ
名のり かた、たえ、とし、もち

【意味】知能。素質。

【ポイント】よく知っている字で意味もよいが、名づけでは多用されておらず、新鮮な印象。名のりはいずれも読みにくいので、音読みの「サイ」をいかすのがベター。

才阿	さいあ
才輝	さいき
才蔵	さいぞう
才都	さいと
才門	さいもん
勇才	ゆうさい
才史朗	さいしろう
才之介	さいのすけ

士 (3画)

音訓 シ、ジ
名のり あき、あきら、お、おさむ、つかさ、と、のり、ひと、まもる

【意味】学徳のある者。男。侍。

【ポイント】左右対称で安定感のある字で、どんな字とも相性がいい。また、剣士や武士などの凛とした雰囲気がある。止め字として用いることが多いが、1文字目、2文字目に使っても違和感はない。ほかに、「し」の読みの止め字では、「志」「史」なども人気がある。

【参考】●士君子（しくんし）…学問・教養・徳行の優れた人。●宇梶剛士（うかじ・たけし）…俳優。●ウエンツ瑛士（うえんつ・えいじ）…タレント。●敦士（あつし）…タレント。

英士	えいじ
開士	かいし
和士	かずし
慶士	けいし
剣士	けんし
賢士	けんじ
士堂	しどう
武士	たけし
士貴	ひとき
富士	ふじ
実士	みのり
優士	ゆうし
蓮士	れんじ
晃士朗	こうしろう
士之輔	しのすけ
飛呂士	ひろし
真彩士	まさし

三 (3画)

音訓 サン、み、みっ(つ)
名のり かず、さぶ、そ、ぞう、ただ、みつ

【意味】みっつ。3番目。

【ポイント】昔は「ぞう」のよみで三男の止め字の定番だったが、最近は兄弟数が少ないこともあり、序列に関係なく使われている。「サン」の読みをいかすと新鮮。

昊三	こうぞう
三玖	さんく
三寿	さんじゅ
三太	さんた
三礼	みらい
悠三	ゆうぞう
琳三	りんぞう
三喜旺	みきお

巳 (3画)

音訓 シ、ジ、み
名のり —

【意味】へび。十二支の6番目。

【ポイント】かつては巳年生まれの子どもによく使われていた字。近年は巳年にこだわることなく、おさまりのよい字形をいかした止め字として活用。

和巳	かずみ
巳恩	しおん
琢巳	たくみ
龍巳	たつみ
尚巳	なおみ
博巳	ひろみ
雅巳	まさみ
寿巳斗	すみと

丈 (3画)

音訓 ジョウ、たけ
名のり とも、ひろ、ます

【意味】たけ。十尺の長さ。

【ポイント】丈夫の「丈」や、『あしたのジョー』の矢吹丈のイメージから、強くたくましい印象。少画数だが、ほどよく曲線があり、ほかの字とのバランスもよい。

丈	じょう
丈侍	じょうじ
丈輝	たけき、ひろき
丈陽	たけはる
丈琉	たける
温丈	はるたけ
信之丈	しんのじょう

之 (3画)

音訓 シ、の、これ、ゆく
名のり いたる、ゆき

【意味】行く。おもむく。

【ポイント】「ゆき」の読みで止め字として使われるほか、「真之介（しんのすけ）」など、「の」の音をいかし、和風の名前でも活用されている。おもに「ゆき」や「の」の音だけが重視されがちだが、「夢を達成できるように」「目的地まで行く粘り強さを持つ」など、プラスイメージの意味づけもでき、名前向きの一字といえる。

【参考】●芥川龍之介（あくたがわ・りゅうのすけ）…作家。●吉行淳之介（よしゆき・じゅんのすけ）…作家。●森雪之丞（もり・ゆきのじょう）…作詞家。●山田孝之（やまだ・たかゆき）…俳優。

智之	ともゆき
晴之	はるゆき
秀之	ひでゆき
皓之	ひろゆき
道之	みちゆき
保之	やすゆき
之翔	ゆきと
之成	ゆきなり
之仁	ゆきひと
慶之	よしゆき
愛之介	あいのすけ
孝之助	こうのすけ
真之介	しんのすけ
辰之進	たつのしん
宙之介	ひろのすけ
幸之丞	ゆきのじょう
隆之介	りゅうのすけ

千 (3画)

音訓 セン、ち
名のり かず、ゆき

【意味】百の十倍。たくさん。

【ポイント】和のイメージのある字。縦線と横線の両方からできたバランスのよい字形のため、どのような字ともなじみやすい。

千成	かずなり、ゆきなり
千太	せんた
千里	せんり
泰千	たいち
千尋	ちひろ
千寛	ちひろ
千加良	ちから

3 大

音訓 ダイ、タイ、おお、おお(きい)、おお(いに)

名のり お、たかし、たけし、とも、なが、はじめ、はる、ひろ、ひろし、まさ、まさる、もと

【意味】おおきい。力強い。

【ポイント】おおらかで、たくましく男らしいイメージ。広がりのある字形で安定感もよく、比較的どんな字とも合い、「大河（たいが）」「大地（だいち）」「大輝（だいき、たいき）」などスケール感のある名前になる。また、「たか」「ひろ」「まさ」など、認知度の高い名のりも多く、バリエーションは豊富。しかし、それゆえに誤読される可能性も高いので、姓も複数読みできる場合はよく考えたい。また、意味も字形も似ている字に「太」があり、最近は「翔大」「奏大」と書いて、「しょうた」「そうた」と読ませる傾向も。とはいえ、この読み方は一般にはそれほど浸透していないため、やはり初見で読みにくい点は考慮しておこう。

【参考】●松坂大輔（まつざか・だいすけ）…野球選手。●田中将大（たなか・まさひろ）…野球選手。●三浦大知（みうら・だいち）…歌手。

大	だい、はる
温大	あつひろ
桜大	おうた
大雅	おおが
大空	おおぞら
聖大	きよひろ
慧大	けいだい
源大	げんた
宏大	こうだい
心大	ここひろ
秀大	しゅうた
翔大	しょうた
誠大	せいだい
奏大	そうだい
大空	そら
大亜	だいあ
大河	たいが
大雅	たいが、ひろまさ
大輝	だいき、たいき
大吉	だいきち
大吾	だいご
大志	だいし、まさし
大佑	だいすけ
大亮	だいすけ
大地	だいち
大智	だいち
大翔	だいと、ひろと
大雄	だいゆう
大洋	たいよう
大琉	だいりゅう
大輪	だいりん
貴大	たかひろ
智大	ちひろ
哲大	てつひろ
大翔	はると
真大	まさひろ
大彰	ひろあき
大希	ひろき
大夢	ひろむ
大和	やまと
大翔	やまと
悠大	ゆうた
優大	ゆうだい
龍大	りゅうだい
大次郎	だいじろう
大偉成	だいな

3 万

音訓 マン、バン

名のり かず、かつ、すすむ、たか、つむ、ま、よろず

【意味】数字の万。すべて。

【ポイント】大きな数字を示すことから、おおらかさや長い距離・時間をイメージ。男の子名ではスケール感のある「万里（ばんり）」が人気。

将万	しょうま
万丈	ばんじょう
万里	ばんり
万渡	まんと
万平	まんぺい
瀬伊万	せいま
万砂思	まさし
万磨人	まさと

3 与

音訓 ヨ、あた(える)

名のり くみ、ため、とも、のぶ、よし

【意味】あたえる。仲間。

【ポイント】「何かを与えられる人に」「仲間を大切に」など、ポジティブな意味づけができる。和風のイメージだが、「ヨ」の音をいかせば今風の名前もできそう。

与哉	ともや
真与	まよ
与一	よいち
与壱	よいち
与正	よしまさ
与人	よひと
与仁	よひと
希与人	きよと

3 也

音訓 ヤ、なり

名のり あり、これ、ただ、また

【意味】呼びかけ。感嘆などの助字。

【ポイント】すっきりとした字形のため、どのような字とも合わせやすく、「ヤ」「なり」の音の止め字として人気。ただ、この字が定番中の定番になってしまったために、最近は、「ヤ」に「哉」や「弥」、「なり」に「成」や「斉」など、他の字に分散する傾向も強い。

【参考】●中原中也（なかはら・ちゅうや）…詩人。●二宮和也（にのみや・かずなり）…タレント。●古田敦也（ふるた・あつや）…元プロ野球監督。●上川隆也（かみかわ・たかや）…俳優。

詠也	えいや
和也	かずや、かずなり
渓也	けいや
煌也	こうや
也成	これなり
潤也	じゅんや
真也	しんや、まさなり
星也	せいや
大也	だいや
竜也	たつや、たつなり
侑也	ゆうや
怜也	れいや
眞沙也	まさや
璃也斗	りやと

4 允

音訓 イン、ゆる(す)

名のり じょう、すけ、まこと、ちか、みつ

【意味】調和が取れている様子。穏やか。誠実。本当に。

【ポイント】意味はよいが、人名用漢字であまりなじみがなく、独特の字形なので、口頭で説明しにくいのが難点。

航允	こうすけ
孝允	たかみつ
真允	まこと
美允	みちか
允穂	みつほ
允琉	みつる
優允	ゆうすけ
允一郎	じょういちろう

円 4

音訓 エン、まる（い）
名のり つぶら、まど、まどか、みつ

【意味】まるい。おだやか。めぐる。

【ポイント】意味や響きはやわらかいが、直線で構成された字で、字面はかためだ。男の子向きの読みが少なく、あまり応用はきかない。

円都	えんと、みつと
円弥	えんや
円良	えんりょう
円和	まるお
円玖	まるく
円喜	みつき
円之介	えんのすけ

王 4

音訓 オウ、きみ
名のり お、き、たか、わ、わか

【意味】きみ。偉人。君主。盛ん。大きい。

【ポイント】仰々しい雰囲気もあるが、個性的でインパクトのある名前に。最近は「オ」と縮めて止め字に使う傾向も。

王河	おうが
王士	おうし
海王	かいおう
王央	きみお
陽王	はるお
竜王	りゅうおう
名王貴	なおき
真冴王	まさお

牙 4

音訓 ガ、ゲ、きば
名のり ―

【意味】食肉獣の犬歯。

【ポイント】鋭くたくましいイメージ。人気の「ガ」に当てて、男の子の止め字に使われている。しかし、一方で暴力的なイメージもあり、好みは分かれる。

有牙	ありが、あるが
牙玖	がく
牙南	がなん
牙門	がもん
空牙	くうが
勇牙	ゆうが
龍牙	りゅうが

介 4

音訓 カイ
名のり すけ、たすく、ゆき、よし

【意味】助ける。頼む。隔てる。

【ポイント】男の子の止め字の定番。「裕介（ゆうすけ）」のように、和風で落ち着いた雰囲気のある「すけ」の読みが一般的。「竜之助（りゅうのすけ）」など、「之」や「乃」を挟んだ、サムライ風な3字名での応用も多い。一方「カイ」の読みをいかした名前はめずらしく、個性的な名前になりそう。

【参考】●介然（かいぜん）…心などがしっかり独立したさま。●北島康介（きたじま・こうすけ）…水泳選手。五輪メダリスト。●氷室京介（ひむろ・きょうすけ）…ミュージシャン。●谷原章介（たにはら・しょうすけ）…俳優。

介慈	かいじ、ゆきじ
介晋	かいしん
介渡	かいと
介琉	かいる
健介	けんすけ
宏介	こうすけ
彰介	しょうすけ
星介	せいすけ
泰介	たいすけ
大介	だいすけ
悠介	ゆうすけ
裕介	ゆうすけ
介次朗	かいじろう
京之介	きょうのすけ
星之介	せいのすけ
竜之介	りゅうのすけ

月 4

音訓 ゲツ、ガツ、つき
名のり づき

【意味】つき。

【ポイント】月光を連想し、落ち着いたイメージ。男女ともに人気の字なので、性別を間違われないよう、組み合わせる字は男の子らしい字を選びたい。

惟月	いつき
一月	かづき
月斗	つきと、げっと
月成	つきなり
月彦	つきひこ
光月	みつき
雄月	ゆづき

元 4

音訓 ゲン、ガン、もと
名のり あさ、ちか、はじめ、はる、まさ、ゆき、よし

【意味】もと。はじめ。大きい。

【ポイント】元気の「元」で、健康的で明るいイメージ。物事の最初、はじめを意味することから、「リーダーシップのある人に」といった意味づけもできる。

元気	げんき、もとき
元太	げんた
紀元	のりもと
元史	もとし
元温	もとはる
元磨	もとまろ
優元	ゆうげん

互 4

音訓 ゴ、たが（い）
名のり ―

【意味】たがいに。

【ポイント】「ゴ」の音は男の子の定番の止め字のひとつだが、この字だと使用例が少ないので、新鮮。「みんなと協力する人に」などの意味づけもできる。

栄互	えいご
圭互	けいご
賢互	けんご
修互	しゅうご
颯互	そうご
礼互	らいご、れいご
燎互	りょうご

公 4

音訓 コウ、おおやけ
名のり あきら、きみ、く、ただ、まさ

【意味】おおやけ。

【ポイント】誠実かつ開かれたオープンなイメージ。「公平（こうへい）」「公正（こうせい、きみまさ）」など、熟語をそのまま名前にする例も。

公	こう
公紀	きみのり
公汰	こうた
公正	こうせい、きみまさ
公平	こうへい
公斗	まさと
李公	りく

4 収

音訓 シュウ、おさ(める)
名のり おさむ、かず、のぶ、もり

【意味】おさめる。集める。

【ポイント】物事を円満に収める有能なイメージ。オーソドックスな字なので、組み合わせる字はイマドキ感のあるものがよさそう。

- 収 おさむ、しゅう
- 収夢 おさむ
- 収瑛 しゅうえい
- 収侍 しゅうじ
- 収蔵 しゅうぞう
- 収斗 しゅうと
- 収悠 しゅうゆう

4 水

音訓 スイ、みず
名のり み、みな

【意味】みず。

【ポイント】涼しげで透明感のある字。男の子名は「みず」の読みが使いやすく、同音で定番の「瑞」とはまた違った印象。「み」や「スイ」の音で止め字に使用しても。

- 出水 いずみ
- 紫水 しすい
- 水明 すいめい
- 拓水 たくみ
- 水樹 みずき
- 水輝 みずき
- 水月 みづき
- 悠水 ゆうすい

4 天

音訓 テン、あめ、あま
名のり かみ、そら、たか、たかし

【意味】大空。太陽。神。真理。

【ポイント】のびやかな印象の字形で、意味もスケール感がある。「テン」や「そら」など複数読みができるので、読みが少ない字と組み合わせるのがベター。

- 天 てん、そら
- 清天 きよたか
- 天輝 そらき
- 天聖 てんせい、たかまさ
- 天馬 てんま
- 天佑 てんゆう

4 心

音訓 シン、こころ
名のり きよ、ご、ここ、さね、なか、み、むね、もと

【意味】精神。思い。中央。

【ポイント】木村拓哉・工藤静香夫妻が長女に「心美（ここみ）」と名づけて以降、急激に人気がアップした字。「人の気持がわかる子に」「心の温かい子に」など、その意味づけのしやすさから、近年は男の子名でも人気が高い。男の子では「シン」の音をいかした名前が多く、「心之介（しんのすけ）」「賢心（けんしん）」など、先頭字にも止め字にも使われている。また最近は「心尋（みひろ）」など、「み」の名のりも浸透してきている。

【参考】●草野心平（くさの・しんぺい）…詩人。

- 心 しん
- 英心 えいしん
- 紀心 きしん
- 心晴 きよはる
- 賢心 けんしん
- 心玄 しんげん
- 心輔 しんすけ
- 心平 しんぺい
- 心弥 しんや
- 心弦 みつる
- 心尋 みひろ
- 心武 もとむ
- 一ノ心 いちのしん
- 心太朗 しんたろう
- 心之介 しんのすけ
- 達乃心 たつのしん
- 心貴斗 みきと

4 仁

音訓 ジン、ニン、ニ
名のり きみ、さと、ただし、と、のぶ、のり、ひさし、ひと、ひとし、み、めぐみ、めぐむ、やすし、よし

【意味】いつくしむ。情け。

【ポイント】字の持つ意味と高貴な雰囲気から、昔からよく使われてきた字。皇族の名前にも多数使われていることもあり、日本的で落ち着いた印象も。読みは数多く、応用がしやすい。以前は「ひと」「ひとし」の音が主流だったが、最近は、音読みの「ジン」をいかした名前や、「二」「次」の代わりに、「ジ」と読ませる傾向も。また、「久仁斗（くにと）」「仁慈央（にじお）」など、音読みの「二」をいかすと、個性的な名前になる。

【参考】●仁義（じんぎ）…慈しみの心、人が守るべき道徳。●仁愛（じんあい）…人をあわれみ、慈しむこと。●辻仁成（つじ・ひとなり）…作家。●岩瀬仁紀（いわせ・ひとき）…野球選手。●遠藤保仁（えんどう・やすひと）…サッカー選手。●北川悠仁（きたがわ・ゆうじん）…ミュージシャン。

- 仁 じん、ひとし
- 庵仁 あんじん
- 英仁 えいと
- 快仁 かいと
- 和仁 かずひと
- 仁晴 きみはる
- 清仁 きよひと
- 晃仁 こうじん
- 仁琉 さとる
- 仁朗 じろう
- 仁成 じんせい、ひとなり
- 仁太 じんた
- 仁哉 じんや
- 仁路 じんろ
- 聖仁 せいじん

- 貴仁 たかひと
- 友仁 ともひと
- 長仁 ながひと
- 成仁 なりひと
- 成仁 なるひと
- 仁伶 にれ
- 信仁 のぶひと
- 陽仁 はるひと
- 久仁 ひさひと
- 英仁 ひでひと
- 仁成 ひとなり
- 仁夢 ひとむ
- 仁也 ひとや
- 仁和 ひとわ
- 陽仁 ひなと
- 風仁 ふうじん
- 楓仁 ふうと

- 昌仁 まさひと
- 宗仁 むねひと
- 保仁 やすひと
- 結仁 ゆうじん
- 優仁 ゆうじん
- 有仁 ゆうと、あると
- 幸仁 ゆきと
- 嘉仁 よしひと
- 与仁 よひと
- 吏仁 りひと
- 琉仁 りゅうじん
- 龍仁 りゅうじん
- 亜喜仁 あきと
- 久仁斗 くにと
- 光仁郎 こうじろう
- 仁汰郎 じんたろう
- 仁慈央 にじお

太 4

音訓 タイ、タ、ふと(い)
名のり うず、おお、たか、と、ひろ、ふと、ふとし、ます、み、もと

【意味】ふとい。大きい。はじめ。ゆったりと落ち着いているさま。

【ポイント】この字があると、わんぱくで男の子らしいイメージに。広がりのある字形はどんな字にもなじみ、「タ」の響きも元気な印象を与える。男の子の名前ではもっとも人気のある字。止め字で使われことが多いが、「太一（たいち）」「太陽（たいよう）」など1字目に使用することもできる。ただし、最近は「太」があまりにも使われすぎているため、似た字形の「汰」、あるいは「多」に分散する傾向も。

【参考】●太真（たいしん）…宇宙を構成する陰陽の二気。また楊貴妃のこと。●太平（たいへい）…世の中が平和なこと。泰平。●葉加瀬太郎（はかせ・たろう）…ヴァイオリニスト。●国分太一（こくぶん・たいち）…タレント。●杉浦太陽（すぎうら・たいよう）…タレント。●藤ヶ谷太輔（ふじがや・たいすけ）…タレント。

太 ふとし
太志 ふとし
永太 えいた
櫂太 かいた
圭太 けいた
康太 こうた
成太 せいた
壮太 そうた
太雅 たいが
太一 たいち
太壱 たいち
太洋 たいよう
太陽 たいよう
太助 たすけ
太郎 たろう
月太 つきた
哲太 てった

徹太 てった
天太 てんた
尚太 なおた
迅太 はやた
温太 はるた
悠太 はるた
遥太 はるた
楓太 ふうた
文太 ぶんた
幹太 みきた
結太 ゆいた
侑太 ゆうた
耀太 ようた
礼太 らいた
嵐太 らんた
龍太 りゅうた
涼太 りょうた

錬太 れんた
一郎太 いちろうた
虎太郎 こたろう
奏太朗 そうたろう
太一郎 たいちろう
哲太郎 てつたろう
直太郎 なおたろう
日南太 ひなた
陽那太 ひなた
富太朗 ふうたろう
康太朗 やすたろう
弥太郎 やたろう
結太朗 ゆうたろう
琉太朗 りゅうたろう
凌太朗 りょうたろう
倫太郎 りんたろう
廉太郎 れんたろう

斗 4

音訓 ト
名のり け、はかる、はるか、ほし、ます

【意味】ます。容量の単位。斗星。

【ポイント】北斗七星を連想させ、神秘的なイメージ。字形的にも、ほかにはあまりない形で、独特の雰囲気がある。以前は「ト」の音の止め字といえば「人」だったが、現在では「斗」がリード。また最近は「斗真（とうま）」など、「ト」を伸ばして先頭字に使ったり、「亜斗夢（あとむ）」のように中間字に使うケースも。少画数でバランスのいい字形なので3字名でも使いやすい。

【参考】●北斗七星（ほくとしちせい）…おおぐま座にある、ひしゃくの形をした7つの星。●生田斗真（いくた・とうま）…俳優。

碧斗 あおと
海斗 かいと
楽斗 がくと
剣斗 けんと
豪斗 ごうと
柊斗 しゅうと
純斗 すみと
卓斗 たくと
斗真 とうま
斗磨 とうま
斗夢 とむ
駿斗 はやと
惟斗 ゆいと
頼斗 らいと
亜斗夢 あとむ
斗希彦 ときひこ
羽琉斗 はると

日 4

音訓 ニチ、じつ、ひ、か
名のり あき、はる、ひる

【意味】ひ。太陽。日光。

【ポイント】太陽のイメージで、明るく前向きなイメージ。一日一日をしっかり生きるといった、地に足のついたイメージも。同音で同じような意味の「陽」も人気。

朝日 あさひ
悠日 はるひ
日向 ひなた、ひゅうが
日南人 ひなと
日々輝 ひびき
日呂志 ひろし
璃日斗 りひと

巴 4

音訓 ハ、へ、ともえ
名のり とも

【意味】へび。はらばいになる。渦巻き状の模様。

【ポイント】平安末期の女武将「巴御前（ともえごぜん）」が有名。「ハ」の音を活かして万葉仮名風の名づけにも重宝。

蒼巴 あおば
成巴 せいは
巴樹 ともき
巴晴 ともはる
巴哉 ともや
悠巴 ゆうは
巴矢斗 はやと
巴琉真 はるま

比 4

音訓 ヒ、くら(べる)
名のり たすく、とも、び、ひさ

【意味】くらべる。親しむ。

【ポイント】「ヒ」を当てて万葉仮名風の名づけに使えるが、ふたりが並ぶさまをあらわした字形から、「よい人と巡り合うように」などの願いを込めることもできる。

比蕗 ひろ
悠比 ゆうひ
阿沙比 あさひ
比以呂 ひいろ
比等志 ひとし
比南汰 ひなた
比呂斗 ひろと
真比古 まさひこ

友（4画）

音訓　ユウ、とも
名のり　すけ、ゆ

【意味】とも。味方。仲よし。

【ポイント】「優」「裕」「勇」など、「ユウ」の響きは人気があり、「友情」を意味するこの字も、その意味のよさもあって根強い支持がある。少画数ですっきりとしていながら、のびやかさのある字形で、どんな字とも相性がいい。

【参考】●朋友（ほうゆう）…友達。友人。●友愛（ゆうあい）…兄弟間の情愛。友人に対する親しみの情。●伊勢谷友介（いせや・ゆうすけ）…俳優。●小柳友（こやなぎ・ゆう）…俳優。●駒野友一（こまの・ゆういち）…サッカー選手。

友	ゆう
惇友	あつとも
賢友	けんすけ
友樹	ともき
友典	とものり
友寛	ともひろ
友弥	ともや
恭友	やすとも
友市	ゆういち
友基	ゆうき
友祐	ゆうすけ
友晟	ゆうせい
友多	ゆうた
友哉	ゆうや
友之介	とものすけ
友多朗	ゆうたろう
友貴斗	ゆきと

文（4画）

音訓　ブン、モン、ふみ
名のり　あき、あき、あや、のぶ、のり、ひとし、ふ、み、ゆき、よし

【意味】ふみ。文字。あや。

【ポイント】「ふみ」の読みが一般的だが、男の子の場合は、「ブン」「モン」の音を活かすと、個性的でありながら、どことなく重厚感のある名前に。

文都	あやと
嘉文	かもん
文成	ふみなり
文哉	ふみや
文吾	ぶんご
文汰	もんた、ぶんた
文史朗	ぶんしろう

以（5画）

音訓　イ
名のり　これ、さね、とも、もち、ゆき、より

【意味】もちいる。

【ポイント】ひらがなの「い」の原型。意味的にはとくに強い印象を持たないので、「イ」の響きを重視したいときに重宝。

以織	いおり
以吹	いぶき
登以	とうい
悠以	ゆうい
瑠以	るい
以久真	いくま
我以亜	がいあ
礼以斗	れいと

右（5画）

音訓　ウ、ユウ、みぎ
名のり　あき、すけ、たか、たすく

【意味】みぎ。

【ポイント】「社長の右腕」といった言葉もあるように、「助ける」という意味もある。読みは、音読みの「ユウ」や、名のりの「すけ」が使いやすい。

右	たすく
右京	うきょう
皇右	こうう、こうゆう
右駆	たすく
右紀	ゆうき
右真	ゆうま
右和	ゆうわ

永（5画）

音訓　エイ、なが(い)
名のり　え、はるか、ひさ、ひさし

【意味】(川が)長い。とこしえ。

【ポイント】以前は「なが」の読みが多かったが、近年は、音読みの「エイ」の人気が高い。スケール感があり、また悠々としたおおらかなイメージもある。

永剛	えいごう
永輔	えいすけ
永斗	えいと
光永	こうえい
秀永	しゅうえい
輝永	てるひさ
永遠	とわ
永意士	えいじ

央（5画）

音訓　オウ
名のり　あきら、お、なか、ひさ、ひさし、ひろ、ひろし

【意味】まんなか。なかば。つきる。

【ポイント】「まんなか」という意味から、「人気者に」「リーダーシップのある人に」などの願いを込めることができる字。従来は、「お」に当てる男の子の止め字としての印象が強かったが、今は「真央（まお）」「莉央（りお）」など、むしろ女の子名の止め字として多用されているので、組み合わせる字は、男の子らしい字を選択したい。「央輔（おうすけ）」「那央斗（なおと）」など、先頭字や中間字に使うケースも増えている。

【参考】●藤原基央（ふじわら・もとお）…ミュージシャン。

央	あきら
生央	いくお
央輔	おうすけ
央星	おうせい
央聖	おうせい
央汰	おうた
央磨	おうま
時央	ときお
尚央	ひさお
央樹	ひろき
森央	もりお
陸央	りくお
礼央	れお
斗基央	ときお
那央斗	なおと
未知央	みちお
怜央真	れおま

可（5画）

音訓　カ
名のり　あり、とき、よく、よし、より

【意味】よい。認める。許す。

【ポイント】「可能性や懐の大きさを持った人に」などの願いを込めて。姓名に「田」「司」など似た系統の字が多いと、名前全体が角ばった印象になるので注意。

可維	かい
琉可	るか
可伊蔵	かいぞう
可惟人	かいと
可那多	かなた
可夢伊	かむい
多可志	たかし
多可良	たから

加 (5)

音訓 カ、くわ(える)
名のり ます、また

【意味】くわえる。増える。

【ポイント】意味に関係なく、「カ」の音の字として使用する傾向が強いが、「増えていく」という名前向きの意味も持つ。画数が少ないので、3字名にも使いやすい。

加介 かすけ
加門 かもん
琉加 るか
加寿哉 かずや
加夢伊 かむい
多加良 たから
知加良 ちから
優多加 ゆたか

禾 (5)

音訓 カ、ワ、いね、のぎ
名のり とし、のぶ、ひで

【意味】あわ。いね。

【ポイント】イネ科の穀物の総称を意味し、「豊作」のイメージから「多くの人や物に恵まれるように」といった願いが込められる。

禾壱 かいち
禾助 かすけ
由多禾 ゆたか
琉禾 るか
禾伊都 かいと
禾武偉 かむい
太禾志 たかし
多禾斗 たかと

巨 (5)

音訓 キョ
名のり お、おお、なお、み

【意味】大きい。すぐれた。多い。

【ポイント】特別に大きいことを示すインパクトのある字。男の子向けで、人間的な大きさも込めて名づけたい。しかし、読みが使いにくいのが難点。

巨輝 おおき
巨紀 なおき
巨士 おおし
巨世 おおせ
玲巨 れお
伊沙巨 いさみ
巨太郎 なおたろう
那巨人 なおと

叶 (5)

音訓 キョウ、かな(う)
名のり か、かない、かのう、かなえ、やす

【意味】かなう。思い通りになる。

【ポイント】希望が感じられる字で、人気上昇中の字。「キョウ」「かな」の読みは使いやすく、名前のバリエーションはつくりやすい。

叶多 かなた
叶太 かなた
叶斗 かなと
叶夢 かなむ
叶芽 かなめ
叶志 きょうし
叶介 きょうすけ
叶志郎 きょうしろう

玄 (5)

音訓 ゲン
名のり くろ、しずか、はじめ、はる

【意味】くろい。黒。静か。天。道理。

【ポイント】独特な雰囲気を感じさせる字形が特徴。濁音を含む「ゲン」という音の印象もあり、個性的かつ重厚なイメージの名前になる。

玄 げん
玄海 げんかい
玄紀 げんき
玄汰 げんた
玄徳 げんとく
玄武 げんぶ
夢玄 むげん
龍玄 りゅうげん

功 (5)

音訓 コウ、ク
名のり いさ、いさお、つとむ、のり

【意味】てがら。ききめ。わざ。仕事。

【ポイント】工夫の「工」と、「力」を合わせた字で、努力して得た結果をイメージさせる。「コウ」の響きは今風で使いやすい。

功雄 いさお
功夢 いさむ
夏功 かいさ
功稀 こうき
功太 こうた
功平 こうへい
伶功 れいく
功太郎 こうたろう

弘 (5)

音訓 コウ、グ、ひろ(い)
名のり ひろし、ひろむ

【意味】ひろい。大きい。ゆとりがある。

【ポイント】「コウ」「ひろ」の読みで、先頭字にも止め字にも使われている。同音で似た意味合いの字に「広」「宏」などがある。

弘 こう、ひろし
弘叡 こうえい
智弘 ちひろ
弘希 ひろき、こうき
弘翔 ひろと
弘夢 ひろむ

巧 (5)

音訓 コウ、たくみ
名のり たえ、よし

【意味】技術が優れている。

【ポイント】すっきりとしていながらも、独特の個性的な字形を持つ字。意味も字形も男の子向きで、定番は1字名の「巧(たくみ)」。また、「海」「也」などを足して、それぞれ「巧海(たくみ)」「巧也(たくや)」とするケースも。ほかに「たくみ」あるいは「たく」と読む字としては、「匠」「卓」「拓」「琢」などがある。なお、音読みの「コウ」も名づけに使いやすい。

【参考】●巧妙(こうみょう)…上手で見事なこと。●栗山巧(くりやま・たくみ)…プロ野球選手。

巧 たくみ、こう
巧樹 こうき
巧基 こうき
巧児 こうじ
巧輔 こうすけ
巧成 こうせい
巧太 こうた
光巧 こうたく
巧麻 こうま
巧斗 たくと
巧海 たくみ
巧実 たくみ
巧夢 たくむ
巧也 たくや
巧士郎 こうしろう
巧太郎 こうたろう

5 広

音訓 コウ、ひろ(い)、ひろ(がる)
名のり ひろし

【意味】ひろい。大きい。

【ポイント】意味も読みもわかりやすく、安定した人気。すっきりとしたのびやかさがある字形は、広々とした風景や大らかさなどを感じさせるだけでなく、さまざまな字ともなじみやすい。旧字体の「廣」も名づけで使える。「広い」「大きい」という意味を持つ字としては、ほかに「宏」「弘」「浩」「博」「寛」「大」などがある。

【参考】●広壮（こうそう）…広く大きく立派なこと。●広野（こうや）…広々とした野原。●室伏広治（むろふし・こうじ）…陸上選手。●中居正広（なかい・まさひろ）…タレント。

広　こう、ひろし
広太　こうた
広大　こうだい
広矢　こうや
心広　ここひろ
朋広　ともひろ
広樹　ひろき
広翔　ひろと
広海　ひろみ
広武　ひろむ
広夢　ひろむ
広弥　ひろや
真広　まひろ、まさひろ
広太郎　こうたろう
広之進　ひろのしん

5 左

音訓 サ、ひだり
名のり すけ

【意味】ひだり。助ける。

【ポイント】「右」より下位の意味を持つこともあるが、昔の日本の官職では、左のほうが上に置かれていた。「左京（さきょう）」など、和風のイメージにも。

圭左　そうすけ
左吉　さきち
左京　さきょう
佐助　さすけ
左門　さもん
左玖馬　さくま
左登志　さとし
武左士　むさし

5 司

音訓 シ
名のり おさむ、かず、じ、つかさ、つとむ

【意味】つかさどる。つとめ。

【ポイント】責任感があり、しっかりした印象を与える字。以前は1字で「司（つかさ）」が多かったが、近年は「シ」または「じ」の音を活かした名づけが多い。

司　つかさ、おさむ
敦司　あつし
景司　けいし
司音　しおん
祥司　しょうじ
勇司　ゆうじ
比呂司　ひろし

5 史

音訓 シ
名のり じ、ちか、ちかし、ひと、ふみ、み

【意味】暦をつくる。歴史。記録。

【ポイント】字形もやわらかくてすっきりしており、比較的どのような字とも合わせやすい。「シ」「じ」「ふみ」の読みで、先頭字、中間字、止め字と多彩に使える。

温史　あつし
和史　かずし、かずふみ
史朗　しろう
尚史　なおふみ
史紀　ふみき、ふみのり
瑛史郎　えいしろう

5 市

音訓 シ、いち
名のり ち、なが、まち

【意味】市場。まち。

【ポイント】「いち」の読みといえば「一」が定番なので、あえてこの字を使って個性を出すのもひとつの方法。左右対称でバランスもよく、安定感のある字。

市郎　いちろう
市瑳　いっさ
市太　いった
佳市　かいち
晃市　こういち
太市　たいち
龍市　りういち
市乃輔　いちのすけ

5 示

音訓 ジ、シ、しめ(す)
名のり しめ、とき、み

【意味】しめす。教え。

【ポイント】名づけではあまり使われていないので、新鮮な印象。「ジ」の音の止め字として使える。もともとは、神霊が降下する祭壇をあらわした字。

庵示　あんじ
賢示　さんじ
示温　じおん
大示　ひろし
雄示　ゆうじ
夢示　ゆめじ
要示　ようじ
幸示朗　こうしろう

5 矢

音訓 シ、や
名のり ただ、ただし、なお

【意味】や。真っすぐ。誓う。

【ポイント】直進する弓矢のイメージそのまま、真っすぐさや意思の強さを込められる。「ヤ」の音は、先頭字、中間字、止め字といろいろ使える。

柊矢　しゅうや
峻矢　しゅんや
翔矢　しょうや
星矢　せいや
爽矢　そうや
大矢　だいや
真冴矢　まさや
矢磨斗　やまと

5 主

音訓 シュ、ス、おも、ぬし
名のり かず、もり、ゆき

【意味】主人。一家の長。主要な。

【ポイント】「人の上に立つように」との思いを込められる字。音読みの「シュ」「ス」は洋風の名前で活用できそう。名のりでは、「かず」が比較的読みやすい。

英主　えいす
主喜　かずき
主都　かずと
主浩　かずひろ
主馬　かずま
豪主　ごうしゅ
主門　しゅもん
大主　だいす

5 出

音訓 シュツ、スイ、で(る)、だ(す)
名のり いず、いずる

【意味】でる。起こす。行く。

【ポイント】行動力や開拓心をイメージできる字。1字名の「出（いずる）」のほか、地名の「出雲（いずも）」をそのまま名前にするのも情緒があっていい。

出	いずる
出歩	いずほ
出帆	いずほ
出海	いずみ
出雲	いずも
出琉	いずる
日出央	ひでお
日出登	ひでと

5 生

音訓 セイ、ショウ、ソウ、い(きる)、い(かす)、う(む)、お(う)、は(える)、き、なま
名のり いき、いく、おき、すすむ、たか、なり、なる、のり、ふ、ぶ、み

【意味】うまれる。生きる。命。

【ポイント】イキイキとした生命力が感じられる字。止め字に使われることが多いが、なじみのある読みだけでも「セイ」「ショウ」「き」「い」「お」など、いくつもあるため、読み間違いが起こりやすい。また、男女ともに使われている人気の字なので、組み合わせる字によっては、性別がわかりにくいことも難点。

【参考】●生粋（きっすい）…混じり気がなく純粋であること。●三宅一生（みやけ・いっせい）…デザイナー。●井上康生（いのうえ・こうせい）…柔道家。五輪メダリスト。●奥田民生（おくだ・たみお）…ミュージシャン。●高知東生（たかち・のぼる）…俳優。●高橋一生（たかはし・いっせい）…俳優。●岡田将生（おかだ・まさき）…俳優。●柄本時生（えもと・ときお）…俳優。

藍生	あいき
葵生	あおい
生斗	いくと
生馬	いくま
一生	いっせい
瑛生	えいせい
州生	くにお
絃生	げんき
洸生	こうせい
颯生	さつき
生汰	しょうた
生慈	せいじ
創生	そうき
嵩生	たかお
武生	たけなり
継生	つぐなり
徹生	てつお
登生	とおい
季生	ときお
時生	ときお
富生	とみお
尚生	なおき
展生	のぶお
陽生	はるき、ようせい
響生	ひびき
萌生	ほうせい
真生	まお
雅生	まさき
瑞生	みずき
光生	みつお
充生	みつき
康生	やすお、こうせい
悠生	ゆうき、ゆうせい
璃生	りお、りき
龍生	りゅうせい
諒生	りょうせい
琉生	るい
伶生	れお
路生	ろい
久礼生	くれお
十志生	としお
那津生	なつき
万樹生	まきお
麻里生	まりお
未来生	みきお
優生翔	ゆきと
理生斗	りおと

5 正

音訓 セイ、ショウ、ただ(しい)
名のり あきら、かみ、ただし、まさ、まさし、よし

【意味】ただしい。

【ポイント】以前は「まさ」「ショウ」の読みが多かったが、最近は、「悠正（ゆうせい）」など、「セイ」の音を活かした名前が多い。「正しい道を歩んでほしい」と願って。

晃正	こうせい
煌正	こうせい
正義	ただよし
正輝	まさき
正純	まさずみ
正豪	まさたけ
正宗	まさむね
琉正	りゅうせい

5 世

音訓 セイ、セ、よ
名のり つぎ、つぐ、とき、とし

【意味】一代。時代。世の中。

【ポイント】男の子向きの意味を持つが、女の子の止め字の印象が強い字。性別を間違われないよう、男の子らしい字と組み合わせたい。

壱世	いっせい
海世	かいせい
皇世	こうせい
世哉	せいや
世那	せな
悠世	ゆうせい、ゆうせ
世絆	よはん

5 仙

音訓 セン
名のり たかし、のり、ひさ、ひと

【意味】俗世間を離れ、山で修行する人。

【ポイント】人と山を組み合わせた字で、「仙人」の「仙」。「セン」以外の読みはあまりなじみがないので、名前のバリエーションは限られる。

幸仙	こうせん
仙一	せんいち
仙斗	せんと
仙哩	せんり
仙龍	せんりゅう、せんたつ
優仙	ゆうせん
仙太郎	せんたろう

5 旦

音訓 タン、ダン
名のり あき、あきら、あさ、ただし

【意味】日の出。あした。

【ポイント】「元旦」の言葉もあるように、日の出を意味し、縁起のよい字。1字名の「旦（あきら）」のほか、個性的な名前なら、「タン」の読みを活用してみたい。

旦	あきら、だん
旦輝	あさき
旦陽	あさひ
旦駈	あすく
旦斗	あすと
旦吾	たんご
旦次	たんじ

5 冬

音訓 トウ、ふゆ
名のり かず、と、とし

【意味】ふゆ。

【ポイント】昔から冬生まれの子に多く使われている字。「トウ」の響きは今風の名前に合う。また、「トウ」を縮めて「ト」と読ませる傾向も。

銀冬	ぎんと
冬維	とうい
冬吾	とうご
冬真	とうま
冬馬	とうま
冬樹	ふゆき
冬史郎	とうしろう
冬至也	としや

5 平

音訓 ヘイ、ビョウ、たい(ら)、ひら
名のり たいら、ひとし

【意味】たいら。等しい。

【ポイント】男の子の止め字の定番のひとつ。やや定番すぎる印象があるため、新鮮さや華やかさはない。しかし、平和で温和な印象を与える字として、今も根強く好まれている。左右対称の字形なので、どんな字ともなじみやすく、応用もききやすい。「平」が定番の字なので、組み合わせる字は少し個性的なものを選ぶのもよさそう。

【参考】●在原業平（ありわらの・なりひら）…平安の歌人。●有田哲平（ありた・てっぺい）…タレント。●溝端淳平（みぞばた・じゅんぺい）…俳優。●小池徹平（こいけ・てっぺい）…タレント。

平	たいら
康平	こうへい
洸平	こうへい
瞬平	しゅんぺい
惇平	じゅんぺい
憧平	しょうへい
翔平	しょうへい
渉平	しょうへい
蒼平	そうへい
颯平	そうへい
徹平	てっぺい
平助	へいすけ
平祐	へいすけ
平成	へいせい、ひらなり
平馬	へいま
遼平	りょうへい

5 北

音訓 ホク、きた
名のり た

【意味】きた。

【ポイント】2人が背を向け合う様子をあらわした字なので、本来は名前向きではないが、「ホク」の響きと字形のよさが魅力で、印象的な名前になる。

北海	きたみ
北琉	きたる
北星	ほくせい
北斗	ほくと
北翔	ほくと

5 未

音訓 ミ
名のり いま、ひで

【意味】いまだ。十二支の8番目。ヒツジ。

【ポイント】「美」「実」に続く「ミ」の音の字として定着。「未来」を連想させる反面、否定の助詞でもあるため、好みは分かれる。

拓未	たくみ
未明	みめい
未来	みらい
嘉寿未	かずみ
珠未都	すみと
未久翔	みくと
未知彦	みちひこ
未来彦	みきひこ

5 由

音訓 ユ、ユウ、ユイ、よし
名のり ただ、ゆき、より

【意味】わけ。よる。従う。

【ポイント】「ユ」または「よし」の読みが一般的。左右対称の安定感のある字形で、どんな字ともなじみやすいが、よく似た「田」の入った姓だと単調な印象に。

堯由	たかよし
由月	ゆづき
由羅	ゆら
由成	よしなり
由暢	よしのぶ
由康	よしやす
達由	たつよし
由良翔	ゆらと

5 立

音訓 リツ、リュウ、た(つ)
名のり たち、たつ、たて

【意味】たてる。出発する。起きる。

【ポイント】しっかりと地盤をかためる安定したイメージ。少画数でシンプルな字形ながら、バランスがよく凛とした印象を与える。

史立	しりゅう
立希	たつき、りつき
立紀	たてき
立流	りつる、たてる
立真	りゅうま、たつま

5 令

音訓 レイ、リョウ
名のり おさ、なり、のり、はる、よし、れ

【意味】言いつける。立派な。すばらしい。きまり。

【ポイント】元号「令和」の「令」。元号の元になった『万葉集』の「令月」とは、気候がよく縁起のいい月のこと。2月の異名でもある。

令	れい、りょう
令之	のりゆき
雅令	まさのり
令士	れいじ
令太	れいた
令央	れお
令恩	れおん

5 礼

音訓 レイ、ライ
名のり あき、あきら、あや、なり、のり、ひろ、ひろし、よし、れ

【意味】人の道。礼儀作法。

【ポイント】礼儀を重んじるまじめさと、気品を感じさせ、落ち着いた印象の字。「レイ」「レ」「ライ」の音をいかすと、洋風の響きを持つ名前になる。

深礼	みらい
礼阿	らいあ
礼雅	らいが
礼翔	らいと、れいと
礼武	らいむ
礼門	れいもん
礼雄	れお

安 6画

音訓 アン、やす(い)
名のり あ、さだ、やすし

【意味】やすらか。安全。

【ポイント】「値段が安い」という意味もあるが、「安らか」「安心」が本来の意味なので、名前にふさわしいといえる。最近は「やす」よりも、「アン」の響きが人気。

安煌 あきら
安路 あんじ
伊安 いあん
安渡 やすと
安仁 やすひと、あんじん
璃安 りあん
安斗武 あとむ

宇 6画

音訓 ウ
名のり うま、そら、たか、ね、のき

【意味】家。軒。天。大きさ。

【ポイント】宇宙を連想させるスケール感のある字。名づけでは「由宇貴（ゆうき）」のように、「ウ」の音をいかすケースが多いが、「たか」「そら」などの名のりも使われている。

【参考】●芝草宇宙（しばくさ・ひろし）…野球コーチ。●大浦龍宇一（おおうら・りゅういち）…俳優。

宇京 うきょう
宇太 うた
宇堂 うどう
翔宇 しょう
宇宙 そら、たかひろ
宇雄 たかお
宇翔 たかと、うしょう
宇陽 たかひ
宇大 たかひろ
悠宇 ゆう、はるたか
爽宇助 そうすけ
由宇貴 ゆうき
結宇太 ゆうた
世宇汰 ようた

伊 6画

音訓 イ、これ
名のり おさむ、ただ、よし

【意味】かれ。これ。

【ポイント】「イ」の音を持つ字が少ないなかで、男の子にも違和感なく使える貴重な字。ただし、「伊藤」など姓に多く使われているので、ややまぎらわしい面も。

伊槻 いつき
伊吹 いぶき
琉伊 るい
玲伊 れい
伊智郎 いちろう
夏伊児 かいじ
優伊斗 ゆいと

羽 6画

音訓 う、は、はね
名のり ば、わ、わね

【意味】はね。やばね。

【ポイント】羽毛ぶとんのようなふかふかしたやわらかいイメージもあり、どちらかといえば女の子の名前として人気だが、大空に羽ばたくイメージもあり、男の子名にもおすすめ。「夢に向かって羽ばたいてほしい」「鳥のように自由に柔軟な発想のできる子になってほしい」、といった思いが込められる。「宇」よりも女の子っぽいイメージがあるので、性別を間違われないよう、組み合わせる字は男の子っぽい字がベター。

【参考】●大橋乙羽（おおはし・おとわ）…明治時代の小説家。

蒼羽 あおば
羽太 うた
史羽 しば
晴羽 せいは
羽翼 つばさ
斗羽 とわ
十羽 とわ
羽久 はく
羽琉 はる
羽瑠 はる
悠羽 ゆう
雄羽 ゆう
勇羽 ゆうは
裕羽 ゆうわ
羽矢飛 はやと
羽留真 はるま
優羽斗 ゆうと

伎 6画

音訓 キ、ギ
名のり たくみ

【意味】わざ。たくみ。芸人。役者。

【ポイント】歌舞伎のイメージが強い字だが、名づけではそれほど使用されていないので、新鮮な印象を与える。

伎 たくみ
伎音 きおと
伎羅 きら
光伎 こうき
正伎 まさき
勇伎 ゆうき
琉伎 るき
真伎人 まきと

気 6画

音訓 キ、ケ
名のり おき

【意味】いき。活力。気持ち。

【ポイント】「元気」「勇気」などをそのまま名前にすることも多い。「キ」の音の止め字では、「希」「樹」「輝」が人気なので、この字を使うと、また違った印象に。

英気 えいき
元気 げんき
幸気 こうき
才気 さいき
健気 たけき
勇気 ゆうき
優気 ゆうき
由気登 ゆきと

吉 6画

音訓 キチ、キツ
名のり さち、とみ、はじめ、よ、よし

【意味】よい。めでたい。

【ポイント】古風だが、幸運を象徴する縁起のよい字は、やはり名前向き。左右対称で見た目のバランスもよく、今使うと逆に新鮮かも。

吉人 きっと
吉平 きっぺい
創吉 そうきち
悠吉 ゆうきち、ゆきち
吉晴 よしはる
吉之介 きちのすけ、よしのすけ

6 匡

音訓 キョウ、ただ(す)、すく(う)
名のり まさ、まさし

【意味】形を修正する。

【ポイント】イマドキ感はないが、誠実な印象の字。縦横の直線で構成され、かたい印象があるので、曲線や斜線のある、やわらかな印象の字と合わせたい。

- **和匡** かずまさ
- **匡平** きょうへい
- **匡史** ただし、まさし
- **匡** まさし
- **匡斗** まさと
- **匡大** まさひろ
- **匡夢音** まさむね

6 共

音訓 キョウ、とも
名のり たか

【意味】ともに。

【ポイント】意味は悪くないが、好みは分かれる。共産主義のイメージもあり、「キョウ」「とも」は、どちらも応用がきき、名前のバリエーションもつくりやすい。

- **共慈** きょうじ
- **共佑** きょうすけ
- **共聖** きょうせい
- **康共** やすとも
- **来共** らいく
- **理共** りく
- **共太朗** きょうたろう
- **共陽斗** ともひと

6 旭

音訓 キョク、コク、あさひ
名のり あき、あきら、あさ、てる

【意味】あさひ。

【ポイント】「日」「陽」などとともに太陽を連想させる字で、とくに朝日を意味する。「九」のはねからは、はつらつとした印象も受け、向上心や可能性を感じさせる字。

- **旭** あさひ、あきら
- **旭貴** あさき、てるき
- **旭斗** あさと
- **旭陽** あさひ
- **千旭** ちあき
- **秀旭** ひであき

6 圭

音訓 ケイ、ケ、たま
名のり きよ、きよし、ます、よし

【意味】中国で天子が諸侯を封じた玉器。いさぎよい。

【ポイント】男女ともに安定した人気のある字。縦横の直線で構成された字なので、曲線や斜線のある字と合わせるとバランスがよい。また、組み合わせる字によっては性別がわかりにくくなるので、男の子らしい字と組み合わせたい。

【参考】●本田圭佑（ほんだ・けいすけ）…サッカー選手。●錦織圭（にしこり・けい）…テニス選手。●田中圭（たなか・けい）…俳優。●岡本圭人（おかもと・けいと）…タレント。●堀部圭亮（ほりべ・けいすけ）…タレント、放送作家。

- **圭** けい
- **亮圭** あきよし、りょうけい
- **稀圭** きよし
- **圭吾** けいご
- **圭作** けいさく
- **圭示** けいじ
- **圭心** けいしん
- **圭祐** けいすけ
- **圭都** けいと
- **圭真** けいま
- **圭耶** けいや
- **晴圭** はれよし
- **雅圭** まさよし
- **美圭** みよし
- **圭広** よしひろ
- **圭太郎** けいたろう

6 伍

音訓 ゴ、くみ、いつ(つ)
名のり あつむ、いつ、くみ、とも、ひとし

【意味】5人、5人組。仲間。

【ポイント】「仲間」の意味から、友情を連想できる字。「ゴ」の音の止め字で使用されることが多いが、同音の「吾」や「悟」に比べ使用例は少なく、差別化できそう。

- **伍祈** いつき
- **伍武** いつむ
- **伍朗** ごろう
- **翔伍** しょうご
- **大伍** だいご
- **伍志** ひとし
- **悠伍** ゆうご
- **景伍郎** けいごろう

6 江

音訓 コウ、え
名のり きみ、ただ、のぶ

【意味】大河。入江。

【ポイント】女の子の止め字の定番のひとつだが、スケール感のある意味はどちらかといえば男の子向き。「コウ」の響きは名づけに使用しやすい。

- **江** こう、ごう
- **江青** こうせい
- **江太** こうた
- **江平** こうへい
- **江偉渡** えいど
- **江太郎** こうたろう
- **江ノ輔** こうのすけ

6 考

音訓 コウ、かんが(える)
名のり たか、のり、やす

【意味】考える。

【ポイント】日常的な字のためか、似た字形の親孝行の「孝」とくらべても使用例が少ない。「きちんと物事を考えられる人に」など、意味づけはしやすい。

- **和考** かずたか、わこう
- **考揮** こうき
- **考志** こうし、たかし
- **考太** こうた
- **考人** たかひと
- **考乃輔** こうすけ

6 行

音訓 コウ、ギョウ、アン、い(く)、ゆ(く)、おこな(う)
名のり のり、みち、やす、ゆき

【意味】いく。おこなう。行動。道。旅。

【ポイント】「前に進む」「実際に行う」の意味から、明るい未来を切りひらくイメージ。近年は「コウ」の響きとしても人気。

- **行夢** いくむ
- **一行** いっこう、かずゆき
- **行路** こうじ
- **行輔** こうすけ
- **行洋** こうよう
- **知行** ともゆき
- **行久真** いくま

好 6

音訓 コウ、この(む)、す(く)、よ(い)
名のり このみ、み、よし

【意味】愛する。このましい。

【ポイント】「良」と同様に、よいことを示す字。女へんがあるが、男の子の名前にもよく使われている。組み合わせる字は、男の子らしい字を。

- 好瑛 こうえい
- 好星 こうせい
- 好大 こうだい、よしひろ
- 好明 こうめい
- 好陽 こうよう
- 好章 よしあき
- 多佳好 たかよし

光 6

音訓 コウ、ひかり、ひか(る)
名のり あき、あきら、てる、ひかる、ひろ、み、みつ、みつる

【意味】ひかる。輝く。希望。

【ポイント】「光り輝く人生に」などの願いを込めて、昔から男女ともに好んで使われてきた字。「輝く」という意味を持つ漢字は多いが、「輝」など多画数が多いなか、「光」は左右対称のすっきりとした字形で、比較的どんな字とも相性がいい。1字名の「光（ひかり、ひかる）」は、性別がわかりにくい点は、ややデメリット。

【参考】●光輝（こうき）…かがやき。●高村光太郎（たかむら・こうたろう）…詩人。●若田光一（わかた・こういち）…宇宙飛行士。●内村光良（うちむら・てるよし）…タレント。

- 光 ひかり、ひかる、こう
- 暁光 あきみつ
- 光永 こうえい
- 光樹 こうき
- 光生 こうせい
- 春光 はるみつ
- 光祈 みつき
- 光陽 みつひ
- 光琉 みつる
- 優光 ゆうこう
- 佳光 よしてる、よしみつ
- 光士郎 こうしろう
- 光多朗 こうたろう
- 南光輝 なみき

向 6

音訓 コウ、む(く)
名のり ひさ、むか、むき、むけ、むこう

【意味】ある方向にむかう。

【ポイント】「目的に向かって」などの意味づけができる。読みは「コウ」が一般的だが、熟語の「日向（ひなた）」を、そのまま名前に使うことも。

- 向喜 こうき
- 向真 こうま
- 向矢 こうや
- 向陽 こうよう
- 向凛 こうりん
- 陽向 ひなた
- 日向 ひなた、ひゅうが

在 6

音訓 ザイ、あ(る)
名のり あき、あきら、あり、ざい、

【意味】そこにある。

【ポイント】見慣れた字だが、名前での使用例は少ないので、目新しさがある。「あ（る）」「あり」の響きは、個性的な名前をつくりやすい。

- 在 あり
- 在真 ありま、あるま
- 在昌 ありまさ
- 在駈 あるく
- 在翔 あると
- 在夢 あるむ
- 怜在 れある

至 6

音訓 シ、いた(る)
名のり いたる、じ、のり、みち、ゆき

【意味】いたる。届く。大きい。

【ポイント】「目指すところに到達できるように」など、目的成就を願って。1字名の「至（いたる）」のほか、「ジ」「シ」の音で止め字に使うケースも。

- 至 いたる
- 至温 しおん
- 颯至 そうし
- 剛至 たけし
- 広至 ひろし
- 優至 ゆうじ
- 夢至 ゆめじ
- 登至希 としき

次 6

音訓 ジ、シ、つ(ぐ)、つぎ
名のり ちか、つぐ、ひで

【意味】つぎ。2番目。

【ポイント】かつては二男の止め字に使われていたが、近年は意味にとらわれず、「ジ」の音を活かして名づけに使用されている。

- 快次 かいじ
- 次音 しおん、つぐと
- 次源 じげん
- 次郎 じろう
- 正次 まさつぐ
- 龍次 りゅうじ
- 優次郎 ゆうじろう

朱 6

音訓 シュ
名のり あか、あけ、あや、じゅ、す

【意味】あか。

【ポイント】朱は、茶がかった深い赤色のことで夏の色、高貴な色とされる。女の子のイメージが強いが、男の子に使ってもそれほど違和感はない。

- 朱馬 しゅうま
- 朱音 しゅおん、じゅのん
- 朱希 じゅき
- 朱浬 しゅり
- 朱雀 すざく
- 雄朱 ゆうじゅ
- 朱実斗 すみと

守 6

音訓 シュ、ス、まも(る)、も(り)
名のり え、まもる、もり

【意味】まもる。

【ポイント】温かさとともに、芯の強さや正義感を感じさせる字。「もり」「まも」の読みが多いが、「シュ」をいかすと個性的な響きになる。

- 守 まもる
- 守温 しゅおん、もりはる
- 守門 しゅもん
- 真守 まもる
- 守杜 もりと
- 守宇人 しゅうと
- 守比呂 もりひろ

充

6

音訓 ジュウ、あ(てる)
名のり あつ、たかし、まこと、み、みち、みつ、みつる

【意味】みたす。あてる。

【ポイント】「充足」「充実」など豊かで満ち足りているイメージ。1字名の「充（みつる）」が多いが、音読みの「ジュウ」を用いると新鮮で、個性的な印象の名に。

- 充　みつる、じゅう
- 陽充　あきみつ
- 充斗　じゅうと
- 充輝　みつき
- 充孝　みつたか
- 充太郎　じゅうたろう、みちたろう

州

6

音訓 シュウ、す
名のり くに

【意味】大陸、むら、国土。

【ポイント】「す」の音では、読める字が少ないこともあり貴重な存在で、洋風の名前で重宝。なお、さんずい付きの「洲」も、意味・読みはほとんど同じ。

- 州和　くにかず
- 州紀　くにのり
- 州巳　くにみ
- 州司　しゅうじ
- 州人　しゅうと
- 州渡　しゅうと
- 州磨　しゅうま
- 州美斗　すみと

舟

6

音訓 シュウ、ふね、ふな
名のり のり

【意味】ふね。

【ポイント】「舟」は小型のふね、「船」はやや大型のふねを意味。「舟」は和風のイメージだが、「シュウ」の響きはイマドキ感あり。

- 舟　しゅう
- 海舟　かいしゅう
- 快舟　かいしゅう
- 慧舟　けいしゅう
- 舟斗　しゅうと、ふなと
- 舟真　しゅうま
- 晴舟　せいしゅう
- 鉄舟　てっしゅう

旬

6

音訓 ジュン、シュン
名のり ただ、とき、ひとし、ひら、まさ

【意味】10日間。ひとめぐり。物事を行う最適な季節や時期。

【ポイント】俳優の小栗旬（しゅん）さんが有名。「常に旬（よい時期）のような人生に」などの意味づけができる。

- 旬　しゅん
- 旬喜　じゅんき
- 旬大　しゅんだい
- 旬平　じゅんぺい
- 旬雄　ときお
- 旬宗　ときむね
- 旬太朗　しゅんたろう
- 旬之介　しゅんのすけ

匠

6

音訓 ショウ、たくみ
名のり なる

【意味】たくみ。職人。芸術家。大工。

【ポイント】同じく「たくみ」と読む「巧」は、広く細工や技術が上手なさまなのに対し、「匠」は木を切って細工する大工や職人の意味。このことから「技術を身につけるように」「尊敬される人に」などの願いが込められる。「翔」「勝」「祥」などに代わって、人気の「ショウ」の音で活用すると、視覚的に新鮮な名前に。

【参考】●匠意（しょうい）…芸術の創作時のアイディア。●山本匠晃（やまもと・たかあき）…アナウンサー。●北村匠海（きたむら・たくみ）…タレント。

- 匠　たくみ、しょう
- 賢匠　けんしょう
- 匠英　しょうえい
- 匠伎　しょうき
- 匠助　しょうすけ
- 匠翔　たくと
- 匠歩　たくほ
- 匠真　たくま、しょうま
- 匠海　たくみ
- 匠望　たくみ
- 匠夢　たくむ
- 匠弥　たくや
- 優匠　ゆうしょう
- 龍匠　りゅうしょう
- 匠汰朗　しょうたろう

丞

6

音訓 ジョウ、ショウ
名のり すけ、すすむ、たすく

【意味】補佐する。救う。

【ポイント】作詞家の森雪之丞（もりゆきのじょう）さんのような3字の古典的な名前は、今の時代には逆に新鮮。人気の「すけ」の止め字としても使える。

- 丞　しょう、たすく
- 丞治　じょうじ
- 太丞　たすけ
- 勇丞　ゆうすけ
- 琉丞　りゅうしょう
- 壱之丞　いちのじょう
- 夢之丞　ゆめのじょう

迅

6

音訓 ジン
名のり とき、とし、はや、はやし

【意味】はやい。すみやか。

【ポイント】特徴的な字形でインパクトがあり、スピード感のあるイメージ。「はや」の読みを使うとイマドキ感のある名になるが、1字名の「迅（じん）」も印象的。

- 迅　じん
- 迅世　じんせい
- 迅翔　はやと
- 迅真　はやま
- 迅丸　はやまる
- 風迅　ふうじん
- 竜迅　りゅうじん
- 迅之介　じんのすけ

尽

6

音訓 ジン、つ(くす)
名のり —

【意味】すべてを尽くす。おわる。

【ポイント】「何事にも全力で向かう人に」との思いを込めて。「ジン」の音では「仁」が人気なので、「尽」だと目新しい。読みが少なく、あまり応用できないのが難。

- 尽　じん
- 尽成　じんせい
- 尽太　じんた
- 尽也　じんや
- 蒼尽　そうじん
- 悠尽　ゆうじん
- 尽一郎　じんいちろう
- 尽ノ輔　じんのすけ

成 6

音訓 セイ、ジョウ、な(る)、な(す)
名のり あき、あきら、しげ、しげる、なり、なる、のり、はる、まさ、みち、みのる、よし

【意味】なる。つくる。育つ。

【ポイント】成功の「成」であり、成長の「成」。意味もよく、昔も今も人気の字。曲線と直線で構成されたバランスよい字形で、どんな字とも合いやすい。男の子の名前では、「しげ」「なり」の読みを使うことが多かったが、最近は「一成（いっせい）」「康成（こうせい）」など、「セイ」が人気。いろいろな読みができるため、誤読されやすい点は注意が必要。姓も複数読みできる場合は慎重に検討したい。

【参考】●成徳（せいとく）…完成した徳。人間としての徳を立派にまとめ上げること。●成吉思汗（チンギスハーン、チンギスカン）…モンゴル帝国の始祖。●石田三成（いしだ・みつなり）…戦国武将。●李忠成（り・ただなり）…サッカー選手。●織田信成（おだ・のぶなり）…フィギュアスケート選手。●三浦皇成（みうら・こうせい）…騎手。●加藤成亮（かとう・しげあき）…タレント。

成	じょう、せい
一成	いっせい
快成	かいせい
開成	かいせい
佳成	けいせい
憲成	けんせい
康成	こうせい
煌成	こうせい
成斗	しげと
成虎	しげとら
成之	しげゆき
秀成	しゅうせい
春成	しゅんせい
成壱	じょういち
成次	じょうじ
人成	じんせい
仁成	じんせい
成悟	せいご
成道	せいどう
奏成	そうせい
泰成	たいせい
大成	たいせい
尊成	たかなり
剛成	たけなり
稔成	としなり
成明	なりあき
成真	なりまさ
成彦	なるひこ
陽成	はるしげ
尚成	ひさなり
秀成	ひでなり
福成	ふくなり
峰成	ほうせい
成徳	みちのり
光成	みつなり
耀成	ようせい
成宥	よしひろ
隆成	りゅうせい
凌成	りょうせい
亜希成	あきなり
加寿成	かずなり
成児郎	しげじろう
成太朗	せいたろう
成利仁	なりひと
成乃介	はるのすけ
真沙成	まさなり
万成都	まなと
成ノ助	みちのすけ
美津成	みつなり
成太朗	よしたろう

亘 6

音訓 セン、コウ、わた(る)
名のり のぶ、わたる

【意味】めぐる。めぐらす。

【ポイント】「すみずみまで影響を与えられる人に」などの願いが込められる。直線で構成された字なので、斜線や曲線のある字と組み合わせるとバランスがよい。

亘	わたる
亘輝	こうき
亘生	こうせい
亘太	こうた
亘明	こうめい
亘哉	のぶや
亘琉	わたる
亘志郎	こうしろう

壮 6

音訓 ソウ
名のり あき、お、たけ、たけし、つよし、まさ、もり

【意味】強い。盛ん。堂々として勇ましい。若者。

【ポイント】堂々としていて勇ましく、壮大の「壮」でもあり、スケール感のある字。意味もよく、「ソウ」の響きもさわやか。

壮	そう、たけし
壮翔	あきと
壮輔	そうすけ
壮馬	そうま
真壮	まさたけ
壮道	まさみち
壮一郎	そういちろう

多 6

音訓 タ、おお(い)
名のり おおし、かず、とみ、な、まさ、まさる

【意味】数が多い。まさる。

【ポイント】「タ」の音の止め字としては「太」が圧倒的に人気。次いでさんずいのついた「汰」が人気だが、この2字があまりにも使われすぎているために、最近は「多」の使用例が増えている。響きだけなく、「多くの幸せを願って」「多くの友人に恵まれるように」など、意味づけしやすい字でもあり、今後さらに使用例が増えそう。

【参考】●本郷奏多（ほんごう・かなた）…俳優。●古屋敬多（ふるや・けいた）…タレント。

詠多	えいた
多大	かずひろ
奏多	かなた
恵多	けいた
賢多	けんた
笑多	しょうた
多助	たすけ
多聞	たもん
多郎	たろう
優多	ゆうた
遼多	りょうた
幸多郎	こうたろう
光多郎	こうたろう
多佳央	たかお
多加史	たかし
由多可	ゆたか

地 6

音訓 チ、ジ
名のり くに、つち

【意味】つち。大地。国土。

【ポイント】「地に足のついた人に」との思いが込められる字。「大地（だいち）」が人気だが、「地洋（ちひろ）」「実地斗（みちと）」など、止め字以外に使っても。

海地	かいち
丞地	じょうち
大地	だいち
地洋	ちひろ
地平	ちへい
太偉地	たいち
実地斗	みちと
美地典	みちのり

竹 6

音訓 チク、たけ
名のり たか、たけ

【意味】たけ。
【ポイント】「松竹梅」で縁起がよく、高潔さのシンボル。「まっすぐに成長するように」との思いを込めることもできる。「竹千代（たけちよ）」は徳川家康の幼名。

竹男 たけお
竹生 たけき
竹虎 たけとら
竹也 たけなり
竹琉 たける
竹然 ちくぜん
伸竹 のぶたけ
真竹 まさたけ

灯 6

音訓 トウ、ひ、とも(す)
名のり あかり

【意味】ともしび。あかり。
【ポイント】ほっとする温かな明かりのイメージは女の子向きだが、その意味は男の子にもおすすめ。「灯真（とうま）」「灯輝（ともき）」など、読みに使いやすい。

灯惟 とうい
灯輝 とうき、ともき
灯真 とうま
灯矢 とうや
優灯 ゆうひ
灯加流 ひかる
灯南多 ひなた

凪 6

音訓 なぎ、な(ぐ)
名のり なぐ

【意味】風がやみ、海が静まること。
【ポイント】「風」の略字と「止」を合わせた和製漢字。「なぎ」の読みは応用が難しいが、「な」に当てればバリエーションが広がる。

維凪 いなぎ
瀬凪 せな
凪夫 なぎお
凪渡 なぎと
凪央斗 なおと
凪那人 ななと
海凪人 みなと

帆 6

音訓 ハン、ほ
名のり ―

【意味】ほ。風をはらんで船を前進させる大きな布のこと。
【ポイント】前向きに立ち向かっていくイメージがあり、男の子にもおすすめだが、近年は女の子名での使用例のほうが多い。

一帆 かずほ
成帆 なるほ
帆太 はんた
帆渡 はんと
帆高 ほだか
帆貴 ほだか
勇帆 ゆうほ
世帆 よはん
帆久斗 ほくと

百 6

音訓 ヒャク
名のり お、と、はげむ、も、もも

【意味】十の10倍。数が多い。
【ポイント】女の子に人気の字だが、意味的には男の子に使ってもよさそう。「登百也（ともや）」のように「も」の読みをいかすとバリエーションが広がる。

百希 ももき
百翔 ももと
百福 ももふく
登百也 ともや
百太郎 ももたろう、ひゃくたろう
百ノ輔 もものすけ

名 6

音訓 メイ、ミョウ、な
名のり あきら、かた、なづく、もり

【意味】名前。
【ポイント】日常的に使う字なので名前での使用例は意外に少ないが、万葉仮名風に「な」に当てて使用でき、「メイ」の音をいかせば、個性的な響きの名前に。

煌名 こうめい
瀬名 せな
颯名 そうめい
名誓 めいせい
名斗 めいと
七名輝 ななき
陽名太 ひなた
磨名斗 まなと

有 6

音訓 ユウ、ウ、あ(る)
名のり あり、たもつ、とも、みち、もち、ゆ、ゆたか

【意味】ある。もつ。
【ポイント】「ユウ」「あ」「あり」など、名前をつくりやすい読みが多い。「ある」「存在する」というプラスイメージの意味を持ちながら、それでいて字面的にはそれほど意味を強く主張しないので、響き重視の名前でも重宝。
【参考】●有恒（ゆうこう、つねあり）…一定不変であること。●有志（ゆうし）…あることをしようとする意志があること。希望者。●有生（ゆうせい）…生命のあるもの。生き物。●有理（ゆうり）…道理のあること。●ダルビッシュ有（だるびっしゅ・ゆう）…野球選手。

有 ゆう、あり
有恒 ありつね
有斗 ありと
有道 ありみち
有夢 ありむ
有我 ゆうが
有樹 ゆうき
有吾 ゆうご
有聖 ゆうせい
有登 ゆうと
有磨 ゆうま、ありま
有矢 ゆうや
有希良 あきら
有留斗 あると
有太郎 ゆうたろう

吏 6

音訓 リ
名のり さと、つかさ、とおる、のぶ、ひろし

【意味】役人のこと。
【ポイント】「里」や「莉」など、「リ」の音には女の子向きの字が多いが、「吏」はむしろ男の子向き。「優吏（ゆうり）」など中性的な字と組み合わせてもまぎらわしくない。

真吏 しんり
優吏 ゆうり
吏恩 りおん
吏空 りく
吏聡 りさと
吏伊土 りいど
吏玖人 りくと
吏珠夢 りずむ

亜 7

音訓 ア
名のり つぎ、つぐ

【意味】つぐ。準じる。

【ポイント】「亜細亜（あじあ）」「亜米利加（あめりか）」など地名の当て字に使用されており、名づけでも意味を意識せず使用されている。旧字の「亞」も使える。

亜聡	あさと
亜門	あもん
亜蘭	あらん
凱亜	がいあ
聖亜	きよつぐ
静亜	せいあ
亜希良	あきら

壱 7

音訓 イチ、イツ、ひとつ
名のり い、かず、はじめ

【意味】一の代わり。誠に。

【ポイント】漢数字の「一」と同じ意味を持つ字。「一真」を「壱真（かずま）」にするなど、画数を変えたいときや見た目の印象を変えたいときに重宝。

壱喜	いっき、いつき
壱沙	いっさ
壱夢	いつむ
佳壱	かいち
壱真	かずま
悠壱	ゆういち
壱太朗	いちたろう

伽 7

音訓 カ、ガ、キャ、とぎ
名のり —

【意味】梵語のガの字。

【ポイント】梵語（インドの古語）のガ音を音写するためにつくられた字。「カ」と読める字は多いが、この字はあまり使われていないので新鮮。

伽寿	かず
伽門	がもん
伽流	がりゅう
来伽	らいが
琉伽	るか
伽伊都	かいと
太伽良	たから
知伽思	ちかし

我 7

音訓 ガ、わ、われ
名のり —

【意味】自分。私心。

【ポイント】「龍我（りゅうが）」「玲我（れいが）」など、「ガ」の音の止め字で、近年人気の字。しかし組み合わせる字によっては、「幸我（こうが）」なら「自分が幸せになる」、「聖我（せいが）」なら「自分が聖人になる」など、自己中心的な名前に思われることもありそう。「ガ」の音なら「雅」「河」などもある。

【参考】●我田引水（がでんいんすい）…自分の都合のよいように行なったり、考えたりすること。●河相我聞（かあい・がもん）…俳優。●京本大我（きょうもと・たいが）…タレント。

我伊	がい
我玖	がく
我聞	がもん
我瞭	がりょう
幸我	こうが
聖我	せいわ
大我	たいが
泰我	たいが
東我	とうが
風我	ふうが
夢我	むが
優我	ゆうが
礼我	らいが
龍我	りゅうが
諒我	りょうが
玲我	れいが
我久斗	がくと

快 7

音訓 カイ、こころよ（い）
名のり はや、やす、よし

【意味】こころよい。喜ばしい。病気がなおる。

【ポイント】さわやかなイメージ。音読みの「カイ」が使いやすいが、名のりの「よし」としての認知度もある。

快	かい
明快	あきよし
快史	かいし
快晴	かいせい
快太	かいた
快道	かいどう
快也	かいや
澄快	すかい

完 7

音訓 カン
名のり たもつ、ひろ、ひろし、ゆたか

【意味】完全な様子。

【ポイント】最後までやり通す強い意志を表現できる字。字形的にも安定感があるが、「カン」以外の読みはなじみが薄く、あまり応用がきかないのが難点。

完	かん
完一	かんいち
完吾	かんご
完治	かんじ
完助	かんすけ
完清	かんせい
完太	かんた
完登	かんと

究 7

音訓 キュウ、きわ（める）
名のり きわみ、きわむ

【意味】きわめる。調べる。

【ポイント】学問を究めるという意味で、視覚的にも知的なイメージを与える。名前での使用例は少なく新鮮。「キュウ」の読みをいかすとより個性的な名前に。

究侍	きゅうじ
究世	きゅうせい
究人	きゅうと
究道	きゅうどう
究磨	きゅうま
究武	きわむ
登究	ときわ
璃究	りきゅう

求 7

音訓 キュウ、もと（める）
名のり まさ、もとむ

【意味】もとめる。さがす。

【ポイント】「真実を求める」「可能性を追い求める」など、まっすぐなイメージで意味もよい。「求貴（もとき）」など、よくある響きの名でもこの字を使うと新鮮。

求	もとむ
求路	きゅうじ
求道	きゅうどう
求真	きゅうま
求也	きゅうや
求貴	もとき
求陽	もとはる
求夢	もとむ

希 7

音訓 キ
名のり のぞみ、のぞむ、まれ

【意味】ねがう。望む。まれ。

【ポイント】バランスのよい字形で、どんな字と合わせても違和感がない。そのため男女ともに人気で、先頭字にも中間字にも使われるが、とくに「キ」の音の止め字として重宝されている。ただ中性的な字だけに、「光希（こうき）」「優希（ゆうき）」など、組み合わせる字によっては、性別がわかりにくい名前に。

【参考】●乃木希典（のぎ・まれすけ）…明治時代の軍人。●石田勝希（いしだ・かつき）…格闘家。●たなか亜希夫（たなか・あきお）…漫画家。●保阪尚希（ほさか・なおき）…俳優。

希	のぞむ
逸希	いつき
瑛希	えいき
和希	かずき
一希	かずき
希翔	きしょう
希伸	きしん
希竜	きりゅう
弦希	げんき
源希	げんき
光希	こうき
倖希	こうき
皇希	こうき
静希	しずき
寿希	じゅき
渉希	しょうき
颯希	そうき
大希	だいき
立希	たつき
常希	つねき
瑛希	てるき
翔希	とき
夏希	なつき
希海	のぞみ
希望	のぞみ
希望	のぞむ
温希	はるき
秀希	ひでき
響希	ひびき
郁希	ふみき
帆希	ほまれ
岬希	みさき
満希	みつき
優希	ゆうき
悠希	ゆうき
侑希	ゆうき
夢希	ゆめき
祥希	よしき
力希	りき
律希	りつき
琉希	りゅうき
阿希都	あきと
希央斗	きおと
希世史	きよし
希羅人	きらと
樹希弥	じゅきや
十希央	ときお
那津希	なつき
真希翔	まきと
優希人	ゆきと
瑠希也	るきや

杏 7

音訓 キョウ、コウ、アン、あんず
名のり —

【意味】アンズ。イチョウの実。

【ポイント】果実のかわいいイメージから、とくに女の子に人気だが、「キョウ」の響きと、左右対称のバランスのよい字形は、意外と男の子名でも使用されている。

杏悟	あんご
杏治	あんじ
杏吾	きょうご
杏太	きょうた、こうた
杏輔	こうすけ
佑杏	ゆうあん
杏一郎	きょういちろう

亨 7

音訓 キョウ、コウ、とお(る)、う(ける)
名のり とおる、とし、ゆき

【意味】とおる。支障なく通じる。すすめる。

【ポイント】似た字に「享」があり、読みも共通するものが多いので間違いやすい。亨が「とおる」で、享は「うける」の意。

亨	とおる、こう
亨栄	きょうえい
亨輔	きょうすけ
亨士	こうし
亨多	こうた
亨都	ゆきと
亨一郎	きょういちろう

吟 7

音訓 ギン、うた(う)
名のり あきら、おと、こえ

【意味】詩歌を口ずさむ。

【ポイント】詩吟の「吟」で、和の雰囲気があり、粋なイメージも。俳優の前田吟（ぎん）さんが有名。「ギン」の音ではほかに「銀」がある。

吟	ぎん、あきら
吟弥	おとや
吟人	ぎんと
吟平	ぎんぺい
吟真	ぎんま
吟優	ぎんゆう
吟太朗	ぎんたろう

芹 7

音訓 キン、ゴン、せり
名のり —

【意味】セリ。

【ポイント】せりは、湿地に自生する春の七草のひとつ。「一か所に競り（せり）合って生える」という名の由来から、「競争に勝ち抜くように」との願いを込めても。

芹	せり
芹二	きんじ
芹太	きんた
芹慧	せりえ
芹太郎	きんたろう
芹ノ助	きんのすけ

君 7

音訓 クン、きみ
名のり きん、こ、すえ、なお、よし

【意味】王様。

【ポイント】男の子の場合、「○○君」と書かれることも多いので、止め字にこの字を用いると、字が重なって少しおかしな印象に。先頭字で使いたい。

君生	きみお
君斗	きみと
君典	きみのり
君彦	きみひこ
君人	きみひと
君哉	きみや
君幸	きみゆき
君麻呂	きみまろ

7 玖

音訓 ク、キュウ
名のり き、たま、ひさ

【意味】きれいな黒い石。

【ポイント】「ク」の音に当てる字として重宝。同音では「久」が主流だったが、最近は気品や格調の高さを感じさせる「玖」のほうが、新鮮さもあり人気がある。

太玖 たく
玖央 たまお
陽玖 はるひさ
吏玖 りく
璃玖 りく
惟玖真 いくま
玖太郎 きゅうたろう
玖宇我 くうが

7 芸

音訓 ゲイ
名のり き、ぎ、すけ、のり、まさ、よし

【意味】才能。わざ。学問。

【ポイント】意味は悪くないが、「芸人」や「芸能人」のイメージが強く、やや軽薄な印象を持つ人も。名づけでは「き」「ぎ」の音を止め字で使う傾向が強い。

芸路 げいじ
元芸 げんき
功芸 こうき
尚芸 なおき
裕芸 ゆうき
吏芸 りき
亜芸都 あきと

7 言

音訓 ゲン、ゴン、い(う)、こと
名のり あき、あや、とき、のぶ

【意味】いう。言葉。我。

【ポイント】意味がよく、しかも「ゲン」や「こと」など、応用しやすい読みを持つ字。しかし、短い横線が多い字形なので、視覚的なバランスには十分気を配りたい。

言 げん
言祈 げんき
言慈 げんじ
言太 げんた
言斗 げんと
真言 まこと
雄言 ゆうげん
言太郎 げんたろう

7 見

音訓 ケン、み(る)
名のり あき、あきら、ちか

【意味】目でみる。会う。まみえる。知る。

【ポイント】「物事をしっかり見る」というプラスのイメージ。「見志郎(けんしろう)」など、一般的な響きの名もこの字だと新鮮。

見 けん、あきら
見児 けんじ
見佑 けんすけ
直見 なおみ
見志郎 けんしろう
見太郎 けんたろう
悠見斗 ゆみと

7 呉

音訓 ゴ、くれ
名のり くに

【意味】大声でさわぐ。中国の王朝名。

【ポイント】『三国志』に登場する国名。笑う様子をあらわした字でもある。「人生を楽しんでほしい」と願って。

瑛呉 えいご
寛呉 かんご
圭呉 けいご
呉郎 ごろう
翔呉 しょうご
正呉 せいご
大呉 だいご
東呉 とうご

7 冴

音訓 コ、ゴ、さ(える)
名のり さ、さえ、さや

【意味】さえる。寒い。澄みきっている。

【ポイント】意味も字形もシャープで、研ぎ澄まされた聡明なイメージ。「ゴ」の音の止め字として使うと新鮮だが、やや読みづらい。

冴輝 さえき
冴輔 さすけ
優冴 ゆうご
冴次郎 こじろう
冴輝斗 さきと
冴斗思 さとし
真冴騎 まさき
真冴也 まさや

7 吾

音訓 ゴ、われ
名のり あ、みち

【意味】われ。自意識。

【ポイント】自分を主張する意思の強さが感じられる字。「ゴ」の音の止め字として使われることが多い。「ゴ」の音を持つ字には「悟」「伍」「呉」などもあるが、すっきりした字形の「吾」が一番人気。

【参考】●吾人（ごじん）…われわれ。自分。●吾輩（わがはい）…私。●視吾如人（われをみることひとのごとし）…自分を他人と同じように見て、他人も自分も区別しないこと。●稲垣吾郎（いながき・ごろう）…タレント。●香取慎吾（かとり・しんご）…タレント。●忍成修吾（おしなり・しゅうご）…俳優。

詠吾 えいご
恭吾 きょうご
響吾 きょうご
健吾 けんご
吾朗 ごろう
柊吾 しゅうご
翔吾 しょうご
新吾 しんご
爽吾 そうご
大吾 だいご
悠吾 ゆうご
竜吾 りゅうご
蓮吾 れんご
虎吾郎 こごろう
慎吾郎 しんごろう
飛悠吾 ひゅうご
有宇吾 ゆうご

7 孝

音訓 コウ
名のり たか、たかし、のり、ゆき、よし

【意味】親や祖先を大切にすること。

【ポイント】パパ世代でよく使われていた字。縦・横・斜線を含む字形は、比較的どんな字とも組み合わせやすい。

孝瑛 こうえい
孝正 こうせい
孝平 こうへい
孝真 こうま
孝明 たかあき
結孝 ゆたか
陽孝 ようこう
孝太郎 こうたろう

宏 7

音訓 コウ、ひろ(い)
名のり あつ、ひろ、ひろし

【意味】ひろい。すぐれる。大きい。

【ポイント】数ある「広い」「大きい」を意味する字のなかでも、安定した人気。すっきりとのびやかな字形で、バランスがいい。

宏 こう、ひろし
和宏 かずひろ
宏汰 こうた
高宏 たかひろ
千宏 ちひろ
宏斗 ひろと
宏仁朗 こうじろう

克 7

音訓 コク
名のり かつ、かつみ、すぐる、まさる、よし

【意味】やりぬくこと。

【ポイント】「克服（こくふく）」という言葉もあるように、強い意志やがんばる力が感じられる。意味的には男女は問わない字だが、男の子らしいイメージが強い。

克己 かつき、かつみ
克渡 かつと
克紀 かつのり
克麻 かつま
克海 かつみ
克矢 かつや
秀克 ひでかつ

佐 7

音訓 サ
名のり すけ、たすく、よし

【意味】助ける。補佐する。

【ポイント】「人＋左」で、脇から人が支えて助ける意味に。「サ」の読みを活かした名前が多いが、「すけ」の読みで止め字として使用することもできる。

佐介 さすけ
佐武 さむ
芯佐 しんすけ
佐玖 たすく
衣佐夢 いさむ
佐久馬 さくま
陽佐斗 ひさと
真佐央 まさお

沙 7

音訓 サ、シャ、すな
名のり いさ、ざ、す

【意味】小さな砂。砂原。砂ぎわ。

【ポイント】「紗」「咲」「佐」とともに「サ」に当てる字として人気。とくに女の子名で人気だが、海に関連する字でもあり、男の子名でも違和感はない。

欧沙 おうさ
沙門 さもん
沙礼 さらい
龍沙 りゅうさ
亜沙陽 あさひ
沙都史 さとし
日沙志 ひさし
万沙都 まさと

作 7

音訓 サク、サ、つく(る)
名のり あり、つくる、とも、なお、なり

【意味】つくる。おこす。なる。

【ポイント】男の子の止め字の定番のひとつ。古風なイメージはあるが、意味はよく名前向き。「作真（さくま）」など、先頭字で使うと新鮮。

作司 さくじ
作汰 さくた
作真 さくま
作夢 さむ
晋作 しんさく
陽作 ようさく
亜作斗 あさと
作太朗 さくたろう

児 7

音訓 ジ、ニ
名のり こ、のり、はじめ、る

【意味】幼児。少年。若者。

【ポイント】「二」や「次」と違い、兄弟の序列に関係なく使えるのがこの字の魅力。また「司」「士」などはシとジで迷うが、素直に「ジ」と読めるのも利点。

虹児 こうじ
渉児 しょうじ
児郎 じろう
星児 せいじ
風児 ふうじ
湧児 ゆうじ
児太郎 こたろう
壮児朗 そうじろう

寿 7

音訓 ジュ、ス、ことぶき
名のり かず、ず、たもつ、とし、なが、のぶ、ひさ、ひさし、やすし、よし

【意味】祝い。喜ぶ。

【ポイント】長命であることを示す縁起のよい字。従来は「とし」「ひさ」の読みが多かったが、最近は「ジュ」「ス」の音を活かした、個性的な名前も増えている。

寿 ひさし
和寿 かずとし
寿庵 じゅあん
寿一 じゅいち
寿希 としき
寿幸 としゆき
寿翔 ひさと
寿貴也 じゅきや

秀 7

音訓 シュウ、ひい(でる)
名のり すぐる、ひで

【意味】ひいでる。すぐれる。

【ポイント】知性や落ち着きを感じさせる定番の字。字としてはオーソドックスだが、「秀成（しゅうせい）」など、「シュウ」の読みをいかすと、今風の響きの名に。

【参考】●豊臣秀吉（とよとみ・ひでよし）…戦国武将。●明智光秀（あけち・みつひで）…戦国武将。●湯川秀樹（ゆかわ・ひでき）…ノーベル賞受賞者。●金田一秀穂（きんだいち・ひでほ）…国語学者。●西城秀樹（さいじょう・ひでき）…歌手。●松井秀喜（まつい・ひでき）…野球選手。●滝沢秀明（たきざわ・ひであき）…タレント。

秀 しゅう
央秀 おうしゅう
一秀 かずひで
秀吾 しゅうご
秀介 しゅうすけ
秀成 しゅうせい
秀太 しゅうた
秀翔 しゅうと
秀馬 しゅうま
秀矢 しゅうや
秀和 ひでかず
秀貴 ひでき
秀隆 ひでたか
秀斗 ひでと
秀真 ひでまさ
秀幸 ひでゆき
秀一郎 しゅういちろう

7 志

音訓 シ、こころざ(す)、こころざし
名のり さね、じ、しるす、むね、もと、ゆき

【意味】こころざす。めざす。
【ポイント】目標を達成しようとする意思の強さが感じられる字。意味はもちろん、人気の「心」を含んでいることもあり、とても名前向き。安定した人気があり、男女ともによく使われている。男の子の名前では、「し」または「じ」の音に当てて止め字で使用されることが多かったが、現在は「志道（しどう）」「正志郎（せいしろう）」など、先頭字、中間字など、さまざまな形で使用されている。バランスのよい字形なので、どんな字とも相性がよく、非常に使いやすい。
【参考】●大志（たいし）…大きなこころざし。志望。●志士仁人（ししじんじん）…学問・修業に志す人と徳のある立派な人。●棟方志功（むなかた・しこう）…版画家。●岩隈久志（いわくま・ひさし）…プロ野球選手。●伊原剛志（いはら・つよし）…俳優。●忌野清志郎（いまわの・きよしろう）…ミュージシャン。

葵志 あおし
明志 あかし
篤志 あつし
桜志 おうし
海志 かいし
和志 かずし
慧志 けいし
采志 さいじ
聖志 さとし
志晏 しあん
志温 しおん
志堂 しどう
志道 しどう
志伸 しのぶ
志明 しめい
志門 しもん
志侑 しゆう

想志 そうし
総志 そうじ
大志 たいし
丈志 たけし
忠志 ただし
剛志 つよし
直志 なおし
夏志 なつし
広志 ひろし
福志 ふくし
太志 ふとし
雅志 まさし
志武 もとむ
志哉 もとや
優志 ゆうし
夢志 ゆめじ
龍志 りゅうし

礼志 れいし
藍志朗 あいしろう
央志郎 おうしろう
加志和 かしわ
光志朗 こうしろう
煌志朗 こうしろう
才志郎 さいしろう
志之輔 しのすけ
志優斗 しゆと
志朗 しろう
正志郎 せいしろう
星志朗 せいしろう
青志郎 せいしろう
千佳志 ちかし
陽斗志 ひとし
比呂志 ひろし
悠志郎 ゆうしろう

7 助

音訓 ジョ、たす(ける)、すけ
名のり たすく、ます

【意味】たすける。救う。
【ポイント】男の子の止め字の定番のひとつ。「すけ」の止め字のなかでも、とくに古風なイメージがあるが、今の時代に使うと逆に新鮮な印象。

瑛助 えいすけ
孝助 こうすけ
佐助 さすけ
大助 だいすけ
助久 たすく
佑助 ゆうすけ
虎之助 とらのすけ
竜之助 りゅうのすけ

7 初

音訓 ショ、はじ(め)、はつ、うい、そ(める)
名のり は、もと

【意味】はじめ。語源。もと。
【ポイント】文字通り初々しいイメージで、和の雰囲気もある。「初心や基本を忘れないように」などの願いを込めて使用できる。

初 はじめ
初斗 ういと
初歌 しょうた
初輝 はつき
初成 はつなり
初陽 はつひ
磨初 まうい
初之介 はつのすけ

7 芯

音訓 シン
名のり —

【意味】物の中央にある部分。
【ポイント】2004年から名前に使えるようになったので新鮮さはあるが、読みが「シン」だけなので、応用は難しい。「芯の通った人に」などの願いを込めて。

芯一 しんいち
芯悟 しんご
芯介 しんすけ
芯矢 しんや
大芯 たいしん
鉄芯 てっしん
優芯 ゆうしん
一之芯 いちのしん

7 臣

音訓 シン、ジン
名のり お、おみ、たか、とみ

【意味】けらい。おみ。
【ポイント】人気子役の濱田龍臣（たつおみ）君の例もあるが、以前ほどは使われていない字。「臣吾（しんご）」など、先頭字で使うと目新しさが出る。

風臣 かざおみ
邦臣 くにおみ
臣吾 しんご
鷹臣 たかおみ
昌臣 まさおみ
侑臣 ゆうしん、ゆうじん
臣之助 しんのすけ

7 辰

音訓 シン、ジン、たつ
名のり とき、のぶ、よし

【意味】十二支の5番目。たつ。東南。
【ポイント】十二支において「竜」を意味する字。「たつ」の読みでは「竜」「龍」に人気が集中しているので、この字を使うと、逆に新鮮。

辰介 しんすけ
辰成 じんせい
爽辰 そうしん、そうたつ
辰希 たつき
辰也 たつや
勇辰 ゆうたつ
辰之助 たつのすけ

伸

7

音訓 シン、の(びる)、の(ばす)
名のり ただ、のぶ、のびる、のぶる、のぼる

【意味】のびる。成長する。

【ポイント】のびのび、成長といった前向きなイメージ。以前は「のぶ」の読みが多用されたが、最近は音読みの「シン」を活かすケースが多い。

- 賢伸 けんしん
- 伸一 しんいち
- 伸吾 しんご
- 伸健 のぶたけ
- 伸之 のぶゆき
- 光之伸 こうのしん
- 伸太朗 しんたろう
- 伸之介 しんのすけ

吹

7

音訓 スイ、ふ(く)
名のり かぜ、ふき

【意味】ふく。風がおこる。

【ポイント】風のさわやかさに加え、「芽吹く」などの言葉から、生命力も感じさせる字。男の子名では「伊吹（いぶき）」が圧倒的な人気。

- 伊吹 いぶき
- 息吹 いぶき
- 惟吹 いぶき
- 志吹 しぶき
- 吹人 ふきと、ふくと
- 吹士 ふくし
- 吹麻 ふくま

男

7

音訓 ダン、ナン、おとこ
名のり お、おと

【意味】おとこ。

【ポイント】かつては男の子の止め字の定番。しかし現在は「○○お」といった名前自体が減り、この字の出番も減少気味。

- 武男 たけお
- 友男 ともお
- 陽男 はるお
- 佳男 よしお
- 玲男 れお
- 登希男 ときお
- 風士男 ふじお
- 由貴男 ゆきお

汰

7

音訓 タ、タイ
名のり ―

【意味】水であらって選び分ける。

【ポイント】男の子の名前で人気ナンバーワンの漢字が「太」。あまりにも使われすぎているので差別化をはかろうと、最近よく使われているのが、字形も似ている「汰」。しかし最近は「汰」もかなり多用されており、すでに人気漢字のベスト20ぐらいにまで浸透。そのせいか近年は、「タ」の止め字では「多」を使った名前も増えている。

【参考】●布川隼汰（ふかわ・しゅんた）…俳優。●橋本汰斗（はしもと・たいと）…俳優。●福士蒼汰（ふくし・そうた）…俳優。●岡本竜汰（おかもと・りゅうた）…俳優。

- 新汰 あらた
- 一汰 いった
- 金汰 きんた
- 興汰 こうた
- 祥汰 しょうた
- 心汰 しんた
- 汰志 たいし
- 汰蔵 たいぞう
- 汰一 たいち
- 汰雄 たお
- 汰夢 たむ
- 文汰 ぶんた
- 可南汰 かなた
- 汰嘉司 たかし
- 汰久登 たくと
- 汰玖末 たくみ
- 勇汰朗 ゆうたろう

杜

7

音訓 ト、ズ、もり
名のり ―

【意味】やまなし。神社のもり。

【ポイント】本来は植物のやまなしのことだが、神社の森も意味するため、静かで神秘的な雰囲気も。読みは「もり」のほか、「ト」の音で止め字にも使える。

- 青杜 せいと
- 未杜 みと
- 杜夫 もりお
- 杜道 もりみち
- 杜也 もりや
- 悠杜 ゆうと
- 禮杜 らいと
- 理杜夢 りずむ

努

7

音訓 ド、つと(める)
名のり つとむ

【意味】つとめる。がんばる。

【ポイント】読みの応用が難しく、1字名の「努（つとむ）」以外は、あまり見かけないが、「努夢」のように、1字添えて「つとむ」と読ませることもある。

- 努 つとむ
- 安努 あんど
- 志努 しど
- 世努 せど
- 努武 つとむ
- 努夢 つとむ
- 希利努 きりど
- 努羽夢 どうむ

那

7

音訓 ナ、ダ
名のり とも、ふゆ、やす

【意味】多い。美しい。

【ポイント】よい意味を持つが、名づけでは、「ナ」の響きを重視して使う傾向が強い。女の子に人気だが、同じ音を持つ「菜」「奈」よりは、男の子でも使いやすい。

- 瀬那 せな
- 那也 ともや
- 那生 なお
- 加那斗 かなと
- 那央紀 なおき
- 那津己 なつき
- 那々斗 ななと
- 磨那斗 まなと

芭

7

音訓 バ、ハ
名のり はな

【意味】芭蕉（バショウ）は、中国原産のバショウ科の植物。

【ポイント】「ハ」「バ」の音では、「葉」と「羽」が人気。そのため、差別化や個性を出したい字として使われるケースが多い。

- 碧芭 あおば
- 和芭 かずは
- 史芭 しば
- 祥芭 しょうは
- 智芭 ともは
- 芭瑠 はる
- 有芭 ゆうは
- 芭琉斗 はると

7 甫

音訓 ホ、フ、はじ(め)
名のり すけ、とし、なみ、はじめ、み、もと

【意味】平らな畑。男性の長老。男子の美称。はじめ。

【ポイント】あまりなじみがない字だが、「すけ」の読みで男の子の止め字に使える。今風の響きなら、「ホ」の音をいかしても。

甫 はじめ
慶甫 けいすけ
航甫 こうすけ
俊甫 しゅんすけ
優甫 ゆうすけ
悠甫 ゆうほ
甫喜人 ふきと
隆乃甫 りゅうのすけ

7 邦

音訓 ホウ
名のり くに

【意味】くに。

【ポイント】「くに」の読みが一般的だが、やや古風な印象。タレントの山崎邦正(ほうせい)さんのように、「ホウ」の音を活かすと、印象的な名前に。

邦明 くにあき
邦臣 くにおみ
邦彦 くにひこ
邦淳 ほうじゅん
邦成 ほうせい
邦竜 ほうりゅう
正邦 まさくに
美邦 みくに

7 芳

音訓 ホウ、かんば(しい)
名のり か、かおり、かおる、みち、よし

【意味】香り。かんばしい。

【ポイント】花の香りが四方に広がるさまをあらわした字で、よい評判などの意味も。やや古風な印象はあるが、「ホウ」の読みをいかせば、今風の響きに。

芳 かおる
芳聖 ほうせい
芳積 ほづみ、よしづみ
芳樹 よしき
芳翔 よしと
芳久 よしひさ
芳太郎 よしたろう

7 佑

音訓 ユウ、ウ、たす(ける)
名のり すけ、たすく、ゆ

【意味】たすける。支える。

【ポイント】よい意味を持つことと、やわらかい「ユウ」の響きで、男女ともに使われている人気の字。男の子では、「すけ」の読みで止め字に使用されることも多く、「介」や「助」にくらべると、視覚的には今風の印象に。画数で困ったときには、同音同意で字形も似ている字に「祐」があるので、そちらも候補になる。

【参考】●長友佑都(ながとも・ゆうと)…サッカー選手。●斉藤佑樹(さいとう・ゆうき)…野球選手。●真田佑馬(さなだ・ゆうま)…タレント。●榎本佑(えのもと・たすく)…俳優。

佑 ゆう、たすく
桜佑 おうすけ
光佑 こうゆう
翔佑 しょうすけ
大佑 だいすけ
佑輝 ゆうき
佑悟 ゆうご
佑寿 ゆうじゅ
佑尽 ゆうじん
佑星 ゆうせい
佑大 ゆうだい
佑翔 ゆうと
佑陽 ゆうひ
佑磨 ゆうま
新ノ佑 しんのすけ
佑太郎 ゆうたろう

7 来

音訓 ライ、く(る)、きた(る)
名のり き、きたる、くる、こ

【意味】くる。きたる。未来。

【ポイント】「ライ」「き」「く」など、どの読みを使ってもイマドキの名前になるが、正しく読んでもらえない可能性も。旧字の「來」、異体字の「徠」も使える。

来 きたる
陽来 はるき
風来 ふうき
悠来 ゆうき
来翔 らいと
来夢 らいむ
未来斗 みきと
未来 みらい

7 利

音訓 リ、き(く)
名のり かず、さと、と、とおる、とし、のり

【意味】賢い。利益。

【ポイント】かつては、「とし」を使うことが多かったが、最近は「リ」の音をいかす傾向が強い。ほかに「リ」の音を持つ字で男の子向きなのは「理」「吏」など。

克利 かつとし
翔利 しょうり
新利 しんり
利明 としあき
勇利 ゆうり
利音 りおん
利澄 りずむ
亜利真 ありま

7 里

音訓 リ、さと
名のり さとし、のり

【意味】さと。田舎。

【ポイント】「千里(せんり)」など男の子にも使えるが、女の子名での使用が圧倒的なので、なるべく男の子らしい字と組み合わせたほうが、性別の間違いは少ない。

阿里 あさと
里樹 さとき
里夢 さとむ
里琉 さとる
千里 せんり、ちさと
里恩 りおん
久里歩 くりふ

7 李

音訓 リ、すもも
名のり もも

【意味】スモモ。プラム。

【ポイント】果実のスモモを意味する字。中国や朝鮮半島の姓のイメージもあり、オリエンタルな印象もある。「季」と間違えられやすいのが難点。

海李 かいり
爽李 そうり
優李 ゆうり
李晏 りあん
李温 りおん
李輝 りき、ももき
李玖 りく

良 7

音訓 リョウ、ロウ、よ(い)

名のり あきら、お、かず、すけ、たか、なが、はる、まこと、よし、ら、ろ

【意味】よい。すぐれる。賢い。

【ポイント】文字通り、よい意味があるので、昔から男女ともによく使われている字。オーソドックスな字だが、意味のよさとわかりやすさは魅力。「リョウ」「ら」の読みをいかせば、響きも今風になる。ほどよい画数で直線と曲線のバランスもよく、視覚的にもわりとどんな字とも合う。

【参考】●良月（りょうげつ）…きれいな満月。陰暦10月の異称。●良辰（りょうしん）…よい日がら。吉日。よい時。●石田衣良（いしだ・いら）…作家。●三浦知良（みうら・かずよし）…サッカー選手。

- 良 りょう
- 明良 あきら
- 奏良 そら
- 泰良 たいら
- 悠良 ゆうら、ゆら
- 良澄 よしずみ
- 良斗 よしと、りょうと
- 良寛 よしひろ
- 良吾 りょうご
- 良純 りょうじゅん
- 良辰 りょうしん
- 良輔 りょうすけ
- 良多 りょうた
- 良平 りょうへい
- 良太郎 りょうたろう

励 7

音訓 レイ、はげ(む)、はげ(ます)

名のり つとむ

【意味】はげむ。

【ポイント】気持ちを引き締めてがんばるイメージ。「レイ」の音は「玲」「礼」「麗」など中性的か女性的な字が多いが、この字は男の子向き。

- 励 れい、つとむ
- 励喜 れいき
- 励郁 れいく
- 励児 れいじ
- 励太 れいた
- 励登 れいと
- 励也 れいや

伶 7

音訓 レイ、リョウ、わざおぎ

名のり れ

【意味】楽人。俳優。賢い。

【ポイント】澄んだ音楽を奏でる人や賢いというよい意味がある一方で、召使いという意味もあり、好みが分かれる字。同音で似た字形のものに「玲」「怜」がある。

- 怜 りょう
- 舞伶 まいれ
- 伶成 りょうせい
- 伶汰 りょうた
- 伶平 りょうへい
- 伶児 れいじ
- 伶翔 れいと
- 伶音 れおん

呂 7

音訓 ロ、リョ

名のり おと、とも、なが、ふえ

【意味】背中の骨。

【ポイント】「ロ」と読む字が少ないため、貴重で、「呂伊（ろい）」など外国人風の名前で重宝。口がふたつある個性的な字なので、合わせる字は吟味が必要。

- 比呂 ひろ
- 呂宇 りょう
- 呂安 ろあん
- 呂維 ろい
- 呂伊 ろい
- 陽呂斗 ひろと
- 陽呂真 ひろま
- 呂伊土 ろいど

阿 8

音訓 ア、くま、おもね(る)

名のり お

【意味】おか。おもねる。

【ポイント】「阿部」など姓のイメージの強い字なので、名前らしくなるように、姓ではあまり使われていない字と組み合わせたい。

- 阿門 あもん
- 阿藍 あらん
- 星阿 せいあ
- 翔阿 とあ、しょうあ
- 阿久里 あぐり
- 千阿貴 ちあき
- 真阿瑠 まある

依 8

音訓 イ、エ

名のり より

【意味】寄る。もたれる。頼りにする。愛す。従う。

【ポイント】女の子での使用例が多いので、性別を間違われないよう、組み合わせる字は男の子らしい字を選びたい。

- 依龍 いりゅう
- 依斗 よりと
- 琉依 るい
- 依久生 いくお
- 依佐武 いさむ
- 慧依司 えいじ
- 大依牙 たいが
- 玲依人 れいと

育 8

音訓 イク、そだ(つ)、はぐく(む)

名のり なり、なる、やす

【意味】そだつ。

【ポイント】健康でのびのびと大きく育ってほしいという思いを込められる。「イク」の読みが定番だが、最近は同音の「郁」のほうが人気がある。

- 育生 いくお
- 育登 いくと
- 育穂 いくほ
- 育朗 いくろう
- 磨育 まいく
- 羅育 らいく
- 育之助 いくのすけ

英 8

音訓 エイ

名のり あきら、え、はな、ひで、よし

【意味】花。ひいでる。美しい。ハナブサ。

【ポイント】「英雄」などから勇敢、「英知」などから知識もイメージできる字。最近は音読みの「エイ」を活かした名前が人気。

- 英吉 えいきち
- 英晋 えいしん
- 英智 えいち
- 慈英 じえい
- 英輝 ひでき
- 英史 ひでふみ
- 靖英 やすひで
- 英斗史 ひでとし

8
延

音訓 エン、の（びる）
名のり すすむ、なが、のぶ、のぶる

【意味】のびる。のばす。

【ポイント】長く引き延ばして進むという意味から、余裕や広がりを感じさせる字。名のりの「のぶ」を使った名前が一般的。

- 延青　えんせい
- 唯延　ただのぶ
- 延生　のぶお、のぶき
- 延久　のぶひさ
- 延人　のぶひと、のぶと
- 延哉　のぶや

8
於

音訓 オ、ヨ、ああ、お（いて）
名のり ―

【意味】にあたって。ああ。

【ポイント】本来「とくに意味を主張しないので、響きを重視した名前で重宝。「時於（ときお）」など、「お」で終わる名前もこの字を使うと新鮮。

- 偉於　いお
- 時於　ときお
- 英於　ひでお
- 匡於　まさお
- 理於　りお
- 怜於　れお
- 於宇汰　おうた
- 七於斗　なおと

8
欧

音訓 オウ
名のり お

【意味】はく。ヨーロッパの漢字表記。

【ポイント】本来の意味は「吐く」「戻す」だが、「欧羅巴」「欧州」と、漢字表記でヨーロッパを意味することから、モダンな印象も。

- 欧円　おうえん
- 欧来　おうく
- 欧隼　おうしゅん
- 欧輔　おうすけ
- 欧太　おうた
- 志欧　しおう
- 来欧　らいおう
- 里欧斗　りおと

8
旺

音訓 オウ
名のり あきら、お

【意味】光が四方にひろがる。さかん。

【ポイント】好奇心旺盛の「旺」。「光」を意味する漢字は多いが、この字は加えて、活動的でさかんという意味もあり、とくに男の子におすすめしたい字のひとつ。「旺河（おうが）」など、音読みの「オウ」を使った名前がわかりやすいが、「礼旺（れお）」のように「お」の止め字として使用すると、より今風の名前に。

【参考】●旺盛（おうせい）…活動力が非常に盛んな状態。●前田旺志郎（まえだ・おうしろう）…子役、タレント。

- 旺　あきら
- 旺生　あきお
- 旺都　あきと
- 旺良　あきら
- 旺河　おうが
- 旺玖　おうく
- 旺惇　おうじゅん
- 旺成　おうせい
- 旺太　おうた
- 旺磨　おうま
- 一旺　かずあき、いちおう
- 音旺　ねお
- 博旺　ひろあき
- 礼旺　れお
- 伊旺里　いおり
- 旺次郎　おうじろう

8
佳

音訓 カ、ケイ、よ（い）
名のり よし

【意味】美しい。よい。すぐれる。めでたい。

【ポイント】人をあらわすにんべんと、天子から賜った玉器（ぎょつき）をあらわす「圭」で、美しい人や優れた人の意味に。

- 佳唯　かい
- 佳太　けいた
- 輝佳　てるよし
- 佳風　よしかぜ
- 佳樹　よしき
- 佳人　よしと
- 佳偉司　かいじ
- 日佳琉　ひかる

8
河

音訓 カ、ガ、かわ
名のり ―

【意味】かわ。中国の黄河。

【ポイント】一般に大きな川を意味し、スケール感のある字。「大河（たいが）」のように男の子の止め字で使われることが多いが、「河偉斗（かいと）」「太河志（たかし）」のように、先頭字や中間字などに使うと、新たな印象の名前になる。ちなみに中国では「河」といえば、黄河をさし、「江」といえば長江をさす。

【参考】●中島河太郎（なかじま・かわたろう）…評論家。

- 河偉　かい
- 銀河　ぎんが
- 空河　くうが
- 晃河　こうが
- 秀河　しゅうが
- 大河　たいが
- 泰河　たいが
- 登河　とうが
- 風河　ふうが
- 悠河　ゆうが
- 雄河　ゆうが
- 勇河　ゆうが
- 竜河　りゅうが
- 亮河　りょうが
- 河偉斗　かいと
- 河那多　かなた
- 太河志　たかし

8
果

音訓 カ、は（たす）、はて
名のり あきら、はた、はたす、まさる

【意味】くだもの。はたす。成果。

【ポイント】女の子に人気の字だが、「果たす」や「成果」といった意味から、「物事をきちんとやり遂げる子に」など、男の子向きの意味づけもできる。

- 果瑠　はる
- 果伊翔　かいと
- 果寿馬　かずま
- 果朱也　かずや
- 果津也　かつや
- 多果志　たかし
- 知果史　ちかし
- 果琉斗　はると

8 芽

音訓 ガ、め
名のり めい

【意味】植物の芽。物事の起こり。はじめ。きざし。めぐむ。

【ポイント】女の子に人気の字だが、「大芽（たいが）」など、人気の「ガ」で終わる名前がつくれる字。

芽門　がもん
光芽　こうが
煌芽　こうが
大芽　たいが
風芽　ふうが
雄芽　ゆうが
亮芽　りょうが
悠芽士　ゆめじ

8 岳

音訓 ガク、たけ
名のり たか、たかし、たけし

【意味】高い山。はたがしら。富士山。

【ポイント】力強くたくましく、おごそかな雰囲気もあり、とても男の子らしい字。「ガク」の音では、従来、名づけの定番だった「学」よりもこちらのほうがイマドキ感があり、人気がある。「高みを目指して一歩一歩がんばっていける子に」「困難にも立ち向かっていける子に」などの思いを込めて。

【参考】●濱田岳（はまだ・がく）…俳優。●熊谷岳大（くまがい・たけひろ）…タレント。●柴崎岳（しばざき・がく）…サッカー選手。●矢口岳（やぐち・たかし）…漫画家。

岳　がく、たけし
岳進　がくしん
岳登　がくと
岳陽　がくよう
一岳　かずたけ
岳雄　たかお
岳穂　たかほ
岳虎　たけとら
岳史　たけふみ
岳海　たけみ
岳路　たけみち
岳瑠　たける
岳郎　たけろう
秀岳　ひでたか
大岳　ひろたけ
岳ノ佑　たけのすけ

8 拡

音訓 カク、ひろ（がる）
名のり ひろし、ひろむ

【意味】広げる。

【ポイント】広いことを示す「広」に対し、手へんのある「拡」は、「自分で広げる」という、より行動的な意味に。「カク」の音を使うと今風の個性的な名前に。

拡　ひろし、ひろ
智拡　ちひろ
拡貴　ひろき
拡斗　ひろと
拡未　ひろみ
拡夢　ひろむ
拡太朗　かくたろう

8 学

音訓 ガク、まな（ぶ）
名のり あきら、さと、まなぶ、みち

【意味】まなぶ。ならう。

【ポイント】1字名の「学（まなぶ）」は、パパ世代に人気だったが、最近は「がく」と読ませるケースが多い。1字名以外でも「学斗（がくと）」などの読みが人気。

学　まなぶ、がく
学志　がくし
学司　がくじ
学斗　がくと
学哉　がくや
志学　しがく
学夢　まなむ

8 侃

音訓 カン、つよ（い）
名のり あきら、すなお、ただ、ただし、つよし、なお、やす

【意味】性格がつよい様子。

【ポイント】精神的にタフなイメージで、男の子向きの字。なじみが薄く、初見ではスムーズに読んでもらえないかも。難しい字ではないが、口頭ではやや説明しにくい。

侃　あきら、かん
侃介　かんすけ
侃太　かんた
侃己　なおみ
広侃　ひろやす
真侃　まさなお
美千侃　みちやす

8 季

音訓 キ
名のり すえ、とき、とし、ひで、みのる

【意味】春夏秋冬などの区分。末。とき。若い。

【ポイント】男女ともに人気の字で、「悠季（ゆうき）」など、合わせる字によっては性別がわかりにくくなることも。

季　みのる
玄季　げんき
翔季　しょうき
貴季　たかとき
季仁　ときひと
悠季　ゆうき
伊武季　いぶき
美季央　みきお

8 宜

音訓 ギ
名のり き、たか、のぶ、のり、やす、よし

【意味】よろしい。形や程度がちょうどよい。

【ポイント】「儀」や「義」と同系のよいことを示す字。「き」や「ギ」の読みをいかすと今風の響きの名前に。

乙宜　いつき
皇宜　こうき
宜雄　のりお
宜文　のりふみ
光宜　みつき
佑宜　ゆうき
宜人　よしと
真佐宜　まさき

8 祈

音訓 キ、いの（る）
名のり いのり

【意味】いのる。祈念。告げる。

【ポイント】おごそかで気品があり、神聖な印象。認知度は高いが、名前には意外と使われていないので、「希」「紀」「季」に代わって、「キ」の音で使うと新鮮。

和祈　かずき
祈市　きいち
大祈　だいき
響祈　ひびき
雅祈　まさき
勇祈　ゆうき
夢祈　ゆめき
寿祈也　じゅきや

其

8

音訓 キ、ギ、そ(の)
名のり その、とき、もと

【意味】その。それ。

【ポイント】意味を主張しない字なので、「キ」や「そ」の音をいかした、響きを重視した名前に重宝しそう。使用例は少ないので、名前のイメージはかなり新鮮。

煌其	こうき
彰其	しょうき
其真	そのま
其羅	そら
瑞其	みずき
佑其	ゆうき
其那太	そなた
悠其斗	ゆきと

穹

8

音訓 キュウ、ク、そら
名のり ―

【意味】弓なりに盛り上がったドーム状の形。そら。奥が深い様子。

【ポイント】2009年から名前に使えるようになった字。広く大地を覆う青空を意味する。

穹	そら
穹雅	きゅうが
穹児	きゅうじ
穹宇	そう、くう
太穹	たく
吏穹	りく
穹亜羅	そあら
穹那汰	そなた

享

8

音訓 キョウ
名のり あきら、すすむ、たか、みち、ゆき

【意味】受ける。享受。たてまつる。すすめる。

【ポイント】「多くの幸を受けられるように」などの願いを込めて。共通の読みも多い「亨」と間違えられやすいのが難点。

享	あきら
享介	きょうすけ
享平	きょうへい
享麻	きょうま
享斗	ゆきと
享道	ゆきみち
享太郎	きょうたろう
享乃丞	ゆきのじょう

協

8

音訓 キョウ、かな(う)
名のり かのう、やす

【意味】力を合わせる。

【ポイント】あまりに一般的な字のためか、名前での使用例は多くない。「キョウ」の読みのほか、「協太（かなた）」など、「かな」の読みをいかすこともできる。

協太	かなた
協夢	かなむ
協永	きょうえい
協児	きょうじ
協介	きょうすけ
協斉	きょうせい
協多	きょうた
協彦	やすひこ

京

8

音訓 キョウ、ケイ、みやこ
名のり あつ、おさむ、たかし、ちか、ひろし

【意味】みやこ。兆の1000倍。

【ポイント】上品かつ和のイメージで、根強い人気。すっきりした左右対称の字形は、どんな字ともなじむ。読みは「キョウ」が一般的だが、「ケイ」も人気上昇中。

右京	うきょう
京輔	きょうすけ
京平	きょうへい
京吾	けいご
京蔵	けいぞう
京太	けいた
左京	さきょう
京史郎	きょうしろう

空

8

音訓 クウ、ク、そら、あ(く)、から
名のり たか

【意味】そら。天気。むなしい。

【ポイント】さわやかさとスケール感のある字で、近年「海」とともにとても人気がある字。「そら」の読みは応用がむずかしいが、「ク」や「たか」は使いやすく、バリエーションも豊か。ただし、もともとは「何もない状態の空（から）」という意味。転じて「何もない空間＝空（そら）」となったため、なかには名前には不向きと考える人もいる。

【参考】●空不異色（くうふいしき）…般若心経の一節。「色」は、物質や肉体など、この世のすべてのものをあらわし、「空っぽであるものには、すべて形がある」という仏教の教えを説いたもの。●色即是空（しきそくぜくう）…般若心経の一節。すべての形あるものや現象は単独では存在せず、さまざまなものと依存しながら存在する、という仏教の教えを説いたもの。●空海（くうかい）…真言宗開祖。弘法大師。

空	そら、くう
藍空	あいく
秋空	あきたか
希空	きく
空宇	くう
空我	くうが
空悟	くうご
空太	くうた
空大	くうだい
空飛	くうと
燦空	さんく
進空	しんく
清空	せいあ、きよたか
颯空	そうあ
空楽	そら
蒼空	そら、あおぞら
青空	そら、あおぞら
空風	そらかぜ
空侍	そらじ
空太	そらた
空翔	そらと、たかと
空彦	そらひこ
空人	そらひと
空虎	たかとら
空也	たかなり
空路	たかみち
千空	ちから
翔空	とあ
晴空	はるく
優空	ゆうあ
理空	りく
陸空	りく
璃空	りく
琉空	りゅうく
怜空	れいく
空久亜	あくあ
依空真	いくま
空里歩	くりふ
空次朗	そらじろう
空太郎	そらたろう
空之介	そらのすけ
汰空斗	たくと
大空海	たくみ
太空弥	たくや
陽呂空	ひろたか
璃空斗	りくと

尭

8

音訓 ギョウ、たか(い)

名のり あき、たかし、のり

【意味】たかい。崇高。気高い。

【ポイント】字の意味と特徴的な字形で、おごそかな雰囲気の字。ただし、なじみが薄い字のため、やや読みにくく、口頭で字を説明しにくい面もある。

尭	たかし
尭則	あきのり
尭楽	あきら
尭貴	たかき
尭帆	たかほ
智尭	ちあき、ともあき
陽尭	ひだか

欣

8

音訓 キン、ゴン、コン、よろこ(ぶ)

名のり やすし、よし

【意味】よろこぶ。

【ポイント】口を開けて笑い喜ぶという意味で、気分がよく、とても幸せなことを示す字。俳優の北大路欣也（きたおうじきんや）さんが有名。

欣児	きんじ
欣矢	きんや
欣造	ごんぞう
欣太	こんた
欣渡	よしと
欣也	よしなり
欣太郎	きんたろう
欣之介	きんのすけ

径

8

音訓 ケイ

名のり みち、わたる

【意味】こみち。近道。

【ポイント】ヨーロッパの小径をイメージさせる、ロマンチックな雰囲気のある字。似た意味で同じ「みち」の読みを持つ「道」「路」よりも使われておらず、新鮮。

径	わたる
径司	けいじ
径心	けいしん
径介	けいすけ
径都	けいと
真径	まさみち
径彦	みちひこ
径太郎	けいたろう

虎

8

音訓 コ、とら

名のり たけ

【意味】トラ。強い。

【ポイント】強く勇敢なイメージがあり、近年、男の子の名前で人気の字。荒くたけだけしいという意味も含まれるため好みが分かれるが、和風の雰囲気もまた魅力。また、虎だとちょっと強すぎるということから、同音で、同じ虎の字が入っている、琥珀（こはく）の「琥」を使用する例も増えている。そのほか同じトラでも、「寅」を使うとまた趣が違ってくる。

【参考】●虎嘯風生（こしょうふうしょう）…虎が吠えて風を巻き起こすという意味。転じて、優れた人が、機会を得て奮起すること。●竜虎相搏（りゅうこあいうつ）…優劣のつけがたい強豪同士が戦うことのたとえ。●上杉景虎（うえすぎ・かげとら）…戦国武将。●加藤虎ノ介（かとう・とらのすけ）…俳優。

景虎	かげとら
一虎	かずとら、かずたけ
賢虎	けんと
虎太	こた
虎哲	こてつ
虎鉄	こてつ
隆虎	たかとら
虎生	たけき
虎希	たけき
虎士	たけし
虎侍	たけじ
武虎	たけとら
虎広	たけひろ
虎彦	たけひこ
虎巳	たけみ
虎武	たけむ
虎琉	たける
虎武	とむ
虎伊	とらい
虎吉	とらきち
虎児	とらじ
虎彦	とらひこ
虎丸	とらまる
虎弥	とらや
秀虎	ひでとら
雅虎	まさとら
光虎	みつとら
夢虎	ゆめとら
龍虎	りゅうこ
凌虎	りょうと
亮日虎	あきひこ
虎宇司	こうじ
虎宇世	こうせい
虎羽太	こうた
虎有真	こうま
虎々武	ここむ
虎仁郎	こじろう
虎次朗	こじろう
虎多郎	こたろう
虎太朗	こたろう
真虎人	まこと
虎太楼	こたろう
虎之丞	とらのじょう、とらのすけ
虎乃進	とらのしん
虎之介	とらのすけ
虎の助	とらのすけ
虎乃輔	とらのすけ
日虎成	ひこなり
麻虎人	まこと

弦

8

音訓 ゲン、つる

名のり いと、お、ふさ、ゆづる

【意味】弓づる。弓張り月。弦楽器の糸。

【ポイント】月と楽器の連想から、情緒的かつ和の雰囲気。「弦月（げんげつ）」とは、弓を張ったような半月状態の月のこと。

弦	げん
弦也	いとなり
英弦	えいと
弦太	げんた
弦彦	つるひこ
唯弦	ゆいと
結弦	ゆづる
弦一郎	げんいちろう

呼

8

音訓 コ、よ(ぶ)

名のり おと、こえ、よぶ

【意味】大きい声を出す。よぶ。

【ポイント】「コ」や「よ」の読みをいかして、「真呼斗（まこと）」「呼人（よひと）」などの個性的な名前がつくれる。人を呼ぶパワーのある人に。

呼矢	おとや
呼哲	こてつ
呼人	よひと
呼仁	よひと
呼平	よへい
呼太朗	こたろう
呼多郎	こたろう
真呼斗	まこと

昂

8画

音訓 コウ、ゴウ、あ(がる)、たか(い)

名のり あき、あきら、たかし、のぼる

【意味】上に上がる。上を向く。

【ポイント】前向きな意味を持ち、「コウ」の読みも名前のバリエーションをつくりやすいが、口頭での説明がしにくいのが難。なお、「昴（すばる）」とは、別字。

昂	こう、たかし
昂斗	あきと
昂弘	あきひろ
昂秀	こうしゅう
昂介	こうすけ
昂大	こうだい
昂士	たかし

幸

8画

音訓 コウ、さいわ(い)、さち、しあわ(せ)

名のり さい、さき、ゆき、よし

【意味】しあわせ。

【ポイント】昔ほどではないが、現在も安定した人気。「コウ」「ゆき」「さち」などポピュラーな読みが多く、読み間違いされやすい面はあるが、ストレートに「わが子の幸せ」を願える字はやはり名前向き。横線のイメージが強いので、横線の少ない字と組み合わせたほうが、バランスがいい。

【参考】●真田幸村（さなだ・ゆきむら）…戦国武将。●三谷幸喜（みたに・こうき）…脚本家。●伊坂幸太郎（いさか・こうたろう）…作家。●坪倉由幸（つぼくら・よしゆき）…タレント。

幸市	こういち
幸喜	こうき
幸路	こうじ
幸俊	こうしゅん
幸佑	こうすけ
幸多	こうた
幸大	こうだい
幸平	こうへい
幸音	さいと
幸仁	さちと
友幸	ともゆき
直幸	なおゆき
幸斗	ゆきと
幸成	ゆきなり
幸士郎	こうしろう
幸太朗	こうたろう
幸乃輔	ゆきのすけ

昊

8画

音訓 コウ、ゴウ、そら

名のり —

【意味】そら。太陽の明るい空。

【ポイント】からっぽの意味もある「空」と違い、純粋に自然の「空」を意味する。なじみはないので誤読されやすいが、「日＋天」と字の説明はしやすい。

昊紀	こうき、ごうき
昊青	こうせい
昊明	こうめい
青昊	せいごう
大昊	だいごう
悠昊	ゆうごう
昊太郎	こうたろう

岬

8画

音訓 コウ、みさき

名のり —

【意味】海から突き出た陸地。

【ポイント】大地の力強さと海辺のさわやかさの両方を感じられる字。女の子名「岬（みさき）」の印象が強いが、男の子は「コウ＋止め字」で考えるとつくりやすい。

岬	こう、みさき
岬栄	こうえい
岬希	こうき
岬太	こうた
岬大	こうだい
岬勇	こうゆう
岬琉	こうりゅう

采

8画

音訓 サイ、と(る)

名のり あや、うね、こと

【意味】つかみとる。いろどり。かたち。

【ポイント】手でつかんで取るという意味から、「夢の実現」などを願って。名前での使用例は少ないので目新しさがある。

采翔	あやと
采武	ことむ
采弥	ことや
采賀	さいが
采斗	さいと
真采	まこと
采乃助	あやのすけ
采士郎	さいしろう

侍

8画

音訓 ジ、さむらい

名のり ひと

【意味】武士。

【ポイント】「二」や「司」に代わる「ジ」の止め字として使用できる字。サムライのような凜々しい男の子に育つことを願って。

吟侍	ぎんじ
健侍	けんじ
侍恩	じおん
侍郎	じろう
勇侍	ゆうじ
夢侍	ゆめじ
遼侍	りょうじ
銀侍郎	ぎんじろう

治

8画

音訓 ジ、チ、おさ(める)、なお(る)

名のり おさむ、はる

【意味】おさめる。安んずる。なおす。

【ポイント】「ジ」「はる」の読みで、パパより前の世代でよく使われていた字。男の子の止め字の定番なので、1字目で使うと新しい印象に。

穣治	じょうじ
匠治	たくじ
治翔	はると、なおと
治真	はるま
将治	まさはる
悠治	ゆうじ
隆治郎	りゅうじろう

実

8画

音訓 ジツ、み、みの(る)

名のり これ、さね、ちか、のり、ま、まこと、みつ、みつる、みのる

【意味】みのる。果実。まこと。むすぶ。

【ポイント】「実りある人生」を願って。女の子の止め字の印象が強いが、1字名の「実（みのる）」をはじめ、男の子名でも多用。

実	みのる、まこと
実平	じっぺい
拓実	たくみ
琢実	たくみ
実翔	みと
十実和	とみお
呂実央	ろみお

8
宗
音訓 シュウ、ソウ
名のり かず、たかし、とき、むね

【意味】大もと。祖先。一門。

【ポイント】家屋内の祭壇をあらわした字で、厳格なイメージ。左右対称の安定した字形は、どんな字ともなじみやすい。「宋」と似ている点はややまぎらわしい。

宗	しゅう、たかし
宗斗	しゅうと
宗汰	そうた
宗真	そうま
宗平	そうへい
政宗	まさむね
宗之助	そうのすけ

8
周
音訓 シュウ、まわり
名のり あまね、いたる、かね、ただ、ちか、のり、ひろし、まこと、めぐる

【意味】全体に行き渡る。まわり。めぐる。

【ポイント】スケールの大きさとともに、「細部に行き渡る」という意味から、周囲への気配りも感じさせる字。

周	しゅう、めぐる
周星	しゅうせい
周斗	しゅうと
大周	たいしゅう
磨周	ましゅう
宗周	むねちか
周太郎	しゅうたろう

8
尚
音訓 ショウ
名のり たか、たかし、なお、ひさ、ひさし

【意味】尊ぶ。高貴な。久しい。

【ポイント】志を高くするという意味の熟語「尚志（しょうし）」は男の子名にそのまま使える。ちなみに「和尚」は、「おしょう」と読むので注意。

尚	しょう、ひさし
尚武	しょうぶ
主尚	すなお
尚希	なおき
尚志	ひさし
尚太朗	なおたろう、しょうたろう

8
昌
音訓 ショウ、さか(ん)
名のり あき、あきら、まさ

【意味】あきらか。あかるい。

【ポイント】意味は「明るい」。おもに「ショウ」「まさ」「あき」の読みで使われる。ちなみに「日」が3つの「晶」は、「星がきらめいて明るい」という意味。

昌	あきら、しょう
昌一	しょういち
昌汰	しょうた
輝昌	てるあき
昌明	まさあき
昌宏	まさひろ
優昌	ゆうしょう

8
昇
音訓 ショウ、のぼる
名のり かみ、すすむ、のり

【意味】太陽がのぼる。穏やか。高い地位。

【ポイント】向上心や運気向上、飛躍などをイメージさせる名前向きの字。今風の響きを考えるなら、「ショウ」の音をいかしたい。

昇	しょう、のぼる
昇吾	しょうご
昇介	しょうすけ
昇平	しょうへい
昇馬	しょうま
真昇	まさのり
昇太郎	しょうたろう

8
松
音訓 ショウ、まつ
名のり ―

【意味】常緑針葉樹のまつ。

【ポイント】慶事の象徴とされる「松竹梅」の最上級をあらわす字。「まつ」の音はややレトロ感があるが、「ショウ」をいかせば今風の響きの名前にも。

市松	いちまつ
松太	しょうた
松一	しょういち
松風	まつかぜ
雪松	ゆきまつ
松太郎	まつたろう、しょうたろう
松之輔	まつのすけ

8
征
音訓 セイ
名のり さち、そ、ただし、まさ、ゆき

【意味】まっすぐ進む。

【ポイント】「征服」「征伐」などの単語から、力強さや勇ましさを感じさせる字。指揮者の小澤征爾（せいじ）さん、息子で俳優の小澤征悦（ゆきよし）さんが有名。

和征	かずまさ
煌征	こうせい
征吾	せいご
征琉	せいりゅう
英征	ひでゆき
征伸	まさのぶ
征人	ゆきと
征志郎	せいしろう

8
斉
音訓 セイ、サイ
名のり ただ、とき、なり、ひとし、まさ

【意味】ととのう。

【ポイント】姓に多いが、古くは徳川家斉（いえなり）など、名前にもよく使われてきた字。なお、旧字と思われがちな「斎」は、「慎む」という意味のまったくの別字。

斉	ひとし
秀斉	しゅうさい、ひでなり
斉桜	せいおう
斉士	せいじ
斉心	せいしん
斉真	せいま
佑斉	ゆうせい

8
青
音訓 セイ、ショウ、あお
名のり じょう、はる

【意味】あお。春。青年。しげる。

【ポイント】色のイメージが強いが、さわやかな空や海も連想させる字。横線の印象があるので、斜線や曲線を持つ字と組み合わせたい。

青空	あおぞら、そら
青翔	あおと
青波	あおば
青琉	せいりゅう
青希	はるき
悠青	ゆうせい
青史朗	あおしろう

卓

8

音訓 タク
名のり すぐる、たか、たかし、まさる

【意味】ひいでる。すぐれる。

【ポイント】人気の「タク」の響きを持つが、「拓」「匠」「巧」などにやや押され気味。意味は非常に名前向き。

卓	たく、すぐる
卓士	たくし
卓蔵	たくぞう
卓磨	たくま
卓夢	たくむ
卓也	たくや
卓郎	たくろう

拓

8

音訓 タク
名のり ひら、ひらく、ひろ、ひろし

【意味】開く。広げる。

【ポイント】「卓」「琢」「宅」など、「タク」と読む字はいくつかあるが、なかでも圧倒的な人気を誇るのが「拓」。前向きでたくましいイメージがあり、男の子の人気漢字のひとつ。いろいろな止め字と合わせやすく、使い勝手がよいのもその要因。「自分自身で未来を切り開いていける子に」との願いを込めて。

【参考】●吉田拓郎（よしだ・たくろう）…歌手。●木村拓哉（きむら・たくや）…タレント。●澤村拓一（さわむら・ひろかず）…野球選手。●浅尾拓也（あさお・たくや）…野球選手。

拓	たく、ひろ
拓路	たくじ
拓真	たくま
拓海	たくみ
拓巳	たくみ
拓夢	たくむ
拓弥	たくや
拓郎	たくろう
丈拓	たけひろ
千拓	ちひろ
時拓	ときひろ
拓紀	ひろき
拓斗	ひろと
拓実	ひろみ
守拓	もりひろ
多佳拓	たかひろ

坦

8

音訓 タン、たい（ら）
名のり たいら、ひとし、ひら、ひろ

【意味】たいらか。感情に起伏なくおだやか。

【ポイント】「おだやかに過ごせるように」などの願いが込められる字。「タン」の音をいかすと、個性的な響きの名前に。

坦	たいら、ひとし
坦良	たいら
坦伍	たんご
坦治	たんじ
坦清	たんせい
坦人	たんと、ひろと

知

8

音訓 チ、し（る）
名のり あきら、かず、さと、さとし、さとる、ちか、とも、はる

【意味】しる。悟る。知恵。

【ポイント】知性を象徴する字。「物事を正しく知る（見抜ける）ように」といった思いを込められる。男女ともに使われるので、組み合わせる字によっては性別を間違われる可能性も。男の子らしい字と組み合わせるのがベター。

【参考】●知暁（ちぎょう）…物事の本質をよく知ること。●知士（ちし）…道理をよく知っている人。●三浦知良（みうら・かずよし）…サッカー選手。●金本知憲（かねもと・ともあき）…野球選手。●三浦大知（みうら・だいち）…歌手。●谷佳知（たに・よしとも）…野球選手。

知樹	さとき
知志	さとし
知士	さとし
泰知	たいち
大知	だいち
知尋	ちひろ
知暁	ともあき
知輝	ともき
知道	ともみち
知哉	ともや
知之	ともゆき
泰知	やすとも
勇知	ゆうち
意知郎	いちろう
知可良	ちから
知佳寿	ともかず
未知生	みちお

宙

8

音訓 チュウ
名のり そら、ひろ、ひろし、みち

【意味】そら。時間。

【ポイント】宇宙をイメージさせる、スケール感のある字。主張の強い字なので、「太」「斗」など、定番の止め字と組み合わせたほうが、なじみやすい。

宙楽	そら
宙太	そらた
宙翔	そらと
千宙	ちひろ
遥宙	はるひろ
宙貴	ひろき
宙斗	ひろと
宙ノ進	ひろのしん

忠

8

音訓 チュウ
名のり あつ、ただ、ただし、のり

【意味】誠意。

【ポイント】「忠誠」「忠実」など、まっすぐでまじめなイメージ。サッカーの李忠成（ただなり）選手が有名。

克忠	かつのり
忠利	ただとし
忠彦	ただひこ
忠誠	ちゅうせい
忠哉	ちゅうや、あつや
直忠	なおただ
道忠	みちのり

長

8

音訓 チョウ、なが（い）
名のり おさ、たけ、たけし、たける

【意味】ながい。すぐれている。

【ポイント】かつては家督を継ぐ長男に使われた字だが、今は、「長（た）けている（優れていること）」という、よい意味を重視して、兄弟の序列に関係なく使われる。

長	たける
長巳	おさみ
長夢	おさむ
長毅	たけき
長丸	たけまる
長栄	ちょうえい
道長	みちなが
長太郎	ちょうたろう

8 直

音訓 チョク、ジキ、ただ(ちに)、なお(す)
名のり すぐ、すなお、ただ、ただし

【意味】まっすぐ。正しい。すぐに。

【ポイント】名前向きのよい意味を持つため、昔から名前によく使われてきた字。名のりも多いが、どれもあまり一般的ではないので、読みやすさを考えると、「なお」の読みをいかして名前を考えたい。「真っすぐに素直な子に育ってほしい」「人として正しく生きてほしい」「思い立ったらすぐに行動できる行動力のある子に」など、さまざまな意味づけができる字。

【参考】●志賀直哉（しが・なおや）…作家。●藤木直人（ふじき・なおひと）…俳優。●森山直太朗（もりやま・なおたろう）…歌手。

直	すなお
一直	かずただ
直凰	ただお
直志	ただし
直宗	ただむね
直行	ただゆき
直生	なお
直輝	なおき
直輔	なおすけ
直純	なおずみ
直敬	なおたか
直人	なおと
直也	なおや
直之	なおゆき
雅直	まさなお
康直	やすただ
直央哉	なおや

8 定

音訓 テイ、ジョウ、さだ(める)
名のり さだむ、さだめ

【意味】ひとつに決める。落ち着く。

【ポイント】やや古風で落ちついた印象のある字。「決断力のある子に」「安定した生活を送れるように」などの願いを込めて。

定	じょう、さだめ
定人	さだと
定仁	さだひと、じょうじ
定真	さだま
定吉	じょうきち
道定	みちさだ

8 迪

音訓 テキ、トク、みち
名のり すすむ、ただす、ひら

【意味】すすむ。みち。導く。

【ポイント】なじみの薄い人名用漢字だが、意味はよく、口頭での説明も簡単。「道」や「路」に代わって「みち」の読みを使うと、視覚的に新鮮。

迪	すすむ
迪真	とくま
迪朗	とくろう
晴迪	はるみち
真迪	まさみち
迪基	みちき
迪典	みちのり
迪也	みちや

8 典

音訓 テン
名のり おき、すけ、つね、のり、みち

【意味】基準となる教え。

【ポイント】その意味から、「道徳心」や「聡明さ」などをイメージさせる字。一般的に「のり」の読みが多いが、音読みの「テン」を使うと、快活な印象に。

典	てん
一典	かずのり
竜典	たつのり
典章	のりあき
典良	のりよし
雅典	まさのり
典朗	みちろう
涼典	りょうすけ

8 到

音訓 トウ、いた(る)
名のり いたる、ゆき、よし

【意味】いたる。目的の時間。

【ポイント】目的を果たそうとする強い意志が感じられる字で、向上心や実行力をイメージ。「トウ」の音をいかせば、応用の幅が広がる。

到	いたる
和到	かずよし
到我	とうが
到馬	とうま
到矢	とうや
到竜	とうりゅう
光到	みつよし
到斗	よしと

8 東

音訓 トウ、ひがし
名のり あきら、あずま、はじめ、はる

【意味】ひがし。日の出る方角。

【ポイント】名前例は少ないが、「春」も意味する縁起のよい字。使いやすい読みは「トウ」と「はる」。組み合わせる字によっては、姓のようになるので注意したい。

東	あずま、はじめ
東輝	とうき
東吾	とうご
東聖	とうせい
東麻	とうま
東樹	はるき
沙東士	さとし

8 奈

音訓 ナ、ダ、ダイ
名のり なに

【意味】いかん。何ぞ。

【ポイント】左右対称のすっきりした字形で、どんな字とも合いやすい。ただし女の子名の人気字なので、男の子を感じさせる字と組み合わせたい。

奈史	だいし
奈次郎	だいじろう
奈央翔	なおと
奈雄也	なおや
奈津雄	なつお
奈々翔	ななと
日奈太	ひなた
真奈生	まなき

8 杷

音訓 ハ、ベ、つか
名のり え

【意味】さらい（土をかきならす農具）。

【ポイント】初夏が旬の果物「枇杷（びわ）」に用いられる字でもあり、「ハ」または枇杷から「わ」の音に使える。

蒼杷	そうわ
十杷	とわ
翔杷	とわ
杷琉	はる
有杷	ゆうわ
杷矢登	はやと
杷留斗	はると
杷瑠真	はるま

波（8画）

音訓　ハ、なみ
名のり　ば

【意味】なみ。

【ポイント】近年、海に関連する字はとても人気があるが、この字も使用頻度が上昇している字のひとつ。「和波（かずは）」「青波（あおば）」のように、「ハ」「ば」の音をいかして止め字に使うケースが多いが、「波貴（なみき）」など、ストレートに「なみ」の読みを使った名前もつくれる。ただし、女の子にも人気があるので、性別のわかりにくい中性的な名前になることも。まぎらわしくないよう、男の子らしい字と組み合わせたい。

青波	あおば、せいは
和波	かずは
静波	せいは
爽波	そうは
照波	てるは
那波	ななみ
波貴	なみき
波音	なみと
波歩	なみほ
波琉	はる
波留輝	はるき
巳波	みなみ
夏波人	かなと
波津希	なつき
波哉斗	はやと
波流真	はるま

弥（8画）

音訓　ビ、ミ、や
名のり　いよ、ひさ、ひさし、ひろ、みつ、やす、よし、わたる

【意味】広がる。長い。増す。

【ポイント】3月の異名「弥生（やよい）」の印象も強いが、「や」の音の止め字として、生まれ月に関係なく使用されている。

音弥	おとや
一弥	かずや
光弥	こうや
直弥	なおや
文弥	ふみや
弥六	みろく
優弥	ゆうや
可弥斗	かやと

武（8画）

音訓　ブ、ム
名のり　いさ、いさむ、たけ、たけし、たける、たつ

【意味】いさましい。強い。

【ポイント】凛々しいサムライのイメージを持つ字。字形にも勢いや勇ましさが感じられ、男の子らしい字。以前は「たけ」と読むことが多かったが、最近は「勇武（いさむ）」「学武（まなぶ）」のように、「ム」や「ブ」の音をいかした名前も多い。

【参考】●文武両道（ぶんぶりょうどう）…学問と武道の両面。●武蔵（むさし）…昔の東海道の国のひとつ。●北野武（きたの・たけし）…タレント。映画監督。●木梨憲武（きなし・のりたけ）…タレント。●塚地武雅（つかじ・むが）…タレント。

武	たけし、たける
歩武	あゆむ
拓武	たくむ
武士	たけし
武都	たけと
武悠	たけはる
武琉	たける
弘武	ひろむ
武瑠	たける
武雅	むが、たけまさ
武蔵	むさし
亜斗武	あとむ
伊武貴	いぶき
伸武也	のぶや
武沙士	むさし

宝（8画）

音訓　ホウ、たから
名のり　かね、たか、とみ、ほ、みち、よし

【意味】たから。大切にしているもの。

【ポイント】わが子を宝物のように思う気持ちをストレートに表現できる字。「ホウ」の読みを縮めて「ホ」と読ませる傾向も。

宝士	たかし
宝都	たかと
宝良	たから
宝楽	たから
宝星	ほうせい
隆宝	りゅうほう
宝稀	ほまれ
雄宝	ゆうほう

歩（8画）

音訓　ホ、ブ、フ、ある(く)、あゆ(む)
名のり　あゆみ、あゆむ、すすむ

【意味】あるく。行く。

【ポイント】目標に向かって1歩1歩着実に進むイメージで、男女ともに人気。男女ともに1字名での人気が高いが、一般的には男の子は「あゆむ」、女の子は「あゆみ」と読ませる傾向が強い。最近は1字足した「歩武（あゆむ）」「歩夢（あゆむ）」も人気。音読みの「ホ」や「ブ」を活かすと今風の個性的な名前になる。

【参考】●江戸川乱歩（えどがわ・らんぽ）…作家。●国木田独歩（くにきだ・どっぽ）…小説家。●加藤歩（かとう・あゆむ）…タレント。

歩	あゆむ
歩生	あゆき
歩紀	あゆき
歩多	あゆた
歩斗	あゆと
歩真	あゆま
歩磨	あゆま
歩夢	あゆむ
歩武	あゆむ
歩翔	あると
一歩	かずほ
歩高	ほだか
歩積	ほづみ
瑞歩	みずほ
悠歩	ゆうほ
歩太朗	あゆたろう
伊歩樹	いぶき
歩久斗	ほくと

法（8画）

音訓　ホウ、ハッ、ホッ
名のり　かず、つね、のり、はかる

【意味】おきて。

【ポイント】最近は使用例が減っているが、かつては「のり」の読みでよく使われていた字。込められる願いは、人としての誠実さや堅実さ。

和法	かずのり
貴法	たかのり
法翔	のりと
法康	のりやす
法義	のりよし
法世	ほうせい
法達	ほうた
法士郎	ほうしろう

朋

8

音訓 ホウ、ボウ、とも
名のり ―

【意味】ともだち。

【ポイント】同じ友達や仲間を表す字に「友」があるが、「朋」はとくに、対等に肩を並べた友達という意味。一般的な読みは「とも」だが、今風の響きなら「ホウ」がおすすめ。

朋章	ともあき
朋輝	ともき
朋徳	とものり
朋裕	ともひろ
朋也	ともや
朋好	ともよし
朋仁	ほうじん
友朋	ゆうほう

明

8

音訓 メイ、ミョウ、あ(かり)、あか(るい)、あき(らか)
名のり あきら、あけ、てる、はる

【意味】あかるい。光。よく物が見える。あきらか。賢い。

【ポイント】明るく活発で、物事を明らかにするなど前向きなイメージ。「メイ」の読みをいかすと、個性的な響きの名前になる。

【参考】●明朗（めいろう）…気持ちが明るく朗らかなこと。●明智（めいち）…優れた知恵。●黒澤明（くろさわ・あきら）…映画監督。●鳥山明（とりやま・あきら）…漫画家。●滝沢秀明（たきざわ・ひであき）…タレント。●石橋貴明（いしばし・たかあき）。●小木博明（おぎ・ひろあき）…タレント。●徳永英明（とくなが・ひであき）…歌手。

明	あきら、めい
明央	あきお
明哲	あきさと
明斗	あきと、めいと
明峰	あきみね
明良	あきら、あきよし
幸明	こうめい
秀明	しゅうめい
貴明	たかあき
明生	はるき
寛明	ひろあき
琉明	りゅうめい
明貴良	あきら
明日太	あすた

茉

8

音訓 マツ、バツ、ま
名のり ―

【意味】茉莉（まつり）。

【ポイント】茉莉（まつり）はジャスミンの一種。女の子イメージの強い字なので、男の子らしい字と組み合わせたい。

颯茉	そうま
茉斗	まつと
琉茉	りゅうま
茉那紀	まなき
茉莉王	まりお

茂

8

音訓 モ、しげ(る)
名のり しげみ、しげる、とも、もち、もと

【意味】草木がしげる。さかん。豊か。

【ポイント】昔は、1字名の「茂（しげる）」や「しげ」の読みでよく使われた字。「モ」の音をいかした名前にすると、新鮮な印象。

茂	しげる
一茂	かずしげ
茂樹	しげき
茂徒	しげと
茂虎	しげとら
茂光	しげみつ
十茂春	ともはる
茂斗紀	もとき

門

8

音訓 モン、かど
名のり と、ひろ、ゆき

【意味】もん。家。一族。仲間。

【ポイント】安定感と重厚感がある。「モン」の音を持つ貴重な字。「亜門（あもん）」「龍門（りゅうもん）」など、視覚は和風、響きは洋風の和洋折衷名をつくることも。

亜門	あもん
門真	かどま
雅門	がもん、まさひろ
匡門	まさかど
門爾	もんじ
門土	もんど
龍門	りゅうもん

侑

8

音訓 ユウ、ウ、すす(め)、たす(ける)
名のり あつむ、すすむ、ゆ、ゆき

【意味】すすめる。飲食をすすめる。助ける。

【ポイント】人気の「ユウ」の響きを持つ字。「ユウ」の音を持つ字は数あるが、「侑」は目新しさがある。

侑	ゆう
侑雅	ゆうが
侑翔	ゆうと
侑平	ゆうへい
侑真	ゆうま
侑門	ゆうもん
侑史郎	ゆうしろう
侑乃介	ゆうのすけ

來

8

音訓 ライ、きた(る)、く(る)
名のり き、きたる、くる、こ

【意味】こちらにちかづく。

【ポイント】「来」の旧字体。歌手の倖田來未（こうだくみ）さんの登場で以前よりポピュラーになり、旧字のなかではわかりやすい字。左右対称の字形もバランスがいい。

旺來	おうき
飛來	とらい
未來	みらい
來斗	らいと
來真	らいま
來夢	らいむ
浬來生	りくお
多來馬	たくま

林

8

音訓 リン、はやし
名のり しげ、しげる、もと、もり、よし

【意味】はやし。盛ん。

【ポイント】「リン」の音を活かすと、響き、字面ともに、芸術家や文学者の屋号のような独特の雰囲気に。なお、姓にも木があると、うるさい印象になるので注意。

桜林	おうりん
洸林	こうりん
林琉	しげる
林快	りんかい
林侍	りんじ
林聖	りんせい
林蔵	りんぞう
林太郎	りんたろう

和　8画

音訓　ワ、オ、やわ(らぐ)、なご(やか)

名のり　あい、かず、とも、な、のどか、ひとし、やす、やすし、やまと、やわら、よし、より、わたる

【意味】調和する。打ち解ける。丸くまとまる。おだやかになる。日本。

【ポイント】争わずにまるくまとまった、なごやかな状態を示す。元号「令和」の「和」であり、日本の心を象徴する漢字。男の子の名前では、おもに「かず」の読みで使われるが、最近は「斗和（とわ）」「和一（わいち）」などのように音読みの「ワ」を用いる名前も人気がある。「大和（やまと）」「和泉（いずみ）」など、特異な読みをする単語をそのまま名前にする例も。

【参考】●大和（やまと）…旧国名のひとつで現在の奈良県にあたる。さらに日本国の異称、旧日本海軍の世界最大の戦艦の名でもある。●大和魂（やまとだましい）…日本民族に固有の精神。●佐藤可士和（さとう・かしわ）…広告ディレクター。●亀梨和也（かめなし・かずや）…タレント。●桜井和寿（さくらい・かずとし）…ミュージシャン。

和　かず、やまと
晃和　あきかず
和泉　いずみ
和臣　かずおみ
和樹　かずき
和貴　かずき
和士　かずし
和志　かずし
和繁　かずしげ
和輝　かずてる
和人　かずと
和翔　かずと
和成　かずなり
和紀　かずのり
和則　かずのり
和晴　かずはる

和彦　かずひこ
和英　かずひで
和仁　かずひと
和宏　かずひろ
和史　かずふみ
和真　かずま
和馬　かずま
和磨　かずま
和正　かずまさ
和海　かずみ
和哉　かずや
和也　かずや
和之　かずゆき
秀和　しゅうわ
誠和　せいわ
奏和　そうわ
透和　とうわ

斗和　とわ
翔和　とわ
直和　なおかず
昌和　まさかず
正和　まさかず
優和　ゆうわ
悠和　ゆうわ
隆和　りゅうわ
凌和　りょうわ
和一　わいち
和平　わへい、かずへい
可志和　かしわ
和之進　かずのしん
和一朗　わいちろう
和多琉　わたる
和太郎　わたろう

怜　8画

音訓　レイ、レン、リョウ、さと(い)、あわ(れ)

名のり　さとし、とき、れ

【意味】賢い。さとい。

【ポイント】心をあらわすりっしんべん＋令（澄んでいる意）で、心が澄んでいて賢いという意味に。「レイ」を持つよく似た「玲」「伶」とは意味が違うので注意。

怜　れい、りょう
怜思　さとし
晴怜　せいりょう
怜真　りょうま
怜門　れいもん
怜人　れんと
怜太郎　りょうたろう

威　9画

音訓　イ

名のり　たか、たけ、たけし、つよし

【意味】人を脅かす。強い。いかめしい。

【ポイント】力強さとおごそかさを感じさせる字だが、上から押さえつけるといった意味もあり、好みは分かれる。

威月　いつき
威吹　いぶき
威竜　いりゅう
威斗　たかと、たけと
威虎　たかとら
威正　たけまさ
琉威　るい

郁　9画

音訓　イク

名のり　あや、か、かおり、かおる、たかし、ふみ

【意味】かぐわしい。あたたかい。文化、文物が盛ん。

【ポイント】ほどよく曲線が入り、字形的にも意味的にも、やさしい雰囲気。「イク」のほか、「ふみ」の読みがわかりやすい。

郁　かおる
亜郁　あいく
郁馬　いくま
郁己　いくみ
郁也　いくや
郁志　たかし
郁弥　ふみや
泰郁　やすふみ

映　9画

音訓　エイ、うつ(る)、は(える)

名のり　あき、あきら、え、てる、みつ

【意味】うつる。はえる。照り輝く。

【ポイント】照り輝くなど、名前向きの意味を持つ字。「映画」「映像」と日常でもよく見るが、名前での使用例は意外に少ない。

映人　あきひと、えいと
映良　あきら
映士　えいじ
映斗　えいと
界映　かいえい
秋映　しゅうえい
映陽　てるひ

栄　9画

音訓　エイ、さか(える)、は(える)

名のり　え、さかえ、しげ、しげる、はる、ひで、よし

【意味】さかんな様子。

【ポイント】「栄える」「繁栄する」という意味から、豊かで幸せなイメージ。広がりのある字形で存在感もある。旧字の「榮」も使える。

栄喜　えいき
栄吉　えいきち
栄吾　えいご
栄爾　えいじ
栄進　えいしん
栄知　えいち
幸栄　こうえい
沙栄斗　さえと

音 9

音訓 オン、イン、おと、ね
名のり お、と、なり

【意味】おと。声。調子。便り。

【ポイント】「おと」はもちろん、「おん」「ね」といったやさしい響きで、男女ともに人気。「理音（りお）」「海音（かいと）」のように、名のりの「お」「と」の読みを活用すれば名前のバリエーションはさらに広がるが、一般的になじみがないので誤読される可能性は高い。また、男女ともに人気の字なので、組み合わせる字は男の子らしい字がベター。

【参考】●石田音人（いしだ・ねひと）…胡弓奏者。●田原音彦（たはら・おとひこ）…ミュージシャン。●佐藤詩音（さとう・しおん）…子役

惟音 いおん
音樹 おとき
音成 おとなり
音矢 おとや
海音 かいと
奏音 かなと
玖音 くおん
志音 しおん
慈音 じおん
七音 なおと
音生 ねお
颯音 はやと
陽音 はると
理音 りお
俐音 りおん
音多郎 おとたろう
珂伊音 かいと

珂 9

音訓 カ
名のり —

【意味】宝石の名で、白めのうのこと。

【ポイント】宝石の輝きや上品さを表現している字だが、女の子のイメージはそれほど強くなく、男の子名にも使いやすい。

珂偉 かい
珂伊 かい
珂音 かのん
珂仁 かひと
來珂 らいか
留珂 るか
珂那斗 かなと
珂武威 かむい

架 9

音訓 カ、か(ける)
名のり みつ

【意味】かけわたす。かける。たな。

【ポイント】「人と人との架け橋に」などの思いが込められる字。名前での使用頻度は少ないが、「カ」の読みは名前でも使いやすい。

架偉 かい
架琉 かける
架紀 みつき
架伊斗 かいと
架那太 かなた
多架人 たかと
知架良 ちから
日架琉 ひかる

迦 9

音訓 カ、ケ
名のり —

【意味】であう。梵語の「カ」の音をあらわす。

【ポイント】釈迦の「迦」で、オリエンタルな印象を与える字。数ある「カ」の音を持つ字のなかでも、印象的な字のひとつ。

迦伊 かい
迦意 かい
迦一 かいち
琉迦 るか
迦弥登 かやと
太迦史 たかし
由多迦 ゆたか
和迦人 わかと

海 9

音訓 カイ、うみ
名のり あま、うな、うみ、み

【意味】うみ。大きい。

【ポイント】スケールの大きさとさわやかさで人気のある字。男の子の名前では、「海斗（かいと）」など音読みの「カイ」を活かした名前が人気。また、人気の響き「たくみ」の「み」に当てるケースも多い。「み」は「美」「実」「未」など女の子っぽい字が多いので、男の子名では「海」に集中する傾向がある。なお、この字は女の子にも多用されているので、一見して男の子とわかる漢字と組み合わせたほうが、性別の誤解は少ない。そのほか、「海月」はクラゲ、「海馬」はタツノオトシゴの意味になるので注意。

【参考】●海容（かいよう）…海が広く何でも受け入れるように、大きな度量で相手の失敗を許すこと。●市川海老蔵（いちかわ・えびぞう）…歌舞伎俳優。●崎本大海（さきもと・ひろみ）…俳優。

海 かい、うみ
碧海 あおみ
海巳 あまみ
歩海 あゆみ
勇海 いさみ
海央 うみお
海人 うみと
海亜 かいあ
海旺 かいおう
海士 かいし
海路 かいじ
海侍 かいじ
海舟 かいしゅう
海世 かいせい
海成 かいせい
海蔵 かいぞう

海斗 かいと
海渡 かいと
海翔 かいと
海平 かいへい
海悠 かいゆう
海羅 かいら
海里 かいり
海晴 かしせい
澄海 すかい
世海 せかい
匠海 たくみ
拓海 たくみ
琢海 たくみ
立海 たつみ
迅海 はやみ
寛海 ひろみ
大海 ひろみ、たいかい

真海 まさみ
海月 みつき
海礼 みらい
海來 みらい
海琉 みりゅう
佳海 よしみ
海之介 うみのすけ
海士朗 かいしろう
海児郎 かいじろう
海以渡 かいと
多玖海 たくみ
南海斗 なみと
海希彦 みきひこ
海津紀 みつき
海南斗 みなと、かなと

9 珈

音訓：カ、ケ
名のり：―

【意味】女性の髪飾り。

【ポイント】2004年に人名用漢字に追加された字で、名前例はまだ少ない。コーヒー（珈琲）の当て字に使われているが、本来の意味からは女の子向きかも。

- 珈偉　かい
- 珈寿　かず
- 珈純　かずみ
- 珈音　かのん
- 雷珈　らいか
- 琉珈　るか
- 珈都希　かつき
- 珈良人　からと

9 恢

音訓：カイ、ケ、ひろ(い)
名のり：―

【意味】ひろい。

【ポイント】右側は「灰」に見えるが、カタカナの「ナ」の右下に「火」を書いたような字で、なじみが薄い。名前例は少なく、字の説明もしにくいが、意味は名前向き。

- 恢星　かいせい
- 恢翔　かいと
- 恢良　かいら
- 恢音　かいん
- 智恢　ちひろ
- 恢貴　ひろき
- 恢登　ひろと
- 恢海　ひろみ

9 活

音訓：カツ
名のり：いく

【意味】水がいきおいよく流れる。いきいきしている。盛ん。

【ポイント】「活発」「快活」の「活」で、健康でアクティブなイメージ。おもに「カツ」の読みで使われている。

- 活磨　いくま、かつま
- 活希　かつき
- 活都　かつと
- 活紀　かつのり
- 活也　かつや
- 能活　よしかつ
- 真佐活　まさかつ

9 紀

音訓：キ
名のり：かず、こと、ただし、つな、とし、のり、はじめ、もと、よし

【意味】筋道。物事のはじめ。きまり。法。

【ポイント】「世紀」や「紀元」の「紀」で、歴史や時空をイメージさせる字。「筋道を立てて仕事を進める」などの意味もあり、誠実なイメージも。読みは、「キ」や「のり」が一般的で、先頭字、中間字、止め字とさまざまな形で使われている。組み合わせる字によっては性別がわかりにくいこともあるので、男の子らしい字と組み合わせたい。

【参考】●篠山紀信（しのやま・きしん）…写真家。●稲葉篤紀（いなば・あつのり）…野球選手。●相葉雅紀（あいば・まさき）…タレント。

- 紀　はじめ
- 逸紀　いつき
- 一紀　いっき、かずき
- 紀穂　かずほ
- 紀市　きいち
- 紀尚　きしょう
- 直紀　なおき
- 洵紀　じゅんき
- 典紀　のりつぐ
- 雅紀　まさき、まさつぐ
- 優紀　ゆうき
- 燎紀　りょうき
- 琉紀　るき
- 渡紀夫　ときお
- 有紀央　ゆきお

9 軌

音訓：キ
名のり：のり、わだち

【意味】わだち。規則。手本。

【ポイント】「道を踏み外さないように」「歴史や社会に足跡を残すように」などの願いを込められる字。「キ」の音はいろいろ応用がきく。

- 一軌　いっき、かずき
- 大軌　だいき
- 直軌　なおき
- 軌道　のりみち
- 瑠軌　るき
- 斗史軌　としき
- 真軌斗　まきと

9 峡

音訓：キョウ
名のり：―

【意味】山と山の間にはさまれたところ。はざま。

【ポイント】意味にとらわれず、「キョウ」の音をいかして使うことが多い。「キョウ」を持つ字は多々あるが、「峡」は新鮮。

- 宇峡　うきょう
- 峡英　きょうえい
- 峡次　きょうじ
- 峡輔　きょうすけ
- 峡世　きょうせい
- 峡太　きょうた
- 峡麻　きょうま
- 理峡　りきょう

9 奎

音訓：ケイ
名のり：―

【意味】また。ひとまたぎの長さ。二十八宿のひとつで文章をつかさどる星座。

【ポイント】文運をつかさどる星を意味する字だが、もともとは人が股を開いた姿がモチーフ。

- 教奎　きょうけい
- 奎一　けいいち
- 奎児　けいじ
- 奎伸　けいしん
- 奎多　けいた
- 奎斗　けいと
- 奎馬　けいま
- 奎優　けいゆう

9 建

音訓：ケン、コン、た(つ)
名のり：たけ、たけし、たける、たて

【意味】たてる。まっすぐたてる。起こす。意見を言う。

【ポイント】「揺るぎない人生を」などの願いが込められる字。「ケン」の音では「健」の人気が高いが、この字も十分名前向き。

- 建　たける
- 建吾　けんご
- 建太　けんた
- 建人　けんと
- 建哉　けんや
- 建巳　たけみ
- 正建　まさたけ
- 建士郎　けんしろう

研 9

音訓 ケン、と(ぐ)
名のり あき、かず、きし、きよ、よし

【意味】みがく。研究する。

【ポイント】研究の「研」で、研ぎ澄まされた雰囲気を感じさせる字。なじみのあるわかりやすい字ながら、あまり名前には使われていないので、新鮮。

- 研　けん
- 研起　けんき
- 研吾　けんご
- 研斗　けんと
- 秀研　しゅうと
- 侑研　ゆうと
- 研太郎　けんたろう
- 研之介　けんのすけ

彦 9

音訓 ゲン、ひこ
名のり お、さと、ひろ、やす、よし

【意味】美男子。男子の美称。才徳の優れた男子。

【ポイント】「ひこ」の読みで男の子の止め字の定番だった字。最近は使用例が減っているが、美男子を意味し、品を感じさせる字。

- 明彦　あきひこ
- 音彦　おとひこ
- 聖彦　きよひこ
- 彦斗　げんと
- 彦馬　ひこま
- 彦矢　ひこや
- 夢彦　ゆめひこ
- 未来彦　みきひこ

胡 9

音訓 コ、ゴ、ウ、えびす
名のり ひさ

【意味】ひげ。かぶさる。

【ポイント】意味に関係なく「コ」の音をいかして名前を考えることが多い。左右に分かれる字形なので、同系意外の字と組み合わせたほうがバランスがいい。

- 胡宇　こう、ごう
- 胡南　こなん
- 胡登　ひさと
- 胡武　ひさむ
- 胡二郎　こじろう
- 胡太郎　こたろう
- 胡斗也　ことや

恒 9

音訓 コウ
名のり つね、のぶ、ひさ、ひさし、わたる

【意味】いつも一定している様子。

【ポイント】恒星（こうせい）、恒久（こうきゅう）の「恒」。音読みの「コウ」と、名のりの「つね」が読みやすい。

- 恒　こう、わたる
- 恒河　こうが
- 恒大　こうだい、つねひろ
- 恒也　こうや
- 恒彦　つねひこ
- 恒斗　ひさと

洸 9

音訓 コウ
名のり たけし、ひろ、ひろし、ふかし

【意味】水が深くひろいさま。水が光る。勇ましい。

【ポイント】「水（さんずい）」と「光」で構成された字は、キラキラとした情景が浮かび、イメージもいい。清らかでおおらかな子に。

- 一洸　いっこう
- 洸大　こうだい
- 洸平　こうへい
- 友洸　ともひろ
- 洸斗　ひろと
- 洸道　ひろみち
- 洸夢　ひろむ
- 洸之輔　こうのすけ

厚 9

音訓 コウ、あつ(い)
名のり あつ、あつし、ひろ、ひろし

【意味】あつい。手厚い。

【ポイント】人間的な温かさを感じさせる字。同じ「あつ」の読みを持ち、意味も似ている字に「淳」「惇」「敦」「篤」などがある。

- 厚　あつし、こう
- 厚寛　あつひろ
- 健厚　けんこう
- 厚喜　こうき
- 厚介　こうすけ
- 厚隆　こうりゅう、ひろたか

皇 9

音訓 コウ、オウ、きみ
名のり すべ、すめら

【意味】王。君主。天子。皇帝
【ポイント】恐れ多いイメージはあるが、単純に「大きい」「広い」という意味もある。「コウ」の読みは、さまざまな止め字と組み合わせやすく、使い勝手はよい。

- 一皇　いっこう
- 皇牙　おうが
- 皇太　おうた、こうた
- 魁皇　かいおう
- 皇紀　きみのり、こうき
- 皇星　こうせい

哉 9

音訓 サイ、かな、や
名のり えい、か、き、すけ、とし、ちか、はじめ

【意味】感動、詠嘆、疑問のことば。はじめ。

【ポイント】「也」に次ぐ、男の子の「ヤ」の音の止め字の定番。ほどよく曲線や斜線が入っているので、角張った字形とも組み合わせやすい。「ヤ」以外の読みはあまりなじみはないが、最近は「哉太（かなた）」など、「かな」の読みをいかして先頭字で使用するケースも。

【参考】●志賀直哉（しが・なおや）…作家。●木村拓哉（きむら・たくや）…タレント。●児嶋一哉（こじま・かずや）…タレント。●杉内俊哉（すぎうち・としや）…野球選手。

- 哉　はじめ
- 英哉　えいさい
- 哉太　かなた
- 哉人　かなと
- 元哉　げんや、もとや
- 心哉　しんや
- 大哉　だいや
- 拓哉　たくや
- 竜哉　たつや
- 史哉　ふみや
- 真哉　まさや
- 勇哉　ゆうや
- 亜哉斗　あやと
- 哉志朗　さいしろう
- 哉主斗　やすと
- 哉太郎　やたろう

9 虹

音訓 コウ、にじ
名のり こ

【意味】雨が上がったあと、空にかかる七色のアーチ。橋。

【ポイント】主張が強く、読みのバリエーションも少ないが、明るさや希望を感じさせる字。男の子では「コウ」の読みが一般的。

虹希	こうき
光虹	こうじ
虹路	こうじ
虹生	こうせい
虹平	こうへい
虹也	にじや
虹太郎	こたろう、こうたろう

9 思

音訓 シ、おも(う)
名のり おもい、こと

【意味】(頭と心で)おもう。考える。

【ポイント】一般的すぎて名前での使用例は逆に少ない。「思いやりのある子に」「思慮深い子に」など、意味づけしやすい字。

思庵	しあん
思遠	しえん、しおん
思桜	しおう
大思	ひろし
穏思	やすし
青思朗	せいしろう
万沙思	まさし

9 秋

音訓 シュウ、あき
名のり あき、あきら、おさむ、とき、とし、みのる

【意味】あき。みのり。

【ポイント】四季では「春」と「夏」が人気だが、「秋」の落ち着き、穏やかな雰囲気も魅力的。今風の名前なら「シュウ」の音をいかしたい。

秋	みのる
秋鷹	あきたか
秋成	あきなり
秋陽	あきひ
秋侍	しゅうじ
秋斗	しゅうと
秋麻	しゅうま
輝秋	てるあき

9 柊

音訓 シュウ、シュ、ひいらぎ
名のり ー

【意味】モクセイ科の常緑小高木。

【ポイント】すっきりした字形と「シュウ」の音が好まれ、近年、使用例が増えている字。柊の花は冬の季語のため、冬生まれの子どもに多用されている。なお、「トウ」と読ませる名前も多いが、つくりの「冬」に引きずられた誤った読み方。なお、クリスマスの装飾で使う西洋柊は、モリノキ科で、形は似ているが日本在来の柊とは別種。

【参考】●楠本柊生(くすもと・しゅうせい)…演出家、俳優。

柊	しゅう
一柊	いっしゅう
旺柊	おうしゅう
海柊	かいしゅう
柊安	しゅうあん
柊雅	しゅうが
柊時	しゅうじ
柊正	しゅうせい
柊造	しゅうぞう
柊太	しゅうた
柊翔	しゅうと
柊也	しゅうや
柊梨	しゅり
正柊	せいしゅう
蒼柊	そうしゅう
理柊	りしゅう
柊太朗	しゅうたろう

9 洲

音訓 シュウ、ス、しま
名のり くに

【意味】川にできた小さな島状の場所。中州。くに。大陸。

【ポイント】意味を意識せずに、「ス」や「シュウ」の読みで使われることが多い。「くに」の音は、「国」や「邦」と比べ目新しさがある。

洲都	くにと
洲壱	しゅういち
洲馬	しゅうま
洲也	しゅうや
洲海	すかい
亜洲久	あすく
洲太郎	しゅうたろう
洲美斗	すみと

9 重

音訓 ジュウ、チョウ、え、おも(い)、かさ(ねる)
名のり あつ、しげ

【意味】おもい。多い。重なる。

【ポイント】「福が重なる」など、プラスの意味づけがしやすい字。やや詰まった感があるので、組み合わせには、横線の少ないすっきりした字形を選びたい。

重輝	しげき
重翔	しげと、じゅうと
重成	しげなり
重光	しげみつ
晴重	はるしげ
重以斗	えいと
八重斗	やえと

9 俊

音訓 シュン
名のり すぐる、たかし、とし、よし

【意味】才知がすぐれる。

【ポイント】男の子の定番の字のひとつで、パパ世代から人気の字。ただ最近は、「シュン」の読みでは、「駿」や「隼」に押され気味。

俊一	しゅんいち
俊介	しゅんすけ
俊星	しゅんせい
俊太	しゅんた
俊也	しゅんや
俊将	としまさ
悠俊	ゆうしゅん
俊太郎	しゅんたろう

9 洵

音訓 シュン、ジュン、まこと
名のり のぶ、ひとし

【意味】水が隅々まで行き渡る。うずまき。まこと。まことに。

【ポイント】一般的な字ではないが、意味はよく、「ジュン」の音で「淳」や「純」の代わりに使うと印象的。字も説明しやすい。

洵	まこと、じゅん
叡洵	えいじゅん
洵一	じゅんいち
洵希	じゅんき
洵介	しゅんすけ
洵矢	しゅんや
洵彦	のぶひこ

9 春

音訓 シュン、はる
名のり あつ、かず、す、とき、は、はじめ

【意味】はる。年始。青春。

【ポイント】明るくさわやかなイメージで、四季のなかでは「夏」と並ぶ人気。ただし「はる」の読みでは、「晴」「陽」「悠」「遥」の使用が増加中。

- 春大 しゅんだい
- 春風 はるかぜ
- 春玖 はるく
- 春侍 はるじ
- 春真 はるま
- 雅春 まさはる
- 春太朗 しゅんたろう
- 春之丞 はるのじょう

9 昭

音訓 ショウ
名のり あき、あきら、いか、てる、はる

【意味】あきらか。照り輝いて明るい。

【ポイント】昭和の「昭」で、男女ともに昭和初期に多く使われた字。最近は使用例が減っているが、その意味はかなり名前向き。

- 昭 あきら、しょう
- 昭詠 しょうえい
- 昭貴 しょうき
- 知昭 ちあき
- 佳昭 よしあき、よしてる
- 昭太郎 しょうたろう

9 咲

音訓 ショウ、さ(く)、わら(う)
名のり えみ、さき、さく

【意味】さく。笑う。

【ポイント】平成に入ってから人気が出てきた字。「英咲（えいさく）」のように止め字で使うと、オーソドックスな響きの名前も新鮮な印象に。

- 英咲 えいさく
- 咲翔 さきと、えみと
- 咲哉 さきや
- 優咲 ゆうさく
- 咲太朗 さくたろう、しょうたろう
- 真咲己 まさき

9 城

音訓 ジョウ、しろ
名のり き、くに、なり、むら

【意味】しろ。築く。町。

【ポイント】名前例は少ないが、「ジョウ」「き」など、先頭字にも止め字にもなる使いやすい音を持つ字。合わせる字によっては、姓に見える可能性も。

- 城太 じょうた
- 立城 たつき
- 秀城 ひでき
- 真城 まさき
- 優城 ゆうき
- 立城 りつき
- 連城 れんじょう
- 彩ノ城 あやのじょう

9 津

音訓 シン、つ
名のり す、ず、づ

【意味】つ。船着き場。潤う。

【ポイント】「つ」や「づ」「ず」と読める字が少ないため、3文字名の中間字として重宝。姓にさんずいがあるとうるさい印象になりがちなので、組み合わせる字に注意。

- 海津 かいしん
- 琉津 りゅうしん
- 佳津己 かつき
- 津与志 つよし
- 那津斗 なつと
- 海津希 みつき、みづき
- 充津留 みつる

9 信

音訓 シン、まこと
名のり あき、あきら、し、しの、のぶ

【意味】まこと。信用する。

【ポイント】「人」＋「言」で、「人の言葉に嘘がない＝まこと」の意。「自分を信じ、人から信じられる人に」などの願いを込めて。

- 信 しん、まこと
- 信二 しんじ
- 信平 しんぺい
- 信飛 のぶと
- 信之 のぶゆき
- 信之介 しんのすけ
- 幸之信 ゆきのしん

9 是

音訓 ゼ
名のり これ、すなお、ただし、ゆき、よし

【意味】ただしい。ただす。これ。

【ポイント】名前例は少ないので、斬新さがある字。読みは「これ」が一般的だが、「ぜ」の音をいかすと、洋風の個性的な響きの名前に。

- 界是 かいぜ
- 是隆 これたか
- 是人 これひと、ゆきと
- 是雅 これまさ
- 是基 これもと
- 是音 ぜのん
- 道是 みちゆき

9 星

音訓 セイ、ショウ、ほし
名のり とし、せ、あかり

【意味】ほし。光陰。歳月。スター。

【ポイント】夜空に輝く星は、神秘的かつロマンチック。希望を感じさせる字でもあり、男女ともに人気がある。男の子の名前では、「英星（えいせい）」「流星（りゅうせい）」のように、「セイ」の読みで止め字として使うのが人気。

【参考】●星斗（せいと）…南斗七星、または北斗七星のこと。転じて星のこと。●馳星周（はせ・せいしゅう）…作家。●菊池雄星（きくち・ゆうせい）…野球選手。●上野星矢（うえの・せいや）…フルート奏者。

- 星 せい、しょう
- 一星 いっせい
- 英星 えいせい
- 孝星 こうせい
- 星河 せいが
- 星汰 せいた
- 星也 せいや
- 星七 せな
- 星彦 ほしひこ
- 明星 めいせい
- 勇星 ゆうせい
- 流星 りゅうせい
- 竜星 りゅうせい
- 星太朗 しょうたろう
- 星一郎 せいいちろう
- 南々星 ななせ

省（9画）

音訓　セイ、ショウ、かえり(みる)、はぶ(く)
名のり　あきら、み、よし

【意味】注意して見る。かえりみる。はぶく。

【ポイント】あまり名前には使われていないが、意味は十分名前向き。ミュージシャンの浜田省吾（しょうご）さんが有名。

皇省	こうせい
省起	しょうき
省吾	しょうご
省慈	しょうじ
省亜	せいあ
悠省	ゆうせい
稜省	りょうせい
省太郎	せいたろう

政（9画）

音訓　セイ、ショウ、まつりごと
名のり　ただ、まさ、まさし

【意味】まつりごと。政治。正す。

【ポイント】まじめできっちりした印象を与える字。オーソドックスな字で、かつては「まさ」の読みで名前に多用された。

壱政	いっせい
慶政	けいせい
政真	せいま
政也	せいや
政理	まさみち
政行	まさゆき
良政	よしまさ
政多郎	しょうたろう

宣（9画）

音訓　セン
名のり　のぶ、のり、よし、より

【意味】述べる。広める。

【ポイント】「セン」や「のぶ」など、認知度が高い読みが多いため、使いやすくバリエーションもつくりやすい。ただし、複数読みできる名前になってしまうのが難点。

宣吉	せんきち
宣渡	せんと
宣勝	のぶかつ
宣洋	のりひろ
宣博	のぶひろ
雅宣	まさのぶ
宣彦	よしひこ
宣太郎	せんたろう

奏（9画）

音訓　ソウ、かな(でる)
名のり　ー

【意味】すすめる。差し上げる。君主に申し上げる。かなでる。演奏する。

【ポイント】「奏でる」の意味から、音楽や調和をイメージ。音楽的な才能や、人との調和を願って名づけられることが多い。もともとは「形をそろえて君主に差し出す」といった意味があるので、「気づかいのできる人に」といった意味も込められる。また、「そう」「かな」の、やさしくやわらかい響きも、好まれる理由で、近年、とくに人気が上昇している字のひとつ。男女ともに使用例も増えているので、性別を間違えられないようにするなら、組み合わせる字は男の子らしい字がベター。さらに、横線が多くやや詰まった字形なので、あまり線が詰まっていないすっきりとした字形と組み合わせたほうがバランスがよい。

【参考】●本郷奏多（ほんごう・かなた）…俳優。

奏	かなで、そう
奏希	かなき
奏太	かなた
奏汰	かなた
奏多	かなた
奏斗	かなと
奏翔	かなと
奏虎	かなとら
奏丸	かなまる
奏武	かなむ
奏夢	かなむ
奏流	かなる
賢奏	けんそう
奏宇	そう
奏市	そういち
奏詠	そうえい
奏雅	そうが
奏輝	そうき
奏久	そうきゅう
奏賢	そうけん
奏元	そうげん
奏吾	そうご
奏秋	そうしゅう
奏旬	そうじゅん
奏心	そうしん
奏仁	そうじん
奏介	そうすけ
奏佑	そうすけ
奏多	そうた
奏汰	そうた
奏辰	そうたつ
奏杜	そうと
奏兵	そうへい
奏真	そうま
奏武	そうむ
奏明	そうめい
奏弥	そうや
奏里	そうり
奏竜	そうりゅう
奏凜	そうりん
奏琉	そうる
奏来	そら
奏良	そら
勇奏	ゆうそう
龍奏	りゅうそう
奏壱郎	そういちろう
奏士朗	そうしろう
奏南多	そなた
奏那人	そなと
奏乃真	そのま

泉（9画）

音訓　セン、いずみ
名のり　い、きよし、ずみ、み、みず、もと

【意味】いずみ。わき水。

【ポイント】さわやかで清らかな印象がある字。「み」の音を使うことが多く、定番の名前は「和泉（いずみ）」。「い」の音を使えば、バリエーションが広がる。

泉	せん、いずみ
和泉	いずみ
泉夢	いずむ
泉琉	いずる
泉児	せんじ
雄泉	ゆうせん
優泉人	ゆいと

草（9画）

音訓　ソウ、くさ
名のり　かや、しげ

【意味】植物の総称。

【ポイント】おおらかな草原を連想する人もいれば雑草を連想する人もいて好みが分かれるが、男の子なら「雑草のようにたくましく」との思いを込めるのも悪くない。

維草	いぐさ
草紀	そうき
草玄	そうげん
草青	そうせい
草太	そうた
草龍	そうたつ、そうりゅう
草士朗	そうしろう

荘 9

音訓 ソウ、ショウ
名のり たか、たかし、ただし、まさ

【意味】さかん。おごそか。形がととのっている。別荘。

【ポイント】名のりは一般的ではないので、なるべく音読みをいかしたい。名のりを使うなら、読みやすい字と組み合わせよう。

荘栄	しょうえい
荘士	しょうじ、そうじ
荘佑	しょうすけ
荘大	そうだい
荘明	そうめい
荘里	そうり
荘一郎	そういちろう

相 9

音訓 ソウ、ショウ、あい
名のり さ、すけ、たすく、とも、まさ、み

【意味】たがいに。ともに。

【ポイント】以前から多用されてきた字で、名のりは多いが、どれもあまり一般的ではない。音読みや訓読みを使った名前がわかりやすい。

相斗	あいと
相流	あいる
相祈	しょうき
相璃	しょうり
相太	そうた、しょうた
相真	そうま
竜相	りゅうそう

則 9

音訓 ソク
名のり つね、とき、のり、みつ

【意味】法。手本。法や制度に従う。

【ポイント】字の意味から、まじめできっちりした印象。「ソク」と「のり」以外の読みは、あまりなじみがないので、使う場合は読みやすい字と組み合わせたい。

和則	かずのり
則亮	のりあき
則友	のりとも
則人	のりひと、のりと
悠則	ひさのり
政則	まさのり
道則	みちのり

挑 9

音訓 チョウ、トウ、いど(む)
名のり —

【意味】いどむ。しかける。

【ポイント】男の子向きの意味を持つ字。読みの応用が難しく、1字名の「挑(いどむ)」のほか、「夢」や「武」と組み合わせて、「いどむ」と読ませることが多い。

挑	いどむ
挑夢	いどむ
挑武	いどむ
英挑	えいど
挑太	ちょうた
挑也	ちょうや、とうや
挑馬	とうま

貞 9

音訓 テイ、ジョウ
名のり さだ、ただ、ただし、みさお

【意味】当たる。正しい。まこと。

【ポイント】祖父母世代でよく使われていた字で、かなりオーソドックスなイメージ。最近は使用例が少ないが、よい意味を持ち、名前向きの字。

貞	じょう
貞和	さだかず
貞登	さだと
貞彦	さだひこ
貞芽	さだめ
貞偉	じょうい
裕貞	ひろさだ
貞太郎	じょうたろう

南 9

音訓 ナン、ナ、みなみ
名のり あけ、なみ、みな、よし

【意味】みなみ。

【ポイント】南国や南風などの明るく暖かいイメージで人気。「ナ」の音の字としては、「菜」や「奈」ほど女の子の印象が強くないので、男の子でも使いやすい。

世南	せな
南星	なんせい
南生也	なおや
南々渡	ななと
南波斗	なはと
南海夫	なみお
陽南多	ひなた
美南斗	みなと

祢 9

音訓 ネ、ナイ、デイ
名のり —

【意味】父のみたまや。

【ポイント】2004年から名前に使えるようになった字で、意味は重厚。おもに「ネ」の音に当てられるが、名前例は少なく新鮮。「弥」と間違えられやすいので注意。

祢希	ないき
祢都	ないと
祢伊	ねい
祢恩	ねおん
俳祢	はいね
茂祢	もね
瑠祢	るね
津祢人	つねと

珀 9

音訓 ハク、ヒャク
名のり —

【意味】琥珀は、宝石の名前。

【ポイント】琥珀(こはく)とは、松脂(まつやに)などの樹脂が化石化したもの。そのまま名前に使う例が多いが、男の子では「琥」の代わりに「虎」を使うことも。

珀	はく
琥珀	こはく
珀詠	はくえい
珀人	はくと
珀馬	はくま、はくば
珀琉	はくりゅう
俐珀	りはく

美 9

音訓 ビ、うつく(しい)
名のり うま、きよし、とみ、はる、ふみ、み、みつ、よ、よし

【意味】うつくしい。よい。うまい。

【ポイント】のびやかな字形は、どんな字とも相性がいい。女の子の印象が強いので、男の子らしい字と組み合わせたい。

克美	かつみ
勝美	かつみ
鷹美	たかはる
美雄	よしお
美智	よしとも
美彦	よしひこ
寿美都	すみと
美知彦	みちひこ

飛（9画）

音訓　ヒ、と（ぶ）
名のり　たか

【意味】とぶ。はやい。

【ポイント】大空を飛び回る元気なイメージで、男の子向きの字。「ヒ」の読みで使用されることが多いが、最近は「と」の止め字に使うケースも増えている。

【参考】●飛龍（ひりゅう）…日本海軍の主力航空母艦の1隻として活躍。1942年のミッドウェー海戦にて沈没した。●荒木飛呂彦（あらき・ひろひこ）…漫画家。●小宮山雄飛（こみやま・ゆうひ）…ミュージシャン。●星飛雄馬（ほし・ひゅうま）…漫画『巨人の星』の主人公。

旭飛	あさひ
飛鳥	あすか
瑛飛	えいと
開飛	かいと
大飛	だいと、ひろと
拓飛	たくと
飛翼	つばさ
飛和	とわ
陽飛	はると
飛竜	ひりゅう
雄飛	ゆうひ
悠飛	ゆうひ
亜沙飛	あさひ
飛十志	ひとし
飛那太	ひなた
飛路斗	ひろと

毘（9画）

音訓　ヒ、ビ
名のり　―

【意味】そばについてたすける。田畑や地勢が連なる。へそ。

【ポイント】仏教における四天王の一尊で、戦の神「毘沙門天」の「毘」。男の子向きだが、読みが少なく、応用は難しそう。

翔毘	しょうすけ
颯毘	そうひ
陽毘	はるひ
毘色	ひいろ
毘竜	ひりゅう
悠毘	ゆうひ、ゆうすけ
流毘	りゅうび

風（9画）

音訓　フウ、フ、かぜ、かざ
名のり　―

【意味】かぜ。習俗。様子。おもむき。

【ポイント】さわやかでナチュラルな雰囲気に加え、のびのびと自由なイメージもある。名づけでも自然志向の強い昨今では、海や空ほどではないが、「風」もかなり人気がある。「フウ」「フ」の音をいかすと、やさしくおおらかな雰囲気、「かざ」「かぜ」をいかすと、どことなく和風のニュアンスも入り、情緒的な響きの名になる。

【参考】●風雅（ふうが）…みやびなこと。風流。●永井荷風（ながい・かふう）…作家。●山田風太郎（やまだ・ふうたろう）…作家。

風斗	かざと
風夢	かざむ
風成	かざなり
清風	せいふう、きよかぜ
疾風	はやて
陽風	はるかぜ
風雅	ふうが
風侍	ふうじ
風汰	ふうた
風翔	ふうと
風真	ふうま
正風	まさかぜ
幸風	ゆきかぜ
風乃助	かぜのすけ
風太郎	ふうたろう
風悠来	ふゆき

保（9画）

音訓　ホ、たもつ
名のり　お、まもる、もち、もり、やす、やすし、より

【意味】たもつ。守る。安んじる。安らか。

【ポイント】「大切なものを包み込むよう見やさしく守る」という意味。力強さとやさしさをあわせ持つ字。

保	たもつ、まもる
保稀	ほまれ
保起	やすき
保大	やすひろ
保幸	やすゆき
悠保	ゆうほ
保多佳	ほたか

昴（9画）

音訓　ボウ、すばる
名のり　―

【意味】すばる。二十八宿のひとつ。

【ポイント】おうし座に含まれるプレアデス星団の和名が「昴（すばる）」。「流」や「留」を足して「すばる」と読ませる例も。

昴	すばる
輝昴	きぼう
心昴	しんぼう
昴流	すばる
昴留	すばる
昴佑	ぼうすけ、ぼうゆう
昴星	ぼうせい

柾（9画）

音訓　まさ、まさき
名のり　―

【意味】木材の木目がまっすぐ通ったもの。ニシキギ科の常緑低木。

【ポイント】「真っすぐ素直に成長してほしい」「一本筋の通った子に」などの願いを込めて。

柾	まさき
一柾	かずまさ
柾樹	まさき
柾士	まさし
柾照	まさてる
柾虎	まさとら
柾典	まさのり
柾春	まさはる

耶（9画）

音訓　ヤ、ジャ、や、か
名のり　―

【意味】疑問、感嘆などの助字。

【ポイント】「ヤ」の音で、女の子の止め字として使われることが多いため、男の子名では先頭字や中間字に使ったほうが、性別のまぎらわしさはない。

和耶	かずや
正耶	まさや
卓耶	たくや
耶雲	やくも
耶偉人	かいと
波耶斗	はやと
耶太郎	やたろう
耶馬斗	やまと

9 柚

音訓 ユ、ユウ、ゆず
名のり —

【意味】ミカン科の常緑低木。

【ポイント】響きも含め、かわいらしい印象で女の子に人気だが、意外と男の子にも使われている。日本では古くから親しまれてきた果実でもあり、和の雰囲気も。

柚介	ゆうすけ
柚太	ゆうた
柚斗	ゆうと
柚貴	ゆずき
柚樹	ゆずき
柚琉	ゆずる
亜柚人	あゆと
柚宇斗	ゆうと

9 祐

音訓 ユウ、ウ、ジョウ、たす(ける)
名のり さち、すけ、たすく、まさ、むら、ゆ、よし

【意味】助ける。神の助け。

【ポイント】にんべんの「佑(ユウ)」とほぼ同意で人気も同等。しかし「祐」には、神を意味する「しめすへん」と、助ける意の「右」で、「神の助け」という意味も加わっている。「人を助け、自分自身もだれかに助けてもらえるように」との願いを託して。

【参考】●桑田佳祐(くわた・けいすけ)…ミュージシャン。●品川祐(しながわ・ひろし)…タレント。●綾部祐二(あやべ・ゆうじ)…タレント。●手越祐也(てごし・ゆうや)…タレント。●渡辺祐(わたなべ・たすく)…タレント、エディター。

祐	ゆう、たすく
佳祐	けいすけ
祐偉	じょうい
昇祐	しょうゆう
成祐	せいゆう
大祐	だいすけ
稀祐	まれすけ
祐貴	ゆうき
祐生	ゆうき
祐二	ゆうじ、じょうじ
祐太	ゆうた
祐大	ゆうだい
祐也	ゆうや
爽祐馬	そうま
祐太朗	ゆうたろう

9 勇

音訓 ユウ、いさむ
名のり いさ、いさお、いさみ、お、たけ、たけし、とし、はや、よ

【意味】いさむ。強い。

【ポイント】「ユウ」の響きには多くの人気漢字があるが、「勇」も定番のひとつ。「優」「悠」「結」など男女ともに使われる字が多いなかで、たくましいイメージのこの字は、ほぼ男の子限定の字。「ユウ」の読みで、男の子らしい字としては、ほかに「雄」がある。

【参考】●近藤勇(こんどう・いさみ)…新選組。●坂本勇人(さかもと・はやと)…野球選手。●田臥勇太(たぶせ・ゆうた)…バスケットボール選手。●池田勇太(いけだ・ゆうた)…ゴルファー。●日村勇紀(ひむら・ゆうき)…タレント。

勇	ゆう、いさむ
勇夢	いさむ
勇武	いさむ
勇人	はやと
勇希	ゆうき
勇作	ゆうさく
勇志	ゆうし
勇駿	ゆうしゅん
勇心	ゆうしん
勇聖	ゆうせい
勇都	ゆうと
勇飛	ゆうひ
勇馬	ゆうま
勇太郎	ゆうたろう
勇之信	ゆうのしん
勇希斗	ゆきと

9 洋

音訓 ヨウ
名のり うみ、ひろ、ひろし、み

【意味】大海。広い。

【ポイント】「ヨウ」の読みでは「陽」や「遥」に人気を譲るが、人気の海にちなんだ「洋」も定番。すっきりとした字形は、多画数の字ともなじみやすい。

洋	よう、ひろし
航洋	こうよう
大洋	たいよう
洋路	ようじ
洋輔	ようすけ
洋太	ようた
洋平	ようへい

9 宥

音訓 ユウ、ウ、ゆる(す)、なだ(める)
名のり すけ、ひろ

【意味】ゆるす。ゆとりを持ち大目に見る。

【ポイント】あまりなじみのない人名用漢字だが、人気の「ユウ」の音を持つ。そのわりにはあまり名前に使われていないので、新鮮味がある。込められる思いは、「心の広い人になるように」など。

【参考】●宥和(ゆうわ)…相手を許して仲よくすること。●宥恕(ゆうじょ)…寛大な心で許すこと。●宮坂宥勝(みやさか・ゆうしょう)…仏教学者。

宥	ゆう
清宥	せいゆう
大宥	だいすけ
知宥	ちひろ、ともひろ
宥樹	ひろき
宥斗	ひろと
宥季	ゆうき
宥己	ゆうき
宥悟	ゆうご
宥介	ゆうすけ
宥多	ゆうた
宥翔	ゆうと
宥馬	ゆうま
宥矢	ゆうや
宥士郎	ゆうしろう
宥太郎	ゆうたろう

9 要

音訓 ヨウ、かなめ、い(る)
名のり とし、め、もとむ

【意味】かなめ。重要。必要。

【ポイント】「ヨウ」の響きを持つ字のなかでは、使用例が少なくて新鮮。やや詰まった印象の字形なので、画数の少ないすっきりした字形と合わせたい。

要	かなめ、よう
要一	よういち
要司	ようじ
要介	ようすけ
要成	ようせい
要太	ようた
理要人	りよと

9 俐

音訓 リ、かしこ(い)
名のり さと、さとし

【意味】よく切れること。賢いさま。

【ポイント】知性が感じられる字で、新鮮味もある。縦に3つに割れる字なので、縦に割れない字形と組み合わせると安定感が出る。

俐貴	さとき
俐志	さとし
千俐	せんり、ちさと
悠俐	ゆうり
俐久	りく
俐仁	りひと
俐希都	りきと

9 亮

音訓 リョウ、あき(らか)
名のり あきら、きよし、すけ、たすく、とおる、まこと、よし、ろ

【意味】明らか。誠。助ける。

【ポイント】人気のある「リョウ」の響きを持つ字。意味もよいため、パパ世代から現在まで、根強く支持されている。「リョウ」以外の読みでは、1字名の「あきら」が定番。最近は「すけ」の音の止め字で使うケースも増えている。

【参考】●亮直（りょうちょく）…心が明らかで正しい。●田村亮（たむら・りょう）…タレント。●山里亮太（やまさと・りょうた）…タレント。●西野亮廣（にしの・あきひろ）…タレント。●宮市亮（みやいち・りょう）…サッカー選手。

亮	りょう、あきら
亮直	あきなお
亮成	あきなり、りょうせい
亮良	あきら
圭亮	けいすけ
聖亮	せいりょう
雅亮	まさあき
亮瑛	りょうえい
亮吉	りょうきち
亮侍	りょうじ
亮潤	りょうじゅん
亮輔	りょうすけ
亮正	りょうせい
亮達	りょうたつ
亮太郎	りょうたろう

9 律

音訓 リツ、リチ
名のり おと、ただし、ただす、たて、のり

【意味】きまり。おきて。

【ポイント】法律、規律、律儀などの熟語もあり、礼儀正しく、まじめなイメージ。音読みの「リツ」を使うケースが多い。

律	りつ
律基	りつき
律瑳	りっさ
律太	りった
律人	りつと
律眞	りつま
律武	りつむ
律朗	りつろう

9 郎

音訓 ロウ
名のり お

【意味】男。夫。男子の美称。きよらかな男子。

【ポイント】「ロウ」の音に当てる、男の子の止め字の定番中の定番。一見レトロな印象だが、最近は侍のような和風の重厚な名前も人気で、この字も人気が高い。「ロウ」の読みでは、1画違いの「朗（ロウ）」があるが、こちらは「明るい」という意味。

【参考】●古舘伊知郎（ふるたち・いちろう）…アナウンサー。●安住紳一郎（あずみ・しんいちろう）…アナウンサー。●小泉孝太郎（こいずみ・こうたろう）…俳優。●加藤清史郎（かとう・せいしろう）…子役。

一郎	いちろう
吾郎	ごろう
太郎	たろう
竜郎	たつお
哲郎	てつろう
郎土	ろうど
郎馬	ろうま
健太郎	けんたろう
虎太郎	こたろう
小次郎	こじろう
桜太郎	しょうたろう
真一郎	しんいちろう
清史郎	せいしろう
善士朗	ぜんじろう
大次郎	だいじろう
悠多郎	ゆうたろう
凛太郎	りんたろう

9 玲

音訓 レイ、リョウ
名のり あきら、たま、れ

【意味】玉の美しい音。透き通るように美しいさま。

【ポイント】「レイ」の音を持つ字のなかでも、とくに人気のある字。「令」「伶」「怜」は同音で形も似ているが、意味は異なる。

玲	れい、あきら
玲伍	れいご
玲太	れいた
玲斗	れいと
玲明	れいめい
玲音	れおん
玲央馬	れおま

10 晏

音訓 アン、エン、くれる
名のり おそ、さだ、はる、やす

【意味】静かに落ち着いている様子。時刻が遅い。

【ポイント】なじみはないが、字の説明がしやすく意味もよい。「アン」の読みは、「理晏（りあん）」など、洋風の響きで重宝。

晏悟	あんご
晏児	あんじ
晏浬	あんり
晏都	えんと
晏斗	はると
晏広	はるひろ
晏武	はるむ
理晏	りあん

10 悦

音訓 エツ
名のり のぶ、よし

【意味】たのしむ。よろこぶ。

【ポイント】よい意味を持つが、やや古風な印象。俳優の豊川悦司（えつし）さんが有名。

悦貴	えつき
悦史	えつし
悦慈	えつじ
悦斗	えつと、のぶと
悦郎	えつろう
悦長	のぶなが
由悦	よしのぶ

桜 10

音訓：オウ、さくら
名のり：お

【意味】サクラ。

【ポイント】美しさと日本情緒を感じる字で、とくに女の子に人気だが、「桜太郎（おうたろう）」や「隆桜（りゅうおう）」など、男の子の名前に使っても新鮮。

- 桜雅　おうが
- 桜士　おうし
- 桜介　おうすけ
- 界桜　かいおう
- 隆桜　りゅうおう
- 桜史朗　おうしろう
- 桜太朗　おうたろう
- 南桜斗　なおと

恩 10

音訓：オン
名のり：おき、めぐみ、めぐむ

【意味】ありがたみ。めぐみ。慈しむこと。

【ポイント】愛情や思いやりを感じさせる字。近年、「怜恩（れおん）」「久恩（くおん）」など、「オン」で終わる名前が人気を集めており、「音」「穏」などとともに、意味もよいこの字も使われている。

【参考】●恩恵（おんけい）…人のことを思いやる親切な心。●恩光（おんこう）…万物を生育する太陽の光。とくに春の光のことをいう。恵みの光。君主の広大な恵みという意味もある。

- 恩　おん
- 伊恩　いおん
- 恩慈　おんじ
- 恩珠　おんじゅ
- 恩大　おんだい
- 久恩　くおん
- 志恩　しおん
- 士恩　しおん
- 詩恩　しおん
- 路恩　じおん
- 祢恩　ねおん
- 來恩　らいおん
- 理恩　りおん
- 琉恩　るおん
- 怜恩　れおん
- 礼恩　れおん
- 恩児朗　おんじろう

峨 10

音訓：ガ
名のり：—

【意味】けわしい。

【ポイント】近年、男の子の止め字で人気の音が「ガ」。おもに「牙」「雅」「河」が当てられているが、それゆえに名前例が少ない「峨」を使うと、かなり新鮮な印象に。

- 峨伊　がい
- 峨久　がく
- 峨門　がもん
- 高峨　こうが
- 大峨　たいが
- 無峨　むが
- 友峨　ゆうが
- 亮峨　りょうが

夏 10

音訓：カ、ゲ、なつ
名のり：—

【意味】なつ。大きい。中国の古名。

【ポイント】明るく活動的なイメージで、四季のなかでもっとも人気のある漢字。「カ」「なつ」など、使いやすい読みが多い。

- 夏雄　なつお
- 夏樹　なつき
- 夏輝　なつき
- 夏彦　なつひこ
- 可夏斗　かなと
- 夏武偉　かむい
- 夏野登　かやと
- 夏緒人　なおと

桧 10

音訓：カイ、ひのき
名のり：ひ

【意味】ヒノキ科の常緑樹。

【ポイント】美しい木目とかぐわしい香りの桧は、最高級の建材として知られる。なお「桧」は、「檜」の略字。名づけでは、「桧」「檜」両方使える。

- 桧貴　かいき
- 桧治　かいじ
- 桧修　かいしゅう
- 桧成　かいせい
- 桧斗　かいと
- 桧士郎　かいしろう
- 桧佐翔　ひさと
- 桧那太　ひなた

莞 10

音訓：カン、い、ふと(い)
名のり：—

【意味】カヤツリグサ科の多年草。

【ポイント】「丸い」「まろやか」という意味もあり、名づけはこちらをイメージ。「にこにこ笑う」という単語「莞爾（かんじ）」を名前にする例も。

- 永莞　えいかん
- 莞爾　かんじ
- 莞太　かんた
- 莞人　かんと
- 莞平　かんぺい
- 莞勇　かんゆう
- 莞士　ふとし
- 了莞　りょうかん

栞 10

音訓：カン、しおり
名のり：しお

【意味】しおり。道しるべ。てびき。

【ポイント】女の子に人気の字だが、「カン」の音をいかすと、「栞太（かんた）」など男の子らしい快活な響きの名前になる。

- 栞壱　かんいち
- 栞路　かんじ
- 栞助　かんすけ
- 栞太　かんた
- 栞都　かんと
- 栞陽　かんよう
- 栞多朗　かんたろう
- 栞太郎　かんたろう

起 10

音訓：キ、お(きる)、お(こる)
名のり：おき、おこす、かず、たつ、ゆき

【意味】おきる。立つ。大きくなる。盛ん。

【ポイント】起承転結の「起」。始まりを示し、エネルギッシュなイメージ。「目標に向かって行動を起こす人に」と願って。

- 克起　かつき
- 起善　きよし
- 剛起　ごうき
- 大起　だいき
- 健起　たけき
- 起生　たつお
- 寛起　ひろき
- 由起斗　ゆきと

記 （10）

音訓 キ、しる(す)
名のり とし、のり、ふみ、よし

【意味】しるす。

【ポイント】一般的な字で、使いやすい「キ」の音を持つが、名前では意外と使われていない。細かい直線で構成された字なので、のびやかな字形と組み合わせたい。

記芳	きよし
大記	だいき
記之	のりゆき
広記	ひろき
恭記	やすのり
有記	ゆうき
記太郎	きたろう
真記人	まきと

桔 （10）

音訓 キツ、ケチ、ケツ
名のり —

【意味】はねつるべ。

【ポイント】秋の七草のひとつ、桔梗（ききょう）の「桔」。読みが少なく使いにくいこともあり、応用は難しそう。俳優の椎名桔平（しいなきっぺい）さんが有名。

桔翔	きっしょう、きっと
桔誠	きっせい
桔太	きった
桔都	きっと
桔平	きっぺい

赳 （10）

音訓 キュウ
名のり たけ、たけし

【意味】筋肉がありたくましい様子。

【ポイント】男の子向きの意味を持つ字。人名用漢字でなじみが薄く、説明しにくいので、組み合わせる字はわかりやすい字がベター。

赳	たけし
赳太	きゅうた
赳生	たけお
赳志	たけし
赳世	たけよ
赳瑠	たける
尚赳	なおたけ
大赳	ひろたけ

恭 （10）

音訓 キョウ、うやうや(しい)
名のり すけ、たか、たかし、ただ、ただし、ちか、のり、やす、やすし、ゆき、よし

【意味】うやうやしい。慎む。

【ポイント】ていねいで慎み深いさまをあらわす字で、まわりから愛され、信頼される人をイメージ。従来から使用されているが、今も安定した人気がある。

恭司	きょうじ
恭介	きょうすけ
恭平	きょうへい
恭輔	きょうすけ
恭兵	きょうへい
恭也	きょうや
貴恭	たかやす
恭真	やすま

恵 （10）

音訓 ケイ、エ、めぐ(む)
名のり あや、さと、さとし、めぐみ、めぐむ、やす、よし

【意味】めぐむ。ほどこす。かしこい。

【ポイント】縁起のよさに加え、穏やかさと温かさも感じる字。字のなかに、人気の「心」を含むのも魅力のひとつ。

一恵	いっけい
恵悟	けいご
恵修	けいしゅう
恵太	けいた
恵人	けいと
勇恵	ゆうけい
恵士郎	けいしろう
恵治郎	けいじろう

桂 （10）

音訓 ケイ、カイ、かつら
名のり かつ、よし

【意味】カツラ科の落葉高木。

【ポイント】日本では、新緑や黄葉が美しいカツラ科の落葉樹だが、中国では、芳香樹の総称。「人々を引き付ける魅力ある人」を願って。

桂	かつら、けい
桂司	かいじ
桂翔	かいと
桂吾	けいご
桂介	けいすけ
桂麻	けいま
桂太郎	けいたろう

拳 （10）

音訓 ケン、ゲン、こぶし
名のり つとむ

【意味】こぶし。武技の一種。拳法。

【ポイント】力強さ、意思の強さを感じさせる字。横線が多く、やや詰まった印象の字なので、すっきりした字形と組み合わせたい。

拳作	けんさく
拳介	けんすけ
拳正	けんせい
拳勇	けんゆう
拳武	こむ
勇拳	ゆうけん
拳史郎	けんしろう
拳太郎	けんたろう

剣 （10）

音訓 ケン、つるぎ
名のり あきら、つとむ、はや

【意味】刀。剣道。

【ポイント】力強さとシャープさをあわせ持つ字。「ケン」の音をいかした名前のほか、「剣斗（はやと）」のように、名のりの「はや」をいかした使い方も。

剣	つとむ
剣吾	けんご
剣心	けんしん
剣武	けんぶ
剣矢	けんや
剣斗	はやと
雄剣	ゆうけん
剣士郎	けんしろう

原 （10）

音訓 ゲン、はら
名のり はじめ、もと

【意味】ひろくて平らな土地。源。

【ポイント】名前での使用は少なく、新鮮。姓に多い字でもあるので、「原太(げんた)」など、組み合わせる字は、名前らしいものを選びたい。

原稀	げんき
原慈	げんじ
原造	げんぞう
源太	げんた
原杜	げんと
原弥	もとや
悠原	ゆうげん
原太楼	げんたろう

10 悟

音訓 ゴ、さと(る)
名のり さとし、さとる、のり

【意味】さとる。道理を知る。

【ポイント】その意味から知的で落ち着いたイメージ。「ゴ」の音の止め字として、「吾」とともに多用されている。左右に分かれる字形のため、「大」のような一体感のある字と組み合わせるとバランスがよく、視覚的にもしっくりとくる。

【参考】●悟空（ごくう）…無の世界の心理を知る。●悟道（ごどう）…仏の道を悟ること。悟りの道。●中嶋悟（なかじま・さとる）…元F1ドライバー。●神保悟志（じんぼ・さとし）…俳優。●鈴木悟（すずき・さとる）…格闘家。

悟	さとる、さとし
庵悟	あんご
健悟	けんご
悟一	ごいち
悟郎	ごろう
悟希	さとき
悟樹	さとき
悟史	さとし
悟士	さとし
悟也	さとや
真悟	しんご
蒼悟	そうご
真悟	まさと
勇悟	ゆうご
竜悟	りゅうご
大悟朗	だいごろう

10 晃

音訓 コウ、あき(らか)
名のり あき、あきら、きら、てる、ひかる、みつ

【意味】明らか。輝く。光が広がる。

【ポイント】「光」や「明」と同じく、光輝く明るいイメージで多用されてきた字。「コウ」の音を持つ字のなかでも、人気は高め。

晃	あきら
晃翔	あきと
晃史	あきふみ
晃良	あきら
晃生	こうせい
晃太	こうた
晃希	てるき
伸晃	のぶてる

10 航

音訓 コウ
名のり かず、つら、ふね、わたる

【意味】わたる。海や空を行く。ふね。

【ポイント】1字名の「航（わたる）」のほか、「航太（こうた）」「航平（こうへい）」など、いろいろな止め字との組み合わせで、とくに男の子の名前に使用されている字。「コウ」の音を持つ漢字のなかでも、スケールが大きく前向きなイメージで、近年、とくに人気が高い。

【参考】●中村航（なかむら・こう）…作家。●内村航平（うちむら・こうへい）…体操選手。五輪メダリスト。●辛島航（からしま・わたる）…野球選手。●前田航基（まえだ・こうき）…タレント。

航	こう、わたる
一航	いっこう
永航	えいこう
航哉	かずや
賢航	けんこう
航壱	こういち
航英	こうえい
航海	こうかい
航紀	こうき
航輝	こうき
航希	こうき
航吉	こうきち
航史	こうし
航路	こうじ
航舜	こうしゅん
航洵	こうじゅん
航介	こうすけ
航星	こうせい
航青	こうせい
航造	こうぞう
航太	こうた
航大	こうだい
航翔	こうと
航渡	こうと
航堂	こうどう
航陽	こうひ
航平	こうへい
航真	こうま
航夢	こうむ
航明	こうめい
航也	こうや
航悠	こうゆう
航遥	こうよう
航来	こうらい
航琉	こうりゅう
航凜	こうりん
志航	しこう
然航	ぜんこう
大航	たいこう
航希	ふねき
航斗	ふねと
來航	らいこう
航流	わたる
航一朗	こういちろう
航志朗	こうしろう
航太郎	こうたろう
航乃心	こうのしん
航之助	こうのすけ
航渡也	ことや
磨航斗	まこと

10 晄

音訓 コウ、あき(らか)
名のり あき、あきら、きら、てる、ひかる、みつ

【意味】明らか。輝く。光が広がる。

【ポイント】「晃」の異体字。「日」と「光」が横に並んでいるのが「晄」。異体字ながら説明しやすいのも高ポイント。

晄生	あきお
有晄	あきら
晄士	こうし
晄陽	こうよう、みつはる
晄輝	てるき
晄祈	みつき
晄太朗	こうたろう

10 倖

音訓 コウ、ギョウ、さいわ(い)
名のり さち、ゆき

【意味】幸運。

【ポイント】「幸」と意味はほぼ同じだが、「倖」にはとくに「思いがけない幸運」という意味がある。「幸せな人生」「運の強い子に」などの願いを込めて。

和倖	かずゆき
倖生	こうき
倖二	こうじ
倖助	こうのすけ
倖多	こうた
倖平	こうへい
倖雄	さちお
倖成	ゆきなり

高 10

音訓 コウ、たか(い)、たか、たか(まる)
名のり あきら、うえ、すけ、たかし、たけ

【意味】たかい。すぐれている。

【ポイント】物理的な高さでなく、地位や人柄など、さまざまな意味で「高い」人になることを願って。組み合わせる字によっては、姓のように見えてしまうかも。

空高	あきたか
高興	こうき
高玄	こうげん
高介	こうすけ
高徳	たかのり
高史	たかふみ
穂高	ほだか
高太郎	こうたろう

剛 10

音訓 ゴウ
名のり かた、かたし、たか、たかし、たけ、たけし、つよ、つよし

【意味】強い。盛ん。かたい。

【ポイント】力強いイメージを持つ字で、非常に男の子らしい字。読みが多く、名前のバリエーションはつくりやすいが、そのぶん読み違いも起こりやすいのが、やや難。最近は音読みの「ゴウ」の音をいかした名前が人気。縦線の印象が強いので、横線や曲線のある字と組み合わせたい。

【参考】●堂本剛（どうもと・つよし）…タレント。●森田剛（もりた・ごう）…タレント。●内藤剛志（ないとう・たかし）…俳優。●中村憲剛（なかむら・けんご）…サッカー選手。

剛	ごう、たけし、つよし
剛紀	ごうき
剛憲	ごうけん
剛介	ごうすけ
剛太	ごうた
剛勇	ごうゆう
聖剛	せいごう
剛史	たけし
剛大	たけひろ
剛宏	たけひろ
剛文	たけふみ
剛琉	たける
剛士	つよし
悠剛	ゆうごう
宥剛	ゆうごう

耕 10

音訓 コウ、たがや(す)
名のり おさむ、つとむ、やす、やすし

【意味】たがやす。

【ポイント】「自分で夢や才能を耕して、切り拓いていけるように」などの願いを込めて。オーソドックスな字だが、素朴さが逆に新鮮な印象を与えそう。

耕	こう
耕季	こうき
耕自	こうじ
耕斗	こうと
耕陽	こうよう
拓耕	ひろやす
耕大	やすひろ
耕太朗	こうたろう

紘 10

音訓 コウ、つな、ひろ(い)
名のり つな、ひろ、ひろし

【意味】つな。冠のひも。広い。

【ポイント】糸へんの右は「広」ではなく、カタカナの「ナ」の下に「ム」を加えた、個性的な字形が人気の字。なお、似た字形の「絋」は名づけには使えない。

一紘	かずひろ
紘道	つなみち
紘貴	ひろき
紘史	ひろし
紘成	ひろなり
紘也	ひろや
康紘	やすひろ
紘士郎	こうしろう

浩 10

音訓 コウ、ひろ(い)
名のり いさむ、きよし、はる、ひろ、ひろし、ゆたか

【意味】大きい。広い。豊か。

【ポイント】水が豊かで広々としているさまをあらわし、広大なイメージを持つ字。現皇太子殿下の御称号が「浩宮」だったことから、1960年代に多用された。

篤浩	あつひろ
浩市	こういち
浩志	こうし
千浩	ちひろ
浩輝	ひろき
真紗浩	まさひろ
浩一郎	こういちろう
浩史郎	こうしろう

紗 10

音訓 サ、シャ、うすぎぬ
名のり —

【意味】うすぎぬ。

【ポイント】女の子向きのやわらかな布のイメージがあるので、男の子に使うと新鮮。「サ」の読みが一般的だが、「シャ」を活かせばインパクトのある名前になりそう。

一紗	いっさ
紗夢	さむ
紗来	さらい
亜紗陽	あさひ
紗斗司	さとし
万紗貴	まさき
真紗人	まさと
武紗士	むさし

朔 10

音訓 サク、ついたち
名のり きた、かた、はじめ、もと

【意味】月の初めの日。

【ポイント】『世界の中心で、愛をさけぶ』の主人公、松本朔太郎や、詩人の萩原朔太郎で知られる字。「幸朔（こうさく）」など、止め字に使うのも新鮮。

朔	さく、はじめ
孝朔	こうさく
朔児	さくじ
朔磨	さくま
朔喜	もとき
勇朔	ゆうさく
朔太朗	さくたろう

時 10

音訓 ジ、とき
名のり これ、もち、よし

【意味】とき。時代。四季。

【ポイント】ロマンを感じる字だが、名前例は意外に少なく新鮮。「とき」を活かすと、「時の流れ」をイメージさせるが、「ジ」の音の止め字に使うのも手。

杏時	あんじ
永時	えいじ
誓時	せいじ
時生	ときお
時弥	ときや
大時	ひろとき
悠時	ゆうじ
時之介	ときのすけ

珠 10

音訓 シュ、ス
名のり じゅ、ず、たま、み

【意味】たま。真珠。

【ポイント】美しいもののたとえにも使われる字で、とくに女の子に人気。男の子名で使う場合は、性別がまぎらわしくないよう、男の子らしい字と組み合わせたい。

珠晏	じゅあん
珠音	じゅおん
珠門	しゅもん
珠海	すかい
珠樹	たまき
竜珠	りゅうじゅ
珠宇真	しゅうま
珠巳斗	すみと

修 10

音訓 シュウ、シュ、おさ(める)
名のり おさむ、のぶ

【意味】おさめる。正す。学ぶ。

【ポイント】1字名の「修(おさむ)」をはじめ、「シュウ」「のぶ」の読みで多用されてきた字。近年の使用例は少なめだが、「シュウ」の響きは今風の名前向き。

修	おさむ、しゅう
快修	かいしゅう
修瑛	しゅうえい
修造	しゅうぞう
修斗	しゅうと
修磨	しゅうま
修太郎	しゅうたろう

純 10

音訓 ジュン
名のり あつ、あつし、きよし、すなお、すみ、ずみ、とう、まこと、よし

【意味】まじりけのない。自然のまま。美しい。

【ポイント】純粋、純白、清純など、汚れのない高潔さをイメージできる字。「ジュン」の音では、「潤」と人気を二分する。

聖純	きよずみ
純一	じゅんいち
純正	じゅんせい
純平	じゅんぺい
純翔	すみと
良純	よしずみ
純太郎	じゅんたろう
純之介	じゅんのすけ

准 10

音訓 ジュン、シュン
名のり のり

【意味】準じる。許す。平らにならす。

【ポイント】もともとは「準」の俗字。名づけでは、元字の「準」にはない「許す」の意味を重視する傾向が強い。

准	じゅん、しゅん
和准	かずのり
准一	じゅんいち
准希	じゅんき
准平	じゅんぺい
聖准	せいじゅん
准乃輔	じゅんのすけ

隼 10

音訓 ジュン、シュン、はやぶさ
名のり たか、とし、はや、はやし、はやと

【意味】鳥の名前。ハヤブサ。勇猛。

【ポイント】飛翔速度がとても速く、俊敏で力強いイメージのあるハヤブサ。その名を冠した小惑星探査機「はやぶさ」の帰還も記憶に新しく、男の子の名前で人気がある。「ジュン」「シュン」以外にも「たか」「はや」など、使いやすい読みがあるので、名前のバリエーションはつくりやすい。

【参考】●薩摩隼人(さつま・はやと)…薩摩出身の武士。鹿児島出身の男性。●市原隼人(いちはら・はやと)…俳優。●五十嵐隼士(いがらし・しゅんじ)…俳優。

隼	しゅん、はやと
光隼	こうじゅん
隼輝	しゅんき
隼吾	しゅんご
隼介	しゅんすけ
隼汰	しゅんた
隼平	しゅんぺい
隼也	じゅんや
隼志	たかし
隼翔	はやと、しゅんと
隼也	はやなり
隼磨	はやま
勇隼	ゆうしゅん
隼太郎	しゅんたろう
隼ノ助	しゅんのすけ

峻 10

音訓 シュン、たか(い)、けわ(しい)
名のり たかし、とし

【意味】高い。高くそびえ立つ。険しい。

【ポイント】崇高なイメージで、圧倒的な迫力でそびえるさまをあらわす字。「シュン」の音を持つ字では使用例が少なく、新鮮。

一峻	かずたか
峻介	しゅんすけ
峻斗	しゅんと
峻平	しゅんぺい
峻翔	たかと
峻希	としき
穂峻	ほたか
峻士郎	しゅんじろう

将 10

音訓 ショウ
名のり ただし、まさ、まさし、ゆき

【意味】大将。ひきいる。大きい。

【ポイント】リーダーや、器の大きさに加え、平将門(たいらのまさかど)などから凛々しい武将のイメージもあり、非常に男の子らしい字。野球の田中将大(まさひろ)選手のように、「まさ」の読みを使うケースが多いが、「ショウ」をいかすと、今風の響きの名前もつくりやすい。「人を率いる賢さと強さを持つ人に」などの願いを込めて。

【参考】●田中将大(たなか・まさひろ)…野球選手。●岡田将生(おかだ・まさき)…俳優。●加治将樹(かじ・まさき)…俳優。

将	しょう、ただし
暁将	あきまさ
英将	えいしょう
一将	かずまさ
稀将	きしょう
将助	しょうすけ
将真	しょうま
飛将	ひしょう
将門	まさかど
将貴	まさき
将樹	まさき
将志	まさし
将翔	まさと
将大	まさひろ
勇将	ゆうしょう
将太朗	しょうたろう

恕 10

音訓 ジョ、ショ、ゆる(す)
名のり ひろ、ゆき、よし

【意味】相手を思いやること。

【ポイント】一見すると「怒」と間違えそうだが、正反対のよい意味を持ち、見た目も個性的。そのうえ、なじみが薄いこともあり、かなり新鮮な印象の名前に。

恕安	じょあん
忠恕	ただゆき
晴恕	はれゆき
恕希	ひろき
恕思	ひろし
恕斗	よしと
恕宏	よしひろ
真沙恕	まさひろ

祥 10

音訓 ショウ
名のり あきら、さき、さち、やす、よし

【意味】幸せ。幸い。めでたい姿。

【ポイント】神をあらわす「しめすへん」と、よいものの象徴である「羊」を合わせた字。神が与えるよい兆し（＝幸い）を意味し、縁起もよい。

祥	あきら、しょう
祥吉	しょうきち
祥太	しょうた
祥平	しょうへい
祥優	しょうゆう
大祥	ひろやす
祥智	よしとも

笑 10

音訓 ショウ、わら(う)、え(む)
名のり えみ

【意味】わらう。花が咲く。

【ポイント】ポジティブなイメージで、最近、とくに女の子名で人気上昇中の字だが、今後は男の子名でも浸透していきそう。「笑顔の多い幸せな人生」を願って。

永笑	えいしょう
笑斗	えみと
笑一	しょういち
笑悟	しょうご
笑平	しょうへい
笑真	しょうま
吏笑人	えりと
笑多朗	しょうたろう

真 10

音訓 シン、ま
名のり さだ、さな、さね、ただ、ただし、ちか、なお、まさ、まこと、まな、み

【意味】まこと。本物。正しい。

【ポイント】名前向きのよい意味を持つことから、昔も今も、男女ともに人気がある字。男の子の場合、以前は「シン」「まさ」の読みが多かったが、今は「ま」の止め字で使うケースが増えている。画数は変わらないが、見た目の印象が違う旧字体「眞」も、名づけでの使用が可能。「眞子さまの眞」で、説明もしやすく、旧字のなかでは使いやすい字。

【参考】●真心（まごころ、しんしん）…親身になって尽くす気持ち。まことの心。●真人（まひと、しんじん）…完全無欠の人格を持った人。中国の道家において、理想とされる道を体得した人。●堤真一（つつみ・しんいち）…俳優。●生田斗真（いくた・とうま）…俳優。●香川真司（かがわ・しんじ）…サッカー選手。●桑田真澄（くわた・ますみ）…元野球選手。

真	まこと、しん
碧真	あおま
彰真	あきまさ
淳真	あつまさ
生真	いくま
詠真	えいま
恭真	きょうま
恵真	けいま
煌真	こうま
寧真	しずま
柊真	しゅうま
潤真	じゅんま
尚真	しょうま
真汰	しんた
聖真	せいま
聡真	そうま
匠真	たくま
辰真	たつま
天真	てんま
統真	とうま
隼真	はやま
温真	はるま
暖真	はるま
彪真	ひゅうま
真絃	まいと
真慧	まさと
真人	まさと、まひと
真大	まさひろ
真輝	まなき
真武	まなぶ
充真	みつまさ
侑真	ゆうしん
裕真	ゆうま
耀真	ようま
陸真	りくま
琉真	りゅうしん
瞭真	りょうま
諒真	りょうま
依玖真	いくま
壱之真	いちのしん
真の介	しんのすけ
真亜翔	まあと
真呼人	まこと
真沙輝	まさき
真佐斗	まさと
真那人	まなと
真ノ亜	まのあ
真羽斗	まはと
矢真都	やまと

晋 10

音訓 シン、すす(む)
名のり あき、くに、すすむ、ゆき

【意味】すすむ。

【ポイント】「目標に向かってずんずん進む」という積極的な意味があり、名づけ向きの一字。「普」と間違えられやすいのが難点。

晋	すすむ
海晋	かいしん
謙晋	けんしん
晋路	しんじ
晋平	しんぺい
晋也	しんや
晋太郎	しんたろう
晋之介	しんのすけ

粋 10

音訓 スイ、いき
名のり きよ、ただ

【意味】混じりけがなく整っているさま。

【ポイント】「純粋さ」だけでなく、気が利いて洗練された「粋（いき）」の意味も。使いやすい読みが少ないのが難。

粋仁	いきひと
粋雅	いきまさ
粋志	きよし
粋人	きよと
粋彦	きよひこ
粋真	きよま
春粋	しゅんすい
粋斗	すいと

晟 10

音訓　セイ、ジョウ
名のり　あきら、てる、まさ

【意味】日光が照ってあかるい。あかるく立派な様子。

【ポイント】明るく前向きなイメージの字。なじみは薄いが、「日＋成」のわかりやすい字形で、説明はしやすい。

晟	あきら、せい
元晟	げんせい
洸晟	こうせい
晟一	せいいち、じょういち
晟路	せいじ
晟矢	てるや

閃 10

音訓　セン、ひらめ(く)
名のり　—

【意味】ひらめくこと。きらっと光ること。

【ポイント】読みが少なく応用しにくいが、視覚的にユニークな名前に。閉鎖的な字形なので、広がりのある字と組み合わせたい。

閃	せん
閃一	せんいち
閃我	せんが
閃輝	せんき
閃司	せんじ
閃斗	せんと
閃童	せんどう
閃太郎	せんたろう

素 10

音訓　ソ、ス
名のり　しろ、すなお、はじめ、もと

【意味】白絹。白。まじり気がない。もと。

【ポイント】「素朴」「素直」など、純粋なイメージがある字。「もと」が使われることが多いが、「ソ」「ス」の音はかなり貴重。

素尚	すなお
素直	すなお
素良	そら
陽素	はるもと
素生	もとき
素宏	もとひろ
素之	もとゆき
素朗	もとろう

造 10

音訓　ゾウ、つく(る)
名のり　いたる、なり、なる、はじめ

【意味】つくる。なしとげる。建てる。

【ポイント】男の子の定番止め字のひとつ。古風な印象はあるが、「創造性」「自主性」「達成感」などの思いを込めて。

造	はじめ、つくる
界造	かいぞう
健造	けんぞう
周造	しゅうぞう
翔造	しょうぞう
大造	たいぞう
悠造	ゆうぞう

泰 10

音訓　タイ
名のり　あきら、とおる、ひろ、ひろし、やす、やすし、ゆたか、よし

【意味】大きい。安らか。のびのびする。

【ポイント】安らぎや安心を意味し、ゆったりとしたイメージ。細かいことには動じない、おおらかな子にと願って。名前向きのよい意味を持ち、名のりも多いが、読みやすいのは「やす」くらい。「タイ」の音をいかして、音読みの2字の名前にすると今風の名前に。

【参考】●泰平（たいへい）…天下が治まり、平和な世の中。●布袋寅泰（ほてい・ともやす）…ミュージシャン。●原田泰造（はらだ・たいぞう）…タレント。●山下泰裕（やました・やすひろ）…柔道家。五輪メダリスト。

泰	あきら
敦泰	あつひろ
泰河	たいが
泰樹	たいき
泰志	たいし
泰介	たいすけ
泰世	たいせい
泰造	たいぞう
泰地	たいち
泰夢	たいむ
嵩泰	たかひろ
泰武	ひろむ
泰己	やすき
泰秀	やすひで
泰行	やすゆき
泰士朗	たいしろう
泰太朗	やすたろう

通 10

音訓　ツウ、ツ、とお(る)、かよ(う)
名のり　みち、ゆき

【意味】とおる。貫きとおす。すらすらと事が運ぶ。行き渡る。

【ポイント】「貫く」や「順調に事が運ぶ」の意味から、「困難に打ち勝つ」「通りよく順調に進んでいくように」などの願いを込めて。

通	とおる
弘通	ひろみち、ひろゆき
通生	みちお
通陽	みちはる
亜通史	あつし
真佐通	まさみち
璃通斗	りつと

哲 10

音訓　テツ
名のり　あき、あきら、さと、さとし、さとる、のり、よし

【意味】ものの道理。さとい。さとし。

【ポイント】「哲学」のイメージがあり、賢さや知性が感じられる男の子名の定番字のひとつ。

哲斗	あきと
一哲	いってつ
哲志	さとし
哲思	てつし
哲平	てっぺい
哲也	てつや
真哲	まさと
哲之輔	てつのすけ

展 10

音訓　テン
名のり　のぶ、ひろ

【意味】のびる。平らに広げる。ひらく。進む。のびのびする。

【ポイント】「展開」「発展」の熟語もあり、ポジティブな印象の字。「のびのびと才能を広げていけるように」などの願いを込めて。

展	てん
志展	しのぶ
貴展	たかひろ
展一	てんいち
展心	てんしん
展真	てんま
展希	のぶき
展達	ひろたつ

途 10

音訓 ト、みち
名のり とお

【意味】みち。みちのり。みちすじ。

【ポイント】「途中」が連想されるが、「途」は「みち」のことで、実は名前向きの意味を持つ字。「ト」の音の止め字として使用しても。

一途	かずと
健途	けんと、たけみち
途仁	みちひと
祐途	ゆうと
侑途	ゆうと
廉途	れんと
途乃里	みちのり

透 10

音訓 トウ、す(ける)
名のり すき、すく、とおる、ゆき

【意味】すきとおっている。通り抜ける。

【ポイント】さわやかさを感じる字で、「通」と類義。「トウ」の読みをいかすと、「透真（とうま）」など今風の名前もつくりやすい。

透	とおる
透輝	とうき
透志	とうし
透真	とうま
透伸	とうしん、ゆきのぶ
透宗	ゆきむね
透之真	とおのしん

桐 10

音訓 ドウ、トウ、きり
名のり ひさ

【意味】落葉高木のキリ。

【ポイント】まっすぐにのびる桐の特徴と「キリ」の響きから、凛とした印象。「まっすぐ素直に成長してほしい」との願いを込めて。

桐郎	きりお
桐斗	きりと
桐馬	きりま
桐威	とうい
桐音	とういん
桐森	とうしん
桐磨	とうま
龍桐	りゅうどう

能 10

音訓 ノウ
名のり たか、ちから、とう、のり、ひさ、よし

【意味】能力、体力がある。

【ポイント】才能や知能、体力に恵まれることを願って使われる字。サッカー選手の川口能活（よしかつ）さんが有名。

能	ちから
和能	かずのり
能之	たかゆき
能真	とうま
正能	まさたか
能克	よしかつ
能宗	よしむね
能成	よしなり

馬 10

音訓 バ、うま、ま
名のり たけし

【意味】うま。

【ポイント】草原を駆け抜ける馬の躍動感と颯爽としたイメージ。生命力やたくましさも感じさせる字で、男の子の名前では定番の字。「ま」の音では、「真」と人気を二分している。

【参考】●坂本龍馬（さかもと・りょうま）…幕末の志士。●三浦春馬（みうら・はるま）…俳優。●中山優馬（なかやま・ゆうま）…タレント。●真田佑馬（さなだ・ゆうま）…タレント。

一馬	かずま
翔馬	しょうま
壮馬	そうま
拓馬	たくま
天馬	てんま
斗馬	とうま
灯馬	とうま
春馬	はるま
陽馬	はるま
優馬	ゆうま
琉馬	りゅうま
涼馬	りょうま
遼馬	りょうま
和馬	かずま
多玖馬	たくま
飛雄馬	ひゅうま
玲王馬	れおま

敏 10

音訓 ビン
名のり あきら、さと、さとし、とし、はや

【意味】行動がきびんで早い。神経が細かくよく働く。

【ポイント】「とし」の読みが一般的なので、それ以外を使うと目新しい。洋風テイストの名前なら、「ビン」の音をいかしたい。

敏	あきら、さとし
敏生	あきお
克敏	かつとし
敏志	さとし
敏瑠	さとる
敏晴	としはる
敏斗	びんと

勉 10

音訓 ベン
名のり かつ、すすむ、つとむ、まさる

【意味】がんばって励むさま。

【ポイント】目標に向かって努力するイメージがある、名前向きの字。そのわりに使用例は意外と少なく、定番の1字名「勉（つとむ）」以外は、目新しいかも。

勉	つとむ、まさる
勉己	かつき、まさき
勉典	かつのり
勉正	かつまさ
勉也	かつや
勉武	つとむ

紡 10

音訓 ボウ、つむ(ぐ)
名のり つむ

【意味】糸をつむぐ。つむぎ。

【ポイント】「紡ぐ」とは、繭や綿の繊維をより合わせて糸をつくること。「言葉を紡ぐ」「時代を紡ぐ」など比喩的にも使われ、やさしく、きめ細やかな印象。

紡	つむぐ
亜紡	あつむ
伊紡	いつむ
輝紡	きぼう
多紡	たつむ
紡生	つむぎ
紡久	つむぐ
実紡	みつむ

10 峰

音訓 ホウ、みね
名のり お、たか、たかし、ね

【意味】高い山のいただき。みね。

【ポイント】美しい山を連想させる、スケール感と崇高さを持つ字。「ホウ」の読みをいかすと、今風の響きを持つ名前に。

峰	たかし
峰登	たかと
隆峰	たかみね、りゅうほう
真峰	まさみね
峰雄	みねお
峰康	みねやす
佑峰	ゆうほう

10 峯

音訓 ホウ、みね
名のり たか、たかし、ね

【意味】高い山のいただき。みね。

【ポイント】「峰」の異字体で、「山」が左か上かの違い。ただ「峯」には、「神が降りてくる木がある山」という、宗教的な意味合いも含んでいる。

峯	たかし
峯士	たかし
峯虎	たかとら
峯順	ほうじゅん
峯世	ほうせい
峯王	みねお
峯之	みねゆき
峯矢	みねや

10 紋

音訓 モン
名のり あき、あや

【意味】あや。模様。

【ポイント】織物の模様の華やかさと、家紋のおごそかさというふたつのイメージを持つ字。「モン」の読みをいかせば、「亜紋（あもん）」のような個性的な名前に。

亜紋	あもん
紋人	あやと、もんど
嘉紋	かもん
士紋	しもん
紋吉	もんきち
紋太	もんた
紋乃丞	あやのじょう

10 容

音訓 ヨウ、い(れる)
名のり かた、ひろ、まさ、もり、やす

【意味】中に物をいれる。中身。ゆるす。ゆとりがある。

【ポイント】その意味から、懐の深さを感じる字。名前例は少なく、読みも「ヨウ」以外はなじみがないので、目新しさが。

一容	かずよし
光容	こうよう
容志	ひろし
真容	まさひろ
容輔	ようすけ
容清	ようせい
容太朗	ようたろう

10 浬

音訓 リ、かいり
名のり —

【意味】海の距離をはかる単位。

【ポイント】近年人気の海に関連する字のひとつ。似た字形の「リ」の音を持つ「理」「里」にくらべて使用頻度は低いので、目新しさがある。

浬	かいり
浬楽	かいら
浬瑠	かいる
雄浬	ゆうり
浬皇	りおう
浬紀	りき
浬久	りく
浬真	りま

10 哩

音訓 リ、マイル
名のり —

【意味】距離の単位「マイル」。

【ポイント】「浬」とともに2004年に人名用漢字に追加されたので、まだまだ新鮮。直線で構成された字なので、曲線や斜線のある字と組み合わせたい。

哩	まいる
一哩	いちり
開哩	かいり
聖哩	ひじり
哩流	まいる
哩庵	りあん
哩遠	りおん
哩澄	りずむ

10 莉

音訓 リ、レイ
名のり —

【意味】植物の茉莉（まつり）。

【ポイント】ジャスミンの一種「茉莉」をさす字で、女の子に人気の高い字。そのぶん男の子名に使うと新鮮だが、性別を誤解されないような字と組み合わせたい。

海莉	かいり
旬莉	しゅんり
佑莉	ゆうり
莉樹	りき
莉侍	れいじ
莉斗	れいと
生莉斗	きりと
真莉雄	まりお

10 竜

音訓 リュウ、たつ
名のり きみ、とお、とおる、りょう

【意味】たつ。英雄。

【ポイント】伝説上の獣をさすだけでなく、英雄も意味するため、とくに男の子に人気。「竜」も旧字の「龍」もどちらも人気だが、旧字のほうがやや優勢。

翔竜	しょうりゅう
竜稀	たつき
竜也	たつや
竜巳	たつみ
竜侍	りゅうじ
竜聖	りゅうせい
竜汰	りゅうた
竜乃介	りゅうのすけ

10 留

音訓 リュウ、ル、と(める)
名のり たね、とめ、ひさ

【意味】とめる。残す。

【ポイント】「ル」に当てる字として、響き重視の名前で使われる字。ただし最近は、同じ「ル」の音を持つ「琉」「瑠」に人気が集中し、使用例は減ってきている。

慧留	える
武留	たける
守留	まもる
留佑	りゅうすけ
留伊	るい
留王	るおう
留季	るき
亜留都	あると

流 10

音訓 リュウ、ル、なが(れる)
名のり とも、はる

【意味】ながれる。過ぎる。

【ポイント】涼しげな清流のイメージの一方、物事の中止や放浪などを意味する「流れる」に抵抗を持つ人も。組み合わせる漢字によって印象が変わる字。

- **流** ながれ、りゅう
- **我流** がりゅう
- **豪流** ごうる
- **流世** ながせ
- **舞流** まいる
- **大流** まさる
- **流飛** りゅうと

旅 10

音訓 リョ、たび
名のり たか、もろ

【意味】たびをする。旅人。

【ポイント】旅人や旅にまつわる壮大なストーリーといった、ロマンを感じさせる字。男女ともに名前例は少ないこともあり、印象深い名前になりそう。

- **旅広** たかひろ
- **旅道** たかみち
- **旅自** たびじ
- **旅路** たびじ
- **旅人** たびと
- **旅翔** たびと
- **旅晏** りょあん
- **旅羽** りょう

凌 10

音訓 リョウ、しの(ぐ)
名のり しのぐ

【意味】しのぐ。力づくで相手の上にたつ。無理をしてこえる。

【ポイント】人を押しのけるといった、イメージもあるが、本来は「厳しい丘の稜線を超えていく」という意。力強さを感じさせる。

- **凌** りょう
- **凌武** しのぶ
- **世凌** せいりょう
- **凌侍** りょうじ
- **凌介** りょうすけ
- **凌聖** りょうせい
- **凌太** りょうた
- **凌平** りょうへい

倫 10

音訓 リン
名のり とし、とも、のり、みち、もと

【意味】仲間。倫理。筋。

【ポイント】「人として行うべき筋道」を意味する「倫紀（りんき）」「倫理（りんり）」などの言葉もあり、正義感をイメージ。名前では「とも」「みち」が多い。

- **光倫** こうりん
- **倫基** ともき
- **倫紀** とものり
- **倫英** ともひで
- **倫晃** のりあき
- **倫敦** のりあつ
- **大倫** ひろのり
- **倫多郎** りんたろう

烈 10

音訓 レツ
名のり たけ、たけし、つよ、やす、よし

【意味】はげしい。きびしい。てがら。

【ポイント】炎が激しく燃え盛る様子が字源で、「立派な手柄」という意味も。インパクトのある字形で、個性的な名前になる。

- **烈** れつ
- **烈士** あつし、たけし
- **烈貴** たけき
- **烈大** たけひろ、よしひろ
- **烈汰** れった
- **烈斗** れっと

連 10

音訓 レン、つら(なる)、つ(れる)
名のり つぎ、まさ、やす

【意味】つらなる。続く。

【ポイント】人と人とのつながりや、さまざまな物事の結びつきなどをイメージ。同じ「レン」の音を持ち、似た字形の「蓮」はハスの意。

- **連** れん
- **亜連** あれん
- **連也** つらなり
- **連穏** れのん
- **連路** れんじ
- **連人** れんと
- **連太郎** れんたろう
- **連之介** れんのすけ

浪 10

音訓 ロウ、なみ
名のり ―

【意味】なみ。

【ポイント】風などによって水面が傾いて生じるなみが「波」で、「水＋良」で清らかななみが「浪」。「清らか」以外にも、「型にはまらない」という意味もある。

- **浪喜** なみき
- **浪斗** なみと
- **浪之** なみゆき
- **美浪** みなみ
- **浪人** ろうど
- **浪馬** ろうま
- **士浪** しろう
- **浪ノ佑** なみのすけ

朗 10

音訓 ロウ、ほが(らか)
名のり あき、あきら、お、さえ、とき、ほがら

【意味】ほがらか。明らか。清らかに澄んでいる。

【ポイント】同じ「ロウ」の音を持ち、字形が似ている「郎」は「清らかな男子」の意味。一方の「朗」にも、「清らか」の意味はあるが、むしろ明るくほがらかという「陽」や、「明朗（めいろう）」の意味のほうが強い。どちらも名前向きのよい意味があるので、迷ったときは画数で判断するのも手。ちなみに「郎」は9画、「朗」は10画。

【参考】●福澤朗（ふくざわ・あきら）…アナウンサー。●岸谷五朗（きしたに・ごろう）…俳優。●森山直太朗（もりやま・なおたろう）…ミュージシャン。

- **朗** あきら
- **朗生** あきお
- **朗人** あきと
- **朗彦** あきひこ
- **朗充** あきみつ
- **朗良** あきら
- **士朗** しろう
- **拓朗** たくろう
- **達朗** たつろう
- **太朗** たろう
- **哲朗** てつお
- **玲朗** れお
- **健太朗** けんたろう
- **晃志朗** こうしろう
- **鼓太朗** こたろう
- **新一朗** しんたろう
- **直太朗** なおたろう

11

庵

音訓 アン、いおり
名のり —

【意味】いおり。仮の住まいの質素な家。僧や尼が仏をまつる小さな家。

【ポイント】雅号につける言葉でもあり、文学的なイメージも。「アン」と読める字が少ないので貴重。

庵	いおり
庵慈	あんじ
庵里	あんり
高庵	こうあん
志庵	しあん
悠庵	ゆうあん
里庵	りあん
了庵	りょうあん

11

惟

音訓 イ、ユイ、おも(う)、これ、ただ
名のり あり、たもつ、のぶ、よし

【意味】おもう。よく考えてみる。これ。ただ。

【ポイント】同じく「イ」「ユイ」と読め、字形の似た「唯」は「ただそれだけ」という意味。一方の「惟」は「よく考える」という意味で、思慮深いイメージ。また「唯」は女の子名で多用されているが、「惟」はそれほど女の子名に使われていないので、男の子名にも使いやすい。

【参考】●思惟（しい）…考えること。思考。●前谷惟光（まえたに・これみつ）…漫画家。●荒木経惟（あらき・のぶよし）…写真家。

蒼惟	あおい
惟央	いお
惟月	いつき
惟吹	いぶき
加惟	かい
架惟	かい
惟忠	これただ
惟成	これなり
惟央	ただお
惟人	ゆいと、これひと
琉惟	るい
礼惟	れい
惟央利	いおり
惟知朗	いちろう
可惟斗	かいと
由惟斗	ゆいと

11

逸

音訓 イツ、イツ
名のり すぐる、とし、はや、まさ

【意味】のがれる。ルートから出て横にそれる。枠を超える。すぐれる。

【ポイント】逸脱の「逸」だが、「逸材」「逸品」など、よい意味でも使われる字。

逸	すぐる
逸紀	いつき、いっき
逸侍	いつじ
逸太	いった
逸馬	いつま
逸郎	いつろう
紀逸	きいつ

11

寅

音訓 イン、とら
名のり つら、とも、のぶ、ふさ

【意味】十二支の3番目。とら。

【ポイント】「虎」は猛獣のトラ。「寅」は十二支のとら、午前4時前後（寅の刻）、方角なら東北東をさす。また「寅」には、「つつしむ」という意味もある。

影寅	かげとら
一寅	かずとも
小寅	ことら
寅吉	とらきち
寅児	とらじ
寅成	とらなり
寅丸	とらまる
寅之助	とらのすけ

11

凰

音訓 オウ、コウ、おおとり
名のり —

【意味】鳳凰とは中国の伝説の鳥。

【ポイント】「鳳凰（ほうおう）」とは、神の使者として聖人が世に出たときにあらわれる伝説の鳥。厳密には「鳳」はオス、「凰」はメスをさす。

凰輝	おうき
凰成	おうせい
凰眞	おうま、こうま
凰琳	おうりん
凰汰	こうた
大凰	たいほう
凰士郎	おうしろう

11

貫

音訓 カン、つらぬ(く)
名のり つら、とおる、ぬき、やす

【意味】つらぬく。やりとおす。

【ポイント】「筋が通った人に」「困難を貫いて進めるように」といった、力強い願いを込められる字。「カン」の響きも男の子らしいイメージ。

貫	とおる
貫一	かんいち
貫吉	かんきち
貫吾	かんご
貫太	かんた
貫之	つらゆき
将貫	まさつら
貫太郎	かんたろう

11

基

音訓 キ、もと、もとい
名のり のり、はじむ、はじめ、もと

【意味】基本。はじめ。根拠。土台。

【ポイント】左右対称の安定した字形と、「土台」という意味から、どっしりとした強さのある印象。視覚的にも意味的にも、とくに止め字に使うと、おさまりがいい。

【参考】●梶井基次郎（かじい・もとじろう）…作家。●新沢基栄（しんざわ・もとえい）…漫画家。●秦基博（はた・もとひろ）…ミュージシャン。●嶋基宏（しま・もとひろ）…野球選手。●藤原基央（ふじわら・もとお）…ミュージシャン。●後藤輝基（ごとう・てるもと）…タレント。

基	はじめ、もとい
基市	きいち
基信	きしん
康基	こうき
光基	こうき
大基	だいき
健基	たけもと
友基	ともき
陽基	はるき
瑞基	みずき
基希	もとき
基博	もとひろ
悠基	ゆうき
裕基	ゆうき
類基	るいき
由基斗	ゆきと

規 11

音訓 キ、のり
名のり ただ、ただし、み、もと

【意味】コンパス。規定。基準。

【ポイント】従来は「のり」の読みが多かったが、近年は「キ」の音をいかす傾向が強い。人気の「季」「紀」「希」などに代わって使用すると、新鮮な印象。

和規	かずき
規彦	のりひこ
秀規	ひでのり
光規	みつき
安規	やすのり
有規	ゆうき
由規	よしのり
亜規広	あきひろ

菊 11

音訓 キク
名のり あき、ひ

【意味】秋に開く草花。

【ポイント】和風情緒のある秋の花。皇室の紋章にもなっており、日本の象徴的な花のひとつ。原産は中国。

菊都	きくと、あきと
菊彦	きくひこ
菊也	きくや
菊朗	きくろう
千菊	ちあき
菊二郎	きくじろう
菊ノ介	きくのすけ

掬 11

音訓 キク、すく(う)
名のり ー

【意味】手ですくう。

【ポイント】もともとは「手を丸めて米を包むようにすくう」という意味で、やさしさや、あたたかさを感じさせる。

亜掬	あすく
掬央	きくお
掬慈	きくじ
掬蔵	きくぞう
汰掬	たすく
掬乃助	きくのすけ

教 11

音訓 キョウ、おし(える)、おそ(わる)
名のり たか、のり、みち

【意味】おしえる。おしえ。

【ポイント】知識や指導者をイメージさせ、以前は「のり」の読みで名づけの定番だった字。最近は使用例が少ないが、「キョウ」の読みをいかせば今風の響きの名に。

教示	きょうじ
教介	きょうすけ
教汰	きょうた
教貴	たかよし
教伸	たかのぶ
教之	のりゆき
恭教	やすのり
教一朗	きょういちろう

郷 11

音訓 キョウ、ゴウ
名のり あき、あきら、さと、のり

【意味】さと。ふるさと。向く。

【ポイント】「キョウ」「ゴウ」「さと」など、男の子向きの読みが多い。「郷平（きょうへい）」「郷太（ごうた）」「郷志（さとし）」など、定番の響きも、この字だと新鮮。

郷	ごう
宇郷	うきょう
郷介	きょうすけ
郷平	きょうへい
郷太	ごうた
郷志	さとし
郷留	さとる
真郷	まさと

強 11

音訓 キョウ、ゴウ、つよ(い)、し(いる)
名のり たけ、つよし

【意味】つよい。丈夫。

【ポイント】「強くたくましく育ってほしい」というストレートな思いが込められる、男の子向きの字。今風の名前にしたいなら、「キョウ」「ゴウ」の読みをいかしたい。

強	つよし
強吾	きょうご
強平	きょうへい
強太	ごうた
強士	つよし
悠強	ゆうごう
竜強	りゅうごう
強士郎	きょうしろう

啓 11

音訓 ケイ
名のり あき、さとし、ひろ、ひろむ、よし

【意味】ひらく。知識を与える。悟る。

【ポイント】視界がパッと明るく開けていく、前向きなイメージ。「ひらく（開放する）」のほか、夜が明けるの意味もある。

啓	さとし
啓伍	けいご
啓樹	けいじゅ、けいき
啓亮	けいすけ
俊啓	としあき
優啓	ゆうけい
啓太朗	けいたろう

渓 11

音訓 ケイ
名のり たに

【意味】谷。谷川。

【ポイント】渓谷の美しさと、ワイルドな雰囲気をあわせ持つ字。読みの種類は少ないが、「ケイ」の響きは応用がきくため、バリエーションはつくりやすい。

渓	けい
渓桜	けいおう
渓史	けいし
渓蔵	けいぞう
渓太	けいた
渓登	けいと
雄渓	ゆうけい
渓士郎	けいしろう

経 11

音訓 ケイ、キョウ、へ(る)
名のり おさむ、つね

【意味】たていと。常に変わらない物事の道理。

【ポイント】「不変の道理」「物事の筋道」といった意味があり、イメージはややかため。使用例が少ないので視覚的には新鮮。

一経	いっけい
経司	きょうじ
経聖	きょうせい、けいせい
経貴	けいき
経介	けいすけ
経彦	つねひこ
徳経	のりつね

11 蛍

音訓 ケイ、ほたる
名のり ―

【意味】ホタル。

【ポイント】暗がりに浮かぶ蛍の光から、「どんな状況でも光を失わないように」と願って。印象の強い字なので、あまり主張の強くない字と組み合わせたい。

蛍	けい、ほたる
蛍輝	けいき
蛍吾	けいご
蛍介	けいすけ
蛍雪	けいせつ
蛍太	けいた
蛍斗	けいと

11 舷

音訓 ゲン
名のり けん

【意味】ふなべり。ふねの両脇のところ。

【ポイント】「ゲン」の響きは、ほぼ男の子限定。同じつくりと「ゲン」の音を持つ、「玄」「弦」「絃」よりも名前例が少なく、新鮮。

舷一	けんいち、げんいち
舷生	げんき
舷士	けんし
舷三	げんぞう
颯舷	そうげん
雄舷	ゆうげん
舷多郎	げんたろう

11 現

音訓 ゲン、あらわ(れる)、あらわ(す)
名のり あり、み

【意味】あらわれる。あらわす。今。

【ポイント】一般的な字だが、名前での使用例は少ない。「今をしっかり見つめられるように」など、よい意味を込めて使える。

現	げん
現真	ありま
現己	げんき
現太	げんた
現斗	げんと、ありと
現真	げんま
竜現	りゅうげん

11 絃

音訓 ゲン、いと
名のり お、つる

【意味】いと。弦楽器の総称。

【ポイント】琴や三味線などの和楽器やその糸が連想でき、イメージは古風で情緒的。画数で迷ったら、意味も読みも共通点が多い、8画の「弦」も候補に。

李絃	いつる
絃矢	いとや
絃一	げんいち
絃貴	げんき
絃馬	げんま
高絃	こうげん
見絃	みつる
優絃	ゆいと

11 健

音訓 ケン、すこ(やか)
名のり たけ、たけし、たける、つよ、つよし

【意味】すこやか。丈夫。強い。

【ポイント】健康の「健」で、その意味は「元気がよい」や「すこやか」。この名前向きの意味のよさと、親しみやすい「ケン」の響きから、今も昔も男の子によく使われている字。名前で見慣れているせいもあるが、どんな字とも相性がよく、名前のバリエーションもつくりやすい。

【参考】●開高健（かいこう・たけし）…作家。●茂木健一郎（もぎ・けんいちろう）…脳科学者。●佐藤健（さとう・たける）…俳優。●前田健太（まえだ・けんた）…野球選手。●佐々木健介（ささき・けんすけ）…プロレスラー。

健	けん、たけし、たける
和健	かずたけ
健真	けんしん
健太	けんた
健斗	けんと
剛健	ごうけん
爽健	そうけん
健士	たけし
健翔	たけと
健琉	たける
健志	つよし
宏健	ひろたけ
悠健	ゆうけん
健市郎	けんいちろう
健ノ助	けんのすけ

11 梧

音訓 ゴ、グ、あおぎり
名のり ―

【意味】アオギリ科の落葉高木。

【ポイント】名づけでは、樹高15mにも達するアオギリのたくましい成長をイメージ。おもに「吾」「悟」に代わる「ゴ」の止め字に使われる。

栄梧	えいご
完梧	かんご
秀梧	しゅうご
心梧	しんご
聖梧	せいご
竜梧	りゅうご
亮梧	りょうご
大梧朗	だいごろう

11 康

音訓 コウ
名のり しず、しずか、みち、やす、やすし、よし

【意味】安らか。すこやか。丈夫。

【ポイント】健康の「康」で、「健」とともに、名づけでは定番の字。古くから使われている字だが、人気のある「コウ」の音を持つことから、今なお人気は高い。

康	こう
康祐	こうすけ
康太	こうた
輝康	てるやす
信康	のぶやす
康士	やすし
康斗	やすと
康快	やすよし

11 梗

音訓 コウ、キョウ、やまにれ
名のり ―

【意味】しんのあるかたい枝。ふさがる。骨組み。

【ポイント】秋の七草「桔梗（ききょう）」の「梗」。桔梗は野山に自生し、初秋に紫や白の花をつける。

梗吾	きょうご
梗平	きょうへい、こうへい
梗紀	こうき
梗士	こうし
梗介	こうすけ
梗世	こうせい
梗太郎	こうたろう

皐 11

音訓 コウ、さつき
名のり すすむ、たか、たかし

【意味】水辺の平たい岸辺。【ポイント】「皐月（さつき）」は陰暦5月の異名。男の子名では「コウ」の音が使いやすい。読めるが、書けないという人が多そうな字。

皐	こう
皐介	こうすけ
皐大	こうだい
皐馬	こうま
皐佑	こうゆう、こうすけ
大皐	ひろたか
皐之進	こうのすけ

彩 11

音訓 サイ、いろど(る)
名のり あや、いろ、たみ、さ、あ

【意味】いろどり。美しい。光。【ポイント】女の子に人気の字だが、色彩豊かなイメージは男の子に使っても新鮮。「賢彩（けんさい）」など、「サイ」の読みをいかすと、今風かつ力強い印象に。

彩基	あやき
彩斗	あやと、さいと
映彩	えいさい
彩成	さいせい
賢彩	けんさい
亜彩人	あさと
彩詩朗	さいしろう

梓 11

音訓 シ、あずさ
名のり ―

【意味】木の名前。【ポイント】ノウゼンカツラ科の木、またはカバノキ科の木をさす。日本ではおもに後者をさし、材質がかたく丈夫なので、古くは弓の材料として使われていた。

梓史	あずし
梓馬	あずま
梓巳	あずみ
圭梓	けいし
梓央	しおう
梓恩	しおん
蒼梓	そうし
大梓	たいし

偲 11

音訓 シ、サイ、しの(ぶ)、
名のり ―

【意味】懐かしく思う。【ポイント】「偲ぶ（しのぶ）」という言葉をどうとらえるかで好みは分かれるが、もともとの意味は「たゆまず努力する」「思慮が行き届く」と、よい意味を持つ。

偲斗	さいと
偲桜	しおう
偲音	しおん
偲武	しのぶ
偲和	しのわ
正偲	まさし
悠偲	ゆうし
偲史郎	さいしろう

視 11

音訓 シ、み(る)
名のり のり、み、みる、よし

【意味】まっすぐ目を向ける。【ポイント】「見」は単に目で見ることで、「視」は注意深く見ること。ほかにも「いたわる」「職務をまじめに行う」などのよい意味を持つ。

一視	かずのり
心視	ここのり
視彦	のりひこ
視良	のりよし
広視	ひろみ
視郎	しろう
真視	まさみ
賢視郎	けんしろう

脩 11

音訓 シュウ、おさ(める)
名のり おさ、おさむ、すけ、なが、のぶ、はる

【意味】すらりと細長い。おさめる。【ポイント】字形の似ている「修」とは、意味も似ていて、「シュウ」など共通する読みも多い。

脩	しゅう、おさむ
皇脩	おうしゅう
海脩	かいしゅう
脩星	しゅうせい
脩人	しゅうと
脩真	しゅうま
脩一郎	しゅういちろう

淑 11

音訓 シュク
名のり きよ、きよし、とし、よ、よし

【意味】よい。しとやか。【ポイント】「淑女」など、女性のしとやかさをあらわす字だが、本来の意味は性別を問わない。古風な印象はあるが、気品が感じられる字。

淑陽	きよはる
淑一	としかず
正淑	まさよし
淑人	よしと、きよと
淑朋	よしとも
淑彦	よしひこ、きよひこ

淳 11

音訓 ジュン、シュン、あつ(い)
名のり あつ、あつし、きよ、きよし、すなお、ただし、まこと、よし

【意味】真心がある。あつい。清い。素直で飾り気のない。【ポイント】真心があるなど「惇」と共通する意味を持つが、使用頻度では、「淳」が圧倒的に上。清いという意味もあり、「純」とも同音同義。よい意味を持ち、従来から名づけではよく使われているが、「あつ」と「ジュン」どちらの読みもポピュラーなので、読み間違いされやすい面がやや難。【参考】●渡辺淳一（わたなべ・じゅんいち）…作家。●田村淳（たむら・あつし）…タレント。●田口淳之介（たぐち・じゅんのすけ）…タレント。●溝端淳平（みぞばた・じゅんぺい）…俳優。

淳	あつし、じゅん
淳生	あつき
淳史	あつし
淳斗	あつと
淳典	あつのり
淳夢	あつむ
淳良	あつよし
淳郎	あつろう
淳市	じゅんいち
淳紀	じゅんき
淳成	じゅんせい
淳太	じゅんた
淳也	じゅんや
淳弥	じゅんや
弘淳	ひろあつ
淳一朗	じゅんいちろう

11 惇

音訓 ジュン、シュン、トン、あつ(い)、まこと
名のり あつ、あつし、すなお、つとむ、とし

【意味】真心がある。人柄に厚みがある。まこと。おだやかな人柄。

【ポイント】心がどっしり落ち着いているさまを示した字。「真心がある」「穏やか」などの意味に。

惇	まこと
惇貴	あつき、じゅんき
惇志	あつし
惇楼	あつろう
惇汰	しゅんた
惇平	じゅんぺい
惇之介	じゅんのすけ

11 渚

音訓 ショ、なぎさ、みぎわ
名のり —

【意味】河川に砂や石が集まってできる場所。波打ち際。

【ポイント】さわやかなイメージで人気だが、応用しにくい字。なお「なぎさ」は「汀」とも書き、こちらも名づけに使える。

渚	なぎさ
渚生	しょう
世渚	せな
渚斗	なぎと
渚人	なぎと
渚飛	なぎと

11 章

音訓 ショウ
名のり あき、あきら、あや、ふみ、ゆき

【意味】曲や文章などの一区切り。けじめ。明らか。

【ポイント】意味もよく、左右対称の字は視覚的なバランスもよい。新鮮さはないが、「ショウ」の音をいかせば、今風の響きに。

章	しょう、あきら
章仁	あきひと
章悟	しょうご
章平	しょうへい
章磨	しょうま
宏章	ひろあき
章太郎	しょうたろう

11 渉

音訓 ショウ
名のり さだ、たか、ただ、わたり、わたる

【意味】川をふみしめてわたる。かかわる。広く見聞する。

【ポイント】さんずいへん（水）を加えることで、「歩」よりも「眼前の問題や困難を乗り越えて進む」「より遠くへ進む」といったニュアンスが強くなり、より男の子向きに。今風の響きの名前なら、「ショウ」の音をいかしたい。つくりの「歩」から、「ほ」「あゆ」を当てることもあるが、本来は誤用。

渉	しょう、わたる
英渉	えいしょう
賢渉	けんしょう
渉英	しょうえい
渉吾	しょうご
渉司	しょうじ
渉介	しょうすけ
渉兵	しょうへい
渉馬	しょうま
渉陽	しょうよう
渉竜	しょうりゅう
大渉	だいしょう
勇渉	ゆうしょう
竜渉	りゅうしょう
渉琉	わたる
渉多郎	しょうたろう

11 紹

音訓 ショウ
名のり あき、つぎ、つぐ

【意味】糸のはじをつなぐ。

【ポイント】紹介の「紹」で、「人と人をつなぐ存在に」などの意味づけができる。名前例が少ないので新鮮さがあり、また「ショウ」の音は今風の名前向き。

紹人	あきと、つぐひと
紹文	あきふみ
紹喜	しょうき
紹吾	しょうご
紹成	つぐなり
真紹	まさあき
紹一朗	しょういちろう

11 菖

音訓 ショウ
名のり あやめ

【意味】アヤメ、花ショウブ、ショウブ。

【ポイント】「ショウブ」の響きは「尚武」「勝負」に通じる。端午の節句も、別名「菖蒲の節句」で、男の子との関連は深い字。

輝菖	きしょう
菖路	しょうじ
菖太	しょうた
菖翔	しょうと
菖武	しょうぶ
青菖	せいしょう
大菖	だいしょう
菖太郎	しょうたろう

11 捷

音訓 ショウ、ジョウ、か(つ)、はや(い)
名のり かつ、さとし、すぐる、とし

【意味】戦いや狩りなどで勝つ。動きが早い。機転がきく。

【ポイント】敏捷性（びんしょうせい）の「捷」。また、同じ「かつ」の読みがある「勝」や「克」と同系で、俊敏でアクティブな印象。

捷	しょう、すぐる
捷希	かつき
捷紀	かつのり
捷士	さとし
捷一	しょういち
捷平	しょうへい
捷人	はやと

11 笙

音訓 ショウ、セイ、ソウ、ふえ
名のり —

【意味】雅楽の管楽器。

【ポイント】「笙（しょう）」は、優美で奥深い独特の音色を出す楽器。人気の音楽にまつわる漢字で、和の雰囲気も出せる字。

笙吉	しょうきち
笙路	しょうじ、そうじ
笙太	しょうた
笙真	そうま
悠笙	ゆうせい
笙一郎	しょういちろう
笙士朗	せいしろう

常 11

音訓 ジョウ、つね、とこ
名のり とき、ときわ、のぶ、ひさ、ひさし

【意味】同じ姿でいつまでもいること。

【ポイント】意味から転じて、「安定した堅実な人生」や「平常心」「変わらないよさ」など、プラスのイメージを込められる。

武常	たけつね
常登	つねと
常則	つねのり
常道	つねみち
常和	ときわ
弘常	ひろつね
雅常	まさつね
常一郎	じょういちろう

紳 11

音訓 シン
名のり おび

【意味】太いおび。地位や教養が備わった立派な人。

【ポイント】紳士の「紳」で知性と品が感じられる字。アナウンサーの安住紳一郎（しんいちろう）さんが有名。

紳	しん
敬紳	けいしん
紳貴	しんき
紳吾	しんご
紳平	しんぺい
紳哉	しんや
紳一郎	しんいちろう
紳之介	しんのすけ

晨 11

音訓 シン、ジン、あした
名のり あき、とき、とよ

【意味】夜明け。早朝。

【ポイント】太陽がふるいたって昇る朝、生気みなぎる早朝と、その意味は名前向き。訓読みの「あした」は、古代では朝のことを「あした」と表現したため。

晨	しん
晨斗	あきと
輝晨	きしん
晨伍	しんご
晨平	しんぺい
晨也	しんや
爽晨	そうじん
晨生	ときお

進 11

音訓 シン、すす(む)
名のり す、すすみ、すすむ、のぶ、みち、ゆき

【意味】すすむ。進歩する。

【ポイント】わかりやすい字で、意味も非常に前向き。かつては1字名の「進（すすむ）」をよく見かけたが、近頃は「一進（いっしん）」など、「シン」の音をいかした名前が多い。「悠之進（ゆうのしん）」など、最近人気の古風な名前にも使える。「一歩一歩自分の足で前進できる子に」「向上心を忘れないように」などの願いを込めて。

【参考】●利根川進（とねがわ・すすむ）…ノーベル生理学・医学賞受賞者。●小泉進次郎（こいずみ・しんじろう）…政治家。●寺島進（てらじま・すすむ）…俳優

進	すすむ、しん
一進	いっしん
永進	えいしん
賢進	けんしん
進吾	しんご
進介	しんすけ
進太	しんた
進矢	しんや
大進	だいしん
哲進	てっしん
真進	まさみち
進翔	ゆきと
市之進	いちのしん
進多郎	しんたろう
進之介	しんのすけ
悠之進	ゆうのしん

深 11

音訓 シン、ふか(い)
名のり とお、ふかし、み

【意味】水がふかい様子。

【ポイント】深みや厚みがあって、それでいて静かさを感じる字。しかし、名前全体でさんずいへんが重複すると、視覚的にうるさい印象になるので注意。

深	しん
深斗	しんと
深矢	しんや
匠深	たくみ
深志	ふかし
深月	みづき
勇深	ゆうしん
深慈郎	しんじろう

崇 11

音訓 スウ、シュウ
名のり かた、し、たか、たかし、たけ

【意味】高くそびえること。気高い。

【ポイント】壮大な山々が連なる情景がイメージでき、気高さもある字。今風の響きの名前なら「シュウ」の音をいかすとつくりやすい。

崇	たかし
崇人	しゅうと、たかひと
崇真	しゅうま
崇志	たかし
崇時	たかとき
崇晴	たけはる
佳崇	よしたか

清 11

音訓 セイ、ショウ、きよ(い)
名のり きよし、さや、すが、すみ、すむ

【意味】きよい。けがれなく澄み切る。潔い。静か。澄んだ水。

【ポイント】清らかで清潔な印象がある字。視覚的なイマドキ感はないが、「竜清（りゅうせい）」など、「セイ」の音なら今風の響きに。

一清	いっせい
清純	きよずみ
清斗	きよと
清太	しょうた
清馬	しょうま
清龍	せいりゅう
隆清	りゅうせい
清志郎	せいしろう

盛 11

音訓 セイ、ジョウ、さか(ん)、も(る)
名のり しげ、たけ、もり

【意味】器にもる。さかん。

【ポイント】たくましいイメージで、「平清盛（たいらのきよもり）」「西郷隆盛（さいごうたかもり）」など、歴史上の人物にも多用。近年は「せい」の読みが人気。

盛	せい、じょう
永盛	えいせい
洸盛	こうせい
盛也	せいや
高盛	たかもり
盛人	もりひと
琉盛	りゅうせい

11 雪

音訓：セツ、ゆき
名のり：きよ、きよみ、きよむ

【意味】ゆき。すすぐ。白い。

【ポイント】女の子名での使用例が多いが、清らかさと冬の凛としたクールさをあわせ持つ「雪」は、男の子名に使っても印象的。

音雪	おとゆき
雪路	せつじ
陽雪	はるゆき
雪雄	ゆきお
雪斗	ゆきと
雪矢	ゆきや
真沙雪	まさゆき

11 爽

音訓：ソウ、さわ（やか）
名のり：あき、あきら、さ、さや

【意味】さっぱりする。明るい。

【ポイント】意味はもちろん、「ソウ」「さわ」の響きもさわやかでやさしい印象。インパクトがある字形なので、すっきりとしたわかりやすい字と組み合わせたい。

爽	そう
爽生	あきお、さわお
爽良	あきら
清爽	きよあき
爽介	そうすけ
爽太	そうた
爽馬	そうま

11 曽

音訓：ソウ、ゾ
名のり：そ、かつ、つね、なり、ます

【意味】かつて。世代が重なる。

【ポイント】この字は、意味よりも「ソ」に当てる字として、響き重視の名前で使用されることが多い。旧字の「曾」も、名づけに使える。

曽宇	そう
曽仁	そうじん
曽介	そうすけ
曽汰	そうた
曽良	そら
曽来	そら
曽ノ真	そのま
曽太郎	そうたろう

11 舵

音訓：ダ、タ、かじ
名のり：ー

【意味】ふねのかじのこと。

【ポイント】読みが使いにくく、使用例は少ないが、「しっかり舵を取って、社会の荒波を乗り越えて」など、人生を舵取りになぞらえた名づけができる。

一舵	いった
舵斗	かじと
奏舵	かなた
幸舵	こうた
千舵	せんた
舵一	たいち
悠舵	ゆうた
舵久海	たくみ

11 梛

音訓：ダ、ナ、なぎ
名のり：ー

【意味】マキ科の常緑高木。

【ポイント】「那」に木へんがついた字で、「ナ」の読みを持つ。ちなみに「梛（なぎ）」は、初夏に花を咲かせる木で、熊野地方では神木。

青梛	せな
梛音	なおと
梛都	なぎと
梛琉	なる
悠梛	ゆうな
佐梛人	さだと
梛々斗	ななと
梛実生	なみお

11 琢

音訓：タク、みが（く）
名のり：あや、たか

【意味】玉をみがく。

【ポイント】人気の「タク」の読みを持つ字で、「努力して勉学や技術を磨く」という、名前向きのよい意味も。切磋琢磨（せっさたくま）の「琢」。

琢	たく
琢児	たくじ
琢飛	たくと
琢磨	たくま
琢己	たくみ
琢也	たくや
琢郎	たくろう
良琢	りょうたく

11 紬

音訓：チュウ、ジュウ、つむぎ、つむ（ぐ）
名のり：ー

【意味】繭から糸をひく。物事の糸口を見つけて、たぐり出す。

【ポイント】「大島紬」「結城紬」などに代表される絹織物をさす字。10画の「紡」も、似た意味と「つむぐ」という音を持つ。

紬	つむぐ
紬太	ちゅうた
紬希	つむき
紬義	つむぎ
紬久	つむぐ
紬斗	つむと

11 逞

音訓：テイ、たくま（しい）
名のり：とし、ゆき、ゆた、よし

【意味】たくましい。勢いがさかん。

【ポイント】2004年に追加された人名用漢字で、名前例は少なく新鮮。「逞志（ていし）」は、自分の思うままにふるまう意。

逞磨	たくま
逞一	ていいち
逞太	ていた
逞人	ていと
逞真	ていま
逞矢	ていや
靖逞	やすとし
逞加	ゆたか

11 陶

音訓：トウ
名のり：すえ、よし

【意味】土をこねて焼いてつくった器。

【ポイント】「陶器」のほか、打ち解けて楽しいという明るい意味もある。視覚的にも美しい字形で、印象的な名前に。

英陶	えいとう
薫陶	くんとう
陶吾	とうご
陶治	とうじ
陶介	とうすけ
陶真	とうま
陶磨	とうま
陶也	とうや

11 都

音訓 ト、ツ、みやこ
名のり いち、くに、さと、づ、ひろ

【意味】みやこ。人が集まる大きな町。都会。東京都。すべて。

【ポイント】「京の都」「都会」などを連想するか、「東京都」を連想するかで、和風にも現代風にもとれる字。名づけでは意味やイメージよりも、「ト」や「ツ」の音をいかして使われるケースが多い。とくに人気の「ト」の音の止め字として、「斗」「人」などとともに使用されている。

【参考】●長友佑都（ながとも・ゆうと）…サッカー選手。●林遣都（はやし・けんと）…俳優。

亮都	あきと
伊都	いさと
栄都	えいと
快都	かいと
一都	かずと
清都	きよと
景都	けいと
健都	けんと
都貴	さとき
拓都	たくと
都武	とむ
佑都	ゆうと
来都	らいと
亜都武	あとむ
佐都志	さとし
都希央	ときお
陽都史	ひとし

11 堂

音訓 ドウ
名のり たか

【意味】南向きの広間。神仏をまつる建物。

【ポイント】「ドウ」の読みで、男の子の新たな止め字として人気上昇中。左右対称の安定した字形は、どんな字とも相性がいい。

義堂	ぎどう
志堂	しどう
堂起	たかき
堂匡	たかまさ
堂楽	たから
堂仁	どうじん
堂夢	どうむ
悠堂	ゆうどう

11 祷

音訓 トウ、いの(る)、まつ(る)
名のり —

【意味】神へ幸せを願う。

【ポイント】神聖な雰囲気の字。2009年から人名に使えるようになった字なので、使用例は少なく新鮮。

祷亜	とうあ
祷伊	とうい
祷純	とうじゅん
祷星	とうせい
祷真	とうま
勇祷	ゆうい
叶祷斗	かいと
吏祷人	りいと

11 兜

音訓 トウ、ト、かぶと
名のり —

【意味】頭にかぶるもの。

【ポイント】独特の字形で主張の強い字なので、組み合わせる字はあまり意味を主張しない字がベター。「有兜（ゆうと）」のように、「ト」の音の止め字にも使える。

兜	かぶと
英兜	えいと
和兜	かずと
煌兜	きらと
兜眞	とうま
広兜	ひろと
勇兜	ゆうと
有兜	ゆうと

11 絆

音訓 バン、ハン、きずな、ほだ(し)
名のり —

【意味】人と心を通わす強い人情。

【ポイント】名前向きのよい意味を持ち、注目を集めている字のひとつ。「ハン」は、「絆翔（はんと）」などの洋風の名前で重宝。

絆	きずな、ばん
絆名	きずな
絆汰	はんた
絆斗	はんと、ばんと
絆結	はんゆう
絆児朗	はんじろう

11 彪

音訓 ヒョウ、ヒュウ、ヒュ、あや
名のり あきら、たけ、たけし、つよし、とら

【意味】曲線が鮮やかにうねったトラの皮の模様。鮮やかな縞模様。

【ポイント】「ヒュウ」「ヒョウ」の響きをいかせば、どんな字と組み合わせても個性的な印象の名前に。

彪	あきら、ひゅう
彪仁	あやと
彪貴	たけき
彪琉	たける
彪河	ひゅうが
彪吾	ひゅうご
彪馬	ひゅうま

11 彬

音訓 ヒン、あきら(か)
名のり あき、あきら、あや、ひで、よし

【意味】外見と内容がともにそろい、よいさま。

【ポイント】字の意味は、「外形も内容も優れていること」と、名前向き。「かっこよく、賢く、やさしい子に」と願って。

彬	あきら
彬弘	あきひろ
彬正	あきまさ
彬光	あきみつ
広彬	ひろあき
正彬	まさあき
吉彬	よしあき
彬寛	よしひろ

11 逢

音訓 ホウ、ブ、あ(う)
名のり あい

【意味】思いがけなく出会う。相手におもねる。

【ポイント】「よいめぐり逢いがあるように」との願いを込めて。なお、一点しんにょうの「逢」は名前には使えない。

逢祈	あいき
逢思	あいし
逢太	あいた
逢都	あいと
逢琉	あいる
逢朗	あいろう
逢聖	ほうせい
逢一郎	ほういちろう

11 萌

音訓　ホウ、ボウ、きざ(す)、も(える)
名のり　きざし、はじめ、め、もえ

【意味】芽ばえ。もえる。兆候。

【ポイント】「もえ」の響きで女の子に人気の字だが、希望や成長につながるその意味は男の子名に使ってもおかしくない。俗字の「萠」も名前に使える。

- 萌　めぐむ、はじめ
- 萌春　ほうしゅん
- 萌成　ほうせい
- 萌太　ほうた
- 雄萌　ゆうほう
- 斗萌貴　ともき
- 萌斗希　もとき

11 望

音訓　ボウ、モウ、のぞ(む)
名のり　のぞみ、のぞむ、み、もち

【意味】のぞむ。願う。満月。

【ポイント】「望」と「希望」が人気で、どちらも男の子は「のぞむ」、女の子は「のぞみ」と読ませるケースが多い。「み」の音をいかせば応用の幅が広がりそう。

- 望　のぞむ
- 一望　かずみ
- 輝望　きぼう
- 拓望　たくみ
- 望海　のぞみ
- 洋望　ひろみ
- 大望　ひろもち
- 望世　もうせ

11 麻

音訓　マ、あさ
名のり　お、ぬさ

【意味】あさ。しびれる。

【ポイント】女の子のイメージが強い字なので、組み合わせる字で男の子らしさを出したい。姓や組み合わせる字に「木」が含まれていると、ややうるさい印象に。

- 麻輝　あさき
- 麻斗　あさと
- 拓麻　たくま
- 斗麻　とうま
- 麻也　まや
- 遼麻　りょうま
- 麻那人　まなと
- 麻波呂　まはろ

11 猛

音訓　モウ
名のり　たか、たけ、たけし、たける

【意味】勢いがあり激しい様子。

【ポイント】男の子向きの字だが、荒々しい印象もあり、好みは分かれそう。左右上下に分かれる字形のため、「大」など分かれ目のない字と合わせるのがベター。

- 猛　たける
- 和猛　かずたか
- 猛広　たかひろ
- 猛丸　たけまる
- 猛琉　たける
- 猛士　つよし
- 友猛　ともたけ
- 猛成　もうせい

11 野

音訓　ヤ、の
名のり　とお、なお、ぬ、ひろ

【意味】広くのびた大地。素朴。

【ポイント】広い野原を連想し、のびのびとしたイメージ。「野生」「野心」などのように、組み合わせによってはワイルドな印象になりすぎるので注意。

- 荒野　こうや
- 翔野　しょうや
- 颯野　そうや
- 拓野　たくや
- 野亜　のあ
- 野慧　のえ
- 野武　のぶ
- 野真斗　やまと

11 悠

音訓　ユウ
名のり　ちか、ちかし、はる、はるか、ひさ、ひさし、ゆ

【意味】遠い。はるか。ゆったりする。

【ポイント】ゆったり落ち着いた印象で、スケール感もある字。性別を問わず使用されるが、男の子の名前でとくに人気が高い。「悠（ゆう）」「悠吾（ゆうご）」など、一番人気の読みは「ユウ」。以前は「ユウ」の響きといえば「優」や「勇」だったが、現在では、やさしさとスケール感の両方を兼ね備えた「悠」が一番人気。「悠」のそのほかの読みでは、「はるか」を縮めた「はる」も人気。また、２００６年の秋篠宮悠仁（あきしののみやひさひと）親王殿下の誕生で、「ひさ」の読みも一般的になった。

【参考】●悠久（ゆうきゅう）…果てしなく長く続くこと。●富川悠太（とみかわ・ゆうた）…アナウンサー。●阿久悠（あく・ゆう）…作詞家。●北川悠仁（きたがわ・ゆうじん）…ミュージシャン。●吉沢悠（よしざわ・ゆう）…俳優。

- 悠　ゆう、ひさし
- 永悠　えいゆう
- 桜悠　おうゆう
- 和悠　かずはる
- 恵悠　けいゆう
- 光悠　こうゆう
- 心悠　ここはる
- 周悠　しゅうゆう
- 清悠　せいゆ
- 大悠　だいゆう
- 高悠　たかひさ
- 友悠　ともはる
- 直悠　なおひさ
- 紀悠　のりひさ
- 悠登　はると
- 悠翔　はると
- 晴悠　はるひさ
- 悠真　はるま
- 悠磨　はるま
- 悠海　はるみ
- 悠士　ひさし
- 悠人　ひさと
- 悠紀　ひさのり
- 悠亜　ゆうあ
- 悠祈　ゆうき
- 悠己　ゆうき
- 悠吾　ゆうご
- 悠玄　ゆうげん
- 悠伸　ゆうしん
- 悠佑　ゆうすけ
- 悠生　ゆうせい
- 悠汰　ゆうた
- 悠都　ゆうと
- 悠斗　ゆうと
- 悠平　ゆうへい
- 悠馬　ゆうま
- 悠也　ゆうや
- 悠矢　ゆうや
- 悠良　ゆうら
- 悠浬　ゆうり
- 悠吉　ゆきち
- 悠弦　ゆづる
- 由悠　よしひさ
- 阿悠斗　あゆと
- 悠ノ介　はるのすけ
- 悠士朗　ゆうしろう
- 悠太朗　ゆうたろう
- 悠之助　ゆうのすけ
- 悠希雄　ゆきお
- 里悠人　りゆと

11 唯

音訓 ユイ、イ
名のり ただ、ゆ

【意味】ただ、それだけ。はい（返事）。

【ポイント】「自分たちにとって特別な存在」といったニュアンスが込められる字。

唯士	ただし
唯人	ただひと
唯成	ただなり
唯斗	ゆいと
唯慧	ゆえ
琉唯	るい
太唯斗	たいと
南唯希	ないき

11 陸

音訓 リク
名のり あつ、あつし、たか、たかし、みち、む、むつ

【意味】陸地。おか。水面より上にある台地。

【ポイント】どこまでも続く広い大地に思いを馳せるスケールの大きな字で、男の子に人気の字。1字名の「陸（りく）」がポピュラーだが、「空」「久」などを添えて、2字名で「りく」とするケースも多い。名のりはいずれもあまりなじみがないので、使う場合は、読みやすく平易な字と組み合わせたい。

【参考】●三条陸（さんじょう・りく）…漫画原作者。

陸	りく、あつし
空陸	そらみち
大陸	たいりく、ひろみち
高陸	たかみち
真陸	まさみち
陸奥	むつ
陸基	むつき
陸大	むつひろ
陸空	りく
陸久	りく
陸翔	りくと
陸馬	りくま
陸也	りくや
陸久渡	りくと
陸の介	りくのすけ

11 徠

音訓 ライ、きた（る）、く（る）
名のり き、きたる、くる、こ

【意味】近づく。

【ポイント】「来」の旧字「來」の異体字。「来」「來」「徠」それぞれ意味や用法は同じだが、目新しさでは「徠」が断トツ。画数や字面のバランスで考えて選びたい。

紗徠	さらい
陽徠	はるき
未徠	みらい
雄徠	ゆうき
徠人	らいと
浬徠	りく
礼徠	れいく
太徠也	たくや

11 琉

音訓 リュウ、ル
名のり ー

【意味】つるつるした玉石。

【ポイント】近年、人気のある字のひとつ。宝石のラピスラズリの和名・瑠璃（るり）の「瑠」とほぼ同じ意味を持ち、「琉璃」と書かれることもある。どちらかというと、「瑠」は女の子名によく使われ、「琉」は男の子名に使われることが多い。また、琉球（沖縄の旧名）の「琉」でもあり、青い海や空をイメージして名づけられることもよくある。なお、「リュウ」の響きでは、「琉」のほか、「龍（竜）」も人気が高く、また定番だが「隆」も根強い人気。「ル」の読みでは「翔琉（かける）」のように止め字に使ったり、「琉生（るい）」のように先頭字に使うこともできる。

【参考】●琉球（りゅうきゅう）…国名。現在の沖縄県にあった。

琉	りゅう
愛琉	あいる
伊琉	いりゅう
瑛琉	えいる
旺琉	おうる
海琉	かいる
翔琉	かける
叶琉	かなる
輝琉	きりゅう
聖琉	さとる
翔琉	しょうりゅう
紫琉	しりゅう
爽琉	そうる
武琉	たける
那琉	なる
波琉	はる
羽琉	はる
光琉	ひかる
雅琉	まさる
琉旺	りゅうおう
琉河	りゅうが
琉輝	りゅうき
琉吾	りゅうご
琉介	りゅうすけ
琉星	りゅうせい
琉青	りゅうせい
琉太	りゅうた
琉斗	りゅうと
琉人	りゅうと
琉登	りゅうと
琉陽	りゅうひ
琉平	りゅうへい
琉哉	りゅうや
琉阿	るあ
琉生	るい
琉伊	るい
琉夏	るか
琉樹	るき
玲琉	れいる
依琉真	えるま
牙伊琉	がいる
晴琉斗	はると
芭琉馬	はるま
飛可琉	ひかる
琉一朗	りゅういちろう
琉史郎	りゅうしろう
琉太郎	りゅうたろう
琉之真	りゅうのしん
琉乃介	りゅうのすけ
琉生人	るいと
琉利斗	るりと
礼亜琉	れある

11 理

音訓 リ
名のり おさ、おさむ、ただ、ただし、とし、のり、まさ、みち、よし

【意味】宝石の模様のすじめ。物事の筋道。道理。整理。

【ポイント】同じ「り」の音では、「里」「莉」「梨」が女の子イメージが強いのに対し、「理」は男の子にも使いやすい。

理	おさむ
哲理	あきさと
理道	まさみち
勇理	ゆうり
理希	りき
理久	りく
理人	りひと
理聞	りもん

11 隆

音訓 リュウ
名のり お、おき、しげ、たか、たかし、もり、ゆたか

【意味】盛ん。たかい。豊か。

【ポイント】意味のよさや字形のバランスのよさから、従来から名づけではよく使われている字。近年は、人気の「リュウ」の音をいかす名前が増えている。

隆 りゅう、たかし
晃隆 あきたか
隆人 たかと
寛隆 ひろたか
吉隆 よしたか
隆翔 りゅうと
隆之介 りゅうのすけ

11 涼

音訓 リョウ、すず(しい)
名のり あつ、すけ

【意味】すずしい。

【ポイント】さわやかで清涼感が感じられる字。聡明な印象もあり、性別を問わず人気がある。最近は同じ「リョウ」の音を持ち、字形の似ている「諒」も人気。

涼 りょう
聖涼 せいりょう
涼介 りょうすけ
涼聖 りょうせい
涼太 りょうた
涼平 りょうへい
涼太郎 りょうたろう
涼乃介 りょうのすけ

11 菱

音訓 リョウ、ひし
名のり みち、ゆう

【意味】ひし。水草の一種。

【ポイント】人気の「リョウ」の音を持つが、名前例は少なく、新鮮さがある。やや詰まった字形なので、すっきりとした字形を組み合わせたい。

菱 りょう
我菱 がりょう
正菱 まさみち
菱生 りょうせい
菱斗 りょうと
菱平 りょうへい
菱真 りょうま
菱太朗 りょうたろう

11 梁

音訓 リョウ、ロウ、はし、はり
名のり たかし、むね、やな、やね

【意味】はし。はり。屋根を支える材。

【ポイント】「架け橋」や「屋根を支える材」という意味から、「人と人をつなぐ」「人の役に立つ」といった願いを込められる。

梁 りょう、たかし
梁馬 はりま、りょうま
梁建 りょうけん
梁介 りょうすけ
梁太 りょうた
梁太郎 りょうたろう

12 瑛

音訓 エイ
名のり あき、あきら、え、てる

【意味】玉の光。水晶。

【ポイント】「英」も名づけでは定番の字だが、「瑛」はここ数年でグッと使用例が増えた字。どちらかといえば女の子向きの意味を持つが、シャープな「エイ」の音を持つこともあり女の子以上に男の子で多用されている。へんとつくりで左右に分かれる字形なので、組み合わせる字は分かれないものにするとバランスがよい。

【参考】●玉瑛（ぎょくえい）…透明な美石。●美瑛町（びえいちょう）…北海道にある町。●奥田瑛二（おくだ・えいじ）…俳優。●瑛太（えいた）…俳優。●ウエンツ瑛士（えいじ）…タレント。

瑛 あきら
瑛生 あきお
瑛貴 あきたか
瑛斗 あきと
瑛大 あきひろ
瑛良 あきら
瑛雅 えいが
瑛吉 えいきち
瑛幸 えいこう
瑛剛 えいごう
瑛作 えいさく
瑛侍 えいじ
瑛士 えいじ
瑛翔 えいしょう
瑛進 えいしん
瑛心 えいしん
瑛介 えいすけ
瑛輔 えいすけ
瑛多 えいた
瑛太 えいた
瑛智 えいち
瑛都 えいと
瑛音 えいと
瑛人 えいと
瑛翔 えいと
瑛夢 えいむ
一瑛 かずあき
光瑛 こうえい
秀瑛 しゅうえい
旬瑛 しゅんえい
匠瑛 しょうえい
爽瑛 そうえい
大瑛 だいえい
瑛宏 てるひろ
瑛充 てるみつ
友瑛 ともあき
直瑛 なおあき
昌瑛 まさあき
雅瑛 まさてる
満瑛 みつてる
泰瑛 やすあき
勇瑛 ゆうえい
洋瑛 ようえい
了瑛 りょうえい
凛瑛 りんえい
瑛二朗 えいじろう
瑛大朗 えいたろう
瑛之心 えいのしん
瑛之介 えいのすけ
瑛乃輔 てるのすけ
理瑛斗 りえと

11 羚

音訓 レイ、リョウ、かもしか
名のり —

【意味】羊の仲間。カモシカ。

【ポイント】2004年に人名用漢字に追加された字で、ウシ科の哺乳類カモシカのこと。数ある「レイ」の音を持つ字のなかでも、独特の字形でインパクトがある。

羚 りょう、れい
真羚 まれい
羚星 りょうせい
羚馬 りょうま
羚司 れいじ
羚太 れいた
羚也 れいや

偉 12

音訓 イ、えら(い)
名のり いさむ、たけ、より

【意味】すぐれる。立派。

【ポイント】「琉偉（るい）」「可夢偉（かむい）」など、近年「イ」の読みで男の子の名前で人気。組み合わせには、立派すぎない意味を持つ字のほうが嫌味がない。

偉生	いお
偉温	いおん
夏偉	かい
登偉	とうい
英偉	ひでたけ
琉偉	るい
加偉斗	かいと
可夢偉	かむい

雲 12

音訓 ウン、くも
名のり も

【意味】くも。

【ポイント】「雲のように自由でおおらかに」「雲の上の存在になるような成功を願って」などの意味づけができる字。字の印象も「ウン」の響きも個性的。

出雲	いずも
海雲	かいうん
壮雲	そううん
八雲	やくも
弥雲	やくも
悠雲	ゆううん
竜雲	りゅううん
良雲	りょううん

詠 12

音訓 エイ、よ(む)
名のり うた、え、なが

【意味】うた。よむ。詩歌。

【ポイント】「雅で優雅なさま」「ゆったりとした時間の流れ」などをイメージ。「エイ」のほか、「え」に当てると、名前のバリエーションが広がる。

詠	うた
詠一	えいいち
詠進	えいしん
詠介	えいすけ
詠太	えいた
詠斗	えいと
詠太郎	えいたろう
里詠斗	りえと

温 12

音訓 オン、あたた(かい)
名のり あつ、あつし、なが、のどか、はる、まさ、よし

【意味】あたたかい。穏やか。やさしい。

【ポイント】文字どおり、「温和・温厚でやさしい人になるように」などの意味を込めて使われる字。これまでは「あつ」「はる」の読みが多かったが、最近は、音読みの「オン」をいかした名前も増えている。

【参考】●温雅（おんが）…穏やかで奥ゆかしいこと。●温純（おんじゅん）…穏やかで素直なさま。●温文（おんぶん）…穏やかで礼儀正しく、品がよいさま。●温和（おんわ）…性格や気候が穏やかな様子。●園子温（その・しおん）…映画監督。

温	あつし、はる
温希	あつき
温人	あつと
温都	あつと
温慈	おんじ
一温	かずまさ
志温	しおん
獅温	しおん
滋温	じおん
友温	ともはる
温希	はるき
温斗	はると
温翔	はると
温真	はるま
理温	りおん
礼温	れおん

賀 12

音訓 ガ、カ
名のり しげ、のり、ます、よし、より

【意味】よろこぶ。

【ポイント】「祝賀」「謹賀」「賀春」などの言葉もあるように、とても縁起がよい字。人気の「ガ」の音の止め字として、「我」「河」などの代わりに使うと新鮮。

賀久	がく
幸賀	こうが
大賀	たいが
泰賀	たいが
賀晴	よしはる
來賀	らいが
賀久人	がくと
多賀良	たから

絵 12

音訓 カイ、エ
名のり ー

【意味】彩り描いたもの。え。

【ポイント】「人生のキャンバスに自由に絵を描いてほしい」などの意味づけができる。女の子の定番字のひとつなので、性別を誤解されないよう注意したい。

絵舟	かいしゅう
絵青	かいせい
絵斗	かいと
絵翔	かいと
絵伊太	えいた
絵偉斗	えいと
絵琉真	えるま

凱 12

音訓 ガイ、カイ、かちどき
名のり とき、よし

【意味】かちどき。たのしむ。やわらぐ。

【ポイント】視覚的な印象も、「ガイ」の響きも、男の子向きだが、本来の意味は、「にこやかに楽しむ」「やわらぐ」とおだやか。

凱	がい
凱貴	がいき
凱史	がいし
凱仲	かいしん
凱斗	かいと
凱也	がいや、ときや
晴凱	はるよし

開 12

音訓 カイ、ひら(く)、あ(く)
名のり はる、ひらき

【意味】ひらく。解ける。始める。

【ポイント】「心を開く」「花が開く」「夢の扉を開ける」など、ポジティブなイメージで、意味づけができる字。「カイ」の音もバリエーションがつくりやすい。

開心	かいしん
開人	かいと
開斗	かいと
開道	かいどう、はるみち
寿開	としはる
開翔	はると
幸開	ゆきはる

覚 12

音訓 カク、おぼ(える)、さ(ます)、さと(る)
名のり あき、あきら、さとし

【意味】おぼえる。さとる。気づく。

【ポイント】知的なイメージの字。「真覚(まさと)」「千覚(ちさと)」のように止め字に使うと、僧侶っぽい、格調高い名前に。

- 覚 さとる
- 覚人 かくと
- 覚志 さとし
- 千覚 ちさと
- 知覚 ともあき
- 廣覚 ひろあき
- 真覚 まさと
- 覚之介 かくのすけ

敢 12

音訓 カン
名のり いさみ、いさむ、つよし

【意味】思い切ってする。あえて。

【ポイント】勇敢や果敢の「敢」。込められる思いは、「困難に勇気を持って立ち向かえるように」など。力強いイメージで、男の子向き。

- 敢 いさみ、かん
- 敢武 いさむ
- 敢一 かんいち
- 敢治 かんじ
- 敢太 かんた
- 敢登 かんと
- 敢久朗 かんくろう

閑 12

音訓 カン、しずか
名のり しず、のり、もり、やす、より

【意味】ひま。のんびりしている。しずか。

【ポイント】「ひま」の意味だと印象はよくないが、「あくせくすることなく、ゆったりしている」という意味の裏返しでもある。

- 閑 かん、しずか
- 閑平 かんぺい
- 閑悠 かんゆう
- 閑都 しずと
- 閑真 しずま、やすまさ
- 閑太朗 かんたろう

揮 12

音訓 キ
名のり ―

【意味】ふるう。まきちらす。

【ポイント】指揮者の「揮」。読みは少ないが、「キ」の音は止め字のほか、先頭字、中間字にも使いやすく、応用はしやすい。

- 和揮 かずき
- 揮善 きよし
- 揮楽 きら
- 光揮 こうき、みつき
- 大揮 だいき
- 勇揮 ゆうき
- 琉揮斗 るきと

幾 12

音訓 キ、いく
名のり おき、ちか、ちかし、のり、ふさ

【意味】いくつ。ほとんど。もう少しで。

【ポイント】一般的な字だが、名前での使用例は少なく、新鮮さがある。独特の字形なので、視覚的にも個性が出せそう。

- 幾造 いくぞう
- 幾斗 いくと
- 幾馬 いくま
- 幾市 きいち
- 直幾 なおき
- 弘幾 ひろき
- 真幾 まさちか
- 亜幾人 あきと

葵 12

音訓 キ、ギ、あおい
名のり あお、まもる

【意味】アオイ(植物の名前)。

【ポイント】徳川家の家紋「三つ葉葵」で知られ、古くは『万葉集』にも登場する、凛とした和のイメージの花。「キ」の読みをいかして、止め字として使用しても。

- 葵 あおい、まもる
- 葵太 あおた
- 葵馬 あおば
- 原葵 げんき
- 雅葵 まさき
- 侑葵 ゆうき
- 里葵斗 りきと

稀 12

音訓 キ、ケ、まれ
名のり ―

【意味】まれ。珍しい。まばらで少ない。

【ポイント】「希少な才能に恵まれるように」などの願いを込められる字。同じ「キ」の音を持つ「希」とくらべ、名前例は少ないので新鮮。

- 温稀 あつき
- 稀翔 きしょう
- 稀楽 きら
- 立稀 たつき、りつき
- 稀伊 まれい
- 悠稀 ゆうき
- 稀の介 まれのすけ

貴 12

音訓 キ、たっと(い)、とうと(い)
名のり あつ、たか、たかし、たけ、よし

【意味】地位が高い。とうとい。

【ポイント】横線の印象の強い、やや詰まった字形なので、すっきりとしたのびやかな字と組み合わせたい。また、「真貴(まさたか、まさき、まき)」など、組み合わせる字によっては何通りにも読め、かつ男女の区別がつきにくいこともあるので、その点は留意を。

【参考】●中井貴一(なかい・きいち)…俳優。●石橋貴明(いしばし・たかあき)…タレント。●西川貴教(にしかわ・たかのり)…歌手。●森本貴幸(もりもと・たかゆき)…サッカー選手。●田中大貴(たなか・だいき)…アナウンサー。

- 蒼貴 あおき
- 貴一 きいち
- 幸貴 こうき
- 大貴 だいき、ひろたか
- 貴史 たかし
- 貴斗 たかと
- 貴虎 たかとら
- 貴弘 たかひろ
- 貴道 たかみち
- 友貴 ともき
- 陽貴 はるき
- 瑞貴 みずき
- 悠貴 ゆうき
- 貴世翔 きよと
- 七南貴 ななき
- 真沙貴 まさき

喜 12

音訓 キ、よろこ(ぶ)
名のり このむ、たのし、とし、のぶ、はる、ひさ、ゆき、よし

【意味】よろこぶ。祝う。

【ポイント】「喜びに満ちた人生に」などの願いが込められる。男女ともに先頭字、中間字、止め字と幅広く使用されている。

喜音	きおと
勇喜	ゆうき
悠喜	ゆうき
喜章	よしあき
喜生	よしお
來喜	らいき
琉喜	るき
三喜生	みきお

暁 12

音訓 ギョウ、あかつき
名のり あき、あきら、あけ、さとし、さとる、とし

【意味】夜明け。さとる。

【ポイント】「希望」「期待」「成功」がイメージできる字。1字名の「暁（あきら）」のほか、「あき」の読みが多いが、「ギョウ」をいかせば斬新な響きの名前に。

暁	あきら、あかつき
暁飛	あきと
暁朝	あきとも
暁成	あきなり
暁良	あきら
暁史	さとし
友暁	ともあき

喬 12

音訓 キョウ、ギョウ、たか(い)
名のり たかし、ただ

【意味】木などがすらりとしてたかい。

【ポイント】「橋」の字の木へんを取った字。木が高いという意味から、「のびのびとすこやかな成長」を願って。

喬	きょう、たかし
喬一	きょういち
喬真	きょうま
喬樹	たかき
喬成	ただなり
康喬	やすたか
喬太郎	きょうたろう

琴 12

音訓 キン、こと
名のり ―

【意味】こと。

【ポイント】雅なイメージを持つ音楽に関連する字。女の子に人気の字だが、男の子に使っても印象的。「キン」の音をいかすと、快活な雰囲気も出る。

琴児	きんじ
琴蔵	きんぞう
琴陽	ことはる
琴也	ことや
磨琴	まこと
琴之介	きんのすけ
琴太郎	きんたろう

欽 12

音訓 キン、コン、つつし(む)
名のり まこと、よし

【意味】つつしむ。かしこまる。

【ポイント】「欽ちゃん」こと萩本欽一さんの名前でよく知られている。「キン」の明るい響きと違い、その意味はかなり謙虚な意味を持つ字。

欽	まこと
欽太	きんた
欽哉	きんや
欽紀	よしき
欽直	よしなお
欽仁	よしひと
欽次郎	きんじろう
欽乃介	きんのすけ

勤 12

音訓 キン、ゴン、つと(め)
名のり すすむ、つとむ、とし、のり

【意味】はたらく。いそしむ。つとめ。

【ポイント】勤勉の「勤」で、非常にまじめなイメージ。オーソドックスな字だが、「キン」の読みをいかすと、個性的な響きの名に。

勤	つとむ
熱勤	あつとし
勤思	きんじ
勤太	きんた
勤也	きんや
勤正	としまさ
吏勤	りつと
勤之介	きんのすけ

景 12

音訓 ケイ
名のり あきら、かげ、ひろ

【意味】日光。光。かげ。景色。大きい。めでたい。

【ポイント】「かげ」の読みと意味もあるが、本来は「光」の意味の方が強い。情景や景色の「景」でもあり、風情もある。

景輝	かげき
景伍	けいご
景思	けいし
景太	けいた
景樹	けいじゅ
景登	けいと
靖景	やすひろ
景士郎	けいしろう

敬 12

音訓 ケイ、うやま(う)
名のり あき、たか、たかし、ひろ、よし

【意味】うやまう。慎。礼儀。

【ポイント】礼儀正しくまじめなイメージの字。「人を敬う心を忘れないように」などの願いを込めて。読みは「ケイ」「たか」が一般的。

敬	けい、たかし
敬旺	けいおう
敬吾	けいご
敬士	けいし
敬裕	たかひろ
尚敬	なおたか
敬太郎	けいたろう

絢 12

音訓 ケン、あや
名のり ―

【意味】鮮やかな色の模様。

【ポイント】「綾」「彩」など、「あや」の音の字は女の子イメージが強いが、「ケン」の音も持つ「絢」は男の子にも使いやすい。「健」や「賢」の代わりに使うと新鮮。

絢汰	あやた
絢斗	あやと、けんと
絢児	けんじ
絢助	けんすけ
絢太	けんた
光絢	こうけん
絢志郎	けんしろう

12

結

音訓 ケツ、むす(ぶ)、ゆ(う)
名のり かた、ひとし、ゆい、ゆう

【意味】ゆう。むすぶ。約束する。

【ポイント】「ゆ」や「ゆい」などのやわらかい響きが、とくに女の子に人気だが、「人と人を結ぶ」「実を結ぶ」など、意味がよいことに加え、人気の「ゆう」の音を持っていることもあり、近年、男の子名での使用も増加。「悠」や「裕」に代わる、新しい「ゆう」の字として注目を集めている。

【参考】●結子（けつし）…実を結ぶ。植物の実がなること。●羽生結弦（はにゅう・ゆづる）…フィギュアスケート選手。

結	ゆい、むすぶ
結庵	ゆあん
結斗	ゆいと、ゆうと
結希	ゆうき
結生	ゆうき
結志	ゆうし
結誠	ゆうせい
結大	ゆうだい
結翔	ゆうと
結吏	ゆうり
結斗	ゆきと
亜結夢	あゆむ
麻結人	まゆと
結太郎	ゆうたろう
結羽人	ゆうと

12

堅

音訓 ケン、かた(い)
名のり かたし、つよし、よし

【意味】かたい。強い。確か。まじめ。

【ポイント】同義に「硬」「固」があるが、人気の「ケン」の音を持つのはこの字だけ。歌手の平井堅（けん）さんが有名。

堅	けん、つよし
堅志	かたし
堅市	けんいち
堅翔	けんと
堅也	けんや
大堅	ひろたか
堅太郎	けんたろう

12

琥

音訓 コ、ク
名のり ー

【意味】虎の形を刻んだ割符。

【ポイント】もとの意味は、黄色と黒のまじった虎の皮の色の宝石で、琥珀（こはく）の「琥」。字形に含まれる「虎」から、視覚的にはたくましいイメージがある。

琥己	こうき
琥馬	こうま
琥鉄	こてつ
琥太	こた
理琥	りく
衣琥斗	いくと
琥二郎	こじろう
琥太郎	こたろう

12

湖

音訓 コ、みずうみ
名のり ひろし

【意味】みずうみ。

【ポイント】広大さとさわやかさに加え、静かな水面からおだやかなイメージも。「コ」の響きは、先頭字、中間字、止め字といろいろ使える。

湖	ひろし
湖宇	こう
湖太	こた
青湖	せいご
大湖	だいご
雄湖	ゆうご
湖太郎	こたろう
真湖斗	まこと

12

皓

音訓 コウ、ゴウ、ひか(る)、しろ(い)
名のり あき、てる、ひろ

【意味】月が明るく輝く。光る。白い。清い。

【ポイント】日が出て空がしらむさまをあらわした字で、「白く輝く」という意味から幻想的なイメージも。

皓	ひかる
皓翔	あきと
皓介	こうすけ
皓希	てるき、こうき
知皓	ともあき
皓之	ひろゆき
皓太郎	こうたろう

12

港

音訓 コウ、みなと
名のり ー

【意味】みなと。船が出入りする場所。

【ポイント】大海へ旅立つスケール感や冒険心を感じる字。同じ「みなと」に「湊」もある。音読みは「港」が「コウ」、「湊」は「ソウ」。

港	こう、みなと
港市	こういち
港介	こうすけ
港太	こうた
港斗	こうと
港平	こうへい
港太郎	こうたろう

12

滋

音訓 ジ
名のり し、しげ、しげる、ふさ、ます

【意味】増える。草木が生い茂る。

【ポイント】すこやかな成長や、いきいきとした人生を願って名づけられる。「ジ」の響きをいかすと、個性的な名前に。

滋	しげる
永滋	えいじ
和滋	かずしげ
元滋	げんじ
公滋	こうじ
滋樹	しげき
滋直	しげなお
葉滋	ようじ

12

詞

音訓 シ、ジ、ことば
名のり こと、なり、のり、ふみ

【意味】ことばや単語。

【ポイント】同音で意味も似ている「詩」は女の子向けのイメージだが、「詞」は男女どちらにも使いやすい。「史」「志」「司」などに代わって使うと目新しい。

慶詞	けいし
智詞	さとし
詞文	のりふみ
詞人	ふみと、のりと
真詞	まさし
優詞	ゆうし
幸詞郎	こうしろう

紫

12

音訓 シ、むらさき
名のり ―

【意味】むらさき。草の名。

【ポイント】和の雰囲気と、高貴なイメージ。「蒼紫（あおし）」「紫音（しおん）」など、視覚も響きも雅な雰囲気の名前になるが、性別がわかりにくくなることも。

一紫	かずし
紫音	しおん
紫苑	しおん
紫恩	しおん
紫月	しづき
紫明	しめい
紫竜	しりゅう
蒼紫	そうし

順

12

音訓 ジュン
名のり かず、すなお、なお、のぶ、のり、まさ、みち、より、ゆき

【意味】従う。道筋通りに進む。すなお。やわらぐ。

【ポイント】まじめで穏やかな印象。「ジュン」の音を持つ字は、ほかにも「潤」「純」「淳」などさまざまあり、意味のよい字が多い。

順	じゅん、すなお
順平	じゅんぺい
正順	せいじゅん
爽順	そうじゅん
順斗	なおと
広順	ひろゆき
順広	よしひろ

竣

12

音訓 シュン、お(わる)
名のり ―

【意味】両足で一箇所にしぼってたつ。

【ポイント】建設現場などで目にする、竣工(しゅんこう)の「竣」。「地に足のついた人生」「目標を成し遂げる」などの思いを込めて。

瑛竣	えいしゅん
竣喜	しゅんき
竣造	しゅんぞう
竣達	しゅんたつ
竣斗	しゅんと
竣馬	しゅんま
佑竣	ゆうしゅん
竣太朗	しゅんたろう

閏

12

音訓 ジュン、ニン、うるう
名のり うる

【意味】1年の日数や月数が通常より多いこと。

【ポイント】閏年（うるうどし）の「閏」。似た字形で同じ「ジュン」の音を持つ「潤」ほど使われていないので、新鮮。

閏	じゅん
閏馬	うるま
恒閏	こうじゅん
閏一	じゅんいち
閏喜	じゅんき
閏平	じゅんぺい
閏真	じゅんま
閏汰朗	じゅんたろう

晶

12

音訓 ショウ
名のり あき、あきら、てる、まさ

【意味】光。水晶。明らか。清い星。

【ポイント】3つの星が明るく光るさまをあらわした字で、意味は「澄みきって輝いている」。星の光というところが情緒的。

晶	しょう
晶吾	しょうご
晶太	しょうた
千晶	ちあき
照晶	てるあき
晶斗	まさと
悠晶	ゆうしょう
晶太朗	しょうたろう

翔

12

音訓 ショウ、かけ(る)、と(ぶ)
名のり か

【意味】羽を大きく広げて飛び舞う。

【ポイント】1980年代から男の子の名前として根づき、現在でもひっぱりだこの字。スケール感と力強さを感じさせるだけでなく、字形的な美しさも人気の一因。80～90年代では、1字名の「翔（ショウ）」が多かったが、現在では「人」「斗」などとともに、「と」の音の止め字の定番になっている。

【参考】●白鳳翔（はくほう・しょう）…大相撲力士。●井岡一翔（いおか・かずと）…ボクサー。●哀川翔（あいかわ・しょう）…俳優。●桜井翔（さくらい・しょう）…タレント。●三浦翔平（みうら・しょうへい）…俳優。●清水翔太（しみず・しょうた）…歌手。

翔	しょう、かける
藍翔	あいと
蒼翔	あおと
彩翔	あやと
一翔	いっと、かずと
岳翔	がくと
翔琉	かける
叶翔	かなと
翔音	かのん
圭翔	けいと
咲翔	さきと
翔一	しょういち
翔吾	しょうご
翔介	しょうすけ
翔太	しょうた
翔平	しょうへい
翔馬	しょうま
翔磨	しょうま
千翔	せんと
空翔	そらと
大翔	だいと、ひろと
拓翔	たくと
壮翔	たけと
天翔	てんしょう
翔亜	とあ
翔来	とらい
翔和	とわ
尚翔	なおと
隼翔	はやと
陽翔	はると
悠翔	はると
飛翔	ひしょう
裕翔	ひろと
真翔	まさと
結翔	ゆいと
勇翔	ゆうと
優翔	ゆうと
陸翔	りくと
琉翔	るか
蓮翔	れんと
翔伊斗	かいと
翔一朗	しょういちろう
翔太朗	しょうたろう
翔ノ佑	しょうのすけ
南々翔	ななと
万沙翔	まさと
真那翔	まなと
未来翔	みきと

12 勝

音訓 ショウ、か（つ）、まさ（る）

名のり すぐる、まさる

【意味】かつ。すぐれる。

【ポイント】かつては「かつ」「まさ」の読みで多用された、男の子名で定番の字。今風の名前なら「勝真（しょうま）」のように、「ショウ」の音をいかすといい。

- 勝　しょう、まさる
- 勝海　かつみ
- 健勝　けんしょう
- 勝太　しょうた
- 勝真　しょうま
- 隆勝　りゅうしょう
- 勝太郎　かつたろう

12 湘

音訓 ショウ、ソウ

名のり ―

【意味】湘江（ショウコウ）。中国の長江の支流「湘江」をあらわす字だが、日本では湘南海岸のイメージが強い。

【ポイント】「ショウ」「ソウ」とも使いやすいが、意外と使用例は少なく新鮮。

- 湘樹　しょうき
- 湘吾　しょうご
- 湘太　しょうた、そうた
- 湘馬　しょうま
- 湘琉　しょうりゅう
- 湘一　そういち
- 湘士郎　そうしろう

12 尋

音訓 ジン、たず（ねる）

名のり ちか、つね、のり、ひつ、ひろ、ひろし、みつ

【意味】たずねる。さがす。求める。両手を左右にのばした長さ。

【ポイント】「尋」は水深などをはかる長さの単位で、1尋は6尺（＝約1・8ｍ）。「千尋」は、非常に長い・深いことを意味。

- 尋　じん
- 尋世　じんせい
- 忠尋　ただひろ
- 千尋　ちひろ
- 尋明　ひろあき
- 尋斗　ひろと
- 悠尋　ゆうじん
- 尋一郎　じんいちろう

12 惺

音訓 セイ、ショウ、さと（る）

名のり あきら、さとし、さとる、しずか

【意味】すっきりとわかる。心が澄み切って落ち着いている。

【ポイント】2004年から人名に使えるようになった字。「心（りっしんべん）十星」で、星のように心がきれいに澄んでいること。転じて、「すっきりとわかる」という名前向きのよい意味に。

【参考】●惺惺（せいせい）…心が澄みきっていて落ち着いているさま。●惺悟（せいご）…はっと悟る。

- 惺　せい、さとる
- 一惺　いっせい
- 海惺　かいせい
- 惺士　さとし
- 惺助　しょうすけ
- 惺児　せいじ
- 惺仁　せいじん
- 惺斗　せいと
- 惺馬　せいま、しょうま
- 大惺　たいせい
- 陽惺　ひさと
- 真惺　まさと
- 悠惺　ゆうせい
- 琉惺　りゅうせい
- 惺一郎　せいいちろう

12 晴

音訓 セイ、は（れる）

名のり きよし、てる、なり、はる、はれ

【意味】はれる。好天気。気持ちがよい。はれがましい。

【ポイント】明るくおおらかな雰囲気を持つ字で、名づけでは「はる」と「セイ」の読みが人気。「はる」の響きでは「春」「陽」「悠」など、ほかにも人気漢字がたくさんある。

【参考】●晴朗（せいろう）…空が澄み渡り、よく晴れていること。楽天的でくもりのない性格のことなどもさす。●新藤晴一（しんどう・はるいち）…ミュージシャン。

- 晴　はる、せい
- 瑛晴　あきはる
- 亜晴　あせい
- 篤晴　あつはる
- 一晴　いっせい
- 音晴　おとはる
- 海晴　かいせい
- 康晴　こうせい
- 心晴　こはる
- 晴亜　せいあ
- 晴桜　せいおう
- 晴秋　せいしゅう
- 晴純　せいじゅん
- 晴都　せいと
- 晴馬　せいま
- 晴耶　せいや
- 晴陽　せいよう
- 大晴　たいせい
- 天晴　たかはる
- 千晴　ちはる
- 晴彦　てるひこ
- 晴琉　はる
- 晴一　はるいち
- 晴風　はるかぜ
- 晴貴　はるき
- 晴輝　はるき
- 晴希　はるき
- 晴杜　はると
- 晴渡　はると
- 晴翔　はると
- 晴人　はるひと
- 晴真　はるま
- 晴磨　はるま
- 晴海　はるみ
- 晴哉　はるや
- 晴康　はれやす
- 晴之　はれゆき
- 光晴　みつてる
- 基晴　もとはる
- 康晴　やすはる
- 悠晴　ゆうせい
- 琉晴　りゅうせい
- 佳寿晴　かずてる
- 晴一郎　せいいちろう
- 晴士朗　せいしろう
- 晴之佑　てるのすけ
- 晴太朗　はるたろう、せいたろう
- 晴乃心　はるのしん
- 晴乃介　はるのすけ

森 12

音訓 シン、もり
名のり しげ、しげる

【意味】森林。盛ん。

【ポイント】日常的になじみのある字だが、名前での使用例は少なく新鮮。視覚的に姓と間違えられやすいので、その点を留意して、組み合わせる字を選ぼう。

森	しん、しげる
森輝	しげき
森春	しげはる
森護	しんご
森也	しんや
森生	もりお
森之介	しんのすけ

善 12

音訓 ゼン、よ(い)
名のり さ、ただし、たる、よし

【意味】よい。好ましい。

【ポイント】「人として好ましい人に」など、ストレートによい意味を込められる字。横線の印象が強い字なので曲線や斜線のある字と組み合わせたい。

善一	ぜんいち
善公	ぜんこう
善人	ぜんと、よしと
雅善	まさよし
善己	よしき
善光	よしみつ
善太郎	ぜんたろう

湊 12

音訓 ソウ、ス、みなと
名のり すすむ、み

【意味】船が集まる港。

【ポイント】人やものが集まり「湊」が生まれ、大型化したのが「港」。「湊」には風情が、「港」にはスケール感が漂う。さわやかな「ソウ」の響きを持つ。

湊	そう、みなと
湊佑	そうすけ
湊太	そうた
湊真	そうま
湊里	そうり
湊斗	みなと
湊士郎	そうしろう

創 12

音訓 ソウ、つく(る)
名のり つくる、はじむ、はじめ

【意味】はじめ。つくる。はじめてつくりだす。

【ポイント】創造性豊かで、個性的かつ開拓精神が感じられる字。もともとは刃物で切れ目をつけることをあらわした字で、転じて「はじめる」の意味になった。ちなみに、名づけで使われる読みは「ソウ」が一般的だが、1字名の「創（つくる、はじめ）」も印象的。

【参考】●創意工夫(そういくふう)…考えをめぐらせて、新しい方法や手段をつくり出すこと。●創世(そうせい)…神がはじめて世界をつくること。●板尾創路(いたお・いつじ)…タレント。●中岡創一(なかおか・そういち)…タレント。

創	そう、つくる、はじめ
秀創	しゅうそう
創輝	そうき
創吾	そうご
創士	そうし
創介	そうすけ
創人	そうと
創平	そうへい
創也	そうや
創琉	そうる
創磨	つくま
勇創	ゆうそう
創一朗	そういちろう
創太郎	そうたろう
創之介	そうのすけ

尊 12

音訓 ソン、たっと(い)、とうと(い)
名のり たか、たかし、たける

【意味】たっとぶ。崇高。うやまう。

【ポイント】「日本武尊（やまとたけるのみこと）」「ご本尊」など、神仏に対して使う字で、上品かつおごそかなイメージ。

尊	たける
清尊	きよたか
尊士	たかし
尊友	たかとも
尊徳	たかのり
尊琉	たける
武尊	ほたか
正尊	まさたか

達 12

音訓 タツ
名のり いたる、さと、と、とおる、みち

【意味】至る。通る。

【ポイント】羊がすらすらとお産することをあらわした字で、転じた意味は、総じて順調に進むこと。「やるべきことをきちんと達成できる人に」と願って。

達	いたる
達翔	たつと
達紀	たつのり
達海	たつみ
達矢	たつや
達郎	たつろう
宏達	ひろみち
達之助	たつのすけ

智 12

音訓 チ、ちえ
名のり あきら、さと、さとし、さとる、とし、とも、のり、もと

【意味】ちえ。賢い。さとり。

【ポイント】知性を感じさせる字。男女ともに使用され、一般的な読みも「チ」「さと」「とも」と複数あるため、性別や読み方がまぎらわしくなることも。姓も複数読みできる場合は、なるべく読みやすい名前にしたい。また性別を間違われないよう男の子らしい字と組み合わせるのがベター。

【参考】●山下智久(やました・ともひさ)…タレント。●長瀬智也(ながせ・ともや)…タレント。●大野智(おおの・さとし)…タレント。●山口智充(やまぐち・ともみつ)…タレント。●庄司智春(しょうじ・ともはる)…タレント。

智	さとる、さとし
英智	えいち、ひでのり
智史	さとし
大智	だいち
智暁	ちあき
智輝	ともき
智敬	ともたか
智大	ともひろ
智也	ともや
陽智	ひさと
真智	まさと
理智	りさと
伊智朗	いちろう
加寿智	かずとも
美智則	みちのり

朝 12

音訓 チョウ、あさ
名のり あした、さ、とき、とも、はじめ

【意味】太陽が出てくるとき。

【ポイント】さわやかな朝の光を感じさせる字。「あさ」の読みのほか、「源頼朝（みなもとのよりとも）」から、「とも」も比較的認知度が高い。

朝	はじめ
朝輝	あさき
朝翔	あさと
朝日	あさひ
朝陽	あさひ
朝晴	ともはる
朝也	ともや
秀朝	ひでとも

渡 12

音訓 ト、わた(る)
名のり ただ、わたり、わたる

【意味】（水を）わたる。

【ポイント】川や海を渡る意味から、「自由」「前向き」「行動力」などポジティブなイメージ。「人生の大海を無事に渡るように」などの願いを託して。定番の「渡（わたる）」以外は、「拓渡（たくと）」「晴渡（はると）」のように、「ト」の音に当てて止め字に使うケースが増えている。

【参考】●阿部渡（あべ・わたる）…俳優。●高田渡（たかだ・わたる）…フォーク歌手。

渡	わたる
瑛渡	えいと
海渡	かいと
圭渡	けいと
拓渡	たくと
夏渡	なつお
晴渡	はると
真渡	まさと
心渡	みと
悠渡	ゆうと
來渡	らいと
玲渡	れいと
瞬渡	しゅんと
渡宇馬	とうま
渡希生	ときお
渡海王	とみお
羽琉渡	はると

椎 12

音訓 ツイ
名のり しい、つち

【意味】つち（物を打つ道具）。ブナ科も常緑高木のシイ。

【ポイント】大きく成長するシイの木をイメージして使いたい。なお「シイ」は、初夏に黄色い小花をつけ、秋に食用となる実をつける。

椎雅	しいが
椎介	しいすけ
椎斗	しいと
椎真	しいま
椎音	しおん

統 12

音訓 トウ、すべ(る)
名のり おさ、おさむ、のり、むね、もと

【意味】全体につながる糸のすじ。おさめる。まとめる。

【ポイント】「筋道を通す人に」「リーダーシップがある人に」などの願いが込められる字。

統	とう、おさむ
一統	かずのり
統己	とうき
統也	とうや
正統	まさむね
統貴	もとき
統太郎	とうたろう

董 12

音訓 トウ、ツウ、ただ(す)
名のり しげ、まさ、よし

【意味】正しく管理すること。しんになる大切なもの。

【ポイント】「草かんむり＋重」で、骨董(こっとう)の「董」。詰まった印象の字形なので、すっきりとした字と組み合わせたい。

董人	しげと、まさと
董郎	しげろう
董生	ただお
董正	ただまさ
董庵	とうあん
董太	とうた
董一朗	とういちろう

登 12

音訓 トウ、ト、のぼ(る)
名のり たか、とも、なり、なる、のぼる、のり、みのる

【意味】のぼる。

【ポイント】左右対称に近い安定した字形で、どんな字とも合わせやすい。最近は「ト」の止め字としても使われる。「高みを目指して進むように」などと願って。

登	のぼる
叡登	えいと
奏登	かなと
登偉	とうい
直登	なおと
大登	ひろと
壮登	まさと
早登志	さとし

道 12

音訓 ドウ、トウ、みち
名のり おさむ、じ、ち、のり、まさ、ゆき、わたる

【意味】みち。筋道。治める。

【ポイント】一本筋の通った凛としたイメージのある字。漢字自体には目新しさはないが、よい意味を持つため、今も昔も安定した人気を誇っている。読みは複数あり、名づけでの定番は「みち」と「ドウ」。今風の響きなら「ドウ」がおすすめ。

【参考】●道義（どうぎ）…人として行う正しい原理。●道元（どうげん）…曹洞宗の開祖。●菅原道真（すがわらの・みちざね）…平安期の学者。●筒井道隆（つつい・みちたか）…俳優。

道	わたる
一道	いちどう、かずみち
開道	かいどう
光道	こうどう
志道	しどう
誠道	せいどう
天道	たかみち
直道	なおみち
晴道	はるゆき
大道	ひろみち
正道	まさみち
道明	みちあき
道途	みちと
道成	みちなり
道琉	みちる
龍道	りゅうどう

敦 12

音訓 トン、あつ(い)
名のり あつし、つとむ、つる、のぶ

【意味】安定している。重厚な。手あつい。

【ポイント】オーソドックスな字だが、同じ「あつ」の読みを持つ「惇」や「厚」と同義で、名前向きのよい意味をもつ字。

- 敦 あつし、つとむ
- 敦己 あつき
- 敦史 あつし
- 敦朗 あつろう
- 志敦 しのぶ
- 智敦 ともあつ
- 敦輝 のぶてる

琶 12

音訓 ハ
名のり わ

【意味】琵琶（びわ）は、弦楽器の名前。

【ポイント】和のイメージと、人気の音楽のイメージがある。「葉」や「和」などに代わって、「ハ」または「わ」に当てて使える。

- 碧琶 あおば
- 十琶 とわ
- 飛琶 とわ
- 琶玖 はく
- 琶琉 はる
- 友琶 ゆうは
- 琶矢斗 はやと
- 琶琉真 はるま

博 12

音訓 ハク、バク
名のり はか、ひろ、ひろし、ひろむ

【意味】大きくひろがった様子。

【ポイント】知性とふところの大きさを感じさせる字。オーソドックスな印象はあるが、「ハク」の音をいかすと、また違った印象に。

- 博 ひろし、ひろ
- 一博 かずひろ
- 博馬 はくま
- 博明 ひろあき
- 博己 ひろき
- 博都 ひろと
- 博路 ひろみち

琵 12

音訓 ビ、ヒ
名のり ー

【意味】琵琶は、弦楽器の名前。

【ポイント】意味をあまり主張しない字なので、響き重視の万葉仮名風の名づけで重宝。とくに「ビ」の音は洋風の響きの名前に重宝しそう。和のイメージもある。

- 琵絃 びいと
- 琵竜 ひりゅう
- 琵路 ひろ
- 友琵 ゆうひ
- 一毘呂 かずひろ
- 琵沙士 ひさし
- 琵那太 ひなた
- 琵呂斗 ひろと

普 12

音訓 フ
名のり かた、ひろ、ひろし、ゆき

【意味】広く行き渡ること。

【ポイント】普通の「普」でもあるため、好みは分かれるが、意味から転じて、「多くの人に支えられるように」などの願いを込めることもできる。

- 普 ひろし
- 惟普 ただゆき
- 千普 ちひろ
- 智普 ともひろ
- 普賢 ふげん
- 靖普 やすひろ
- 幸普 ゆきひろ
- 普宇馬 ふうま

富 12

音訓 フ、フウ、とみ、と(む)
名のり あつ、あつし、さかえ、と、とよ、ふく、ゆたか、よし

【意味】財産が多くなること。

【ポイント】「財産をなしてほしい」「心の豊かな子に」などの願いを込めて。「亜富（あとむ）」「富太（ふうた）」など、工夫次第で、今風の響きに。

- 富志 あつし
- 亜富 あとむ
- 海富 かいと
- 富之 とみゆき
- 富太 ふうた
- 富岳 ふがく
- 富久 ふく
- 富美也 ふみや

満 12

音訓 マン、み(ちる)
名のり ま、ます、みち、みつ、みつる

【意味】みちる。いっぱい。豊か。

【ポイント】満足の「満」。豊かで満ち足りたイメージから、「精神的にも物質的にも恵まれること」を願って。

- 満 みつる
- 広満 ひろみつ
- 満尚 みちなお
- 満成 みちなり、みつなり
- 満人 みちひと、みちと
- 満太郎 まんたろう

愉 12

音訓 ユ
名のり ー

【意味】たのしい。

【ポイント】愉快の「愉」。明るく楽しいイメージで遊び心も感じられる。読みが「ユ」しかないため、応用がききにくいのが難。

- 愉一 ゆいち
- 愉生 ゆう
- 愉宇 ゆう
- 愉良 ゆら
- 愉楽 ゆら
- 亜愉夢 あゆむ
- 愉意斗 ゆいと
- 愉有喜 ゆうき

遊 12

音訓 ユウ、ユ、あそ(ぶ)
名のり なが、ゆき

【意味】あそぶ。変わる。よそに出る。

【ポイント】明るく楽しくのびのびした印象を与える字。名前では使用例が少なく新鮮さがあるが、名前には不向きと考える人も。

- 遊 ゆう
- 賢遊 けんゆう
- 遊壱 ゆういち
- 遊星 ゆうせい
- 遊太 ゆうた
- 遊真 ゆうま
- 遊和 ゆうわ
- 遊ノ介 ゆうのすけ

裕 12

音訓 ユウ
名のり すけ、ひろ、ひろし、まさ、みち、ゆたか、ゆ

【意味】ゆたか。ゆとり。寛大。

【ポイント】おおらかさを感じさせる字。「ゆたか」「ゆとり」といった名前向きの意味を持つことに加え、「ユウ」「ゆ」「ひろ」など、ポピュラーな読みも多く、昭和期から現在に至るまで、性別を問わず根強い人気がある。しかし、名づけで使いやすい反面、たとえば「裕希」の場合、「ゆうき」「ゆき」「ひろき」など3通りに読め、また性別もまぎらわしくなるので、その点は留意して考えよう。

【参考】●織田裕二（おだ・ゆうじ）…俳優。●甲本雅裕（こうもと・まさひろ）…俳優。●中島裕翔（なかじま・ゆうと）…タレント。

裕	ゆう
旭裕	あきひろ
一裕	かずひろ
貴裕	たかひろ
裕樹	ひろき、ゆうき
裕翔	ひろと、ゆうと
裕夢	ひろむ
裕之	ひろゆき
裕成	ゆうせい
裕太	ゆうた
裕真	ゆうま
裕也	ゆうや
裕和	ゆうわ
裕太郎	ゆうたろう
裕乃介	ゆうのすけ

湧 12

音訓 ユウ、ヨウ、わ（く）
名のり わか、わき、わく

【意味】次から次へとわいてくる。盛ん。

【ポイント】字面から勇ましさを感じるが、「勇」とは意味が異なる。「才能やパワーが湧き出るように」との思いを込めて。

光湧	こうゆう
湧吾	ゆうご
湧大	ゆうだい
湧人	ゆうと
湧翔	ゆうと
湧世	ようせい
湧児郎	ようじろう
湧久斗	わくと

雄 12

音訓 ユウ、お、おす
名のり かず、かた、かつ、たか、たけ、たけし、のり、ゆ、よし

【意味】おす。おおしい。盛ん。

【ポイント】たくましく威勢のよいイメージ。雄大の「雄」でスケール感もある。従来は「お」の読みで、男の子の止め字に使うのが定番だったが、最近は「ユウ」の音をいかすケースが多い。「ユウ」の音を持つ字には中性的なものが多いが、この字はいかにも男の子らしい。

【参考】●雄大（ゆうだい）…おおしく大きい。●雄毅（ゆうき）…勇ましくて強いこと。●雄途（ゆうと）…勇ましい門出。●野茂英雄（のも・ひでお）…元野球選手。●菊池雄星（きくち・ゆうせい）…野球選手。

雄	ゆう
賢雄	けんゆう
雄人	たかと
雄琉	たける
秀雄	ひでお
真雄	まお
雄希	ゆうき
雄剛	ゆうごう
雄介	ゆうすけ
雄世	ゆうせい
雄大	ゆうだい
雄斗	ゆうと
雄飛	ゆうひ
雄磨	ゆうま
雄一郎	ゆういちろう
雄汰朗	ゆうたろう
雄之介	ゆうのすけ

揚 12

音訓 ヨウ、あ（がる）
名のり あき、あげ、たか、のぶ

【意味】高く持ち上げる。あがる。

【ポイント】字源は、太陽が高く上がるさまをあらわしたもので、漢字の成り立ちも名前向き。「陽」や「遥」などに代わって使うと新鮮。

揚央	あきお
揚宏	あきひろ
高揚	こうよう、たかのぶ
揚生	ようせい
揚大	ようだい
揚斗	ようと、あきと

葉 12

音訓 ヨウ、は
名のり くに、すえ、たに、のぶ、ば、ふさ、よ

【意味】は。時代。

【ポイント】太陽の光を浴びる新緑を連想し、印象はさわやか。男女ともに人気の字なので、男の子らしい字と組み合わせるのがベター。

青葉	あおば、せいよう
陽葉	あきは
風葉	かざは
葉介	ようすけ
葉太	ようた
葉琉斗	はると
葉士朗	ようしろう

遥 12

音訓 ヨウ、はるか
名のり すみ、とお、のぶ、のり、はる、みち

【意味】はるか。遠い。

【ポイント】のびやかさとスケール感のある字で、男女ともに人気の字。「はる」「ヨウ」の読みは使い勝手がいい。旧字の「遙」も名前に使える。

海遥	かいよう
大遥	たいよう
友遥	ともはる
遥希	はるき
遥空	はるく
遥斗	はると
遥陽	はるひ
遥仁	はるひと
遥馬	はるま
遥也	はるや
広遥	ひろのり
道遥	みちはる
遥一	よういち
遥介	ようすけ
遥多	ようた
遥平	ようへい
遥太郎	ようたろう

12 嵐

音訓 ラン、あらし
名のり ―

【意味】あらし。山にふく空気。

【ポイント】「嵐にも負けず、強くたくましく」などの願いが込められる字。定番は1字名の「嵐（あらし）」だが、「ラン」の音も洋風の名前で重宝しそう。

嵐	あらし、らん
亜嵐	あらん
未嵐	みらん
嵐二	らんじ
嵐人	らんと
嵐丸	らんまる
嵐太朗	らんたろう

12 陽

音訓 ヨウ、ひ
名のり あき、お、おき、きよ、きよし、たか、なか、はる、みなみ、や

【意味】太陽。日光。

【ポイント】文字通り、おひさまのような明るい人柄をイメージ。先頭字、中間字、止め字とさまざまな形で使え、かつ意味もよいので、男女問わずに多用されている。音読みの「ヨウ」、訓読みの「ひ」、名のりの「はる」と、読みの種類も豊富で、応用のきく字。なお「ひ」の読みでは、同音同意の字に「日」があり、同じ「はる」の読みで似たような意味を持つ字に「晴」や「温」がある。

【参考】●陽月（ようげつ）…陰暦の10月のこと。●陽春（ようしゅん）…万物をはぐぐむ陽の気が満ちた、暖かく明るい春。また陰暦の正月のことも「陽春」という。●陽光（ようこう）…燦々とふりそそぐ太陽の光。●井上陽水（いのうえ・ようすい）…ミュージシャン。●内野聖陽（うちの・まさあき）…俳優。●内田朝陽（うちだ・あさひ）…俳優。

陽	はる、よう
旭陽	あさひ
朝陽	あさひ
海陽	かいよう
光陽	こうよう
茂陽	しげはる
昇陽	しょうよう
青陽	せいよう
大陽	たいよう
太陽	たいよう
貴陽	たかはる
豪陽	たけはる
陽基	はるき
陽希	はるき
陽己	はるき
陽久	はるく
陽翔	はると
陽登	はると
陽虎	はるとら
陽紀	はるのり
春陽	はるひ
陽磨	はるま
陽夢	はるむ
陽也	はるや
陽色	ひいろ
陽向	ひなた
陽路	ひろ
優陽	ゆうひ
陽駈	ようく
陽光	ようこう
陽史	ようし
陽司	ようじ
陽介	ようすけ
陽佑	ようすけ
陽多	ようた
陽大	ようだい
陽斗	ようと
陽平	ようへい
陽眞	ようま
陽明	ようめい
義陽	よしはる
陽日路	あきひろ
温陽呂	あつひろ
陽太朗	はるたろう
陽之丞	はるのじょう
陽之介	はるのすけ
陽加琉	ひかる
陽那太	ひなた
陽南人	ひなと
陽一朗	よういちろう
陽士郎	ようしろう
陽多朗	ようたろう

12 椋

音訓 リョウ、ロウ、むく
名のり くら

【意味】ムク。ニレ科の落葉高木。

【ポイント】ムクの木が早く大きく成長することから、「人として大きく育て」との願いを込められる。「リョウ」の音も使いやすい。

椋	りょう
聖椋	せいりょう
椋人	むくと、りょうと
椋世	りょうせい
椋太	りょうた
椋真	りょうま
椋史郎	りょうしろう

12 琳

音訓 リン
名のり たま

【意味】清んだ玉。玉が触れ合って鳴る澄んだ音の形容。

【ポイント】今風の名前で重宝する「リン」の音。「凜」「鈴」などは女の子のイメージが強いが、男の子でも違和感がない。

光琳	こうりん
主琳	しゅり
草琳	そうりん
琳大	りんた
琳音	りんと
寿琳人	じゅりと
有琳斗	ゆりと
琳太楼	りんたろう

13 愛

音訓 アイ
名のり あ、ちか、なる、のり、まな、めぐみ、めぐむ、よし

【意味】いつくしむ。めぐむ。

【ポイント】女の子名ではトップクラスの人気だが、近年は男の子名での使用例も増えている。「やさしい子に」「みんなに愛される子に」と願って。

愛紀	あいき
愛介	あいすけ
愛琉	あいる
愛樹	まなき
愛斗	まなと
愛翔	まなと
愛志朗	あいしろう
愛之助	あいのすけ

13 意

音訓 イ
名のり お、おき、のり、む、ね、もと、よし

【意味】こころ。気持ち。思う。

【ポイント】だれもが知っている字で、字形も意味もよいが、名前での使用例は少なく新鮮。「イ」の音は、先頭字にも止め字にも活用でき、使い勝手はよい。

意織	いおり
一意	いちい
匠意	しょうい
雄意	ゆうい
琉意	るい
礼意	れい
意之介	いのすけ
慧意斗	えいと

13 遠

音訓　エン、オン、とお(い)

名のり　とおし

【意味】距離や時間が離れていること。

【ポイント】「オン」の音をいかして、「礼遠(れおん)」など、今風の名前で重宝。「永遠(とわ)」などの熟語を、そのまま名前にしても。

久遠	くおん
偲遠	しおん
寿遠	じゅおん
遠己	とおき
遠真	とおま
遠琉	とおる
永遠	とわ
里遠	りおん
礼遠	れおん

13 雅

音訓　ガ

名のり　ただ、ただし、のり、まさ、まさし、みやび

【意味】みやび。風流。美しい。

【ポイント】由緒正しく、優雅で和風なイメージを持つ字。従来は「まさ」の読みで使われることが多かったが、最近は、「大雅(たいが)」「空雅(くうが)」など、「ガ」の音の止め字として、人気を集めている。

【参考】●風雅(ふうが)…風流で上品なこと。●島田雅彦(しまだ・まさひこ)…作家。●堺雅人(さかい・まさと)…俳優。●福山雅治(ふくやま・まさはる)…ミュージシャン。●浜田雅功(はまだ・まさとし)…タレント。●相葉雅紀(あいば・まさき)…タレント。

雅	まさし
雅伊	がい
空雅	くうが
大雅	たいが
彪雅	ひゅうが
雅刀	まさと
雅人	まさと
雅治	まさはる
雅彦	まさひこ
雅博	まさひろ
悠雅	ゆうが
由雅	よしまさ
来雅	らいが
竜雅	りゅうが
涼雅	りょうが
晃雅	こうが
雅久斗	がくと

13 楽

音訓　ガク、ラク、たの(しい)

名のり　ささ、たのし、もと、よし、ら

【意味】音楽。たのしむ。心がうきうきする。たやすい。

【ポイント】最近は、「まじめさ」よりも、「明るさ」や「おおらかさ」を重視した名前が人気で、この字も使用例が増えてきている。

楽	がく
楽史	がくし
楽斗	がくと
楽翔	がくと
爽楽	そら
悠楽	ゆうら
楽李児	らいじ
楽太郎	らくたろう

13 幹

音訓　カン、みき

名のり　き、たかし、つよし、とも、まさ、み、もと、もとき

【意味】樹木のみき。物事の中心。強い力。能力。

【ポイント】読みは「みき」が一般的だが、最近は「カン」の音が人気。「カン」は、意味と響きが相まって、腕白な男の子らしい印象。「き」をいかして止め字に使うのも新鮮。「木の幹のようにどっしりとした人に」「まっすぐと、芯のある人に」などの願いを込めて。

【参考】●東幹久(あずま・みきひさ)…俳優。●緒形幹太(おがた・かんた)…俳優。●岡野弘幹(おかの・ひろき)…ミュージシャン。

和幹	かずき
幹一	かんいち
幹吾	かんご
幹介	かんすけ
幹太	かんた
大幹	だいき
知幹	ともき
直幹	なおき
春幹	はるき
幹生	みきお
幹央	みきお
幹斗	みきと
幹大	みきひろ
幹宏	みきひろ
幹樹	もとき
有幹	ゆうき
幹太郎	かんたろう

13 寛

音訓　カン

名のり　お、とも、のぶ、のり、ひろ、ひろし、ゆたか、よし

【意味】ゆったりしている。気が大きい。

【ポイント】ゆとりや心の広さを意味し、昔から広く名前に使われてきた字。「ひろ」や「カン」の音で根強い人気がある。

寛	かん、ひろし
陽寛	あきひろ
寛太	かんた
寛翔	ひろと
寛正	ひろまさ
寛之	ひろゆき
寛太郎	かんたろう

13 義

音訓　ギ

名のり　しげ、ただし、ちか、のり、みち、よし、より

【意味】筋道。公共のために尽くす。

【ポイント】儒教の五常(人の常に守るべき五つの道徳「仁・義・礼・智・信」)のひとつで、「人としての筋道」を意味する字。

義	ただし
義一	ぎいち
義堂	ぎどう
紀義	のりちか
正義	まさよし
義樹	よしき
義丈	よしたけ
義広	よしひろ

13 暉

音訓　キ、かがや(く)

名のり　あき、あきら、てらす、てる

【意味】四方に広がるひかり。

【ポイント】「希」「貴」「樹」など、「キ」の音を持つ字はたくさんあるが、「暉」は使用例が少なく新鮮。「日＋軍」と字の説明もしやすく、意味もよい。

暉	あきら、ひかる
皇暉	こうき
丈暉	たけき
智暉	ともき
真暉	まさき
悠暉	ゆうき
亜暉斗	あきと

継

13

音訓 ケイ、つ(ぐ)、まま

名のり つぎ、つぐ、つね

【意味】切れた糸をつなぐ。あとをつぐ。

【ポイント】長男など跡継ぎの子にかかわらず、「その家の伝統や教えを継ぐ」「人と人とをつなぐ」などの意味で使用しても。

詣

13

音訓 ケイ、もう(でる)

名のり ゆき

【意味】おとずれる。知識が深まること。

【ポイント】「初詣」でなじみはあるが、名前例は少なく新鮮さがある。応用しやすい音は「ケイ」と「ゆき」。

源

13

音訓 ゲン、みなもと

名のり はじめ、もと、よし

【意味】水の流れ出るもと。物事の生じてくるもと。

【ポイント】「生命力」「創出力」を感じさせる字。『源氏物語』や武家の「源氏」から和の雰囲気もある。

継成	けいせい
継斗	けいと
継生	つぐお
継道	つぐみち
継夢	つぐむ
広継	ひろつぐ
正継	まさつぐ
継治朗	けいじろう

詣	けい
詣介	けいすけ
詣太	けいた
詣人	けいと
詣真	けいま
康詣	やすゆき
詣仁	ゆきひと
詣士郎	けいしろう

源	はじめ、げん
源気	げんき
源侍	げんじ
源太	げんた
源文	もとふみ
優源	ゆうげん
源太郎	げんたろう

瑚

13

音訓 コ、ゴ

名のり —

【意味】赤い玉。サンゴ。

【ポイント】七宝のひとつとされる「珊瑚（さんご）」の「瑚」。「ゴ」の音は、「悟」や「吾」に代わって男の子の止め字に使っても。

鼓

13

音訓 コ、つづみ

名のり —

【意味】つづみ。

【ポイント】音楽に関連した、和の雰囲気がある字で、太鼓の勇ましいイメージもある。「鼓太郎（こたろう）」など、「コ」の音をいかすと名前を考えやすい。

滉

13

音訓 コウ

名のり ひろ、ひろし

【意味】水が深く広い。大海。

【ポイント】漢字の意味から、「深く澄んだ心を持つように」「心の広い人に」などの意味づけもできる。なお、似ている「晃」は、光が四方に輝くという意味。

瑚南	こなん
颯瑚	そうご
大瑚	だいご
勇瑚	ゆうご
瑚治朗	こじろう
瑚太郎	こたろう
真瑚人	まこと

鼓宇	こう
鼓詩	こうた
鼓々宏	ここひろ
鼓哲	こてつ
鼓士朗	こしろう
鼓太郎	こた
鼓太郎	こたろう
馬鼓斗	まこと

滉	こう、ひろし
英滉	えいこう
滉介	こうすけ
滉生	こうせい
滉太	こうた
滉平	こうへい
滉明	こうめい
滉也	ひろや

煌

13

音訓 コウ、オウ、かがや(く)、きら(めく)

名のり あき、あけ、てる

【意味】かがやく。光が四方に大きく広がるさま。

【ポイント】2004年に人名用漢字に追加されて以来、またたく間に人気漢字の仲間入りをした字。とくに男の子に人気で、名前ランキングでも、ベスト100以内に「煌（こう、きら）」「煌大（こうた、こうだい）」「煌生（こうせい）」などが入っている。また、「コウ」だけでなく、「亜煌（あきら）」など個性的な使い方もできる。

【参考】●煌煌（こうこう）…きらきらと光輝くさま。

嵯

13

音訓 サ

名のり —

【意味】山が高くてけわしいさま。

【ポイント】「サ」の音しかないためあまり応用はきかないが、使用例は少なく新鮮。意味から転じて、「難関を乗り越えて」などの願いが込められる。

煌	こう
煌光	あきみつ
煌佳	あきよし
亜煌	あきら
煌斗	きらと
煌河	こうが
煌希	こうき
煌太	こうた
煌成	こうせい
煌正	こうせい
煌大	こうだい
煌平	こうへい
煌秀	てるひで
勇煌	ゆうこう
煌乃介	きらのすけ
煌史朗	こうしろう
煌太郎	こうたろう

一嵯	いっさ
嵯吉	さきち
哲嵯	てっさ
律嵯	りっさ
伊嵯武	いさむ
嵯意斗	さいと
嵯久馬	さくま
真嵯人	まさと

13 嗣

音訓 シ、ジ
名のり さね、つぎ、つぐ、ひで

【意味】あとをつぐ。

【ポイント】長男の名前に使われることが多いが、意味を広く解釈して、「家の教えをつぐ」「先人の伝統や文化を大切にする」といった意味づけもできる。

英嗣	えいじ
圭嗣	けいし
嗣音	しおん
大嗣	たいし
嗣治	つぐはる
俊嗣	としつぐ
悠嗣	ゆうし
嗣之介	つぐのすけ

13 詩

音訓 シ、うた
名のり ―

【意味】うた。し。

【ポイント】文学的なやさしい雰囲気があり、男女ともに使用される字。そのため組み合わせる字によっては中性的な印象の名前になりやすい。

海詩	かいし
一詩	かずし
琥詩	こうた
詩音	しおん
詩門	しもん
雅詩	まさし
優詩	ゆうた
壮詩朗	そうしろう

13 蒔

音訓 ジ、シ、まく
名のり まき

【意味】種をまく。植える。

【ポイント】「種をまく」という意味から、「基盤を整える」「成長」「発展」などの思いを託せる字。「ジ」の音をいかして、止め字として使うこともできる。

光蒔	こうじ
蒔温	じおん
秋蒔	しゅうじ
蒔生	まきお
蒔人	まきと
勇蒔	ゆうじ
蓮蒔	れんじ
陽蒔朗	ようじろう

13 慈

音訓 ジ、いつく(しむ)
名のり しげ、しげる、ちか、なり、やす、よし

【意味】いつくしむ。愛情が深い。

【ポイント】「二」「次」に代わる「ジ」の音の止め字として、近年、使用例が増えている字。また、「慈元（じげん）」「慈音（じおん）」など先頭字に使って個性的な名前にすることもできる。人気の「心」を字の中に含むのも好ポイント。画数のわりにやや入り組んだ字形なので、組み合わせる字は、少画数のすっきりした字形がいい。

【参考】●慈雲（じうん）…仏の恵みの多いことのたとえ。●慈恵…慈愛の心を持って恵みを施すこと。●慈恩（じおん）…厚い情け。●川平慈英（かびら・じえい）…タレント。

慈	しげる
安慈	あんじ
英慈	えいじ
一慈	かずしげ
巧慈	こうじ
光慈	こうじ
慈人	しげと
慈直	しげなお
慈元	じげん
慈音	じおん
正慈	せいじ、まさちか
則慈	のりやす
竜慈	りゅうじ
連慈	れんじ
賢慈郎	けんじろう
佑慈朗	ゆうじろう

13 獅

音訓 シ、しし
名のり たけ

【意味】ライオン。猛獣の名。

【ポイント】獅子の「獅」で、百獣の王ライオンのことで、いかにも男の子らしい字。「獅子のように、力強くたくましく育ってほしい」という願いを込めて。

獅生	しお
獅音	しおん
獅堂	しどう
獅門	しもん
獅士	たけし
大獅	ひろし
勇獅	ゆうし
獅ノ介	ししのすけ

13 舜

音訓 シュン
名のり きよ、とし、みつ、ひとし、よし

【意味】中国の伝説上の聖天子。

【ポイント】古代中国で理想的な政治を行ったとされる、伝説の五帝のひとりのこと。いくつか読みはあるが、わかりやすい読みは「シュン」。

舜	しゅん
一舜	かずよし
舜輝	しゅんき
舜介	しゅんすけ
舜大	しゅんだい
舜斗	しゅんと
舜真	しゅんま
悠舜	ゆうしゅん

13 準

音訓 ジュン
名のり とし、のり、ならう、ひとし

【意味】水平さをはかる道具。たいら。

【ポイント】「公平さ」や「穏やかさ」をイメージして使われる字。人気の「ジュン」の音を持つが使用例は少なく、意外と目新しい。

準	じゅん
栄準	えいじゅん
準己	じゅんき、としき
準太	じゅんた
準登	じゅんと
準平	じゅんぺい
準一朗	じゅんいちろう

13 詢

音訓 シュン、ジュン、と(う)、はか(る)
名のり まこと

【意味】質問する。相談する。

【ポイント】「みんなのところを回って相談する・たずねる」という意味があり、協調性や建設的な姿勢を名前に込めることができる。

詢	しゅん、まこと
詢斗	しゅんと
詢平	じゅんぺい
詢矢	しゅんや
聖詢	せいじゅん
良詢	よしと
詢太朗	しゅんたろう

13 奨

音訓 ショウ
名のり すけ、すすむ、たすく、つとむ

【意味】すすめる。ほめる。

【ポイント】やや込み入った字形なので、少画数のすっきりした字と組み合わせたほうが、視覚的なバランスがいい。

奨	しょう、たすく
奨貴	しょうき
奨吾	しょうご
昌奨	しょうすけ
奨斗	しょうと
奨真	しょうま
佑ノ奨	ゆうのすけ

13 照

音訓 ショウ、て(る)
名のり あき、あきら、てら、てり、てる、みつ

【意味】てる。輝く。すみずみまで光をてらす。

【ポイント】「太陽のように明るく温かく周囲を照らす存在に」などの願いを込めて。読みは、「ショウ」をいかすと今風に。

照	しょう、あきら
英照	えいしょう
照多	しょうた
照輝	てるき
照広	てるひろ
伸照	のぶあき
夕照	ゆうしょう

13 慎

音訓 シン、つつし(む)
名のり ちか、のり、まこと、みつ、よし

【意味】つつしむ。十分に気を配る。

【ポイント】「真」とともに、「シン」の読みで使われている字で、謙虚さや誠実さをイメージ。旧字の「愼」も名づけに使える。

慎	しん、まこと
暁慎	あきみつ
慎吾	しんご
慎祐	しんすけ
慎也	しんや
悠慎	ゆうしん
慎太郎	しんたろう

13 新

音訓 シン、にい、あたら(しい)、あら(た)
名のり あきら、あらた、すすむ、ちか、はじめ

【意味】新しい。はじめて。

【ポイント】新しいことへチャレンジする開拓精神とともに、フレッシュさを感じさせる字。意外だが、名づけではこれまでそれほど多くは使用されておらず、最近になって人気が上がっている。多用されている読みは「シン」だが、「にい」や「あら(た)」をいかした個性的な名前例も増えている。

【参考】●星新一（ほし・しんいち）…作家。●谷村新司（たにむら・しんじ）…歌手。●古田新太（ふるた・あらた）…俳優。●藤堂新二（とうどう・しんじ）…俳優。●堀井新太（ほりい・あらた）…タレント。

新	しん、あらた
新希	あらき
新太	あらた
新飛	あらと
一新	いっしん
新嗣	しんじ
新平	しんぺい
創新	そうしん
大新	たいしん
真新	まさちか
悠新	ゆうしん
新道	よしみち
流新	りゅうしん
新一郎	しんいちろう
新之介	しんのすけ
陽之新	はるのしん

13 稔

音訓 ジン、ニン、ネン、みの(り)
名のり とし、なり、なる、みのる、ゆたか

【意味】穀物が実る。よく熟する。

【ポイント】「実」と同義。その意味から、「努力が実るように」などの願いを込めて。今風にするなら、「ジン」の音をいかしたい。

稔	みのる、じん
稔青	じんせい
稔太	じんた
稔也	としや
稔司	ねんじ
暢稔	のぶとし
稔夏	ゆたか

13 瑞

音訓 ズイ、スイ、しるし、みず
名のり ず、たま

【意味】領土などを与えたしるしとする玉。めでたい。みずみずしい。

【ポイント】縁起のよさに加え、透明感や清涼感がある字。「みずき」の響きで多用されている。

瑞貴	みずき
瑞生	みずき
瑞紀	みずき
瑞樹	みずき
瑞人	みずと
瑞保	みずほ
瑞夢	みずむ
瑞乃介	たまのすけ

13 嵩

音訓 スウ、シュウ、かさ、かさ(む)
名のり たか、たかし、たけ

【意味】たかい。山がたかくそびえたつさま。

【ポイント】「人生の頂を目指す」「山のようにどっしり構えて」などの意味づけができる。今風の響きなら「シュウ」の音をいかしたい。

嵩	たかし
嵩児	しゅうじ
嵩汰	しゅうた
嵩斗	たかと、しゅうと
嵩帆	たかほ
嵩広	たけひろ
嵩巳	たけみ

13 数

音訓 スウ、ス、かず、かぞ(える)
名のり のり、ひら、や

【意味】かず。めぐり合わせ。

【ポイント】「めぐり合わせ」という意味もあり、十分に名前向き。やや入り組んだ感があるので、組み合わせる字は、少画数のすっきりとしたものを選びたい。

数貴	かずき
数斗	かずと
数真	かずま
数路	かずみち
数之	のりゆき
数良	のりよし
廣数	ひろかず
匡数	まさかず

13 勢

音訓 セイ、いきお(い)
名のり せ、なり

【意味】制圧する力。活動する力。

【ポイント】意味はもちろん、視覚的にもアグレッシブなイメージ。「セイ」の音を持つ字のなかでは使用頻度は低めなので、目新しい印象。

倖勢	こうせい
仁勢	じんせい
勢治	せいじ
勢太	せいた
大勢	ゆうせい
洋勢	ようせい
竜勢	りゅうせい
勢以斗	せいと

13 聖

音訓 セイ、ショウ
名のり あきら、きよ、さと、さとし、さとる、たかし、ひじり、まさ、せ

【意味】賢く、徳の高い人。おごそか。

【ポイント】神聖であることを意味し、知性あるイメージ。けがれなく清く、しかも気品があり、男女ともに安定した人気を誇っている。男の子の名前では「聖矢（せいや）」「優聖（ゆうせい）」など、音読みの「セイ」を使った名前が人気。クリスマスの「聖夜」のイメージも強く、12月生まれの子に使う傾向も。

【参考】●聖人（せいじん）…賢くて優れた人。●内川聖一（うちかわ・せいいち）…野球選手。●内野聖陽（うちの・まさあき）…俳優。●田中聖（たなか・こうき）…タレント。

聖	さとし、ひじり
一聖	いっせい
聖馬	きよま
聖樹	さとき
聖介	せいすけ
聖矢	せいや
聖弥	せいや
聖和	せいわ
聖那	せな
千聖	ちさと
陽聖	ひさと
聖人	まさと
璃聖	りさと
優聖	ゆうせい
聖太朗	せいたろう
聖之介	せいのすけ

13 靖

音訓 セイ、ジョウ、さか(ん)、やす(い)
名のり きよし、しず、のぶ、やすし

【意味】やすらか。

【ポイント】対義語は「乱」、類義語は「静」や「鎮」。これらから感じられるイメージは、おだやかな平和。同じ「やす」の読みで意味も近い字に「泰」がある。

靖	きよし
一靖	いっせい
靖士	やすし
靖伸	やすのぶ
靖春	やすはる
靖仁	やすひと
靖文	やすふみ
靖太朗	せいたろう

13 蒼

音訓 ソウ、あお、あお(い)
名のり しげる、あおい

【意味】あおい。青黒い。あおあおと茂るさま。

【ポイント】あお色を意味し、人気のある空や海のイメージとともに、近年男の子名で使用例が増えている漢字のひとつ。ただ本来の「蒼」は、倉（納屋）にとり込んだ牧草の色をあらわし、「青」がすっきりとした若々しい青色をさすのに対し、「蒼」は黒みがかった青色をさす。

【参考】●蒼天（そうてん）…青空。天のこと。●蒼海（そうかい）…青い海。●蒼庚（そうこう）…ウグイスのこと。●蒼潤（そうじゅん）…うるおいのある青黒さ。●蒼生（そうせい）…人民の意の漢語的表現。多くの人々。民を青く茂る草にたとえている。●中村蒼（なかむら・あおい）…俳優。●福士蒼汰（ふくし・そうた）…俳優。

蒼	あおい、そう
蒼生	あおい、あおき
蒼史	あおし
蒼斗	あおと
蒼葉	あおば
蒼波	あおば
蒼春	あおはる
蒼彦	あおひこ
蒼夢	あおむ
一蒼	いっそう
健蒼	けんそう
蒼希	しげき
蒼蔵	しげぞう
蒼斗	しげと
蒼琉	しげる
蒼朗	しげろう
周蒼	しゅうそう
蒼吾	そうご
蒼士	そうじ
蒼仁	そうじん
蒼介	そうすけ
蒼佑	そうすけ
蒼太	そうた
蒼汰	そうた
蒼大	そうだい
蒼平	そうへい
蒼真	そうま
蒼馬	そうま
蒼磨	そうま
蒼也	そうや
蒼弥	そうや
蒼良	そうら
蒼琳	そうりん
蒼瑠	そうる
蒼空	そら
蒼楽	そら
斗蒼	とあ
悠蒼	ゆうそう
琉蒼	りゅうそう、るそう
蒼志朗	あおしろう
蒼之丞	あおのじょう
蒼一郎	そういちろう
蒼士朗	そうしろう
蒼仁朗	そうじろう
蒼太郎	そうたろう
蒼汰朗	そうたろう
蒼ノ介	そうのすけ
蒼之助	そうのすけ

13 誠

音訓 セイ、まこと
名のり たか、たかし、なり、なる、まこと、もと、よし

【意味】まこと。うそのない心。誠意。

【ポイント】パパ世代では、1字名の「誠（まこと）」で人気だった字。最近は音読みの「セイ」を活かした名前が多い。

誠	まこと
一誠	いっせい
誠吾	せいご
大誠	たいせい
誠斗	まさと
悠誠	ゆうせい
竜誠	りゅうせい
誠ノ介	せいのすけ

想
13

音訓 ソウ、ソ、おも(う)
名のり —

【意味】おもう。思いはかる。希望する。追想する。

【ポイント】物事について考える「思」に対し、「想」には恋心や思慕の情も含まれ、よりロマンチックでやさしいイメージ。

想	そう
健想	けんそう
想介	そうすけ
想太	そうた
想大	そうだい
想平	そうへい
侑想	ゆうそう
想志朗	そうしろう

暖
13

音訓 ダン、ノン、あたた(かい)
名のり あつ、はる、やす

【意味】あたたかい。情がある。

【ポイント】やさしいイメージと人気の「はる」の音を持ち、視覚的にも温かさを感じる名前になるのが特徴。近年、人気が出てきている字のひとつ。

暖	だん
暖士	あつし
暖也	あつや
夏暖	かのん
暖季	はるき
暖人	はると
暖斗	はると
暖真	はるま

馳
13

音訓 チ、ジ、は(せる)
名のり とし、はやし

【意味】車馬をはやくはしらせる。

【ポイント】躍動的なイメージで、男の子向きの字。「名を馳せる」などから、「社会的地位」を願うことも。「知」や「二」に代わり「チ」「ジ」に当てると目新しい。

英馳	えいち、えいじ
快馳	かいち
征馳	せいじ
泰馳	たいち
大馳	だいち
馳人	はやと
馳馬	はやま

跳
13

音訓 チョウ、トウ、は(ねる)、と(ぶ)
名のり —

【意味】とびはねる。舞い踊る。

【ポイント】視覚的にも勢いがある字。「健康で活動的に」「社会において跳ね上がるように出世を」などの願いを込めて。

跳太	ちょうた
跳馬	ちょうま、とうま
跳貴	とうき
跳大	とうだい
跳也	とうや
跳飛	はねと
跳志雄	としお

禎
13

音訓 テイ
名のり さだ、さち、ただ、ただし

【意味】幸い。神の恵み。めでたい。

【ポイント】オーソドックスな字で最近は使用例が減っているが、神の加護を受けたことをあらわす非常によい意味の字。

禎雄	さだお
禎徳	さだのり
禎真	さだまさ、ていしん
禎司	ていじ
禎斗	ていと
恭禎	やすただ
禎和	よしかず

鉄
13

音訓 テツ
名のり かね、きみ、とし、まがね

【意味】金属。てつ。

【ポイント】鉄が硬くて強いことから、「強い意志」や「強靭な精神力」を持ってほしいとの願いを込めて。非常に男の子らしい字。

爽鉄	そうてつ
鉄汰	てった
鉄人	てつと、かねと
鉄生	てつなり
鉄兵	てっぺい
鉄朗	てつろう
鉄乃介	てつのすけ

楓
13

音訓 フウ、かえで
名のり か

【意味】カエデ科の落葉高木の総称。もみじ。

【ポイント】秋に紅葉し、色づくカエデは、やさしく温かいイメージ。また字のなかに「風」も入っていてさわやかな印象も。

楓	かえで、ふう
楓雅	ふうが
楓汰	ふうた
楓人	ふうと
楓眞	ふうま
琉楓	るか
楓伊斗	かいと

福
13

音訓 フク
名のり さき、さち、たる、とし、とみ、よし

【意味】幸せ。神の恵み。

【ポイント】レトロなイメージもあるが、非常に縁起のよい字。また、人気子役の鈴木福（ふく）君の登場で、1字名の「福」が、人気上昇中。

福	ふく
一福	かずとみ
福一	ふくいち
福士	ふくし
福馬	ふくま
福丸	ふくまる
福太郎	ふくたろう
福之介	ふくのすけ

豊
13

音訓 ホウ、ゆた(か)
名のり と、とよ、のぼる、ひろ、ゆたか

【意味】ゆたか。たっぷりとしている。量がある。

【ポイント】オーソドックスな字だが、その意味はやはり名前向き。経済面だけでなく、「充実した豊かな人生」「心の豊かな人に」。

豊	ゆたか
和豊	かずとよ
賢豊	けんと
豊文	とよふみ
豊海	とよみ
豊世	ほうせい
光豊	みつとよ
悠豊	ゆうと

睦 13

音訓：ボク、む(つぶ)、むつ(まじい)
名のり：ちか、とも、よし

【意味】むつまじい。仲がよい。

【ポイント】「むつ」の読みが一般的だが、最近は、「歩睦（あゆむ）」など、「む」の音の止め字として使用するケースも。「睦月（むつき）」は、陰暦1月の別名。

篤睦	あつむ
歩睦	あゆむ
睦貴	むつき
睦月	むつき
睦斗	むつと
睦彦	むつひこ、よしひこ
可睦伊	かむい

夢 13

音訓：ム、ゆめ
名のり：—

【意味】ゆめ。

【ポイント】文字通り、夢や希望を感じさせる字。「武」とともに、素直に「ム」と読める数少ない字のひとつ。最近は「ゆめ」を縮めて、「ゆ」と読ませる傾向も。

【参考】●竹久夢二（たけひさ・ゆめじ）…画家。●井上夢人（いのうえ・ゆめひと）…作家。●小林可夢偉（こばやし・かむい）…レーシングドライバー。●金崎夢生（かなざき・むう）…サッカー選手。●神田瀧夢（かんだ・ろむ）…タレント。

歩夢	あゆむ
瑳夢	さむ
拓夢	たくむ
斗夢	とむ
登夢	とむ
望夢	のぞむ
遥夢	はるむ
広夢	ひろむ
大夢	ひろむ、だいむ
夢道	むどう
夢路	ゆめじ
夢斗	ゆめと
来夢	らいむ
亜斗夢	あとむ
夢太朗	ゆめたろう
夢乃介	ゆめのすけ

盟 13

音訓：メイ、ちか(う)
名のり：—

【意味】ちかう。固い約束を交わす。

【ポイント】「誓う」という意味を持つ字で、とくに強い意志を感じさせる字。ただ読みが少なく、あまり応用はきかない。

盟	めい
光盟	こうめい
盟人	ちかと
盟成	めいせい
盟太	めいた
盟斗	めいと
盟也	めいや
琉盟	りゅうめい

椰 13

音訓：ヤ、やし
名のり：—

【意味】ヤシ。熱帯産の常緑高木。

【ポイント】名づけでは「ヤ」の読みで止め字として使用することが多い。南国の明るさに加え、エキゾチックなイメージもある字。

温椰	あつや
大椰	だいや
拓椰	たくや
友椰	ともや
夏椰	なつや
広椰	ひろや
亜椰斗	あやと
椰真人	やまと

誉 13

音訓：ヨ、ほま(れ)、ほ(める)
名のり：たか、やす、よし

【意味】皆から認められる。よい評判。

【ポイント】よい意味を持つが、1字名の「誉（ほまれ）」以外はあまり使用例がなく、新鮮。

誉	ほまれ
清誉	きよたか
宥誉	ひろたか、ひろやす
誉市	よいち
誉人	よしと
希誉斗	きよと
誉志紀	よしき

瑶 13

音訓：ヨウ、たま
名のり：—

【意味】美しい玉。玉のように美しい。

【ポイント】仙境に生える美しい草を「瑶草（ようそう）」というように、美しいもののたとえに使われる字で、神秘的なイメージも。

瑶	よう
清瑶	せいよう
瑶喜	たまき
瑶輝	ようき
瑶甫	ようすけ
瑶星	ようせい
瑶平	ようへい
瑶一朗	よういちろう

楊 13

音訓：ヨウ、やなぎ
名のり：やす

【意味】ヤナギ。ヤナギ科の落葉低木。

【ポイント】枝が垂れるのが「柳」、枝が垂れず天高くのびるものが「楊」。「楊（ヤン）」は、中国人に多い姓のひとつでもある。

楊	よう
皇楊	こうよう
久楊	ひさやす
楊都	やすと
楊典	やすのり
楊太	ようた
楊真	ようま
楊一郎	よういちろう

稜 13

音訓：リョウ、ロウ、かど
名のり：たか、たる

【意味】かど。すみ。

【ポイント】人気の「リョウ」の響きを活用されることが多い字。意味の「かど」から転じて、「際立った存在になるように」などの願いを込めることもできる。

稜	りょう
一稜	かずたか
稜明	たかあき
稜斗	たかと
稜貴	りょうき
稜太	りょうた
稜矢	りょうや
稜之介	りょうのすけ

稟 13

音訓 リン、ヒン、う(ける)
名のり —

【意味】うける。さずかる。下の者が上の者からうける。

【ポイント】「穀物を授かる」から転じて、「天から才能を授かる」という意味も。同じ「リン」の音を持つ「凛」よりも新鮮。

稟玖	りく
稟輔	りんすけ
稟惺	りんせい
稟汰	りんた
稟都	りんと
稟堂	りんどう
稟哉	りんや
稟太郎	りんたろう

零 13

音訓 レイ
名のり しずく

【意味】雨粒がおちる。小さい。ゼロ。

【ポイント】「清らかなしずく」が原義で、イメージはロマンチック。またゼロをあらわすことから、「無限の可能性」を込めても。

零	れい
零久	しずく
零斗	しずと、れいと
零一	れいいち
零士	れいじ
零馬	れいま
零音	れおん

鈴 13

音訓 レイ、リン、すず
名のり —

【意味】すず。ベル。

【ポイント】女の子に人気の字だが、男の子に使っても違和感はない。「リン」「すず」の音をいかすとどことなく和風なイメージ。「レイ」の音をいかすと今風の名前に。

鈴音	すずと、れいと
鈴真	すずま
鈴也	すずや
鈴介	りんすけ
鈴児	れいじ
鈴ノ助	すずのすけ
鈴太郎	りんたろう

廉 13

音訓 レン
名のり きよ、きよし、かど、やす、ゆき

【意味】潔い。正しい。私欲がない。

【ポイント】「清廉潔白（せいれんけっぱく）」の「廉」。人気の「レン」に当てられ、「連」「蓮」とくらべて新鮮。

廉	れん、きよし
亜廉	あれん
廉士	やすし
廉太	れんた
廉真	れんま
廉人	れんと
廉太朗	れんたろう

蓮 13

音訓 レン、はす、はちす
名のり —

【意味】植物のハス。

【ポイント】「蓮」は、7月の誕生花で夏の季語。人気の「レン」の音を持つ字でありながら、植物にまつわる字であり、男の子に多用されている。また、蓮は、仏教では仏の智慧や慈悲の象徴なので、仏の加護を名前に込めることもできる。

【参考】●蓮華（れんげ）…ハスの花。●蓮根（れんこん）…ハスの地下茎が肥大したもの。食用。●石橋蓮司（いしばし・れんじ）…俳優。●長渕蓮（ながぶち・れん）…レーシングドライバー。●押切蓮介（おしきり・れんすけ）…漫画家。

蓮	れん
亜蓮	あれん
蓮巳	はすみ
真蓮	まれん
蓮央	れお
蓮音	れおん、れのん
蓮児	れんじ
蓮介	れんすけ
蓮太	れんた
蓮斗	れんと
蓮翔	れんと
蓮真	れんま
蓮弥	れんや
蓮士郎	れんじろう
蓮太郎	れんたろう
蓮之介	れんのすけ

路 13

音訓 ロ、じ
名のり のり、みち、ゆく

【意味】みち。道すじ。考え方。

【ポイント】名前向きの意味を持つが、「ロ」の音を持つ数少ない字のひとつなので、響きを重視した洋風の名前でとくに重宝されている。

一路	いちろ、かずみち
光路	こうじ
陽路	ひろ
路人	みちと
悠路	ゆうじ
行路	ゆきじ
路伊	ろい

楼 13

音訓 ロウ
名のり いえ、たか、つき、つぎ

【意味】高い建物。やぐら。

【ポイント】「ロウ」の音をいかして使われ、「楼真（ろうま）」など、洋風の名前で重宝されている。また「郎」や「朗」に代わる止め字に使うケースも増えている。

一楼	いちろう
悟楼	ごろう
太楼	たろう
楼真	ろうま
賢士楼	けんしろう
虎太楼	こたろう
佑次楼	ゆうじろう
凜太楼	りんたろう

斡 14

音訓 アツ、めぐ(る)
名のり まる

【意味】めぐる。めぐらす。

【ポイント】「斡」は、北斗七星が北極星を中心にまわることをあらわした字。斡旋（あっせん）の「斡」でもあり、「人と人とのつながりを大切に」との思いを込めて。

斡	めぐる
斡紀	あつき
斡士	あつし
斡斗	あつと
斡宏	あつひろ
斡郎	あつろう
実斡	さねあつ
斡琉	めぐる

維 14

音訓 イ
名のり これ、ただ、つな、たもつ、つなぐ

【意味】つな。つなぐ。

【ポイント】意味を持たせずに「イ」の音をいかすことが多い。この字の「つなぐ」の意味は、「体制を引きしめておさえ、次へつなげる」という、現況の維持。

維新	いしん
維月	いつき
維吹	いぶき
登維	とうい
琉維	るい
礼維	れい
維久太	いくた
由維斗	ゆいと

歌 14

音訓 カ、うた
名のり ―

【意味】うた。和歌。

【ポイント】「和歌」の意味もあり、音楽だけでなく文学のイメージも。読みは少ないが、「カ」の音は応用がきく。女の子名が多いので、男の子名に使うと新鮮。

歌丸	うたまる
歌秀	かしゅう
奏歌	そうた
風歌	ふうた
歌乃介	うたのすけ
歌伊斗	かいと
歌寿祈	かずき
日歌琉	ひかる

榎 14

音訓 カ、えのき
名のり え、えだ、かど

【意味】エノキ。ニレ科の落葉高木。

【ポイント】エノキは、高さ20m以上に育つ木。子どもの大成や、のびのびと成長することを願って。

榎生	かい
榎一	かいち
榎月	かづき
榎音	かのん
琉榎	るか
榎以都	かいと
榎南人	かなと

嘉 14

音訓 カ、よ(い)、よみ(する)
名のり ひろ、よし

【意味】よい。めでたい。

【ポイント】「吉」や「福」と同義で、縁起のよい字。以前は「よし」の読みを使った名前が多かったが、最近は「カ」の音をいかした名前が増えている。

嘉惟	かい
嘉音	かのん
嘉斗	ひろと
嘉夢	ひろむ
真沙嘉	まさよし
嘉人	よしと
嘉弘	よしひろ
嘉津斗	かづと

魁 14

音訓 カイ、かしら、さきがけ
名のり いさお、はじめ

【意味】さきがけ。かしら。第一。大きい。北斗七星の第一星。

【ポイント】リーダーシップを感じさせる字。男の子らしいダイナミックさとともに、星にちなんだ字でもあり、独特の雰囲気のある字。

魁	かい、いさお
魁傑	かいけつ
魁星	かいせい
魁太	かいた
魁斗	かいと
魁竜	かいりゅう
魁士朗	かいしろう

綺 14

音訓 キ、いろう、あや
名のり ―

【意味】あや。美しい。華やか。

【ポイント】女の子の印象が強いが、独特の字形の美しさもあり、男の子名に使うのも印象的。男の子らしい字と組み合わせて使いたい。

綺貴	あやき
綺都	あやと
綺壱	きいち
玄綺	げんき
隼綺	しゅんき
大綺	だいき
琉綺	るき
綺羅斗	きらと

旗 14

音訓 キ、はた
名のり たか

【意味】はた。しるし。

【ポイント】「キ」の音は数あるが、「旗」は男女ともにあまり使われておらず、新鮮な印象。「キ」の読みは、先頭字、中間字、止め字といろいろな形で使える。

旗一	きいち
大旗	だいき
風旗	ふうき
昌旗	まさき
元旗	もとき
悠旗	ゆうき
旗一郎	きいちろう
比呂旗	ひろき

銀 14

音訓 ギン
名のり かね、しろがね

【意味】しろがね。ぜに。銀色。

【ポイント】きらびやかさのなかにクールさを感じさせる、祖父以前の世代で多用された字。しかし近年、クールさがウケて、改めて見直されている。

銀河	ぎんが
銀侍	ぎんじ
銀造	ぎんぞう
銀太	ぎんた
銀斗	ぎんと、かねと
銀弥	ぎんや
銀之介	ぎんのすけ

駆 14

音訓 ク、か(ける)
名のり ―

【意味】馬などを走らせる。かける。

【ポイント】さわやかさとたくましさをあわせ持つ字。定番は1字名「駆（かける）」。異体字の「駈（15画）」も名前に使える。

駆	かける
駆留	かける
遥駆	まいく
来駆	らいく
里駆	りく
琉駆	るか
駆以斗	かいと
太駆也	たくや

14 豪

音訓 ゴウ
名のり かた、かつ、すぐる、たけ、たけし、つよ、つよし

【意味】強い。才知が優れる。盛ん。

【ポイント】「優れている」という意味もあり、強さと賢さを兼ね備えた字で、イメージも勇ましくて豪快。「ゴウ」の響きも人気。

- 豪毅 ごうき、たけき
- 豪介 ごうすけ
- 豪汰 ごうた
- 豪大 たけひろ、こうだい
- 豪琉 たける
- 雄豪 ゆうごう

14 綱

音訓 コウ、つな
名のり つな、つね

【意味】大づな。大もと。根本のきまり。

【ポイント】まじめさと力強さを感じさせる字で、最近は「コウ」の音が人気。「鋼」「網」と似た字が多い点は留意しておきたい。

- 綱 こう
- 英綱 えいこう
- 綱太 こうた
- 綱平 こうへい
- 大綱 たいこう
- 綱斗 つなと
- 綱児郎 こうじろう
- 綱太郎 こうたろう

14 瑳

音訓 サ、みが(く)
名のり —

【意味】とぎすましたさま。白くあざやか。愛らしく笑う。みがく。

【ポイント】名前向きのよい意味を持つが、名前例は少なめ。字形から素直に「サ」と読める。

- 一瑳 いっさ、かずさ
- 瑳介 さすけ
- 哲瑳 てっさ
- 亜瑳斗 あさと
- 伊瑳夢 いさむ
- 日瑳士 ひさし
- 真瑳史 まさし

14 彰

音訓 ショウ
名のり あき、あきら、あや、てる

【意味】明らか。知らせる。鮮やかに目立つ。

【ポイント】意味もよく、バランスのよい字形で、どんな字とも組み合わせやすい。読みは、おもに「あき」「ショウ」が使われる。

- 彰 しょう、あきら
- 彰聡 あきさと
- 彰都 あきと
- 彰義 あきよし、てるよし
- 彰平 しょうへい
- 彰太郎 しょうたろう

14 颯

音訓 サツ、ソウ
名のり はや、はやて、はやと

【意味】風の吹くさま。サッと動く。

【ポイント】颯爽（さっそう）の「颯」。さわやかでありながら、凛とした印象を感じさせる字で、近年、男の子の名前で非常に人気が高い字のひとつ。「颯馬（そうま）」「颯斗（はやと）」など、「ソウ」「はや」の読みで今風の名前に多用されている。やや詰まった感じがする字形なので、字画の少ないすっきりとした字と組み合わせるとバランスがよい。

【参考】●颯然（さつぜん）…さっと風が吹くさま。●颯爽（さっそう）…動きがきびきびしているさま。

- 颯 そう、はやて
- 一颯 いっさ、かずさ
- 颯助 さすけ
- 颯紀 さつき
- 颯貴 さつき
- 颯士 さつじ
- 颯安 そうあん
- 颯一 そういち
- 颯快 そうかい
- 颯基 そうき
- 颯吾 そうご
- 颯慈 そうじ
- 颯隼 そうしゅん
- 颯純 そうじゅん
- 颯心 そうしん

- 颯仁 そうじん
- 颯介 そうすけ
- 颯聖 そうせい
- 颯太 そうた
- 颯大 そうだい
- 颯馬 そうま、さつま
- 颯磨 そうま
- 颯明 そうめい
- 颯矢 そうや
- 颯凛 そうりん
- 颯琉 そうる
- 颯和 そうわ
- 颯楽 そら
- 千颯 ちはや
- 颯児 はやじ
- 颯多 はやた

- 颯渡 はやと
- 颯斗 はやと、さつと
- 颯真 はやま、さつま
- 颯武 はやむ
- 立颯 りっさ
- 竜颯 りゅうそう
- 琉颯 るそう
- 亜颯斗 あさと
- 以颯武 いさむ
- 颯乃助 さつのすけ
- 颯一郎 そういちろう
- 颯士朗 そうしろう
- 颯汰朗 そうたろう
- 颯乃介 そうのすけ
- 真颯斗 まさと

14 槙

音訓 シン、テン、まき
名のり こずえ

【意味】樹木の先。マキ科の常緑高木類の総称。

【ポイント】葉がびっしり茂っているという意味から、「幸や富にあふれるように」との願いを込めても。旧字の「槇」も使える。

- 快槙 かいしん
- 槙侍 しんじ
- 槙汰 しんた
- 槙央 まきお
- 槙斗 まきと
- 槙葉 まきは
- 悠槙 ゆうしん
- 槙ノ助 しんのすけ

榛 14

音訓 シン、はしばみ、はり
名のり はる

【意味】カバノキ科の落葉低木。

【ポイント】落葉低木のハシバミのほか、草木が乱れのびるさまも意味する字。後者から「のびのびと自由に育つように」と願うことも。

榛悟	しんご
榛大	しんた
榛生	はるお
榛希	はるき
榛紀	はるき
榛真	はるま
勇榛	ゆうしん
榛一郎	しんいちろう

静 14

音訓 セイ、ジョウ、しず、しず(か)
名のり きよ、しずか

【意味】しずか。安らか。清い。

【ポイント】「静」があるだけで、「静かさ」や「落ち着き」を感じさせる名前に。込められる願いも、「落ち着きのある人に」や「冷静な判断ができる人に」など。

静磨	きよま
静雄	しずお
静途	しずと
静流	しずる
静聖	じょうせい
静児	せいじ
涼静	りょうせい
静太朗	じょうたろう

誓 14

音訓 セイ、ちか(う)
名のり ちかう、ちかわ

【意味】きちんと約束すること。

【ポイント】なじみもあり意味も悪くないが、名前例は少なく、新鮮さがある。横線の主張が強いので、斜線や曲線を含む字と組み合わせるとバランスがよい。

誓汰	せいた
誓真	せいま
誓矢	せいや
誓人	ちかひと
朋誓	ともちか
正誓	まさちか
優誓	ゆうせい
誓士朗	せいしろう

総 14

音訓 ソウ
名のり おさ、さ、のぶ、ふさ、みち

【意味】ふさ。まとめる。すべて。

【ポイント】リーダーシップや包容力を感じさせる字。短い線が集まった字形なので、のびやかな斜線や曲線を持つ字と組み合わせたい。

総	そう
総一	そういち
総介	そうすけ
総太	そうた
総馬	そうま
総成	ふさなり
昌総	まさみち
総史郎	そうしろう

聡 14

音訓 ソウ、さと(い)
名のり あき、あきら、さ、さとし、さとる、ただし、とし

【意味】さとい。理解が早い。賢い。

【ポイント】聡明の「聡」で、知的なイメージ。「耳がよくとおる」という意味もあり、「人の話をよく聞く」といった謙虚な気持ちも込められる。

聡	さとし
聡良	あきら
克聡	かつあき
聡士	さとし
聡琉	さとる
聡吾	そうご
万聡	まさと
聡一郎	そういちろう

綜 14

音訓 ソウ、ソ、す(べる)
名のり おさ

【意味】織機の道具。統一する。

【ポイント】一般的な字ではないが、「ソウ」の読みは予想しやすく、字の説明もしやすい。同音で似た意味の「総」より、字形的にすっきりしている。

綜巳	おさみ
綜武	おさむ
綜一	そういち
綜貴	そうき
綜思	そうし
綜介	そうすけ
竜綜	りゅうそう
綜汰朗	そうたろう

暢 14

音訓 チョウ、の(びる)
名のり いたる、とおる、のぶ、のぼる、まさ、みつる、よう

【意味】のびる。のばす。のびやか。

【ポイント】太陽が上がるさまの「昜」と、のびる意の「申」で、「長くのびる。のびのびする」という意味に。

暢	とおる、いたる
志暢	しのぶ
暢吉	ちょうきち
暢児	ちょうじ
暢大	のぶひろ、ようだい
暢利	まさとし

徳 14

音訓 トク
名のり あつ、さと、なり、なる、のり、よし

【意味】うまれつきの人柄。正しい行い。道をさとった立派な行為。

【ポイント】「人として正しい」という非常によい意味を持つ字。「のり」の読みが認知度が高い。

圭徳	けいとく
徳真	とくま
徳人	なると、のりと
徳之	のりゆき
徳士	ひさし
久徳	ひさのり
雅徳	まさのり

寧 14

音訓 ネイ
名のり さだ、しず、ね、やす、やすし

【意味】やすらか。落ち着いている様子。じっくりとていねいな。

【ポイント】丁寧の「寧」で、穏やかで気配りができるイメージ。男の子は「やす」の読みが認知度も高く、使いやすい。

寧晴	さだはる
寧斗	しずと
直寧	なおやす
寧樹	ねいじゅ
寧央	ねお
寧人	やすと
寧久	やすひさ
寧匡	やすまさ

聞 14

音訓　ブン、モン、き(く)
名のり　ひろ

【意味】きく。耳にする。

【ポイント】「人の話を聞く」「多くの知識を見聞する」などの願いを込められる字。また、「聞多（ぶんた）」「我聞（がもん）」など、個性的な響きの名前になる。

我聞	がもん
聞蔵	きくぞう
聞也	ひろや
聞司	ぶんじ
聞多	ぶんた
聞太	ぶんた
聞介	もんすけ
聞乃助	きくのすけ

碧 14

音訓　ヘキ、あお、みどり
名のり　きよし、たま

【意味】青くすんでいる石。あおみどり。

【ポイント】深みのある青緑色、またはその色の玉石をあらわし、同じ青系の色を意味する「青」「蒼」よりも神秘的なイメージ。

碧	あお、あおい
碧生	あおい、たまき
碧斗	あおと
碧真	あおま
碧志	きよし
碧史郎	あおたろう

鳳 14

音訓　ホウ、ブ、おおとり
名のり　たか

【意味】鳳凰（ほうおう）とは中国の伝説の鳥。

【ポイント】「鳳凰」とは、聖人が世に出るときにあらわれる想像上の鳥。荘厳なイメージがあり、視覚的に風格のある名前に。

和鳳	かずたか
玄鳳	げんぶ
鳳雄	たかお
鳳人	たかと
鳳大	たかひろ
鳳丸	たかまる
鳳成	ほうせい
泰鳳	やすたか

輔 14

音訓　ホ、フ、ブ、たす(ける)
名のり　すけ、たすく

【意味】助ける。補佐する。

【ポイント】「介」「佑」「祐」「亮」など、数ある「すけ」のなかで、とくに「そばに寄りそって助ける」という意味が強いのが「輔」。「すけ」の読みを持つ字のなかでは画数が多く、しかも直線だけで構成されているので、斜線や曲線のあるやわらかい印象の字で、かつすっきりとした字を選びたい。

【参考】●松坂大輔（まつざか・だいすけ）…野球選手。●中村俊輔（なかむら・しゅんすけ）…サッカー選手。●豊原功補（とよはら・こうすけ）…俳優。●上地雄輔（かみじ・ゆうすけ）…タレント。

輔	たすく
一輔	いちすけ
桜輔	おうすけ
慧輔	けいすけ
光輔	こうすけ
巧輔	こうすけ
旬輔	しゅんすけ
翔輔	しょうすけ
颯輔	そうすけ
大輔	だいすけ
輔玖	たすく
裕輔	ゆうすけ
琉輔	りゅうすけ
涼輔	りょうすけ
吉之輔	きちのすけ
志の輔	しのすけ
勇乃輔	ゆうのすけ

綾 14

音訓　リョウ、あや
名のり　ー

【意味】あや。あや絹。

【ポイント】「あや」とは、浮き出るように模様を織り込んだ薄い絹布のこと。女の子イメージが強いが、人気の「リョウ」の音で、男の子にも使われている。

綾	りょう
綾生	あやき、りょうせい
綾太	あやた
綾人	あやと
綾夢	あやむ
綾児	りょうじ
綾馬	りょうま

綸 14

音訓　リン、カン、いと
名のり　お、くみ

【意味】糸。絹糸をより合わせた光沢のある紐。天子の言葉。

【ポイント】男女ともに名前例は少なく、新鮮さを感じる字。細かい線が多い字なので、少画数のすっきりした字形を合わせたい。

加綸	かいと
綸吉	かんきち
綸助	かんすけ
光綸	こうりん
綸正	りんせい
綸太	りんた
綸斗	りんと
綸太朗	かんたろう

瑠 14

音訓　ル、リュウ
名のり　るり

【意味】玉の名。瑠璃。

【ポイント】瑠璃は青色の宝石で、一般的にラピス・ラズリのこと。「ル」の音では女の子には「瑠」、男の子には「琉」の人気が高い。

瑠	りゅう
武瑠	たける
真瑠	まさる
瑠治	りゅうじ
瑠斗	りゅうと
瑠也	りゅうや
瑠偉	るい
瑠嘉	るか

漣 14

音訓　レン、さざなみ
名のり　なみ

【意味】小さな波。

【ポイント】俳優の大杉漣（おおすぎれん）さんが有名だが、日常ではほとんど見ない字。さんずい十二点しんにょうはかなり個性的で、インパクトは強烈。

漣	れん
亜漣	あれん
海漣	かいれん
漣人	なみと、れんと
漣太	れんた
漣真	れんま
漣太郎	れんたろう

鋭 15

音訓 エイ、するど（い）
名のり さとき、さとし、とき、とし、はや

【意味】するどい。すばやい。

【ポイント】意味もイメージも男の子向きで、「金」が含まれた字形は視覚的にもシャープ。「物事に対して鋭い考察や行動ができるように」などの願いを込めて。

鋭	さとき、さとし
鋭貴	えいき
鋭心	えいしん
一鋭	かずとし
鋭琉	さとる
鋭斗	はやと
鋭太郎	えいたろう

駕 15

音訓 ガ、カ、のる、しの（ぐ）
名のり のり

【意味】馬や牛などに引かせる乗り物。

【ポイント】2004年から名前に使えるようになった字で、使用例が少なく新鮮。人気の「ガ」の音の止め字に使える。

央駕	おうが
駕玖	がく
駕武	しのぶ
泰駕	たいが
駕人	のりひと
勇駕	ゆうが
立駕	りゅうが
太賀斗	たかと

歓 15

音訓 カン、しずか
名のり よし

【意味】よろこび。たのしみ。

【ポイント】使用例は少ないが、名前向きのよい意味を持つ字。「カン」の響きも軽快で、明るくおおらかな男の子をイメージさせる。

歓	かん
歓吾	かんご
歓蒔	かんじ
歓喜	よしき
歓都	よしと、かんと
歓春	よしはる
歓太朗	かんたろう

儀 15

音訓 ギ
名のり きたる、ただし、のり、よし

【意味】基準。作法。

【ポイント】「儀」は「義を実践する人」をあらわしたもので、転じて「手本」や「作法」の意味に。込められる願いは「手本となる人に」「礼節をわきまえた人に」など。

儀	ただし
明儀	あきのり
聖儀	せいぎ
忠儀	ただのり
悠儀	ゆうぎ
儀純	よしずみ
儀人	よしと
儀正	よしまさ

熙 15

音訓 キ、かわ（く）、ひか（る）
名のり おき、てる、ひろ、ひろし、ひろむ、ひかる

【意味】ひろい。あきらか。光がなごやかにひろがるさま。

【ポイント】「あきらか」「光がひろがる」など、名前向きの意味を持つ字。独特の字形で、見た目にインパクトのある字。

熙	ひろし、ひかる
熙一	きいち
大熙	だいき、まさひろ
輝熙	てるおき
優熙	ゆうき
立熙	りつき

輝 15

音訓 キ、かがや（く）
名のり あきら、かがやき、てる、ひかる

【意味】かがやく。照る。

【ポイント】「光輝く」というプラスの意味と、使いやすい「キ」「てる」の読みで、名づけでは定番の字。男女ともに多用されているが、とくに男の子に人気で、例年、名前に使われる人気漢字のベスト10前後にランクインしている。やや画数が多く、かつへんとつくりで左右に分かれる字形なので、組み合わせる字は多画数ではなく、また左右に分かれないものを選ぶとバランスがよい。

【参考】●黒田清輝（くろだ・せいき）…画家。●宮本輝（みやもと・てる）…作家。●八代英輝（やしろ・ひでき）…弁護士、タレント。●前田亘輝（まえだ・のぶてる）…歌手。●北村一輝（きたむら・かずき）…俳優。●高橋龍輝（たかはし・りゅうき）…俳優。●後藤輝基（ごとう・てるもと）…タレント。

輝	あきら、ひかる
歩輝	あゆき
乙輝	いつき
一輝	いっき、かずき
輝一	きいち
輝昇	きしょう
清輝	きよてる
光輝	こうき
昂輝	こうき
航輝	こうき
寿輝	じゅき
峻輝	しゅんき
翔輝	しょうき
大輝	だいき
天輝	たかてる
文輝	たけき
達輝	たつき
輝生	てるき
輝久	てるひさ
輝広	てるひろ
輝真	てるま
輝弥	てるや
智輝	ともき
尚輝	なおき
信輝	のぶき
遥輝	はるき
輝琉	ひかる
英輝	ひでき
響輝	ひびき
広輝	ひろき
正輝	まさき
道輝	みちてる
勇輝	ゆうき
悠輝	ゆうき
来輝	らいき
律輝	りつき
琉輝	りゅうき、るき
亜輝斗	あきと
亜輝良	あきら
阿沙輝	あさき
輝太郎	きたろう
輝羅斗	きらと
日々輝	ひびき
真輝亜	まきあ
真南輝	まなき
由輝翔	ゆきと
理輝也	りきや
琉輝弥	るきや

毅 15

音訓：キ、ギ、つよ(い)、たけ(し)
名のり：たけ、たけし、つよ、つよし

【意味】つよい。たけだけしい。強い意志。

【ポイント】男の子向きのたくましい意味を持つ字。1字名の「毅（つよし、たけし）」が定番だが、「キ」の音の止め字でも人気。

毅	つよし、たけし
康毅	こうき
大毅	だいき
毅士	たけし
毅虎	たけとら
直毅	なおき
弘毅	ひろき

槻 15

音訓：キ、つき
名のり：—

【意味】ケヤキ。ニレ科の落葉高木。

【ポイント】赤や黄の鮮やかな紅葉で知られるケヤキの別名が「ツキ」。「悠槻（ゆづき）」など、「月」の代わりに使うことも。

佳槻	かつき
准槻	じゅんき
那槻	なつき
昌槻	まさき
優槻	ゆうき
悠槻	ゆづき
槻世志	きよし
槻吏人	きりと

駒 15

音訓：ク、こま
名のり：—

【意味】元気な若い馬。将棋のこま。

【ポイント】いきいきとした力強さと、和の雰囲気がある字。「ク」に当てる字としては「久」「玖」「来」などがあるが、この字も新鮮。

生駒	いこま
駒温	くおん
駒也	こまや
来駒	らいく
史駒	りく
李駒	りく
琉駒	りゅうく
伊駒真	いくま

駈 15

音訓：ク、か(ける)
名のり：—

【意味】馬を走らせる。かける。

【ポイント】「駆（14画）」の異体字。画数が1画違うので、姓名判断を気にする場合には、より良い結果になるほうを選ぶといいだろう。イメージ的には「丘」があるぶん、こちらの字のほうが、馬がかける姿を連想しやすいかも。「ク」の音に当てることが多いが、1字名の「駈（かける）」も印象的。

駈	かける
駈琉	かける
駈有	くう
駈音	くおん
太駈	たく
晴駈	はるく
悠駈	はるく、ゆうく
舞駈	まいく
理駈	りく
利駈	りく
吏駈	りく
伊駈馬	いくま
駈伊斗	かいと
早駈也	さくや
多駈人	たくと
多駈斗	たくと

勲 15

音訓：クン
名のり：いさ、いさお、つとむ、のり、ひろ

【意味】てがら、立派にはたらく様子。

【ポイント】勲章の「勲」。最近は使用例が少ないが、意味もよく、男の子向きの字。

勲	いさお、つとむ
勲武	いさむ
勲登	くんと
勲斗	ひろと
勲巳	ひろみ

慶 15

音訓：ケイ
名のり：ちか、のり、みち、やす、よし

【意味】よろこぶ。めでたい。

【ポイント】縁起のよい字。慶應義塾大学のイメージも強く、上品な印象も。字形的にはやや込み入っているので、手書きだと少々バランスがとりにくいのが難。

慶	けい
明慶	あきのり
慶一	けいいち
慶治	けいじ
慶介	けいすけ
慶多	けいた
天慶	たかよし
慶斗	よしと

慧 15

音訓：ケイ、エ、さと(い)
名のり：あきら、さとし、さとる

【意味】さとい。気が利くさま。知恵。

【ポイント】仏教では最高の真理のことを「慧（え）」とあらわすなど、よい意味を持ち、近年、使用例が増えている字。「ケイ」の読みは、名前のバリエーションもつくりやすい。ただし、やや込み入った字形のため、すっきりした字形と組み合わせたほうが視覚的なバランスはいい。

【参考】●慧心（けいしん）…正しい理解や判断がすばやくできる賢い心。●慧眼（けいがん、えげん）…物事の本質を見抜く鋭い洞察力。●伊野尾慧（いのお・けい）…タレント。

慧	けい、さとし
一慧	いっけい
慧市	けいいち
慧吾	けいご
慧路	けいじ
慧伸	けいしん
慧介	けいすけ
慧太	けいた
慧達	けいたつ
慧都	けいと
慧真	けいま
慧明	さとあき
慧思	さとし
慧琉	さとる
千慧	ちさと
慧士郎	けいしろう

15 憬

音訓　ケイ
名のり　—

【意味】あこがれる。さとる。

【ポイント】2010年から名づけに使えるようになった字で、鮮度は抜群。「遠くの素晴らしいものを求める」「さとる」というよい意味があり、名前向き。

逸憬	いっけい
憬吾	けいご
憬士	けいじ
憬進	けいしん
憬介	けいすけ
憬洋	けいよう
悠憬	ゆうけい
憬太朗	けいたろう

15 潔

音訓　ケツ、いさぎよ(い)
名のり　きよ、きよし、ゆき、よし

【意味】汚れなくきよい。いさぎよい。

【ポイント】祖父母世代に人気のあった字で、オーソドックスな印象。「清潔」「潔白」などの熟語もあり、字の意味は名前向き。

潔	きよし
潔心	きよみ
正潔	まさゆき
潔斗	ゆきと
潔宏	ゆきひろ
潔憲	よしのり
潔士朗	きよしろう
潔ノ丞	ゆきのじょう

15 摯

音訓　シ、と(る)
名のり　—

【意味】とる。しっかり手にとって持つ。

【ポイント】真摯（しんし）の「摯」。2010年から名前に使えるようになった字で、新鮮さは抜群。

一摯	かずし
摯音	しおん
摯磨	しま
真摯	しんし
佑摯	ゆうし、ゆうと
礼摯	れいと、らいと

15 潤

音訓　ジュン、うるお(う)、うる(む)
名のり　うるう、さかえ、ひろ、ひろし、まさる、みつ

【意味】水分でうるおっているようす。

【ポイント】「淳」「純」「順」など、「ジュン」の音を持つ字は複数あるが、「うるおう」というゆとりを感じさせる意味から、男女問わず人気があるのが「潤」。「潤う」の意味から、生活の潤いや、心の潤い、ゆとりをイメージして。

【参考】●谷崎潤一郎（たにざき・じゅんいちろう）…作家。●稲垣潤一（いながき・じゅんいち）…ミュージシャン。●稲本潤一（いなもと・じゅんいち）…サッカー選手。●松本潤（まつもと・じゅん）…タレント。●要潤（かなめ・じゅん）…俳優。

潤	じゅん
潤真	うるま
英潤	えいじゅん
潤市	じゅんいち
潤光	じゅんこう
潤豪	じゅんごう
潤介	じゅんすけ
潤正	じゅんせい
潤太	じゅんた
潤平	じゅんぺい
潤哉	じゅんや
潤紀	ひろき
潤斗	ひろと
潤矢	ひろや
正潤	まさひろ
潤一郎	じゅんいちろう
潤乃介	じゅんのすけ

15 諄

音訓　ジュン、シュン、くど(い)
名のり　あつ、とも、まこと

【意味】ていねいに教える。

【ポイント】同音で字形も似ている「淳」や「惇」と間違われやすい面はあるが、名前での使用例は少なくて新鮮。

諄	じゅん、まこと
諄士	あつし
諄翔	あつと
諄生	じゅんせい
諄広	ともひろ
泰諄	やすとも
諄太朗	じゅんた

15 樟

音訓　ショウ、くす、くすのき
名のり　—

【意味】クスノキ科の常緑高木。

【ポイント】クスノキは、高さ20m以上にも成長する大木で、街路樹や建材に用いられる。クスノキは「楠」とも書き、こちらも名前に使える。

樟	しょう
英樟	えいしょう
樟生	くすお
樟一	しょういち
樟造	しょうぞう
樟平	しょうへい
樟馬	しょうま
樟太朗	しょうたろう

15 穂

音訓　スイ、ほ
名のり　お、ひで、ひな、みのる

【意味】ほ。穂先。

【ポイント】女の子の定番の字のひとつなので、性別がまぎらわしくないよう、組み合わせる字は男の子イメージの強い字がベター。

穂	みのる
一穂	かずほ
秀穂	しゅうほ
穂高	ほたか、ほだか
穂積	ほづみ
穂希	ほまれ
穂琉	みのる

15 蔵

音訓　ゾウ、くら
名のり　おさむ、ただ、とし、まさ、よし

【意味】くら。貯える。おさめる。

【ポイント】「ゾウ」の音の止め字では、「造」と人気を二分しているが、組み合わせる字が少画数の場合は「蔵」、多画数の場合は「造」のほうがなじむ。

蔵人	くらうど
恵蔵	けいぞう
翔蔵	しょうぞう
大蔵	たいぞう
武蔵	むさし
安蔵	やすとし
竜蔵	りゅうぞう
蔵之助	くらのすけ

15 澄

音訓 チョウ、す(む)
名のり きよ、きよし、きよみ、きよむ、すみ、すむ、とおる

【意味】水がにごりがなく、澄んでいる。清い。

【ポイント】透明感や清潔感、純粋さを感じさせる字。男女ともに人気の「真澄（ますみ）」は、非常によく澄んでいるという意味。

澄	きよし、とおる
潔澄	きよずみ
澄快	すかい
澄斗	すみと
澄春	すみはる
真澄	ますみ
澄史郎	きよしろう

15 徹

音訓 テツ
名のり あきら、いたる、とお、とおる

【意味】つらぬく。達する。明らか。

【ポイント】「強い意志を持って進むように」などの願いが込められる、意志の強さを感じさせる字。

徹	とおる、いたる
徹太	てった
徹平	てっぺい
徹也	てつや
徹馬	てつま、とおま
徹乃介	てつのすけ

15 範

音訓 ハン
名のり すすむ、のり

【意味】わく。かた。規範。

【ポイント】使われる読みは「のり」が一般的。ちなみに「のり」の読みを持つ字は、このほか「則」「法」「憲」など、まじめな意味のものが多いのが特徴。

範	すすむ
温範	あつのり
一範	かずのり
範央	のりお
範浩	のりひろ
範人	はんと、のりと
英範	ひでのり

15 磐

音訓 バン
名のり いわお、わ

【意味】どっしりと平らで大きな石。

【ポイント】磐石（ばんじゃく）の「磐」で、「どっしりと安定した人生」などを願って。同じ「バン」の音を持つ「盤」もほぼ同じ意味。

磐	ばん、いわお
永磐	えいわ
磐生	ばんせい
磐太	ばんた
磐斗	ばんと
磐理	ばんり
有磐	ゆうわ

15 舞

音訓 ブ、ま(う)、まい
名のり —

【意味】まう。踊る。心を弾ませる。

【ポイント】女の子に人気の字だが、男の子に使っても新鮮。多画数なので、少画数のすっきりした字と合わせたい。

壮舞	そうま
大舞	だいぶ
舞玖	まいく
舞翔	まいと
舞琉	まいる

15 摩

音訓 マ
名のり きよ、なず

【意味】みがく。手ですりもんでこする。

【ポイント】摩擦の「摩」で、一見ネガティブなイメージもあるが、「摩」単独では人間関係の不和の意味はない。

和摩	かずま
久摩	きゅうま
颯摩	そうま
拓摩	たくま
斗摩	とうま
伊摩史	いまり
摩児斗	まこと
摩早人	まさと

15 璃

音訓 リ
名のり あき

【意味】玉の名。瑠璃。玻璃。

【ポイント】「瑠璃」は青色の宝石で、12月の誕生石のラピス・ラズリ。「玻璃（はり）」は水晶や天然ガラスのこと。いずれも仏教の七宝に数えられ、気品がある。

海璃	かいり
千璃	せんり
悠璃	ゆうり
璃玖	りく
璃空	りく
璃人	りひと、あきと
璃貴斗	りきと

15 遼

音訓 リョウ、はる(か)
名のり とお、はるか

【意味】遠い。はるか。

【ポイント】人気の「リョウ」の響きと、スケール感、さらに字形的な格好よさもあり、とくに男の子に人気の字。ゴルファーの石川遼（りょう）選手の活躍で、より一層注目されている。最近は「遼輝（はるき）」「遼斗（はると）」など、「はる」の読みをいかした名前も増えている。

【参考】●司馬遼太郎（しば・りょうたろう）…作家。●石川遼（いしかわ・りょう）…ゴルファー。●前田遼一（まえだ・りょういち）…サッカー選手。

遼	りょう
天遼	たかはる
遼輝	はるき
遼空	はるく
遼斗	はると
遼飛	はると
遼馬	はるま
遼道	はるみち
遼一	りょういち
遼河	りょうが
遼介	りょうすけ
遼成	りょうせい
遼太	りょうた
遼平	りょうへい
遼真	りょうま
遼ノ助	はるのすけ
遼太郎	りょうたろう

15 諒

音訓 リョウ、まこと

名のり あき、あさ、まさ

【意味】まこと。明白なこと。あきらか。

【ポイント】人名用漢字であまりなじみがなかったが、人気の「リョウ」の音を持ち、意味もよいことから、近年使用例が増えている。ほかに「リョウ」の読みでは、「亮」「涼」「遼」なども人気。「誠実な子に」「物事の本質を見極められる子に」などの願いを込めて。

【参考】●中島諒人（なかしま・まこと）…演出家。●榊原諒（さかきばら・りょう）…野球選手。●聖澤諒（ひじりさわ・りょう）…野球選手。●立石諒（たていし・りょう）…水泳選手。五輪メダリスト。

15 凜

音訓 リン

名のり り

【意味】つめたい。りりしい。ピリッと身が引き締まる感じ。

【ポイント】「凛」のほうが広く知られ、名前例も多いが、実は異字体で、「凜」が正字。同画数で、違いは「示」と「禾」だけ。

諒	りょう、まこと
諒良	あきら
諒斗	あさと
諒陽	あさひ
諒伸	まさのぶ
康諒	やすあき
諒士	りょうじ
諒介	りょうすけ
諒世	りょうせい
諒太	りょうた
諒大	りょうだい
諒斗	りょうと
諒平	りょうへい
諒真	りょうま
諒市朗	りょういちろう
諒太朗	りょうたろう

功凜	こうりん
凜恩	りおん
凜玖	りんく、りく
凜児	りんじ
凜太	りんた
亜凜斗	ありと
凜太朗	りんたろう

15 凛

音訓 リン

名のり り

【意味】つめたい。りりしい。ピリッと身が引き締まる感じ。

【ポイント】硬派な意味ながら、和のイメージとしなやかな印象もあり、非常に人気の高い字。とくに女の子名で圧倒的な人気を誇るが、「凛々しく生きてほしい」などの思いを込めることができ、男女ともにおすすめ。「リン」の音も応用がきく。

15 黎

音訓 レイ、ライ、くろ(い)

名のり たみ

【意味】くろ。くろがね（鉄）色。

【ポイント】「黎明（れいめい）」という言葉から夜明けや希望をイメージ。細かい線が入り組んだ字形なので、すっきりとした字形を組み合わせたい。

凛	りん
光凛	こうりん
勇凛	ゆうりん
凛恩	りおん
凛音	りおん、りんと
凛紀	りき
凛久	りく
凛仁	りひと
凛介	りんすけ
凛生	りんせい
凛汰	りんた
凛人	りんと
凛堂	りんどう
真凛生	まりお
凛太郎	りんたろう
凛乃介	りんのすけ

黎	れい
亜黎	あれい
真黎	まれい
黎児	れいじ
黎人	れいと
黎明	れいめい
黎音	れおん
黎士朗	れいしろう

16 緯

音訓 イ

名のり つかね

【意味】織物の横糸。弦の糸。地球の東西の方向。

【ポイント】緯度の「緯」。やや込み入った字形のため、少画数のすっきりした字形と合わせたい。

16 衛

音訓 エイ

名のり え、ひろ、もり、まもる

【意味】まもる。防ぐ。

【ポイント】「十兵衛（じゅうべえ）」など、時代劇の登場人物に多い字だが、「エイ」の響きは現代的。組み合わせる字によっては十分今風の名前になる。

16 叡

音訓 エイ、さと(い)

名のり あきら、さとし、あき、さと、え

【意味】さとい。天子を尊んでいう言葉。

【ポイント】優れた知恵を持つという意味の「英知（えいち）」は、本来は「叡智（えいち）」と書く。賢く、聡明なイメージの字。

緯央	いお
加緯	かい
琉維	るい
礼緯	れい
緯久馬	いくま
緯知郎	いちろう
太緯地	たいち
有緯人	ゆいと

衛	まもる
衛吾	えいご
衛士	えいじ
衛心	えいしん
衛太	えいた
衛斗	えいと、ひろと
大衛	ひろもり

叡	あきら、さとし
明叡	あきさと
叡斗	えいと
叡希	さとき
叡志	さとし
万叡	まさと
理叡人	りえと

穏 16

音訓 オン、おだや(か)
名のり しず、とし、やす、やすき

【意味】おだやか。安らか。静か。

【ポイント】「怜穏（れおん）」のように、「オン」の音をいかした今風の名前で、使用例が増えている字。「オン」の読みは、ほかに「音」「恩」「温」なども。

穏	おん
士穏	しおん
慈穏	じおん
穏真	しずま
裕穏	ひろやす
穏生	やすき
穏広	やすひろ
怜穏	れおん

諧 16

音訓 カイ
名のり かのう、なり、ゆき

【意味】うちとける。ユーモア。

【ポイント】2010年から名前に使えるようになった字で、目新しさは抜群。「だれとでも仲よく」「ユーモアを忘れず明るく元気な子に」などの願いを込めて。

諧	かい
諧次	かいじ
諧秀	かいしゅう
諧人	かいと
典諧	のりゆき
正諧	まさなり
諧斗	ゆきと
諧士郎	かいしろう

機 16

音訓 キ、はた
名のり のり

【意味】機械。はた織り機。すばやい。大事なところ。

【ポイント】「機械」のイメージが強いが、「機会」の「機」でもあり、「チャンスをものにできる子に」などの意味づけもできる。

一機	かずき、かずのり
豪機	ごうき
大機	だいき
晴機	はるき
秀機	ひでき
広機	ひろき
由機斗	ゆきと

橋 16

音訓 キョウ、はし
名のり たか

【意味】はし。

【ポイント】「人と人の架け橋になれるように」などの願いを込められる。組み合わせる字によっては姓に見えることがあるので注意したい。

橋一	きょういち
橋児	きょうじ
橋平	きょうへい
橋希	たかき
橋士	たかし
昌橋	まさたか
橋太郎	きょうたろう
橋乃助	はしのすけ

錦 16

音訓 キン、にしき
名のり かね

【意味】いろいろな色の糸を織り込んだ絹織物。

【ポイント】「錦絵」「錦雲」「錦鯉」など、美しいもののたとえに使われる字。きらびやかさと落ち着いた和の雰囲気がある字。

錦	にしき
錦斗	かねと
錦壱	きんいち
錦二	きんじ
錦蔵	きんぞう
錦太	きんた
錦也	きんや
錦の介	きんのすけ

薫 16

音訓 クン、かお(る)
名のり かおり、かおる、くる、しげ、ゆき

【意味】かおる。

【ポイント】おだやかな初夏の風を「薫風（くんぷう）」と書くなど、意味は「よいにおいがする」こと。1字名の「薫（かおる）」は、男女どちらにも人気の名前。

薫	かおる
薫琉	かおる
和薫	かずしげ
薫児	くんじ
薫堂	くんどう
薫人	しげと
薫之	しげゆき
薫斗	ゆきと

憲 16

音訓 ケン
名のり あきら、ただし、さだ、とし、のり

【意味】おきて。手本。さとい。

【ポイント】憲法の「憲」。込められる思いは、「人々の模範になる人に」「正しい行いや考え方ができるように」など。

憲	けん、あきら
一憲	かずのり
憲吾	けんご
憲嗣	けんじ
憲斗	けんと
憲明	のりあき
憲一朗	けんいちろう

賢 16

音訓 ケン、かしこ(い)
名のり さと、さとし、さとる、すぐる、まさ、まさる、ます、よし

【意味】知恵や才能がある。

【ポイント】「ケン」の読みを持つ字のなかでも「健」に次ぐ人気で、知性や有能な人をイメージ。見た目にもバランスがよく、多画数のわりにはすっきりとしていて、比較的どんな字とも合わせやすい。

【参考】●賢人（けんじん）…賢い人。聖人に次ぐ優れた人。●宮澤賢治（みやざわ・けんじ）…詩人、童話作家。●皆川賢太郎（みながわ・けんたろう）…スキー選手。●金子賢（かねこ・けん）…俳優。

賢	けん、すぐる
賢信	けんしん
賢佑	けんすけ
賢造	けんぞう
賢汰	けんた
賢斗	けんと
賢矢	けんや
剛賢	ごうけん
賢史	さとし
英賢	ひでさと
真賢	まさと
勇賢	ゆうけん
賢志郎	けんしろう
賢仁朗	けんじろう
賢太郎	けんたろう
賢之輔	けんのすけ

醐 16

音訓 ゴ、コ
名のり —

【意味】醍醐は、牛などの乳を精製してできる乳製品。

【ポイント】仏教における「醍醐（だいご）」とは、「五味」のひとつで最も美味とされる。最高心理にもたとえられる言葉。

安醐	あんご
英醐	えいご
圭醐	けいご
真醐	しんご
壮醐	そうご
大醐	だいご
佑醐	ゆうご
醐士郎	こじろう

樹 16

音訓 ジュ
名のり いつき、き、しげ、たつ、たつき、な、みき、むら

【意味】立ち木。植える。立つ。

【ポイント】「き」の読みで男の子の止め字の定番だが、近年は1字名の「樹（いつき）」の人気が高い。また、「樹海（いつみ）」「沙樹人（さきと）」など、先頭字や中間字にも使える。また「樹一（じゅいち）」など、「ジュ」の音をいかした名前も新鮮。

【参考】●湯川秀樹（ゆかわ・ひでき）…ノーベル賞受賞者。●村上春樹（むらかみ・はるき）…作家。●細川茂樹（ほそかわ・しげき）…俳優。●大竹一樹（おおたけ・かずき）…タレント。●沢村一樹（さわむら・いっき）…俳優。

樹	いつき、たつき
逸樹	いつき
樹海	いつみ
元樹	げんき
冴樹	さえき
樹音	じゅのん
大樹	だいき
夏樹	なつき
樹生	みきお、たつき
悠樹	ゆうじゅ
立樹	りつき
沙樹人	さきと
樹希也	じゅきや
斗樹央	ときお
真沙樹	まさき

興 16

音訓 コウ、キョウ、おこ(る)
名のり おき、き、とも

【意味】おこる。立ち上がる。盛んになる。おもしろがる。

【ポイント】興味の「興」で、「勇気と好奇心のある子に」などの願いを込めて。ボクシングの亀田興毅（こうき）選手が有名。

一興	いっこう
興一	きょういち
興貴	こうき
興介	こうすけ
興多	こうた
尚興	なおき
隆興	りゅうき
興一郎	きょういちろう

築 16

音訓 チク、きず(く)
名のり —

【意味】きずく。建物や橋脚などをつくる。

【ポイント】読みは少ないが、意味は十分名前向き。「地に足がついた人に」「豊かな人生を築くように」などの願いを込めて。

築	きずく
築生	きずき
築久	きずく
築山	ちくざん
築史	ちくし
築真	ちくま
勇築	ゆうちく

橙 16

音訓 トウ、ジョウ、だいだい
名のり と

【意味】ミカン科の果樹ダイダイ。

【ポイント】2004年に人名用漢字に追加された字で、名前にはあまり使われていないので、新鮮な印象を与える。

快橙	かいと
圭橙	けいと
橙輝	とうき
橙真	とうま
橙和	とうわ
唯橙	ゆいと
礼橙	らいと
橙二郎	とうじろう

篤 16

音訓 トク、あつ(い)
名のり あつし、しげ、すみ

【意味】手あつい。情が深い。熱心。

【ポイント】やさしさと熱心さという、名前向きのよい意味を持つ字。「だれにでも親切な子に」「何事にも熱心な子に」と願って。

篤生	あつき
篤史	あつし
篤典	あつのり
篤也	あつや
篤郎	あつろう
篤行	しげゆき
友篤	ともあつ
篤之信	とくのしん

磨 16

音訓 マ、みが(く)
名のり おさむ、きよ

【意味】みがく。とぐ。

【ポイント】「磨く」には、「玉や石をこすって磨く」のほか、「技術や学問を磨いて上達する」という意味もあるなど、名前向きの字。最近は「真」「馬」に続く「マ」の音の止め字として、使用例が増えている。画数が多いので、組み合わせる字は、少画数のすっきりした字のほうがバランスがいい。

【参考】●佐藤琢磨（さとう・たくま）…レーシングドライバー。●石垣佑磨（いしがき・ゆうま）…俳優。

有磨	ありま
和磨	かずま
磨斗	きよと
秀磨	しゅうま
翔磨	しょうま
壮磨	そうま
高磨	たかきよ
拓磨	たくま
琢磨	たくま
晴磨	はるま
風磨	ふうま
磨秀	ましゅう
悠磨	ゆうま
磨志朗	きよしろう
汰久磨	たくま
日向磨	ひゅうま
磨希人	まきと

16 繁

音訓 ハン、しげ(る)
名のり えだ、しげる、とし

【意味】草木などがしげる。増えて広がる。さかん。

【ポイント】かつては、子孫や家の繁栄を願った字。今は、個人の夢の実現や才能の充実を「繁栄」と解釈して使用したい。

繁季	しげき、としき
繁人	しげと
繁伸	しげのぶ
繁治	しげはる
繁行	しげゆき
繁都	はんと
雅繁	まさとし

16 龍

音訓 リュウ、リョウ、たつ
名のり かみ、きみ、とお、とおる、めぐむ、りょう

【意味】四足で角、長いひげのある想像上の動物。

【ポイント】スケール感とたくましさのある、男の子ならではの字。「竜」の旧字体だが、名づけではこの旧字体のほうが、字形的にも存在感があり、人気もある。今風の名前がつくりやすい「リュウ」の音を使った名前が一般的だが、「龍希（たつき）」など、「たつ」の読みをいかすケースも多い。画数が多く角張った字形なので、組み合わせには画数が少なく、すっきりしたのびやかな印象の字を選びたい。

【参考】●坂本龍馬（さかもと・りょうま）…幕末の志士。●坂本龍一（さかもと・りゅういち）…ミュージシャン。●松田龍平（まつだりゅう・へい）…俳優。●村上龍（むらかみ・りゅう）…作家。●城所龍磨（きどころ・りゅうま）…野球選手。●大浦龍宇一（おおうら・りゅういち）…俳優。●載寧龍二（さいねい・りゅうじ）…俳優。

龍	りゅう、りょう
伊龍	いりゅう
宇龍	うりょう
雲龍	うんりゅう
皇龍	おうりゅう
海龍	かいりゅう
和龍	かずたつ
雅龍	がりゅう
銀龍	ぎんりゅう
幸龍	こうりゅう、こうたつ
昇龍	しょうりゅう
志龍	しりゅう
爽龍	そうたつ
龍希	たつき
龍斗	たつと
龍真	たつま、りょうま
龍聖	たつまさ
龍海	たつみ
龍武	たつむ
龍也	たつや
龍之	たつゆき
龍郎	たつろう
龍麻	とおま
龍瑠	とおる
春龍	はるたつ
飛龍	ひりゅう
優龍	ゆうたつ
佳龍	よしたつ
龍庵	りゅうあん
龍一	りゅういち
龍貴	りゅうき
龍次	りゅうじ
龍心	りゅうしん
龍介	りゅうすけ
龍星	りゅうせい
龍大	りゅうだい
龍登	りゅうと
龍平	りゅうへい
龍磨	りゅうま
龍矢	りゅうや
龍青	りょうせい
龍馬	りょうま
龍乃真	たつのしん
龍ノ佑	たつのすけ
龍比呂	たつひろ
龍一郎	りゅういちろう
龍太郎	りゅうたろう
龍之介	りゅうのすけ

16 諭

音訓 ユ、さと(す)
名のり さとし、さとす、つぐ

【意味】教えさとす。

【ポイント】「福沢諭吉（ふくざわゆきち）」の「諭」で、知的で優れた指導者をイメージさせる字。

諭	さとし
諭貴	さとき
諭士	さとし
諭史	さとふみ
諭也	さとや
諭琉	さとる
真諭	まさと、まさつぐ

16 頼

音訓 ライ、たの(もしい)、たよ(る)
名のり のり、よし、より

【意味】たのむ。たのもしい。

【ポイント】「ライ」の音をいかすと、「頼斗（らいと）」など、洋風の名前もつくりやすい。頼られる人や、頼もしい人になるよう願って。

一頼	かずより
真頼	まさより
頼河	らいが
頼己	らいき
頼太	らいた
頼斗	らいと、よりと
頼亜	らいあ

16 燎

音訓 リョウ、かがりび
名のり あき、あきら

【意味】かがり火。かがり火をたいたように明るいさま。

【ポイント】「周囲を明るく照らす人に」などの願いを込めて。人気の「リョウ」の音は応用しやすく、今風の名前もつくりやすい。

燎	りょう、あきら
燎宏	あきひろ
燎良	あきら
光燎	みつあき
燎平	りょうへい
燎真	りょうま
燎乃介	りょうのすけ

16 澪

音訓 レイ、リョウ、みお
名のり ―

【意味】海や川で船が航行する道筋。

【ポイント】海にちなんでいながら、和風テイストも感じさせる字。女の子の印象が強いので、男の子らしい字と組み合わせるのがベター。

澪	れい、りょう
澪司	れいじ
澪太	れいた
澪斗	れいと、みおと
澪音	れおん
澪太朗	りょうたろう

錬 16

音訓 レン、ね(る)
名のり —

【意味】金属をとかし、不純物をよりわけて良質にする。鍛えてよくする。

【ポイント】「自分自身を鍛えて、優れた人格や才能のある人に」などと願って。

錬	れん
亜錬	あれん
錬己	れんき
錬思	れんし
錬太	れんた
錬人	れんと
錬也	れんや
錬太郎	れんたろう

環 17

音訓 カン
名のり たま、たまき、めぐる、わ

【意味】たまき。リング状の玉。めぐる。

【ポイント】1字名の「環（たまき、めぐる）」のほか、「カン」の音をいかした名前も。「人と人とのつながり」を名前に託して。

環	かん、たまき、めぐる
環介	かんすけ
環太	かんた
斗環	とわ
環久朗	かんくろう
環太郎	かんたろう

謙 17

音訓 ケン
名のり かた、かね、のり、ゆずる、よし

【意味】へりくだる。一歩ひく。

【ポイント】「ケン」の読みでは、「健」「賢」に次ぐ人気がある字。謙虚の「謙」で、「礼儀正しい人に」「礼節をわきまえた人に」などの願いを込めて。

謙	けん、ゆずる
謙一	けんいち
謙太	けんた
謙也	けんや
謙彦	のりひこ
良謙	りょうけん
謙士郎	けんしろう

厳 17

音訓 ゲン、ゴン、おごそ(か)、きび(しい)
名のり いつ、いつき

【意味】おごそか。きびしい。

【ポイント】字のイメージは非常にかたく力強く、厳格。男の子名でもやさしい雰囲気が好まれる昨今で、この重厚感は、逆に新鮮。

厳	げん
厳己	いつき
厳路	げんじ
厳太	げんた
厳斗	げんと
厳三	ごんぞう
泰厳	たいげん
勇厳	ゆうげん

燦 17

音訓 サン、あき(らか)
名のり —

【意味】あざやかで美しい様子。

【ポイント】英語で太陽を意味する「サン」のイメージで、比較的意味も近いこの字を当てるケースも。込み入った字形なので、すっきりした字と組み合わせたい。

燦	あきら、さん
燦央	あきお
燦太	さんた
燦平	さんぺい
知燦	ともあき
正燦	まさあき
燦士朗	さんしろう

擢 17

音訓 テキ、タク、ダク、ぬき(んでる)
名のり —

【意味】抜きん出ている。

【ポイント】人気の「タク」の音と、男の子向きの意味を持つ字。なお、つくりの上部は「ヨ」がふたつではなく「羽」。

擢	たく
光擢	こうたく
擢二	たくじ
擢人	たくと
擢真	たくま
擢巳	たくみ
擢也	たくや
擢郎	たくろう

駿 17

音訓 シュン
名のり たかし、とし、はやお、はやし

【意味】すぐれた馬。優秀である。はやい。すみやか。

【ポイント】馬が颯爽と大地を駆け抜ける、疾走感あふれるイメージ。「背が高く、足のはやい馬」をあらわした字で、転じて「優秀な人物」「優れた才能の持ち主」などの意味に。同音で、意味も似ている字に「俊」がある。

【参考】●優駿（ゆうしゅん）…とくにすぐれた足の速い馬。●駿河（するが）…旧国名。現在の静岡県中央部。●宮崎駿（みやざき・はやお）…映画監督。●大石駿介（おおいし・しゅんすけ）…キックボクサー。

駿	しゅん、はやお
瑛駿	あきとし
英駿	えいしゅん
駿児	しゅんじ
駿輔	しゅんすけ
駿斗	しゅんと
駿馬	しゅんま
爽駿	そうしゅん
駿生	としお
駿蔵	としぞう
駿士	はやし
優駿	ゆうしゅん
涼駿	りょうしゅん
駿一朗	しゅんいちろう
駿太郎	しゅんたろう
駿の介	しゅんのすけ

翼 17

音訓 ヨク、つばさ
名のり すけ、たすく

【意味】つばさ。助ける。

【ポイント】男女ともに1字名の「翼（つばさ）」が圧倒的に人気。男の子の場合は、名のりの「すけ」をいかして「大翼（だいすけ）」などの名前も。

翼	つばさ、たすく
旺翼	おうすけ
蒼翼	そうすけ
大翼	だいすけ
悠翼	ゆうすけ
翼飛	よくと
翼平	よくへい

優

17

音訓 ユウ、やさ(しい)、すぐ(れる)
名のり かつ、すぐる、ひろ、まさ、まさる、ゆ、ゆたか

【意味】やさしい。すぐれる。美しい。

【ポイント】男女ともに毎年、名づけランキングのベスト10前後に名前例がランクインしている人気の字。「やさしい」という意味だけでなく、「優れている」という意味もあり、名前の意味づけもしやすい。画数が多いわりにのびやかな字形なので、比較的どんな字とも相性がいい。ただし、極端に画数が多い、あるいは同じ人べんを持つ字との組み合わせは、バランスがとりにくいので避けたほうがベター。

【参考】●福井優也（ふくい・ゆうや）…野球選手。●越川優（こしかわ・ゆう）…バレーボール選手。●川内優輝（かわうち・ゆうき）…マラソンランナー。●松田優作（まつだ・ゆうさく）…俳優。●城田優（しろた・ゆう）…俳優、ミュージシャン。●安岡優（やすおか・ゆたか）…ミュージシャン。●濱口優（はまぐち・まさる）…タレント。●中山優馬（なかやま・ゆうま）…タレント。

優	ゆう、まさる
瑛優	えいゆう
旺優	おうゆう
一優	かずまさ
玄優	げんゆう
功優	こうゆう
史優	しゆう
周優	しゅうゆう
隼優	しゅんゆう
翔優	しょうゆう
優琉	すぐる、まさる
智優	ともひろ
優武	ひろむ
優暁	まさあき
優宏	まさひろ
優亜	ゆうあ
優市	ゆういち
優河	ゆうが
優基	ゆうき
優騎	ゆうき
優吾	ゆうご
優朔	ゆうさく
優治	ゆうじ
優介	ゆうすけ
優聖	ゆうせい
優正	ゆうせい
優太	ゆうた
優大	ゆうだい
優登	ゆうと
優都	ゆうと
優人	ゆうと、ひろと
優飛	ゆうひ
優平	ゆうへい
優真	ゆうま
優也	ゆうや
優羅	ゆうら
優貴	ゆたか
優月	ゆづき
亜優人	あゆと
希優斗	きゆと
飛優馬	ひゆま
風優人	ふゆと
優一郎	ゆういちろう
優悟郎	ゆうごろう
優太郎	ゆうたろう
優乃助	ゆうのすけ
優祈斗	ゆきと
優心斗	ゆみと

瞭

17

音訓 リョウ
名のり あき、あきら

【意味】あきらか。はっきりとよく見える。

【ポイント】「明瞭」「一目瞭然」の「瞭」。シャープな印象で、意味もよいが、名前にはあまり使われていないので、新鮮。

瞭	りょう、あきら
瞭敏	あきさと
清瞭	きよあき、せいりょう
瞭二	りょうじ
瞭佑	りょうすけ
瞭大	りょうだい

嶺

17

音訓 レイ、リョウ、みね
名のり ね

【意味】みね。高いみねの続き。

【ポイント】「峰（ホウ、ね）」と同義で、人気の「レイ」「リョウ」の音を持つ。「礼」「亮」などに代わって使うと新鮮。スケール感のある字。

嶺	れい、りょう
高嶺	たかみね
嶺央	ねお
嶺希	みねき
嶺登	みねと
嶺一	れいいち
嶺大	れいた

観

18

音訓 カン
名のり あき、しめす、まろ、み、みる

【意味】みくらべる。みくらべて考える。

【ポイント】「物事をしっかり見て考える人に」と願って。「カン」の音を持つ似た字に「歓」「勧」があるが、意味はそれぞれ異なる。

観	あきら、かん
観広	あきひろ
観慈	かんじ
観太	かんた
観平	かんぺい
大観	たいかん
拓観	たくみ

騎

18

音訓 キ
名のり のり

【意味】馬に乗る。騎兵。

【ポイント】「キ」の音を持つ字は「樹」「紀」「貴」「輝」などがあるが、「騎」はとくに勇ましいイメージで男の子向き。「雄騎（ゆうき）」「龍騎（りゅうき）」など、おもに「キ」の止め字に使われている。

【参考】●一騎当千（いっきとうせん）…ひとりで千人を相手にするほど強いこと。●梶原一騎（かじわら・いっき）…作家。●土橋安騎夫（どばし・あきお）…ミュージシャン。

篤騎	あつき
一騎	いっき
騎心	きしん
煌騎	こうき
冴騎	さえき
淳騎	じゅんき
将騎	しょうき、まさき
大騎	だいき
竜騎	たつき
聖騎	まさき
雄騎	ゆうき
龍騎	りゅうき
琉騎	るき
亜騎良	あきら
騎一朗	きいちろう
真騎斗	まきと

顕 18

音訓 ケン
名のり あき、あきら、たか、てる

【意味】あきらか。あらわれる。はっきりと見える様子。

【ポイント】あまり名前に使われていないが、よい意味を持つ字。「顕士（けんし）」とは、世に有名な人の意。

- 顕 あきら、けん
- 顕宏 あきひろ
- 顕児 けんじ
- 顕都 けんと
- 顕巳 てるみ
- 康顕 やすたか
- 顕太郎 けんたろう

瞬 18

音訓 シュン、またた（く）
名のり ―

【意味】まばたく。短時間。

【ポイント】「瞬間瞬間を大切に」「素早い判断や行動ができる人に」などの願いを込めて。名前での使用例は少ないので新鮮な印象。

- 瞬 しゅん
- 瞬一 しゅんいち
- 瞬瑛 しゅんえい
- 瞬児 しゅんじ
- 瞬飛 しゅんと
- 瞬平 しゅんぺい
- 瞬矢 しゅんや
- 瞬太朗 しゅんたろう

穣 18

音訓 ジョウ、ゆた（か）
名のり おさむ、しげ、みのる、ゆたか

【意味】穀物がゆたかに実る様子。

【ポイント】「天からの恵みを受けるように」「人生においてたくさんの成果が得られるように」などの願いを込めて。

- 穣 じょう、みのる
- 穣杜 しげと
- 穣也 しげや
- 穣世 じょうせい
- 天穣 たかしげ
- 穣加 ゆたか
- 穣一郎 じょういちろう

織 18

音訓 ショク、シキ、お（る）
名のり おり、おる、り

【意味】おる。織物。

【ポイント】女の子の止め字の定番だが、「伊織（いおり）」「織斗（おりと）」など、うまく漢字を組み合わせると、和の情緒あふれる男の子名になる。

- 伊織 いおり
- 意織 いおり
- 織音 おりおん、おりと
- 織斗 おりと
- 織風 おりかぜ
- 織人 おりひと
- 和織 かずおり

礎 18

音訓 ソ、いしずえ
名のり き

【意味】いしずえ。物事の根本。

【ポイント】基礎の「礎」。意味は十分名前向きだが、字面のかたいイメージと使いにくい読みのせいか、使用例は少ない。

- 逸礎 いつき
- 礎宇 そう
- 礎良 そら
- 大礎 だいき
- 法礎 のりき
- 理礎 りき
- 正礎 まさき
- 真礎人 まきと

藤 18

音訓 トウ、ふじ
名のり かつら

【意味】つる性植物の総称。

【ポイント】5～6月ごろに咲く薄紫色の花は、房状に垂れ、その姿は日本でも古くから愛されている。落ち着いた和のイメージ。「トウ」の読みをいかしても。

- 藤貴 とうき
- 藤吾 とうご
- 藤真 とうま
- 藤琉 とうる
- 藤斗 ふじと
- 藤丸 ふじまる
- 藤一朗 とういちろう
- 藤ノ介 ふじのすけ

櫂 18

音訓 トウ、タク、かい
名のり かじ

【意味】船をこぐ道具。オール。

【ポイント】船を操ることから、「自力で人生を切りひらくように」などの願いを込めて使える。「かい」「トウ」「タク」の読みは、今風の名前をつくりやすい。つくりの上部は「ヨ」がふたつではなく「羽」。2004年に人名用漢字に追加された字。

- 櫂 かい
- 櫂英 かいえい
- 櫂志 かいし
- 櫂児 かいじ
- 櫂伸 かいしん
- 櫂心 かいしん
- 櫂世 かいせい
- 櫂斗 かいと
- 櫂琉 かいる
- 大櫂 たいかい
- 櫂斗 たくと
- 櫂真 たくま、とうま
- 櫂海 たくみ
- 櫂希 とうき
- 櫂吾 とうご
- 櫂史郎 かいしろう

璧 18

音訓 ヘキ
名のり たま

【意味】祭礼などに使われたリング状の玉。美しい玉。

【ポイント】完璧の「璧」。2010年から名前に使えるようになった字で、新鮮。ただし、読みが少なく、応用はききにくい。

- 璧央 たまお
- 璧紀 たまき
- 璧己 たまき
- 璧斗 へきと
- 璧成 へきなり
- 璧琉 へきる

曜 18

音訓 ヨウ
名のり あきら、てらす、てる

【意味】かがやく。

【ポイント】単なる輝きではなく、「日の光が輝くさま」をあらわしている字。名前向きの意味と、使いやすい「ヨウ」の音を持つが、名前例は意外にも少ない。

曜	よう、あきら
光曜	こうよう
曜臣	てるおみ
匡曜	まさてる
曜生	ようせい
曜太	ようた
曜一郎	よういちろう

燿 18

音訓 ヨウ、かがや(く)
名のり てる

【意味】かがやく。

【ポイント】「曜」の日の光に対し、とくに「火の光が輝くさま」をあらわしている。また、同音で意味も字形も似ている字に「耀」もある。

秋燿	あきてる
燿光	てるみつ
燿一	よういち
燿司	ようじ
燿大	ようだい、てるひろ
燿真	ようま
燿太朗	ようたろう

藍 18

音訓 ラン、あい
名のり —

【意味】あい色。葉から青い染料をとるタデ科の草。

【ポイント】「あい」の音では、「愛」と人気を二分。「ラン」の音は、「亜藍（あらん）」など、洋風の響きの名前でも使える。

藍輝	あいき
藍悟	あいご
藍斗	あいと
藍琉	あいる
亜藍	あらん
海藍	みらん
藍丸	らんまる
藍之介	あいのすけ

類 18

音訓 ルイ、たぐ(い)
名のり とも、なお、なし、よし

【意味】なかま。

【ポイント】漫画『花より男子』の登場人物「花沢類（るい）」でもよく知られる名前。「琉生」など2字で「るい」とする名前が多いなか、1字名は印象的。

類	るい
類和	ともかず
類希	るいき、ともき
類人	るいと、よしひと
類児	るいじ
類洲	るいす

韻 19

音訓 イン、ひびき
名のり おと

【意味】調和している音節や字音。

【ポイント】人気の音楽にちなんだ字だが、読みが使いにくいのが難。縦横の直線が多く、角張った字形なので、曲線の丸みを持つ字と組み合わせたい。

韻	ひびき
韻生	おとき
韻武	おとたけ
韻彦	おとひこ
韻広	おとひろ
韻夢	おとむ
加韻	かいん
麻韻	まいん

麒 19

音訓 キ、ギ
名のり —

【意味】麒麟は、中国の想像上の動物。

【ポイント】「麒麟」とは中国の想像上の動物で、めでたいことの前触れ。新鮮さはあるが、字面の重さには気をつけたい。

光麒	こうき
才麒	さいき
大麒	だいき
勇麒	ゆうき
理麒	りき
亜麒斗	あきと
麒久王	きくお
麒太郎	きたろう

識 19

音訓 シキ、し(る)
名のり さと、つね、のり

【意味】知る。見分ける。

【ポイント】知識の「識」で、知的なイメージ。名前向きのよい意味を持つが、ややかたい印象もあるためか、名づけではあまり使用されていない。

亜識	あさと
識貴	さとき
識士	さとし
識思	さとし
識琉	さとる
識音	しおん
真識	まさと
良識	よしのり

瀬 19

音訓 せ
名のり ぜ

【意味】せ。せせらぎ。

【ポイント】「せ」の音に当てられる字は少なく、「瀬那（せな）」など、洋風の名前で重宝。画数が多いので、少画数のすっきりした字と組み合わせたい。

瀬音	せいん、せのん
瀬名	せな
瀬那	せな
瀬南	せな
瀬良	せら
瀬衣亜	せいあ
瀬伊斗	せいと

羅 19

音訓 ラ
名のり つら

【意味】あみ。うすぎぬ。

【ポイント】一発で「ラ」と読めるわかりやすさが魅力。多画数のため字面が重くなりがちなので、少画数のすっきりした字形と組み合わせたい。

明羅	あきら
森羅	しんら
世羅	せら
蒼羅	そら
平羅	たいら
悠羅	ゆら
羅文	らもん
太加羅	たから

19

鵬

音訓 ホウ、おおとり

名のり —

【意味】想像上の大きな鳥。

【ポイント】スケール感のある字で、想像上の大鳥を意味するが、転じて、優れた人物のたとえにも使用される。昭和の大横綱「大鵬（たいほう）」が有名。

鵬	おおとり
一鵬	かずほ
周鵬	しゅうほう
鵬成	ほうせい
鵬世	ほうせい
鵬真	ほうま
悠鵬	ゆうほう
琉鵬	りゅうほう

19

麗

音訓 レイ、ライ、うるわ（しい）、うら（らか）

名のり あきら、よし、より、れ

【意味】美しい。うるわしい。うららか。

【ポイント】女の子のイメージが強いが、この字の持つ気品と独特の存在感は男の子名で使用してもインパクトがある。

麗斗	よしと
麗市	れいいち
麗士	れいじ
麗太	れいた
麗人	れいと、らいと
麗央	れお
麗音	れのん

19

麓

音訓 ロク、ふもと

名のり —

【意味】山のふもと。

【ポイント】雄大な山を連想でき、ダイナミックなイメージがある字。1字名の「麓（ろく）」は個性的でインパクトあり。ただし、読みが少なく、応用はきかない。

麓	ろく、ふもと
三麓	みろく
実麓	みろく
麓造	ろくぞう
麓大	ろくだい
麓斗	ろくと
麓朗	ろくろう

20

巌

音訓 ガン、ゲン、けわ（しい）、いわお

名のり いわ、お、みね

【意味】岩。がけ。けわしい。高い。

【ポイント】その意味や字のイメージから、男の子向きの字。頑固な印象もあるが、1本筋の通った力強さを感じさせる。

巌	いわお、げん
巌生	いわお
巌太	いわた
巌斗	いわと
巌音	いわね
武巌	たけお
巌之介	がんのすけ

20

響

音訓 キョウ、ひび（く）

名のり おと、なり、ひびき

【意味】ひびく。音が広がる。交響楽団。

【ポイント】「音楽」に関連する字のひとつで、近年、人気上昇中の字。男女ともに1字名の「響（ひびき）」が一番人気だが、「希」などを足して、2字で「ひびき」と読ませるケースも多い。そのほか、応用がきく「キョウ」の音をいかした名前も多い。名のりの「おと」も、雰囲気のある名前になる。

【参考】●都築響一（つづき・きょういち）…写真家。●田村響（たむら・ひびき）…ピアニスト。

響	ひびき
一響	いっきょう、かずなり
響祈	おとき
響広	おとひろ
響一	きょういち
響英	きょうえい
響治	きょうじ
響介	きょうすけ
響世	きょうせい
響平	きょうへい
響明	きょうめい
響希	ひびき
響生	ひびき
響来	ひびき
響史郎	きょうしろう
響太郎	きょうたろう

20

馨

音訓 ケイ、キョウ、かお（る）

名のり かおり、かおる、か、きよ、よし、

【意味】かおる。よい評判が遠くまで伝わる。

【ポイント】1字で「かおる」と読む字は多いが、男の子の場合は、この字と「薫」が人気。

馨	かおる、けい
馨斗	きよと、よしと
馨久	きよひさ
馨介	けいすけ
馨太	けいた
馨人	けいと

20

護

音訓 ゴ

名のり さね、まもる、もり

【意味】まもる。保護する。

【ポイント】同じ意味では「守」「衛」などもあるが、「護」は「中のものを傷つけないようにまもる」という意で、とくにやさしいイメージ。1字名の「護（まもる）」が多いが、近年は、使われすぎている「吾」や「悟」の代わりに、意味もよいこちらの字を「ゴ」の音の止め字として使用するケースも。20画と多画数なので、組み合わせる字はすっきりした字形のものを選びたい。

【参考】●細川護熙（ほそかわ・もりひろ）…元首相。●片岡護（かたおか・まもる）…料理人。

護	まもる
一護	いちご
永護	えいご
圭護	けいご
護朗	ごろう
匠護	しょうご
心護	しんご
大護	だいご
透護	とうご
真護	まもる
護人	もりと
護彦	もりひこ
護仁	もりひと
護良	もりよし
優護	ゆうご
涼護	りょうご
大護朗	だいごろう

20 鐘

音訓 ショウ、かね
名のり あつむ

【意味】打楽器の一種。

【ポイント】人気の音楽に関連する字。音が響くことから、「人の心を響かせる人に」「人と調和のとれる人に」といった願いを込めることもできる。

鐘	あつむ、しょう
鐘希	あつき
鐘人	かねと
鐘助	しょうすけ
鐘太	しょうた
鐘真	しょうま
清鐘	せいしょう

20 譲

音訓 ジョウ、ゆず(る)
名のり のり、まさ、ゆずる、よし

【意味】ゆずる。人に与える。

【ポイント】最近は「譲士（じょうじ）」など、「ジョウ」の音をいかす傾向が強い。「気配りできる人に」などの願いを込めて。

譲	じょう、ゆずる
譲市	じょういち
譲士	じょうじ
譲太	じょうた
宏譲	ひろまさ
譲希	ゆずき
譲一郎	じょういちろう

20 耀

音訓 ヨウ、かがや(く)
名のり あき、あきら、てる

【意味】明るく照りかがやく。

【ポイント】同じつくりで「ヨウ」の読みを持つ「曜」「燿」とはほぼ同義。「ヨウ」とは読まないが、「輝」も同義。

耀	あきら、よう
耀人	あきひと
耀彦	てるひ
耀巳	てるみ
正耀	まさあき
耀生	ようせい
耀大	ようだい

21 鶴

音訓 カク、つる
名のり ず、たず、つ、づ、づる

【意味】ツル。白い。細くやせる。

【ポイント】白く優雅な姿を持ち、気品を感じさせる。「鶴は千年」の言葉もあり、古来より長寿の象徴。音読みの「カク」を使用すると、バリエーションが広がる。

一鶴	いっかく
伊鶴	いづる
史鶴	しづる
鶴丸	つるまる
仁鶴	にかく
三鶴	みつる
弓鶴	ゆづる
鶴ノ介	かくのすけ

21 轟

音訓 ゴウ、コウ、とどろ(く)
名のり —

【意味】地響きのような大きな音。

【ポイント】覚えやすくインパクトのある字。「世間に名がとどろくように」との願いが込められる。タレントの近藤真彦さんの長男は「轟丞（ごうすけ）」くん。

轟	ごうき、こうき
轟太	ごうた
轟人	ごうと
轟馬	ごうま
轟琉	ごうる
佑轟	ゆうごう
竜轟	りゅうごう

22 鷗

音訓 オウ、かもめ
名のり —

【意味】カモメ科の水鳥のこと。

【ポイント】空と海をバックに舞うカモメの姿から、「自由に羽ばたいてほしい」といった願いが込められる。俗字の「鴎」は名づけには使えない。

鷗志	おうし
鷗州	おうしゅう
鷗成	おうせい
鷗太	おうた
斗鷗	とお
利鷗	りお
玲鷗	れお
鷗士郎	おうじろう

23 鷲

音訓 シュウ、ジュ、わし
名のり —

【意味】猛禽類のワシ。

【ポイント】鋭いくちばしと爪を持つ、勇猛な鳥。一般にタカ目タカ科の鳥のうち大型のものをワシという。空の王者であり、力強いイメージ。

鷲一	しゅういち
鷲吾	しゅうご
鷲太	しゅうた
鷲斗	しゅうと
鷲真	しゅうま
鷲也	しゅうや
鷲音	じゅのん
大鷲	たいしゅう

24 鷹

音訓 ヨウ、オウ、たか
名のり —

【意味】猛禽類のタカ。

【ポイント】「たか」「ヨウ」など、男の子の名前に使いやすい読みがあるため、同じく力強いイメージを持つ「鷲（ワシ）」よりも使用例が多い。

鷹央	たかお
和鷹	かずたか
鷹志	たかし
鷹翔	たかと
鷹丸	たかまる
鷹也	たかや
大鷹	ひろたか
鷹平	ようへい

24 麟

音訓 リン
名のり —

【意味】麒麟（きりん）。

【ポイント】中国の想像上の動物・麒麟は、体は鹿、顔は龍に似ている一角獣。足元の虫や植物さえ踏まない穏やかな性質で、めでたいことの前兆とされる。

麟	りん
悠麟	ゆうりん
麟久	りんく
麟造	りんぞう
麟太	りんた
麟斗	りんと
麟太郎	りんたろう
麟ノ介	りんのすけ

漢字1字の名前

漢字1字名は、すっきりとしていて、どこかいさぎよい雰囲気があります。音読みか訓読みかでもイメージは変わり、漢字の選び方、読み方次第で、古風なイメージにも、新しいイメージにもなります。

1

一 はじめ、いち

2

力 りき、ちから

3

才 さい
丈 じょう
大 だい、はる

4

中 あたる
元 げん
心 しん、こころ
仁 じん、ひとし
天 てん、たかし

5

出 いずる

6

叶 きょう、かなう
巧 たくみ、こう
正 ただし
司 つかさ
旭 あさひ
至 いたる
旬 しゅん
迅 じん
成 せい、なる
壮 そう、たかし
匠 たくみ、しょう

7

匡 ただし
光 ひかる、こう
充 みつる
巡 めぐる
有 ゆう、たもつ
亘 わたる
快 かい
究 きゅう、きわむ
伸 しん、のぶ
努 つとむ
亨 とおる

8

希 のぞむ、のぞみ
求 もとむ、きゅう
佑 ゆう、たすく
青 あお、せい
旺 おう
学 がく、まなぶ
弦 げん
昊 こう、そら
周 しゅう、あまね
昇 しょう、のぼる
空 そら

9

宙 そら、ひろし
卓 たく、すぐる
拓 たく、ひらく
武 たけし、いさむ
侃 つよし、かん
直 なお、すなお
英 ひで、えい
和 やまと、かず
怜 れい、さとし
玲 あきら、れい
挑 いどむ
海 かい、うみ
架 かける
奏 かなで、そう
柊 しゅう
俊 しゅん
信 しん、まこと

10

保 たもつ
宥 ゆう
祐 ゆう、たすく
要 よう、かなめ
洋 よう、ひろ
亮 りょう、あきら
朗 あきら、ろう
浬 かいり
剣 けん
拳 けん、つよし
航 こう、わたる
悟 さとる
純 じゅん、すなお
将 しょう、まさる
哲 てつ、さとし
流 ながれ
隼 はやと、しゅん

哩 まいる
真 まこと、しん
竜 りゅう、りょう
連 れん

11

惇 あつし、じゅん
庵 いおり、あん
理 おさむ
絆 きずな
啓 けい、ひらく
健 けん、たける
崇 しゅう、たかし
淳 じゅん、あつし
捷 しょう、すぐる
渉 しょう、わたる
進 しん、すすむ
隆 たかし、りゅう
琢 たく
猛 たける、たけし
萌 はじめ、きざし
悠 ゆう、はるか
陸 りく

12

葵 あおい
嵐 あらし、らん
統 おさむ、とう
開 かい
凱 がい
智 さとし、とも
惺 さとる、せい
晶 しょう、あきら
翔 しょう、かける
勝 しょう、まさる
創 そう、はじめ
湊 そう、みなと
瑛 てる、あきら
登 のぼる
晴 はる、せい
陽 はる、よう
尋 ひろ
結 ゆう、むすぶ
湧 ゆう
遊 ゆう
雄 ゆう、たけし
裕 ゆう、ひろし
遥 よう、はるか

13

蒼 あおい、そう
新 あらた、しん
楓 かえで
楽 がく、らく
寛 かん、ひろし
源 げん
煌 こう、きら
傑 すぐる、たかし
暖 だん、はる
聖 ひじり、せい
稔 みのる
睦 むつ、あつし
稜 りょう
廉 れん
蓮 れん

14

碧 あおい
魁 かい、いさお
豪 ごう、つよし
颯 そう、はやて
輔 たすく
誓 ちかい、せい
徳 とく、なる

15

駈 かける
歓 かん
慶 けい
憬 けい
鋭 さとし、えい
慧 さとし、けい
毅 つよし、たけし
徹 とおる、てつ
輝 ひかる、てる
遼 りょう、はるか
諒 りょう、まこと
凜 りん

16

篤 あつし
樹 いつき、たつる
諧 かい
薫 かおる
叡 さとし
繁 しげる
衛 まもる、えい
龍 りゅう

17

環 かん
謙 けん
燦 さん、あきら
駿 しゅん
翼 つばさ
優 ゆう、すぐる
瞭 りょう、あきら

18

櫂 かい
顕 けん、あきら
瞬 しゅん
穣 じょう、みのる
燿 よう、てる
類 るい

20

譲 じょう、ゆずる
響 ひびき、きょう
護 まもる

漢字3字の名前

漢字3字名にすると、文字の組み合わせがグンと広がり、より個性的な名前を考えやすくなります。ただし総画数が多くなりがちで、ややうるさい印象を与えることも。名前の視覚的なイメージも含めて考えましょう。

- 藍一朗 あいいちろう
- 愛乃心 あいのしん
- 亜紀生 あきお
- 有希彦 あきひこ
- 亜久里 あぐり
- 亜沙人 あさと
- 明日翔 あすか
- 明日真 あすま
- 阿津斗 あつと
- 亜由武 あゆむ
- 在理人 ありと

- 壱乃進 いちのしん
- 一郎太 いちろうた
- 一平太 いっぺいた
- 英慈朗 えいじろう
- 恵偉太 えいた
- 瑛ノ助 えいのすけ
- 衛都士 えつし
- 慧利人 えりと
- 桜一朗 おういちろう
- 皇士郎 おうしろう
- 旺太郎 おうたろう

- 櫻乃介 おうのすけ
- 温士朗 おんしろう
- 加惟治 かいじ
- 夏伊斗 かいと
- 雅久人 がくと
- 加那太 かなた
- 夏南人 かなと
- 可夢生 かむい
- 寛一朗 かんいちろう
- 環太郎 かんたろう
- 貫之助 かんのすけ

- 希偉斗 きいと
- 稀太郎 きたろう
- 京志朗 きょうしろう
- 今日助 きょうすけ
- 恭之介 きょうのすけ
- 希与人 きよと
- 起世彦 きよひこ
- 綺羅斗 きらと
- 煌ノ助 きらのすけ
- 銀志朗 ぎんしろう
- 蔵之祐 くらのすけ

- 慶吾朗 けいごろう
- 慧士郎 けいしろう
- 健史郎 けんしろう
- 玄士朗 げんじろう
- 幸四郎 こうしろう
- 琥宇太 こうた
- 康之介 こうのすけ
- 虎宇真 こうま
- 小次郎 こじろう
- 琥児朗 こじろう
- 虎太朗 こたろう
- 咲多朗 さくたろう
- 朔太郎 さくたろう
- 作之進 さくのしん
- 沙登士 さとし
- 佐斗夢 さとむ
- 七ノ助 しちのすけ

- 脩太郎 しゅうたろう
- 秀伍郎 しゅうごろう
- 寿己也 じゅきや
- 准一朗 じゅんいちろう
- 俊児朗 しゅんじろう
- 駿太郎 しゅんたろう
- 譲一朗 じょういちろう
- 翔太朗 しょうたろう
- 将ノ介 しょうのすけ
- 伸之輔 しんのすけ
- 仁一朗 じんいちろう
- 心之介 しんのすけ
- 仁乃介 じんのすけ
- 聖吾朗 せいごろう
- 世伊士 せいじ
- 清志郎 せいしろう、きよしろう
- 世威太 せいた

奏士郎 そうしろう
爽太郎 そうたろう
颯之介 そうのすけ
蒼南太 そなた
空次朗 そらじろう
空乃丞 そらのじょう
昊ノ輔 そらのすけ
大悟郎 だいごろう
大次郎 だいじろう
太偉良 たいら
太加雄 たかお
多佳良 たから
太玖也 たくや
竜之真 たつのしん、りゅうのしん
太津武 たつむ
知佳史 ちかし
千佳良 ちから

智佐都 ちさと
徹之進 てつのしん
哲乃介 てつのすけ
輝ノ助 てるのすけ
都希生 ときお
斗稀彦 ときひこ
斗紀也 ときや
登久馬 とくま
都志央 としお
登士和 としかず
渡海央 とみお
寅之真 とらのしん
虎之助 とらのすけ
直太朗 なおたろう
那央也 なおや
南津彦 なつひこ
七那斗 ななと

南琉人 なるひと
虹之助 にじのすけ
二千翔 にちか
波都真 はつま
波矢太 はやた
羽琉真 はるかぜ
波琉翔 はると
遥乃丞 はるのじょう
春乃心 はるのしん
陽之介 はるのすけ
陽沙翔 ひさと
日出斗 ひでと
日出俊 ひでとし
陽斗志 ひとし
日向多 ひなた
飛悠吾 ひゅうご
陽呂志 ひろし

比呂行 ひろゆき
宙之介 ひろのすけ
風起人 ふきと
福太郎 ふくたろう
富士央 ふじお
風悠来 ふゆき
文太朗 ぶんたろう
星乃輔 ほしのすけ
舞ノ介 まいのすけ
真祈人 まきと
万琥斗 まこと
眞沙生 まさお
真咲樹 まさき
真佐志 まさし
磨沙也 まさや
万里生 まりお
未来雄 みきお

未来彦 みきひこ
実寿人 みずと
迪太郎 みちたろう
美智彦 みちひこ
道陽呂 みちひろ
実知哉 みちや
三津樹 みつき
武沙士 むさし
森之介 もりのすけ
哉太郎 やたろう
結一朗 ゆういちろう
悠伍郎 ゆうごろう
悠志郎 ゆうしろう
雄之伸 ゆうのしん
結之介 ゆうのすけ
由希雄 ゆきお
優希斗 ゆきと

幸之丞 ゆきのじょう
祐基也 ゆきや
陽一郎 よういちろう
洋次郎 ようじろう
葉乃介 ようのすけ
楽太郎 らくたろう
理央斗 りおと
理久哉 りくや
李陽人 りひと
龍太郎 りゅうたろう
遼一郎 りょういちろう
琳司朗 りんしろう
凛之介 りんのすけ
琉紀也 るきや
蓮侍朗 れんじろう
廉太朗 れんたろう
和太朗 わたろう

漢字づかいに工夫のある名前

名前の響きは一般的でも、音の区切りを変えたり、これまで名前にはあまり使われていなかった漢字を使うと、見た目の印象が変わり、個性的で印象的な名前になります。

亜煌 あきら
明聡 あさと
阿積 あつむ
亜弦 あつる
在真 ありま
偉澄 いずむ
惟月 いつき
伊槻 いつき
威積 いつむ
恵紘 えいと
加紘 かいと

嘉入 かいる
和真沙 かずまさ
哉太 かなた
奏武 かなむ
叶芽 かなめ
輝音 きおと
希澪 きみお
幸咲 こうさく
虎太楼 こたろう
沙寿 さとし
悟琉 さとる

詩弦 しづる
柊氏 しゅうじ
信樹 しんじゅ
澄快 すかい
進夢 すすむ
奏詩 そうた
爽琉 そうる
大咲 だいさく
太佳虎 たかとら
琢武 たくむ
太蹴 たける

武琉 たける
助久 たすく
太好 たすく
太弦 たつる
千郷 ちさと
冬琉 とうる
透瑠 とうる
那紘 ないと
南音 なおと
直実地 なおみち
七澪 なみお

野武貴 のぶたか
光琉 ひかる
日郷 ひさと
比呂道 ひろみち
陽利 ひとし
広真沙 ひろまさ
風寿 ふとし
眞入 まいる
真先 まさき
磨埼 まさき
真聡 まさと
万佐虎 まさとら
正実智 まさみち
雅流 まさる
真沙宗 まさむね
心弦 みつる
元波留 もとはる

由紘 ゆいと
優朔 ゆうさく
由氏 ゆうじ
悠樹 ゆうじゅ
由宇助 ゆうすけ
由希虎 ゆきとら
結槻 ゆづき
由弦 ゆづる
世詩 ようた
世絆 よはん
良紘 らいと
来夢 らいむ、くるむ
竜宇一 りゅういち
凛太楼 りんたろう
礼在 れある
呂澪 ろみお
亘琉 わたる

万葉仮名風の名前

「亜斗武（あとむ）」「琉伊（るい）」のように、ひとつの音にひとつの漢字を当てる名づけの手法を、「万葉仮名風名づけ」といいます。漢字の意味よりも響きを重視したいという場合に、おすすめの手法です。

亜伊雅	あいが
阿佐飛	あさひ
有都史	あつし
亜斗武	あとむ
伊久磨	いくま
伊佐武	いさむ
伊武己	いぶき
惟歩希	いぶき
偉琉真	いるま
宇偉人	ういと
有太慈	うたじ
慧偉士	えいじ
瑛伊斗	えいと
依於	えお
英吏央	えりお
央宇太	おうた
旺沙武	おさむ
珂伊	かい
牙偉亜	がいあ
可伊斗	かいと
加士和	かしわ
加須馬	かずま
久仁央	くにお
沙丘馬	さくま
嵯久弥	さくや
紗登士	さとし
佐刀留	さとる
史都眞	しづま
朱那央	すなお
須羽琉	すばる
太偉牙	たいが
多佳史	たかし
太久見	たくみ
多都来	たつき
千夏良	ちから
十喜也	ときや
杜楽	とら
七維斗	ないと
南夏也	なかや
那琉斗	なると
羽耶太	はやた
波琉	はる
芭留輝	はるき
波琉人	はると
巴流真	はるま
波瑠也	はるや
比佳琉	ひかる
日瑳司	ひさし
日呂亜	ひろあ
陽呂斗	ひろと
風宇多	ふうた
富玖	ふく
富見矢	ふみや
歩玖斗	ほくと
帆太架	ほたか
真偉久	まいく
万沙至	まさし
真沙都	まさと
万羽人	まはと
真矢	まや
海那斗	みなと
武沙史	むさし
弥真人	やまと
遊宇	ゆう
勇多加	ゆたか
優芽人	ゆめと
由良斗	ゆらと
良生斗	らいと
良丘	らく
瑠伊	るい
琉宇斗	るうと
留珂	るか
琉紀	るき
琉希也	るきや
玲伊	れい
怜以士	れいじ
礼央	れお
環太琉	わたる

万葉仮名風に使える漢字一覧

万葉集に実際に使われていた万葉仮名（こげ茶の漢字）と、万葉仮名風に使える漢字（青の漢字）を一覧にしました。

仮名	万葉仮名（こげ茶）	万葉仮名風に使える漢字（青）
あ	阿 安 吾	亜 娃 有 彩 愛
い	伊 夷 以 異 已 易 壱	井 生 位 衣 依 泉 意 斐 唯 惟 偉 維 緯
う	有 宇 羽 烏 雲 鵜 卯	右 生 佑 雨 侑
え	衣 依 愛 榎 得 衛 会 絵	兄 恵 慧 江 枝 重 笑 英 瑛 映 栄
お	意 憶 於 応 乙 郎 朗	音 緒 小 生 男 夫 雄 央 桜 旺 王
か	加 架 賀 嘉 可 何 河 珂 歌 甲 箇 香 鹿	伽 佳 夏 果 架 禾 花 華 菓 迦 霞 樺 乎 日 蘭 珈
が	我 俄 峨 何 河 賀	伽 牙 画 芽 雅 瓦
き	伎 岐 吉 企 来 貴 紀 幾 帰 奇 綺 己 記 機 基 気 木 城 樹 黄	葵 喜 器 嬉 希 揮 旗 毅 畿 祈 季 稀 規 起 軌 輝 騎 宜 芸 妃 姫 麒 熙 祁
ぎ	芸 伎 岐 儀 宜 義	棋 技 祇 誼 議
く	久 玖 九 鳩 句 丘 俱 区 勾 矩 君 訓 来	宮 駆 駈 具 空 公 工 貢 紅
ぐ	具 遇 求	倶 紅
け	家 計 係 啓 稽 結 気 希	華 稀 袈 祁 懸
げ	牙 夏	華 芸
こ	古 高 庫 固 子 児 小 己 許 巨 居 拳 木	乎 呼 戸 湖 胡 虎 鼓 瑚 仔 来 琥 杏 香 心 虹
ご	呉 胡 吾 悟 期 碁 語 御	五 互 伍 午 梧 檎 瑚 護 醐 冴 心
さ	沙 佐 左 作 紗 草	嵯 瑳 砂 小 爽 早 茶 咲 冴 彩
ざ	蔵	座
し	志 子 思 偲 詩 師 四 此 至 紫 旨 司 詞 資 伺 嗣 試 始 信 新	梓 仕 仔 史 士 市 支 氏 獅 糸 紙 至 視 誌 資 知 祉
じ	自 士 仕 時 尽 慈 児 弐 爾	事 侍 寺 次 滋 治 璽 磁 示 而 蒔 地 二 路
す	須 周 州 洲 珠 数 主 素 殊 栖	子 守 寿 諏 崇 雛 朱
ず	受 授 儒	図 逗 津 鶴 豆 頭
せ	世 勢 西 栖 齊 制 瀬	星 聖
ぜ	是	
そ	蘇 祖 素 宗 十 曾 其	曽 楚 礎 組 遡 想 奏 爽
ぞ	存	
た	多 太 大 他 田 手	汰
だ	太 大	打 舵 陀 那 梛
ち	知 智 致 池 馳 千 茅	治 地 弛 稚 薙

万葉仮名の由来と注意点

『万葉集』が編まれた時代には、ひらがながなかったため、漢字の意味とは無関係に、読み1音に対して漢字1字を当てる表記法が使われました。万葉仮名のなかには、名前にはふさわしくない漢字、また現代ではその音では読みにくい漢字も含まれています。明らかに不適切な漢字や現代の読みとの隔たりが大きい漢字は掲載していませんが、下記の漢字のなかにも、現代の一般的な読みとは多少異なるものが含まれています。現代の読みや意味も確認してから使用してください。

ひ	ば		は	の	ね	ぬ		に		な	ど					と	で	て	づ	つ	ぢ
比	羽	杷	波	努	年	奴	耳	爾	中	奈	奴	冨	人	騰	徒	刀	伝	天	豆	都	治
日	場	琶	八	野	根	縫	丹	仁	無	那	度	豊	士	藤	塗	斗	田	帝	頭	通	地
檜	芭	芭	播	乃	音		荷	二	和	難	渡	翔	仁	十	戸	土	弟	堤	逗	津	尼
氷	馬		巴	能	子			人	梛	南	土		太	鳥	門	杜	出	手	図	鶴	
斐	葉		羽	之	禰			日		名	藤		兎	跡	利	度			都		
飛			葉	埜	祢			尼		魚	戸		途	乙	聡	渡			津		
彼			華		年			而		七	努		度	音	登	都			鶴		
妃			把		寧			弐		菜			富	兜	等	図					

	む			み		ま	ぼ			ほ	べ	へ		ぶ			ふ		び		
睦	牟	深	視	美	目	万	菩	歩	穂	保	戸	平	撫	夫	普	経	不	弥	彌	琵	火
	武	子	未	彌	茉	馬		甫	帆	菩	部	部	武	父	芙	吹	布		備	陽	樋
	無	泉	実	民		麻		輔	浦	宝	辺	辺	舞	部	譜	生	敷		眉		一
	務	望	箕	三		磨		峰	秀	本		戸	葡	扶	阜	二	富		比		灯
	霧	魅	海	見		摩		峯	布	抱			歩	歩	附	付	府		枇		燈
	夢	巳	観	御		満		朋	普	方			菩	生	風	夫	符		毘		緋
	茂	命	充	水		真			葡	褒			奉	二	歩	冨	甫		琵		枇
	六	弥	心	参		間			圃	火			無	不		扶	赴		美		毘

わ		ろ		れ	る		り	ら		よ			ゆ		や		も		め
和	亮	路	怜	礼	留	璃	利	良	吉	用	湧	夕	由	家	夜	雲	母	萌	馬
倭	良	露	玲	列	流	麗	里	羅	代	容	祐	結	遊	乎	也	百	茂		面
輪	櫓	楼	羚	例	琉	俐	理	楽	四	庸	裕	優	弓	哉	野	面	望		梅
羽	浪	呂	零	連	類	莉	梨	来	予	夜	雄	勇	愉	谷	陽		文		目
環		侶	麗	黎	瑠		浬	礼	葉	余	侑	友	癒	冶	椰		門		眼
八		芦	澪	令			哩	麗	蓉	与	釉	宥	諭	耶	屋		問		妹
話		鷺		伶			吏	來	陽	預		悠	柚	弥	八		聞		芽
我		蕗		嶺			李	徠		世		有	裕	彌	矢		裳		女

旧字・異体字を使った名前

もうひと工夫したいときや、姓名判断の結果を変えたいときには、旧字や異体字を使用するのもひとつの方法です。ただし、一般になじみが薄いものも多いので、子どもが苦労しない範囲でうまく取り入れましょう。

亜聡→亞聰　あさと
栄心→榮心　えいしん
桜士郎→櫻士郎　おうしろう
応介→應介　おうすけ
楽人→樂人　がくと
駆→駈　かける
和真→和眞　かずま
希与斗→希與斗　きよと
駆音→駈音　くおん
恵介→惠介　けいすけ
元気→元氣　げんき、もとき

賢児→賢兒　けんじ
剣太郎→劍太郎　けんたろう
広聖→廣聖　こうせい
実平→實平　じっぺい
寿希→壽希　じゅき、としき
将一→將一　しょういち
翔栄→翔榮　しょうえい
祥太→祥太　しょうた
慎一→愼一　しんいち
瀬那→瀨那　せな
壮志→壯志　そうし

灯真→燈真　とうま
禱也→祷也　とうや
尚弥→尚彌　なおや
陽来→陽來　はるき、ようく
遥馬→遙馬　はるま
万里→萬里　ばんり
斉→齊　ひとし
大野→大埜　ひろの
宏将→宏將　ひろまさ
広武→廣武　ひろむ
萌清→萠清　ほうせい

真恒→眞恆　まさつね
正寿→正壽　まさとし
未来→未來　みらい
悠晃→悠晄　ゆうこう
雄峰→雄峯　ゆうほう
行峰→行峯　ゆきみね
来翔→來翔　らいと
竜平→龍平　りゅうへい
涼太→凉太　りょうた
凜太朗→凛太郎　りんたろう
塁→壘　るい

おもな旧字・異体字一覧

パソコンで変換できる範囲で、名づけに使える旧字・異体字を集めました。なるべく一般になじみのある字を選びましょう。

字（画数）	旧字・異体字（画数）	読み
亜 7	亞 8	あ
為 9	爲 12	い、ため
栄 9	榮 14	えい
衛 16	衞 16	えい
円 4	圓 13	えん
園 13	薗 16	えん、その
緒 14	緖 15	お
応 7	應 17	おう
桜 10	櫻 21	おう、さくら
温 12	溫 13	おん
檜 17	桧 10	かい、ひのき
楽 13	樂 15	がく
巌 20	巖 23	がん
寛 13	寬 14	かん、ひろし
気 6	氣 10	き
峡 9	峽 10	きょう
尭 8	堯 12	ぎょう
暁 12	曉 16	ぎょう
駆 14	駈 15	く、かける
勲 15	勳 16	くん
薫 16	薰 17	くん、かおる
恵 10	惠 12	けい
芸 7	藝 18	げい
倹 10	儉 15	けん
剣 10	劍 15	けん
検 12	檢 17	けん
県 9	縣 16	けん
厳 17	嚴 20	げん
広 5	廣 15	こう
晃 10	晄 10	こう
恒 9	恆 9	こう、つね
国 8	國 11	こく、くに
児 7	兒 8	じ
実 8	實 14	じつ、み
寿 7	壽 14	じゅ
収 4	收 6	しゅう
叙 9	敍 11	じょ
奨 13	奬 14	しょう
将 10	將 11	しょう
祥 10	祥 11	しょう
乗 9	乘 10	じょう
条 7	條 11	じょう
穣 18	穰 22	じょう
譲 20	讓 24	じょう
慎 13	愼 13	しん
尽 6	盡 14	じん
真 10	眞 10	しん、ま
槙 14	槇 14	しん、まき
粋 10	粹 14	すい、いき
瀬 19	瀨 19	せ
斉 8	齊 14	せい
静 14	靜 16	せい
禅 13	禪 17	ぜん
曽 11	曾 12	そう
壮 6	壯 7	そう
荘 9	莊 10	そう
蔵 15	藏 18	ぞう
滝 13	瀧 19	たき
団 6	團 14	だん
伝 6	傳 13	でん
都 11	都 12	と
灯 6	燈 16	とう
禱 19	祷 11	とう
島 10	嶋 14	とう、しま
徳 14	德 15	とく
禰 19	祢 9	ね
富 12	冨 11	ふ
福 13	福 14	ふく
穂 15	穗 17	ほ
峰 10	峯 10	ほう
萌 11	萠 11	ほう
万 3	萬 12	まん
緑 14	綠 14	みどり
弥 8	彌 17	や
野 11	埜 11	や
与 3	與 14	よ
謡 16	謠 17	よう
遥 12	遙 14	よう、はるか
来 7	來 8、徠 11	らい
頼 16	賴 16	らい
竜 10	龍 16	りゅう
涼 11	凉 10	りょう
凛 15	凜 15	りん
塁 12	壘 18	るい
類 18	類 19	るい
礼 5	禮 18	れい
歴 14	歷 16	れき
錬 16	鍊 17	れん
郎 9	郞 10	ろう

左右対称の名前

見た目のバランスがよく、ととのった印象を与える左右対称の名前。とくに縦書きにすると、バランスのよさや安定感が際立ちます。姓が左右対称なら、名前も左右対称の字にして、視覚的にこだわるのもよいでしょう。

爽高	あきたか
亜楽人	あらと
宇京	うきょう
英介	えいすけ
栄太	えいた
開堂	かいどう
薫	かおる
楽人	がくと
克真	かつま
奏音	かなと
莞市	かんいち
寛二	かんじ
栞太	かんた
吉平	きっぺい
京一	きょういち
共平	きょうへい
圭市	けいいち
元葵	げんき
拳太	けんた
晃一	こういち
光宇	こうう、みつたか
幸栄	こうえい
豪基	ごうき
光貴	こうき、みつき
皇士	こうし
昊介	こうすけ
光青	こうせい
高大	こうだい
皐二	こうじ
晃平	こうへい
崇太	しゅうた
周真	しゅうま
春英	しゅんえい
閏平	じゅんぺい
昌英	しょうえい
笑吉	しょうきち
章介	しょうすけ
晶平	しょうへい
尚真	しょうま、なおまさ
晋二	しんじ
斉介	せいすけ
青真	せいま
閃吉	せんきち
千舟	せんしゅう
千里	せんり、ちさと
奏介	そうすけ
草平	そうへい
大空	そら
宙人	そらと、ひろと
大貴	だいき、ひろき
大吉	だいきち
泰三	たいぞう
太市	たいち
天幸	たかゆき
貴由	たかよし
立典	たつき
太聞	たもん
十真	とおま
春真	はるま
日出登	ひでと
日向太	ひなた
日南人	ひなと
大尚	ひろなお
大泰	ひろやす
富士人	ふじと
文典	ふみのり
豊正	ほうせい、とよまさ
真基央	まきお
未来	みらい
基央	もとお
基寛	もとひろ
門土	もんど
泰高	やすたか
八真登	やまと
要平	ようへい
立基	りつき、たつき
亮一	りょういち
亘	わたる

おもな 左右対称の漢字一覧

名前に使える漢字のなかから、左右対称の漢字と、それに近い字形のものをピックアップしました。参考にしてください。

亜	あ
茜	あかね
杏	あん、きょう
市	いち、し
一	いち、ひと
宇	う
栄	えい
英	えい、ひで
円	えん、まどか
王	おう
央	おう、お
音	おと、ね
果	か
禾	か
華	か、はな
開	かい
覚	かく
楽	がく、らく
兜	かぶと
完	かん
莞	かん
貫	かん
栞	かん、しおり
閑	かん、しずか
寛	かん、ひろし
喜	き
木	き
葵	き、あおい
貴	き、たか
基	き、もと
吉	きち、よし
宮	きゅう、く
共	きょう
京	きょう、みやこ
空	くう、そら
薫	くん、かおる
圭	けい
景	けい
拳	けん
元	げん
言	げん、こと
古	こ
光	こう
向	こう
晃	こう
皇	こう
香	こう
豪	ごう
皐	こう、さつき
昊	こう、そら
高	こう、たか
工	こう、たくみ
幸	こう、ゆき
亘	こう、わたる
早	さ、そう
茶	さ、ちゃ
采	さい
菜	さい
士	し
示	じ
二	じ
主	しゅ
周	しゅう
重	じゅう
十	じゅう、と
舟	しゅう、ふね
崇	しゅう、たかし
閏	じゅん
春	しゅん、はる
昌	しょう
晶	しょう
章	しょう
笑	しょう
菖	しょう
常	じょう
小	しょう、さ
尚	しょう、なお
晋	しん
真	しん、ま
森	しん、もり
介	すけ
菫	すみれ
斉	せい
青	せい、あお
宣	せん
善	ぜん
泉	せん、いずみ
千	せん、ち
閃	せん
宋	そう
宗	そう
奏	そう
爽	そう
草	そう
宙	そら、ちゅう
太	た
大	だい
泰	たい、やす
丹	たん
旦	たん
月	つき
出	で
天	てん
土	ど
人	と、ひと
登	とう
東	とう
董	とう
堂	どう
奈	な
苗	なえ
南	なん、みなみ
埜	の、や
典	のり、てん
斐	ひ
日	ひ、にち
美	び、み
百	ひゃく
普	ふ
芙	ふ
富	ふ、とみ
聞	ぶん
文	ぶん、ふみ
平	へい
峯	ほう
豊	ほう
北	ほく
茉	ま、まつ
実	み
壬	み
未	み
三	み、ぞう
水	みず
六	む、ろく
谷	や、たに
八	や、はち
由	ゆ、よし
容	よう
蓉	よう
要	よう
来	らい、く、き
來	らい、く、き
蕾	らい、つぼみ
蘭	らん、から
里	り、さと
立	りつ
亮	りょう
林	りん
稟	りん
呂	ろ

止め字で考える名前

これという1字を決めて、止め字（最後の字）を組み合わせていくと、名前のバリエーションが広がります。もちろん先に止め字を決めて、1字目、2字目を考えることもできます。さまざまな組み合わせを試してみましょう。

～あん

志安 しあん
慈安 じあん
悠庵 ゆあん／ゆうあん
李庵 りあん

～い

秀伊 しゅうい
琉伊 るい
加夢偉 かむい
斗偉 とうい
蒼惟 あおい
竜惟 りゅうい
将意 しょうい
悠意 ゆうい
一緯 いちい
珂緯 かい
碧生 あおい
登生 とうい
碧唯 あおい
夏唯 かい

～いち

紀一 きいち
圭一 けいいち
健一 けんいち
潤壱 じゅんいち
晴壱 せいいち／はるいち
太市 たいち
悠市 ゆういち

～えい

恭栄 きょうえい
祥栄 しょうえい
寛永 かんえい
光永 こうえい
慈瑛 じえい
秀瑛 しゅうえい
翔英 しょうえい
悠英 ゆうえい
亮英 りょうえい
快衛 かいえい
里衛 りえい
春詠 しゅんえい
爽詠 そうえい

～お

偉央 いお
礼央 れお
時生 ときお
幸生 ゆきお
多可男 たかお
竜男 たつお
哲雄 てつお
将雄 まさお

～おん

久遠 くおん
玲遠 れおん
史恩 しおん
寿恩 じゅおん
璃温 りおん
礼温 れおん
慈穏 じおん
海穏 みおん
玖音 くおん
志音 しおん

～が

空河 くうが
大河 たいが
有我 あるが
礼我 れいが
泰牙 たいが
悠牙 ゆうが
來賀 らいが
遼賀 りょうが
侑雅 ゆうが
礼雅 らいが
青駕 せいが
陽駕 はるが

～き

昊喜 こうき
光喜 こうき／みつき
和基 かずき
悠基 ゆうき
皇希 こうき
将希 まさき
丈毅 じょうき
登毅 とうき
乙祈 いつき
律祈 りつき
翔季 しょうき
大季 だいき／ひろき
直紀 なおき
陽紀 はるき
勇貴 ゆうき
悠貴 ゆうき／はるき
瑛輝 えいき／ひでき
海輝 かいき
英樹 えいき／ひでき
一樹 かずき
陽生 はるき
勇生 ゆうき
響来 ひびき
瑞来 みずき

俊暉 としき
雅暉 まさき

～けい

一圭 いっけい
亮圭 りょうけい
悠慶 ゆうけい
琉慶 りゅうけい
壱慧 いっけい
佑慧 ゆうけい
共景 きょうけい
良景 りょうけい

～ご

駿伍 しゅんご
翔伍 しょうご
雄呉 ゆうご
竜呉 りゅうご
瑛吾 えいご
圭吾 けいご
恵梧 けいご
賢梧 けんご
心悟 しんご
大瑚 だいご
悠瑚 ゆうご
風護 ふうご
琳護 りんご
杏醐 きょうご
隼醐 しゅんご
昌冴 しょうご
怜冴 れいご

～ごう

正剛 せいごう
大剛 だいごう
賢豪 けんごう
悠豪 ゆうごう

～さく

栄咲 えいさく
研咲 けんさく
駿作 しゅんさく
祐作 ゆうさく
幸朔 こうさく
周朔 しゅうさく

～し

淳司 あつし
惇司 あつし
和史 かずし
慧史 けいし
賢士 けんし さとし
悟士 さとし
壮志 そうし
奏志 そうし
高思 たかし
毅思 たけし
蒼至 そうし あおし
大至 たいし
快詞 かいし
優詞 ゆうし
愛詩 あいし
温詩 はるし
哲資 てつし
雄資 ゆうし たかし

～じ

健士 けんじ
脩士 しゅうじ
聖侍 せいじ
礼侍 れいじ
杏児 あんじ
寛児 かんじ
悠慈 ゆうじ
夢慈 ゆめじ
隼時 しゅんじ
颯時 そうじ
圭次 けいじ
慧次 けいじ
永滋 えいじ
孝滋 こうじ
泰治 たいじ
平治 へいじ
丈路 じょうじ
陽路 ようじ

～じゅ

圭珠 けいじゅ
慧珠 けいじゅ
光寿 こうじゅ
良寿 りょうじゅ
藍樹 あいじゅ
悠樹 ゆうじゅ

～しょう

慶匠 けいしょう
明匠 めいしょう
健将 けんしょう
大将 たいしょう だいしょう
清昇 せいしょう
勇昇 ゆうしょう
龍昇 りゅうしょう
青湘 せいしょう
優湘 ゆうしょう
皇生 おうしょう
雄生 ゆうしょう
栄翔 えいしょう
海翔 かいしょう

～じょう

壱之丈 いちのじょう
真之丈 しんのじょう
悠丞 ゆうじょう
夢乃丞 ゆめのじょう

～しん

一伸 いっしん
大伸 たいしん
慧信 けいしん
宗信 そうしん
瑛心 えいしん
健心 けんしん
英新 えいしん
遼新 りょうしん
賢真 けんしん
勇真 ゆうしん
快芯 かいしん
誠芯 せいしん
悠進 ゆうしん
龍進 りゅうしん

～じん

瑛臣 えいじん
優臣 ゆうじん
悠仁 ゆうじん
竜仁 りゅうじん

～すけ

柊介 しゅうすけ
俊介 しゅんすけ
悠助 ゆうすけ
蓮助 れんすけ
圭甫 けいすけ
恵甫 けいすけ

泰輔 たいすけ
大輔 だいすけ
昂佑 こうすけ
佐佑 さすけ
桜祐 おうすけ
蔵之祐 くらのすけ
慎裕 しんすけ
晋之裕 しんのすけ
壮亮 そうすけ
颯亮 そうすけ

～せい

龍世 りゅうせい
良世 りょうせい
快勢 かいせい
翔勢 しょうせい
仁成 じんせい
泰成 たいせい
壱星 いっせい
新星 しんせい
快晴 かいせい
敬晴 けいせい
賢正 けんせい
光正 こうせい
結生 ゆうせい
優生 ゆうせい
康聖 こうせい
爽聖 そうせい
大誠 たいせい
佑誠 ゆうせい
謙誓 けんせい
隆誓 りゅうせい
航青 こうせい
竜青 りゅうせい
諒惺 りょうせい
遼惺 りょうせい

～ぞう

柊蔵 しゅうぞう
太蔵 たいぞう
泰造 たいぞう
悠造 ゆうぞう

～た

健多 けんた
颯多 そうた
陽南太 ひなた
凛太 りんた
亜悠汰 あゆた
奏汰 かなた

～だい

皇大 こうだい
豪大 ごうだい
優大 ゆうだい
遥大 ようだい

～つる、～づる

悠弦 ゆづる
由弦 ゆづる
出絃 いづる
志絃 しづる

～と

海音 かいと
雅玖音 がくと
波琉人 はると
悠人 はると
優仁 ゆうと
祐仁 ゆうと
瑛斗 えいと
快斗 かいと
理渡 りと
蓮渡 れんと
汰久登 たくと
直登 なおと
陽都 はると
唯都 ゆいと
佑飛 ゆうと はると
陸飛 りくと
慧翔 けいと
駿翔 しゅんと

～どう

獅堂 しどう
和堂 わどう
海道 かいどう
志道 しどう

～なり

秀哉 ひでなり
基哉 もとなり
時成 ときなり
友成 ともなり
一也 かずなり
風也 かぜなり

～はる

真治 まさはる
幸治 ゆきはる
崇春 たかはる
朋春 ともはる
元晴 もとはる
康晴 やすはる
智陽 ともはる

～ひ

雄日 ゆうひ
悠日 ゆうひ はるひ
晴飛 はるひ
優飛 ゆうひ
旭陽 あさひ
朝陽 あさひ

～ひこ

輝彦 てるひこ
虎彦 とらひこ
雅彦 まさひこ

～ひと

悠一 はるひと ひさひと
真一 まさひと まひと
嘉人 よしひと
璃人 りひと
和仁 かずひと わひと
惟仁 これひと

～ひろ

和寛 かずひろ
克寛 かつひろ
恭宏 やすひろ
嘉宏 よしひろ
真広 まさひろ まひろ
心広 みひろ
武弘 たけひろ
千弘 ちひろ
一浩 かずひろ
良浩 よしひろ
温紘 あつひろ
正紘 ただひろ
智尋 ちひろ ともひろ
直尋 なおひろ
龍大 たつひろ
杜大 もりひろ
明博 あきひろ

敦博 あつひろ
基裕 もとひろ
森裕 もりひろ
心洋 ここひろ
路洋 みちひろ

～へい

皇兵 こうへい
秀兵 しゅうへい
京平 きょうへい
凌平 りょうへい

～ほ

誠帆 せいほ
雄帆 ゆうほ
出歩 いずほ
一歩 いっぽ
和甫 かずほ
拓甫 たくほ

～ほう

永宝 えいほう
明宝 めいほう
志峰 しほう
秀峰 しゅうほう
大朋 たいほう
武朋 ぶほう
雄鳳 ゆうほう
竜鳳 りゅうほう
圭鵬 けいほう
泰鵬 たいほう

～ま

陽真 はるま
楓真 ふうま
和馬 かずま
咲馬 さくま
颯磨 さつま
柊磨 しゅうま
奏麻 そうま
卓麻 たくま

～まる

一丸 かずまる
武丸 たけまる
寅丸 とらまる
富士丸 ふじまる

～み

匠海 たくみ
将海 まさみ
和己 かずみ
巧己 たくみ
勇実 いさみ
一実 かずみ
希望 のぞみ
紘望 ひろみ
大巳 ひろみ
雅巳 まさみ
達弥 たつみ
直弥 なおみ

～みち

隆充 たかみち
直充 なおみち
智道 ともみち
広道 ひろみち
正道 まさみち

～む

匠武 たくむ
陽呂武 ひろむ
歩夢 あゆむ
魁夢 かいむ

～むね

時宗 ときむね
正宗 まさむね
武心 たけむね
聖心 まさむね

～もん

我聞 がもん
志聞 しもん
多門 たもん
龍門 りゅうもん

～や

哲哉 てつや
直哉 なおや
心也 しんや
多久也 たくや
優耶 ゆうや
悠耶 ゆうや ひさや
郁野 ふみや
文野 ふみや
柊弥 しゅうや
隼弥 しゅんや
真冴矢 まさや
真矢 まさや しんや

～ゆき

輝幸 てるゆき
晴幸 はるゆき
英行 ひでゆき
洋行 ひろゆき
晃之 あきゆき てるゆき
克之 かつゆき

～らん

安嵐 あらん
聖嵐 せいらん
世藍 せらん
海藍 みらん

～り

櫂浬 かいり
圭浬 けいり
千吏 せんり
優吏 ゆうり
悠李 ゆうり
雄李 ゆうり
有理 あり
慧理 けいり
庵里 あんり
魁里 かいり

～る

武琉 たける
波琉 はる
翔瑠 かける
丈瑠 たける

～ろう

拓朗 たくろう
蓮太朗 れんたろう
一太楼 いちたろう
虎太楼 こたろう
篤郎 あつろう
憬太郎 けいたろう
新一郎 しんいちろう

～わ

周羽 しゅうわ
惺羽 せいわ
栄環 えいわ
大環 だいわ ひろわ
優和 ゆうわ
悠和 ゆうわ

男の子の止め字一覧

男の子の名づけで使われる止め字を一覧にしました。同じ読みでも漢字が違えば印象が変わります。いろいろな字を当てはめて、素敵な名前を考えてみてください。

あ	亜 空 吾 阿
あき	旭 明 晃 亮 秋 昌 映 昭 章 爽 陽 晶 暁 瑛 照 彰 諒 耀
あん	安 庵 晏
い	以 生 伊 威 惟 偉 唯 意 維 緯
いち	一 市 壱
えい	永 英 栄 映 瑛 詠 鋭 衛 叡
お	夫 央 生 男 於 旺 音 朗 郎 雄
おう	王 央 旺 皇 桜 鷹 凰
おみ	臣
おん	音 恩 温 遠 穏 苑
が	牙 我 河 芽 雅 賀 駕
かい	会 快 魁 海 開
かず	一 良 寿 和 知 数
かど	門
き	己 生 気 来 希 祈 季 紀 城 記 規 稀 暉 基 起 貴 喜 幹 熙 騎 毅 輝 樹 機
きち	吉
くに	州 邦 国 洲 訓
けい	圭 京 恵 啓 渓 敬 景 継 慶 慧
ご	五 互 午 伍 冴 吾 呉 悟 梧 瑚 護 醐
ごう	昂 剛 強 豪 郷 轟
さく	作 咲 朔 策 索
し	士 史 司 至 思 志 詞 紫 詩 資 嗣 獅
じ	二 士 示 次 児 侍 治 時 滋 路 慈 蒔
しげ	茂 重 盛 滋 繁
じゅ	寿 珠 樹
しゅん	旬 春 俊 隼 駿
しょう	生 匠 尚 昇 祥 将 渉 章 晶 翔 勝 照
じょう	丈 生 成 丞
しん	心 芯 辰 伸 信 真 晋 深 紳 進 新 慎
じん	人 仁 壬 臣 迅 辰
すけ	介 左 右 丞 佐 甫 典 助 佑 祐 亮 恭 裕 資 輔 翼
せい	生 世 正 成 青 征 星 政 清 晟 盛 惺 晴 誠 聖 靖 勢 誓
ぞう	三 造 蔵
た	太 多 汰
だい	大 醍
たか	天 宇 孝 空 峻 高 崇 隆 貴 敬 尊 鷹
たけ	丈 竹 岳 武 建 剛 猛 健 豪 毅
たん	丹 旦 坦 探
つき(づき)	月 槻
つぐ	次 貢 継 続
つる(づる)	弦 絃 鶴
てる	光 明 晃 晴 瑛 照 輝 耀
と	人 十 土 仁 斗 杜

	音門飛徒途都 兜登渡翔豊
どう	堂童道憧藤
とき	季刻時
とく	督徳篤
とし	年利寿稔俊理 敏歳駿
とも	友知朋朝智
なが	永長
なり	也生成斉哉
のぶ	亘伸延信展喜 暢
のり	礼法典昇紀則 倫教徳範憲
はる	青明治春張晴 悠陽温遥暖
ひ	日飛陽
ひこ	彦
ひさ	久寿尚悠
ひで	秀英栄
ひと	一人仁
ひろ	大央広弘宏宙

	拓宥洋浩紘啓 博裕寛滉嘉尋
へい	平兵
ほ	帆甫歩保穂
ほう	方宝法朋峯峰 萌豊鳳
ま	真馬麻間摩磨
まさ	大正匡昌征柾 政真将理勝晶 聖雅誠優
まる	丸
まろ	麿麻呂
み	己三巳未見弥 実海美深望
みち	路道径充理倫 迪通
みつ	三充光満
む	六武務夢
むね	心宗
もり	守杜盛森護
もん	文門紋聞
や	八也矢谷弥夜

	哉耶野椰
やす	安保泰恭康靖 廉寧
ゆう	友右由有佑祐 侑宥裕悠勇遊 雄湧優
ゆき	之行幸倖雪
よう	洋要容庸陽葉 遥耀
よし	由好吉良快芳 佳善義嘉慶
らい	礼来來徠頼
らん	嵐藍蘭
り	吏利李里俐浬 哩理璃
りゅう	立竜流琉隆瑠 龍
る	流留琉瑠
れん	怜連蓮錬廉
ろ	呂路
ろう	郎朗浪楼
わ	羽和倭輪環

名づけのヒント

ひらがな、カタカナの名前

なかなかしっくりくる漢字がない、漢字だと姓名判断の結果がよくない、より個性的な響きの名前にしたいなどというときには、かなの名前を検討してみてはいかがでしょうか。一般的には、ひらがなの名前はやさしい印象、カタカナの名前はシャープな印象を与えますが、いずれにしても漢字の意味にとらわれないので、自由な発想でユニークな音の組み合わせを選べますし、オーソドックスな名前でも、かなにすることで新鮮な名前になります。

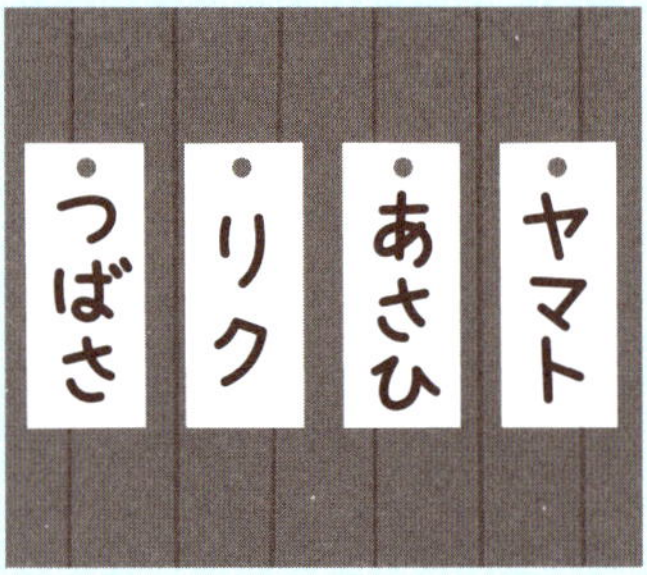

名前例

- あきら
- あさひ
- あすか
- あたる
- あとむ
- あゆむ
- いさむ
- いぶき
- かける
- かなた
- かなめ
- かんた
- げん
- げんき
- こてつ
- さとる
- しゅう
- すすむ
- すばる
- そら
- たく
- たくみ
- たける
- たろう
- ちから
- つばさ
- のぞむ
- はじめ
- はやて
- はる
- ひかる
- ひなた
- ひびき
- ひろ
- みちる
- むさし
- やまと
- ゆたか
- りゅう
- りょう
- れのん
- れん
- わたる
- アキラ
- アスカ
- アタル
- アツシ
- アトム
- アラン
- アレン
- イサム
- エイト
- カイ
- カイジ
- カイト
- カイリ
- カイル
- カオル
- ガク
- カナメ
- カムイ
- キラ
- ケイ
- ケイタ
- ケン
- ケント
- ゴウ
- コスモ
- サスケ
- サトシ
- サトル
- シュウ
- ジョー
- シン
- スバル
- セナ
- ソラ
- ダイ
- タカシ
- タク
- タクト
- タクヤ
- タケル
- タロウ
- テオ
- テル
- トオル
- トム
- ナオ
- ナオキ
- ノア
- ノボル
- ハジメ
- ハル
- ハルキ
- ハルク
- ハルト
- ヒカル
- ヒロ
- ヒロト
- フミヤ
- マコト
- マモル
- マリオ
- ムサシ
- ヤマト
- ユウ
- ユウキ
- ユージ
- ライト
- リアム
- リオン
- リキ
- リク
- リヒト
- リュウ
- リョウ
- ルイ
- ルカ
- レイ
- レオ
- レオン
- ロイ
- ロミオ
- ワタル

Part

6

「親の思い」を込めた名前

名前にパパ・ママの思いを込める

「やさしい子に育ってほしい」「だれからも愛される子に」など、わが子への思いを名前に託すことも多いもの。わが子の成長を想像しながら「思い」を託しましょう。

親の思いはさまざま

世界を舞台に
活躍してほしい
開渡
A
B
C
小さな事に
こだわらないおおらかな子に
寛太郎
男の子らしく
強くたくましい子に
雄生

響きにも意味にもこだわった名づけが人気

最近は、まず響きから名前を考えるというパパ・ママが多いのですが、一方で「こんな子に育ってほしい」「こんな人生を歩んでほしい」といった思いを、名前に託す傾向も根強くあります。響き先行で名づけをスタートしても、最終的には意味のあるよい漢字を選び、響きだけでなく、意味にもこだわった名前を完成させることが多いようです。

思いに合う名前を考えるときには、パパ・ママの思いに合う意味の漢字を探すのが王道ですが、ほかにも響きからイメージをふくらませたり、慣用句や先人の言葉、外国語の響きなどからヒントを得る方法もあります。

「パパ・ママの思い」をどう表現するか

1 漢字の意味で表現する

たとえば「やさしい子に」という思いがある場合は、ストレートに「優」を使って名前を考えてみる。また、やさしいという意味につながるほかの漢字も候補に入れるとバリエーションが広がる。

例
思い　やさしい子に
↓
漢字　優、心、仁、慈、淳、愛
↓
名前例　優心（ゆうしん）、温樹（はるき）、淳斗（あつと）

2 思いに合うイメージで表現する

「おおらかな子に」という思いを込めたい場合、「空のようにおおらかな心で」など、イメージを広げて名前を考える方法。

例
思い　おおらかな子に
↓
漢字　空のようにおおらかに、自由にのびのびと
↓
名前例　空（そら）、晴空（はるく）
空翔（そらと、たかと）

3 思いに合う響きで表現する

「多くの人に愛される子に」という思いを込めたい場合、「愛」の響きだけいかして、ほかの字の「藍」を使って、思いを表現することもできる。

例 愛される子に→藍太（あいた）
大成してほしい→泰聖（たいせい）、大晴（たいせい）

4 外国語の響きで表現する

たとえば「行動力のある子に」という思いを込めたいなら、英語で「進む、行く」という意味の「goゴー」の響きをいかした名前にするなど。

例 行動力のある子に
英語で「進む、行く」を意味する「goゴー」から→豪（ごう）

例 聡明な子に
英語で「賢人」を意味する「sageセイジ」から→誠士（せいじ）

例 たくましい子に
フランス語でライオンを意味する「liomリオン」から→理恩（りおん）

5 先人の言葉をヒントにする

さまざまな名言や格言、四字熟語、慣用句などから、思いに合ったものを見つけ、名前にする方法。

6 人物や文学作品にあやかる

歴史上の人物や好きな芸術家などの功績や作品、人柄などに思いを重ねて名前を考える方法。文学作品や映画の登場人物にあやかってもいい。ただし人物や作品にあやかる場合、目立ちすぎて子どもが嫌がることもあるので、まったく同じ名前にするよりは、1字だけもらう、響きだけあやかるなど、多少アレンジして使うのがベター。

※漢字の使い方については179ページも参照してください。

“力強く たくましい人に”

思いに合う漢字

力 P182	大 P184	牙 P185	太 P187	虎 P210
勇 P226	赳 P229	隼 P232	猛 P246	雄 P258
幹 P260	獅 P262	拳 P229	剛 P231	強 P239
敢 P250	豪 P269	毅 P273	騎 P281	鷹 P285

英毅 えいき
何ものにも屈しない力強さ（毅）を持ち、英雄のように、勇気と知性と行動力を兼ね備えた人に。

一鷹 かずたか
大空を舞う鷹のように悠々としていて力強く、鋭く、広い視野を持った人に。

敢太 かんた
思い切りよく、行動力のある人に。困難にも勇猛果敢に挑むたくましい人に。

強平 きょうへい
男の子らしい力強さとタフさ、平和を愛するやさしい心を持ち合わせた人に。

拳志郎 けんしろう
強く勇ましく、信じた道を突き進んでいける人に。自らの拳で正義を貫く『北斗の拳』の主人公ケンシロウのイメージも重ねて。

豪人 ごうと
強いという意味だけでなく、才知が優れているという意味もある「豪」。強さと賢さをあわせ持った人になってほしい。また男の子らしく豪快に育ってほしいと願って。

志騎 しき
馬に乗って勇ましく颯爽と駆けるように、志を持って力強く突き進んでほしい。響きに、「士気（しき）」の意味も込めて、より力強く、バイタリティあふれるイメージに。

獅迅 しじん
猛烈な勢いで奮闘・活躍することを意味する「獅子奮迅（ししふんじん）」が由来。獅子（ライオン）のような力強さで、たくましく人生を生き抜いていける人に。

大牙 たいが
大河を渡る勇気やたくましさに加え、「河」の代わりに「牙」を使うことで、立ちふさがる困難にも立ち向かえる人になるように。

大幹 だいき
大木の幹のように力強く、どっしり落ち着いた人に。「幹」は木の中心部分であることから、中心になって物事を進めたり、リーダーとして活躍できるような頼りがいのある人に。

赳央 たけお
たくましく前進するさまを意味する「赳」と、中央の「央」。社会の中心に立ち、リーダーシップと勇気を持って人々を導く存在になるように。

武史 たけし
武芸を身につけ自分を律した武士のように、力強さと礼節を持った人に。「士」を「史」に変えて、自分の歴史をつくってほしいという思いも込めて。

猛琉 たける
勇ましいという意味の「猛」と、宝石の意味を持つ「琉」。力強さやたくましさだけでなく、人しての気品も持ち合わせた人に。

力 ちから
自分の力で人生を切りひらける人に。日々の努力を怠らず、いざというときに大きな力を発揮できるように。

虎之助 とらのすけ
虎の勇猛さとたくましさ、進んで人を助けることができるやさしさを持ち合わせた人に。

隼人 はやと
どんな相手にもひるまず挑んだ薩摩隼人（さつまはやと）のように、たくましく勇気のある人に。

勇起 ゆうき
勇気を持って行動を起こし、何かを成し遂げる人に。困難にぶつかっても自力で起き上がるたくましい人に。

悠剛 ゆうごう
悠久の「悠」と、強さを意味する「剛」。あくせくしないゆったりとした心と、強くたくましく、丈夫に育ってほしいと願って。

雄飛 ゆうひ
危険や困難にも勇気を持って立ち向かっていける雄々しい人に。未来に向かって、力強く飛翔できるようにとの思いも込めて。

“思いやりのあるやさしい人に”

思いに合う漢字

介 P185	心 P186	仁 P186	孝 P201	助 P203
佑 P205	祐 P226	宥 P226	恵 P299	淳 P241
惇 P242	温 P249	敦 P257	寛 P260	慈 P262
慎 P263	想 P265	暖 P265	篤 P278	優 P281

惇生 あつき
「惇」は、穏やか、人柄に厚みがあるなどの意味。穏やかで誠実な人柄で、周囲の人を思いやり、また周囲からも愛され、信頼されるよう願って。

篤志 あつし
社会事業などを熱心に支援する、親切な志を意味する言葉「篤志(とくし)」から。あつい情熱と思いやりの心で社会的に役立てる人物になることを願って。

敦久 あつひさ
「敦」は、どっしりと安定している、手厚いという意味。いつまでも心の広さや穏やかさを失わないように。

寛平 かんぺい
細かいことは気にしない広い心と寛容さを持ち、だれに対しても分け隔てなく、やさしくできる人に。

恵大 けいだい
あたたかく包み込むような大きな思いやりのある人に。また人を助けることで、自分自身にも大きな恵みがあることを願って。

謙介 けんすけ
謙虚な心を忘れず、だれに対しても礼儀正しくふるまえる人に。困っている人を進んで助けてあげられる人に。

孝平 こうへい
親を大切にし、周囲の人にも公平にやさしくあたたかく接することのできる人に。

淳太 じゅんた
「淳」は、真心がある、情が深いなどの意。やさしく思いやりがあり、懐の大きな人に。

心太朗 しんたろう
相手の心を思いやれるやさしい人に。また、太陽のように明るくほがらかな人にと願って。

慎之助 しんのすけ
慎み深く、細やかな心づかいのできる人に。また、困っている人には自ら手を差しのべ、自分が困ったときには多くの人に手を差しのべてもらえるように。

想介 そうすけ
相手の心を思(想)いやることのできる、やさしい人に。また、率先して人を助ける(介)ことのできる人になることを願って。

暖人 はると
人々をあたたかく包み込むようなやさしい人に育ち、周囲にも心のあたたかい人たちが集まることを願って。

温真 はるま
まわりの人をほっとさせるやさしく温和な人に。また、嘘をつかない誠実な人柄を願って。

洋樹 ひろき
海(洋)のように広くて深い思いやりの心を持ち、樹木のようにどっしりとした落ち着きと安定感のある人に。

雅寛 まさひろ
優雅の「雅」と、寛容の「寛」の組み合わせ。小さなことにこだわらない心の広い人に。

優一 ゆういち
社会を生きていくうえで一番大切なのは、人を思いやるやさしい心という思いを込めて。

優仁 ゆうじん
だれに対してもやさしく、困っている人に心からの援助の手を差しのべられる人に。

祐人 ゆうと
人を助け、神から助けられるという意味の「祐」。困っている人に手を差しのべられるやさしさを持ち、自分が困ったときには神のご加護を受けられるように。

宥哉 ゆうや
ゆるす、ゆとりを持つという意味の「宥」。人を許すやさしさとおおらかさのある人に。

礼慈 れいじ
礼節を持って相手を思いやる、細やかな配慮ができる人に。

怜温 れおん
「怜」は、心が澄んでいて賢いという意味。清らかで聡明な心と、やさしくあたたかい心を持つ人に。

思いに合う漢字

友 P188	平 P192	共 P194	好 P195	助 P203
協 P209	周 P212	朋 P216	和 P217	奏 P223
倫 P237	絆 P245	逢 P245	梁 P248	結 P252
湊 P255	愛 P259	睦 P266	類 P283	響 P284

“人に恵まれ、愛される人に”

愛斗 あいと

「斗」は北斗七星など、柄杓形の星座の意味。夜空にきらめく星座のごとく、人々に愛される人になるように。

和貴 かずき

人々が仲よく調和することの大切さを説いた、「和を以て貴しと為す」という聖徳太子の言葉から。

響平 きょうへい

たくさんの人に響く言葉を持てる人に。そして、音が響いて広がるように、人間関係の輪を大きく広げていけるように。

周平 しゅうへい

多くの人に好かれ、つねに周囲に人が集まってくるような人に。また、その人たちと平和で穏やかな人間関係が築けるように。

湊太 そうた

「湊」は、多くの人や物が集まってくるところ。そんな湊のように、人を引き寄せられる人に。たくさんの友や仲間に恵まれ、太い絆でつながるように。

奏良 そら

空のような大きな心で人と接し、よい音を奏でるように、人との調和を大切にできる人に。

倫和 ともかず

「倫」の同等の仲間、「和」の丸くまとまるという意味から、生涯をともにする大切な仲間に数多く恵まれることを願って。

共喜 ともき

とも（共）に喜ぶ仲間や家族にめぐり会えるように。また、多くの人と喜びを共感できる充実した人生を願って。

友陽 ともはる

ローマの哲学者キケロの言葉「人生から友情を除かば、世界から太陽を除くに等し」から。多くの人と出会って友情をはぐくみ、真の仲間に恵まれることを願って。

朋哉 ともや

「朋」は、対等に肩を並べる友達という意味。本音をぶつけ合える、心からの親友にめぐり会えるように。

絆太 はんた

家族との絆、友人との絆など、人と人との絆を太く結び、大切にできる人に。

逢成 ほうせい

愛にあふれた出会（逢）いや、自分自身が大きく成長できる、よい出会いに恵まれることを願って。

結人 ゆいと

人と人とを結ぶ存在になれるように。お互いを助け合い、補い合える、強い絆で結ばれる出会いがあることを願って。

好広 よしひろ

同性異性問わず、多くの人に好かれるように。また、広い心と広い知識を持ち合わせた、やさしく賢い人間になることを願って。

梁太 りょうた

建物の屋根の横木を支える梁（はり）のように、人と人との絆を強く太く、しっかり支えることができるよう願って。

類磨 るいま

仲間やグループを意味する「類」。たくさんの仲間とともに切磋琢磨しながら成長し、真の友情をはぐくめるように。

“明るくさわやかな人に”

思いに合う漢字

旺成 おうせい

「旺」は、光が四方に広がる、盛ん、という意味。男の子らしくいつも元気いっぱいでバイタリティのある子に。そして、何にでも興味を持つような好奇心旺盛な子に。

凱 がい

にこやかに楽しむ、やわらぐという意味の「凱」。また、初夏に吹く穏やかな南風を凱風（がいふう）ということから、やさしい笑顔と穏やかな心、風のようなさわやかさで、だれからも好かれる子になるように。

楽斗 がくと

いつも明るく元気で人を楽しませてあげられる人に。肩に力の入りすぎない、いい意味での気楽さやポジティブさを持ってほしいと願って。

莞士 かんじ

にっこり笑うという意味の「莞爾（かんじ）」から、素敵な笑顔で、自分も周囲の人も明るく幸せにできるように。「爾」を「士」にすることで、武士のような強さやいさぎよさ、礼儀正しさもあわせ持つ人にと願って。

元輝 げんき

元気にたくましく成長し、輝く人生を手に入れてほしい。また、「元＝はじめ」という意味から、初心や基本を忘れないようにとの思いも込めて。

煌希 こうき

光が四方に輝くように明るく元気いっぱいで、バイタリティのある人に。その明るさとバイタリティで、希望に満ちた煌めくような素晴らしい人生をつかんでほしいと願って。

晃弥 こうや

光が広がるさまを意味する「晃」と、すみずみまで行きわたるという意味の「弥」。人々に明るさや元気を分け与える人に。

咲太朗 さくたろう

笑うという意味を持つ「咲」と、豊かさの「太」、ほがらかさの「朗」。明るく前向きに育ち、将来は大きな花を咲かせられるように。

澄快 すかい

英語で空を意味する「スカイ」の響きから。澄み切った空や雲ひとつない快晴の空のように、明るくさわやかな子に育ってほしいと願って。

颯太 そうた

風がさっと吹くようなさわやかさのある子に。背筋をのばし、颯爽と人生を歩んでほしいという思いも込めて。

爽也 そうや

文字通り、すがすがしくさっぱりとした、さわやかな男の人に育ってほしい。いつもすっきりと晴れ晴れとした心でいられるように。

昊 そら

「昊」は太陽の明るい空、夏空の意。夏の空のように明るく活動的で、元気いっぱいの人に。

天真 てんま

明るく無邪気なさまをあらわす四字述語「天真爛漫（てんしんらんまん）」が由来。響きに「天馬」の意味も持たせ、社会で大きく羽ばたくようにとの思いも込めて。

風馬 ふうま

風のなかを駆け抜ける馬のように、さわやかさと力強さをあわせ持つ人に。

陽心 ようしん

『旧約聖書』に書かれているソロモン王の言葉「陽気な心は、薬のように人のためになる」から。自分も周囲の人も笑顔にできるような、明るく元気な人に。

理仁 りひと

光を意味するドイツ語の「Licht（リヒト）」から。漢字は「理」と「仁」を当て、理知的でありながら、太陽のように明るく、あたたかい心を持ち合わせた人になることを願って。

亮晴 りょうせい

けがれがなくて明るいという意味の「亮」に、晴れ渡る空のイメージをプラス。明るくさわやかな子に育ってほしいと願って。

“おおらかさや スケール感のある人に”

思いに合う漢字

大 P184	弘 P189	広 P190	宇 P193	壮 P197
空 P209	京 P209	宙 P213	海 P218	宥 P226
泰 P234	容 P236	崇 P243	悠 P246	陸 P247
雄 P258	裕 P258	遥 P258	遼 P275	龍 P279

銀河 ぎんが
銀河のスケール感から、あらゆるものを包み込む、おおらかな心を持つ人に。また、銀河のように無限の可能性を信じて。

京太 けいた
「京（けい）」は、兆の千倍という大きな単位をあらわすことから、心の広いスケールの大きな子になることを願って。

弘興 こうき
スケールが大きいという意味もある「弘」。広い心と広い視野を持ち、大きな何かを興すような人になることを願って。

壮真 そうま
強くたくましく、おおらかに、心身ともに大きく成長してほしい。壮大な夢にもひるまず挑戦してほしいと願って。

泰自 たいじ
ゆったりと落ち着いているさまを意味する「泰然自若（たいぜんじじゃく）」から。自分をしっかり持った人になってほしいという願いも込めて。

大成 たいせい
将来的に大人物になる「大器晩成」と、大きな願いが叶えられる「大願成就」の意味を込めて。

大晴 たいせい
おおらかな心を持ち、雲ひとつない青空のような晴れやかな笑顔で日々を過ごせるように。響きには「大成」の意味も込めて。

崇史 たかし
高くそびえる山（崇）のように気高く、スケール大きく、自分に自信を持って堂々と、自分なりの歴史をつくってほしいと願って。

千尋 ちひろ
「千尋（せんじん、ちひろ）」は、非常に長いことや高いこと、深いことを意味する言葉。千尋のような大きくて深い心と視野を持ち、小さなことにはこだわらない人に。

隼飛 はやと
空を自由に力強く飛翔するハヤブサのように、また、さまざまなトラブルを乗り越えて地球に帰還した小惑星探査機「はやぶさ」のたくましさとスケール感にちなんで。

遥生 はるき
遥か彼方を見通すような広い視野とスケール感、そして広い心を持ち、遥かなる長い人生を自分らしく生きてほしいと願って。

雄一朗 ゆういちろう
雄大な自然のようにスケール大きく、心も広くほがらかに、それでいて、一本筋の通った男の子らしい子にとの思いを込めて。

裕樹 ゆうき
心にゆとりを持ち、大樹のように真っすぐ大きく成長してほしい。大樹のような安定感、スケール感のある人にという願いも込めて。

宥大 ゆうだい
ゆるす、ゆとりを持つという意味の「宥」。心の広いおおらかな子に育つように。響きにスケール感のある「雄大」の意味も込めて。

悠斗 ゆうと
悠々とおおらかに、そして北斗七星のように光輝くスケールの大きな人生を願って。

容平 ようへい
人としての器の大きさを「容」に込めた名前。細かいことには動じない心の広さとおおらかさ、人との調和を大切にする穏やかな子に成長することを願って。

陸 りく
どこまでも続く大陸のように強くやさしく、たくましく、広い視野を持ったスケールの大きな人に。

龍生 りゅうせい
天子や豪傑にもたとえられる「龍」。そんな龍のように強くたくましく、スケールの大きな人物になることを願って。

遼太 りょうた
心の広いおおらかな人に。また、はるか遠い未来へ向かってゆっくり着実に力をつけて行ける人に。

“自由にのびのびと成長してほしい”

思いに合う漢字

天 P186	羽 P193	我 P199	快 P199	伸 P204
侃 P208	空 P209	飛 P225	風 P225	展 P234
逸 P238	悠 P246	雲 P249	翔 P253	晴 P254
創 P255	遊 P257	想 P265	暢 P270	翼 P280

飛鳥 あすか
大空を飛ぶ鳥のように、自由にのびのびと育ってほしい。また、高いところから俯瞰する広い視野を持った人になるように。

暢 いたる
伸びる、のびやかという意味の「暢」は、太陽が明るく上がるさまをあらわした字。太陽のように明るく、のびやかな子に育ってほしいと願って。

逸平 いっぺい
人とは違う自由な発想ができる人に。また、ちょっと枠を超える（逸）ぐらいの個性を持ちながらも、人から愛され、平和かつ平穏に暮らせるように。

快翔 かいと
鳥が羽を広げて大空を心地よく舞う姿をイメージ。自由にのびのび成長し、輝ける未来へと羽ばたくことを願って。

侃太 かんた
「侃」は、のびのびとしていて、ひるまないさまをあらわした字。のびのびと素直にほがらかに、それでいて強くたくましく男の子らしく、自分の意見を堂々と言える人に育ってほしいと願って。

行雲 こううん
四字熟語の「行雲流水（こううんりゅうすい）」が由来。あくせくせず、ゆったりと落ち着いた生き方を願い、響きには「幸運」の意味も込めて。

創心 そうしん
のびのびと創造する心の自由さを託して。形式にとらわれない、自由な発想ができる人に。

想良 そら
豊かな想像力で大空のカンバスに夢や希望を描くような、のびやかで自由な成長を願って。

大葵 だいき
太陽に向かって花を咲かせる向日葵（ひまわり）から1字とって。真っすぐ素直に大きく育つように。

龍伸 たつのぶ
龍のようなたくましさと壮大なスケールで、自分らしく自由に生きてほしいと願って。

翼 つばさ
翼を広げて大空を飛びまわる鳥のように、マイペースで自由に成長することを願って。

展 てん
「展」は、どこまでも伸び広がるという意味。邪魔されることなく、自分らしく成長し、発展していけるように。

天馬 てんま
自由奔放な考え方や発想で、何物にもさえぎられずに進むという四字述語「天馬行空（てんばこうくう）」から。

晴馬 はるま
晴れた日に草原を駆けまわる馬のように、自由にイキイキと、たくましく生きられるように。

風我 ふうが
しっかりと自分を持ちつつも、風のように自由に気ままに、軽やかに生きていけるように。

帆空 ほたか
帆船が、海だけでなく空も飛びまわる、そんな常識にとらわれない自由な発想で生きられるようにと願って。

裕己 ゆうき
自分の心にゆとりを持って、のびのびとおおらかに、でも自分自身（己）の考えをしっかり持てる子に。

悠生 ゆうき
悠悠自適に、のびのびと生きられるように。響きには、いざというときは立ち向かう「勇気」の意味も込めて。

雄翼 ゆうすけ
翼を広げて大空を飛びまわる鷹や鷲の雄大な姿をイメージ。のびのびと自由に、力強く生きてほしいと願って。

遊真 ゆうま
子どものころは元気に遊び、成長しても遊び心を忘れない粋な人に。「真」をプラスすることで、いざというときには真剣に真面目になれる人に。

“真っすぐで誠実な人に”

思いに合う漢字

一 P181	矢 P190	正 P191	志 P203	忠 P213
直 P214	柾 P225	純 P232	真 P233	素 P234
透 P235	淳 P241	清 P243	順 P253	晶 P253
惺 P254	義 P260	誠 P264	廉 P267	潔 P274

淳生 あつお
「淳」は、真心がある、清いという意味。やさしく清い心を持ち、真っ当に生きるように。

一誠 いっせい
ひとつのことを最後まで誠実に貫き、夢を一途に追いかけることができるように。

晃誠 こうせい
光輝くような明るさと、誠実な心を持ち合わせ、自分の心にも、人にもうそをつかない人に。

純一 じゅんいち
純粋に真っすぐ育ってほしい。その真っすぐな情熱で、これだけはだれにも負けないというものを何かひとつ見つけてほしいと願って。

瞬矢 しゅんや
瞬間瞬間を大切にし、自分の心に素直に、真っすぐな気持ちでいられるように。

順矢 じゅんや
ルールや道筋通りに進むという意味の「順」と、直進するイメージの「矢」。ルールや常識に合わせる柔軟さを持ちつつ、いざというときには矢のように突き進んでいく情熱と瞬発力を発揮できる人に。

晶吾 しょうご
清廉潔白な人が不義・不正を憎むことをたとえたことわざ「水晶は塵を受けず」から。私利私欲に走らず、清く正しい心で生きてほしいと願って。

素陽 すばる
素直に正直に、太陽のように明るく育ってほしい。星の昴（すばる）のように光輝く人生を響きに込めて。

清志郎 せいしろう
自分の志をあきらめることなく、いつまでも純粋に追い求めてほしいとの願いを込めて。

惺矢 せいや
夜空に輝く星のように澄んだ心を持ち、真っすぐ純粋に成長することを願って。

透真 とうま
透き通った心のように純粋で、真っすぐ素直に、うそをつかない人に育つように。

直政 なおまさ
ギリシャの哲学者ゼノンの言葉「正直は最善の政策である」から。正直で誠実な人に。

柾志 まさし
木目が真っすぐに通った木材を意味する「柾（まさき）」。素直で真っすぐな心を持つ人に。また夢や志を真っすぐ追い求められる人に。

正成 まさなり
チャーチル英元首相の言葉「日々正直に行動することが、成功に達するもっとも確実な道である」から。

真行 まさゆき
夏目漱石の言葉「真面目とは実行するということだ」から。人や自分に対して誠実な行動ができる人に。

素晴 もとはる
雲ひとつない晴れ渡った青空のように、けがれのない素直な心を持つ人にと願って。

夢忠 ゆめただ
ドイツの思想家シラーの言葉「青春の夢に忠実であれ」から。夢に向かって真っすぐに進んでいく、純粋さと強さのある人に。

義人 よしと
「義」とは、人間の行う正しい筋道のこと。真っすぐに正しい道を進み、義理人情にあつく、正義感のある人に。

怜太 りょうた
「怜」は、心が澄んでいて賢いという意味。ピュアな心と賢さ、おおらかさを持ち合わせた人に。

亮磨 りょうま
「亮」は、けがれなく明るいという意味。誠実で純粋な心に磨きをかけ、みんなに愛される人になるように。

廉 れん
清廉潔白の「廉」。私利私欲に走らず、つねに誠実で、いさぎよい人に。

“すくすくと健康に、スポーツの得意な人に”

思いに合う漢字

力 P182	丈 P183	生 P191	迅 P196	壮 P197
伸 P204	育 P206	旺 P207	芽 P208	茂 P216
活 P219	飛 P225	健 P240	康 P240	萌 P246
翔 P253	跳 P265	樹 P278	駿 P280	錬 P280

育磨 いくま
身体も精神も磨き上げて、健全かつすこやかな成長を。また、いつまでも自分自身を磨き続ける向上心のある人にと願って。

惟吹 いぶき
活力や生命力を意味する「息吹（いぶき）」。「息」を、よく考えるという意味の「惟」に変えて、思慮深さとバイタリティをあわせ持つ人に。

旺芽 おうが
土をかき分けて植物が芽を出すように、生命力みなぎる活力と、前向きな力のある人に。

活毅 かつき
活発でバイタリティあふれる人に。また、「毅」の意味から、強い意志を持って、物事をきっぱり決断できる人に。

健志 けんし
すこやかにたくましく育ってほしい。志を持って、力強く前に進んでほしいと願って。

健豊 けんと
肉体のすこやかな成長と、心の豊かさ、知識の豊かさ、物質的な豊かさなど、あらゆる豊かさを。心身ともに大きな人になるようにとの願いも込めて。

茂伸 しげのぶ
生い茂りすくすくと伸びる、草木の生命力をイメージ。たくましく健康に、のびのびと育つようにと願って。

駿太 しゅんすけ
足の速い馬を意味する「駿」。優れて立派という意味もあり、身体能力の高い優れたスポーツ選手になってほしいという思いを込めて。

壮亮 そうすけ
堂々として勇ましいという意味の「壮」と、明るくはっきりしているという意味の「亮」。明るく元気にたくましく、心身ともに健全な成長を願って。

丈登 たけと
丈夫に、頑丈に、元気でたくましい男の人に。そのたくましい体と心で、上へ登っていくことができるように。

直剛 なおたけ
真っすぐ素直にすこやかに、男の子らしく強くたくましく成長することを願って。

迅翔 はやと
「迅」は、速いという意味。スピード感や瞬発力のある運動神経のよい人に。また、「迅羽（じんう）」とは鷹のこと。大空を翔ぶ鷹のように力強く堂々とした人に育つことを願って。

萌成 ほうせい
土から芽を出し大きく成長する草木のたくましい生命力をイメージ。すくすくと健康に成長し、苦しいことも自らの力で乗り越えていくたくましい人に。

元樹 もとき
元気にたくましく、大地に根ざした樹木のように、どっしりと頼りがいのある人に。

元伸 もとのぶ
元気に、のびのびと成長することを願って。また、才能を伸ばす、結果を伸ばす、成績を伸ばすなど、あらゆることを伸ばすように前向きに努力できる人に。

怜旺 れお
純粋で賢い心（怜）と、旺盛な活力、旺盛な好奇心を持つ人に。また、響きから、ライオンのような強さもあわせ持った人にと願って。

“思慮深く聡明な人に”

思いに合う漢字

文 P188 冴 P201 見 P201 英 P206 知 P213
卓 P213 俊 P221 悟 P230 哲 P234 惟 P238
現 P240 惺 P254 智 P255 達 P255 聖 P264
聡 P270 慧 P273 諒 P276 賢 P277 瞭 P281

惟月 いつき
物事をよく考え（惟）、自分の意見をしっかり持てる人に。また、静かに夜道を照らす月のように謙虚に、でもしっかりと人の役に立つ存在になるように。

英知 えいち
優れた知恵をあらわす言葉「英知」を名前に。物事の道理を見極められる聡明な人に。

慧智 けいち
仏教用語の「智慧（ちえ）」が由来。物事をありのまま把握して真理を見極められる人に。

現 げん
今（現在）をしっかり見つめ、最良の判断ができる人に。

見史郎 けんしろう
真実を見極める知性と見識のある、聡明な人に。

賢信 けんしん
賢く成長し、自分の信じた道を自分の頭でしっかり考えて進んでいける人に。

倖明 こうめい
『三国志』の諸葛亮孔明（しょかつりょうこうめい）にあやかり、優れた才知を期待して。また、明るく幸せな未来を手に入れられるように。

静流 しずる
思慮深い人は悠然としてさわがないという意味のことわざ「深い川は静かに流れる」が由来。何事にも動じない器の大きさと冷静さ、賢さのある人に。

聖冴 せいご
賢く人格的にも優れた人になってほしい。また、冴えわたる空のように、すがすがしい子にとの思いも込めて。

大惺 たいせい
「惺」は、「忄（りっしんべん）」十「星」で、星のように澄んだ心を意味する字。澄んだ心とくもりのない目で物事を見つめられる聡明な人に。また、人間的に大きく成長し、星のように光輝く未来を手に入れてほしいと願って。

卓磨 たくま
「卓」は、ひときわ高く抜きん出るという意味。知性や技術を磨き、人より抜きん出る存在になるように。

達英 たつひで
「達」のすらすらと出世する、「英」の優れているという意味から、優れた英知で、目的を達成するように。

哲生 てつお
賢く聡明で、自分なりの哲学を持って、しっかりと人生を歩んでいけるように。

俊瑛 としあき
澄みきった玉の光を意味する「瑛」と、才知の優れた人をあらわす「俊」。際立つ知性や才能に恵まれるように。

知己 ともき
己を知る聡明な人に育つように。また、「知己（ちき）」は、自分を理解してくれる親友という意味もあることから、本当の親友に巡り合えるようにという思いも込めて。

文悟 ぶんご
知性と文学的な感性（文）、物事をきちんと理解する力（悟）を兼ね備えた聡明な人物になるように。

真聡 まさと
真実を見極めることのできる聡明な人に。また、「聡」の耳がよく通るという意味から、人の話をよく聞いて、人生の糧をたくさん得られるように。

無我 むが
私欲がないという意味の単語「無我」をそのまま名前に。何事にもとらわれない、すっきりとした心で、つねに公平な判断と正しい選択ができるように。

瞭介 りょうすけ
「瞭」は、はっきりとよく見えるという意味。物事を正しく見極められる聡明な人に。

諒真 りょうま
まこと、あきらかといった意味がある「諒」。物事の本質を見極められる賢い人に。

“独創性があって才能に恵まれるように”

思いに合う漢字

才 P183	文 P188	考 P194	匠 P196	芽 P209
作 P202	音 P218	泉 P223	奏 P223	造 P234
展 P234	能 P235	彩 P241	詠 P249	創 P255
詩 P262	新 P263	想 P265	擢 P280	響 P284

彩翔 あやと
多彩な才能で人生を創造し、社会で飛翔するように。また、鮮やかに彩られた明るく豊かな人生を送れることを願って。

新太 あらた
新しいことに挑戦し、新しい何かを生み出したり、発見できる人に。

偉織 いおり
偉業を織りなすという字の意味から、これまでにない発想や着想で、人々の心に残る成功をおさめるように。

泉己 いずみ
湧き出る泉のように才能にあふれ、泉のように清らかな心で自由な発想ができる人に。そして、オリジナリティあふれる自分（己）らしいものを生み出せるように。

奏太 かなた
音楽的な才能や、オリジナリティあふれるクリエイティブな才能を願って。自分の人生を、自分らしい音色で奏でられるように。

考生 こうせい
つねに頭のなかにアイデアが詰まっているような、クリエイティブな才能を期待して。何事も自分でよく考え、信念を持って生きていける人に。

才希 さいき
「才」には物事を成し遂げる力という意味もあることから、才能に恵まれ、その才能を存分に発揮して、たくさんの希望を叶えられるようにと願って。

匠吾 しょうご
職人にように何事もコツコツとていねいにこだわりを持ってやり遂げ、ひとつのことをきわめられる人に。

想 そう
新しいことを考える発想、論理的に考える思想、最善を考える理想など、多彩な「想」に恵まれるように。

想作 そうさく
響きは「創作」にもかけ、豊かな想像力で何か新しいものを生み出せる人にという思いを込めて。

創太 そうた
豊かな想像力、創造性で新しい何かを生み出せる人に。また、柔軟な発想や創意工夫で人生の荒波もたくましく乗り越えていけるよう願って。

大芽 たいが
芽吹いた草木が大きく育って花を咲かせるように、才能の芽をしっかり育て、夢や希望が大きく花咲くことを願って。

能広 たかひろ
知力や体力など幅広い才能に恵まれるように。また、心の広さを持ち合わせ、多くの人に好かれ、信頼される人になることを願って。

擢斗 たくと
何か抜（擢）きん出たものを身につけてほしい。タクトを持つ指揮者のように芸術的な才能や、人をまとめる能力も期待して。

展生 のぶお
絶えず活動しながら発展するという意味の四字述語「生々発展（せいせいはってん）」が由来。向上するために、つねに新しい発想や挑戦を続ける人にと願って。

展希 のぶき
「展」の隠れた才能を広げて見せるという意味から、素晴らしい才能に恵まれ、活躍できるように。

耀一 よういち
光が高く照り輝くという意味の「耀」。これだけはだれにも負けないという一番のものを見つけて、キラキラと輝く未来へとつながるように。

能秀 よしひで
何かひとつ秀でた才能に恵まれ、その能力をいかんなく発揮できるように。

凌太 りょうた
何かひとつ人を凌ぐ素晴らしい能力を身に着けてほしい。また、困難にも絶え凌ぐ強い力を持ち合わせてほしいと願って。

“芯の強い しっかりした人に”

思いに合う漢字

一 P181	士 P183	矢 P190	立 P192	我 P199
吾 P201	克 P202	志 P203	芯 P203	武 P215
建 P219	勇 P226	剛 P231	将 P232	晋 P233
道 P256	魁 P268	毅 P273	凜 P276	樹 P278

海路 かいじ
穏やかな海（人生）のときも、大荒れの海（人生）のときも、迷うことなく自分の決めた道を進んでいける人に。

魁斗 かいと
「魁」は、大きく堂々としている、かしら、先駆者の意味を持ち、北斗七星の第一星をさす漢字。多くの人に慕われる魅力的な輝きを放ち、いざというときにはリーダーシップを発揮できる人に。

一成 かずなり
強い意志を持って自分の信じた道を貫き、何かひとつのことを成し遂げられる人に。

克己 かつき
『論語』が由来の四字熟語「克己復礼（こっきふくれい）」から。私欲をおさえて理想を実現するという意味から、精神的にも体力的にも強くたくましい人にとの思いを込めて。

圭吾 けいご
「圭」は、すっきりしている、いさぎよいという意味。自分（吾）をしっかり持って、何に対しても堂々といさぎよく行動できる人に。

謙心 けんしん
おごることなく、謙虚な気持ちを忘れずに生きてほしい。戦国武将の上杉謙信にもちなみ、いざというときには前面に立つ勇気と力強さのある人にとの思いも込めて。

建太 けんた
建てるという意味のほかに、意見を言うという意味もある「建」。自分の足でしっかり立ち、意見を堂々と言える人に。

剛毅 ごうき
気力十分で、意志がしっかりしていて物事に屈しないという意味の「剛毅（ごうき）」をそのまま名前に。

航士 こうし
世界の海を旅する航海士のように、自分で人生の舵をとり、決めた道を堂々と進んでいけるように。

柔剛 じょうごう
表面は柔和だが、内面は意思が強くたくましい「外柔内剛（がいじゅうないごう）」が由来。穏やかさとたくましさをあわせ持つ人に。

新 しん
これからの新しい時代を自分の足でしっかり歩んでいけるように。響きには「芯（しん）の強い人に」との思いも重ねて。

晋矢 しんや
「晋」は、ずんずん進むという意味。目的に向かって、矢のように真っすぐに突き進んでいける人に。

大樹 だいき
大樹のように、真っすぐ堂々と生きられるように。また、どっしりと頼りがいのある人になるように。

英成 ひでなり
英雄のような、勇気と知性と行動力を兼ね備えた頼りがいのある、素晴らしい人物に成長することを願って。

将広 まさひろ
勇気と行動力、賢さを兼ね備え、いざというときにリーダーシップを発揮できる人に。また、小さなことにはこだわらない器の大きな人に。

道英 みちひで
ドイツの作家ヘルマン・ヘッセの言葉「自分の道を進む人は、だれでも英雄」が由来。力強く、自分の信じた道を進んでほしいと願って。

勇芯 ゆうしん
勇敢で、芯のある強い人になってほしい。また、「芯」のなかに「心」もあることから、自分の心（思い）も人の心も尊重できる人にとの思いも込めて。

立希 りつき
強い信念を持ち、地に足をつけて生きていけるように。失敗しても希望を忘れず、何度でも立ち上がる人に。

凜太朗 りんたろう
普段は明るくほがらかで、いざというときには凛々しく、一本筋の通った行動ができる人に。

“夢や希望を信じて努力する人に”

思いに合う漢字

可 P188	行 P194	成 P197	希 P200	克 P202
志 P203	努 P204	学 P208	昇 P212	征 P212
拓 P213	歩 P215	星 P222	峰 P236	晨 P243
琢 P244	望 P246	達 P255	夢 P266	磨 P278

明日磨 あすま
いくつになっても向上心を忘れず、日々自分を磨き、努力することを忘れない人に。

歩真 あゆま
夢や希望に向かって、真っすぐ歩んでいく人に。そのひたむきさで、夢を真（まこと）にできるように。

一輝 いっき
「一」の字のように自分の信じた道を真っすぐ進み、輝ける未来を手に入れられるように。

可惟 かい
自分の可能性を信じて、がんばれる人に。また、よく考え(惟)て、自分の判断で行動できる人に。

克望 かつみ
困難にぶつかっても自らの力で克服し、遠回りをしても、いずれ夢や希望をしっかり実現できる人に。

志道 しどう
志をしっかり持ち、その目標に向かって、自分で道をつくり、しっかりとその道を歩んでいくように。

昇太 しょうた
徐々に輝きを増して昇る太陽のように、向上心を持って、つねに上を目指すことを願って。

晨太郎 しんたろう
「晨」は夜明けという意味。毎日必ず夜明けが来るように、つらいことも必ず乗り越えられることを信じ、何事もあきらめない人に。

達希 たつき
達成や到達の「達」と、希望の「希」の組み合わせ。いつも前を向いて努力を重ね、夢や希望が実現するように。

七央八 なおや
「七」にラッキー7、「八」に末広がりの幸運を込めて。また、失敗しても何度でも立ち上がる「七転び八起き」の精神で、何度もあきらめずにがんばれる人に。

遥希 はるき
つねに希望を忘れずに、遥かなる未来に向かってしっかりと歩んでいける人に。

拓行 ひろゆき
道なき道を切りひらいて前進していく、チャレンジ精神あふれる人に。

峰成 ほうせい
つねに高い山のいただきを目指して努力を続け、一段一段ステップアップしながら成長していってほしい。

学武 まなぶ
向上心を持って何事も好奇心旺盛に学ぶ姿勢と、武士のような礼儀正しさをあわせ持つ人に。

勇星 ゆうせい
夜空に輝く星のように無限の可能性を信じ、何事にも勇気を持って果敢にチャレンジしてほしい。星のように輝く人生を手に入れてほしいとの願いも込めて。

夢路 ゆめじ
夢の実現へ続く道（路）を真っすぐに進み、幸せな未来をつかむことを願って。

龍征 りゅうせい
「征」は、真っすぐ進むという意味。天空に昇る龍のように、力強く向上心を持って頂点をめざせる人に。響きに、願いが叶う「流星」のイメージも重ねて。

“充実した幸せな人生、明るい未来を”

思いに合う漢字

叶 P189	未 P192	充 P196	成 P197	寿 P202
明 P216	実 P211	恵 P229	倖 P230	祥 P233
笑 P233	泰 P234	喜 P251	裕 P258	瑞 P263
福 P265	鳳 P271	歓 P272	輝 P272	慶 P273

千寿 かずひさ
めでたいことの代名詞「寿」を千回重ねて、この上のない幸福や充実した人生を願って。

叶多 かなた
文字通り、多くの願いが叶うように。そのための努力は惜しまず、また自分だけでなく周囲の人の願いもたくさん叶えてあげられるようなやさしさや能力のある人に。

歓多 かんた
にぎやかに声を合わせて喜ぶという意味の「歓」。喜びの多い人生、喜びを分かち合えるたくさん友と出会えることを願って。

輝志 きし
いつまでも志の輝きを失わない、イキイキとした満ち足りた人生になることを願って。「きし」の響きには、困難に立ち向かう「騎士」のイメージも重ね、強くたくましい子になることも願って。

恵多 けいた
幸せな人生を送れるよう、物質的にも精神的にも、多くの恵みがあることを願って。

祥汰 しょうた
さいわいという意味の「祥」と、標準以上にたっぷりあるという「汰」から、十二分の幸いに恵まれるように。

笑太 しょうた
笑顔で過ごせるような楽しい毎日、自分も周囲の人も笑顔にあふれる幸せで豊かな人生を願って。

泰生 たいき
のびのびとおおらかに育ち、安らかで充実した安泰な人生を送れるようにと願って。

千晶 ちあき
「晶」は、3つの星が輝いている様子をあらわした字。澄み切った夜空に輝くたくさんの星のように、無限の可能性を信じて。

陽道 はるみち
太陽のように明るく希望に満ちた未来に向かって、しっかり自分の足で道を進んでいける人に。

裕充 ひろみち
つねに心にゆとりを持ち、精神的にも経済的にも豊かで満ち足りた人生になることを願って。

福至 ふくし
どんな困難にぶつかっても、最後は心から笑える幸福に至ることができるように。

鳳成 ほうせい
鳳凰（ほうおう）は、聖天子とともにあらわれるといわれる伝説の鳥で、めでたいことの象徴。鳳凰があらわれるような輝く未来を。

瑞輝 みずき
宝物やめでたいという意味のある「瑞」。幸せに満ちた輝く人生を送れるように。また、いつまでもみずみずしくフレッシュな気持ちを忘れないように。

充喜 みつき
心の充実、人間関係の充実、仕事の充実などあらゆるものが充実し、喜びにあふれた幸福な人生を願って。

幸人 ゆきと
ロシアの作家アルブーゾフが著した「幸福というものは、一人では決して味わえないもの」という一文から。家族や友人とともに幸福を分かち合う人生を。

喜行 よしゆき
ドイツの詩人ゲーテの言葉「喜んで行い、そして行ったことを喜べる人は幸福である」から。やりたいことはもちろん、やりたくないことも楽しむ姿勢で臨み、幸福に変えてしまうポジティブな人生を。

琉星 りゅうせい
美しい宝石や夜空の星のように、キラキラと輝ける未来を。「流星」の響きにかけて、夢が叶うようにとの思いも込めて。

陽希 はるき
ドイツの思想家シラーの言葉「太陽が輝くかぎり、希望も輝く」が由来。つねに希望を失わず、輝いた人生を送れるように。

“広い視野を持ち、グローバルな活躍を”

思いに合う漢字

万 P184　広 P190　世 P191　希 P200　志 P203
空 P209　周 P212　拓 P213　海 P218　挑 P224
航 P230　渉 P242　陸 P247　開 P249　結 P252
翔 P253　渡 P256　新 P263　夢 P266　翼 P280

新志 あらし
志を持って、新たな世界を切りひらいていけるように。響きに「嵐」を重ね、いざというときには強いパワーを発揮できる人に。

挑夢 いどむ
世界や未開の分野へチャレンジする冒険心を持ち、枠にとらわれないグローバルな活躍ができるように。

英侍 えいじ
時代を意味する英語「エイジ（age）」から。優れているという意味を持つ「英」＋「侍」で、優れた才能で世界に挑む日本男児をイメージ。新しい時代を築ける人に。

開成 かいせい
「開成」とは、まだ知らないことを開発し、望むことを成し遂げるという意味。未知の世界で夢や希望を実現するダイナミックな活躍を期待して。

海渡 かいと
果敢に海を渡るような、勇気とたくましさのある人に。

豪 ごう
英語の「ゴー（Go）」の響きで、外国人にもわかりやすい名前に。素晴らしい才知と強さを持って、日本にとどまらないグローバルな活躍を願って。

航希 こうき
大海へ出港する船をイメージした名前。おおいなる希望を持って世界の舞台へ飛び込んでいけるように。

航世 こうせい
荒波のなかを堂々と進んでいく船のように、強くたくましく、大きな世界へと突き進んでいける人に。響きには、後世に名を残すような立派な人になってほしいという願いも込めて。

穣士 じょうじ
英語圏の男性にも多い「ジョージ」の響きで、外国人にも親しみやすい名前に。豊かに実る、さかんという意味の「穣」を当てて、日本でも海外でも、実りある豊かな人生を送れるように。

大河 たいが
大河のような壮大なスケールで物事を考え、世界でも活躍できる人に。また、タイガー（虎）のような力強さとたくましさで、物おじせず世界に渡っていけるように。

拓海 たくみ
未開の海を切りひらいて進んでいくように、パイオニア精神を持って世界を舞台にした活躍ができるように。

万空 ばんくう
宮本武蔵の『五輪書』の一節「万里一空（ばんりいっくう）」が由来。どこまで行っても空はひとつという意味から、世界のどこででも活躍できる人に。

広夢 ひろむ
広く自由な心を持ち、夢を大きくのびのびと描ける人に。また、世界を視野に入れた広い世界に、臆せずチャレンジできるように。

磨世 まよ
劇作家ジョージ・バーナード・ショーの言葉「いつも自分を磨いておけ。あなたは世界を見るための窓なのだ」から。広い視野を持ち、また、世界で通用するような技術や才能を磨いてほしいと願って。

結世 ゆうせい
世界中の人々を結びつけるような、地球規模でのワールドワイドな活躍ができるように。

陸翔 りくと
大陸をまたにかけて飛翔するような、ダイナミックな活躍ができるように。

龍平 りゅうへい
いち早く世界に目を向けて行動を起こした幕末の志士、坂本龍馬のように、世界を視野に入れたスケールの大きな人生を願って。

渉 わたる
海を渡り、広い世界を見て、さまざまな出会いや経験を積んでほしい。視野の広い心の豊かな人になるように。

兄弟姉妹で共通性のある名前

兄弟姉妹で共通性のある名前をつけるのも根強い人気。兄弟姉妹としての一体感や絆を表現することができます。

兄弟姉妹で名前に共通性を持たせるには、おもに次の4つの方法があります。

①止め字をそろえる
②同じ漢字を使う
③文字数や響きをそろえる
④イメージをそろえる

もっともポピュラーなのは①です。ただし、男女で止め字を同じにすると、「悠希（男）、瑞希（女）、真希（女）」などの場合、本当は一男二女でも、名前だけの並べてみると三姉妹に思われるなど誤解されがちなので、なるべく避けたほうがいいでしょう。

特定の漢字に思い入れがある場合は、②の同じ漢字を使う方法がおすすめですが、兄弟姉妹が多いと、響きの似た名前が多くなるのが難点。男の子なら「陽」、女の子なら「優」など、男女で分けてもよいでしょう。

③は名前の視覚的な印象や響きにこだわるパパ・ママにおすすめです。漢字1字名でそろえたり、「ユータ」「コータ」など、長音の響きでそろえる方法です。

海、空、音楽、やさしさなど、④のイメージをそろえる方法も、人気の名づけ法です。統一感がありながら、響きや漢字はそれぞれ異なるので、似たような名前にならないのもメリットです。

止め字をそろえた名前

英
- 秀英　しゅうえい
- 仁英　じんえい
- 龍英　りゅうえい

雅
- 光雅　こうが
- 大雅　たいが
- 悠雅　ゆうが

希
- 晃希　こうき
- 直希　なおき
- 勇希　ゆうき

輝
- 一輝　いっき
- 智輝　ともき
- 宏輝　ひろき

樹
- 晴樹　はるき
- 雅樹　まさき
- 祐樹　ゆうき

吾
- 新吾　しんご
- 諒吾　りょうご
- 蓮吾　れんご

志
- 篤志　あつし
- 聡志　さとし
- 高志　たかし

士郎
- 賢士郎　けんしろう
- 幸士郎　こうしろう
- 清士郎　せいしろう

心
- 一心　いっしん
- 瑛心　えいしん
- 優心　ゆうしん

介
- 昊介　こうすけ
- 駿介　しゅんすけ
- 颯介　そうすけ

輔
- 圭輔　けいすけ
- 大輔　だいすけ
- 雄輔　ゆうすけ

成
- 泰成　たいせい
- 陽成　ようせい
- 龍成　りゅうせい

生
- 晃生　こうせい
- 諄生　じゅんせい
- 悠生　ゆうせい

太
- 歓太　かんた
- 信太　しんた
- 颯太　そうた

多
- 奏多　かなた
- 恵多　けいた
- 勇多　ゆうた

大
- 昂大　こうだい
- 翔大　しょうだい
- 雄大　ゆうだい

太郎
- 虎太郎　こたろう
- 朔太郎　さくたろう
- 真太郎　しんたろう

斗
- 研斗　けんと
- 拓斗　たくと
- 陽斗　はると

翔
- 海翔　かいと
- 大翔　ひろと
- 陸翔　りくと

平
- 周平　しゅうへい
- 遥平　ようへい
- 琉平　りゅうへい

真
- 壮真　そうま
- 透真　とうま
- 遼真　りょうま

馬
- 和馬　かずま
- 爽馬　そうま
- 春馬　はるま

海
- 匠海　たくみ
- 悠海　はるみ
- 広海　ひろみ

己
- 克己　かつみ
- 卓己　たくみ
- 達己　たつみ

哉
- 隼哉　しゅんや
- 心哉　しんや
- 直哉　なおや

弥
- 音弥　おとや
- 和弥　かずや
- 哲弥　てつや

和
- 秀和　しゅうわ
- 翔和　とわ
- 悠和　ゆうわ

同じ漢字を使った名前

仁
- 仁一郎　じんいちろう
- 仁成　じんせい
- 悠仁　ゆうじん

大
- 大地　だいち
- 大和　やまと
- 雄大　ゆうだい

拓
- 拓馬　たくま
- 拓実　たくみ
- 拓也　たくや

翔
- 翔平　しょうへい
- 翔真　しょうま
- 裕翔　ゆうと

虎
- 虎太郎　こたろう
- 武虎　たけとら
- 虎之助　とらのすけ

悠
- 悠基　ゆうき
- 悠介　ゆうすけ
- 悠太朗　ゆうたろう

龍
- 龍仁　りゅうじん
- 龍星　りゅうせい
- 龍之介　りゅうのすけ

愛
- 愛琉　あいる
- 愛斗　まなと
- 愛奈　あいな
- 結愛　ゆあ

瑛
- 瑛太　えいた
- 匠瑛　しょうえい
- 瑛美花　えみか
- 沙瑛子　さえこ

音
- 音弥　おとや
- 礼音　れいと
- 彩音　あやね
- 夏音　かのん

海
- 海斗　かいと
- 匠海　たくみ
- 七海　ななみ
- 海羽　みう

楽
- 楽斗　がくと
- 悠楽　ゆうら
- 玖楽々　くらら
- 沙玖楽　さくら

希
- 航希　こうき
- 大希　だいき
- 美沙希　みさき
- 由希奈　ゆきな

輝
- 尚輝　なおき
- 元輝　もとき
- 咲輝　さき
- 美輝　みき

結
- 結心　ゆいしん
- 結太朗　ゆうたろう
- 実結　みゆ
- 結香　ゆいか

志
- 賢志郎　けんしろう
- 光志郎　こうしろう
- 志織　しおり
- 志穂　しほ

心
- 心之輔　しんのすけ
- 心平　しんぺい
- 心美　ここみ
- 心結　みゆ

真
- 真一郎　しんいちろう
- 拓真　たくま
- 日真里　ひまり
- 真里亜　まりあ

星
- 悠星　ゆうせい
- 琉星　りゅうせい
- 星花　ほしか
- 莉星　りせ

夢
- 拓夢　たくむ
- 広夢　ひろむ
- 夢月　むつき
- 夢香　ゆめか

優
- 優介　ゆうすけ
- 優斗　ゆうと
- 麻優奈　まゆな
- 美優希　みゆき

陽
- 旭陽　あさひ
- 陽貴　はるき
- 小陽　こはる
- 陽奈子　ひなこ

和
- 和輝　かずき
- 和一　わいち
- 紗和　さわ
- 美和　みわ

文字数や響きをそろえた名前

1字

2音＋「い」
- 開 かい
- 晴 せい
- 類 るい
- 舞 まい
- 玲 れい

2音＋「う」
- 康 こう
- 壮 そう
- 洋 よう

2音＋「ん」
- 寛 かん
- 真 しん
- 蓮 れん
- 暖 のん
- 凛 りん

訓読み
- 新 あらた
- 響 ひびき
- 諒 まこと
- 楓 かえで
- 渚 なぎさ

濁音
- 岳 がく
- 玄 げん
- 丈 じょう

2字

2字2音
- 雅久 がく
- 斗夢 とむ
- 琉偉 るい
- 実緒 みお
- 芽衣 めい

3音＋長音
- 颯馬 そうま
- 透吾 とうご
- 風太 ふうた
- 京香 きょうか
- 沙綾 さあや
- 麗加 れいか

音読み＋4音
- 瑛大 えいだい
- 開道 かいどう
- 晃成 こうせい
- 雄豪 ゆうごう

拗音
- 賢祥 けんしょう
- 駿斗 しゅんと
- 龍星 りゅうせい
- 珠乃 じゅの
- 涼香 りょうか

3字

3音＋「と」
- 佳偉斗 かいと
- 歩玖斗 ほくと
- 弥真斗 やまと

5音＋「ろう」
- 瑛太郎 えいたろう
- 晃仁郎 こうじろう
- 奏士郎 そうしろう

5音＋「のすけ」
- 蔵之介 くらのすけ
- 虎之介 とらのすけ
- 遥之介 はるのすけ

名づけのヒント

同じ「へん」「つくり」の名前

同じ漢字で統一するのではなく、「へん（偏）」や「つくり（旁）」を共通にする方法もあります。たとえば「悠」「志」「慈」など、漢字のなかに「心」が入っている字で統一する方法です。同じへんやつくりでも、意味やイメージが異なるものも多いので、その点は注意しましょう。

名前例

「心」
- 武志 たけし
- 悠平 ゆうへい
- 英慈 えいじ
- 芯吾 しんご
- 恵実 えみ
- 想乃 その
- 愛果 あいか

「王」
- 瑞基 みずき
- 瑛多 えいた
- 玖音 くおん
- 琥太郎 こたろう
- 玲加 れいか
- 珠里 しゅり
- 碧衣 あおい
- 瑶美 たまみ

「木」
- 直樹 なおき
- 桔平 きっぺい
- 大梧 だいご
- 桜介 おうすけ
- 梨花 りんか
- 柚葉 ゆずは
- 桃奈 ももな
- 楓 かえで

イメージをそろえた名前

自然（1字）

- 海　かい
- 岳　がく
- 空　そら
- 陸　りく
- 泉　いずみ
- 渚　なぎさ
- 風　ふう

自然（2字）

- 颯太　そうた
- 青空　そら
- 大地　だいち
- 七海　ななみ
- 風珂　ふうか
- 美湖　みこ

海

- 岬太　こうた
- 拓海　たくみ
- 波斗　なみと
- 夏帆　かほ
- 凪沙　なぎさ
- 美澪　みれい

空

- 昊汰　こうた
- 大空　そら
- 悠青　ゆうせい
- 虹香　にじか
- 美雲　みくも

山、大地

- 岳斗　がくと
- 峻太郎　しゅんたろう
- 悠峰　ゆうほう
- 真穂　まほ
- 美郷　みさと
- 嶺花　れいか

樹木

- 幹太　かんた
- 桂介　けいすけ
- 大梧　だいご
- 清楓　さやか
- 樹里　じゅり
- 美椰　みや

花

- 桜輔　おうすけ
- 菖太　しょうた
- 蓮　れん
- 優花
- 莉世

太陽

- 暁斗　あきと
- 旭飛　あさひ
- 幸晟　こうせい
- 明日香　あすか
- 小晴　こはる
- 陽奈　ひな

宇宙

- 銀河　ぎんが
- 昴　すばる
- 琉星　りゅうせい
- 星乃　ほしの
- 美宇　みう
- 奈月　みつき

芸術（1字）

- 匠　たくみ
- 創　はじめ
- 響　ひびき
- 詩　うた
- 琴　こと

文学・アート

- 栞太　かんた
- 創一　そういち
- 文吾　ぶんご
- 詠美花　えみか
- 詩織　しおり
- 乃絵　のえ

音楽

- 志音　しおん
- 拓音　たくと
- 響生　ひびき
- 奏子　かなこ
- 琴音　ことね
- 優歌　ゆうか

色彩

- 紫温　しおん
- 蒼真　そうま
- 竜青　りゅうせい
- 朱里　しゅり
- 美紅　みく

宝石

- 瑛多　えいた
- 琥太朗　こたろう
- 琉介　りゅうすけ
- 杏珠　あんじゅ
- 璃子　りこ
- 玲南　れいな

光

- 光樹　こうき
- 燦太　さんた
- 耀介　ようすけ
- 煌里　きらり
- 美輝　みき

洋風

- 賢人　けんと
- 琉偉　るい
- 礼央　れお
- 英玲奈　えれな
- 星羅　せいら
- 乃愛　のあ

和風（1字）

庵　いおり
匠　たくみ
武　たける
巴　ともえ
鞠　まり
都　みやこ

和風（2字）

正宗　まさむね
八雲　やくも
大和　やまと
小梅　こうめ
千桜　ちお
佳乃　よしの

たくましい

侃太　かんた
剛基　ごうき
丈琉　たける
勇翔　ゆうと
力騎　りき

たくましい（動物）

獅温　しおん
翔馬　しょうま
鷹斗　たかと
龍ノ介　りゅうのすけ

スケールが大きい

大地　だいち
天馬　てんま
永遠　とわ
広翔　ひろと

開拓心（1字）

新　あらた
進　すすむ
拓　ひらく
渉　わたる

開拓心（2字）

出帆　いずほ
航介　こうすけ
進吾　しんご
拓真　たくま

やさしい

淳希　あつき
瑛心　えいしん
温真　はるま
心美　ここみ
想代　そよ
優香　ゆか

おおらか

広平　こうへい
泰成　たいせい
悠太朗　ゆうたろう
和花　のどか
遥　はるか
美陽　みはる

のびのび

翼　つばさ
展　てん
遊　ゆう
風子　ふうこ
由衣　ゆい

純粋、素直

信太　しんた
直樹　なおき
柾希　まさき
香純　かすみ
清花　きよか
素乃　その

明るい（1字）

朗　あきら
天　てん
陽　はる
笑　えみ
花　はな

明るい（2字）

快登　かいと
元輝　げんき
太陽　たいよう
千笑　ちえみ
天歌　てんか
夏実　なつみ

さわやか

帆高　ほだか
瑞生　みずき
琉晴　りゅうせい
涼音　すずね
爽乃　その
玲泉　れいみ

聡明

一惺　いっせい
賢史　さとし
哲哉　てつや
知世　ともよ
美怜　みさと
俐奈　りな

誠実

公亮　こうすけ
慎太郎　しんたろう
大誠　たいせい
真央　まお
諒花　りょうか

夢、希望

新太　あらた
大志　たいし
拓未　たくみ
叶実　かなみ
未来　みらい
夢香　ゆめか

幸せ

慶吾　けいご
祥太　しょうた
泰河　たいが
咲喜　さき
美嘉　みか

平和（1字）

穏　おん
平　たいら
友　ゆう
心　こころ
和　のどか
円　まどか

名づけのヒント

有名人の子どもの名前

芸能人やスポーツ選手、文化人などの子どもの名前は、個性的な名前が多いようです。なかには、ちょっと個性的すぎる（？）名前もありますが、さすが！と思わせるセンスのいい名前も多いもの。漢字の使い方や読み方など、参考になることも多そうです。

親	子の名前
三村マサカズ（さまぁ～ず）	衣音（いおん）、優羽（ゆうわ）
本木雅弘、内田也哉子	雅楽（うた）、伽羅（きゃら）、玄兎（げんと）
杉浦太陽、辻 希美	希空（のあ）、青空（せいあ）
奥山佳恵	空良（そら）、美良生（みらい）
佐々木健介、北斗 晶	健之介（けんのすけ）、誠之介（せいのすけ）
庄司智春（品川庄司）、藤本美貴	虎之助（とらのすけ）
河瀬直美（映画監督）	光祈（みつき）
葉加瀬太郎、高田万由子	向日葵（ひまり）、万太郎（まんたろう）
中村勘九郎、前田 愛	七緒八（なおや）
松嶋尚美（オセロ）	珠丸（じゅまる）
加藤浩次	小羽（こはね）、快晴（かいせい）、清風（きよか）
ダイヤモンド☆ユカイ	新菜（にいな）、頼音（らいおん）、匠音（しょーん）
土屋アンナ	澄海（すかい）、心羽（しんば）
大村朋宏	晴空（はるく）
田村 亮（ロンドンブーツ1号2号）	哲星（てっせい）、柊輔（しゅうすけ）
中川 剛（中川家）	天（てん）、碧（あお）
南原清隆（ウッチャンナンチャン）	優世（ゆうせい）
ツネ（2700）	陽（はる）、向（こう）
今井絵理子	礼夢（らいむ）
宮迫博之（雨上がり決死隊）	陸（りく）
大竹一樹（さまぁ～ず）	龍臣（りゅうじん）
レッド吉田（TIM）	麟太郎（りんたろう）、塁（るい）、陽（ひなた）、晴（はれる）、運（めぐる）
真矢、石黒 彩	玲夢（りむ）、宙奈（そな）、耀太（ようた）
三船美佳、高橋ジョージ	蓮音（れんおん）
市川染五郎	齋（いつき）、薫子（かおるこ）
中山秀征	翔貴（しょうき）、脩悟（しゅうご）、敬悟（けいご）、貴仁（たかひと）

Part 7

「姓名判断」と名づけ

姓名判断でよりよい名前に

どこまで姓名判断を重視するかを悩む人も多いもの。また、ひと口に姓名判断といっても方法はさまざま。姓名判断との向き合い方と、姓名判断の方法を紹介します。

姓名判断って…

姓名判断ってむずかしそうだけど…
そもそも姓名判断ってしないといけないの？
姓名判断って本当に当たるのかな？
凶の名前をつけたら不幸になっちゃうって

姓名判断による名づけは「お守り」をあげるようなもの

姓名判断は長い歴史のなかで積み重ねてきた経験や実績、膨大なデータに基づいています。人の容姿や声が印象を左右し、その後の人生に少なからず影響を与えるように、名前も周囲の印象を左右するひとつの要素。日々、名前とともに過ごしている自分自身にも何かしら影響を与えると考えても不思議ではありません。

とはいえ、姓名判断だけで人生が決まるわけではありません。その子のもともとの性質や、育つ環境など、人生にはさまざまなことが影響します。それでも、よりよい名前を、と願うのは親心。わが子の幸せを導く「お守り」として、姓名判断を取り入れるのも愛情のひとつといえます。

姓名判断のいろいろ

1
五大運格(五格)〜画数で吉凶を見る〜

姓名を構成する文字の画数を、一定の組み合わせで足し、天格、人格、地格、外格、総格と呼ばれる5つの要素に当てはめ、それぞれの意味と吉凶をふまえて運勢をみる。姓名判断のなかで、もっとも重要な判断方法。P334

2
五行の配列
〜「木・火・土・金・水」の相関関係で見る〜

あらゆるものは「木・火・土・金・水」のいずれかに属し、水は木を成長させるが、火を消すように、それぞれプラスマイナスの関係があるとするのが五行の考え方。「五格」の天格、人格、地格の数字を五行に当てはめて、よい配列かどうかをみる。P352

3
陰陽の配列
〜偶数(陰)と奇数(陽)のバランスで見る〜

すべてのものには「陰」と「陽」があり、太陽と月、火と水、剛と柔のように、対照的なものでありながら、一方が欠けるとバランスが崩れるという考え方。姓名判断では、1字1字の画数を、偶数なら「陰」、奇数なら「陽」としてバランスをみる。P352

姓名判断は「画数」だけじゃない

ひと口に姓名判断といっても、実はさまざまな方法があります。もっとも一般的なのは、画数をもとにした「五大運格(五格)」。ほかにも「五行」や「陰陽」といった、古代中国で生まれた自然哲学の思想をベースにした姓名判断もあります。

このなかでもっとも重要なのは五格で、優先順位は①五格、②五行、③陰陽となります。たとえば五行や陰陽による結果がよくなくても、五格が吉数ならば、あまり気にすることはありません。

ただこのあたりは、姓名判断をどこまで重視するかにもよるでしょう。姓名判断との向き合い方をよく考えて、賢く上手に活用してください。

姓名判断で名前を考える手順1
とくに「姓名判断」を重視する場合

Step1
姓に合う名前の吉数を調べる
わが家の姓と相性のよい名前の画数パターンを調べる。360～400ページの早見表でチェック。

Step2
吉数の漢字を調べる
Step1で見つけた吉数の漢字をピックアップ。Part5の「おすすめ漢字770」や、Part8の「画数別 名づけに使える漢字・かな・符号全リスト」を使うと便利。

Step3
吉数の漢字を組み合わせて名前を考える
ピックアップした漢字を、吉数の画数パターンの配列に沿って組み合わせ、読み方も含めて名前を考える。

姓名判断で名前を考える手順2
「響き」や「漢字」なども重視する場合

Step1
姓名の画数を調べる
まずは画数を気にせず好きな名前を考え、候補が絞れたら、姓名を書き出して画数を記入。画数はPart8の「読み方別 名づけに使える漢字リスト」や「画数別 名づけに使える漢字・かな・符号全リスト」(P502～511)、または漢和辞典などで確認を。

Step2
五格を計算して吉凶をチェック
334ページを参考に「五格」を計算し、342～451ページで吉凶とその意味をチェックする。

Step3
吉名にする
凶数が多い場合は、漢字を変える、1字足すなどして、凶数が少なくなるように再考を。すべてを吉数にできないときは、とくに重要な「人格」を吉数にする。

Step4

五行の配列をチェックする

354ページの早見表で五行での吉凶をチェック。ただし、五行による吉凶にはこだわりすぎないことも大事。基本的には、五格で吉名になっていれば十分よい名前だといえる。

Step5

陰陽の配列をチェックする

355ページの早見表で陰陽のバランスをチェックする。五行同様、陰陽による吉凶にはこだわりすぎないことも大事。五格がよければ、陰陽の配列はあまり重視しなくてもよい。

Step6

「響き」や「漢字」の意味、字形などもチェック

姓名判断にこだわりすぎて、難解な漢字を使っていないか、不自然な組み合わせになっていないかチェック。また、姓とつなげたときのバランス、発音のしにくさ、本当に名前に使える漢字かなど、姓名判断とは別の観点からの注意ポイント、基本事項もチェックを（→P20～28）。

Step6

最終チェック

姓とつなげたときのバランス、発音のしにくさ、おかしな意味になっていないか、名前に使える漢字かなど、名づけの注意ポイント、基本事項もしっかりチェックする（→P20～28）。

「五行」「陰陽」は、運勢をよりよくするためのオプション

五格が吉数になっていれば、五行や陰陽による結果がよい結果でなくてもあまり気にすることはありません。また、逆に五格でどうしても凶画が入ってしまうときに、五行や陰陽の配列をよくして、五格でのマイナスを補うという考え方もできます。

五大運格の意味と計算の仕方

姓名判断の基本となるのが、五大運格（五格）。姓名を構成する文字の画数をもとに、天格、人格、地格、外格、総格の5つの運格を出し、吉凶を判断します。

五大運格（五格）の意味

今 4
井 4
遥 12
斗 4

天格 8
人格 16
地格 16
外格 8
総格 24

天格（てんかく）

姓の合計画数

先祖代々受け継がれてきた先天運をあらわす。ただし姓は家族共通なので個人的な吉凶にはあまり影響しない。天格が凶数でも、地格や人格など、ほかの格とのバランスによって運勢が変わってくる。

人格（じんかく）

姓の最後の字と名の最初の字の合計画数

一生の運命を左右する主運をあらわし、性格や才能のほか、職業運、家庭運、結婚運を含んだ総合的な社会運をつかさどる。30歳代から50歳代の中年期に強く影響する。

地格（ちかく）

名の合計画数

親から受け継いだ性質や、その子の潜在能力のほか、金銭感覚や恋愛傾向などをあらわす。人生のスタートから成長期・修養期を含む30歳ぐらいまでの運勢にとくに強く影響。基礎運や前運とも呼ばれる。

外格（がいかく）

総格から、人格の画数を引いた画数

人格をはたらきを助ける副運。人格があらわす性質や才能がいかされるかどうかは、外格とのバランスが重要になる。対人関係にも作用し、友人や知人との社交運や、社会に出てからの順応性に影響する。

総格（そうかく）

姓名の合計画数

天格、人格、地格、外格の4運格のはたらきをまとめた結果で総合運をあらわすが、とくに中年から晩年にかけての人生の後半部分をつかさどり、後年運とも呼ばれる。

五格でもっとも重要なのは「人格」

331ページでも述べたように、姓名判断でももっとも重要なのが、画数をもとにした「五大運格」です。姓名を構成する文字の画数を、右図のように一定の組み合わせで足し、それぞれ天格、人格、地格、外格、総格を出します。この5つが五大運格（五格）です。

五格にはそれぞれ異なる意味を持ち、この数の意味と吉凶が、姓名判断のポイントになります。

五格のなかでももっとも重要なのは、その人のパーソナリティや才能、社会運などをあらわす「人格」です。人格は、人の一生を左右する大切な主運です。また、「地格」は基礎運とも呼ばれ、両親から受け継いだ性質や、その子の潜在能力などをあらわします。

一般に、地格は30歳くらいまでの若年期、人格は30～50代までの中年期、総格は晩年期に影響を及ぼすとされます。しかし、これはあくまでも強く影響をおよぼす時期であり、ほかの時期にまったく影響しないわけではありません。

姓名判断でよい名前をつけようと思ったら、人格をもっとも重視しつつ、ほかの格も極端に悪い画数にならないよう、五格をバランスよく組み立てるようにしましょう。

なお、五格の考え方は、2字姓2字名が基本になっていて、それ以外の文字数は少し計算方法が異なります。

とくに1字姓や1字名の場合は、「霊数」（仮数、仮成数ともいう）と呼ばれる、補助数「1」を加えて計算します。

下図および次ページを参考に正しく計算してください。

1字姓（名）、3字姓（名）の五格の計算の仕方

1字姓や1字名には霊数「1」を加える。ただし、総格には霊数を含まない。

3字姓や3字名の外格の計算は、姓の上2文字、あるいは名前の下2文字をまとめて計算する。

姓名の文字数別 五格の計算例

1字姓

1字姓＋3字名

霊数1 1
堀 11
七 2
央 5
哉 9

天格 12
人格 13
地格 16
外格 15
総格 27

1字姓＋2字名

霊数1 1
星 9
柊 9
吾 7

天格 10
人格 18
地格 16
外格 8
総格 25

1字姓＋1字名

霊数1 1
東 8
潤 15
霊数1 1

天格 9
人格 23
地格 16
外格 2
総格 23

2字姓

2字姓＋3字名

福 13
山 3
礼 5
旺 8
斗 4

天格 16
人格 8
地格 17
外格 25
総格 33

2字姓＋2字名

岡 8
田 5
淳 11
平 5

天格 13
人格 16
地格 16
外格 13
総格 29

2字姓＋1字名

今 4
野 11
真 10
霊数1 1

天格 15
人格 21
地格 11
外格 5
総格 25

3字姓

+ 3字名

文字	画数
野	11
々	3
村	7
颯	14
一	1
郎	9

天格 21　人格 21　地格 24　外格 24　総格 45

+ 2字名

文字	画数
久	3
保	9
田	5
雅	13
己	3

天格 17　人格 18　地格 16　外格 15　総格 33

+ 1字名

文字	画数
小	3
野	11
田	5
有	6
霊数	1

天格 19　人格 11　地格 7　外格 15　総格 25

4字姓

+ 3字名

文字	画数
小	3
比	4
類	18
巻	9
信	9
太	4
朗	10

天格 34　人格 18　地格 23　外格 39　総格 57

+ 2字名

文字	画数
勅	9
使	8
河	8
原	10
悠	11
成	6

天格 35　人格 21　地格 17　外格 31　総格 52

+ 1字名

文字	画数
勅	9
使	8
河	8
原	10
亘	6
霊数	1

天格 35　人格 16　地格 7　外格 26　総格 41

画数は普段使っている字体で数える

姓名判断をするためには、画数を正しく数えなくてはなりません。画数の数え方は流派によっても違いますが、本書では基本的に日常使っている字体で数えます。

画数の数え方のポイント

1 普段使っている字体で数える

画数の数え方は旧字体で数えるもの、新字体で数えるものなど諸説あるが、もっとも密接にかかわっているという理由から、旧字体・新字体にかぎらず日常使っている字体で数える。戸籍上は旧字体でも普段、新字体で通しているなら新字体の画数で数える。

●戸籍も普段も「濱田榮太」なら

例 濱17 田5 榮14 太4

●戸籍は「濱田榮太」でも、普段は「浜田栄太」を使うことが多いなら

例 浜10 田5 栄9 太4

2 部首は見たままの字体の画数で考える

たとえば「氵(さんずい、3画)」の由来は「水」なので4画、「王(たまへん・おうへん、4画)」の由来は「玉」なので5画とするなど、字の部首(へん、つくり)については、その部首の由来となった漢字の画数で数えるという考え方もあるが、基本的には見たままの字体で数える。したがって、さんずいは3画、たまへん・おうへんは4画と数える。

例 三3 沢7 琢11 馬10

3 繰り返し符号もそのまま数える

たとえば「陽々生」の場合は、「陽陽生」と置き換えて「12・12・5」と数える流派もあるが、「々」「ゝ」などの繰り返し記号も基本的には見たままの画数で、それぞれ3画、1画と数える。

例 中4 山3 陽12 々3 生5

4 ひらがなの画数は意外とむずかしい

ひらがなは曲線が多く区切りがわかりにくい。一筆で書ける線が必ずしも1画とはかぎらず、たとえば、「す」は3画、「ま」は4画、「る」は2画となる。左表で画数を確認して計算するようにしよう。

例 大3 里7 は4 じ3 め2

日常使っている字体で数える

姓名判断にはさまざまな流派があり、画数の数え方についても、漢字の成り立ちを重んじて旧字体で数える考え方もあれば、時代に合わせて新字体で数える考え方、あるいは部首は由来となったもとの形で数えるなど、諸説あります。

本書では、「普段使っている字体」を基本にして数えます。それは、普段使っている字こそ、その人に密接にかかわり、人生にも大きく影響してくると考えるからです。

1画の違いで、大吉が凶になったり、その逆になったりと、結果が大きく変わることもあるので、画数は正しく数えなければなりません。Part8の漢字リストや漢和辞典等で正しい画数を十分確認するようにしましょう。

ひらがな・カタカナ・符号画数表

あ 3	い 2	う 2	え 3	お 4
か 3	き 4	く 1	け 3	こ 2
さ 3	し 1	す 3	せ 3	そ 3
た 4	ち 3	つ 1	て 2	と 2
な 5	に 3	ぬ 4	ね 4	の 1
は 4	ひ 2	ふ 4	へ 1	ほ 5
ま 4	み 3	む 4	め 2	も 3
や 3		ゆ 3		よ 3
ら 3	り 2	る 2	れ 3	ろ 2
わ 3	ゐ 3		ゑ 5	を 4
ん 2			゛ 2	゜ 1

ア 2	イ 2	ウ 3	エ 3	オ 3
カ 2	キ 3	ク 2	ケ 3	コ 2
サ 3	シ 3	ス 2	セ 2	ソ 2
タ 3	チ 3	ツ 3	テ 3	ト 2
ナ 2	ニ 2	ヌ 2	ネ 4	ノ 1
ハ 2	ヒ 2	フ 1	ヘ 1	ホ 4
マ 2	ミ 3	ム 2	メ 2	モ 3
ヤ 2		ユ 2		ヨ 3
ラ 2	リ 2	ル 2	レ 1	ロ 3
ワ 2	ヰ 4		ヱ 3	ヲ 3
ン 2	ー 1	ヽ 1	ヾ 3	々 3

画数による運勢を知ろう

一つひとつの画数にその子の性格の特徴や運勢があらわれます。
それぞれの意味を理解したうえで、子どもへの思いを込めた名前を考えましょう。

系列別に見た性格と運勢

画数	キーワード	性格・運勢
1系列（下1桁が1）	情熱、行動力	情熱と行動力があり、明るさと包容力もあります。前向な気持ちが長所で、リーダーとしての資質がありますが、ワンマンでせっかちになりがちな面もあります。
2系列（下1桁が2）	交渉能力、粘り強さ	繊細で、周囲からはその性格が読みにくいタイプ。迷いつつも、ときには駆け引きしたり、人をだましたりしてでも、状況を乗り越えようとします。厄難・急変を示唆する数でもあります。
3系列（下1桁が3）	楽観的、快活	他人より一歩先を行くことが大好きで、楽観的かつ快活な性格。無節操で見栄を張るところが玉にキズですが、本人に悪意はなく、憎めないタイプです。
4系列（下1桁が4）	感性、波乱、健康に不安	責任感の強い人で、研究を怠らないタイプ。センスがよく優秀な人材ですが、当たるときは大当たり、はずれるときは大はずれという具合に波があります。健康面にはやや注意が必要な画数です。
5系列（下1桁が5）	前向き、信念	プレッシャーに強く、しっかり仕事をこなすタイプ。自分のポリシーがしっかりあり、信念で行動します。主張すべきは主張しますが、人当たりはよいので、人間関係で摩擦を起こすことはありません。

同系列の画数は、似たような傾向がある

画数が運勢や性格に与える影響は、歴史的に積み重ねられてきた統計からくるもので、それぞれの数には性格と運の強さ・弱さが秘められています。

基本的に、1、11、21など下1桁が同じ場合、似たような傾向があります。下1桁が「1」のものを1系列、下1桁が「2」のものを2系列などと呼びますが、1系列の数字を持つ人は、おおむね情熱的で行動的、2系列の人は繊細さと粘り強さをあわせ持つ傾向があります。

343～351ページでは1～81画まで、1画ずつ解説していますが、下表の系列ごとの特徴を頭に入れておくと、姓名判断もより理解しやすくなります。

系列	特徴	解説
6系列（下1桁が6）	お人よし、熱しやすく冷めやすい	明るく行動的で人当たりがよく、仲間や先輩からかわいがられるタイプですが、お人好しな面があり、相手の策に引っかかってしまうことも。反省することが苦手で、熱しやすく冷めやすい面もあります。
7系列（下1桁が7）	信念、頑固、自立心	先を読む感性に優れ、相手の心や本質を見抜くことができます。欠点は、やや融通がきかないところ。ときには変わり者といわれるぐらいに自分自身の考えに固執するところがあります。
8系列（下1桁が8）	楽天家、短気、わがまま	底抜けに楽天的で、強気な面があります。気合いで相手を萎縮させ、自分のペースに引き込むタイプ。立ち直りが早いのは長所ですが、落ち着きのなさ、わがまま、短気、攻撃的な点が欠点です。
9系列（下1桁が9）	繊細、強気と弱気が交錯	感性が鋭く、頭の回転も速いタイプですが、かなり繊細で、その日のコンディションにより好・不調の波が激しいでしょう。強気と弱気が交錯し、運勢にも複雑な要素がある人が多いので、使用には慎重さが必要です。
0系列（下1桁が0）	個性派、未知数	個性的で大きなパワーを秘めていますが、それは時と場合によって発揮されます。未知数なので十分に注意して扱いたい画数ともいえます。積極的に使用しないほうが無難でしょう。

画数別の吉凶と運勢

ここでは1～81画までの、それぞれの画数の吉凶と運勢を解説します。
82以上の数は、その数から81を引いた数で見ます。
82の場合は「1」を、83の場合を「2」を、それぞれ参照してください。

マークの見方

◎＝大吉　○＝吉　△＝小吉（吉凶半々）　×＝凶

画数の吉凶早見表

吉凶	数字
大吉 ◎	1、3、5、6、11、13、15、16、18、23、24、31、33、35、37、39、41、45、47、48、52、58、63、65、67、68、81
中吉 ○	7、8、17、21、25、27、29、32、38、57、61、71、73、75、77、78
小吉 △	9、12、14、19、22、26、30、36、40、42、44、46、51、53、55、62、66、72、74、79、80
凶 ×	2、4、10、20、28、34、43、49、50、54、56、59、60、64、69、70、76

すべて大吉の名前にするのはむずかしい

343～351ページでは、画数の吉凶を、大吉(◎)、吉(○)、小吉(△)、凶(×)の4つに分類しています。候補の名前の総格・天格・人格・地格・外格に吉凶を当てはめてみましょう。

ただし、五格すべてを大吉にするのはむずかしいもの。吉名にこだわるあまり、読みやすさや書きやすさを無視したり、本来のイメージや思いとかけ離れた名前にするのは、本末転倒です。名づけで大事なのは、パパもママも子どもも皆が気に入る名前をつけることです。

基本的には五格すべてが「吉(○)」以上であれば十分吉名です。さらに大吉があれば、より運勢のいい名前だといえます。五格のなかではとくに、「人格（姓と名をつなぐ格）」が大吉だと理想的です。

7 ○

知的で己の信念を持ち、道理や真実、率直な意見を述べるタイプ。研究熱心で集中力もあります。人に頼らず、苦難を乗り越えてわが道を極め、人生を成功へと導くでしょう。しかし、協調性に欠け、人の好き嫌いが激しいので、時として周囲から嫌われることも。単なる変わり者扱いされないよう、広い見識を持つことが大切です。

4 ×

繊細さと大胆さをあわせ持ち、卓越した感性と、物事を動かし変化させるパワーがありますが、そのぶん運勢は波乱含みです。健康管理にも十分に注意しなければなりません。前向きな気力がないと、ささいなことでつまずきます。しかし、なかには困難を乗り越えて発展する人や、尊敬される人格者になる人もいます。

1 ◎

1はすべての始まりの数で最大の吉祥を示します。陰陽では「陽」の極致にあり、正義感と実行力の象徴。この数字を持っていれば、磨けば磨くほど光っていくでしょう。健全、富貴、名誉、幸福を得て、健康長寿で、晩年に至るまで安泰。グループのリーダー、トップを意味し、会社の社長、組織の長となるでしょう。

8 ○

明るい未来を描ける人に多い画数で、健康にも恵まれます。積極的に行動でき、精神的にもタフなタイプ。勤勉で、自分が信じたことはこだわりをもって最後まで貫きます。しかし、楽観主義者で気分屋なところがあり、思いや行動が空回りすることも。正しい方向へ情熱を傾けるよう精進する必要があります。

5 ◎

地・水・火・風・空の一切のものをあらわし、人間の全身も五体としてあらわすように、和合の象徴の数です。機敏で活動的で、人々の信頼も勝ち得て、富貴繁栄に至るでしょう。健康的で明るい魅力を有し、国際感覚にも優れた才能を発揮します。積極的に行動し、憧れの的となり、家庭運にも恵まれるでしょう。

2 ×

相手の気持ちを感じ取る能力に長けています。しかし、陰陽の「陰」の極致でもあり、厄難、急変の数でもあります。奥深い心づかいができる反面、マイナス思考になると中途半端に挫折してしまい、ストレスから健康にも問題が出やすい画数です。ほかの格に吉運数を組み合わせて、開運をはかりましょう。

9 △

技術、研究分野で卓越した人に多い画数です。感性や感覚が鋭く、直感力があり、頭脳明晰で学問に秀でます。しかし、相手の何気ない発言に対してクヨクヨと考える面があり、ストレスがたまりやすいでしょう。事故などに注意が必要な画数でもあります。順調に発展しているときこそ、気を引き締めて慎重に行動することが大事。

6 ◎

人の中心となるエネルギーがあり、人気者の宿命数です。明るく誠実、親切な性格で、人の輪の要となるでしょう。財運や家庭運にも恵まれ、健康で長生きできます。大成功をおさめる大吉運といえます。しかし、その幸運にあぐらをかいたり、八方美人になると、せっかくの運勢を台無しにしてしまいます。

3 ◎

「陽」の極致1と「陰」の極致2の和である3は、創造の力を有します。積極的で明るく、賢いため、周囲の注目を集める人になるでしょう。頭の回転がよく、飲み込みが早いので、学問や芸術などの習得も抜きん出ています。ただし、目立ちたがり、出しゃばりな面には注意が必要。経済運、健康運には恵まれています。

10 ×

10画は頭脳数で、識別力、判断力、思考力のレベルの高い人物が多い画数です。しかし、精神的抑圧や困難が多く、安定的な成功運や健康運、家庭運を招きにくいといわれています。しかし、強運でまれな成功を手に入れ、偉業を成し遂げる人もいるので、優秀な頭脳の使い道を見極めることが大切です。

11 ◎

才覚と人望と強運で、富貴繁栄が約束される数。家族や会社を後世までも幸福に繁栄させます。また、文武両道にバランスよく秀でて、人望の厚いリーダーとなる画数です。何かの拍子に失敗したり不運になったりしても、不思議と周囲に助けられ、根本にある強運が再起を約束します。子孫繁栄も望めるでしょう。

12 △

厄難、急変の画数ともいわれますが、緻密で駆け引き上手な面があり、相手の心理を察する能力にたけているため、政治家や評論家などに向いています。ただし、家族など身近なところでの関係づくりは苦手なことも。たとえ途中で挫折することがあっても、人をあざむいたり、無謀な考えや行動を慎むことが大事です。

13 ◎

13歳になった少年少女が智恵を授かりに虚空蔵（こくうぞう）に参る「十三参り」の行事があるように、13は福徳、智恵、音声の抜きん出る数です。頭脳明晰で明るく、問題を合理的にとらえ、的確に処理します。行動力もあり、富貴繁栄になる確率も高いでしょう。習得能力が高く、学業にも秀でて、進学校も難関校を狙えます。

14 △

鋭い感性や発想力、分析力があります。しかし、強引な性格でほか人の意見を軽視するところがあり、周囲とギクシャクしてしまうことも。精神的にも経済的にも波があり、健康管理も十分に注意しなければなりません。ただし、この画数は、ほかの格に大吉の画数を配してバランスをとると、大人物になる可能性もあります。

15 ◎

明るく活動的で世渡り上手、出世運も加わって、いろいろな方面で豊かな才能を発揮します。財運も大吉。前向きな人となりで、実業家として立身出世し、成功をおさめる人も多いでしょう。人間関係がすこぶる円滑で、周囲からの信頼もあつく、引き立てられ、エリートコースを歩みます。家を離れて、世界を舞台に活躍できます。

16 ◎

16画は、ほかの格に凶運の数があっても、吉に変えてしまう強運の画数。温厚・誠実で、細やかな気配りもできるため、人を惹きつけます。チャンスをものにして組織の頂点に立ったり、自分の力で起業して大成功します。しかし、数運の恩恵を受け続けるには、日々の努力が欠かせません。根気や忍耐を養っていくことが大切です。

17 ○

信念と自立心、また素晴らしい美的センスがあり、自分の感性を大切にします。他人に口を挟ませない強情さがありますが、困難には果敢に立ち向かい、情熱で理想や目標を達成します。ただし、世渡り下手でお金にも執着しないため、得たお金は人助けに使って自分は貧乏生活ということも。大きな度量を持つと大成します。

18 ◎

活動力のもっとも高い画数で、運動神経も抜群。健康・体力に恵まれ、必ず成功するでしょう。また、陽気で正直で、人生の困難にも力強く果敢に立ち向かいます。ただし、考えるよりまず動くタイプで、臨機応変な対応はやや苦手。人間修養が足りないと、短気を起こして、孤立する恐れもあります。

19 △

素晴らしく優美な知性と能力を持ち、芸能や文学の世界の著名人、人格者タイプの経営者、有名な料理人など、センスを必要とする仕事のトップとして大成する人もいます。しかし、困難や試練の多い画数でもあります。天才的才能があだとなり、挫折してしまう人も。ほかの格を大吉にするなど配慮が必要。

20 ×

姓名学では絶対使用してはいけない画数といわれています。しかし、現実には経済界・芸能界などにその名を残す人物も見受けられ、ほかの運格の要素によって20画の毒がその人物を鍛え磨くこともあるとされています。波乱の運勢ですが、繊細な美しさのある人が多く、芸術分野で活躍できる可能性も秘めています。

21 ○

実力者として君臨する画数です。少々の苦労をものともせず、着実に昇進し、トップを目指します。生活力もあり、収入は安定するでしょう。他人に頼らず、自力で自分の信じる道を歩み、チャンスをものにして繁栄します。ただし、異性関係は発展家となりやすいでしょう。トラブルを起こさないよう、注意が必要です。

22 △

人々を魅了する天性を持ち、カリスマ性のある人物に見られる画数。常識では実現不可能な考えを実現可能にしてしまうパワーがあります。反面、とらえどころのない性格で、家庭運に波乱が起こりやすいでしょう。甘い考えから厄難・急変を呼ぶ画数でもあり、事故や遭難には十分な注意が必要です。

23 ◎

個性的な分析力や企画力が人一倍強く、そのため、将来への展望も明解です。夢を現実にするパワーがあり、富貴繁栄に向かって自ら先頭に立ち、行動します。一匹狼で、組織におさまることはなく、一代で財を築くこともできるでしょう。雑草のようなたくましさもあり、踏まれても、叩かれても、目的を達成できます。

24 ◎

24は末広がりの意味を持つ8の3倍で、よい運勢が集中する4系列最大の吉数。信用・信頼される知性や先見性が育つ画数で、感性のよさに勤勉さや思慮深さが加わり、少々の困難も克服する人物となります。倹約家で、合理的な性格なので、お金は貯まります。とくに晩年は裕福に過ごせるでしょう。健康運も吉。

25 ○

温厚で落ち着いた雰囲気で、才知と感性をあわせ持つ画数です。鋭い観察眼を持ち、的確な判断力で周囲の信頼を得、ここ一番では根性と忍耐力を発揮し、学問、技芸に優れた才能を発揮します。おとなしそうに見えますが、実は強情な面も。人間関係の面で協調性が育てば、必ず大成するでしょう。

26 △

特異な才能があり、大きな仕事を成功させたり、たぐいまれな業績を上げる画数です。博学でカリスマ性があり、経営力にも秀でています。しかし、強きをくじき、弱きを助ける義侠心が強く、人によっては波乱に満ちた一生となります。人を助けようとするあまり、自分が損をしたり、危険な目にあうこともあるので注意が必要です。

27 ○

美的な表現力、想像力、審美眼がずば抜けており、直感と芸術・文芸的才能の鋭い人に多い画数です。人より優れた才覚と、視野の広さで大成する場合もあります。性格は、とても頑固で偏屈な面があります。自尊心が強く、批判的な気質になりやすいので、損をする面も多々あるでしょう。協調性を持つことが大事です。

28 ×

行動に策略的な才能を有する人が多く、いい意味でも悪い意味でも、希有（けう）な経験をしやすい不安定な画数。波瀾万丈な人生を送る人が多いでしょう。家庭運も波乱含みで身内にトラブルが絶えません。勤勉と努力をモットーに生きるようにしましょう。ほかの格の画数が大吉であることが必要な画数です。

29 ○

知性と行動力が結合した画数です。将棋の数十手先を読むような知力があり、博識で、素晴らしい発想力や周囲への配慮も持ち合わせています。夢や目標をしっかり掲げて行動するタイプ。頭角をあらわすのは確実で、少々のことではめげずに歩んでいきます。頼りがいがあり、地位や財産、健康にも恵まれます。

30 △

吉と凶が半々で、よくなったり悪くなったり、常に不安定な人生になるでしょう。万一の成功に賭けて行動するところがあり、それがよいほうに向けば、夢や理想に向けて先進の気概を持ち、突き進む人になります。逆境をはねのける力を授かっているので、人格の修養を積んで前進すれば大成功するでしょう。

31 ◎

幸運に恵まれ、手堅い生き方と行動力で成功が約束される画数です。「知・仁・勇」を備えたリーダーとして大吉の画数でもあり、部下の統率もお手のもの。穏やかで情にあつく、立場や地位を着実に固めて、目的を達成していきます。思い上がらず精進すれば、仕事もプライベートも充実した、素晴らしい人生を送れるでしょう。

32 ○

本人は繊細で迷っていても、周囲がその内面に気づくことは少なく、人を惹きつける魅力で自然と乗り越えていきます。「棚からぼた餅」運もあり、何をするにもチャンスと好都合を引き寄せられます。発明・発見の才能もあり、日ごろから精進すれば、運気上昇の波に乗れるでしょう。ただし、誘惑に弱い面があります。

33 ◎

画数のなかでも最強の画数です。支配者・野心家の画数として、政界・財界・学界のトップを目指し、いかなる苦労や難関も乗り越える精神、信念、決断力、行動力に恵まれます。何歳になっても現役で活躍できるでしょう。ただし、自信過剰になって暴君と化すと、転落する恐れがあります。謙虚な姿勢を忘れないことが大事です。

34 ×

普通では考えられないアイデアや奇抜な着想の持ち主で、青年期より頭角をあらわす人も多いのですが、永続性となるとむずかしく、一度つまずいたら挽回策も奇抜なために、地位も財産も失ってしまいがちです。強情だったり傲慢な面があるため、人間関係にも摩擦が起きやすく、謙虚さがないと、晩年は孤立しがちに。

35 ◎

目立つ性格ではありませんが、状況把握や判断力、分析力に優れ、一歩一歩確実にステップアップしていくタイプ。まじめでやさしすぎる面があり、決断力に欠けるので、ほかの格に21や29などの男らしい画数を使用すると成功します。小説、詩歌、音楽、工芸、書道など、文学や芸術の世界で優れた才能を発揮する人も。

36 △

親分肌で、義理人情にあつく、仲間を大切にするので人気もあり、頼りにされます。目的意識をしっかり持てば大成するでしょう。しかし、親分肌も極端になりすぎると、波瀾万丈の人生に。強情で短気、義侠心が災いしてトラブルに巻き込まれることも。人のことばかり気にしないで冷静さと忍耐力を養う必要がありそうです。

43 ×

鋭い頭脳を持ち、技量、力量などに恵まれます。一方で気苦労が多く、運勢が一定しない面も。意志の弱いところがあり、物事を途中で終わらせてしまうことも多いでしょう。成功すると今度は自分にこだわりすぎて他人の意見を聞かず、孤立する傾向があります。我を張らず他人の意見に耳を傾けることが大切。

40 △

存在感をアピールして、人生を思うがままに生きようとするのが特徴。聡明な頭脳を持ち、緻密な計算もでき、尻込みせずに勝負に挑む気力もあるので、かなりの偉業もなし得ます。しかし、力づくのことが多いので人望は得られません。その自己顕示欲から極端な虚栄心を持ちやすく、油断して失敗もしやすい画数です。

37 ◎

信念が強く、よい意味で頑固な人です。仕事や努力を苦とは思わず、むしろ楽しめる人になるでしょう。誠実で、柔軟性も備えているので、周囲の信望を集められる大吉画です。人の下につくのは苦手で、リーダーを目指します。コツコツと努力して目的を達成し、自営業者や起業家として成功するでしょう。

44 △

鋭敏な頭の働きをする人が多く、優れた思いつきや直感で才能を発揮できる画数です。発想が独創的で思慮深く、論理的でもあるため、発明家など、偉人も輩出しています。その才能を大金を得るために利用するときは、徳を積むことが必要です。また、健康管理には無頓着な面があるので注意が必要です。

41 ◎

最高のリーダー運を持ち、超大物となる可能性がもっとも高い画数です。すべてに対して積極的に行動し、度胸と知力と人望を得、経営者や組織の頂点に立つ素質があります。中年以降に頭角をあらわす大物タイプといえるでしょう。また、周囲と歩調を合わせるのも得意で、バランス感覚もあります。健康にも恵まれます。

38 ○

温厚で明るく、正直者ですが、気の弱い性格です。信用度は高いのですが、上に立つタイプではなく、下で支える人になり、駆け引きの少ない世界で持ち味を発揮します。文芸、学問の世界では、精進すれば成功するでしょう。名づけの使用に際しては、ほかの運格の画数に凶数を用いなければ問題ありません。

45 ◎

器用で明るく、頼もしい人物になります。芯の強さと行動するエネルギーが加わり、もっとも夢を実現する画数です。適応力と意志力、先見性、行動力を兼ね備え、順風満帆な人生を送れる大吉運。ただし、天狗になれば失敗も。謙虚さを忘れなければ大成功するでしょう。幸運な相手とめぐり会い、晩年は優雅に暮らせます。

42 △

職人気質と弱気が混在する画数です。器用で博識、他人と違う発想や戦略を立てる能力があり、生き方に信念を持って実直になると大成功します。一方で、意志が弱く、優柔不断になりやすい面も。せっかく出世しても、「自分はダメだ」と無気力になったりすると失敗します。ほかの運格に大吉画数を配せば大吉に転じます。

39 ◎

内面に炎のような闘志を持ち、危機的状況から逆転満塁ホームランを打つような劇的成功をもたらすでしょう。悠然として小事にこだわらぬ人柄で、度胸もあります。感性のよさと頭の回転のよさも加わって、地位、財産、家庭、健康にも恵まれます。ただし、うぬぼれて、親や目上の人を敬う気持ちがない場合は低迷する可能性も。

46 △

お人好しで世話好きな性分。みんなに愛され、波乱含みではあっても成功をおさめます。しかし、お人好しであるがゆえに周囲に振り回され、破産の憂き目にあう人も。ほかの格に吉数があると、凶数が緩和され、年をとってから安定します。逆に、ほかの格にも凶数があると、最悪の人生になる場合もあります。

47 ◎

家運が隆盛となる画数で、子々孫々までその恩恵が施されます。個人でも成功し、組織のなかから協力者を得て、より大きな成功が得られるでしょう。いつも悠然とかまえ、周囲から信頼されます。意志が強いのですが、強情とならず、慎重。目的達成のための努力も惜しみません。晩年は充実した生活を送れるでしょう。

48 ◎

行動力と豊かな才能、物事を適切に処理する能力・計画性を兼ね備えています。尊敬にたる道徳心を持っており、親切で、謙虚な気配り、公平な判断ができる人。トップに立つタイプではありませんが、だれからも信頼されます。向上心をもって一生懸命に努力して実力を蓄えれば、中年以降それが開花し、晩年は安泰。

49 ×

ジェットコースターのような極端な大成功と大失敗があり得る画数。タフで強情、利己主義なところがありますが、吉運を持つ協力者や配偶者を得られれば、安定した状態を保てます。社会愛を理想としていれば歴史に名を残す可能性もありますが、自己中心的で金の亡者になると、大損をして一気に財産を失う場合も。

50 ×

最初は運気の巡りが大変好調で、早いうちに成功し、隆盛を極めます。しかし、安心すると他力本願になり、虚勢や首尾一貫しない生き方に。そのため信用を失墜させ、晩年にかけて運気も消耗していきます。才能にあぐらをかかず、平凡で安定的な生活を大切にすべきでしょう。賭け事にはまる傾向もあります。

51 △

周囲の変化に左右されやすく、浮き沈みのある画数。一進一退の人生ですが、幸運のチャンスはかなりの頻度で訪れます。運がいいときは、その幸運を自覚し、意思表示をしっかりしてモノにするよう努力することが大切。ほかの格に吉数を配せば、その吉運に支えられて乗り切れるでしょう。やや意固地な面があります。

52 ◎

2系列のなかでは最高の大吉画数。交渉能力や駆け引きのうまさ、粘り強さのほか、推察力もあり、相手の心中や事情から問題を察知し、回避することができます。また、先見の明があり、緻密な戦略と素晴らしい処理能力で、ゼロから大業を成し遂げることも。財運もあり、思いがけず大金を得ることもあります。

53 △

明るく楽しく生活したい家庭的な人に向いている画数。ただ、ラクをしすぎる傾向があるので、何事も一つひとつ着実に片づけるように心がけることが大事です。人柄がよく、信用を得て活躍できますが、野心を抱いて無理をしたり、世間体を気にすぎると凶に。ほかの格に吉運数をふたつ以上配せば、大吉に好転します。

54 ×

独特な個性を前面に打ち出そうとするエネルギーがありますが、その力を上手に使わないと支障の多い人生に。慎重なようで強情で、気配りをするようで独断的など、チグハグな性格になりやすいでしょう。方法や手順を間違えないよう、つねに冷静さを心掛けることが大事です。健康や事故にも注意が必要な画数です。

55 △

冒険心と責任感をあわせ持つ画数。そのために波が出やすく、一時的に大成功の可能性もありますが、大きな賭けに出ると破産の憂き目にも。病気にもなりやすく、家庭内でも不運がつきまといます。ほかの格に吉数の組み合わせがあれば、5系列の前向きな信念が活き、強い意志で歴史にその名を残します。

56 ×

争いやいさかいを好まない平和主義者の画数です。しかし、決断力と勇気に乏しく、守りに入りすぎるために疑い深く、チャンスも利益も逃してしまいます。人間性は悪くはないのですが、目標が曖昧でいると、さまよう人生となりやすいでしょう。困難に負けず前進する心意気を持てれば、凶運をはねのけることができます。

57 ○

災い転じて福となす画数。努力して困難に打ち勝つ能力に優れています。苦しいことがあっても努力で克服し、素晴らしい人生を送れます。公平の精神もあり、人々に信頼されます。強い情熱と意志で運勢を切りひらき、晩年は生き方も財産も安定します。学問、文芸、美術の分野で傑出した人物になるでしょう。

58 ◎

理想のサクセスストーリーを得られる画数。人生に素敵なドラマがあり、苦労や困難を乗り越えることで、やがては大人物となるようなタイプです。強い意志と持久力があり、困難が降りかかっても、冷静に見事にはねのけて富貴繁栄に至ります。若いうちは貧乏生活を強いられるかもしれませんが、努力の末、成功します。

59 ×

その時々によって運勢に波があり、ドラマチックな人生になる傾向があります。本人に人徳や孝徳が足りず、やる気や粘り強さ、忍耐力もなく、なりゆきで得た成功は、永続させることがむずかしいでしょう。財産運・成功運をつかむにはもっとも努力を必要とします。よい友人を持たないと、異性運に恵まれません。

60 ×

気持ちと言葉の表現にギャップがある人が多く、各分野で実務的能力を発揮しますが、心のなかに疑心暗鬼が起きやすく、つねに動揺しています。何事も否定的な前提で取り組むので、気苦労が絶えません。ストレスから賭け事に手を出したり、健康に支障をきたしたりすることも。名づけの使用には十分な注意が必要です。

61 ○

チャレンジ精神が旺盛で、富貴繁栄の画数ですが、最大の欠点はうぬぼれてしまうことです。それが原因で周囲の反感を買うこともあるでしょう。また、個性が強く、周囲からは変わり者扱いされることも。謙虚をモットーにすれば、本来の吉数の運で、大吉運を得られるでしょう。晩年は幸運に恵まれます。

62 △

人柄がよく、動機は善意でも、楽観的で物事を深く考えないで行動することから、行き違いや誤解が発生しやすい面があります。なかなか信用が得られないため、目的を達成することができず、何をやっても中途半端になりがち。自分が損をすることがないよう慎重な行動を心がけ、初志貫徹する粘り強さが必要になります。

63 ◎

太陽のような魅力で人を惹きつけます。多くの人が味方になってくれ、あらゆる物事が自然にまとまっていきます。邪魔も入らず、順風満帆な人生を送れるでしょう。周囲にはさわやかな印象を与え、それに癒される人も多く、みんなから好かれます。結婚後は夫婦円満で、子どもにも財産や伝統を伝えることができるでしょう。

64 ×

自己顕示欲が強い画数です。人徳が備わる環境で育った人は、よい意味で存在感のある芸術家などになりますが、人徳がないと浮き沈みが激しく、波瀾万丈の人生に。無意識に嘘をついたり、小さなことにクヨクヨしがちで、浪費癖もあります。そのため、周囲からは信用されません。この画数は避けるのが無難です。

65 ◎

困難に屈しない強い意志と決断力、本来の強運から、万難を排して目的を達成することのできる運勢を持ちます。チャンスを逃さず、積極的に行動することで、事業にも大成功し、その富は子孫々まで継承されます。どんな進路でも成功をおさめることができ、たとえ大きな試練があったとしても、すぐに立ち上がって前進します。

66 △

少々のことには動じない図太い精神の持ち主。人柄はよいのですが、細やかさに欠ける面が災いし、家庭でも仕事先でもトラブルが多いでしょう。大きな夢を抱きますが、うまく行かず、絶望を感じることもしばしば。しかし、本来は大胆で頼りがいがある性格なので、ほがらかに振る舞うようにすれば、運を呼び込めるでしょう。

67 ◎

7系列のなかではもっとも人間関係が円滑に運ぶ画数。そのうえ努力家なので、目上の人にかわいがられ、何事もうまく運び、成就する大吉運です。あくせくしなくても、優雅に成功をつかむことができるでしょう。ただし、周囲からは要領のいい人だと誤解されることも。高望みしすぎると周囲にねたまれ失敗します。

68 ◎

想像力を創造力に変えて行動できる人。思慮深くて、意志が強く、勤勉で堅実ですから、着実に発展していき、成果を上げます。天才肌で、発明や工夫の才能に恵まれるでしょう。性格はおおらかで、損得勘定がないため、だれからも愛されます。異性運もよく、多くの女性からアプローチされるでしょう。

69 ×

お人好しで、他人の嘘を信じてしまうところがあります。災難にあいやすく、病弱で、不慮の死を遂げることもあります。努力も報われないことが多く、平凡な状況を甘んじて受けるしかありません。人は悪くはないのですが、意欲に欠けます。忍耐強さはありますが、名づけには不向きな画数です。

70 ×

些細なことまで気にかけ、石橋を叩きすぎて壊してしまうタイプです。そのため、あらゆる物事がまとまりにくいといえます。才能はあるのですが、煙たがられることもしばしば。そうした状況から性格も意固地になり、屈折して反抗心が生まれ、苦境、逆境を招いてしまうでしょう。派手好きで浪費もかさむタイプです。

71 ○

目覚ましい上昇運のある画数。持ち前の意欲と行動力で目的に向かって歩み、安定を得ます。多少、実力が不足していても、強い吉運が後押しします。野心や野望に心の磁石を狂わされなければ、大成功を手に入れられるでしょう。ただし、ラッキーな人生を鼻にかけたり自慢したりすると、周囲から嫌われます。

72 △

シーソーのように両極端になりやすい、吉凶半々の画数です。一見裕福そうに見えて実は家計は火の車だったり、健康そうに見えて実は体が弱かったり。また、意志が弱く優柔不断なため、中途半端になりやすく、成果がなかなか上がりません。利益追求の仕事より、奉仕的な仕事をすれば、全体的に安定します。

73 ○

私欲を出さないことで人が集まり、ゆくゆくは成功する画数。用心深く、実行力に乏しい面もありますが、誠実で正直な生活を続けていれば、目上の人から引き立てられるでしょう。若いころは縁の下の力持ちという位置でも、中年以降は面倒見のよさから人望が集まります。家族運に恵まれ、老後も安定した生活が送れます。

74 △

芸術関係に巧みで、仕事を処理する能力もありますが、要領よくこなしてラクをしたい気持ちも強い人。それが極端になると、グチばかりの怠け者になり、運気も下がります。しかし、周囲におんぶに抱っこで親や友人たちからうとまれても、それに対して反感を抱くわけでもなく、大物になる人も。ある種、超越しているといえます。

75 ○

古いものや伝統を大切にします。新しいチャレンジや奇抜なことよりも、保守に徹し、地道に努力すれば運気は安定し、平凡で穏やかな幸せを得られるでしょう。逆に、変わったことをしたり、反体制的な行動をとると凶運を招きます。ただし、一度は不遇になっても、本来の守りに徹すれば挽回でき、晩年は安定します。

76 ×

生まれた環境に大きく左右される画数。周囲の人たちと穏やかに譲り合う気持ちがあれば平和な人生を送れますが、気持ちが素直でない人は、いくら努力をしても実らず空回り。思慮深さに欠け、性格もいじけていて、仲間と協調できず孤立します。小さな幸せをつかんでも、結局うまくいかずに手放してしまう可能性も。

77 ○

味のある人に多い画数で、吉凶入り交じっているため気骨ある人物になります。目上の人にかわいがられ成功をおさめますが、気を許しすぎると失敗します。つねに誠意ある言動を心がけ、困難に負けない強い意志を持って事に当たれば、人望を得て幸せになれます。とくに中年以降に運気が安定します。

78 ○

目的意識をしっかり持ち、何事も苦労をいとわない人です。その優れた知能と努力によって若いうちに成功しますが、自信過剰に陥って、周囲からは高慢な奴と嫌われることも。ちょっとしたことでショックを受けると、臨機応変に対応できなくなり、簡単に崩れてしまうもろさもあります。謙虚、誠実を心がけることが大切。

79 △

夢想家の画数で、場合によっては精神が不安定になることも。消極的で何をするにもグズグズして、けじめがつけられない甘さがあります。お金を借りても返さないなど、だらしない面があり、人の信用を得ることができません。何かひとつでも自分で決めて、想像力を現実に昇華させる努力をすれば、芸術面などで道が開けます。

80 △

人生に欲望を持つかぎり、その欲望が満たされないという画数。災難や病気の連続で、苦労する一生となるでしょう。その不遇から不平不満がつのり、人生から逃避したくなります。不平を言わずに控えめな生活をすれば安静な人生が送れますが、それができなければ、不平だらけのつまらない人生になりがちでしょう。

81 ◎

81は9と9の乗数で、最大吉運数です。物事が完成する完全無欠の数で、ものの極みといわれ見事な結果となります。1画と同様、幸福、名誉、富貴、健康、長寿など、すべての幸運を備え、一生の安泰が約束されています。ただし、最大吉運数にあぐらをかき、不誠実な生き方をすれば、せっかくの吉運も無駄になります。

「五行」と「陰陽」で運気をパワーアップ

姓名判断では、「五行」や「陰陽」の考え方も判断材料になります。「五行説」「陰陽説」を取り入れることで、より運気のよい名前を考えることができます。

「五行」の相関関係

五行で見る具体的な吉凶は354ページ参照。

相生関係　調和する関係。互いに助け合い、プラスにはたらく相性のよい組み合わせ。

相剋関係　不調和の関係。反発し合い、マイナスにはたらくことの多い組み合わせ。ただし、「木→土」は、それほど悪い組わせではない。

比和　木と木のように、同じものの組み合わせを「比和」と呼ぶ。それぞれのエネルギーを盛んにし、プラスにはたらくことが多いが、なかには火と火のように燃えすぎることの弊害もあり、必ずしも大吉の組み合わせとはいえない。

「五行説」でチェックする天格－人格－地格のバランス

地球上のあらゆるものが「木・火・土・金・水」の5つの要素のいずれかに属しているという考え方を「五行説」といい、それぞれ右図のように相関関係があります。

木は水を得ることで成長し、こすり合うことで火を生じ、やがて燃え尽きて土と化し、土はその懐に金を抱き、金は冷えると水滴を生み出し、水は木をはぐくむ…。このように「五行」が循環して万物の精気が宿り、生命に勢いが生まれるプラスの関係を「相生」といいます。

逆に、木は土から養分を吸い上げ、土は水を濁して流れをせき止め、水は火を消し、火は金を溶かし、金（刃物）は木を傷つける…。このように反発し合い、足を引っ張る関係を「相剋」といいます。

姓名判断では五格（→P334）のうちの天格、人格、地格の3つの数字を五行のいずれかに当てはめて、天格－人格－地格がよい配列かどうかを見ます。

「陰陽説」で姓名のバランスをチェック

一方、「陰陽説」は、すべてのものには「陰」と「陽」があり、互いに引き合いながら、調和を保っているという考え方です。太陽と月、生と死のように、相反するもの、対照的なものでありながら、どちらか一方が欠けるとバランスが崩れると考えます。

姓名判断では、姓名を構成する文字の画数を、奇数と偶数とに区別して、それぞれに陰陽を当てはめて、配列を見ます。

「五行」があらわすもの

五行	木 樹木成長のエネルギー		火 炎の熱を生むエネルギー		土 大地の恵みのエネルギー		金 地中に眠る金属のエネルギー		水 生命の水のエネルギー	
陰陽	陽	陰	陽	陰	陽	陰	陽	陰	陽	陰
数字	1	2	3	4	5	6	7	8	9	0
十干	甲	乙	丙	丁	戊	己	庚	辛	壬	癸
方位	東		南		中央		西		北	
季節	春		夏		土用		秋		冬	
五獣	青龍		朱雀		黄麟		白虎		玄武	
果実	李		杏		棗（なつめ）		桃		栗	
色	青		紅		黄		白		黒（玄）	
五常（五徳）	礼		仁		義		智		信	

「五行（ごぎょう）」の見方

「五格」のうち、天格、人格、地格のそれぞれ下1桁の数字を、「木・火・土・金・水」の五行に当てはめ、下表と照らし合わせて吉凶を見ます。同じ組み合わせでも、「天格→人格」なのか、「人格→地格」なのかで、吉凶が微妙に異なるので注意しましょう。

なお、「相剋（そうこく）」は、もとは「相勝（そうしょう）」という意味で、必ずしも悪い意味ばかりではありません。相剋関係でも、五格による運勢がよい場合は、五行はあまり神経質にならなくても大丈夫です。

よい組み合わせ例

名前	画数		五格	五行
水	4	天格	11	木
谷	7	人格	13	火
壮	6	地格	13	火
吾	7			

天格は11で「木」、人格は13で「火」、地格も13で「火」。表で見ると、「天格が木→人格が火」は大吉、「人格が火→地格が火」は吉。大吉＋吉で、十分よい組み合わせ。

悪い組み合わせ例

名前	画数		五格	五行
鈴	13	天格	17	金
木	4	人格	12	木
尚	8	地格	17	金
哉	9			

天格は17で「金」、人格は12で「木」、地格は17で「金」。「天格が金→人格が木」は凶または小凶、「人格が木→地格が金」も凶または小凶。凶（小凶）＋凶（小凶）で、よくない組み合わせ。

天格→人格の吉凶

天格＼人格	木	火	土	金	水
木（1・2）	大吉	大吉	吉	小凶・小吉	吉・小吉
火（3・4）	大吉	吉	大吉	凶・小凶	凶
土（5・6）	小凶・小吉	大吉	吉	大吉	凶・小凶
金（7・8）	凶・小凶	凶	大吉	吉・小吉	吉
水（9・0）	大吉	凶・小凶	吉	大吉	吉・小吉

人格→地格の吉凶

人格＼地格	木	火	土	金	水
木（1・2）	大吉	大吉	吉	凶・小凶	吉
火（3・4）	大吉	吉	大吉	凶・小凶	凶
土（5・6）	凶・小凶	大吉	大吉	大吉	凶
金（7・8）	凶・小凶	凶	大吉	吉	吉
水（9・0）	吉	凶・小凶	小凶・小吉	大吉	吉・小吉

※吉凶がふたつあるものは、五格の結果により判断が分かれます。
五格の結果がよい場合は、五行の吉凶もよいほうを採用します。

「陰陽（いんよう）」の見方

「陰陽」による姓名判断では、五格は関係なく、姓名を構成する文字一つひとつの画数に陰陽を当てはめ、下表と照らし合わせてバランスのよしあしを見ます。基本的に陰陽の数や配置にかたよりがないほうがバランスがよいとされます。

ただし、姓名判断でもっとも重要なのは「五格」です。バランスの悪い組み合わせでも、「五格」による運勢がよければあまり気にすることはありません。

よい組み合わせ例

文字	画数	陰陽
早	6	陰
川	3	陽
隼	10	陰
佑	7	陽

悪い組み合わせ例

文字	画数	陰陽
竹	6	陰
内	4	陰
琉	11	陽
生	5	陽

陰陽表

数字	陰陽
1	陽
2	陰
3	陽
4	陰
5	陽
6	陰
7	陽
8	陰
9	陽
0	陰

バランスがよいとされる組み合わせ

バランスがよくないとされる組み合わせ

姓名判断にまつわるQ&A

姓名判断にまつわる疑問や、姓名判断との向き合い方について解説します。

Q 姓名判断は本当に当たるの？

A 姓名判断は膨大なデータに基づいたもので、性格やさまざまな運勢がわかるといいます。科学的に立証されているわけではありませんが、先人たちの膨大な積み重ねの成果であり、いわゆる占いと呼ばれる類では、的中率が高いともいわれます。

では、同姓同名の人がまったく同じ人生をたどるかといえば、それは違います。育つ環境など、さまざまな要素が加味されて、その人の人格ができるからです。姓名判断にすべてを頼るのではなく、上手に活用しましょう。

Q 凶数の名前を持つ偉人や有名人もいるみたいだけど…

A 偉人や有名人と呼ばれる人の多くは、際立った個性やこだわり、強いパワーの持ち主だと思います。しかし、このような個性や強さは、よい方向に進めば素晴らしい結果をもたらしますが、一歩間違うと悪い意味で目立つ可能性も秘めています。

姓名判断は、基本的に穏やかな人生を吉、波乱の人生を凶とします。穏やかな人生のほうが、結果的に幸せになる確率が高いという考え方からです。そのため、「大人物」「大成功者」を目指す場合には、あえてどこかに凶数を入れるという考え方もあります。

Q 本やサイトによって画数や吉凶の考え方が違うのはどうして？

A 姓名判断自体の歴史は長いのですが、本格的な研究はまだ浅く、そのなかで先生方が持論を展開しています。そのため数字の意味や吉凶の判断にも違いが出てきますし、画数の数え方も異なる場合があります。

本書は新字旧字問わず、実際に使用している漢字で数えますが、流派によっては新字の名前もすべて旧字に置き換えて数える場合があります。また、くさかんむりやさんずいなどの部首も流派によって数え方が異なります。このため、同じ名前でも流派によって、大吉の名前になったり、凶の名前になったりすることがあるのです。

すべての流派で吉名となる名前を考えることはなかなかむずかしく、名前の選択肢が相当かぎられてしまいます。ですから流派はなるべくひとつに決めたほうがよいでしょう。それぞれの解説を読み、納得できる流派、書籍・サイトを選んでください。そのなかで「本書を活用していただければ幸いです。

Q 戸籍上は「渡邊」だけど、普段は「渡辺」を使っている場合はどうすればいいの？

A 本書は、実際に使用している漢字の画数を重視しているので、戸籍の文字に関係なく、普段から旧字の「渡邊」を使っているなら「渡邊」、新字の「渡辺」を使っているなら「渡辺」で考えます（→P338）。

それでも気になる人は、新字、旧字両方を勘案してもよいでしょう。ただし、両方よい名前となると、名前の選択の幅はどうしても狭くなります。こだわりすぎて、おかしな響きや漢字の名前にならないよう気をつけましょう。

Q 画数は必ず調べなければいけないの？

A 画数が気にならない人はわざわざ調べることはないでしょう。姓名判断を活用するかどうかは、人それぞれです。運命は姓名判断だけで決まるわけではありませんし、姓名判断にこだわりすぎて、子どもも親も好きになれない名前を与えては、それ自体が家族の不幸です。姓名判断による吉名は、いわばお守りのようなもの。わが子の幸せな人生のためにお守りつきの名前をプレゼントするのも親の愛情といえるでしょう。

また、たくさんの候補から名前を絞り込む方法としても姓名判断は有効です。響きも漢字もよく、甲乙つけがたいときには、姓名判断でより運勢のよい名前を選んでもよいでしょう。

Q 姓名判断重視で名前を考えたけど、しっくりこない…

A 読みも漢字の意味もよく、画数もすべてよいという完璧な名前をつけるのは、なかなかむずかしいものです。画数にこだわりたいなら、画数優先で考えるのももちろんよいのですが、画数にこだわりすぎるあまりおかしな響きの名前や、おかしな漢字の組み合わせになってしまっては本末転倒です。名前は、子どもが一生を通じて使うものだということをふまえて考えましょう。

名前の響きにこだわりがある場合には、同じ響きで同じ画数になる字を徹底的に探してみましょう。また吉数もたくさんあります。360～400ページの「姓の画数別吉数リスト」や、180～285ページの「おすすめ漢字770」、402～435ページの「読み方別漢字リスト」「画数別全文字リスト」、そのほか漢字辞書などを参考に、根気よく探してみましょう。また、どうしてもこだわりたい漢字がある場合は、止め字など組み合わせる漢字を変えていろいろ試してみてください。粘り強く探して、姓名判断の結果も、名前の文字も響きも雰囲気も納得できるものを選びましょう。

Q 天格（姓）が凶の場合はどうすればいい？

A 姓は先祖代々受け継がれ、あらかじめ決まっている数なので、画数による吉凶は気にする必要はありません。天格（姓）の由来は、自分たちの住んでいる地名や、職業、先祖、氏神様の言霊を大切にしたもので、画数よりも、その響きのほうが重要です。大事なのは、地格（名）との響きのバランス。姓と名をつなげて読んだときの響きのよさや、発音のしやすさが重要になります。

それでも気になる場合は、五行説や陰陽説に基づく姓名判断で吉名にし、運勢を補う方法もあります（→P352）。

Q 学業優秀な画数は？芸術的な才能をのばせる画数は？

A 頭脳明晰な傾向が高いのは、3画や13画で、賢いだけなく明るさや行動力も持ち合わせている画数です。

一方、芸術的センスに優れた傾向があるのは、17画や27画です。いずれも美的な表現力や想像力に優れ、独自の感性を持っています。やや強情な面があり、他人に誤解されやすい面もありますが、それもアーティスト気質といえるでしょう。

Q 大吉がないと吉名とはいえない？

A そんなことはありません。天格以外の人格・地格・外格・総格がすべて吉以上であれば、基本的には運勢のよい名前だといえます。また、小吉や凶が入っていても、陰陽や五行がよい場合は、吉名になることもあります。

Q 旧字を使って画数をよくしたい

A 6画の「壮」だと画数がよくないから7画の「壯」を使いたいなど、新字と旧字で画数が異なることは多いですから、その漢字にこだわりがあるなら、それも有効な方法です。

ただし旧字を使った名前の多くは、書類などで間違って記載されることもよくあります。パソコン変換に時間がかかったり、そもそもパソコンで変換できない字もあるなど、何かと不便があることも覚えておきましょう。

また、多画数のものが多いので、見た目に黒々とした名前になってしまうことも。旧字のなかでも、「竜」の旧字の「龍」など、比較的なじみのある漢字もありますが、基本的に旧字を使う場合には、マイナス面も多いことをふまえて検討してください。

なお、運勢をよくするために旧字を使う場合は、実生活でも旧字を使って、運を呼びこむようにしましょう。

Q 出生届を出してしまったけど、画数が悪いので名前を変えたい！

A 名前の読み方だけであれば、出生届を出したあとでも比較的簡単に変更できるのですが、文字に関しては家庭裁判所に申し立てを行い、「正当な理由」として認められないかぎり、変更することはできません(P→440)。姓名判断の結果が悪いという理由は「正当な理由」に当たらず、残念ながら名前を変えることはできません。

あとから改名したいと思うような名前をつけないよう、じっくり慎重に名前を考えましょう。

Q 凶数の名前でも人生をプラスに導く方法はない?

A 凶数はよくも悪くも目立つ画数であり、封建時代には「服従しない人物」の意味もありました。言い換えれば「意志の強い人物」「こだわりの強い人物」ともいえます。このような資質をプラスにのばす道を前向きに探りましょう。

また、将来的には世界へ羽ばたく道もおすすめです。海外では名前もアルファベット等の表記になり、その点でも開運が期待できます。

Q 将来、成功する画数ってある?

A 成功にもいろいろなかたちがありますが、ビジネスなどで大きく成功し、経済的にも成功する画数としては、11、21、41、23が挙げられます。11、21、41の1系列の画数は、いずれもリーダーとしての資質が高く、会社や組織のトップに立てる人材になる人も多いようです。一方23は、組織のトップというよりも、一匹狼タイプ。一代で大きな材を築くことも多いでしょう。

スポーツで成功する可能性が高いのは、8と18です。とくに18は、すべての数字のなかでもっとも活動力の高い画数で、運動神経が発達した人が多いようです。

また、国際化の時代、海外で成功する画数としては、5画、15画が挙げられます。いずれも明るく前向きな性格で、信念で行動するタイプ。海外の人とも良好な関係を保ちながら堂々とわたり合える人材になるでしょう。

もちろん、画数だけで将来が決まるわけではありません。本当に成功するためには、才能や資質をのばす環境、本人の努力が必要なことは言うまでもありません。

早わかり！

姓の画数別 吉数リスト

姓（苗字）の画数から、赤ちゃんの吉名の画数を探せるリストです。
リストにある画数の組み合わせで名前を考えれば、運のよい名前にできます。

リストの見方

9・4
姓の例
荒井 荒木 浅井 柏木
秋元 春日 畑中 竹之内
1字名
1・4 1・7 1・15 2・6 2・16 2・22
2字名（3字名）
7・4 9・2 9・15 11・7 11・14 12・4 12・6 12・12
17・7 20・4 2・9 3・15 3・22 4・4 4・12 12・20
17・7 17・15 19・6 19・16
名前例
一1 汰7 いちた
快7 斗4 よしと
理11 壱7 りいち
涼11 輔14 りょうすけ
葵12 成6 あおなり
遥12 貴12 はるき
雄12 登12 ゆうと
悠11 太4 朗10 ゆうたろう

1字名
1字名の吉数。オレンジの数字は大吉、こげ茶の数字は吉です。

2字名、3字名
2字名または3字名の吉数。3字名の場合は、下の数字は2字目と3字目の合計になります。オレンジの数字は大吉、こげ茶の数字は吉。

2字名：涼11 輔14
3字名：悠11 太4 朗10（4＋10＝14）

画数
姓の画数。3字姓の場合は、上の数字は1字目と2字目の合計数となります。

2字姓：荒9 井4
3字姓：竹6 之3 内4（6＋3＝9）

姓の例
姓の例。代表的なものを挙げています。

名前例
姓に合う吉名の例。右横の数字は画数です。

リストを見るときの注意点

- すべての姓の画数パターンを網羅しているわけではありません。日本人に多い姓をピックアップし、それらの画数の配列パターンを調べて掲載しています。361〜400ページに自分の姓の画数がない場合は、334ページの「五格の計算の仕方」で吉名かどうかチェックしてください。
- 361〜400ページの吉数は、「五格」を優先しつつ、「五行」や「陰陽」なども加味しています。五格のいずれかに、「凶」や「小吉」が入っていても、五行や陰陽などがよい場合には、総合的に考えて吉数と判断しているものもあります。また、掲載されていないものでも、よい組み合わせの画数もあるので、気に入った名前がある場合は、ここに画数がなくても334ページの「五格の計算の仕方」で吉凶をチェックしてみましょう。

0・3

姓の例：丸 山 上 万

1字名：―

2字名（3字名）：
2・30、3・2、3・5、3・12、3・15、10・14、10・22、13・5、18・14、2・6、2・16、2・22、3・10、4・14、4・17、5・10、5・16、5・24、8・5、8・16、10・5、12・6、12・12、12・23、13・2、13・22、18・6、18・17、18・20、21・14

名前例

名前	画数	読み
三平	3・5	さんぺい
久翔	3・12	ひさと
才蔵	3・15	さいぞう
文徳	4・14	ふみのり
恭輔	10・14	きょうすけ
雅矢	13・5	まさや
大士郎	3・3・9	だいじろう
航太朗	10・4・10	こうたろう

0・4

姓の例：今 丹 中

1字名：―

2字名（3字名）：
1・20、1・24、2・23、2・31、3・22、3・26、4・17、9・2、9・16、1・6、1・12、2・5、2・15、3・4、3・14、4・7、4・23、7・4、7・6、9・14、11・2、11・6、11・12、11・14、12・5、12・15、13・4、13・12、13・14、17・4

名前例

名前	画数	読み
一稀	1・12	いっき
大介	3・4	だいすけ
快地	7・6	かいち
海人	9・2	かいと
律樹	9・16	りつき
陸帆	11・6	りくほ
悠成	11・6	ゆうせい
翔永	12・5	しょうえい

0・5

姓の例：辻 平 北 丘 叶 永 汀 辺 左 広 台 代

1字名：―

2字名（3字名）：
1・12、2・4、3・15、8・5、8・16、10・17、11・2、11・7、12・4、19・5、1・5、1・7、1・10、1・15、6・5、6・7、6・10、6・12、6・21、10・6、11・5、11・16、13・5、16・2、18・15

名前例

名前	画数	読み
大駕	3・15	たいが
武史	8・5	たけし
清人	11・2	きよと
絃希	11・7	げんき
爽良	11・7	あきら
瑛斗	12・4	えいと
寛平	13・5	かんぺい
大史朗	3・5・10	たいしろう

0・6

姓の例：旭 向 芝 西 池 仲

1字名：―

2字名（3字名）：
1・4、1・14、2・23、5・26、9・14、9・16、9・22、9・26、10・15、11・4、11・14、12・6、15・10、1・6、1・16、2・5、2・15、2・16、7・4、7・14、9・24、10・5、10・7、10・17、11・6、11・7、11・16、11・24、12・5、15・2

名前例

名前	画数	読み
玲穏	9・16	れおん
渉太	11・4	しょうた
惇斗	11・4	あつと
涼輔	11・14	りょうすけ
雄伍	12・6	ゆうご
慧悟	15・10	けいご
研太朗	9・4・10	けんたろう
洋児郎	9・7・9	ようじろう

0・7

姓の例：沖 角 近 坂 杉 沢 谷 佃 伴 李 里

1字名：―

2字名（3字名）：
1・15、1・17、8・10、8・16、9・7、9・15、9・16、11・5、11・7、11・14、1・7、4・7、4・12、4・20、6・2、9・2、10・7、10・14、10・15、14・10、6・10、6・12、14・4、16・2、18・6、18・7、20・5

名前例

名前	画数	読み
一慶	1・15	いっけい
侑晟	8・10	ゆうせい
法篤	8・16	のりあつ
要汰	9・7	ようた
峻汰	10・7	しゅんた
爽甫	11・7	そうすけ
亮多朗	9・6・10	りょうたろう
航太朗	10・4・10	こうたろう

0・8

姓の例：林 岡 岸 金 宗 所 長 東 迫 武 牧 門

1字名：15、17

2字名（3字名）：
3・2、3・10、3・21、5・10、7・6、8・16、10・5、10・6、10・15、13・10、13・11、13・16、3・4、3・5、5・12、7・10、7・14、9・6、9・7、9・16、10・7、13・3、13・4、21・18

名前例

名前	画数	読み
駈	15	かける
泰成	10・6	やすなり
耕成	10・6	こうせい
浪輝	10・15	なみき
蓮悟	13・10	れんご
愛琉	13・11	あいる
尚多朗	8・6・10	なおたろう
新一郎	13・1・9	しんいちろう

0・9

姓の例：南　栄　室　城　神　星　泉　前　峠　柏　畑　柳

1字名：—

2字名（3字名）：2・4　4・12　6・10　8・7　9・6　9・7　12・12　12・4　14・2　14・10　20・12　2・5　2・14　2・15　4・4　4・14　4・20　6・17　6・26　7・16　15・17　16・7　16・16　18・6　20・4

名前例
- 匠6造10（しょうぞう）
- 洋9行6（ひろゆき）
- 勇9吉6（ゆうきち）
- 音9児7（おとじ）
- 開12道12（かいどう）
- 碧14人2（あおと）
- 颯14馬10（さつま）
- 吉6之3佑7（よしのすけ）

0・10

姓の例：浦　桂　原　高　柴　秦　島　浜　峰　脇　宮　竜

1字名：—

2字名（3字名）：1・12　3・2　3・10　3・12　3・18　5・8　6・7　6・15　11・2　11・12　13・2　13・10　13・12　5・2　5・6　6・5　7・6　7・14　8・7　8・15　11・4　11・10　14・7　15・6　21・16

名前例
- 一1尋12（かずひろ）
- 大3惺12（たいせい）
- 千3翔12（せんと）
- 初7成6（はつなり）
- 快7聡14（よしあき）
- 暖13真10（はるま）
- 楽13登12（らくと）
- 愛13士3郎9（あいしろう）

0・11

姓の例：梶　乾　郷　笹　菅　清　盛　張　堀　堂　笠　都

1字名：—

2字名（3字名）：2・4　10・14　12・4　12・12　14・10　20・4　22・2　2・5　2・16　4・12　4・20　5・2　5・16　6・7　6・10　7・6　7・14　12・6　13・5　14・4　14・7　16・5　21・16　21・20

名前例
- 弘5磨16（ひろま）
- 秀7成6（ひでなり）
- 剛10徳14（ごうとく）
- 凌10輔14（りょうすけ）
- 瑛12太4（えいた）
- 雄12惺12（ゆうせい）
- 耀20介4（ようすけ）
- 譲20斗4（じょうと）

0・12

姓の例：森　奥　間　堺　勝　巽　堤　渡　湊　越　萩　番

1字名：—

2字名（3字名）：1・5　4・7　9・2　9・4　9・12　9・14　11・10　11・14　11・24　19・2　19・4　1・2　1・4　1・10　1・22　3・2　3・20　4・17　5・6　6・5　6・15　9・16　11・2　11・12　13・10　13・20　21・12

名前例
- 公4孝7（きみたか）
- 奏9斗4（かなと）
- 保9友4（やすとも）
- 祐9揮12（ゆうき）
- 爽11悟10（そうご）
- 啓11輔14（けいすけ）
- 麗19太4（れいた）
- 洸9士3郎9（こうしろう）

0・13

姓の例：源　新　滝　椿　楠　塙　園　幹　溝　群　筧

1字名：—

2字名（3字名）：2・6　3・2　3・15　8・16　12・6　18・17　2・14　2・16　3・5　4・1　4・4　4・7　5・6　8・10　8・17　10・6　10・14　10・15　10・22　11・7　11・14　16・2　16・16　18・6　18・14　20・4　20・5

名前例
- 人2成6（ひとなり）
- 叶5多6（かなた）
- 幸8樹16（こうき）
- 凌10多6（りょうた）
- 悠11作7（ゆうさく）
- 詠12吉6（えいきち）
- 丈3多6郎9（じょうたろう）
- 明8日4登12（あすと）

0・14

姓の例：榎　関　境　榊　窪　槙　管

1字名：—

2字名（3字名）：2・15　3・15　7・4　9・2　9・12　9・16　10・14　11・7　11・12　1・2　1・6　2・5　3・4　3・10　3・14　4・7　7・14　9・4　9・14　11・6　11・10　11・14　17・6

名前例
- 山3斗4（やまと）
- 完7太4（かんた）
- 風9人2（ふうと）
- 倖10輔14（こうすけ）
- 啓11佑7（けいすけ）
- 琉11翔12（るか）
- 崇11道12（たかみち）
- 風9起10人2（ふきと）

0・16

姓の例　館　橘　薮

1字名　—

2字名（3字名）
2・14　2・23　9・4　9・6　9・7　9・16
11・4　11・5　11・14　11・20　13・16　15・6　1・4　1・6
1・14　2・5　2・6　2・15　7・4　7・6　8・7　8・17
9・14　11・10　15・14　15・16　16・5　16・7　16・15　17・4

名前例
周8吾7　しゅうご
彦9成6　ひこなり
惇11斗4　あつと
琉11生5　るい
貫11平5　かんぺい
輝15光6　てるみつ
幸8之3心4　ゆきのしん
星9之3介4　せいのすけ

0・21

姓の例　轟　鶴

1字名　—

2字名（3字名）
2・14　2・22　10・6　10・14　11・20　12・12
20・4　2・4　2・16　3・5　4・2　4・4　4・12　4・14
4・20　10・7　11・5　12・4　14・2　14・4　14・10　14・17
17・10　17・20

名前例
文4人2　ふみと
月4斗4　つきと
笑10伍6　しょうご
唄10成6　うたなり
峰10希7　みねき
耕10輔14　こうすけ
康11平5　こうへい
恭10太4朗10　きょうたろう

1・4

姓の例　一戸　一木

1字名　—

2字名（3字名）
1・7　1・12　1・17　1・23　2・6　2・16
4・2　4・14　11・2　11・7　12・6　12・12　14・2　14・4
14・10　2・22　2・31　3・5　3・15　3・24　4・4　4・23
4・28　7・4　7・6　9・2　11・16　11・22　13・5　20・4

名前例
一1汰7　いちた
渓11吾7　けいご
達12行6　たつゆき
陽12向6　ひなた
暁12登12　あきと
新13平5　しんぺい
魁14斗4　かいと
聡14真10　そうま

1・6

姓の例　一色　一式　乙竹

1字名　—

2字名（3字名）
2・4　2・14　5・20　9・7　9・15　9・16
10・14　10・15　11・5　12・4　1・5　1・10　1・15　1・16
1・24　2・16　5・6　7・4　10・6　10・7　11・6　11・7
11・20　12・6

名前例
永5護20　えいご
要9汰7　ようた
皇9輝15　おうき
勇9磨16　ゆうま
高10暢14　たかのぶ
悠11生5　ゆうせい
結12介4　ゆうすけ
真10仁4朗10　しんじろう

1・7

姓の例　一条　一村　乙杉　乙町

1字名　—

2字名（3字名）
1・4　1・14　1・15　8・5　8・7　8・15
8・16　9・4　9・7　9・14　9・15　11・5　11・14　1・6
1・7　4・4　6・17　9・12　9・16　10・6　10・7　10・15
11・6　11・10　18・5

名前例
岳8史5　たけし
昂8輝15　こうき
洋9斗4　ひろと
宥9輔14　ゆうすけ
梁11矢5　りょうや
郷11平5　きょうへい
健11瑠14　たける
悠11太4朗10　ゆうたろう

2・3

姓の例　十川　二川　入口　入山

1字名
2　10　20　12

2字名（3字名）
2・6　2・22　3・15　5・1　5・11　5・13
8・3　8・5　10・1　10・6　15・1　15・3　20・4　2・14
2・11　3・3　3・5　3・21　4・4　4・23　5・3　5・22
10・3　12・1　12・4　12・6　13・11　14・4　14・13　18・6

名前例
真10　まこと
譲20　ゆずる
礼5都11　れいと
正5義13　まさよし
剣10一1　けんいち
倖10多6　こうた
紘10守6　ひろもり
叶5南9斗4　かなと

2・4

姓の例　二木　八木

1字名
2　12　7　17

2字名（3字名）
1・14　1・22　2・16　2・25　3・22　4・1
4・11　4・21　7・11　11・14　14・4　19・4　1・6　1・16
2・5　2・15　3・4　3・14　3・15　9・6　11・4　11・16
11・22　12・3　12・5　13・5　13・14　14・3　17・1　19・14

名前例

陽12	はる
一1瑳14	いっさ
入2磨16	いるま
大3輔14	だいすけ
心4堂11	しんどう
辰7琉11	たつる
豪14太4	ごうた
琉11季8弥8	るきや

2・5

姓の例　八代　八田

1字名
10

2字名（3字名）
1・5　1・15　1・23　2・4　3・3　3・13
3・22　10・14　10・15　11・13　12・13　20・4　1・16　2・14
2・23　3・15　3・21　6・19　8・3　8・9　8・16　10・6
11・6　11・14　11・5　11・21　12・4　12・6　12・19　13・5

名前例

哲10	てつ
大3士3	だいし
久3詩13	ひさし
庵11路13	あんじ
理11夢13	おさむ
結12雅13	ゆいが
響20太4	きょうた
智12之3真10	とものしん

2・6

姓の例　入江　又吉　入安

1字名
5　7　10

2字名（3字名）
1・4　2・3　2・14　2・23　9・4　9・6
9・14　9・15　10・5　10・6　10・13　10・14　1・6　1・15
2・15　7・9　7・14　10・23　11・4　11・5　12・3　12・4
12・13　15・9　19・4

名前例

巧5	たくみ
奎9介4	けいすけ
海9光6	かいこう
竜10平5	りゅうへい
真10夢13	まなむ
崇11央5	たかひろ
麗19太4	れいた
高10太4朗10	こうたろう

2・7

姓の例　人見　二見　二村　入沢　入谷　八谷　八尾　入坂　二谷

1字名
4　6　14　16　20

2字名（3字名）
1・5　1・14　4・19　9・6　11・4　11・5
14・9　1・6　1・15　4・3　4・4　4・11　6・9　8・15
8・16　9・14　10・5　10・6　10・14　10・19　14・15　16・22
17・6　18・5　18・13

名前例

颯14	そう
一1巧5	いっこう
仁4也3	ひとなり
貫11太4	かんた
康11生5	やすお
悠11永5	ゆうえい
魁14星9	かいせい
銀14之3丞6	ぎんのじょう

2・8

姓の例　二岡

1字名
7　17

2字名（3字名）
3・22　9・6　9・16　10・5　10・15　13・16
21・16　3・5　5・3　5・6　5・22　7・16　8・9　8・13
8・15　9・4　10・3　10・11　10・19　13・4　13・14　15・6
15・16　16・5　16・9　16・13　17・4　21・4

名前例

佑7	たすく
駿17	しゅん
直8哉9	なおや
勇9多6	ゆうた
昴9気6	こうき
恭10市5	きょういち
泰10輝15	たいき
雅13樹16	まさき

2・10

姓の例　二宮　八島　入倉　刀根

1字名
5　15

2字名（3字名）
3・3　3・10　5・1　6・5　11・22　13・22
14・11　14・19　14・21　1・5　5・6　6・11　6・15　6・19
7・4　7・14　8・3　8・5　8・9　8・13　11・4　11・6
13・16　15・6　15・14　21・4　22・13

名前例

諒15	りょう
大3悟10	だいご
広5一1	こういち
考6史5	たかふみ
光6琉11	ひかる
拓8也3	たくや
維14庵11	いあん
丈3一1郎9	じょういちろう

2・11

姓の例：二瓶　入野　入堀　入曽

1字名：5　10

2字名（3字名）：2・3　2・9　4・1　4・4　4・14　5・3　5・11　5・13　10・1　13・3　2・1　4・9　5・19　6・5　6・19　7・4　7・9　7・11　10・14　12・13　13・11　14・11　20・4　21・3　21・11　21・14

名前例

航10	わたる
太4一1	たいち
友4仁4	ともひと
友4哉9	ゆうや
匠6平5	しょうへい
高10暢14	たかのぶ
零13士3	れいじ
未5来7翔12	みきと

2・15

姓の例：八幡

1字名：6

2字名（3字名）：1・5　1・14　1・23　3・3　3・13　10・6　10・14　14・4　20・4　1・6　2・4　2・13　2・33　3・4　3・5　3・15　8・13　8・16　9・6　9・9　10・5　12・3　12・4　16・5　16・15　17・4　18・3　14・27　20・15　22・13

名前例

守6	まもる
大3史5	たいし
大3雅13	たいが
洵9多6	しゅんた
晃10行6	あきゆき
漣14斗4	れんと
嘉14仁4	よしひと
耀20太4	ようた

3・2

姓の例：川又

1字名：—

2字名（3字名）：1・10　1・15　1・23　4・4　4・14　6・10　11・5　13・5　14・4　14・10　14・13　16・8　3・3　3・5　4・20　5・3　5・13　6・12　9・2　9・4　13・14　13・20　15・3　15・12　15・18　16・2　19・5　21・12　22・2

名前例

一1朗10	いちろう
一1毅15	かずたけ
萌11生5	ほうせい
慎13平5	しんぺい
愛13礼5	あいら
聡14真10	そうま
龍16昇8	りゅうしょう
颯14一1郎9	そういちろう

3・3

姓の例：丸山　及川　三上　山下　山口　小川　川口　川上　大山

1字名：—

2字名（3字名）：2・3　3・4　3・15　5・10　5・12　5・13　10・5　10・15　12・5　12・15　3・8　4・3　5・2　8・3　8・15　10・13　12・3　12・13　12・21　13・2　13・4　13・10　13・12　13・18　15・8　15・14　20・15　21・4

名前例

大3蔵15	たいぞう
生5眞10	いくま
永5智12	えいち
叶5夢13	かなむ
耕10史5	こうし
将10慶15	まさよし
達12平5	たっぺい
恵10ノ1輔14	けいのすけ

3・4

姓の例：山内　山中　土井　三井　三木　大木　大井　大友　川井

1字名：—

2字名（3字名）：1・5　1・15　2・4　2・14　3・3　3・13　3・22　11・13　12・5　12・12　13・3　13・12　14・11　3・15　4・12　4・21　7・10　11・14　11・21　12・4　12・20　14・4　17・8　21・3　21・4

名前例

丈3聖13	じょうせい
琉11蒼13	りゅうそう
悠11勢13	ゆうせい
晴12矢5	はるや
貴12央5	たかお
暁12朝12	あきとも
雅13久3	がく
瑞13貴12	みずき

3・5

姓の例：山田　山本　小田　大石　土田　上田　大平　川辺　小出

1字名：—

2字名（3字名）：1・12　2・3　3・12　10・3　10・8　10・13　10・15　11・12　11・22　12・3　12・13　13・3　20・5　22・3　1・4　2・15　3・14　6・10　6・15　8・15　11・10　11・21　12・5　13・8　13・10　18・13　18・15　20・15

名前例

千3翔12	せんと
倖10大3	ゆきひろ
真10門8	まさかど
零13士3	れいじ
蒼13也3	あおなり
響20生5	ひびき
竜10之3真10	たつのしん
悠11宇6多6	ゆうた

3・6

姓の例 小西 三宅 小池 大西 久米 三好 大江 川合 小向

1字名 —

2字名（3字名）
1・5 **1・14** **1・15** **2・4** **2・5** **2・13** **5・18** **11・4** **11・5** **12・3** **17・15** 2・14 2・22 5・3 5・13 7・8 8・5 9・14 9・15 10・5 10・13 10・14 11・12 12・12 15・8 17・15

名前例

十2斗4	じゅうと
由5丈3	よしたけ
史5也3	ふみや
立5騎18	たつき
快7知8	かいち
武8央5	たけお
蛍11介4	けいすけ
盛11広5	もりひろ

3・7

姓の例 小沢 上村 川村 大沢 大谷 下村 久我 丸尾 小坂

1字名 —

2字名（3字名）
1・4 **1・5** **1・14** **10・5** **10・15** **11・14** 1・2 4・3 4・4 4・21 6・5 8・3 8・5 8・13 8・15 9・2 9・4 9・12 9・14 9・20 10・5 11・2 11・10 17・4 17・8 18・3

名前例

一1史5	かずし
友4介4	ゆうすけ
尚8輝15	なおてる
桔10平5	きっぺい
浩10輝15	ひろき
涼11輔14	りょうすけ
健11豪14	けんごう
虹9太4朗10	こうたろう

3・8

姓の例 小松 小林 三国 山岸 大坪 大沼 大林 土居 三枝

1字名 —

2字名（3字名）
3・10 **3・18** **3・21** **5・8** **13・8** **16・5** **16・8** **21・20** 3・2 3・3 3・4 5・13 7・14 8・5 8・13 9・4 9・12 9・15 10・8 10・14 15・3 21・3 23・18 24・13

名前例

丈3眞10	じょうま
巧5実8	たくみ
明8聖13	あきさと
夢13祈8	ゆめき
慎13治8	しんじ
篤16広5	あつひろ
龍16弥8	たつや
賢16昇8	けんしょう

3・9

姓の例 小泉 土屋 小柳 小室 山城 川畑 久保 川津 大泉

1字名 —

2字名（3字名）
2・21 **4・2** **4・21** **14・21** **15・8** **15・10** 2・3 2・4 2・15 6・5 6・15 7・14 7・18 8・3 8・13 9・2 9・8 9・12 9・14 12・5 12・13 14・3 14・15 15・2 16・5 22・3

名前例

光6生5	こうせい
亜7聡14	あさと
歩8夢13	あゆむ
海9來8	みらい
信9斉8	のぶなり
春9翔12	はると
慶15治8	けいじ
遼15馬10	りょうま

3・10

姓の例 下原 三浦 山根 小原 小倉 小島 上原 川島 大島

1字名 —

2字名（3字名）
1・2 **1・10** **3・2** **3・13** **5・3** **5・13** **6・2** **6・10** **6・18** **13・12** **13・22** **14・2** **14・10** **14・18** **15・3** **15・10** **21・3** 1・4 1・15 6・5 6・26 8・10 11・5 11・13 11・21 13・3 19・5 19・13

名前例

一1哲10	いってつ
久3遠13	くおん
広5夢13	ひろむ
有6馬10	ありま
豪14人2	ごうと
維14真10	ゆいま
璃15大3	りだい
吉6之3佑7	よしのすけ

3・11

姓の例 小野 山崎 上野 川崎 大野 小菅 川添 大貫 小堀

1字名 —

2字名（3字名）
2・13 **4・13** **4・14** **5・10** **5・12** **5・18** **5・20** **10・13** **10・14** **12・13** **13・8** **13・12** **13・18** **14・3** **14・4** **14・10** 5・26 7・8 10・5 10・8 10・21 13・2 13・10 18・5 20・3 20・4 21・10

名前例

丹4慈13	たんじ
由5剛10	よしたか
正5温12	まさはる
恭10路13	やすじ
照13英8	しょうえい
蒼13翔12	あおと
颯14太4	はやた
彰14仁4	あきひと

3・12

姓の例　千葉　大森　大塚　大場　小森　小椋　川越　大道

1字名　—

2字名（3字名）
1・5　1・15　3・5　3・14　3・21　4・4
4・13　4・20　5・12　5・13　6・2　6・10　6・18　11・13
12・12　13・10　1・2　3・3　6・12　9・8　9・15　11・5
12・5　13・3　13・20　17・15　19・13

名前例

正(5)智(12)	まさとも
永(5)翔(12)	えいと
礼(5)雅(13)	れいが
凪(6)人(2)	なぎと
行(6)馬(10)	いくま
有(6)登(12)	ゆうと
叶(5)南(9)斗(4)	かなと
貫(11)太(4)郎(9)	かんたろう

3・13

姓の例　久慈　山路　小園　小滝　小路　上園　大園　大塩　大滝

1字名　—

2字名（3字名）
2・15　3・4　3・5　3・10　4・12　5・10
5・12　5・20　10・3　10・5　10・13　11・4　11・12　11・14
11・20　2・21　3・12　4・3　5・8　5・18　11・2　11・10
12・3　12・5　12・13　14・3　18・13　19・22

名前例

才(3)介(4)	さいすけ
也(3)正(5)	なりまさ
元(4)陽(12)	もとはる
弘(5)晃(10)	ひろあき
恭(10)丸(3)	やすまる
恵(10)大(3)	けいだい
准(10)平(5)	じゅんぺい
康(11)太(4)朗(10)	こうたろう

3・14

姓の例　山際　小関　小熊　小暮　川端　大関　大窪　大熊　小管

1字名　—

2字名（3字名）
1・5　1・15　2・4　2・13　2・14　3・3
3・12　3・13　4・2　4・12　11・4　11・5　11・13　15・3
7・8　9・15　10・14　11・10　13・5　13・18　17・4　17・14
17・18　21・10

名前例

大(3)惺(12)	たいせい
文(4)晶(12)	ふみあき
崇(11)斗(4)	たかと
渓(11)太(4)	けいた
梓(11)史(5)	あずし
琉(11)晟(10)	りゅうせい
諒(15)士(3)	りょうじ
隆(11)一(1)郎(9)	りゅういちろう

3・15

姓の例　三輪　小幡　大蔵　大槻　与儀　大澄　三潮

1字名　—

2字名（3字名）
1・4　1・12　1・14　1・22　2・13　3・3
3・12　10・3　10・5　10・13　12・3　14・15　1・20　2・5
2・15　3・14　6・5　6・15　8・5　9・2　9・4　9・12
9・14　12・5　16・2　16・5　16・13　17・4　20・3

名前例

一(1)瑠(14)	いちる
夕(3)也(3)	ゆうや
久(3)翔(12)	ひさと
大(3)湖(12)	だいご
祐(9)貴(12)	ゆうき
拳(10)士(3)	けんし
夏(10)生(5)	かい
達(12)己(3)	たつみ

3・16

姓の例　丸橋　三橋　小橋　大館　大橋　大薮　土橋　三樹　小薪

1字名　—

2字名（3字名）
1・4　1・5　1・15　2・3　2・4　2・14
5・8　11・5　11・18　13・3　13・5　21・8　5・13　8・5
8・8　9・4　9・24　15・3　15・18　16・2　17・21　19・10
19・14

名前例

一(1)心(4)	いっしん
右(5)京(8)	うきょう
律(9)太(4)	りった
寅(11)司(5)	とらじ
蒼(13)大(3)	そうだい
雅(13)久(3)	がく
路(13)生(5)	ろい
諒(15)士(3)	りょうじ

3・18

姓の例　工藤　山藤　大藤

1字名　—

2字名（3字名）
3・8　3・21　3・28　5・26　6・5　6・10
6・18　14・10　3・3　3・5　3・13　3・14　3・34　5・3
5・13　5・32　6・2　7・24　9・15　13・3　13・18　14・2
15・2　15・3　15・12　15・22　19・12　23・8

名前例

大(3)知(8)	だいち
由(5)丈(3)	よしたけ
圭(6)司(5)	けいし
旭(6)央(5)	あきひろ
成(6)悟(10)	せいご
充(6)起(10)	みつき
颯(14)真(10)	そうま
潤(15)也(3)	じゅんや

3・19

姓の例：川瀬 大瀬

1字名：—

2字名（3字名）：2・15 2・21 4・12 4・21 5・10 5・20 5・30 10・29 13・10 2・14 5・8 5・18 6・5 6・10 6・29 8・5 8・8 8・15 10・3 10・5 10・13 12・3 12・4 13・2 13・4 13・12 14・2 14・21 18・5 20・21

名前例

- 斗4偉12 とうい
- 太4陽12 たいよう
- 生5眞10 いくま
- 帆6高10 ほだか
- 知8典8 とものり
- 純10也3 じゅんや
- 結12斗4 ゆいと
- 友4之3信9 とものしん

4・3

姓の例：片山 中山 木下 中川 内山 井上 水上 日下 今川

1字名：10 14 22

2字名（3字名）：2・14 2・15 3・13 3・22 4・12 4・21 5・12 12・4 12・5 12・19 13・11 13・12 13・25 14・11 15・17 22・9 2・9 5・11 5・13 8・17 10・14 12・12 12・20 13・3 13・19 14・4 14・27 15・3 18・14

名前例

- 颯14 はやて
- 大3夢13 ひろむ
- 千3歳13 ちとせ
- 広5貴12 ひろき
- 裕12史5 ゆうし
- 聖13陽12 きよはる
- 駆14琉11 かける
- 諒15也3 りょうや

4・4

姓の例：今井 中井 元木 水木 今中 日比 井手 木戸 仁木

1字名：7 17

2字名（3字名）：1・14 2・14 2・21 3・4 3・12 3・14 4・1 4・11 11・4 11・13 12・3 12・11 12・13 12・21 13・2 1・12 2・3 2・13 4・3 11・2 11・12 12・9 13・4 13・12 14・3 14・9 14・11 14・17 17・14 21・4

名前例

- 翼17 つばさ
- 大3嘉14 ひろよし
- 元4一1 もとかず
- 淳11夢13 あつむ
- 瑛12進11 えいしん
- 裕12暉13 ゆうき
- 温12慈13 はるじ
- 陽12向6汰7 ひなた

4・5

姓の例：太田 中田 戸田 内田 今田 井出 片平 中本 友田

1字名：2 6 12 16 20

2字名（3字名）：2・4 2・13 2・14 2・27 3・3 3・4 3・12 3・13 6・17 12・3 12・4 13・2 13・3 13・25 16・7 24・14 3・21 6・2 6・9 8・7 10・13 10・14 10・17 10・28 11・4 11・12 11・21 12・20

名前例

- 圭6 けい
- 篤16 あつし
- 開12斗4 かいと
- 聖13七2 せな
- 楽13人2 がくと
- 雅13之3 まさゆき
- 澪16吾7 れいご
- 麟24太4朗10 りんたろう

4・6

姓の例：引地 今西 丹羽 中江 中西 日吉 日向 木全

1字名：5 7 15 17 23

2字名（3字名）：1・7 1・14 2・3 11・14 12・3 1・4 2・1 2・9 2・11 5・2 5・3 5・12 5・20 7・14 7・18 9・2 9・4 9・12 9・14 10・3 10・11 10・13 10・19 10・25 11・4 12・9 17・4 17・12 18・3 23・2

名前例

- 忍7 しのぶ
- 力2丸3 りきまる
- 史5也3 ふみや
- 功5大3 こうだい
- 克7騎18 かつき
- 奎9二2 けいじ
- 温12士3 あつし
- 涼11太4朗10 りょうたろう

4・7

姓の例：中尾 水谷 今村 木村 内村 中沢 中里 中条 毛利

1字名：4 10 14 16

2字名（3字名）：4・9 4・17 4・20 6・7 14・7 16・25 17・1 17・4 17・7 24・17 1・4 4・3 6・1 6・12 8・13 8・33 9・4 9・9 9・12 10・11 10・14 11・7 14・4 16・2 18・19

名前例

- 仁4 じん
- 真10 まこと
- 元4哉9 もとや
- 壮6吾7 そうご
- 嘉14壱7 かいち
- 駿17斗4 はやと
- 優17作7 ゆうさく
- 斗4喜12弥8 ときや

4・8

1字名
5　15

2字名（3字名）
3・20　5・1　5・20　13・20　15・9　15・20
16・7　16・9　3・2　3・3　5・12　7・4　7・14　8・3
8・13　8・17　8・25　9・2　9・12　9・20　10・1　10・11
10・13　10・19　13・12　16・13　16・17　17・4　23・12

姓の例
五味　今岡　今枝　水沼　中岡　中居　中林　片岡

名前例

司5	つかさ
毅15	たけし
大3耀20	たいよう
仙5一1	せんいち
慶15彦9	よしひこ
龍16志7	りゅうじ
篤16則9	あつのり
興16紀9	こうき

4・9

1字名
2　12　14

2字名（3字名）
2・1　2・9　4・1　4・7　6・2　6・12
7・1　7・9　7・11　7・17　12・12　12・20　14・11　14・21
15・1　15・9　16・2　16・9　22・2　2・3　8・3　9・7
14・2　18・7

姓の例
今城　今泉　今津　仁科　中屋　中垣　中津　中畑　内海

名前例

嵐12	あらし
聡14	さとし
克7郎9	かつろう
秀7章11	ひであき
雄12貴12	ゆうき
瑛12智12	えいち
綱14基11	つなき
壱7平5多6	いっぺいた

4・10

1字名
7　15　17

2字名（3字名）
1・20　3・12　3・20　5・2　5・13　5・20
6・1　6・9　6・11　6・17　6・19　11・12　11・13　13・2
13・12　14・7　14・11　15・2　22・3　7・14　11・4　11・7
11・14　11・20　14・1　14・19　15・9

姓の例
中原　中島　水島　中根　氏家　片桐　井原　片倉　不破

名前例

潤15	じゅん
圭6祐9	けいすけ
成6亮9	なるあき
伊6琉11	いりゅう
考6規11	たかのり
悠11希7	ゆうき
叶5津9斗4	かつと
多6季8也3	たきや

4・11

1字名
2　10　12　14　16

2字名（3字名）
2・1　2・14　2・21　4・4　4・12　4・13
5・3　5・19　6・9　6・12　7・9　7・11　12・4　12・21
13・3　14・4　5・1　5・27　5・11　10・7　10・14　10・27
14・2　14・9　20・12　20・17

姓の例
今野　水野　中野　天野　丹野　内野　日野　中崎　木曽

名前例

豪14	ごう
燎16	りょう
礼5韻19	れいん
塁12斗4	るいと
源13士3	げんじ
豪14心4	たけみ
綜14介4	そうすけ
有6紀9也3	ゆきや

4・12

1字名
5　15　17

2字名（3字名）
1・4　1・14　3・20　4・9　4・19　5・11
5・20　6・9　6・11　6・19　11・4　11・12　11・14　12・1
12・3　12・9　12・11　12・13　13・4　3・13　4・1　4・11
6・7　9・2　9・4　9・14　11・2　20・1　20・11

姓の例
井筒　戸塚　手塚　水越　中越　中森　中塚　中道　木場

名前例

輝15	てる
文4昭9	ふみあき
灯6彦9	ともひこ
洸9介4	こうすけ
陽12音9	はると
廉13斗4	れんと
新13太4	あらた
遥12士3朗10	ようじろう

4・13

1字名
14　22

2字名（3字名）
2・13　3・3　3・4　3・21　4・2　4・11
4・12　4・31　5・1　5・11　12・3　12・12　14・1　14・21
4・20　8・7　8・27　10・14　11・4　11・13　11・20　12・4
14・7　16・2　16・25　18・13　18・23　20・4

姓の例
犬飼　今福　中園　中鉢　日置

名前例

颯14	はやて
心4温12	ここはる
礼5一1	れいいち
由5基11	よしき
直8希7	なおき
温12大3	あつひろ
雄12貴12	ゆうき
日4那7斗4	ひなと

4・14

姓の例 井関　今関　日暮　比嘉　木暮　中嶋　中豪

1字名 4　7　15　17

2字名（3字名） 1・12　2・3　2・11　2・13　2・21　3・2　3・3　3・12　3・14　4・1　4・11　11・2　11・4　11・12　13・2　15・14　2・9　2・19　4・3　4・13　7・4　7・14　13・4　18・3

名前例
- 快7　かい
- 大3也3　ひろや
- 大3輔14　だいすけ
- 理11人2　りひと
- 惟11仁4　これひと
- 陸11斗4　りくと
- 源13二2　げんじ
- 大3士3郎9　だいじろう

4・15

姓の例 木幡

1字名 2　6　10　12　14　16　20

2字名（3字名） 2・14　3・2　3・3　3・13　6・27　12・4　12・27　14・4　14・25　1・7　1・12　1・17　2・3　2・4　2・11　6・2　6・12　8・25　9・4　9・20　10・3　10・19　12・1　14・2　17・1　17・12　17・21　18・1　22・11

名前例
- 悟10　さとる
- 雄12　ゆう、たけし
- 久3獅13　ひさし
- 行6翔12　ゆきと
- 夏10也3　なつや
- 陽12介4　ようすけ
- 颯14仁4　そうじん
- 綾14太4　あやた

4・18

姓の例 井藤　五藤　内藤　木藤

1字名 5　7　15　17

2字名（3字名） 3・20　5・11　5・20　6・7　6・9　6・17　6・19　3・2　3・13　6・29　7・4　7・9　7・28　9・2　9・7　11・2　11・12　11・14　11・28　13・2　14・1　14・2　14・9　14・25　15・1　15・20　19・4　20・3　20・21　21・20

名前例
- 秀7　しゅう
- 永5進11　えいしん
- 壮6祐9　そうすけ
- 保9人2　やすひと
- 俊9邦7　としくに
- 勇9希7　ゆうき
- 豪14一1　ごういち
- 未5来7太4　みきた

4・19

姓の例 中瀬　片瀬　今瀬

1字名 2　4　6　10　12　14　16　22

2字名（3字名） 4・2　4・11　4・12　4・21　4・31　5・1　5・11　5・20　12・12　13・11　14・1　14・2　14・11　14・21　2・4　2・14　4・20　5・19　6・2　6・12　6・19　8・17　8・21　12・3　12・4　12・23　13・25

名前例
- 旭6　あさひ
- 元4惟11　もとい
- 史5一1　ふみかず
- 央5理11　おうり
- 北5都11　ほくと
- 吏6雄12　りお
- 暢14一1　よういち
- 仁4知8也3　にちや

5・3

姓の例 古川　市川　石川　田口　平山　北川　出口　石丸　矢口

1字名 5　10　15

2字名（3字名） 2・1　2・6　2・11　2・13　3・2　3・10　3・12　3・20　4・12　5・10　12・4　12・11　12・13　13・2　13・10　13・12　13・20　14・1　14・10　15・10　15・24　4・3　5・2　5・12　10・6　14・3　8・13　22・3

名前例
- 諒15　りょう
- 登12夢13　とむ
- 聡14一1　そういち
- 颯14真10　さつま
- 慧15悟10　けいご
- 遼15馬10　りょうま
- 登12士3朗10　とうしろう
- 聡14一1郎9　そういちろう

5・4

姓の例 永井　石井　田中　白井　平井　生方　玉木　大八木

1字名 2　4　7　12　14

2字名（3字名） 3・3　3・13　4・1　4・2　4・3　7・16　13・2　13・3　14・1　14・2　14・12　17・6　17・12　2・6　3・18　3・26　4・20　9・6　11・6　11・13　12・11　12・20　19・13　20・12

名前例
- 颯14　はやて
- 大3誠13　たいせい
- 仁4也3　ひとや
- 豪14人2　ごうと
- 瑠14偉12　るい
- 亜7偉12斗4　あいと
- 銀14士3郎9　ぎんじろう
- 優17乃2心4　ゆうのしん

5・5

姓の例：永田 田代 田辺 石田 白石 平田 本田 辻本 末永

1字名：6

2字名（3字名）：2・13、3・2、3・3、3・12、3・13、11・10、12・3、12・13、13・2、13・12、1・6、2・3、3・8、6・2、6・19、8・3、8・13、10・3、10・11、10・13、11・2、11・12、11・18、13・16、18・3、19・6、19・18、20・3

名前例

- 亘(6) わたる
- 大(3)和(8) やまと
- 理(11)晏(10) りあん
- 琢(11)真(10) たくま
- 暁(12)丈(3) あきひろ
- 夢(13)人(2) ゆめと
- 葉(12)太(4)郎(9) ようたろう
- 陽(12)南(9)斗(4) ひなと

5・6

姓の例：永吉 永江 加地 広江 本吉 本庄 本多 末吉 末次

1字名：2、5、7、10、12

2字名（3字名）：5・8、5・16、7・6、15・6、9・28、18・3、18・6、1・6、1・20、2・3、2・19、5・1、5・2、7・11、9・12、10・3、10・11、11・10、12・6、15・3、17・24

名前例

- 浬(10) かいり
- 正(5)宗(8) まさむね
- 伸(7)行(6) のぶゆき
- 壱(7)琉(11) いちる
- 海(9)翔(12) かいと
- 遼(15)成(6) りょうせい
- 藍(18)也(3) あいや
- 永(5)乃(2)輔(14) えいのすけ

5・7

姓の例：田村 北村 矢沢 立花 世良 古谷 北条 矢吹 辺見

1字名：4、6

2字名（3字名）：4・19、6・19、17・6、17・8、17・16、1・10、1・16、4・1、4・11、6・11、8・13、9・12、9・16、9・20、9・24、10・11、10・13、11・2、11・6、11・10、11・12、14・11、16・13、18・11、22・13

名前例

- 充(6) みつる
- 拓(8)夢(13) たくむ
- 音(9)磨(16) おとま
- 駿(17)伍(6) しゅんご
- 燦(17)侍(8) さんじ
- 優(17)治(8) ゆうじ
- 阿(8)久(3)浬(10) あぐり
- 亮(9)多(6)朗(10) りょうたろう

5・8

姓の例：永松 加茂 田所 平岡 平松 北林 仙波 平岩 田沼

1字名：5、10

2字名（3字名）：3・8、5・6、7・1、7・11、8・8、8・10、8・16、13・11、13・19、15・10、15・20、3・2、7・18、8・3、8・24、10・1、10・6、10・8、13・3、13・12、16・8、21・8、23・12

名前例

- 准(10) じゅん
- 礼(5)多(6) れいた
- 侑(8)弥(8) ゆうや
- 愛(13)琉(11) あいる
- 諒(15)真(10) りょうま
- 慧(15)悟(10) けいご
- 東(8)一(1)郎(9) とういちろう
- 虎(8)之(3)助(7) とらのすけ

5・9

姓の例：玉城 古屋 古畑 石垣 石神 石津 田畑 布施 本城

1字名：2、4、7、24

2字名（3字名）：2・1、4・11、4・19、12・11、12・12、14・10、14・11、15・10、15・6、15・8、2・19、6・11、7・6、7・8、7・10、7・11、7・16、7・18、8・13、9・12、9・16、12・6、12・13、12・19、16・2、16・22、20・3

名前例

- 心(4) しん
- 友(4)悠(11) ともはる
- 元(4)規(11) もとき
- 壱(7)竜(10) いちりゅう
- 遥(12)都(11) ようと
- 雄(12)惺(12) ゆうせい
- 陽(12)一(1)朗(10) よういちろう
- 瑛(12)士(3)郎(9) えいじろう

5・10

姓の例：田島 石原 永島 北原 石倉 加納 田宮 北島 白浜

1字名：6、14

2字名（3字名）：3・3、3・13、3・20、5・13、5・19、6・2、6・12、6・18、7・1、7・10、7・11、8・8、8・10、13・3、13・11、14・10、15・3、15・8、1・16、5・1、5・11、6・10、6・26、11・13、11・16、19・13

名前例

- 旬(6) しゅん
- 大(3)雅(13) たいが
- 広(5)夢(13) ひろむ
- 拓(8)弥(8) たくや
- 明(8)宙(8) あきひろ
- 侑(8)真(10) ゆうしん
- 聖(13)也(3) せいや
- 楽(13)都(11) らくと

5・11

姓の例：永野 平野 矢野 目黒 石黒 白鳥 田崎 北野 矢部

1字名：2　5　7

2字名（3字名）：2・3　2・13　5・3　5・12　5・18　6・10　6・11　7・8　7・10　12・3　12・13　13・2　13・3　13・8　14・3　4・1　5・10　5・16　7・24　10・11　13・16　14・11　18・13　21・8

名前例

叶5登12	かなと
史5麿18	ふみまろ
光6規11	あきのり
嵩13人2	たかひと
雅13也3	まさや
路13也3	みちや
礼5旺8斗4	れおと
吉6之3佑7	よしのすけ

5・12

姓の例：永富 加賀 古賀 甲斐 石森 石塚 石渡 平塚 本間

1字名：4　6　12　15　20

2字名（3字名）：3・3　3・12　3・13　4・2　4・11　4・12　5・10　5・11　6・10　13・3　13・11　17・1　4・3　5・2　5・3　5・13　6・2　6・12　9・6　9・16　11・13　13・28　19・16

名前例

瑛12	あきら
凜15	りん
万3尋12	まひろ
大3翔12	はると
礼5眞10	れいしん
出5琉11	いずる
盟13士3	めいじ
煌13清11	こうせい

5・13

姓の例：玉置 古溝

1字名：5　14

2字名（3字名）：2・3　2・11　3・2　3・3　3・10　3・12　3・20　4・11　5・10　12・6　12・11　12・12　2・19　3・18　4・13　5・2　5・8　5・12　8・13　11・10　14・3　16・11　16・13　18・3

名前例

聡14	さとし
大3也3	だいや
詠12吉6	えいきち
結12多6	ゆうた
惺12琉11	せいりゅう
朝12翔12	あさと
温12貴12	はるき
陽12呂7斗4	ひろと

5・14

姓の例：田窪 田端 生稲 石関 古関

1字名：2　4　10

2字名（3字名）：3・13　4・12　13・3　15・3　2・3　2・11　2・16　2・27　7・1　7・6　9・20　9・24　10・3　10・6　11・2　11・18　15・1　15・18　17・1　17・12　17・16　19・10　19・19

名前例

真10	まこと
久3獅13	ひさし
太4陽12	たいよう
芳7光6	よしみつ
滉13大3	こうだい
熱15也3	あつや
駿17一1	しゅんいち
久3仁4彦9	くにひこ

5・15

姓の例：生駒 白幡

1字名：12　17

2字名（3字名）：2・3　2・13　3・2　3・12　3・22　3・24　3・34　6・26　12・6　12・13　12・26　14・3　14・13　14・33　16・16　22・3　22・16　2・19　2・30　6・11　6・12　6・19　10・1　10・8　10・27　14・18　14・27　16・11　17・1　17・8

名前例

晴12	はる、せい
吏6庵11	りあん
光6尋12	みつひろ
聡14之3	としゆき
颯14大3	そうだい
彰14義13	あきよし
優17一1	ゆういち
行6之3信9	ゆきのしん

5・16

姓の例：古館 古橋 市橋 石橋 田頭 本橋 広橋 平橋 北橋

1字名：2　16　17

2字名（3字名）：5・6　5・19　5・26　8・3　8・16　15・16　16・8　1・2　1・16　2・6　7・24　8・8　9・8　9・18　11・6　11・16　11・20　13・11　13・24　15・1　15・3　17・1　21・6　23・1

名前例

衛16	まもる
青8也3	せいや
拓8弥8	たくや
祐9治8	ゆうじ
龍16青8	りゅうせい
憲16明8	のりあき
櫻21丞6	おうすけ
佳8偉12斗4	かいと

5・18

1字名：15

2字名（3字名）：5・10、5・11、5・20、5・30、6・10、6・19、7・1、7・8、7・11、7・18、7・28、14・10、15・1、15・10、17・1、17・18、3・12、3・13、5・19、6・18、7・22、11・18、13・3、13・11、13・16

姓の例：加藤　古藤　仙藤　北藪

名前例

慶(15)	けい
冬(5)真(10)	とうま
正(5)清(11)	まさきよ
里(7)弥(8)	さとや
宏(7)唯(11)	ひろただ
諒(15)一(1)	りょういち
孝(7)一(1)朗(10)	こういちろう
汰(7)久(3)央(5)	たくお

5・19

1字名：5、14

2字名（3字名）：2・1、2・11、2・19、2・22、4・1、4・11、5・6、5・10、5・16、6・1、6・2、6・11、6・18、6・27、12・11、12・12、13・10、13・11、13・20、13・26、13・28、14・1、14・10、2・13、4・19、4・20、5・8、5・18、10・13、14・19

姓の例：永瀬　加瀬　古瀬　広瀬　市瀬　平瀬

名前例

巧(5)	たくみ
友(4)悠(11)	ともはる
弘(5)行(6)	ひろゆき
由(5)成(6)	よしなり
礼(5)旺(8)	れお
生(5)桜(10)	いくお
遙(14)一(1)	よういち
由(5)宇(6)太(4)	ゆうた

6・3

1字名：2、12、14

2字名（3字名）：4・2、4・11、4・12、5・1、5・2、5・10、5・11、8・15、2・5、3・5、3・12、4・25、8・7、10・5、10・11、12・12、12・26、13・2、13・10、13・11、13・19、14・10、15・1

姓の例：吉川　江口　西山　西川　早川　江川　西口　米山　池上

名前例

湊(12)	そう
颯(14)	はやて
心(4)温(12)	ここはる
由(5)馬(10)	ゆうま
弦(8)輝(15)	げんき
純(10)平(5)	じゅんぺい
太(4)佳(8)仁(4)	たかひと
英(8)希(7)知(8)	えいきち

6・4

1字名：7、14

2字名（3字名）：3・2、3・5、3・12、4・1、4・2、4・11、13・12、14・1、14・11、14・15、17・12、1・7、1・10、2・9、3・18、4・7、4・9、7・9、7・18、9・2、11・10、11・18、12・9、12・11、19・12

姓の例：竹内　安井　伊丹　臼井　向井　竹中　山之内　小山内

名前例

亨(7)	とおる
颯(14)	そう
大(3)道(12)	ひろみち
開(12)堂(11)	かいどう
雄(12)基(11)	ゆうき
雅(13)満(12)	まさみつ
維(14)庵(11)	いあん
愛(13)士(3)郎(9)	あいしろう

6・5

1字名：6、10、12、20

2字名（3字名）：6・7、6・15、6・18、8・5、16・5、16・25、18・3、18・6、18・23、19・2、19・5、1・5、1・6、1・17、2・3、2・19、3・2、3・10、3・15、6・1、8・10、10・3、10・11、10・27、11・10、12・12、13・5、15・26

姓の例：安田　成田　吉田　西田　池田　吉永　羽生　小山田

名前例

譲(20)	ゆずる
成(6)汰(7)	せいた
光(6)璃(15)	ひかり
侑(8)正(5)	ゆうせい
浩(10)之(3)	ひろゆき
鎧(18)士(3)	がいし
丈(3)一(1)郎(9)	じょういちろう
光(6)史(5)朗(10)	こうしろう

6・6

1字名：5、12、15、17、23

2字名（3字名）：7・18、9・2、9・12、10・1、10・7、10・11、17・18、1・5、1・10、2・5、2・9、2・11、5・1、5・10、5・12、9・16、10・5、10・15、11・18、12・17、15・2、17・12、18・5、18・7

姓の例：安江　安西　吉江　吉成　吉池　寺西　寺地　仲西　有吉

名前例

尊(12)	たける
謙(17)	けん
人(2)哉(9)	ひとや
桜(10)志(7)	おうし
隼(10)汰(7)	はやた
将(10)基(11)	まさき
佑(7)紀(9)彦(9)	ゆきひこ
夏(10)哉(9)人(2)	かやと

6・7

姓の例：吉村　西村　西尾　寺尾　吉沢　吉見　有坂　八木沢

1字名
4　10　14　16

2字名（3字名）
4・1　6・5　8・9　8・10　9・7　9・9　9・15　14・10　16・9　16・19　17・7　17・15　18・7　4・7　4・12　6・18　9・2　9・23　10・25　11・7　14・2　14・18　16・23　24・1

名前例

仁4	じん
光6平5	こうへい
海9音9	かいと
信9輝15	のぶてる
颯14馬10	さつま
環17希7	たまき
咲9乃2佑7	さくのすけ
勇9多6郎9	ゆうたろう

6・8

姓の例：伊東　吉岡　安東　名取　寺門　西岡　安武　寺岡　伊波

1字名
7　10　17

2字名（3字名）
3・18　7・10　7・11　7・17　7・18　8・7　8・9　8・10　8・15　8・17　13・10　13・11　16・5　16・9　3・12　3・15　5・18　9・12　13・5　13・12　15・9　16・7　17・7

名前例

大3騎18	たいき
亜7爽11	あそう
我7惟11	がい
秀7騎18	ひでき
周8蔵15	しゅうぞう
英8優17	ひでまさ
勇9翔12	ゆうと
虎8史5朗10	こしろう

6・9

姓の例：仮屋　江畑　守屋　西海　西垣　西畑　小久保　川久保

1字名
2　6　12　16　20

2字名（3字名）
4・12　4・19　6・2　6・11　6・12　6・18　7・1　7・10　8・8　9・7　9・9　15・9　15・17　16・1　16・2　2・1　2・15　7・9　7・25　9・23　12・5　12・9　12・12　14・2　14・10　15・2　16・17　20・17

名前例

賢16	けん
斗4偉12	とうい
好6揮12	よしき
志7恩10	しおん
律9紀9	りつき
祐9揮12	ゆうき
龍16一1	りゅういち
成6央5希7	なおき

6・10

姓の例：有馬　江原　寺島　西浦　吉原　米倉　西脇　安倍　竹原

1字名
5　7　15

2字名（3字名）
3・2　3・12　3・18　5・12　5・18　6・9　6・17　7・1　7・9　7・10　8・7　8・9　8・17　13・10　13・12　14・2　14・7　14・9　14・11　21・11　22・7　1・7　3・5　8・15　11・10　11・12　15・10

名前例

徹15	とおる
大3貴12	だいき
正5勝12	まさかつ
充6皇9	みつお
歩8杜7	あゆと
佳8飛9	よしと
楓13馬10	ふうま
伸7一1郎9	しんいちろう

6・11

姓の例：安部　吉野　江崎　衣笠　西野　庄野　安斎　宇野　寺崎

1字名
4　6　12　20

2字名（3字名）
4・2　4・11　4・12　4・9　5・2　5・11　6・9　6・10　7・1　7・9　14・1　14・2　14・21　16・19　4・17　5・10　5・26　6・1　6・2　6・12　7・11　10・5　12・9　12・23　13・11　14・10　14・27　20・15

名前例

凱12	がい
友4基11	ともき
旬6哉9	しゅんや
有6造10	ゆうぞう
旭6峯10	あきみね
良7亮9	りょうすけ
槙14一1	しんいち
練14人2	れんと

6・12

姓の例：安達　伊賀　多賀　伊達　羽賀　有賀　仲間　五十嵐

1字名
5　6　15

2字名（3字名）
3・2　3・10　3・12　4・1　4・2　4・9　4・11　5・1　6・9　13・2　13・10　3・18　4・7　4・17　4・25　5・2　5・10　5・12　6・1　6・7　6・11　9・12　12・9　15・2　17・12

名前例

慧15	けい
友4柊9	ゆうしゅう
仁4則9	ひとのり
斗4琉11	とうる
広5一1	こういち
暖13人2	あつと
雅13記10	まさき
愛13之3佑7	あいのすけ

6・13

1字名：2、4、5、10、12、14

2字名（3字名）：4・1、4・2、4・12、5・1、5・11、14・2、2・11、3・2、3・10、3・15、4・29、5・33、8・5、8・10、8・25、10・19、10・23、12・1、12・11、18・11、20・9、20・18、22・11

姓の例：安楽　伊勢　有働　竹園　竹腰　寺園　芝園　仲溝

名前例
- 叶(5)　かなう
- 勝(12)　しょう
- 大(3)慧(15)　ひろさと
- 太(4)一(1)　たいち
- 文(4)人(2)　ふみと
- 未(5)徠(11)　みらい
- 侑(8)剛(10)　ゆうごう
- 陽(12)一(1)　よういち

6・14

1字名：4、15

2字名（3字名）：3・2、3・12、3・15、4・1、4・11、4・21、4・23、4・33、7・25、13・2、13・5、13・12、13・32、15・2、15・12、15・23、15・26、18・23、23・2、23・15、1・12、1・17、2・1、2・5、2・23、7・10、7・11、11・7、17・10、18・7

姓の例：江端　池端

名前例
- 遼(15)　りょう
- 大(3)揮(12)　ひろき
- 楽(13)史(5)　がくし
- 睦(13)雄(12)　むつお
- 雅(13)登(12)　まさと
- 璃(15)人(2)　りひと
- 舞(15)翔(12)　まいと
- 慧(15)士(3)朗(9)　けいしろう

6・16

1字名：2、5、7、15、16、17

2字名（3字名）：5・18、7・9、7・18、8・5、8・7、8・15、8・17、8・27、8・33、13・26、16・7、16・25、17・18、2・5、2・15、5・10、5・11、5・12、9・7、9・26、11・5、13・10、13・32、15・1、15・2、15・10、21・18、23・2

姓の例：江頭　舟橋　八木橋

名前例
- 駿(17)　しゅん
- 良(7)亮(9)　りょうすけ
- 壱(7)星(9)　いっせい
- 怜(8)生(5)　れお
- 直(8)史(5)　なおふみ
- 旺(8)佑(7)　おうすけ
- 尚(8)輝(15)　なおき
- 幸(8)汰(7)朗(10)　こうたろう

6・18

1字名：5、7、14、15

2字名（3字名）：3・10、5・10、6・5、6・7、6・9、6・15、7・10、13・10、13・11、14・7、14・9、14・10、17・7、7・17、3・5、3・12、6・17、6・18、7・26、11・2、11・10、14・19、15・9

姓の例：安藤　伊藤　江藤　西藤　成藤　名藏

名前例
- 久(3)倖(10)　ひさゆき
- 千(3)哩(10)　せんり
- 生(5)眞(10)　いくま
- 圭(6)司(5)　けいし
- 孝(7)朔(10)　こうさく
- 楓(13)馬(10)　ふうま
- 瑞(13)都(11)　みずと
- 蒼(13)二(2)郎(9)　そうじろう

6・19

1字名：4、6、14、16

2字名（3字名）：4・2、4・9、4・12、4・19、4・29、5・1、5・11、5・18、5・27、6・1、6・2、6・10、6・21、6・27、6・32、8・19、10・17、14・18、2・11、2・21、2・31、6・26、12・1、12・11、13・10、13・19、14・2、14・19

姓の例：成瀬　早瀬　百瀬

名前例
- 漣(14)　れん
- 太(4)祐(9)　たすけ
- 文(4)哉(9)　ふみや
- 元(4)陽(12)　もとはる
- 由(5)都(11)　ゆうと
- 立(5)騎(18)　たつき
- 伊(6)晏(10)　いあん
- 友(4)之(3)丞(6)　ゆうのすけ

7・3

1字名：5、14、22

2字名（3字名）：4・1、4・4、4・11、4・25、5・1、5・10、5・24、14・1、14・11、2・4、2・9、2・11、3・4、3・8、3・10、4・17、5・16、8・17、10・11、12・9、13・8、13・10、14・17、15・6、15・8、18・17

姓の例：杉山　坂口　村山　谷口　村上　佐々　辰己　助川　辰巳

名前例
- 平(5)　たいら
- 太(4)悠(11)　たいゆう
- 主(5)眞(10)　かずま
- 由(5)剛(10)　よしたか
- 弘(5)磨(16)　ひろま
- 駆(14)琉(11)　かける
- 仁(4)知(8)也(3)　にちや
- 央(5)志(7)郎(9)　おうしろう

7・4

姓の例 坂井 坂元 宍戸 赤木 村井 沢井 谷内 尾方 村中

1字名 4 7 12 14 20

2字名（3字名） 7・6 7・17 9・4 20・1 20・4 1・4 1・6 2・4 2・11 2・14 2・16 3・4 3・18 4・1 7・14 11・10 12・1 12・9 13・8 13・11 17・4

名前例

- 甫7 はじめ
- 温12 あつし
- 快7 聡14 よしあき
- 柊9 介4 しゅうすけ
- 悠11 真10 ゆうま
- 響20 一1 きょういち
- 壱7 太4 朗10 いちたろう
- 佑7 楽13 斗4 ゆらと

7・5

姓の例 坂本 村田 阪本 足立 沢田 児玉 杉本 阪田 佐古

1字名 6 12 20

2字名（3字名） 6・17 8・17 8・25 19・6 19・14 2・4 2・9 3・8 3・18 6・9 10・11 11・10 11・22 12・9 12・11 13・10 13・16 13・22 16・11 16・17 18・11 19・4 19・6 20・9

名前例

- 旬6 しゅん
- 翔12 かける
- 壮6 翼17 そうすけ
- 恵10 悠11 けいゆう
- 遥12 彦9 はるひこ
- 瑛12 洋9 あきひろ
- 廉13 馬10 れんま
- 光6 志7 朗10 こうしろう

7・6

姓の例 近江 佐竹 住吉 杉江 赤羽 赤池 村西 坂寺 沢吉

1字名 5 10 12

2字名（3字名） 5・6 7・4 9・9 9・14 10・6 15・9 15・17 18・14 1・17 2・9 2・16 5・11 7・11 10・1 10・8 10・22 12・6 15・1 17・8 17・18 17・28 18・6

名前例

- 拳10 けん
- 由5 次6 よしつぐ
- 世5 伍6 せいご
- 壱7 太4 いった
- 厚9 郎9 あつろう
- 祐9 彰14 ひろあき
- 兼10 伍6 けんご
- 俊9 太4 朗10 しゅんたろう

7・7

姓の例 住谷 角谷 芹沢 杉村 谷村 佐伯 志村 村尾 尾形

1字名 4 10 17

2字名（3字名） 4・17 6・9 8・9 8・10 8・16 8・17 9・6 9・8 9・9 9・14 9・16 14・10 17・4 17・6 17・8 1・10 4・11 4・14 6・17 10・11 11・10 14・4 14・9 14・11

名前例

- 隼10 しゅん
- 怜8 音9 れいと
- 拓8 真10 たくま
- 学8 磨16 がくま
- 曙17 光6 あけみつ
- 駿17 成6 はやなり
- 優17 弥8 ゆうや
- 綜14 一1 郎9 そういちろう

7・8

姓の例 花岡 我妻 杉岡 赤松 赤沼 村岡 村松 別所 別府

1字名 10 16

2字名（3字名） 5・11 5・18 7・1 7・10 7・16 7・17 8・10 8・16 9・7 9・8 9・9 10・6 10・8 15・6 15・8 15・17 17・6 3・14 7・9 8・8 8・24 13・11 13・24 21・11

名前例

- 燎16 りょう
- 正5 梧11 せいご
- 星9 河8 せいが
- 玲9 音9 れいん
- 郁9 飛9 いくと
- 哲10 至6 さとし
- 浩10 明8 ひろあき
- 慎13 一1 朗10 しんいちろう

7・9

姓の例 坂巻 赤城 赤星 赤津 谷垣 谷津

1字名 7 15 16

2字名（3字名） 4・1 4・9 4・11 4・17 6・1 6・11 7・1 7・6 7・8 7・10 7・18 14・1 14・11 15・1 15・10 15・30 16・1 2・9 2・11 2・30 6・9 6・10 7・9 8・9 8・17 9・6 9・20

名前例

- 黎15 れい
- 友4 哉9 ゆうや
- 太4 郎9 たろう
- 充6 規11 みつのり
- 良7 多6 りょうた
- 亜7 怜8 あれい
- 豪14 一1 ごういち
- 颯14 野11 そうや

7.10

姓の例　君島　佐原　坂倉　児島　杉浦　杉原　折原　対馬　谷脇

1字名　6　7　14　15

2字名（3字名）　5·1　5·10　5·11　6·1　6·9　6·10　6·18　7·8　7·9　8·8　15·1　15·9　15·20　1·6　1·14　3·4　7·1　7·11　8·10　11·4　13·11　14·1　15·16　15·26

名前例
- 慶(15)　けい
- 永(5)悠(11)　ながひさ
- 守(6)彦(9)　もりひこ
- 帆(6)高(10)　ほだか
- 匠(6)眞(10)　たくま
- 秀(7)虎(8)　ひでとら
- 諒(15)一(1)　りょういち
- 潤(15)咲(9)　じゅんさく

7.11

姓の例　佐野　尾崎　角野　坂野　杉野　赤堀　折笠　日下部

1字名　5　6　7　14

2字名（3字名）　4·1　4·9　4·11　5·1　5·8　5·10　5·12　5·18　6·9　7·8　7·22　14·1　14·9　2·9　5·6　5·16　6·11　7·10　7·14　10·11　12·1　13·10　16·1　16·11

名前例
- 希(7)　のぞむ
- 友(4)哉(9)　ゆうや
- 広(5)展(10)　ひろのぶ
- 玄(5)途(10)　げんと
- 礼(5)稀(12)　れいき
- 旬(6)哉(9)　しゅんや
- 充(6)琉(11)　みつる
- 礼(5)旺(8)斗(4)　れおと

7.12

姓の例　君塚　佐賀　佐渡　志賀　杉森　赤塚　村越　那須　芳賀

1字名　6　12　20

2字名（3字名）　3·30　5·1　5·11　5·24　5·34　6·10　6·32　9·20　9·30　15·1　15·14　15·24　17·1　17·31　19·10　19·14　20·9　3·10　4·4　9·24　13·20　13·25　17·22　21·17

名前例
- 惺(12)　さとる
- 大(3)造(10)　だいぞう
- 功(5)基(11)　こうき
- 圭(6)倫(10)　よしのり
- 旬(6)造(10)　しゅんぞう
- 亮(9)鐘(20)　あきかね
- 優(17)一(1)　ゆういち
- 耀(20)紀(9)　あきのり

7.16

姓の例　佐橋　兵頭

1字名　2　15　16

2字名（3字名）　5·24　7·8　7·9　7·18　7·28　8·8　8·17　9·6　9·16　9·26　16·8　17·8　17·18　1·17　2·6　2·16　5·20　5·30　7·17　8·16　11·14　11·18　13·16　13·25　16·9

名前例
- 駈(15)　かける
- 初(7)思(9)　はつし
- 芳(7)風(9)　よしかぜ
- 実(8)弦(8)　みつる
- 勇(9)伍(6)　ゆうご
- 優(17)波(8)　ゆうは
- 春(9)乃(2)輔(14)　しゅんのすけ
- 秋(9)陽(12)斗(4)　あきひと

7.18

姓の例　近藤　佐藤　谷藤　尾藤　兵藤　伴藤

1字名　7

2字名（3字名）　5·1　5·8　5·11　5·18　5·28　6·10　6·17　6·26　7·1　7·6　7·9　7·16　7·20　7·25　7·26　7·31　15·1　15·8　15·17　15·18　17·6　17·10　17·16　19·8　20·18　3·4　3·20　13·10

名前例
- 佑(7)　ゆう
- 正(5)基(11)　まさき
- 光(6)真(10)　てるまさ
- 伸(7)行(6)　のぶゆき
- 快(7)吏(6)　かいり
- 壱(7)信(9)　いっしん
- 吉(6)之(3)佑(7)　よしのすけ
- 光(6)志(7)朗(10)　こうしろう

7.19

姓の例　佐瀬　赤瀬　村瀬

1字名　5　6

2字名（3字名）　4·1　4·9　4·11　4·17　4·28　5·1　5·8　5·10　5·16　5·26　5·30　6·1　6·31　8·31　14·1　14·17　14·18　14·31　18·17　19·16　19·18　19·20　2·4　6·9　10·11

名前例
- 巡(6)　めぐる
- 十(2)斗(4)　じゅうと
- 心(4)一(1)　しんいち
- 礼(5)侍(8)　れいじ
- 巧(5)実(8)　たくみ
- 玄(5)造(10)　げんぞう
- 充(6)彦(9)　みつひこ
- 純(10)基(11)　じゅんき

8・3

姓の例　金子　松下　青山　金丸　岡山　松川　岩下　松山　金山

1字名　—

2字名（3字名）
8・5　**8・16**　**10・3**　**12・25**　**13・5**　**13・8**
20・21　**21・3**　2・3　3・3　3・15　4・3　4・9　5・13
5・16　8・10　8・13　12・9　14・7　15・3　15・9　18・3
18・23　21・16

名前例
- 拓[8]未[5]　たくみ
- 英[8]樹[16]　ひでき
- 航[10]大[3]　こうだい
- 瑶[13]平[5]　ようへい
- 蒼[13]生[5]　あおき
- 聖[13]侍[8]　せいじ
- 轟[21]士[3]　ごうし
- 青[8]汰[7]郎[9]　せいたろう

8・4

姓の例　青木　松井　岡元　河内　金井　武内　茂木　小田切

1字名　—

2字名（3字名）
7・16　**9・16**　**9・24**　**17・16**　**20・3**　**20・5**
20・13　1・5　2・1　2・3　2・15　2・21　3・3　3・8
4・7　4・9　7・10　11・7　11・10　12・9　12・13　12・21
13・8　14・7　14・15　14・21　17・8　19・10　20・9

名前例
- 丈[3]治[8]　たけはる
- 良[7]磨[16]　りょうま
- 春[9]親[16]　はるちか
- 爽[11]留[10]　そうる
- 巌[20]己[3]　いわき
- 譲[20]司[5]　じょうじ
- 響[20]生[5]　ひびき
- 耀[20]太[4]郎[9]　ようたろう

8・5

姓の例　岡田　岡本　岸本　岩田　岩本　松永　松田　松本　武田

1字名　—

2字名（3字名）
1・7　**1・23**　**6・5**　**8・3**　**8・8**　**8・16**
10・8　**10・15**　**11・5**　**11・7**　**11・13**　**18・7**　**18・17**　**18・27**
19・13　**20・15**　1・17　2・16　6・10　11・21　13・5　16・8
16・9　16・16　19・5

名前例
- 英[8]昌[8]　ひでまさ
- 真[10]諒[15]　まあさ
- 淳[11]平[5]　じゅんぺい
- 崇[11]央[5]　たかひろ
- 進[11]吾[7]　しんご
- 球[11]児[7]　きゅうじ
- 藍[18]助[7]　あいすけ
- 恵[10]偉[12]士[3]　えいじ

8・6

姓の例　河合　岡安　河西　金光　金成　国吉　松江　長江　直江

1字名　—

2字名（3字名）
7・8　**10・5**　**10・21**　**10・23**　**12・3**　1・16
2・13　2・15　2・23　5・8　5・16　7・16　9・7　9・8
9・15　9・24　10・3　10・8　12・5　12・13　15・16　17・7
17・16　18・5　18・7　18・15

名前例
- 克[7]弥[8]　かつや
- 音[9]弥[8]　おとや
- 時[10]生[5]　ときお
- 泰[10]司[5]　たいじ
- 陽[12]大[3]　ようだい
- 陽[12]己[3]　はるみ
- 駿[17]佑[7]　しゅんすけ
- 琥[12]太[4]郎[9]　こたろう

8・7

姓の例　岡村　河村　金沢　松村　松尾　岩佐　松坂　三田村

1字名　—

2字名（3字名）
1・5　**1・7**　**1・15**　**1・16**　**1・17**　**6・10**
6・17　**8・8**　**8・9**　**8・10**　**8・16**　**9・8**　**9・9**　**9・15**
10・7　**10・8**　**11・7**　1・23　8・13　9・7　11・13　14・3
14・10　16・8　17・7　18・15

名前例
- 一[1]平[5]　いっぺい
- 明[8]風[9]　あきかぜ
- 依[8]真[10]　いしん
- 玲[9]祐[9]　れいすけ
- 律[9]紀[9]　りつき
- 虹[9]輝[15]　こうき
- 凌[10]汰[7]　りょうた
- 勇[9]多[6]郎[9]　ゆうたろう

8・8

姓の例　松岡　若林　板東　知念　若松　岡林　青沼　長岡　松枝

1字名　—

2字名（3字名）
5・10　**5・16**　**7・10**　**7・1**　**8・9**　**9・7**
9・8　**9・16**　**10・7**　**10・15**　**16・9**　3・10　3・13　7・8
7・9　7・16　8・7　8・8　8・13　10・3　10・13　13・8
16・5　16・25

名前例
- 永[5]朔[10]　えいさく
- 佑[7]馬[10]　ゆうま
- 知[8]哉[9]　ともや
- 歩[8]軌[9]　あゆき
- 海[9]青[8]　かいせい
- 柚[9]樹[16]　ゆずき
- 風[9]磨[16]　ふうま
- 樹[16]紀[9]　みきのり

8・9

1字名 —

2字名（3字名）
6・9　6・10　7・8　7・9　7・17　8・7
8・8　9・7　16・8　18・17　2・5　2・13　2・16　8・10
9・9　12・3　14・10　14・21　15・9　16・15　16・19　16・25
18・13

姓の例　河津　岩城　金城　若狭　青柳　板垣　肥後　明神　和泉

名前例
- 成[6]悟[10]　せいご
- 有[6]馬[10]　ありま
- 佑[7]亮[9]　ゆうすけ
- 虎[8]汰[7]　こた
- 英[8]弥[8]　ひでや
- 知[8]旺[8]　ともお
- 春[9]臣[7]　はるおみ
- 龍[16]弥[8]　たつや

8・10

1字名 —

2字名（3字名）
5・8　5・10　6・7　6・9　6・17　6・21
7・8　8・7　8・21　8・31　19・8　1・10　3・10　5・16
6・15　7・10　8・9　8・13　8・15　8・19　11・10　13・10
14・7　14・9　15・8　15・30　17・10　19・10

姓の例　松原　松浦　雨宮　長島　長浜　板倉　門脇　小田桐

名前例
- 冬[5]祈[8]　ふゆき
- 由[5]剛[10]　よしたか
- 舟[6]哉[9]　しゅうや
- 圭[6]紀[9]　けいき
- 直[8]志[7]　なおし
- 空[8]児[7]　そらじ
- 侑[8]汰[7]　ゆうた
- 健[11]之[3]佑[7]　けんのすけ

8・11

1字名 —

2字名（3字名）
6・10　7・9　10・3　10・23　16・13　20・9
21・8　22・16　2・3　2・16　4・9　5・8　5・13　10・8
10・19　12・17　12・21　13・3　13・16　14・15　14・24　20・13
21・17

姓の例　阿部　岡部　河野　岩崎　牧野　岡崎　服部　日比野

名前例
- 礼[5]旺[8]　れお
- 広[5]明[8]　ひろあき
- 正[5]嗣[13]　まさし
- 圭[6]倫[10]　よしのり
- 邦[7]昭[9]　くにあき
- 恭[10]久[3]　やすひさ
- 護[20]彦[9]　もりひこ
- 七[2]津[9]希[7]　なつき

8・12

1字名 —

2字名（3字名）
5・10　5・13　6・9　6・19　6・21　6・31
15・10　15・23　17・10　17・15　17・21　19・13　1・10　3・10
3・15　3・24　4・7　4・17　5・16　6・5　6・15　9・8
12・9　12・13　13・5　13・25　15・17　17・24

姓の例　岩間　金森　松隈　松森　松葉　長塚　的場　武富　門間

名前例
- 一[1]起[10]　かずき
- 永[5]遠[13]　とわ
- 好[6]彦[9]　よしひこ
- 凪[6]音[9]　なぎと
- 壮[6]羅[19]　そうら
- 慧[15]悟[10]　けいご
- 優[17]真[10]　ゆうま
- 瞭[17]一[1]郎[9]　りょういちろう

8・14

1字名 —

2字名（3字名）
7・16　9・7　9・16　10・3　10・5　10・13
10・15　10・25　10・31　17・24　18・21　18・23　1・15　1・16
2・5　2・13　2・15　3・13　4・7　4・13　4・21　4・31
7・10　10・29　11・24　13・3　15・8　18・17　19・16

姓の例　河端　宗像

名前例
- 元[4]獅[13]　もとし
- 柾[9]樹[16]　まさき
- 星[9]龍[16]　せいりゅう
- 凌[10]大[3]　りょうだい
- 桜[10]士[3]　おうし
- 剛[10]矢[5]　たかや
- 倫[10]寛[13]　ともひろ
- 航[10]太[4]郎[9]　こうたろう

8・16

1字名 —

2字名（3字名）
5・8　5・16　5・19　7・8　8・3　8・7
15・8　15・9　16・5　16・7　16・8　16・17　16・23　16・25
17・24　1・16　2・9　2・15　7・16　7・17　8・5　8・15
8・16　8・25　9・24　13・8　17・7　17・16

姓の例　岩橋　松橋　長橋　板橋

名前例
- 七[2]海[9]　かずみ
- 良[7]宗[8]　よしむね
- 拓[8]也[3]　たくや
- 欧[8]也[3]　おうや
- 侍[8]玄[5]　じげん
- 佳[8]克[7]　よしかつ
- 慶[15]治[8]　けいじ
- 未[5]来[7]雄[12]　みきお

8・18

姓の例　周藤　松藤　武藤

1字名　―

2字名（3字名）
6・5　6・7　6・9　6・15　6・25　6・29
7・8　7・30　9・30　15・16　15・17　15・30　19・16　20・15
20・17　20・19　20・25　3・8　5・8　5・10　11・10　11・21
11・30　13・19　14・7　14・17

名前例

- 大3和8　やまと
- 弘5幸8　ひろゆき
- 光6永5　こうえい
- 旭6史5　あさし
- 壮6汰7　そうた
- 有6作7　ゆうさく
- 充6輝15　みつてる
- 秀7昂8　ひでたか

8・19

姓の例　河瀬　岩瀬　長瀬

1字名　―

2字名（3字名）
2・3　6・5　10・8　10・15　10・21　12・9
13・8　2・9　2・16　2・23　4・7　4・17　4・21　5・13
5・16　6・15　12・19　13・5　14・7　16・5　16・15　16・25
18・13

名前例

- 力2也3　りきや
- 圭6史5　けいし
- 旭6央5　あきお
- 光6毅15　こうき
- 航10弥8　こうや
- 陽12音9　はると
- 慎13平5　しんぺい
- 哲10多6郎9　てつたろう

9・3

姓の例　秋山　前川　荒川　香川　相川　皆川　柳川　小早川

1字名　―

2字名（3字名）
8・15　10・15　20・4　21・4　2・4　2・9
3・2　3・8　3・20　4・2　4・7　5・6　5・12　5・16
5・24　8・9　12・9　13・8　13・12　13・20　14・7　15・6
18・7

名前例

- 史5好6　ふみよし
- 弘5渡12　ひろと
- 叶5翔12　かなと
- 知8則9　とものり
- 来8璃15　くるり
- 紘10輝15　ひろてる
- 瑠14希7　るき
- 青8史5朗10　せいしろう

9・4

姓の例　荒井　荒木　浅井　柏木　秋元　春日　畑中　竹之内

1字名　―

2字名（3字名）
1・4　1・7　1・15　2・6　2・16　2・22
7・4　9・2　9・15　11・7　11・14　12・4　12・6　12・12
17・7　20・4　2・9　3・15　3・22　4・4　4・12　12・20
17・7　17・15　19・6　19・16

名前例

- 一1汰7　いちた
- 快7斗4　よしと
- 理11壱7　りいち
- 涼11輔14　りょうすけ
- 葵12成6　あおなり
- 遥12貴12　はるき
- 雄12登12　ゆうと
- 悠11太4朗10　ゆうたろう

9・5

姓の例　前田　神田　津田　柿本　飛田　秋田　柳生　柳田　浅田

1字名　―

2字名（3字名）
1・6　1・16　6・15　8・7　8・15　8・16
10・7　10・8　10・14　10・15　11・4　11・6　11・7　11・12
11・14　19・2　19・12　20・4　1・14　3・8　3・12　13・12
16・7　18・7　19・4

名前例

- 光6毅15　みつき
- 直8志7　なおし
- 祥10希7　よしき
- 純10良7　すみよし
- 耕10輔14　こうすけ
- 啓11輔14　けいすけ
- 悠11太4朗10　ゆうたろう
- 真10沙7宗8　まさむね

9・6

姓の例　香西　室伏　秋吉　春名　津曲　相羽　畑仲　荒池　津寺

1字名　―

2字名（3字名）
1・7　1・15　2・4　2・6　2・14　7・9
7・16　9・8　9・14　9・15　10・7　10・8　11・6　11・7
17・15　17・16　18・6　18・14　18・15　5・12　10・6　10・22
15・9　19・14

名前例

- 汰7郎9　たろう
- 洋9武8　ひろむ
- 倫10多6　りんた
- 真10成6　まさなり
- 竜10征8　りゅうせい
- 泰10河8　たいが
- 進11吾7　しんご
- 南9津9生5　なつお

9・7

姓の例 神谷 浅利 染谷 相良 保坂 柳沢 相沢 津村 浅尾

1字名 —

2字名（3字名）
1・4 1・6 1・7 1・14 1・16 1・24
1・28 8・9 9・4 9・6 9・8 9・16 10・6 10・7
10・15 11・4 11・6 11・14 11・18 16・15 16・16 17・4
17・8 17・14 17・15 17・24 18・7 20・9 8・8 8・15 9・7

名前例

名前	画数	読み
一秀	1・7	かずひで
青哉	8・9	せいや
彬宇	11・6	あきたか
真寿	10・7	まさとし
琉斗	11・4	りゅうと
橙磨	16・16	とうま
曜汰	18・7	ようた
櫂亜	18・7	かいあ

9・8

姓の例 柿沼 香取 室岡 重松 神長 神林 浅岡 浅沼 柳沼

1字名 —

2字名（3字名）
7・8 7・9 8・7 8・8 8・16 9・6
9・7 9・26 10・6 17・7 17・18 19・16 21・20 3・18
5・16 9・9 10・8 13・8 13・18 15・9 15・16 15・20
16・8

名前例

名前	画数	読み
宏武	7・8	ひろむ
快飛	7・9	かいと
昌汰	8・7	しょうた
英樹	8・16	ひでき
海州	9・6	かいしゅう
音成	9・6	おとなり
哲至	10・6	てつし
虎之介	8・3・4	とらのすけ

9・9

姓の例 荒巻 神保 浅海 浅香 前畑 保科 草津 秋津 神津

1字名 —

2字名（3字名）
6・7 6・9 7・6 7・8 7・16 8・7
8・9 9・6 16・7 2・4 2・9 2・15 4・7 4・9
6・15 7・4 7・14 8・15 9・8 9・18 12・9 12・15
15・8

名前例

名前	画数	読み
有希	6・7	ゆうき
地宏	6・7	ちひろ
充皇	6・9	みつお
秀匡	7・6	ひでまさ
亜怜	7・8	あれい
利樹	7・16	としき
勇次	9・6	ゆうじ
心之介	4・3・4	しんのすけ

9・10

姓の例 秋庭 神宮 浅倉 前原 前島 相原 相馬 津島 柏原

1字名 —

2字名（3字名）
7・9 5・8 6・7 6・12 7・9 1・4
1・12 3・2 3・15 3・26 5・24 7・6 8・8 11・2
11・7 13・16 14・4 14・15 15・14 15・18 15・23 21・8

名前例

名前	画数	読み
一翔	1・12	かずと
加門	5・8	かもん
吏希	6・7	りき
有宏	6・7	ありひろ
匡満	6・12	まさみつ
秀紀	7・9	ひでのり
惟人	11・2	これひと
絆佑	11・7	はんすけ

9・11

姓の例 星野 浅野 前野 柿崎 神崎 南部 狩野 草野 柏崎

1字名 —

2字名（3字名）
6・9 6・12 7・8 7・18 7・20 7・30
10・22 16・2 16・9 16・22 16・29 20・12 21・20 2・9
2・15 2・30 4・9 4・28 5・12 5・8 5・20 5・22
10・8 12・9 12・20 13・2 13・12 13・28 18・14

名前例

名前	画数	読み
由弦	5・8	ゆづる
凪音	6・9	なぎと
壮翔	6・12	たけと
我門	7・8	がもん
将幸	10・8	まさゆき
暖人	13・2	はると
龍海	16・9	たつみ
篤洋	16・9	あつひろ

9・12

姓の例 秋葉 重富 城間 浅賀 相場 草間 草場 南雲 風間

1字名 —

2字名（3字名）
1・2 1・23 1・30 9・2 9・15 11・20
12・4 12・12 17・14 19・12 20・4 1・7 3・14 3・24
4・4 4・12 4・20 4・23 5・12 5・32 6・12 9・22
13・14 13・24 15・12 15・22

名前例

名前	画数	読み
友裕	4・12	ともひろ
弘渡	5・12	ひろと
保人	9・2	やすと
奏輝	9・15	そうき
喬介	12・4	きょうすけ
遥陽	12・12	はるひ
翔陽	12・12	しょうよう
慶晴	15・12	よしはる

9・16

姓の例　草薙　美濃　柳橋

1字名　―

2字名（3字名）
1・6　1・7　1・15　1・26　2・4　2・6
2・14　7・6　7・9　7・16　8・8　8・15　8・24　9・4
9・7　9・14　9・18　9・24　9・29　11・2　11・16　17・16
19・4　19・14　21・6　22・16　5・2　5・18　15・8　16・16

名前例

名前	画数	読み
一成	1・6	かずなり
一沙	1・7	いっさ
人成	2・6	じんせい
孝行	7・6	たかゆき
宏哉	7・9	ひろや
律太	9・4	りった
勇斗	9・4	ゆうと
陸人	11・2	りくと

9・18

姓の例　後藤　海藤　首藤　神藤

1字名　―

2字名（3字名）
7・18　9・16　11・7　17・8　19・6　21・20
3・2　3・8　3・15　3・28　5・20　6・12　7・14　7・24
9・9　9・29　11・14　13・8　13・18　13・28　14・7　15・6
15・26　19・2　19・12　20・18

名前例

名前	画数	読み
千宙	3・8	ちひろ
大空	3・8	おおぞら
柾樹	9・16	まさき
悠志	11・7	ゆうし
啓杜	11・7	けいと
優弥	17・8	ゆうや
希与輝	7・3・15	きよてる
良太朗	7・4・10	りょうたろう

9・19

姓の例　荒瀬　柳瀬

1字名　―

2字名（3字名）
6・7　6・18　6・29　10・29　19・16　19・20
20・9　20・15　2・9　2・22　4・9　4・20　5・2　5・6
5・8　5・28　5・30　8・29　12・12　12・23　13・16　13・20
13・26　16・8　19・18

名前例

名前	画数	読み
友哉	4・9	ともや
礼多	5・6	れいた
弘忠	5・8	ひろただ
光寿	6・7	みつとし
安吾	6・7	あんご
有騎	6・18	ゆうき
開晴	12・12	かいせい
寛樹	13・16	ひろき

10・3

姓の例　高山　畠山　宮下　宮川　浦上　益子　浜口　高久　真下

1字名　―

2字名（3字名）
2・1　2・6　2・14　3・8　3・13　3・15
3・21　8・16　10・1　10・3　10・6　12・6　13・5　15・1
20・5　20・15　5・11　10・8　10・14　14・21　15・3　18・6
18・14　22・13

名前例

名前	画数	読み
真之	10・3	まさゆき
桜大	10・3	おうだい
将成	10・6	まさなり
瑶平	13・5	ようへい
輝一	15・1	きいち
譲正	20・5	じょうせい
大史朗	3・5・10	たいしろう
明日翔	8・4・12	あすか

10・4

姓の例　酒井　高木　桜井　宮内　高井　速水　陣内　佐々木

1字名　―

2字名（3字名）
1・6　2・1　2・5　2・13　2・15　2・23
9・6　9・14　9・15　11・6　11・13　11・14　11・27　12・3
12・5　12・6　12・11　12・13　17・14　2・19　3・8　4・11
7・8　7・14　9・22　14・11　14・19

名前例

名前	画数	読み
一好	1・6	かずよし
洋多	9・6	ようた
洸輔	9・14	こうすけ
悠成	11・6	ゆうせい
満之	12・3	みちゆき
晴大	12・3	はるひろ
詠史	12・5	えいし
玲央真	9・5・10	れおま

10・5

姓の例　宮本　根本　原田　高田　柴田　島田　夏目　桐生　倉本

1字名　6　10　12　16

2字名（3字名）
1・7　2・6　2・14　3・5　3・14　3・15
8・8　8・15　10・7　10・13　10・14　11・6　11・7　11・13
12・5　12・6　13・3　13・5　20・3　20・13　6・11　10・6
13・11　16・21

名前例

名前	画数	読み
嵐	12	あらし
陽史	12・5	ようし
葵生	12・5	あおい
景光	12・6	かげみつ
瑞己	13・3	みずき
幹央	13・5	みきお
慎司	13・5	しんじ
眞之介	10・3・4	しんのすけ

10・6

姓の例：宮西 宮地 桑名 高安 倉地 浜地 浜名 浦安 時任

1字名：2 5 7 15 17

2字名（3字名）：1・4 1・15 2・3 2・13 2・14 2・15 7・8 11・6 12・3 12・13 12・23 17・6 17・8 19・6 2・11 2・21 5・8 5・11 9・6 9・14 11・5 11・14 12・11 18・3 18・7

名前例

- 遼15 りょう
- 燦17 あきら
- 一1輝15 いっき
- 健11多6 けんた
- 瑛12士3 えいと
- 雄12大3 ゆうだい
- 駿17伍6 しゅんご
- 翔12太4郎9 しょうたろう

10・7

姓の例：宮沢 宮里 高見 高坂 高村 高尾 唐沢 島村 脇坂

1字名：4 6 14 16

2字名（3字名）：1・5 1・15 8・7 8・8 9・6 9・7 9・15 10・5 10・6 10・8 11・5 18・6 1・6 1・7 4・3 4・11 8・13 11・7 10・21 14・1 14・7 14・17 16・8 17・7

名前例

- 碧14 あおい
- 來8我7 らいが
- 和8虎8 かずとら
- 亮9多6 りょうた
- 海9秀7 かいしゅう
- 隼10矢5 しゅんや
- 桔10平5 きっぺい
- 泰10地6 たいち

10・8

姓の例：栗林 高岡 高松 根岸 峰岸 宮武 高取 兼松 浜岡

1字名：5 7 15 17

2字名（3字名）：7・6 7・8 8・5 8・7 8・15 9・6 9・8 10・5 17・6 21・8 3・3 3・8 3・14 5・1 5・6 5・8 7・14 8・3 8・13 10・1 10・3 10・7 10・11 13・8

名前例

- 巧5 こう
- 宏7行6 ひろゆき
- 吟7侍8 ぎんじ
- 怜8生5 れい
- 京8佑7 きょうすけ
- 卓8摩15 たくま
- 風9弥8 ふうや
- 虎8史5朗10 こしろう

10・9

姓の例：高畑 桧垣 高柳 倉持 島津 酒巻 宮城 梅津 宮前

1字名：2 4 6 12 14

2字名（3字名）：2・11 8・8 9・7 2・3 2・14 4・1 4・14 4・25 4・29 6・7 6・27 7・11 8・5 8・25 9・8 9・29 12・6 12・21 15・1 15・23 16・17 16・22 18・15

名前例

- 翠14 あきら
- 佑7基11 ゆうき
- 依8和8 よりかず
- 活9志7 かつし
- 海9吾7 かいご
- 飛9和8 とわ
- 順12成6 じゅんせい
- 汰7久3弥8 たくや

10・10

姓の例：桑原 栗原 高島 荻原 梅原 高倉 宮脇 宮原 桜庭

1字名：7 17

2字名（3字名）：7・8 7・11 7・31 8・7 8・17 8・19 8・29 11・21 17・1 17・8 17・28 19・8 19・22 19・28 21・11 22・19 3・8 3・29 5・8 5・13 6・7 6・11 6・15 8・3 13・8 13・19 14・1 14・7 14・11 15・3

名前例

- 優17 ゆう
- 孝7弥8 たかや
- 青8児7 せいじ
- 宗8宏7 むねひろ
- 和8駿17 かずとし
- 靖13昌8 やすまさ
- 環17一1 かんいち
- 昊8汰7朗10 こうたろう

10・11

姓の例：宮崎 高野 高梨 柴崎 高崎 島袋 浜崎 小谷野

1字名：2 10 12 20

2字名（3字名）：2・1 2・14 2・22 2・29 10・1 10・21 12・19 13・11 18・13 21・3 4・13 4・14 4・23 5・1 5・3 5・11 6・5 6・11 7・11 14・13 16・21 18・6

名前例

- 剛10 つよし
- 仁4誠13 じんせい
- 礼5己3 らいき
- 正5規11 まさき
- 未5徠11 みらい
- 恵10一1 けいいち
- 蒼13梧11 そうご
- 雅13玖7斗4 がくと

10・12

姓の例　鬼塚　宮森　高階　高須　高塚　座間　馬場　佐久間

1字名　17

2字名（3字名）　1・14　1・15　1・22　9・14　11・5　11・14　12・3　12・13　12・23　12・29　17・22　19・22　3・14　3・22　4・3　4・11　4・19　4・31　5・6　5・11　6・1　6・5　6・7　6・19　6・29　9・8　13・3　13・22　15・1　20・5

名前例

- 一1 毅15　かずき
- 匡6 希7　まさき
- 祐9 彰14　ひろあき
- 陸11 央5　りくお
- 絃11 生5　げんき
- 陽12 士3　ようし
- 咲9 太4 朗10　さくたろう
- 康11 太4 朗10　こうたろう

10・13

姓の例　宮園　宮腰　宮路　能勢

1字名　2　10　22

2字名（3字名）　2・6　2・13　2・14　2・22　2・23　3・3　3・5　3・13　3・15　3・21　3・22　8・21　10・5　10・6　10・8　10・15　10・25　10・28　11・5　11・14　12・3　12・6　12・13　12・23　18・6　19・5　20・5　20・15　22・3　22・13

名前例

- 将10　しょう
- 久3 士3　ひさし
- 三3 平5　さんぺい
- 大3 暉13　だいき
- 隼10 世5　はやせ
- 晃10 史5　あきふみ
- 真10 祈8　まさき
- 博12 之3　ひろゆき

10・16

姓の例　高橋　鬼頭　真壁　倉橋　倉澤　夏樹　宮澤　峰橋　梅澤

1字名　5　7　15

2字名（3字名）　1・5　1・6　1・14　2・3　2・5　2・13　7・6　7・8　7・14　7・28　8・3　8・5　8・7　8・23　9・28　11・28　17・14　17・15　17・28　2・19　5・8　5・27　9・6　15・6　15・17　16・15

名前例

- 憬15　けい
- 史5 弥8　ふみや
- 秀7 行6　ひでゆき
- 寿7 祈8　としき
- 周8 平5　しゅうへい
- 英8 世5　ひでよ
- 侑8 玖7　ゆうく
- 作7 太4 朗10　さくたろう

10・17

姓の例　真鍋　与那嶺

1字名　—

2字名（3字名）　1・5　8・17　10・15　12・6　12・19　12・29　18・7　20・5　22・19　1・7　1・17　4・7　4・17　4・27　6・15　6・19　6・35　7・14　7・31　8・3　10・8　10・28　14・7　14・27　15・6　16・15　16・35

名前例

- 一1 史5　かずし
- 乙1 志7　いつし
- 文4 汰7　ぶんた
- 日4 呂7　ひろ
- 侑8 也3　ゆうや
- 真10 武8　まなぶ
- 皓12 光6　あきみつ
- 圭6 至6 郎9　けいしろう

10・19

姓の例　高瀬　与那覇

1字名　2　10　12

2字名（3字名）　2・1　2・21　2・27　8・21　8・31　10・8　10・19　10・22　10・28　10・29　12・11　13・19　19・19　20・19　2・14　4・2　4・19　4・28　5・1　5・11　6・17　8・8　13・3　22・7　22・17

名前例

- 晃10　あきら
- 翔12　かける
- 倫10 典8　とものり
- 竜10 青8　りゅうせい
- 結12 都11　ゆいと
- 温12 悠11　あつひさ
- 創12 一1 朗10　そういちろう
- 陽12 呂7 斗4　ひろと

11・2

姓の例　猪又　鹿又　菅又

1字名　—

2字名（3字名）　1・4　1・10　1・24　1・34　3・2　3・5　3・13　3・21　3・22　4・4　4・12　4・14　4・20　4・21　11・5　11・14　11・24　13・5　13・22　14・4　14・10　14・21　19・5　19・13　19・20　21・4　21・14　21・24　11・13　11・21

名前例

- 丈3 聖13　じょうせい
- 涼11 平5　りょうへい
- 脩11 輔14　しゅうすけ
- 雅13 生5　まさき
- 新13 史5　あらし
- 漣14 斗4　れんと
- 颯14 真10　そうま
- 晨11 太4 朗10　しんたろう

11・3

姓の例 細川 野口 野上 亀山 黒川 堀口 笹川 宇田川

1字名 —

2字名（3字名）
2・5　2・21　3・4　3・10　3・12　3・14
3・20　3・22　8・13　10・5　10・6　10・13　10・14　12・5
12・6　12・12　12・13　13・5　18・5　4・7　5・10　8・7
8・10　13・10　14・7　15・6　18・13　18・7　20・5

名前例

大3牙4	おおが
恭10路13	やすじ
紘10夢13	ひろむ
雄12矢5	ゆうや
道12成6	みちなり
景12多6	けいた
瑶13平5	ようへい
航10太4朗10	こうたろう

11・4

姓の例 清水 望月 堀内 野中 笠井 亀井 黒木 和久井

1字名 —

2字名（3字名）
1・5　1・7　1・22　2・6　3・13　3・14
4・4　4・12　4・13　9・7　9・12　9・24　11・7　11・12
12・12　13・5　14・2　21・2　2・14　2・30　3・21　7・10
11・5　12・4　12・20　17・4　20・4

名前例

一1芯7	いっしん
千3歳13	ちとせ
文4斗4	あやと
元4陽12	もとはる
友4暉13	ゆうき
仁4夢13	ひとむ
豪14人2	ごうと
友4之3信9	とものしん

11・5

姓の例 黒田 野田 梶田 亀田 堀田 麻生 野本 大和田

1字名 —

2字名（3字名）
1・7　3・4　3・13　3・14　3・22　10・7
10・13　11・6　11・10　12・5　18・7　19・6　1・4　1・14
2・27　3・2　3・12　6・7　6・10　8・7　8・13　10・5
11・14　13・4　13・12　13・18　16・5　16・7　19・4　20・5

名前例

大3嘉14	ひろよし
桂10汰7	けいた
浩10嗣13	ひろつぐ
悠11安6	ゆうあん
隆11行6	たかゆき
爽11馬10	そうま
曜18汰7	ようた
琉11之3助7	りゅうのすけ

11・6

姓の例 菊池 葛西 菊地 細江 鳥羽 堀江 堀池 野地

1字名 —

2字名（3字名）
1・5　1・14　1・34　2・4　2・13　2・14
9・6　9・7　9・26　10・5　10・6　10・14　11・4　11・5
11・24　12・4　1・6　1・7　2・5　2・6　2・16　11・7
12・6　17・14　17・7　18・6　18・13　19・5

名前例

一1巧5	いっこう
人2成6	ひとなり
建9伍6	けんご
海9秀7	かいしゅう
栄9伸7	えいしん
竜10矢5	たつや
陽12斗4	はると
皓12太4	こうた

11・7

姓の例 渋谷 野村 黒沢 逸見 魚住 曽我 野沢 深沢 野呂

1字名 —

2字名（3字名）
1・4　1・5　11・4　8・5　8・7　9・4
9・6　9・14　10・5　1・6　4・2　4・13　6・5　9・2
9・12　10・7　11・4　11・6　11・10　11・18　14・7　17・4
17・6　18・5　18・13

名前例

空8良7	そら
学8志7	がくし
奏9多6	かなた
勇9輔14	ゆうすけ
泰10正5	やすまさ
哲10平5	てっぺい
俊9太4朗10	しゅんたろう
玲9央5音9	れおと

11・8

姓の例 笠松 亀岡 黒岩 黒沼 笹岡 笹沼 菅沼 猪股 鳥居

1字名 —

2字名（3字名）
3・10　3・30　9・7　9・20　9・30　10・6
10・28　13・20　19・10　19・20　21・27　23・6　23・16　24・5
3・2　5・28　7・6　7・26　8・5　8・10　8・30　13・5
15・18　17・21　21・18

名前例

大3剛10	ひろたけ
秀7行6	ひでゆき
拓8真10	たくま
風9我7	ふうが
皇9希7	こうき
修10伍6	しゅうご
誠13司5	せいじ
煌13平5	こうへい

11・9

姓の例　黒柳　深津　船津　猪狩　猪俣　鳥海　野津　阿久津

1字名　—

2字名（3字名）
2・30　9・12　12・20　18・7　18・20　18・27
20・7　20・18　20・21　20・27　22・10　4・7　4・21　4・28
6・7　6・12　6・21　7・6　7・10　7・18　7・20　8・7
8・10　9・6　9・16　12・13　14・7　14・18　15・6

名前例
- 帆[6]貴[12]　ほたか
- 圭[6]敬[12]　よしたか
- 伸[7]行[6]　のぶゆき
- 作[7]馬[10]　さくま
- 俊[9]博[12]　としひろ
- 藤[18]吾[7]　とうご
- 響[20]吾[7]　きょうご
- 雄[12]太[4]郎[9]　ゆうたろう

11・10

姓の例　菅原　梶原　笹原　曽根　笠原　鹿島　小河原　小松原

1字名　—

2字名（3字名）
1・2　3・13　3・21　3・28　11・13　13・18
14・2　14・4　14・10　19・12　19・18　22・2　1・10　1・30
5・12　5・13　5・22　6・2　6・10　6・21　7・4　7・10
7・30　8・10　11・20　15・2　15・12　17・10　21・10

名前例
- 大[3]夢[13]　ひろむ
- 史[5]靖[13]　ふみやす
- 壮[6]真[10]　そうま
- 完[7]太[4]　かんた
- 堂[11]慈[13]　どうじ
- 練[14]人[2]　れんと
- 颯[14]介[4]　さすけ
- 彰[14]哲[10]　あきのり

11・11

姓の例　黒崎　紺野　鹿野　菅野　堀部　野崎　細野　羽田野

1字名　—

2字名（3字名）
2・13　2・14　2・21　10・13　12・4　12・13
13・2　13・10　13・12　13・22　13・28　18・21　20・21　21・2
4・7　4・13　4・21　5・10　5・30　6・10　7・18　7・28
14・2　16・7　20・5　21・10

名前例
- 公[4]孝[7]　きみたか
- 天[4]良[7]　たかよし
- 翔[12]太[4]　しょうた
- 瑛[12]嵩[13]　あきたか
- 楽[13]人[2]　がくと
- 照[13]真[10]　てるま
- 豪[14]人[2]　ごうと
- 陽[12]士[3]朗[10]　ようしろう

11・12

姓の例　笠間　黒須　笹森　船越　張替　鳥越　堀越　堀場　野間

1字名　—

2字名（3字名）
1・5　1・14　1・24　1・34　3・5　3・12
3・13　3・21　3・22　4・2　4・4　4・12　4・14　4・20
4・21　9・20　11・4　11・14　11・24　19・10　20・4　21・4
5・20　6・12　6・18　9・6　9・7　11・13　15・20　17・7

名前例
- 一[1]瑳[14]　いっさ
- 大[3]翔[12]　はると
- 千[3]暁[12]　ちあき
- 友[4]惺[12]　ゆうせい
- 心[4]輔[14]　しんすけ
- 好[6]敦[12]　よしのぶ
- 悠[11]太[4]　ゆうた
- 日[4]出[5]志[7]　ひでし

11・13

姓の例　設楽　淡路　猪飼　鳥飼

1字名　—

2字名（3字名）
2・5　2・6　2・13　2・21　2・22　3・2
3・4　3・5　3・10　3・12　3・14　3・20　3・21　3・30
3・34　8・5　8・13　8・16　10・5　11・2　11・4　11・10
11・30　12・5　12・12　12・21　18・5　18・6　5・6　10・13

名前例
- 千[3]紘[10]　ちひろ
- 工[3]恭[10]　こうすけ
- 丈[3]晴[12]　たけはる
- 怜[8]生[5]　れい
- 歩[8]睦[13]　あゆむ
- 竜[10]司[5]　りゅうじ
- 隆[11]心[4]　りゅうしん
- 幸[8]太[4]郎[9]　こうたろう

11・16

姓の例　船橋　都築　八重樫　小板橋

1字名　—

2字名（3字名）
1・4　1・5　1・24　2・4　9・16　13・5
13・18　13・28　19・6　21・4　22・16　1・7　2・6　2・16
2・36　5・6　5・13　5・16　5・26　7・14　8・13　9・2
11・10　11・20　13・12　15・6　16・5　21・10

名前例
- 一[1]矢[5]　かずや
- 礼[5]多[6]　れいた
- 正[5]行[6]　まさゆき
- 辰[7]徳[14]　たつのり
- 咲[9]人[2]　さきと
- 煌[13]史[5]　こうし
- 利[7]久[3]都[11]　りくと
- 直[8]太[4]郎[9]　なおたろう

11・18

姓の例 斎藤 進藤 清藤 細藤 野藤 黒藤 笹藤 常藤

1字名 —

2字名（3字名）
3・20 9・7 9・20 9・30 11・7 11・27
13・10 14・18 19・10 19・20 3・5 5・13 5・18 6・2
6・10 6・26 7・16 9・14 11・5 11・18 11・28 13・5
14・2 14・4 17・6 21・18

名前例
- 千(3)広(5) ちひろ
- 成(6)悟(10) せいご
- 咲(9)汰(7) しょうた
- 映(9)汰(7) えいた
- 健(11)司(5) けんじ
- 強(11)志(7) ごうし
- 蒼(13)真(10) そうま
- 源(13)之(3)助(7) げんのすけ

11・19

姓の例 黒瀬 深瀬 猪瀬 野瀬 堀瀬 清瀬 細瀬 菊瀬

1字名 —

2字名（3字名）
10・7 12・21 13・20 2・5 2・6 2・13
2・16 4・7 5・6 5・10 5・12 5・28 6・5 6・12
10・5 10・13 12・5 12・6 13・2 13・4 13・5 14・21
16・2

名前例
- 斗(4)希(7) とき
- 世(5)伍(6) せいご
- 叶(5)多(6) かなた
- 永(5)将(10) えいしょう
- 礼(5)温(12) れおん
- 壮(6)平(5) そうへい
- 浬(10)玖(7) りく
- 晃(10)之(3)介(4) あきのすけ

12・2

姓の例 勝又

1字名 4

2字名（3字名）
1・20 3・4 3・12 3・15 3・20 3・21
4・3 4・11 4・13 4・19 4・20 4・21 4・23 4・29
9・12 9・15 11・4 11・20 13・11 13・12 13・20 19・4
19・5 19・12 21・4 22・1 22・3 6・5 6・17 11・12

名前例
- 仁(4) じん
- 弓(3)太(4) きゅうた
- 久(3)翔(12) ひさと
- 大(3)惺(12) たいせい
- 天(4)聖(13) たかまさ
- 悠(11)介(4) ゆうすけ
- 義(13)都(11) よしと
- 日(4)那(7)斗(4) ひなと

12・3

姓の例 森山 森川 森下 奥山 景山 越川 最上 葉山

1字名 —

2字名（3字名）
2・1 3・21 10・6 12・6 12・12 12・21
13・11 15・1 15・3 20・4 20・17 21・3 21・12 2・4
2・6 4・4 4・12 4・13 4・20 5・3 5・11 5・19
8・9 12・4 13・3 13・19 18・6 22・11

名前例
- 竜(10)伍(6) りゅうご
- 桂(10)次(6) けいじ
- 朝(12)日(4) あさひ
- 翔(12)吉(6) しょうきち
- 鋭(15)一(1) えいいち
- 諒(15)士(3) りょうじ
- 響(20)介(4) きょうすけ
- 新(13)二(2)郎(9) しんじろう

12・4

姓の例 奥井 植木 森井 森内 朝日 棟方 筒井 津久井

1字名 2 7 17

2字名（3字名）
1・12 3・12 3・13 4・1 4・4 4・11
4・12 4・13 4・21 9・4 11・6 11・12 12・5 13・3
13・12 14・1 14・11 2・3 2・13 4・9 7・6 7・9
9・6 11・4 12・9 14・9 14・17 19・6 20・1

名前例
- 環(17) かん
- 一(1)登(12) かずと
- 心(4)路(13) ここみち
- 勇(9)牙(4) ゆうが
- 蒼(13)也(3) あおなり
- 聖(13)森(12) きよもり
- 聡(14)一(1) そういち
- 心(4)太(4)郎(9) しんたろう

12・5

姓の例 奥田 植田 森田 塚本 渡辺 飯田 富永 久保田

1字名 6 10 16 20

2字名（3字名）
3・3 3・12 3・13 10・5 10・6 11・4
11・5 11・13 12・3 12・4 13・3 2・6 3・4 3・5
3・21 6・9 6・12 6・25 10・11 12・6 13・5 16・15
16・19 18・6 18・17 19・5 20・4

名前例
- 純(10) じゅん
- 大(3)遥(12) たいよう
- 晃(10)丘(5) あきたか
- 哲(10)司(5) てつじ
- 真(10)成(6) まさなり
- 裕(12)之(3) ひろゆき
- 凱(12)也(3) がいや
- 雅(13)巳(3) まさみ

12・6

1字名
5 7 15

2字名（3字名）
1・4 1・5 2・3 2・4 2・13 2・27 9・4 9・6 10・3 10・5 10・13 10・17 11・4 12・3 19・20 1・6 1・20 2・5 2・15 7・4 7・6 10・11 11・6 12・1 12・5 18・3 18・11 19・4 21・6

姓の例 喜多 植竹 森安 椎名 渡会 富安 落合

名前例

亨7	とおる
紀9元4	のりもと
郁9太4	いくた
皇9成6	こうせい
紘10之3	ひろゆき
泰10楽13	たいら
悠11介4	ゆうすけ
将10汰7朗10	しょうたろう

12・7

1字名
4 6 10 14

2字名（3字名）
1・4 1・5 4・9 10・6 11・5 14・15 4・1 4・12 6・12 6・27 8・5 8・21 8・25 9・4 9・9 9・20 9・23 10・23 14・4 14・19 16・13 16・17 17・12 18・11 18・15 20・13

姓の例 奥村 勝見 植村 森沢 須貝 湯沢 萩尾 飯村 富沢

名前例

凌10	りょう
太4洋9	たいよう
元4陽12	もとはる
充6貴12	みつたか
脩11平5	しゅうへい
惟11生5	いお
嘉14仁4	よしひと
颯14史5朗10	そうしろう

12・8

1字名
7 15 17

2字名（3字名）
3・29 10・5 10・15 10・17 10・27 13・19 19・6 19・19 19・26 21・11 21・20 21・26 23・9 3・15 5・6 5・20 7・4 7・6 7・11 7・20 8・5 8・13 9・6 9・23 10・1 10・11 13・5 15・6 16・9 16・11

姓の例 植松 森岡 飯岡 飯沼 富岡 朝岡 伊地知

名前例

佑7	たすく
辰7心4	たつみ
快7斗4	かいと
快7行6	よしゆき
侑8史5	ゆうし
夏10輝15	なつき
晃10優17	あきまさ
耕10史5朗10	こうしろう

12・9

1字名
2 4 12 14 20

2字名（3字名）
2・1 2・9 2・29 20・11 20・17 22・9 4・4 4・20 4・23 4・27 6・5 6・11 6・21 7・1 7・11 7・17 7・20 8・3 8・9 8・19 8・29 9・9 22・5

姓の例 渥美 越後 奥津 結城 勝俣 植草 森重 湯浅 飯泉

名前例

譲20	じょう
七2音9	ななと
旬6平5	しゅんぺい
考6史5	たかふみ
羽6琉11	はる
希7一1	きいち
宏7都11	ひろと
帆6玖7斗4	ほくと

12・10

1字名
5

2字名（3字名）
3・13 3・20 13・3 14・1 14・9 14・11 14・21 14・27 19・20 21・20 22・1 22・19 1・4 1・15 3・4 5・6 5・11 6・9 6・17 6・19 7・4 7・6 8・5 8・9 8・15 11・4 11・5 13・4 15・20

姓の例 間宮 喜納 森島 森脇 朝倉 塚原 萩原 飯島

名前例

司5	つかさ
大3獅13	だいし
充6紀9	みつのり
佳8風9	よしかぜ
周8哉9	しゅうや
暢14一1	よういち
魁14星9	かいせい
丈3太4郎9	じょうたろう

12・11

1字名
2 4 6 10 12 14

2字名（3字名）
2・13 4・4 4・11 4・12 4・20 5・3 5・11 5・13 12・3 12・4 12・13 13・3 13・12 14・4 14・11 20・9 21・3 2・6 6・12 7・11 10・5 10・6 12・12 13・11 20・5 21・4

姓の例 渡部 奥野 間野 軽部 植野 森崎 萩野 谷田部

名前例

凌10	りょう
陽12	よう
北5都11	ほくと
功5基11	こうき
冬5瑚13	とうご
遥12己3	はるき
詢13士3	じゅんじ
雅13琉11	まさる

12・12

姓の例：越智 須賀 椎葉 塚越 飯塚 番場 富塚

1字名：—

2字名（3字名）：1・4 3・4 3・5 3・20 3・21 4・1 4・3 4・4 4・9 4・11 4・13 4・19 4・20 4・29 9・4 9・15 11・4 12・3 12・29 13・4 13・20 19・4 19・5 20・1 20・3 20・4 20・13 5・6 6・15 17・4

名前例

名前	画数	読み
一太	1・4	いちた
公大	4・3	きみひろ
斗夢	4・13	とむ
保仁	9・4	やすひと
海介	9・4	かいすけ
律輝	9・15	りつき
梁太	11・4	りょうた
勇多郎	9・6・9	ゆうたろう

12・16

姓の例：棚橋 富樫

1字名：—

2字名（3字名）：1・4 2・3 2・27 2・33 9・4 9・15 9・26 11・26 13・26 16・17 22・13 22・15 1・6 2・5 2・9 5・19 7・6 7・26 8・3 8・5 8・25 8・27 16・23

名前例

名前	画数	読み
七也	2・3	ななや
礼韻	5・19	れいん
伸行	7・6	のぶゆき
旺士	8・3	おうし
洋介	9・4	ようすけ
星斗	9・4	せいと
風輝	9・15	かざき
咲多郎	9・6・9	さくたろう

12・18

姓の例：森藤 須藤

1字名：—

2字名（3字名）：9・6 9・9 9・26 9・29 11・6 11・20 11・26 11・27 13・20 14・19 14・27 19・19 20・11 20・17 21・17 3・5 3・15 5・26 6・9 6・29 7・4 7・11 13・4 17・1 17・20 17・21 20・21

名前例

名前	画数	読み
大蔵	3・15	たいぞう
匠海	6・9	たくみ
佑心	7・4	ゆうしん
里庵	7・11	りあん
飛羽	9・6	とわ
秋恒	9・9	あきつね
陸帆	11・6	りくほ
春之丞	9・3・6	はるのじょう

12・19

姓の例：間瀬 渡瀬

1字名：2 4 10 14

2字名（3字名）：4・17 5・1 5・11 5・27 10・11 10・17 10・27 20・1 20・17 2・19 4・13 5・3 6・11 6・15 6・21 8・9 8・13 8・19 8・29 10・6 12・9 12・20 13・19 19・13

名前例

名前	画数	読み
隼	10	はやと
由丈	5・3	よしたけ
功大	5・3	こうだい
弘唯	5・11	ひろただ
宗哉	8・9	そうや
真紘	10・11	まいと
永二郎	5・2・9	えいじろう
拳一朗	10・1・10	けんいちろう

13・3

姓の例：遠山 塩川 滑川 溝口 滝口 滝川 福山 小宮山

1字名：—

2字名（3字名）：3・5 4・3 4・4 4・11 5・3 5・10 5・11 5・12 5・20 10・5 12・4 12・5 12・11 13・4 14・3 14・11 15・10 2・11 3・2 3・12 3・18 3・20 5・8 5・16 8・5 13・12 15・2 15・16 20・5 21・4

名前例

名前	画数	読み
元太	4・4	げんた
弘雪	5・11	ひろゆき
広智	5・12	こうち
恭平	10・5	きょうへい
結斗	12・4	ゆいと
陽生	12・5	はるき
雅仁	13・4	まさひと
礼旺斗	5・8・4	れおと

13・4

姓の例：新井 鈴木 碓井 新木 滝井 楠木 福井 福元

1字名：—

2字名（3字名）：2・5 3・4 4・2 4・12 11・4 11・5 11・24 12・3 12・12 13・3 14・2 1・5 2・16 3・5 3・18 4・4 4・11 4・20 7・8 7・11 11・10 12・4 13・5 14・4 17・8 20・4 21・3

名前例

名前	画数	読み
天晴	4・12	たかはる
佑河	7・8	ゆうが
清仁	11・4	きよひと
健史	11・5	たけふみ
道渡	12・12	みちと
練二	14・2	れんじ
徳人	14・2	なると
登見央	12・7・5	とみお

13・5

姓の例：福永　福田　豊田　塩田　新田　園田　滝本　福本　蒲生

1字名：—

2字名（3字名）：2・3　2・4　3・2　3・3　3・12　10・3　11・2　11・4　11・12　12・3　13・2　13・16　20・3　1・4　1・10　2・5　2・19　3・4　6・11　10・11　11・10　12・5　13・4　13・8　19・4

名前例

名前	画数	読み
才士	3・3	さいじ
峻也	10・3	しゅんや
悠太	11・4	はるた
惇斗	11・4	あつと
彩翔	11・12	あやと
勝巳	12・3	かつみ
雅樹	13・16	まさき
耀大	20・3	ようだい

13・6

姓の例：新庄　新宅　新名　福西　福地　園寺　瑞江　蓮池

1字名：—

2字名（3字名）：1・4　1・5　2・3　2・4　2・16　11・5　11・18　12・4　1・12　2・11　5・11　5・28　7・11　9・4　9・20　9・24　10・3　10・8　15・3　15・18　17・16　19・4　19・10　19・14

名前例

名前	画数	読み
由康	5・11	よしやす
正基	5・11	まさき
海斗	9・4	かいと
寅司	11・5	とらじ
康永	11・5	こうえい
敦仁	12・4	あつひと
矢玖斗	5・7・4	やくと
亜沙斗	7・7・4	あさと

13・7

姓の例：塩沢　塩谷　新村　新谷　滝沢　福沢　蜂谷　蓮見

1字名：—

2字名（3字名）：1・4　1・17　1・24　4・7　4・20　4・28　10・5　10・8　10・28　11・4　11・14　11・16　11・34　14・18　20・5　20・18　20・25　22・5　6・5　8・10　8・19　9・4　9・12　9・28　11・26　16・16　17・4　17・8　18・14　22・10

名前例

名前	画数	読み
文吾	4・7	ぶんご
天良	4・7	たかよし
典浩	8・10	のりひろ
剛司	10・5	たけし
竜青	10・8	りゅうせい
琉颯	11・14	りゅうそう
悠興	11・16	ゆうき
進太朗	11・4・10	しんたろう

13・8

姓の例：新岡　新居　新妻　新沼　福岡　豊岡　蓮沼

1字名：—

2字名（3字名）：3・8　3・28　5・11　5・19　5・26　13・11　13・18　15・16　16・8　21・10　23・8　3・5　5・3　7・4　7・11　7・20　8・8　8・10　8・16　8・19　9・18　10・8　10・14　13・3　13・14　15・3　17・10　17・14　17・20　19・18

名前例

名前	画数	読み
大河	3・8	たいが
礼都	5・11	れいと
良太	7・4	りょうた
拓実	8・8	たくみ
盟士	13・3	めいじ
遼磨	15・16	りょうま
龍弥	16・8	たつや
永一朗	5・1・10	えいいちろう

13・9

姓の例：照屋　新屋　新垣　新城　新津　新美　新保　宇佐美

1字名：—

2字名（3字名）：2・11　4・11　4・12　4・19　12・11　14・2　14・11　15・8　15・10　15・20　15・26　20・19　2・3　6・5　6・10　6・19　7・8　7・16　8・8　9・4　9・14　9・16　9・26　14・3　16・19　22・19　23・2　23・12　23・22

名前例

名前	画数	読み
公暁	4・12	きみあき
友都	4・11	ゆうと
侑弥	8・8	ゆうや
英明	8・8	ひであき
哉太	9・4	かなた
智彬	12・11	ちあき
遼河	15・8	りょうが
慶晃	15・10	よしてる

13・10

姓の例：塩原　嵯峨　新宮　新倉　福原　福島　福留　豊島

1字名：—

2字名（3字名）：1・28　3・3　3・12　3・22　5・3　5・10　5・11　5・19　5・20　6・2　6・10　6・12　6・18　6・19　6・32　11・18　13・2　13・3　13・12　13・22　14・2　15・3　15・10　15・20　21・3　21・8　22・2　23・2　7・8　8・10

名前例

名前	画数	読み
大智	3・12	だいち
史章	5・11	ふみあき
壮馬	6・10	そうま
幹人	13・2	みきと
夢童	13・12	むどう
遵士	15・3	じゅんじ
熱也	15・3	あつや
穂高	15・10	ほたか

13・11

姓の例 園部 塩崎 塩野 新堀 新野 滝野 楢崎 福崎

1字名 —

2字名（3字名）
2・3 2・19 4・3 4・11 4・19 4・20
5・2 5・3 5・8 5・10 5・12 5・19 5・28 10・3
10・11 10・14 12・3 13・2 13・8 14・3 14・10 14・19
20・3 20・4 20・19 21・2 21・3 21・12 21・20 22・19

名前例
- 心悠（4・11） ここはる
- 永二（5・2） えいじ
- 叶侍（5・8） きょうじ
- 功武（5・8） いさむ
- 真大（10・3） まひろ
- 銀士（14・3） ぎんじ
- 譲也（20・3） じょうや
- 耀大（20・3） あきひろ

13・12

姓の例 猿渡 新開 福間 福森 福富 溝渕

1字名 —

2字名（3字名）
1・5 1・12 3・3 3・4 3・5 3・10
3・20 3・24 4・3 4・4 4・19 5・2 5・3 5・11
5・22 6・2 6・10 11・2 11・5 11・22 12・4 12・11
12・20 13・10 13・14 13・20 15・12 21・2 21・12 23・4

名前例
- 久之（3・3） ひさゆき
- 山斗（3・4） やまと
- 大竜（3・10） だいりゅう
- 士馬（3・10） しば
- 大耀（3・20） たいよう
- 冬絃（5・11） とうげん
- 悠二（11・2） ゆうじ
- 逢人（11・2） あいと

13・18

姓の例 遠藤 新藤 園藤 滝藤 豊藤 群藤

1字名 —

2字名（3字名）
5・11 5・16 6・10 14・18 3・3 3・4
3・5 3・18 5・12 5・16 6・2 6・26 7・10 7・14
7・25 11・5 13・4 13・8 13・19 14・2 14・3 17・4
17・10 19・2

名前例
- 由規（5・11） よしのり
- 弘章（5・11） ひろあき
- 立樹（5・16） りつき
- 光晏（6・10） こうあん
- 快真（7・10） かいしん
- 涼平（11・5） りょうへい
- 槙也（14・3） まきや
- 謙介（17・4） けんすけ

14・3

姓の例 稲川 蔭山 関口 関川 増子 徳丸 徳山

1字名 10 12 14 15 20 22

2字名（3字名）
3・4 4・2 4・11 5・10 5・11 12・3
12・4 13・2 13・3 13・11 14・2 2・4 3・15 4・3
4・4 4・17 5・3 5・19 8・7 8・8 8・10 10・25
12・9 14・4 15・3 18・3 18・13 20・15 21・3

名前例
- 尊（12） たける
- 大心（3・4） だいしん
- 和英（8・8） かずひで
- 喬介（12・4） きょうすけ
- 新士（13・3） しんじ
- 滉也（13・3） こうや
- 獅堂（13・11） しどう
- 豪人（14・2） ごうと

14・4

姓の例 稲毛 関戸 熊井 熊木 緒方 増井 綿引 山野井

1字名 14

2字名（3字名）
1・2 1・4 2・1 2・3 2・4 2・11
2・13 2・15 2・21 2・25 3・2 3・3 4・1 4・2
4・11 11・2 11・4 11・34 12・1 12・3 12・11 12・15
12・33 13・2 14・1 14・15 14・25 14・31 21・2 21・24

名前例
- 颯（14） はやて
- 元彬（4・11） もとあき
- 崇人（11・2） たかひと
- 逸斗（11・4） いっと
- 貴士（12・3） たかし
- 晴琉（12・11） はる
- 靖人（13・2） やすひと
- 翔ノ輔（12・1・14） しょうのすけ

14・5

姓の例 榎本 増田 種市 稲田 窪田 関本 徳永 小野田

1字名 6 12 16

2字名（3字名）
2・3 2・4 2・27 3・2 3・3 3・5
3・13 3・15 6・7 6・23 6・27 6・33 13・3 13・25
16・13 16・17 22・17 1・5 1・17 8・10 8・21 8・25
10・3 11・2 11・7 18・15 20・9 20・13 22・7

名前例
- 有（6） ゆう
- 穏（16） おん
- 大資（3・13） たいし
- 千慧（3・15） ちさと
- 圭寿（6・7） けいじゅ
- 和時（8・10） かずとき
- 理人（11・2） りひと
- 幹己（13・3） もとき

14・6

1字名

5　7　12

2字名（3字名）

1・4　1・17　1・24　2・3　2・13　2・15
2・23　2・25　5・27　11・4　11・7　11・27　12・3　12・13
12・15　12・25　12・33　15・17　21・4　21・17　21・24　23・9
23・15　5・10　7・4　9・4　10・11　10・15　15・10　18・7

姓の例　稲吉　小野寺

名前例

- 快7　かい
- 翔12　しょう
- 琉11斗4　りゅうと
- 絆11太4　はんた
- 渉11児7　しょうじ
- 暁12丈3　あきひろ
- 葉12雅13　ようが
- 琥12太4郎9　こたろう

14・7

1字名

4　10　14

2字名（3字名）

6・10　6・17　6・18　14・10　14・17　16・15
22・9　24・7　1・10　1・15　1・17　4・7　4・23　6・21
8・9　8・10　9・2　9・7　9・9　9・15　10・17　11・7
14・13　17・7　17・10　18・9　22・2

姓の例　稲見　稲村　樺沢　関谷　熊沢　熊谷　種村　野々村

名前例

- 将10　しょう
- 総14　そう
- 一1徹15　いってつ
- 有6晟10　ゆうせい
- 迪8宣9　みちのぶ
- 直8音9　なおと
- 保9人2　やすと
- 颯14途10　はやと

14・8

1字名

5　15

2字名（3字名）

3・10　5・10　5・11　5・18　13・10　15・1
15・10　16・7　16・9　16・19　16・25　21・18　23・18　3・2
3・13　7・4　7・9　7・18　8・7　8・15　8・17　8・27
9・4　9・7　10・1　10・7　10・15　13・2　13・3　24・17

姓の例　稲岡　増岡

名前例

- 凜15　りん
- 士3朗10　しろう
- 大3悟10　だいご
- 礼5真10　れいま
- 史5都11　ふみと
- 歓15一1　かんいち
- 篤16郎9　あつろう
- 龍16之3介3　りゅうのすけ

14・9

1字名

2　4　6　12　14　15　16　22

2字名（3字名）

2・27　4・2　4・11　4・21　4・31　14・1
14・2　14・10　14・11　14・21　15・1　15・9　15・10　20・9
20・18　22・2　22・7　23・1　2・4　6・9　6・19　7・9
7・11　7・18　8・10　9・7　12・4　12・13　16・9　20・4

姓の例　稲垣　徳重　鳴海

名前例

- 聡14　さとし
- 薫16　かおる
- 圭6亮9　けいすけ
- 求7基11　もとき
- 暢14一1　よういち
- 綾14人2　あやと
- 維14竜10　いりゅう
- 慧15悟10　けいご

14・10

1字名

5　14　15

2字名（3字名）

1・2　1・10　1・23　3・2　3・18　11・2
11・10　11・13　13・2　14・1　14・7　14・27　19・2　21・2
21・3　21・18　3・10　3・21　5・10　6・7　6・9　7・10
8・7　13・11　14・9　14・10　14・19　15・9　19・4　22・11

姓の例　関原　関根　綱島　漆原　徳原　徳留　小笠原　仲宗根

名前例

- 徹15　とおる
- 一1馬10　かずま
- 大3騎18　だいき
- 宙8汰7　そらた
- 崇11時10　たかとき
- 暢14一1　よういち
- 聡14志7　さとし
- 健11一1郎9　けんいちろう

14・11

1字名

2　4　6　7　14

2字名（3字名）

2・4　2・11　2・21　4・3　4・4　4・9
4・19　4・23　5・2　5・3　5・18　5・27　6・1　6・2
6・10　6・21　7・1　12・1　12・4　12・11　12・21　13・3
13・10　13・19　14・13　14・19　22・1　22・10　22・11　24・3

姓の例　綾部　管野　関野　熊崎　綿貫　二階堂　波多野

名前例

- 旬6　しゅん
- 完7　かん
- 仁4也3　ひとなり
- 天4仁4　あまと
- 月4彦9　つきひこ
- 公4春9　きみはる
- 由5丈3　よしたけ
- 陽12介4　ようすけ

14・12

姓の例：稲森　稲富　稲葉　雑賀　増淵　小野塚　比留間

1字名：5　6　12　15

2字名（3字名）：1・4　1・10　1・31　1・34　3・4　3・10　3・34　4・3　4・9　5・1　5・2　5・10　5・34　6・1　6・9　6・31　11・2　11・4　11・10　11・21　11・24　12・1　12・3　12・9　12・19　12・23　13・24　15・24　21・10　21・11

名前例
- 圭(6)　けい
- 一(1)眞(10)　かずま
- 大(3)斗(4)　ひろと
- 友(4)哉(9)　ゆうや
- 由(5)剛(10)　よしたけ
- 光(6)一(1)　こういち
- 行(6)哉(9)　いくや
- 雄(12)飛(9)　ゆうひ

15・3

姓の例：横山　影山　横川　諫山　長谷川

1字名：5　14　15

2字名（3字名）：2・1　3・2　3・10　3・20　5・1　5・10　12・1　12・3　13・2　13・10　15・14　2・9　3・8　4・3　4・17　5・2　5・6　5・8　5・18　5・16　8・3　8・9　12・9　10・1　12・17　13・8　14・3　15・6　18・11　21・2

名前例
- 彰(14)　しょう
- 大(3)耀(20)　たいよう
- 叶(5)多(6)　かなた
- 巧(5)真(10)　たくま
- 裕(12)一(1)　ゆういち
- 貴(12)大(3)　たかひろ
- 富(12)之(3)　とみゆき
- 慎(13)悟(10)　しんご

15・4

姓の例：横井　横手　横内　駒井　宇津木

1字名：4　14

2字名（3字名）：3・2　3・3　3・26　4・1　4・2　4・12　4・14　7・6　7・26　13・3　13・16　13・26　14・2　14・24　17・12　17・16　17・22　23・6　23・16　1・17　2・3　2・16　9・9　9・24　11・2　11・22　12・6

名前例
- 漣(14)　れん
- 大(3)也(3)　だいや
- 文(4)人(2)　ふみと
- 元(4)貴(12)　もとき
- 栄(9)春(9)　えいしゅん
- 優(17)晴(12)　ゆうせい
- 駿(17)翔(12)　しゅんと
- 日(4)呂(7)邦(7)　ひろくに

15・5

姓の例：横田　駒田　権田　蔵田　蔵本　潮田　鴇田　縄田　熱田

1字名：12

2字名（3字名）：2・3　2・16　2・23　3・2　3・12　3・14　3・22　3・24　6・26　12・3　12・6　12・26　12・33　13・2　13・12　13・14　13・24　22・3　24・3　1・10　1・12　6・9　6・12　8・3　8・10　8・17　10・8　11・2　11・10　19・2

名前例
- 凱(12)　がい
- 千(3)翔(12)　せんと
- 大(3)輔(14)　だいすけ
- 智(12)之(3)　ともゆき
- 晴(12)伍(6)　せいご
- 寛(13)人(2)　ひろと
- 瑞(13)貴(12)　みずき
- 慎(13)太(4)朗(10)　しんたろう

15・6

姓の例：横江　横地　蝦名　海老名

1字名：10

2字名（3字名）：5・26　7・9　7・17　7・24　15・1　15・9　15・16　17・14　18・6　23・8　1・10　1・17　2・9　2・14　2・16　5・6　9・2　9・8　9・18　10・6　10・8　11・6　11・16　12・6　12・12　15・3　15・12　15・22　17・1　19・8

名前例
- 航(10)　わたる
- 礼(5)多(6)　れいた
- 初(7)思(9)　はつし
- 壱(7)信(9)　いっしん
- 祐(9)人(2)　ゆうと
- 哲(10)成(6)　てつなり
- 時(10)宗(8)　ときむね
- 佑(7)楽(13)斗(4)　ゆらと

15・7

姓の例：横沢　横谷　横尾　駒形　海老沢

1字名：10

2字名（3字名）：4・9　6・9　6・10　6・17　14・9　17・6　17・8　17・18　17・24　24・17　1・10　1・12　1・14　1・24　4・1　4・12　8・3　8・8　8・17　9・6　9・16　10・3　10・6　11・2　11・6　11・12　11・24　16・9　18・17

名前例
- 剛(10)　つよし
- 壮(6)真(10)　そうま
- 尚(8)久(3)　なおひさ
- 悠(11)人(2)　ひさひと
- 琉(11)成(6)　りゅうせい
- 颯(14)祐(9)　そうすけ
- 優(17)弦(8)　ゆうげん
- 心(4)乃(2)助(7)　しんのすけ

15・8

姓の例：諸岡

1字名：15

2字名（3字名）：3・26　5・1　5・10　5・20　5・30　7・1　7・8　7・9　7・17　7・18　8・8　8・10　8・16　8・17　8・30　13・16　15・1　15・9　15・10　15・20　16・8　16・9　17・1　17・8　17・18　23・1　3・12　9・6　9・16　10・6

名前例

諒15　まこと
正5晃10　まさあき
秀7虎8　ひでとら
利7音9　りおと
快7飛9　かいと
知8弥8　ともや
英8晟10　えいせい
遼15一1　りょういち

15・10

姓の例：横倉　横島　海老原

1字名：6　7　14

2字名（3字名）：3・3　3・10　3・20　5・2　5・3　5・8　5・18　5・22　6・1　6・2　6・17　7・1　7・9　7・20　8・8　13・3　13・10　13・20　14・2　14・9　14・18　15・8　15・12　15・18　17・6　17・10　17・16　21・2　22・1　23・9

名前例

光6　ひかる
孝7　こう
礼5治8　らいじ
旬6一1　しゅんいち
匠6人2　たくと
克7海9　かつみ
幸8明8　こうめい
雅13士3　まさし

15・11

姓の例：横堀　横野　諏訪　箱崎　長谷部

1字名：5　6　12　22

2字名（3字名）：4・3　4・9　5・2　5・8　5・32　6・1　6・9　6・33　7・8　7・32　12・1　12・3　12・9　12・23　12・33　13・2　13・8　13・18　13・22　16・23　22・9　22・10　4・1　4・2　5・10　7・6　7・14　10・1　14・1

名前例

智12　さとし
元4彦9　もとひこ
広5武8　ひろたけ
佑7弥8　ゆうや
暁12丈3　あきひろ
陽12士3　はるし
登12哉9　とうや
聖13人2　まさと

15・12

姓の例：横塚　儀間　具志堅　大須賀

1字名：4　5　6

2字名（3字名）：3・2　3・3　3・22　4・1　4・2　4・14　5・1　5・20　13・12　15・10　17・1　17・14　17・24　23・2　1・10　1・17　5・3　5・6　5・33　6・2　6・12　6・32　9・9　9・12　9・22　11・10　11・14　11・20　15・3　20・1

名前例

太4　ふとし
旭6　あさひ
丈3士3　じょうじ
元4徳14　もとのり
光6博12　みつひろ
吏6琥12　りく
慶15晃10　よしあき
駿17一1　しゅんいち

15・16

姓の例：諸橋　播磨　穂積

1字名：2　7

2字名（3字名）：7・9　7・14　8・8　8・24　13・8　13・14　13・24　1・20　1・26　2・6　2・14　5・1　5・12　5・16　5・22　9・8　9・12　9・18　11・6　15・1　15・6　15・17　16・16　17・10　21・16

名前例

希7　のぞむ
佑7亮9　ゆうすけ
秀7音9　ひでと
亜7聡14　あさと
尚8武8　しょうぶ
哉9芽8　かなめ
寛13治8　かんじ
蓮13太4朗10　れんたろう

16・3

姓の例：鮎川　鴨川　館山　橋口　簗山　薮下　安孫子

1字名：4　5　14

2字名（3字名）：4・1　4・2　4・25　5・1　5・11　5・13　8・5　8・21　8・25　8・31　14・2　14・15　14・25　15・1　15・23　18・11　18・21　2・11　2・16　3・13　4・9　8・8　10・8　12・17　13・5　21・8　22・7

名前例

駆14　かける
由5基11　よしき
弘5隆11　ひろたか
永5慈13　えいじ
侑8世5　ゆうせ
直8史5　なおふみ
真10治8　しんじ
嘉14人2　よしひと

16・4

姓の例 橋元 橋爪 樽井 薄井 薮内 田部井

1字名 4

2字名（3字名）
3・2 3・15 3・22 7・25 13・2 13・5
13・8 13・25 13・32 14・1 14・11 14・13 14・23 14・31
17・15 23・2 23・15 2・1 2・9 2・13 4・13 9・2
9・16 11・7 11・16 12・5 12・9 12・13 17・8 19・2

名前例

仁4	ひとし
力2哉9	りきや
才3蔵15	さいぞう
隆11利7	たかとし
敬12司5	たかし
雅13宗8	まさむね
駆14琉11	かける
嘉14寛13	よしひろ

16・5

姓の例 橋本 薗田 樫本 橘田 橋田 薦田 繁田 薮田 薮本

1字名 —

2字名（3字名）
6・5 6・25 8・8 8・16 8・23 16・8
18・13 19・5 1・5 1・16 2・15 2・16 2・25 3・5
3・8 3・13 3・21 6・2 10・7 10・17 11・5 11・13
12・15 13・5 16・11 16・15 24・7

名前例

一1矢5	かずや
弓3弦8	ゆづる
久3旺8	ひさお
守6生5	もりお
圭6史5	けいし
空8弥8	くうや
篤16英8	あつひで
尚8多6朗10	なおたろう

16・7

姓の例 樫村 橋村

1字名 —

2字名（3字名）
6・9 6・29 8・7 8・16 8・17 9・7
9・9 9・15 9・16 16・9 17・8 18・7 18・17 24・5
1・5 1・15 4・11 4・21 10・15 10・25 11・5 14・2
14・11 14・15 16・8 17・7 20・5 20・9 22・7

名前例

伍6郎9	ごろう
圭6亮9	けいすけ
実8篤16	さねあつ
活9紀9	かつのり
皇9輝15	こうき
渉11平5	しょうへい
榛14人2	はると
彰14一1朗10	しょういちろう

16・10

姓の例 樫原 橘高 鴫原

1字名 5 6 7 15

2字名（3字名）
3・2 3・8 3・29 5・2 5・8 5・32
6・1 6・7 6・15 6・31 7・8 7・32 8・7 8・29
8・31 13・2 13・8 13・22 13・32 14・1 14・7 14・17
14・21 14・31 15・22 17・22 23・8 1・5 6・9 11・2

名前例

令5	れい
慶15	けい
丈3明8	たけあき
安6吾7	あんご
光6輝15	こうき
快7知8	よしとも
宏7茂8	ひろしげ
京8汰7	きょうた

16・11

姓の例 館野 橋野 興梠 上遠野

1字名 4 5 6 14

2字名（3字名）
4・1 4・2 4・21 5・1 5・13 6・2
6・32 14・11 16・9 18・13 18・23 24・1 2・9 2・16
5・16 7・1 7・11 7・31 10・1 10・8 10・11 12・9
13・8 12・13 13・5 14・7 16・2 16・22 20・5 21・17

名前例

魁14	かい
広5一1	こういち
永5嗣13	えいし
匠6人2	たくと
高10悠11	たかひさ
煌13生5	こうせい
穏16彦9	やすひこ
叶5南9斗4	かなと

16・12

姓の例 橋場

1字名 4 5 17

2字名（3字名）
3・2 3・21 3・32 4・1 4・9 4・29
4・31 6・23 6・29 13・11 13・22 17・22 23・1 1・2
1・32 3・8 5・2 5・32 6・1 6・7 9・2 9・15
11・2 11・13 12・1 12・21 15・22 20・9

名前例

礼5	れい
謙17	けん
友4紀9	とものり
吉6孝7	よしたか
海9人2	かいと
聖13悠11	きよはる
心4乃2助7	しんのすけ
新13二2郎9	しんじろう

16・18

姓の例　衛藤　錦織

1字名　5　7

2字名（3字名）　3・8　6・5　6・25　7・11　7・16　7・17　13・11　13・16　14・9　14・15　14・17　15・16　17・1　17・7　3・2　3・15　5・8　6・7　6・17　7・22　9・2　9・9　11・2　11・7　11・13　15・8　15・9　19・5

名前例

- 玄5　げん
- 夕3弥8　ゆうや
- 大3周8　たいしゅう
- 有6平5　ゆうへい
- 圭6吾7　けいご
- 宏7基11　こうき
- 郁9哉9　ふみや
- 暖13基11　はるき

17・3

姓の例　磯山　利根川

1字名　4　5　15

2字名（3字名）　4・1　4・14　4・21　5・10　5・12　5・20　5・22　8・24　14・1　14・4　14・24　15・10　15・12　18・14　2・1　4・28　5・6　5・16　8・10　10・1　10・22　12・6　18・20　20・1　20・12

名前例

- 友4　ゆう
- 徹15　とおる
- 巧5真10　たくま
- 正5尋12　まさひろ
- 弘5渡12　ひろと
- 舞15翔12　まいと
- 由5宇6太4　ゆうた
- 蔵15之3祐9　くらのすけ

17・5

姓の例　磯田　磯辺　篠田　霜田　鍋田　新井田

1字名　—

2字名（3字名）　6・7　16・7　18・7　1・4　1・12　1・14　2・14　2・15　3・8　3・10　3・12　3・14　6・10　6・35　10・1　10・6　10・15　11・4　11・6　11・12　11・14　12・1　12・4　13・12　13・22　19・4　19・6　20・15　22・1

名前例

- 弓3弦8　ゆづる
- 大3智12　だいち
- 匡6希7　まさき
- 峻10一1　しゅんいち
- 竜10伍6　りゅうご
- 笑10多6　しょうた
- 賢16佑7　けんすけ
- 藍18汰7　あいた

17・7

姓の例　磯貝　磯村　磯谷　糟谷　加賀谷　高見沢

1字名　—

2字名（3字名）　4・7　4・20　4・35　6・7　6・35　8・7　8・15　8・31　9・4　9・6　9・8　9・14　9・15　9・24　9・28　14・7　16・7　17・4　17・24　18・6　18・15　1・6　1・16　1・14　4・1　6・15　6・18　10・7　17・6　17・7

名前例

- 文4汰7　ぶんた
- 有6宏7　ありひろ
- 直8希7　なおき
- 虹9介4　こうすけ
- 奏9伍6　そうご
- 俊9明8　としあき
- 槙14吾7　しんご
- 建9史5郎9　けんしろう

17・8

姓の例　鍛治　東海林

1字名　7　10

2字名（3字名）　5・1　5・8　5・18　5・28　7・1　7・6　7・20　7・31　9・7　9・18　10・6　10・28　15・1　15・8　15・18　16・7　17・6　17・10　17・21　19・8　3・20　8・8　8・24　13・10　21・12

名前例

- 伸7　しん
- 左5京8　さきょう
- 芯7一1　しんいち
- 活9志7　かつし
- 遼15河8　りょうが
- 叡16吾7　えいご
- 謙17多6　けんた
- 蒼13一1郎9　そういちろう

17・10

姓の例　鮫島　篠原　鍋島　宇都宮

1字名　5　6

2字名（3字名）　5・1　5・20　6・12　15・10　17・8　19・12　19・22　1・4　1・10　1・20　3・8　3・18　3・22　5・16　6・15　7・14　7・24　8・10　8・30　11・10　11・20　13・12　14・7　15・6　17・1　17・4　17・21

名前例

- 右5　たすく
- 匠6　しょう
- 成6貴12　なるき
- 昇8馬10　しょうま
- 環17一1　かんいち
- 駿17祈8　しゅんき
- 優17祈8　ゆうき
- 周8一1郎9　しゅういちろう

17・11

姓の例：磯崎　磯部　磯野　篠崎

1字名：4　5

2字名（3字名）：4・1　5・12　7・22　18・21　20・4　2・1　4・7　4・20　5・6　5・8　6・1　6・18　7・4　7・6　7・10　10・1　10・14　12・1　12・12　13・4　13・16　13・20　13・22　16・1　16・21　21・24

名前例

名前	画数	読み
心	4	しん
弘尚	5・8	ひろなお
正勝	5・12	まさかつ
広惺	5・12	こうせい
壮一	6・1	そういち
辰心	7・4	たつみ
良眞	7・10	りょうま
幹太	13・4	かんた

18・3

姓の例：藤丸　藤山　藤川　野見山

1字名：—

2字名（3字名）：8・3　10・6　10・14　12・6　13・5　18・6　20・11　21・3　2・9　2・14　3・13　3・21　4・20　4・23　5・13　5・19　8・9　8・23　10・7　10・17　10・27　12・5　12・15　13・11　14・13　15・3　18・9　18・13

名前例

名前	画数	読み
岳大	8・3	たけひろ
真丞	10・6	しんすけ
倖多	10・6	こうた
剣吾	10・7	けんご
高徳	10・14	たかのり
轟大	21・3	ごうだい
格之進	10・3・11	かくのしん
真仁朗	10・4・10	しんじろう

18・4

姓の例：藤井　藤元　藤中　藤木　鎮井

1字名：—

2字名（3字名）：2・13　7・6　9・6　9・7　9・14　17・6　19・6　20・3　20・5　1・6　1・14　2・5　2・9　2・11　2・23　3・14　4・3　4・11　4・13　11・6　11・14　12・3　12・5　12・13　14・3　14・11

名前例

名前	画数	読み
大彰	3・14	ひろあき
孝行	7・6	たかゆき
勇次	9・6	ゆうじ
亮輔	9・14	りょうすけ
遥平	12・5	ようへい
駿成	17・6	はやなり
響也	20・3	きょうや
虹乃介	9・2・4	こうのすけ

18・5

姓の例：藤田　鎌田　織田　藤永　藤生　藤代　藤平　藤本

1字名：—

2字名（3字名）：1・5　1・7　1・14　1・15　1・17　8・7　8・17　8・27　10・5　10・6　10・14　10・15　11・5　11・7　11・13　11・14　11・27　16・9　16・13　16・19　18・7　18・17　19・6　20・5　2・6　2・14　3・5　3・13　18・6　19・5

名前例

名前	画数	読み
一慶	1・15	いっけい
尚希	8・7	なおき
和臣	8・7	かずおみ
浩史	10・5	こうじ
剛光	10・6	たけみつ
琉平	11・5	りゅうへい
啓汰	11・7	けいた
進之介	11・3・4	しんのすけ

18・6

姓の例：藤吉　藤江

1字名：—

2字名（3字名）：5・6　5・19　7・14　7・34　9・6　9・8　9・14　9・15　10・3　10・5　10・7　10・13　10・14　10・23　10・27　15・6　15・9　18・3　18・23　19・5　19・14　7・6　7・17　11・6　17・6　17・7　18・5　18・6　18・15

名前例

名前	画数	読み
功成	5・6	こうせい
永吉	5・6	えいきち
宏聡	7・14	ひろさと
郁実	9・8	いくみ
悟史	10・5	さとし
桜佑	10・7	おうすけ
璃音	15・9	りおん
瞬大	18・3	しゅんた

18・7

姓の例：鵜沢　藤村　藤沢　藤谷　藤尾　喜多村

1字名：—

2字名（3字名）：1・5　1・6　1・7　1・15　6・7　6・17　6・27　8・5　8・15　8・19　8・30　9・14　9・23　10・6　10・17　11・5　11・27　16・7　16・17　17・6　17・15　18・5　18・9　18・15　18・20　20・7　9・7　10・13

名前例

名前	画数	読み
一光	1・6	いっこう
向希	6・7	こうき
壮汰	6・7	そうた
学司	8・5	がくじ
武蔵	8・15	むさし
祥丞	10・6	しょうすけ
澪吾	16・7	れいご
航志朗	10・7・10	こうしろう

18・8

姓の例 藤岡 藤枝 藤沼 藤波 藤林 難波

1字名 —

2字名（3字名）
5・6 5・27 5・30 7・6 7・30 8・5 8・29 9・6 10・5 10・29 15・6 15・17 15・20 15・30 16・5 16・15 16・19 17・20 19・20 7・34 8・3 8・7 8・13 8・23 8・27 9・23 17・14

名前例
- 正5伍6 せいご
- 孝7行6 たかゆき
- 快7吏6 かいり
- 周8平5 しゅうへい
- 宗8寿7 むねとし
- 奏9成6 そうせい
- 耕10史5 こうじ
- 範15充6 のりみつ

18・9

姓の例 藤巻 藤城 宇賀神

1字名 —

2字名（3字名）
6・19 7・11 8・17 8・30 16・9 18・7 20・5 2・9 2・19 4・34 6・5 6・15 7・14 7・34 8・3 8・13 8・23 9・9 9・29 12・9 12・19 14・27 15・6 18・20

名前例
- 来7都11 らいと
- 律9紀9 りつき
- 奏9音9 かなと
- 達12哉9 たつや
- 温12春9 あつはる
- 遼15多6 りょうた
- 藍18汰7 あいた
- 作7太4朗10 さくたろう

18・10

姓の例 藤原 鎌倉 藤倉 藤島 藤浪 藤宮 藤家 藤浦

1字名 —

2字名（3字名）
5・19 5・30 6・7 6・27 6・29 8・27 15・9 15・20 19・20 1・23 3・30 5・6 5・34 6・5 7・6 7・30 8・3 8・5 8・29 11・13 13・11 15・14 17・20 19・5

名前例
- 匠6平5 しょうへい
- 吏6希7 りき
- 光6志7 こうし
- 汰7吉6 たきち
- 亨7成6 きょうせい
- 拓8司5 たくじ
- 凰11雅13 おうが
- 慶15彦9 よしひこ

18・11

姓の例 藤崎 藤堂 藤野 曽我部

1字名 —

2字名（3字名）
6・23 7・9 7・11 10・13 16・13 16・23 18・20 20・3 20・9 20・19 2・6 2・14 2・21 4・19 5・3 5・11 5・13 10・6 10・19 10・29 12・6 13・19 14・9 18・11

名前例
- 功5大3 こうだい
- 弘5唯11 ひろただ
- 良7亮9 りょうすけ
- 壱7郎9 いちろう
- 孝7規11 たかのり
- 泰10成6 たいせい
- 晃10雅13 あきまさ
- 達12乃2介4 たつのすけ

18・12

姓の例 藤間 藤森

1字名 —

2字名（3字名）
5・3 5・13 5・30 6・9 6・11 6・29 15・3 15・20 15・23 17・14 17・20 19・19 1・14 3・14 3・15 4・11 4・13 4・14 5・6 9・6 9・9 11・20 12・5 12・23

名前例
- 広5夢13 ひろむ
- 好6彦9 よしひこ
- 旭6飛9 あさひ
- 匠6望11 たくみ
- 亮9次6 りょうじ
- 郁9哉9 ふみや
- 諒15士3 りょうじ
- 駿17輔14 しゅんすけ

19・3

姓の例 瀬下 瀬口 瀬川

1字名 —

2字名（3字名）
8・5 10・5 10・6 10・13 18・5 20・5 2・13 2・14 3・10 3・12 3・14 3・22 4・12 4・13 5・10 5・12 5・20 12・13 13・2 13・12 13・22 15・2 15・10 15・20

名前例
- 友4晴12 ともはる
- 正5准10 せいじゅん
- 侑8史5 ゆうし
- 和8央5 かずお
- 峻10市5 しゅんいち
- 泰10地6 たいち
- 悦10嗣13 えつし
- 高10太4郎9 こうたろう

19・4

姓の例：瀬戸　鏑木

1字名：—

2字名（3字名）：1・5、1・14、2・4、2・6、2・13、2・14、2・16、2・22、7・22、9・6、9・16、9・26、11・4、11・5、11・13、11・14、12・4、12・6、12・12、12・13、17・12、19・6、19・16、20・5、3・5、3・13、4・12、13・5、19・5、20・4

名前例

名前	画数	読み
一矢	1・5	かずや
風成	9・6	かぜなり
康友	11・4	やすとも
渉太	11・4	しょうた
絆生	11・5	きずき
陽斗	12・4	はると
瑛充	12・6	てるみつ
貴温	12・12	たかはる

19・5

姓の例：瀬古　瀬田　櫛田

1字名：—

2字名（3字名）：1・2、1・4、1・6、1・12、1・14、1・16、1・20、6・5、6・18、10・5、10・13、10・14、11・2、11・4、11・6、11・12、11・13、11・22、11・26、16・5、16・8、3・14、3・20、11・10、18・5、18・6、19・2、19・4、19・5、19・14

名前例

名前	画数	読み
一仁	1・4	かずひと
一博	1・12	かずひろ
壮司	6・5	そうじ
光正	6・5	こうせい
耕史	10・5	こうじ
樹生	16・5	みきお
龍青	16・8	りゅうせい
倫太郎	10・4・9	りんたろう

19・7

姓の例：瀬谷　瀬尾

1字名：—

2字名（3字名）：1・4、1・5、1・6、1・14、6・5、8・5、9・4、9・6、9・26、11・4、11・26、18・13、18・14、18・19、20・19、1・20、4・2、8・13、9・22、11・10、14・18、16・5、16・16

名前例

名前	画数	読み
一生	1・5	いっせい
吉平	6・5	きっぺい
卓矢	8・5	たくや
春太	9・4	はるた
海心	9・4	かいしん
勇羽	9・6	ゆうわ
悠月	11・4	ゆづき
隆斗	11・4	たかと

19・11

姓の例：瀬崎　瀬野

1字名：—

2字名（3字名）：4・14、6・2、6・12、7・8、7・10、7・20、18・13、18・19、18・20、20・18、2・13、4・13、5・2、5・6、5・10、6・5、10・5、10・8、12・19、13・2、13・20、14・4、14・13

名前例

名前	画数	読み
好晴	6・12	よしはる
成暁	6・12	なりあき
克明	7・8	かつあき
秀悟	7・10	しゅうご
快晟	7・10	かいせい
浩平	10・5	こうへい
嘉仁	14・4	よしひと
豪寛	14・13	たけひろ

21・5

姓の例：鶴田

1字名：—

2字名（3字名）：1・6、1・12、2・3、2・4、3・2、3・3、3・4、3・12、8・3、8・24、8・27、10・27、11・2、12・3、12・27、13・2、18・3、18・14、18・17、19・2、19・12、19・16、1・4、1・14、3・8、10・11、11・4、11・10、11・24、13・18

名前例

名前	画数	読み
一揮	1・12	かずき
久翔	3・12	ひさと
虎也	8・3	とらや
岳士	8・3	がくし
彩人	11・2	あやと
麻斗	11・4	あさと
温大	12・3	あつひろ
達己	12・3	たつみ

21・7

姓の例：鶴見　鶴谷

1字名：—

2字名（3字名）：1・4、8・16、8・27、9・4、9・24、9・26、10・27、11・18、11・24、18・6、18・17、22・17、1・6、1・10、4・20、6・18、8・3、9・20、10・14、14・10、16・8、18・11、20・17、22・2

名前例

名前	画数	読み
岳大	8・3	たけひろ
拓磨	8・16	たくま
勇仁	9・4	ゆうじん
俊太	9・4	しゅんた
恭輔	10・14	きょうすけ
康騎	11・18	こうき
徳真	14・10	とくま
凌太朗	10・4・10	りょうたろう

21・8

姓の例　鶴岡　喜屋武

1字名
—

2字名（3字名）
3・20　3・26　3・36　19・10　19・20　21・8
21・11　21・17　21・18　23・6　23・16　24・8　5・11　5・18
7・11　7・16　8・8　8・10　9・20　10・6　10・8　13・3
15・8　16・16　24・24

名前例
- 大3耀20　たいよう
- 那7琉11　なる
- 求7基11　もとき
- 辰7樹16　たつき
- 歩8武8　あゆむ
- 和8馬10　かずま
- 輝15弥8　てるや
- 鷹24弥8　たかや

23・3

姓の例　瀬戸口　瀬戸山

1字名
5　12　15　22

2字名（3字名）
3・4　3・10　4・1　4・2　5・1　5・2
5・10　10・1　10・22　10・25　12・25　13・24　14・1　14・25
15・6　15・16　20・1　20・12　20・15　21・10　21・14　2・4
3・2　3・12　5・16　12・1　13・2　13・8　13・22　14・18

名前例
- 開12　かい
- 毅15　つよし
- 夕3太4　ゆうた
- 大3牙4　おおが
- 士3恩10　しおん
- 巧5真10　たくま
- 隼10一1　しゅんいち
- 諒15伍6　りょうご

23・5

姓の例　鴨志田

1字名
—

2字名（3字名）
1・2　1・4　1・6　1・12　1・34　3・2
10・14　10・25　11・2　11・22　11・24　12・1　13・16　13・22
20・4　1・10　3・4　3・34　6・18　10・29　11・18　12・25
13・24　16・8　18・6

名前例
- 一1成6　いっせい
- 乙1晴12　おとはる
- 壮6騎18　そうき
- 耕10輔14　こうすけ
- 雄12一1　ゆういち
- 龍16明8　たつあき
- 龍16昇8　りゅうしょう
- 恵10太4朗10　けいたろう

23・7

姓の例　鷲見　鷲尾

1字名
—

2字名（3字名）
1・4　1・6　1・14　1・16　1・34　4・1
4・29　8・10　10・8　10・25　11・4　11・6　11・16　11・24
20・15　22・9　22・15　22・16　1・10　4・14　6・12　6・25
8・9　9・6　9・8　10・1　14・1　14・4　18・9

名前例
- 一1瑠14　いちる
- 一1磨16　かずま
- 灯6道12　ともみち
- 桜10弥8　おうや
- 悠11介4　ゆうすけ
- 基11行6　もとゆき
- 彗11伍6　せいご
- 幸8一1郎9　こういちろう

26・6

姓の例　薬師寺

1字名
—

2字名（3字名）
5・26　7・6　7・9　7・26　18・7　18・13
18・15　1・15　2・3　2・5　2・13　5・1　5・11　9・6
9・7　10・3　10・5　10・6　10・15　11・5　12・3　12・13
15・1

名前例
- 一1輝15　かずき
- 利7成6　としなり
- 壱7星9　いっせい
- 准10平5　じゅんぺい
- 竜10也3　たつや
- 連10大3　れんた
- 藤18吾7　とうご
- 顕18寛13　あきひろ

27・12

姓の例　横須賀

1字名
—

2字名（3字名）
3・21　5・34　6・12　9・4　9・20　9・30
15・14　17・12　17・21　19・10　19・20　20・4　20・12　1・5
1・12　3・5　3・10　4・4　4・14　4・25　11・21　12・12

名前例
- 文4斗4　あやと
- 匠6翔12　たくと
- 帆6貴12　ほたか
- 厚9仁4　あつひと
- 咲9太4　さくた
- 陽12登12　はると
- 雄12揮12　ゆうき
- 範15彰14　のりあき

Part

8

名づけに使える文字リスト

読み方別

名づけに使える

漢字リスト

読み方から名前に使える漢字を探せるページです。
明らかに名前にふさわしくない漢字や、あまりなじみのない旧字は省略しています。
ここでは、一般的な音読み訓読み、名のりを中心に、漢和辞書などには
掲載されていなくても近年増えている読み方も含めて掲載しています。

リストの見方

あらた ― 読み

改7 新12 ― 画数

色文字はPart5で取り上げている漢字

あ

あ
安6 有6 亜7 吾7 阿8 明8 亞8 娃9 彩11 愛13

あい
会6 合6 和8 娃9 相9 挨10 逢11 愛13 曖17 藍18

あう
会6 合6 逢11

あお
青8 葵12 蒼13 碧14

あおい
青8 葵12 蒼13 碧14

あか
丹4 朱6 赤7 明8 紅9 緋14

あかつき
暁12

あかね
茜9

あかり
灯6 明8 燈16

あき
了2 日4 旦5 礼5 旭6 成6 壮6 尭8 昂8 昌8 知8 明8 映9 秋9 昭9 亮9 晃10 哲10 朗10 晄10 啓11 章11 紹11 爽11 彬11 晨11 瑛12 暁12 敬12 晶12 揚12 陽12 皓12 照13 暉13 煌13 彰14 聡14 璃15 諒15 叡16 燎16 燦17 瞭17 顕18 燿20

あきら
了2 央5 旦5 白5 礼5 旭6 光6 在6 成6 見7 良7 英8 旺8 侃8 亨8 昂8 昌8 明8 映9 昭9 信9 亮9 玲9 晃10 朗10 晄10 晟10 章11 爽11 彪11 彬11 瑛12 覚12 暁12 晶12 智12 陽12 惺12 照13 聖13 暉13 彰14 翠14 聡14 輝15 慧15 諒15 叡16 燎16 燦17 瞳17 瞭17 顕18 曜18 麗19 燿20

あく
空8 握12 渥12

あけ
朱6 明8 暁12 煌13 緋14

あげ
揚12

あけぼの
曙17

あさ
元4 旦5 旭6 麻11 朝12 諒15

あさひ
旭6

あし
芦7 葦13

あした
晨11 朝12

あずさ
梓11

あずま
東8 雷13

あそぶ
遊12

あたる
中4 方4 当6 適14

あつ
充6 忠8 厚9 重9 純10 淳11 惇11 渥12 温12 集12

敦12 斡14 熱15 篤16
あつし 孜7 厚9 純10 淳11 惇11 陸11 温12 敦12 富12 篤16
あつむ 伍6 侑8 鐘20
あて 宛8
あま 天4 雨8 奄8 海9
あまね 周8
あみ 網14 編15
あむ 編15
あめ 天4 雨8
あや 文4 礼5 朱6 采8 郁9 恵10 純10 紋10 彩11 章11 彪11 彬11 理11 絢12 斐12 綾14 彰14 綺14
あやめ 菖11
あゆ 歩8 鮎16
あゆみ 歩8
あゆむ 歩8
あら 改7 荒9 新13
あらし 嵐12
あらた 改7 新13
あり 在6 有6 惟11 現11
ある 在6 有6 或8
あるく 歩8
あん 安6 行6 杏7 按9 案10 晏10 庵11 鞍15

い

い 一1 已3 井4 五4 以5 生5 伊6 夷6 衣6 亥6 位7 囲7 壱7 依8 委8 易8 居8 威9 為9 泉9 莞10 尉11 惟11 猪11 唯11 偉12 斐12 意13 維14 緯16
いえ 家10 宮10
いおり 庵11
いき 生5 粋10 域11
いく 生5 行6 育8 郁9 活9 幾12
いけ 池6
いこい 憩16
いさ 功5 沙7 武8 勇9 義13 勲15
いさお 功5 勇9 魁14 勲15
いさみ 勇9 敢12
いさむ 武8 勇9 浩10 偉12 敢12
いし 石5
いず 五4 出5 泉9
いずみ 泉9
いずる 出5
いそ 磯17
いたる 之3 至6 周8 到8 致10 達12 暢14 徹15
いち 一1 市5 壱7 逸11 都11
いつ 一1 乙1 五4 伍6 壱7 逸11 斎11 厳17
いつき 斎11 樹16 厳17
いと 糸6 弦8 絃11 綸14
いどむ 挑9
いな 稲14
いね 禾5 稲14
いのち 命8
いのり 祈8 祷11
いま 今4 未5
いよ 弥8
いり 入2
いる 入2

- いろ　色 6　紅 9　彩 11
- いわ　岩 8　磐 15　巌 20
- いわい　祝 9
- いわお　磐 15　巌 20
- いん　允 4　引 4　印 6　因 6　胤 9　音 9　寅 11　蔭 14　韻 19

う

- う　右 5　卯 5　生 5　宇 6　羽 6　有 6　迂 7　兎 7　佑 7　雨 8　侑 8　胡 9　宥 9　祐 9
- うい　初 7
- うえ　上 3　高 10
- うお　魚 11
- うし　丑 4　牛 4
- うじ　氏 4
- うしお　汐 6　潮 15
- うず　太 4
- うた　吟 7　唄 10　詠 12　詩 13　歌 14　謡 16
- うち　内 4
- うな　海 9
- うま　宇 6　美 9　馬 10
- うみ　海 9　洋 9
- うめ　梅 10
- うや　礼 5　恭 10　敬 12
- うら　浦 10　麗 19
- うらら　麗 19
- うる　閏 12　潤 15
- うるう　閏 12　潤 15
- うん　云 4　運 12　雲 12

え

- え　永 5　衣 6　会 6　回 6　江 6　守 6　依 8　英 8　枝 8　杷 8　映 9　栄 9　重 9　恵 10　笑 10　得 11　瑛 12　詠 12　絵 12　惠 12　榎 14　榮 14　慧 15　叡 16　衛 16
- えい　永 5　泳 8　英 8　映 9　栄 9　哉 9　営 12　瑛 12　詠 12　榮 14　影 15　鋭 15　叡 16　衛 16
- えき　役 7　易 8　益 10
- えだ　枝 8
- えつ　悦 10　越 12　謁 15　閲 15
- えのき　榎 14
- えびす　夷 6　胡 9　蕃 15
- えみ　咲 9　笑 10
- えむ　笑 10
- えり　衿 9　襟 18
- えん　円 4　宛 8　奄 8　延 8　苑 8　晏 10　援 12　園 13　猿 13　遠 13　演 14　縁 15　燕 16　薗 16

お

- お　己 3　士 3　小 3　大 3　王 4　夫 4　方 4　央 5　巨 5　生 5　壮 6　百 6　男 7　良 7　於 8　旺 8　欧 8　和 8　音 9　保 9　郎 9　桜 10　峰 10　朗 10　雄 12　緒 14　穂 15　織 18
- おう　王 4　央 5　応 7　往 8　旺 8　欧 8　皇 9　翁 10　桜 10　黄 11　凰 11　奥 12　煌 13　横 15　櫻 21　鷗 22　鷹 24

- おうぎ：扇10
- おお：大3 太4 巨5 多6
- おおし：多6
- おおとり：凰11 鳳14 鴻17 鵬19
- おか：丘5 岡8
- おき：気6 沖7 知8 宙8 起10 隆11 意13 置13 興16
- おぎ：荻10
- おく：屋9 奥12 億15 憶16
- おこす：起10
- おこる：興16
- おさ：収4 長8 理11 脩11 統12 総14 綜14
- おさむ：一1 士3 治8 修10 経11 理11 脩11 統12 道12 磨16
- おさめ：道12
- おし：忍7 押8 推11

- おつ：乙1
- おと：乙1 吟7 男7 呂7 音9 律9 韻19 響20
- おのれ：己3
- おび：紳11
- おみ：臣7
- おも：主5
- おもい：思9 想13
- おもう：思9 想13
- おや：親16
- おり：居8 織18
- おる：織18
- おん：苑8 音9 恩10 温12 御12 園13 遠13 薗16 穏16

か

- か：一1 日4 加5 可5 禾5 叶5 甲5 何7 伽7 花7 芳7 佳8 果8 河8 科9 架9 珂9 迦9 香9 哉9 耶9 珈9 夏10 家10 荷10 華10 賀12 翔12 楓13 榎14 嘉14 歌14 樺14 駆14 稼15 駕15 駈15 霞17 蘭19 馨20
- が：牙4 瓦5 伽7 我7 河8 画8 芽8 俄9 臥9 峨10 賀12 雅13 駕15 霞17
- かい：介4 会6 回6 合6 快7 戒7 改7 恢9 海9 界9 皆9 桂10 桧10 械11 絵12 開12 階12 凱12 堺12 解13 塊13 楷13 魁14 懐16 諧16 檜17 鎧18 櫂18
- がい：外5 亥6 崖11 涯11 凱12 街12 該13 概14 鎧18
- かいり：浬10
- かえで：楓13
- かおり：芳7 郁9 香9 薫16 馨20
- かおる：芳7 郁9 香9 薫16 馨20
- かがみ：鏡19
- かがやき：輝15
- かぎ：鍵17
- かく：角7 画8 拡8 格10 核10 郭11 覚12 確15 穫18 鶴21
- がく：学8 岳8 楽13 樂15
- かけ：掛11
- かげ：景12 蔭14 影15
- かける：架9 翔12 駆14 駈15 繋19

懸20

かさ　重9 笠11 嵩13

かざ　風9

かし　樫16

かじ　舵11 梶11 櫂18

かしわ　柏9

かず　一1 七2 十2 三3 千3 万3 司5 主5 多6 壱7 寿7 利7 良7 知8 和8 紀9 起10 航10 萬12 数13

かすみ　霞17

かずら　葛12

かぜ　風9

かた　才3 方4 形7 固8 型9 容10 崇11 堅12 硬12 象12 豪14 潟15 賢16

かたし　固8 剛10 堅12

かたむ　固8

かっ　合6

かつ　且5 克7 括9 活9 桂10 葛12 勝12 褐13 轄17 優17

がつ　月4

かつみ　克7

かつら　桂10 葛12 藤18

かど　角7 門8 廉13

かな　叶5 金8 協8 哉9 奏9

かない　叶5

かなう　叶5 協8 適14

かなえ　叶5 鼎13

かなめ　紀9 要9

かね　金8 周8 兼10 鉄13 銀14 錦16 謙17 鐘20

かの　彼8

かのう　叶5 協8 適14

かば　椛11 樺14

かぶと　甲5 兜11

かま　釜10 窯15

かまえ　構14

かみ　上3 守6 神9 紙10

かめ　亀11

かも　鴨16

かもめ　鷗22

かや　茅8 草9

かや　萱12

から　空8 唐10 殻11 韓18

かり　狩9 雁12

かれ　彼8

かわ　川3 河8

かわら　瓦5

かん　甲5 完7 侃8 冠9 巻9 柑9 看9 神9 莞10 栞10 勘11 貫11 紺11 菅11 堪12 敢12 間12 閑12 勧13 寛13 幹13 感13 漢13 慣14 関14 綸14 歓15 環17 韓18 観18 鑑23

がん　丸3 元4 岩8 雁12 頑13 巌20

き

き　乙1 己3 木4 生5 企6 伎6 気6 岐7 希7 汽7 芸7 来7 奇8 祈8 季8 宜8 其8 來8 紀9 軌9 城9 帰10 記10 起10 黄11 基11 寄11 規11 亀11 埼11 徠11 葵12 喜12 幾12 揮12

（き・続き）期12 棋12 稀12 貴12 幹13 置13 暉13 旗14 綺14 器15 嬉15 毅15 畿15 輝15 槻15 熙15 機16 興16 樹16 磯17 騎18 礎18 麒19

ぎ 伎6 技7 芸7 宜8 其8 葵12 棋12 義13 毅15 儀15 戯15 誼15 麒19 議20

きく 掬11 菊11 鞠17

きざし 兆6 萌11

きざむ 刻8

きし 岸8

きずく 築16

きずな 絆11

きそう 競20

きた 北5 朔10

きたえ 鍛17

きたる 来7 來8 徠11 儀15

きち 吉6 橘16

きつ 吉6 桔10

きぬ 衣6 絹13

きのえ 甲5

きのと 乙1

きば 牙4

きみ 王4 公4 仁4 君7 皇9 竜10 龍16

きゃ 伽7

きゅう 九2 久3 及3 弓3 丘5 求7 究7 玖7 穹8 宮10 赳10 救11 球11 毬11 鞠17

きよ 人2 心4 玉5 圭6 汐6 粋10 淑11 清11 雪11 陽12 聖13 廉13 精14 静14 潔15 澄15 摩15 磨16 馨20

きょ 巨5 居8 挙10 許11

きょう 叶5 共6 匡6 杏7 亨7 享8 京8 供8 協8 峡9 香9 恭10 強11 教11 郷11 経11 梗11 卿12 喬12 橋16 興16 鏡19 馨20 競20 響20 驍22

ぎょう 行6 尭8 倖10 喬12 暁12 驍22

きょく 旭6 極12

ぎょく 玉5

きよし 白5 圭6 泉9 亮9 淳11 清11 晴12 陽12 聖13 廉13 精14 碧14 潔15 澄15

きよみ 雪11 澄15

きよむ 雪11 澄15

きら 晃10 晄10 煌13

きり 桐10 霧19

きわみ 究7 極12 窮15

きわむ 究7 極12 窮15

きわめ 極12

きん 今4 均7 芹7 近7 欣8 金8 衿9 菫11 勤12 欽12 琴12 錦16 謹17 檎17 襟18

ぎん 吟7 銀14

く

く 九2 久3 工3 区4 公4 丘5 句5 功5 玖7 来7 供8 空8 來8 穹8 紅9 宮10 倶10 矩10 貢10 徠11 琥12 駆14 駈15 駒15

ぐ 久3 弘5 求7 具8 倶10

くう　空8
ぐう　宮10 遇12 隅12
くが　陸11
くき　茎8
くさ　色6 草9
くじら　鯨19
くしろ　釧11
くす　楠13 樟15
くに　州6 呉7 邦7 国8 洲9 城9 訓10 都11
くま　阿8 隈12 熊14
くみ　与3 伍6 組11 綸14
くも　雲12
くら　倉10 椋12 鞍15 蔵15
くり　栗10 繰19
くる　来7 來8 徠11 薫16 繰19
くれ　呉7 紅9

くろ　玄5 黒11 黎15
くわ　桑10
くん　君7 訓10 勲15 薫16
ぐん　軍9 郡10 群13

け

け　斗4 気6 圭6 家10 華10 袈11 稀12 懸20
げ　牙4 夏10 華10
けい　兄5 圭6 形7 系7 佳8 京8 径8 茎8 型9 契9 計9 勁9 奎9 恵10 桂10 啓11 渓11 経11 蛍11 卿12 敬12 景12 惠12 携13 継13 詣13 慶15 慧15 稽15 憬15 憩16 警19 繋19 馨20 競20

げい　芸7 迎7 鯨19
げき　激16
けつ　決7 訣11 結12 傑13 潔15
げつ　月4
けん　見7 建9 研9 県9 倹10 兼10 剣10 拳10 健11 険11 舷11 絢12 萱12 間12 堅12 検12 硯12 献13 絹13 権15 憲16 賢16 謙17 鍵17 顕18 験18 繭18 懸20
げん　元4 幻4 玄5 言7 弦8 拳10 原10 現11 絃11 舷11 硯12 源13 厳17 巌20

こ

こ　己3 子3 小3 戸4 木4 乎5 古5 仔5 冴7 児7 来7 呼8 固8 虎8 來8 弧9 胡9 虹9 個10 袴11 徠11 湖12 琥12 誇13 鼓13 瑚13 醐16
ご　五4 互4 午4 心4 伍6 呉7 吾7 冴7 胡9 後9 娯10 悟10 梧11 御12 瑚13 語14 醐16 檎17 護20
こい　恋10 鯉18
こう　工3 公4 勾4 孔4 功5 巧5 広5 弘5 甲5 交6 光6 向6 好6 江6 考6 行6 亘6 杏7 亨7 孝7 宏7 攻7 更7 岡8 効8 幸8 庚8 昂8 杭8 肯8 岬8 昊8 侯9 厚9 巷9

恒9 皇9 紅9 荒9 香9 神9 虹9 洸9 候10 倖10 晃10 浩10 紘10 耕10 航10 貢10 高10 晄10 黄11 康11 梗11 皐11 凰11 港12 硬12 皓12 鉱13 塙13 幌13 滉13 煌13 構14 綱14 稿15 廣15 興16 鋼16 縞16 講17 鴻17

ごう 合6 昂8 昊8 剛10 強11 郷11 皓12 豪14 轟21

こえ 吟7 声7

こえる 越12 超12

こく 石5 克7 告7 谷7 刻8 国8 黒11 穀14

ごく 極12

ここ 九2 心4 此6

こころ 心4

こころざし 志7

こし 越12 腰13 輿17

こと 士3 言7 采8 事8 紀9 思9 殊10 琴12 詞12

ことば 詞12

ことぶき 寿7

この 好6 此6

このみ 好6

このむ 好6

こぶし 拳10

こま 駒15

こめ 米6

こゆる 超12

こよみ 暦14

これ 之3 也3 以5 伊6 此6 是9 惟11 維14

こん 今4 近7 金8 昆8 建9 根10 紺11 渾12 献13 魂14 墾16

ごん 言7 菫11 勤12 権15 厳17

さ

さ 三3 小3 左5 早6 佐7 沙7 冴7 作7 砂9 咲9 茶9 勇9 紗10 彩11 爽11 嵯13 裟13 瑳14 聡14

ざ 沙7 坐7 座10

さい 才3 西6 幸8 采8 斉8 哉9 宰10 栽10 柴10 彩11 採11 砦11 祭11 斎11 菜11 埼11 偲11 最12 歳13

ざい 在6 材7 財10

さえ 冴7

さか 坂7 阪7 栄9 榮14

さかえ 栄9 富12 榮14 潤15

さかき 榊14

さかん 史5 壮6 旺8 昌8 盛11

さき 先6 早6 幸8 咲9 崎11 埼11

さぎ 鷺24

さく 作7 咲9 朔10 策12

さくら 桜10 櫻21

ささ 笹11

さだ 成6 貞9 真10 禎13 寧14 憲16

さだむ 成6 定8 理11

さだめ 定8

さち 幸8 倖10 祥10

さつ 札5 察14 颯14 薩17

さっ 早6

さつき 皐11

さと 了2 利7 里7 学8 知8 怜8 俐9 悟10 哲10 敏10 郷11 都11 覚12 達12 智12 惺12 聖13 聡14 慧15 叡16 賢16

さとき 鋭15

さとし 知8 怜8 俐9 恵10 悟10 哲10 敏10 啓11 捷11 覚12 暁12 智12 惺12 聖13 聡14 鋭15 慧15 叡16 賢16 諭16

さとる 了2 知8 悟10 哲10 智12 惺12 解13 聖13 聡14 慧15 賢16

さな 真10 眞10

さね 心4 仁4 志7 実8 真10 眞10 愛13 護20

さぶ 三3 珊9

さま 様14

さむらい 侍8

さめ 雨8

さや 冴7 清11 爽11

さら 更7

さわ 沢7 爽11

さん 三3 山3 参8 珊9 産11 算14 賛15 燦17 纂20 讃22

し

し 士3 子3 之3 巳3 支4 氏4 仕5 仔5 司5 史5 四5 市5 示5 矢5 此6 旨6 糸6 至6 次6 志7 孜7 私7 使8 始8 枝8 祉8 姿9 思9 施9 信9 師10 梓11 視11 偲11 紫12 詞12 嗣13 獅13 詩13 試13 資13 蒔13 摯15

じ 二2 士3 巳3 司5 史5 示5 至6 字6 寺6 次6 而6 自6 地6 弐6 志7 児7 事8 侍8 治8 持9 時10 詞12 滋12 慈13 蒔13 馳13 路13 爾14 磁14

しい 椎12

しお 汐6 栞10 潮15

しおり 栞10

しか 鹿11

しき 式6 色6 織18 識19

じく 竺8 軸12

しげ 成6 茂8 栄9 重9 草9 盛11 滋12 森12 慈13 榮14 薫16 樹16 繁16 穣18

しげる 成6 茂8 林8 栄9 滋12 森12 慈13 蒼13 榮14 繁16

しし 獅13

しず 倭10 康11 閑12 靖13 静14 寧14 穏16 鎮18

しずか 玄5 康11 閑12 惺12 静14

しずく 雫11 零13 滴14

しち 七2 質15

しつ 悉11 漆14 質15

じつ 十2 日4 実8

じっ 十2

しな 色6 枝8 科9 品9

しの 忍7 信9 偲11 篠17

しのぐ 凌10

しのぶ 忍7

しば 芝6 柴10

しぶ 渋11

しぶき 沫8

しま 洲9 島10 嶋14 縞16

しめす 示5

しゃ 叉3 写5 沙7 社7 車7 砂9 射10 紗10

しゃく 勺3 尺4 石5 釈11 錫16

じゃく 若8 雀11 惹12

しゅ 手4 主5 守6 朱6 取8 狩9 柊9 殊10 珠10 修10 萩12 種14 趣15 諏15

じゅ 朱6 寿7 受8 珠10 授11 需14 儒16 樹16 鷲23

しゅう 収4 州6 舟6 充6 秀7 周8 宗8 洲9 秋9 祝9 柊9 修10 習11 崇11 脩11 衆12 集12 萩12 葺12 嵩13 蹴19 鷲23

じゅう 十2 中4 充6 住7 拾9 柔9 重9 従10 渋11 縦16

しゅく 叔8 祝9 宿11 淑11 粛11

じゅく 塾14 熟15

しゅつ 出5

しゅん 旬6 俊9 春9 洵9 峻10 准10 隼10 淳11 惇11 竣12 舜13 詢13 諄15 駿17 瞬18

じゅん 旬6 巡6 盾9 洵9 准10 純10 隼10 淳11 惇11 閏12 循12 順12 楯13 準13 馴13 詢13 潤15 遵15 諄15

しょ 処5 初7 所8 書10 恕10 渚11 緒14 曙17

じょ 如6 助7 序7 叙9 徐10 恕10

しょう 小3 上3 井4 升4 正5 生5 匠6 庄6 丞6 肖7 尚8 承8 招8 昇8 昌8 松8 青8 咲9 昭9 省9 政9 星9 相9 荘9 将10 祥10 称10 笑10 唱11 捷11 梢11 渉11 章11 紹11 菖11 清11 笙11 勝12 掌12 晶12 湘12 硝12 象12 惺12 翔12 奨13 照13 詳13 彰14 精14 樟15 蕉15 賞15 憧15 鐘20

じょう 上3 丈3 允4 丞6 成6 条7 青8 定8 乗9 城9 浄9 貞9 祐9 晟10 捷11 剰11 常11 情11 盛11 條11 靖13 静14 穣18 譲20

しょく 色6 植12 飾13 燭17 織18

しら 白5

しらべ 調15

しるし 印6 瑞13

しるす 志7 紀9 記10

しろ 代5 白5 城9

しろがね 銀14

しん 心4 申5 伸7 臣7 芯7 辰7 信9 神9 津9 晋10 真10 秦10 眞10 深11 紳11 進11 晨11 森12 慎13 新13 榛14 賑14 槙14 親16

じん 人2 仁4 壬4 尽6 迅6 臣7 辰7 忍7 神9 甚9 訊10 陣10 晨11 尋12 稔13

す

- す：子3 主5 守6 朱6 州6 寿7 洲9 珠10 栖10 素10 巣11 須12 数13 諏15 雛18
- ず：図7 杜7 豆7 寿7 津9 珠10 逗11 瑞13 頭16 鶴21
- すい：水4 出5 吹7 粋10 推11 彗11 遂12 瑞13 翠14 穂15
- ずい：随12 瑞13 髄19
- すう：枢8 崇11 嵩13 数13 雛18
- すえ：末5 季8 陶11
- すが：菅11 清11
- すき：透10
- すぎ：杉7
- すく：透10
- すぐ：直8
- すくう：掬11 救11
- すぐる：克7 秀7 卓8 俊9 逸11 勝12 傑13 豪14 賢16 優17
- すけ：允4 介4 友4 右5 左5 丞6 佐7 助7 扶7 甫7 佑7 典8 相9 宥9 祐9 亮9 救11 裕12 資13 奨13 輔14 賛15 翼17
- すす：進11
- すず：紗10 涼11 鈴13 錫16
- すすむ：丞6 先6 歩8 侑8 迪8 晋10 進11 勧13 奨13 新13
- すずめ：雀11
- すずり：硯12
- すな：沙7 砂9 淳11
- すなお：侃8 直8 是9 純10 素10 淳11 惇11 順12
- すばる：昴9
- すみ：住7 純10 清11 墨14 澄15
- ずみ：泉9 純10 澄15
- すみれ：菫11
- すむ：清11 澄15
- すん：寸3 峻10

せ

- せ：世5 施9 星9 勢13 聖13 瀬19
- ぜ：是9 瀬19
- せい：井4 世5 正5 生5 成6 西6 声7 征8 青8 斉8 省9 政9 星9 凄10 晟10 清11 盛11 彗11 笙11 晴12 惺12 歳13 勢13 聖13 誠13 靖13 精14 誓14 静14 整16
- せき：夕3 石5 汐6 赤7 隻10 責11 堰12 跡13 関14 碩14 積16 績17 籍20
- せつ：接11 設11 雪11 節13 説14
- せみ：蝉18
- せり：芹7
- せん：千3 川3 仙5 占5 先6 尖6 亘6 茜9 宣9 専9 泉9 洗9 染9 扇10 閃10 釧11 旋11 船11 践13 撰15 選15 遷15 薦16 繊17 鮮17
- ぜん：全6 前9 善12 然12 禅13

そ

- そ：十2 其8 素10 曽11 組11

曾12 楚13 想13 礎18

ぞ 曽11 曾12

そう 双4 生5 壮6 早6 宋7 走7 宗8 奏9 相9 草9 荘9 送9 桑10 候10 倉10 曽11 爽11 曹11 窓11 笙11 湘12 曾12 創12 惣12 装12 湊12 想13 蒼13 層14 槍14 漕14 総14 綜14 聡14 遭14 漱14 颯14 踪15 操16 繰19

ぞう 三3 造10 象12 像14 増14 蔵15 贈18

そく 即7 束7 則9 息10 速10

その 苑8 其8 圃10 園13 薗16

そめ 染9

そら 天4 宇6 空8 宙8 昊8 穹8

そん 存6 村7 孫10 尊12 巽12 遜14

ぞん 存6

た

た 太4 田5 多6 汰7 舵11

だ 打5 那7 陀8 雫11 梛11

たい 大3 太4 代5 台5 平5 汰7 耐9 待9 帯10 泰10 態14 醍16 戴17 鯛19

だい 乃2 大3 内4 代5 台5 弟7 舵11 醍16 題18

たいら 平5 庄6 坦8

たえ 才3 妙7 耐9

たえる 耐9

たか 山3 天4 丘5 宇6 考6 孝7 岳8 尭8 空8 昂8 尚8 卓8 宝8 香9 飛9 恭10 高10 剛10 峻10 隼10 峰10 峯10 皐11 渉11 崇11 琢11 堂11 猛11 理11 陸11 隆11 貴12 喬12 敬12 尊12 雄12 揚12 嵩13 鷹24

たかし 山3 上3 大3 天4 丘5 孝7 岳8 尭8 昂8 宗8 尚8 卓8 荘9 恭10 高10 剛10 峻10 峰10 峯10 皐11 崇11 陸11 隆11 梁11 貴12 喬12 敬12 尊12 傑13 嵩13 聖13 駿17 驍22

たから 宝8 聖13

たき 滝13 瀧19

たく 宅6 沢7 卓8 拓8 啄10 託10 琢11 逞11 擢17 櫂18

たくま 逞11

たくみ 工3 巧5 伎6 匠6

たくむ 工3

たけ 丈3 壮6 竹6 岳8 虎8 長8 武8 孟8 威9 建9 勇9 剛10 烈10 赳10 健11 崇11 彪11 猛11 偉12 雄12 獅13 嵩13 豪14 毅15

たけし 山3 大3 壮6 岳8 長8 武8 孟8 威9 建9 剛10 赳10 健11 猛11 雄12 豪14 毅15

たける 長8 武8 建9 健11 猛11 尊12

たず 鶴21

たすく 介4 右5 丞6 佐7 助7

佑7 相9 祐9 亮9 救11 奨13 輔14 翼17

ただ
正5 由5 伊6 匡6 侃8 忠8 直8 貞9 恭10 真10 惟11 渉11 唯11 理11 董12 雅13 禎13 維14

ただし
仁4 正5 旦5 矢5 侃8 忠8 直8 理11 雅13 義13 禎13 聡14 儀15

ただす
正5 直8 迪8 律9 理11

たち
立5

たつ
立5 辰7 建9 起10 竜10 達12 竪14 樹16 龍16

たつき
樹16

たつみ
巽12

たて
立5 建9 盾9 楯13 竪14 縦16

たに
谷7 渓11

たね
苗8 胤9 種14

たのし
喜12 楽13 樂15

たび
度9 旅10

たま
丸3 玉5 圭6 玖7 玲9 珠10 球11 瑞13 瑶13 碧14 環17 璧18

たまき
環17

たましい
魂14

たみ
民5 彩11 黎15

ため
与3 為9

ためす
試13

たもつ
有6 完7 寿7 保9 惟11 維14

たる
善12 福13 樽16

たわら
俵10

たん
丹4 旦5 坦8 担8 単9 探11 淡11 湛12 誕15 鍛17

だん
男7 段9 弾12 暖13 壇16 檀17 灘22

ち

ち
小3 千3 地6 弛6 池6 茅8 治8 知8 致10 智12 稚13 置13 馳13

ちえ
智12

ちか
元4 史5 近7 見7 実8 周8 知8 直8 和8 悠11 幾12 愛13 義13 慈13 慎13 新13 睦13 慶15 親16

ちかし
史5 周8 悠11 幾12 親16

ちがや
茅8

ちから
力2 能10

ちかわ
誓14

ちく
竹6 竺8 逐10 筑12 蓄13 築16

ちつ
秩10

ちゃ
茶9

ちゅう
丑4 中4 仲6 虫6 沖7 宙8 忠8 柱9 紬11 鋳15

ちょ
猪11 著11 緒14

ちょう
兆6 長8 重9 挑9 眺11 頂11 鳥11 朝12 超12 跳13 暢14 肇14 澄15 潮15 蝶15 調15 聴17

ちょく
直8 勅9 捗10

ちん
珍9 陳11 椿13 鎮18

つ

つ　津9 通10 都11 鶴21
づ　津9 都11 鶴21
つい　対7 追9 椎12 槌14
つう　通10 董12
つえ　杖7
つか　束7 塚12
つかさ　士3 司5 吏6
つかね　束7
つき　月4 槻15
つぎ　乙1 二2 世5 次6 亜7 亞8 継13 嗣13 続13 調15
づき　月4
つぐ　二2 世5 次6 亜7 知8 亞8 紀9 遂12 継13 嗣13 続13 繋19

つくる　作7 造10 創12
つげ　柘9
つじ　辻6
つた　蔦14
つたう　伝6
つち　土3 地6 椎12 槌14
つつ　包5 筒12
つづく　続13
つつみ　包5 堤12
つづみ　鼓13
つつむ　包5
つづら　葛12
つづる　綴14
つどい　集12
つとむ　力2 功5 努7 孜7 励7 勉10 務11 勤12 敦12
つな　紘10 道12 綱14

つなぐ　維14 繋19
つね　恒9 経11 常11 庸11
つの　角7
つばさ　翼17
つばめ　燕16
つみ　摘14 積16
つむ　紡10 紬11 摘14 錘16 積16
つむぎ　紡10 紬11
つむぐ　紡10 紬11
つや　釉12 艶19
つゆ　露21
つよ　侃8 勁9 剛10 烈10 強11 健11 豪14 毅15
つよし　壮6 侃8 威9 剛10 強11 健11 彪11 敢12 堅12 幹13 豪14 毅15
つら　連10 貫11

つる　弦8 絃11 敦12 蔓14 鶴21
づる　鶴21
つるぎ　剣10

て

て　手4
で　出5
てい　丁2 汀5 呈7 廷7 定8 貞9 庭10 悌10 挺10 逞11 堤12 提12 禎13 艇13 綴14
でい　祢9 禰19
てき　的8 迪8 笛11 摘14 滴14 適14 擢17
てつ　哲10 鉄13 綴14 徹15
てら　寺6
てらす　照13 暉13 曜18

てり 照13

てる 旭6 光6 明8 映9 昭9 晃10 晄10 晟10 瑛12 晶12 晴12 皓12 照13 暉13 煌13 輝15 熙15 燿18

てん 天4 典8 点9 展10 槙14 纏21

でん 田5 伝6 佃7 電13

と

と 十2 人2 刀2 士3 土3 戸4 仁4 太4 斗4 冬5 百6 図7 兎7 杜7 利7 門8 音9 度9 飛9 徒10 途10 兜11 都11 冨11 達12 渡12 登12 富12 翔12 豊13

ど 土3 努7 度9

とう 刀2 冬5 灯6 当6 投7 宕8 東8 到8 挑9 桐10 唐10 島10 桃10 透10 兜11 祷11 陶11 登12 塔12 搭12 棟12 等12 答12 統12 董12 道12 跳13 稲14 嶋14 読14 踏15 燈16 橙16 藤18 櫂18

どう 同6 桐10 動11 堂11 萄11 童12 道12 働13 銅14 導15 撞15 瞳17

とうげ 峠9

とお 十2 亨7 通10 遥12 遙14 徹15 遼15

とおし 遠13

とおる 吏6 亨7 利7 亮9 泰10 透10 貫11 達12 澄15 徹15

とき 世5 旬6 迅6 言7 辰7 季8 刻8 宗8 斉8 時10 常11 晨11 凱12 鋭15

ときわ 常11

とく 迪8 特10 得11 督13 説14 徳14 読14 篤16

どく 読14

とげる 遂12

とこ 常11

とし 才3 子3 禾5 世5 代5 年6 寿7 利7 俊9 峻10 敏10 淑11 歳13 稔13 豪14 聡14 鋭15 穏16 駿17

とせ 年6

とち 栃9

とび 鳶14

とびら 扉12

とみ 臣7 宝8 冨11 登12 富12

とも 丈3 双4 巴4 友4 共6 灯6 有6 供8 知8 朋8 茂8 和8 侶9 倫10 兼10 寅11 智12 朝12 登12 睦13 僚14 燈16 類18

ともえ 巴4

とよ 晨11 富12 豊13

とら 虎8 寅11 彪11

とり 酉7 鳥11

とりで 砦11 塁12

とん 屯4 惇11 敦12

な

な 七2 名6 那7 直8 奈8 和8 南9 納10 菜11 雫11

椰11

ない 乃2 内4

なえ 苗8

なお 巨5 均7 侃8 尚8 直8

なおき 直8

なおし 良7 直8 道12

なか 心4 中4 央5 仲6 陽12

なが 久3 大3 永5 寿7 長8 詠12 温12

ながれ 流10

なぎ 凪6 椛11 梛11

なぎさ 汀5 渚11

なぐ 凪6

なごみ 和8

なぞ 謎17

なだ 灘22

なつ 夏10 捺11 撫15

なな 七2

なに 何7 奈8

なの 七2

なま 生5

なみ 波8 並8 南9 浪10 漣14

なら 楢13

なり 也3 生5 成6 育8 周8 斉8 為9 音9 業13 徳14

なる 生5 匠6 成6 育8 愛13 誠13 稔13 徳14 親16

なわ 苗8 縄15

なん 何7 男7 南9 納10 軟11 楠13 難18

に

に 二2 仁4 丹4 而6 弐6

児7 荷10 爾14

にい 新13

にし 西6

にじ 虹9

にしき 錦16

にち 日4

にゅう 入2

にょ 如6

にわ 庭10

にん 人2 仁4 壬4 任6 忍7 閏12 稔13 認14

ぬ

ぬ 埜11 野11

ぬき 貫11

ぬし 主5

ぬの 布5

ね

ね 子3 宇6 年6 直8 音9 祢9 根10 値10 峰10 峯10 道12 寧14 嶺17 禰19

ねい 寧14

ねがう 願19

ねつ 熱15

ねん 年6 念8 然12 稔13

の

の 乃2 之3 埜11 野11

のう 納10 能10 農13 濃16

のき 宇6 軒10

のぎ 禾5

のぞみ 希7 望11

のぞむ 希7 望11 臨18

のどか 和8 温12

のびる 伸7

のぶ 亘6 伸7 延8 恒9 信9 宣9 洵9 悦10 修10 展10 惟11 敦12 遥12 靖13 暢14

のぶる 伸7 延8 述8 直8

のぼる 上3 伸7 昂8 昇8 登12

のり 礼5 宜8 典8 法8 紀9 軌9 祝9 宣9 則9 律9 記10 矩10 倫10 規11 教11 視11 詞12 統12 道12 愛13 徳14 慶15 範15 論15 憲16

のん 音9 暖13

は

は 八2 巴4 羽6 初7 把7 芭7 杷8 波8 春9 派9 華10 琶12 葉12 播15 覇19

ば 羽6 芭7 波8 馬10 場12 葉12

はい 拝8 俳10 配10 斐12 輩15

ばい 唄10 倍10 梅10 培11

はえ 映9 栄9 榮14

はか 博12

はがね 鋼16

はかり 秤10

はかる 斗4 成6 図7 法8 計9

はぎ 萩12

はく 白5 伯7 拍8 珀9 舶11 博12

ばく 麦7 博12 幕13

はげむ 励7

はし 梁11 橋16

はじむ 元4 孟8 基11 創12

はじめ 一1 大3 元4 玄5 壱7 甫7 始8 孟8 紀9 春9 原10 朔10 基11 創12 朝12 源13 新13 魁14 肇14

はす 芙7 蓉13 蓮13

はた 果8 畑9 畠10 秦10 旗14 幡15 機16

はたす 果8

はち 八2

はつ 初7 発9

ばつ 沫8 茉8

はて 果8

はと 鳩13

はな 花7 芭7 英8 華10

はに 埴11

はね 羽6

はま 浜10

はや 迅6 早6 勇9 剣10 速10 隼10 逸11 捷11 颯14 鋭15

はやお 駿17

はやし 迅6 林8 速10 隼10 馳13 駿17

はやて 颯14

はやと 隼10

はやぶさ 隼10

はら 原10

はり 張11 梁11 榛14

はる 大3 花7 始8 治8 青8 東8 明8 栄9 春9 美9 華10 晏10 悠11 温12 開12

（はる）晴12 遥12 陽12 暖13 榛14 遙14 遼15

はるか 斗4 永5 悠11 遥12 遙14 遼15

はれ 晴12

はん 凡3 半5 帆6 汎6 阪7 伴7 判7 畔10 般10 絆11 幡15 範15 蕃15 繁16

ばん 万3 伴7 判7 絆11 番12 萬12 蔓14 盤15 磐15

ひ

ひ 一1 火4 日4 比4 氷5 灯6 彼8 披8 枇8 飛9 毘9 桧10 斐12 琵12 陽12 緋14 燈16

び 比4 枇8 弥8 毘9 眉9 美9 備12 琵12 微13

ひいらぎ 柊9

ひがし 東8

ひかり 光6

ひかる 光6 晃10 晄10 輝15 熙15

ひこ 彦9

ひさ 久3 永5 央5 寿7 尚8 恒9 常11 悠11

ひさし 久3 仁4 永5 央5 寿7 尚8 恒9 常11 悠11

ひし 菱11

ひじり 聖13

ひつ 必5 畢11 筆12

ひで 秀7 英8 栄9 榮14

ひと 一1 人2 士3 仁4 壱7

ひとし 一1 人2 仁4 平5 均7 斉8 洵9 等12 整16

ひとみ 瞳17

ひな 穂15 雛18

ひのき 桧10 檜17

ひびき 韻19 響20

ひゃく 百6

びゃく 白5

ひゅ 彪11

ひゅう 彪11

ひょう 氷5 兵7 拍8 表8 俵10 豹10 彪11 標15

びょう 平5 苗8 秒9 描11

ひら 平5 成6 拓8 坦8

ひらく 拓8 開12

ひろ 丈3 大3 太4 央5 広5 弘5 汎6 宏7 拡8 拓8 坦8 宙8 明8 恢9 宥9 洋9 洸9 浩10 紘10 恕10 泰10 展10 容10 啓11 敬12 尋12 博12 裕12 皓12 寛13 滉13 嘉14 潤15 廣15 熙15 優17

ひろし 大3 仁4 央5 広5 弘5 汎6 宏7 拡8 拓8 宙8 洋9 洸9 浩10 紘10 湖12 尋12 博12 普12 裕12 寛13 滉13 潤15 廣15 熙15

ひろむ 弘5 汎6 拡8 啓11 博12 熙15

ひん 品9 浜10 彬11

びん 秤10 敏10 瓶11

ふ

ふ　二2 不4 夫4 文4 生5 布5 吹7 扶7 芙7 甫7 府8 阜8 歩8 赴9 風9 圃10 冨11 符11 富12 普12 輔14 譜19
ぶ　不4 生5 芙7 武8 歩8 奉8 逢11 部11 葡12 無12 撫15 舞15 蕪15
ふう　夫4 風9 冨11 富12 楓13
ふえ　笛11 笙11
ふか　深11
ふかし　深11
ふき　吹7 蕗16
ふく　富12 幅12 福13
ふさ　房8 総14
ふし　節13
ふじ　藤18
ふた　二2 双4 弐6
ふで　筆12
ふと　太4
ふとし　太4
ふな　舟6 船11
ふね　舟6 航10 船11
ふみ　文4 史5 郁9 章11 詞12 篇15
ふもと　麓19
ふゆ　冬5
ふるう　奮16
ふん　分4 焚12 雰12 奮16
ぶん　分4 文4 聞14

へ

へ　巴4 辺5
べ　辺5 杷8
へい　丙5 平5 兵7 併8 並8
べい　米6
へき　碧14 璧18
べに　紅9
へん　辺5 遍12 篇15 編15
べん　弁5 勉10

ほ

ほ　火4 帆6 甫7 歩8 宝8 保9 浦10 畝10 圃10 葡12 輔14 蓬14 穂15
ぼ　戊5 菩11 慕14 暮14
ほう　方4 包5 芳7 邦7 奉8 宝8 朋8 法8 峰10 峯10 逢11 萌11 訪11 報12 豊13 蓬14 鳳14 褒15 鋒15 鵬19
ぼう　卯5 戊5 坊7 茅8 朋8 房8 昴9 紡10 萌11 望11
ほがら　朗10
ほく　北5
ぼく　卜2 木4 朴6 牧8 睦13 僕14 墨14
ほし　斗4 星9
ほたる　蛍11
ほとり　辺5
ほのお　炎8
ほろ　幌13
ほん　本5 奔8
ぼん　凡3 盆9

ま

ま 万3 目5 茉8 真10 馬10 眞10 麻11 間12 満12 萬12 増14 舞15 摩15 磨16 麿18

まい 米6 毎6 妹8 舞15

まいる 哩10

まえ 前9

まき 牧8 巻9 蒔13 槙14

まく 蒔13 幕13 播15

まこと 一1 允4 充6 実8 命8 信9 亮9 洵9 真10 眞10 淳11 惇11 慎13 誠13 詢13 諒15 諄15

まさ 大3 允4 元4 公4 仁4 方4 正5 匡6 壮6 昌8 和8 政9 柾9 剛10 将10 真10 眞10 理11 勝12 晶12 裕12 雅13 聖13 誠13 賢16 整16 優17

まさき 柾9

まさし 仁4 正5 匡6 政9 将10 雅13

まさる 大3 克7 卓8 勝12 雅13 潤15 賢16 優17

ます 升4 斗4 加5 助7 益10

また 又2 叉3 也3 亦6

まち 町7 待9 街12

まつ 末5 松8 沫8 茉8 待9

まつり 砦11 祭11

まと 的8

まど 円4 窓11

まとい 纏21

まどか 円4

まとむ 纏21

まな 学8 真10 眞10 愛13

まなぶ 学8

まもる 士3 守6 保9 葵12 衛16 護20

まゆ 繭18

まゆみ 檀17

まり 毬11 鞠17

まる 丸3 円4 斡14 盤15

まれ 希7 稀12

まろ 丸3 理11 観18 麿18

まん 万3 満12 萬12 蔓14

み

み 弓3 己3 三3 子3 巳3 心4 仁4 壬4 水4 生5 未5 光6 好6 充6 見7 身7 実8 味8 弥8 海9 看9 省9 泉9 眉9 美9 珠10 規11 現11 視11 深11 望11 幹13 誠13 魅15 観18

みお 澪16

みがく 琢11 瑳14 磨16

みき 幹13 樹16

みぎ 右5

みぎわ 汀5 渚11

みこと 命8

みさお 貞9 操16

みさき 岬8

みず 壬4 水4 泉9 瑞13

みち 行6 至6 充6 往8 径8 宙8 迪8 通10 途10 倫10 進11 理11 陸11 達12 道12

（続き）満12 義13 路13 導15

みちる　充6 満12

みつ　三3 允4 光6 充6 貢10 密11 満12 蜜14

みつぐ　貢10

みつる　光6 充6 富12 満12

みどり　翠14 碧14 緑14

みな　水4 汎6 皆9 南9

みなと　港12 湊12

みなみ　南9 陽12

みなもと　源13

みね　峰10 峯10 嶺17 巌20

みの　蓑13

みのり　実8 稔13

みのる　季8 実8 稔13 穂15 穫18 穣18

みや　宮10

みやこ　京8

みやび　雅13

みゆき　幸8

みょう　名6 妙7 命8 明8

みる　視11 観18

みん　民5

む

む　六4 牟6 武8 務11 陸11 無12 睦13 夢13 霧19

むかう　向6

むき　向6

むぎ　麦7

むく　椋12

むけ　向6

むこう　向6

むすぶ　結12

むつ　六4 陸11 睦13

むな　棟12

むね　心4 旨6 志7 宗8 棟12

むら　村7 邑7

むらさき　紫12

むろ　室9

め

め　目5 雨8 芽8 梅10 萌11

めい　名6 芽8 命8 明8 盟13 銘14

めぐ　恵10 惠12

めぐみ　仁4 恩10 恵10 萌11 惠12 愛13

めぐむ　仁4 恩10 恵10 惠12 愛13

めぐる　回6 巡6 廻9 旋11 斡14 環17

めん　綿14

も

も　百6 萌11 望11 雲12

もう　孟8 望11 猛11 網14

もえ　萌11

もく　木4 目5

もち　有6 茂8 持9 望11

もと　一1 元4 心4 本5 求7 志7 甫7 始8 茂8 紀9 泉9 原10 素10 倫10 基11 規11 許11 統12 意13 楽13 幹13 源13

もとい　基11

もとき 幹13

もとむ 求7 要9

もみじ 椛11

もも 百6 李7 桃10

もり 主5 守6 壮6 杜7 容10 盛11 森12 衛16 護20

もん 文4 門8 紋10 問11 聞14

や

や 八2 也3 乎5 矢5 谷7 夜8 弥8 屋9 哉9 耶9 家10 埜11 野11 陽12 椰13

やく 役7 約9 益10 躍21

やし 椰13

やす 安6 育8 和8 保9 恭10 耕10 泰10 康11 閑12 慈13 靖13 寧14 穏16

やすき 穏16

やすし 安6 和8 保9 恭10 耕10 泰10 康11 靖13 寧14

やつ 八2

やな 梁11

やなぎ 柳9 楊13

やま 山3

やまと 和8 倭10

やわ 柔9

やわら 和8 柔9

ゆ

ゆ 弓3 夕3 友4 由5 有6 佑7 侑8 宥9 柚9 祐9 唯11 悠11 結12 愉12 裕12 遊12 雄12 釉12 諭16 優17 癒18

ゆい 由5 惟11 唯11 結12 維14

ゆう 夕3 尤4 友4 右5 由5 有6 佑7 邑7 侑8 勇9 宥9 柚9 祐9 悠11 結12 湧12 裕12 遊12 雄12 釉12 蓉13 優17

ゆき 千3 之3 由5 行6 至6 志7 往8 幸8 征8 門8 侑8 起10 倖10 透10 進11 雪11 道12 普12 潔15 薫16

ゆく 之3 路13 適14

ゆず 柚9

ゆずる 謙17 譲20

ゆた 逞11 豊13

ゆたか 有6 完7 泰10 隆11 富12 裕12 寛13 豊13 稔13 優17 穣18

ゆづる 弦8

ゆみ 弓3

ゆめ 夢13

よ

よ 与3 予4 四5 世5 代5 余7 於8 呼8 夜8 葉12 誉13 預13 蓉13 輿17

よい 誼15

よう 八2 幼5 用5 羊6 洋9 要9 容10 庸11 湧12 揚12 葉12 遥12 陽12 楊13 蓉13 瑶13 暢14 様14 踊14 遙14 養15 擁16 謡16 曜18 燿18

耀20 櫻21 鷹24

よく
沃7 翼17

よこ
横15

よし
与3 可5 由5 伊6 吉6 圭6 好6 芦7 快7 孝7 芳7 良7 英8 佳8 宜8 欣8 幸8 和8 紀9 是9 宣9 美9 彦9 悦10 純10 恕10 祥10 泰10 惟11 啓11 淑11 理11 凱12 喜12 貴12 欽12 敬12 堅12 善12 義13 源13 慈13 誉13 葦13 嘉14 徳14 歓15 儀15 慶15 潔15 賢16 整16 譲20

よつ
四5

よみ
読14

より
由5 依8 和8 為9 宜9 賀12 順12 義13 頼16 麗19

よる
夜8

よろず
万3 萬12

よん
四5

ら

ら
来7 良7 來8 徠11 等12 楽13 樂15 螺17 羅19

らい
礼5 来7 來8 徠11 萊11 雷13 黎15 頼16 蕾16 麗19

らく
洛9 楽13 樂15

らん
嵐12 覧17 藍18 蘭19 欄20

り

り
力2 吏6 利7 李7 里7 俐9 浬10 哩10 莉10 梨11 理11 璃15 凛15 凜15

りき
力2

りく
陸11

りち
律9

りつ
立5 律9 率11

りゅう
立5 柳9 流10 留10 竜10 笠11 琉11 隆11 瑠14 劉15 龍16

りょ
呂7 侶9 旅10 慮15

りょう
了2 令5 両6 良7 伶7 怜8 亮9 玲9 凌10 菱11 梁11 涼11 崚11 羚11 椋12 稜13 綾14 僚14 諒15 遼15 龍16 澪16 燎16 瞭17 嶺17 糧18

りょく
力2 緑14

りん
林8 厘9 倫10 梨11 琳12 鈴13 稟13 綸14 輪15 凛15 凜15 隣16 臨18 麟24

る

る
児7 流10 留10 琉11 瑠14 鷺24

るい
累11 塁12 類18

るり
瑠14

れ

れ
令5 礼5 伶7 怜8 玲9 麗19

れい
令5 礼5 伶7 冷7 励7 怜8 玲9 莉10 羚11 鈴13

零13 黎15 澪16 嶺17 麗19

れき
暦14 歴14

れつ
列6 烈10

れん
怜8 恋10 連10 廉13 煉13 蓮13 漣14 練14 憐16 錬16 簾19

ろ
芦7 良7 呂7 侶9 亮9 路13 魯15 蕗16 櫓19 露21 鷺24

ろう
良7 労7 郎9 候10 朗10 浪10 狼10 椋12 滝13 楼13 糧18 瀧19 露21 蠟21

ろく
六4 鹿11 禄12 緑14 録16 麓19

ろん
論15

わ

わ
八2 禾5 羽6 我7 把7 和8 倭10 琶12 話13 輪15 環17

わか
王4 若8 湧12 新13 稚13

わき
湧12

わく
或8 湧12

わし
鷲23

わだち
軌9

わたり
渉11 渡12

わたる
亙6 亘6 径8 杭8 和8 恒9 航10 渉11 渡12 道12

わね
羽6

わら
笑10

わらべ
童12

われ
我7 吾7

Memo

画数別
名づけに使える

全文字リスト【漢字・かな・符号】

赤ちゃんの名前に使える文字
（常用漢字、人名用漢字、ひらがな、カタカナ、一部の符号）を
画数別にすべて掲載しています。
なかには名前にふさわしくない漢字もあるので、
使用の際には意味をしっかり確認しましょう。

リストの見方

2画　181～182ページ

九七十人乃*丁刀二

画数
色文字の漢字の解説ページ
色文字はPart5で取り上げている漢字
人名用漢字

1画

181ページ

一乙くしつのへっノ
フヘレ丶、ー

2画

181～182ページ

九七十人乃*丁刀二入
八卜*又了力いうこて
とひぺめりるろんぃ
ぅアイカクコスセソ
トナニヌハヒプペマ
ムメヤユラリルワン
ァィャュヮ

3画

182～184ページ

已*下干丸及弓久巾乞
己口工叉*才三山士巳*
子之*勺*女上丈小刃寸
夕川千大土亡凡万也*
与あえかぐけさじす
せそちづにぴべみも
やゆよられわゐぁぇ
ゃゅょゎウエオキケ
サシタチツテパピブ
ベミモヨロヱヲゥェ
ォッョ々ゞヾ

4画

184～188ページ

引允*云*円王刈牙化火
介牛凶斤区欠月犬元
幻午五互戸勾孔公今
氏支止尺手収廿*冗少

升心仁壬*水井切双太
丹丑*中弔爪天斗屯内
匂日巴*反比匹父不夫
仏勿*分文片方乏毛木
匁*厄友尤*予六おきご
たでどぬねはびふま
むをぉガグゴズゼゾ
ドネバビホヰ

5画

188～192ページ

圧以右永凹央可且瓦
加禾*外刊甘旧丘巨去
叶*玉句兄穴玄込乎*古
号甲功弘*巧広左冊札
皿司史市仔*示仕只*矢
四失叱写主囚汁出処
疋*召尻申生正世斥石
仙占打他台代凧*旦庁
汀*田奴冬凸丼尼白氾
犯半皮必氷付布払丙
平弁辺母戊*包卯*北本
末未民矛目由幼用立
令礼がげざずぜぞぢ
なぱぷほゑギゲザジ
ダヂヅデポ

6画

193～198ページ

扱安夷*伊*衣芋印因宇
羽曳*亦*汚瓜*仮亥*会回
灰各缶汗危伎企気机
吉臼朽吸休仰叫匡*共
旭*曲刑圭*血件伍*后江
合考行好光交向亙*在
再字至糸此*死次自弛*
寺而*耳旨式芝朱守充
收*州舟旬巡汝*丞*庄*匠
色迅尽西成汐*舌亘*先
尖*全壮争早存多宅托*
団池地竹仲虫兆辻*伝
吐当同灯凪*弐肉如任
年肌伐汎帆妃百伏米
忙牟*朴毎名妄有羊吏
両列劣老肋*ぎだばぶ
ぽボ

7画

199～206ページ

亜医囲位壱迂*応伽*何
花我貝改戒芥*快角完
肝串含岐希汽忌技迄*
却灸*究汲*求狂杏*劫*亨*
局吟芹*近均玖*君系芸
形迎決言見呉冴*吾*坑
孝抗更攻宏*克谷告困
佐坐*沙材災作孜*伺志
児似私車社灼*寿住秀
序助初抄肖条状杖*床
芯辛臣辰*伸身図吹杉
声赤折宋*壮*走即足束
村妥汰対体択沢但男
沖町沈呈廷弟低佃*辿*
兎*杜*努豆投沌*呑*那尿
妊忍把芭*売伯麦抜坂
阪判伴批否尾庇*肘扶
芙*巫*佛*吻*兵別返牡*甫*
歩*邦芳妨防坊忘没每*
妙冶役佑*酉*邑*余妖沃
抑来卵乱利里李*良冷
励戻伶*芦*呂労弄ぼ

8画

206～217ページ

亞*阿依委育雨英泳易
宛苑*沿奄*延炎於*旺欧
往押殴苛価河画佳果
芽拐劾怪岳拡学官玩
岩岸侃*茄*函*巻*奇季宜
祈祁*其*穹*泣居拠拒享
況協供京尭*金欣*具苦
空屈径茎券肩弦固虎
股呼拘肯庚*岡効杭*昊*
昂*幸肴*岬刻国忽*昆昏*
些*妻采刷刹参祉肢姉
枝刺侍事治使兒*始竺*
実舎邪者社*若受取呪
宗周叔述杵*所尚狀*承
昌*沼昇松招炊垂枢制
征斉姓性青析昔拙狙
阻争*卒陀*苔*卓拓担坦*
知宙忠抽注帖*長直坪

抵邸定底泥迪*的迭典
店妬宕*到沓*東毒突届
奈乳念波杷*拝杯苺*迫
泊拍拔*版板披非卑*彼
肥枇*弥泌表苗府阜附
侮斧*怖武服拂*物沸併
並歩肪泡茅*抱宝法放
奉房朋*牧奔枚妹枕抹
沫*茉*味明命免茂盲孟*
門夜油侑*拉來*林例怜*
炉和枠或*

9画

▶217〜227ページ

娃*哀按*威胃畏為郁*咽
姻胤*映栄疫怨屋卸音

科珂*架迦*珈*俄*臥*界海
廻*悔恢*皆垣革括活冠
柑*竿*巻看紀軌祈*祇*客
逆虐級糾急峡俠*狭挟
衿*軍奎*係型契勁*計頁*
県限建研彦*孤弧枯胡*
後故侯恒洪郊恆*洸*拷
恰*厚荒皇香紅巷*虹恨
查砂哉*砕昨柵削拶珊*
祉*茨思柿姿施持指室
柘*者*狩首秋臭柊*拾洲*
重柔祝俊洵*盾春叙昭
浄咲茸*城乗食拭侵神
津甚信帥是牲省星政

窃宣茜*浅洗泉穿*染前
専祖送奏草荘相則卽*
俗促胎殆*退耐怠待単
胆段炭茶柱昼挑勅珍
追亭帝訂貞姪*点怒度
逃洞峠独栃突*南祢*派
肺拜*盃*背珀*柏*畑発卑
美飛毘*眉秒品訃侮*赴
負風封柄勉*変便保姥*
胞某冒昴*勃盆昧柾*俣*
迷面籾*耶*約柚*幽勇祐*
宥洋要洛*俐*律柳侶亮*
厘玲*郎

10画

227～237ページ

挨案晏*員院烏*益悦宴
俺翁桜恩蚊峨*家夏華
荷害海*悔*桧*核格株莞*
陥栞*飢起鬼帰氣*記既
姫桔*赳*笈*宮挙峡*恭恐
脅狭*胸矩*倶*訓郡恵桂*
倹倦*兼拳剣軒原個娯
庫悟校航剛晃*晄*降倖*
貢桁候高耕紘*浩*骨根
挫差紗*座唆宰栽剤財
晒*柴*索窄*朔*殺桟蚕残
師恣脂紙砥*時疾射借
酌弱殊酒珠臭*修従袖

祝*殉純准隼*峻*徐書除
恕*将症祥称渉*消乗*秤*
哨*宵笑辱娠陣唇神*晋*
訊*秦*針浸振真眞*粋衰
凄晟*栖*逝隻席脊屑*栓
扇閃*租祖*素荘*倉桑挿
捜造息捉速孫泰帯託
啄*耽*致値恥畜逐秩衷
酎紐*捗朕砧*通逓悌*挺*
釘*庭荻*哲展徒途党套*
胴討唐凍島透倒桐*桃
匿特悩能納馬破俳倍
唄梅配剝莫*畠*班畔般
挽*被疲秘祕*豹*俵病敏

浜浮釜粉紛陛勉娩*哺
畝浦捕圃*俸砲剖紡倣
峰峯*埋脈眠娘冥耗紋
祐*容浴浬*哩*莉*栗*竜留
流旅料凌*涼*倫涙烈恋
連郎*狼*浪朗倭*脇

11画

238～248ページ

悪庵*尉移異萎惟*域逸
陰寅*淫液凰*黄菓貨掛
械涯崖晦*郭殻喝渇勘
陷*乾眼菅*貫患偽亀埼
規基寄菊掬*脚救球毬*
魚虚許教郷強菌菫*惧
偶掘袈*啓渓掲経蛍訣*

圏* 舷 現 絃* 険 健 牽* 捲* 梧*
袴* 康 梗 皐* 控 國* 黒 惚* 頃
婚 痕 紺 混 斎 彩 済 採 砦*
菜 細 祭 崎 笹* 産 斬 惨 梓*
偲* 視 悉* 執 赦 捨 蛇 斜 這*
釈 雀* 寂 授 週 羞 終 渋 從*
習 脩* 淑 粛 宿 術 淳* 惇* 庶
敍* 渚* 渉 章 紹 訟 菖* 將* 祥*
剰 淨* 商 條* 梢* 捷* 笙* 情 常
唱 埴* 紳 晨* 進 深 据 逗* 推
彗* 酔 崇 清 盛 戚 惜 責 接
設 雪 釧* 船 旋 專* 措 粗 組
曹 爽 巣 巢* 曽 掃 窓 族 側
舵* 唾 雫* 梛* 堆 逮 第 帯* 袋

琢* 脱 淡 探 断 窒 紬* 畫* 著
猪* 帳 頂 釣 鳥 眺 張 彫 陳
停 偵 梯* 逞* 笛 転 添 淀* 都
陶 堂 萄* 悼 祷* 動 桶* 兜* 盗
得 豚 貪 捺* 軟 捻 粘 脳 婆
陪 排 梅* 培 敗 舶 販 晩* 絆*
梶* 畢* 票 描 猫 彪* 瓶 敏* 彬*
貧 婦 符 部 冨* 副 閉 偏 菩*
訪 崩 捧* 眸* 逢* 萌* 萠* 望 堀
麻 密 務 猛 椛* 問 野 埜* 訳
唯 悠 郵 庸 翌 欲 萊* 徠* 理
梨 陸 率 略 掠* 隆 笠* 粒 琉*
猟 崚* 涼 菱* 陵 梁* 淋* 累 涙*
羚* 朗* 鹿

12画

248～259ページ

渥* 悪* 握 椅 偉 爲* 逸* 飲 雲
運 瑛* 営 詠 越 援 焰* 堰* 媛
淵* 奥 黄* 温 渦 賀 過 階 絵
凱* 街 堺* 開 覚 渴* 葛 筈* 割
喚 敢 棺 款 換 雁* 間 寒 閑
堪 揮 欺 幾 棋 葵* 稀* 期 貴
喜 喫 給 距 虚* 御 暁 喬* 卿*
堯* 極 琴 欽* 勤 筋 遇 寓* 隅
景 敬 恵* 掲* 軽 戟* 結 圏 検
絢* 堅 喧* 萱* 硯* 減 琥* 湖 雇
項 慌 硬 腔* 皓* 絞 喉 港 黑*
渾* 詐 犀* 裁 最 策 酢 傘 喰*
散 滋 斯* 詞 歯 視* 紫 軸 湿

煮惹*集衆就萩*葺*粥*循
順竣*閏*暑渚*掌晶硝粧
証剰*勝翔*焦湘*象畳場
詔焼植殖尋診森須随
遂税棲*甥*惺*晴婿貰*絶
揃*然善訴疎疏*惣*捜*装
湊*曾*創葬喪痩属粟*測
尊巽*堕惰隊貸替琢*達
棚單*湛*弾短遅智*筑*着
厨*註*貯著*猪*朝超喋*貼
脹*椎痛塚提堤程堵*都*
渡塔搭痘答統董*筒登
道盜*等棟湯童敦*鈍琶*
買廃媒博斑晩番蛮飯

悲備費扉斐*琵*筆評普
富葡*復幅雰焚*塀遍補
募帽棒貿傍報萬*満無
愉喩猶裕雄遊釉*湧揚
葉遥*陽揺落絡嵐痢裡*
硫虜*量椋*琳*塁裂廊禄*
隈*惑湾椀*腕

13画

259～267ページ

愛暗意葦*彙違溢*遠園
煙猿塩鉛圓*奧*溫*禍雅
靴嘩*暇嫁楷慨該塊解
蓋較塙*隔楽褐滑寛感
漢頑勧幹棄毀義暉*詰
嗅鳩*裾業禁勤*禽*僅虞

愚窟群傾携継詣隙傑
絹嫌献遣源碁跨*瑚*鼓
誇鉱滉*傲煌*幌*溝嵯*裟*
蓑*債碎*歳塞罪載催搾
嗣資慈詩飼試蒔*獅*辞
嫉煮*腫酬蒐*愁舜*準詢*
馴*楯*署暑*奨頌*傷詳照
蒸飾触腎慎愼*新稔*寝
睡瑞*嵩*数聖勢靖*誠跡
摂節腺詮践禅煎戦羨
塑楚*僧蒼*裝*想賊続損
楕*詫*碓*滞滝嘆暖痴稚
置馳*蓄椿*腸跳牒*賃艇
禎*鼎*溺鉄蒙*塡電傳*殿

塗働督頓遁*楢*楠*農煤*
漠鉢搬頒煩碑*微楓*福
腹墓蒲*飽蜂豊睦幕夢
盟滅椰*預誉腰瑶*溶傭*
楊*揺*蓉*裸雷酪裏慄溜*
虜稜*稟*零鈴廉煉*蓮*賂
路楼廊*禄*話賄碗*

14画

267～271ページ

斡*維隠蔭*榮*駅演鳶*寡
箇禍*歌榎*樺*嘉*概魁*閣
摑*漢*寛*管関慣僞*綺*疑
旗箕*厩*漁境銀駆熊誤
語酵豪膏*構閤*綱穀酷
獄魂瑳*際榊*察颯*雑算

酸誌磁爾*雌漆實*遮需
壽*竪*種銃嘗*塾署*緒彰
奬*蔣*障摺*裳*盡*槙*槇*賑*
寢*榛*粹*翠*製齊*精静誓
碩*説箋漸銑*銭遡層総
僧*像遭漱*漕*聡*槍*綜*憎
増遜駄態滯*奪團*嘆*端
綻嫡徵蔦*暢*肇*漬槌*禎*
綴*適滴摘銅稲嶋*徳読
認寧頗*箔*閥髪罰碑緋*
鼻漂賓*腐複福*聞碧*蔑
暮慕輔*貌鞄*鳳*蓬*僕墨
膜慢漫蔓*蜜銘鳴綿模
網誘與*瘍踊様遙*辣領

僚綾*緑綠*綸*瑠歴暦練
漣*漏窪*

15画

272～276ページ

鞍*慰遺影鋭閲謁縁緣*
横億課餓價*蝦*駕*稼潰
確樂*潟監歓緩畿儀器
嬉*輝熙*毅*戯槻*誼*窮蕎*
緊駈*駒勲慶稽憬慧*劇
撃潔蕨*儉*権劍*糊*稿廣*
穀*撮賛暫撤*餌賜摯質
趣澁*熟遵醇*潤諄*諸緒*
衝賞蕉*憧樟*縄嘱審震
諏*穂醉*請節*線遷選撰*
潜噌*槽踪層*痩*蔵憎*增*

噂* 諾 誰 誕 談 歎* 彈* 駐 鋳
徵* 嘲 潮 蝶* 調 澄 墜 締 鄭*
敵 徹 撤 稻* 撞* 樋* 踏 導 德*
熱 罵 播* 輩 賠 賣* 箱 箸 髪*
範 盤 磐* 幡* 蕃* 罷 膝 標 廟*
賓 膚 賦 敷 撫* 舞 蕪* 墳 憤
噴 幣 弊 蔽 餅 編 篇* 舗 暴
褒 鋒* 撲 墨* 摩 魅 黙 憂 窯
樣* 養 履 璃 劉* 慮 寮 遼* 諒*
凛* 凜* 輪 黎* 霊 練* 魯* 論

16画

276〜280ページ

緯 謂* 衛 衞* 叡* 謁* 薗* 燕* 横*
憶 穏 諧 骸 壊 懐 獲 樫* 鴨*
憾 還 館 窺* 器* 機 橘* 鋸* 曉*

凝 橋 錦 勳* 薫 憩 激 憲 縣*
賢 険* 諺* 錮 醐* 衡 興 縞* 鋼
墾 錯 諮 錫* 儒 樹 輯* 獣 縦
諸* 壌 嬢 錠 鞘* 燒* 親 薪 錐*
錘* 醒 錆* 静* 整 積 膳 戰* 薦
操 樽* 醍* 黛* 濁 壇 緻 築 諦
薙* 蹄* 鮎* 賭 糖 橙* 頭 燈* 篤
曇 燃 濃 薄 縛 繁 避 奮 壁
縫 膨 謀 頰 磨 麺 默* 薬 輸
諭 融 擁 謡 頼 賴* 蕾* 龍* 燎*
隣 隷 澪* 歷* 曆* 憐* 錬 蕗* 録
錄*

17画

280〜281ページ

曖 應* 臆 霞* 檜* 嚇 轄 環 擬

犠 磯* 戲* 徽* 鞠* 矯 謹 薰* 擊*
謙 檢* 鍵 厳 檎* 講 購 鴻* 壕*
藁* 懇 薩* 擦 燦* 濕* 謝 爵 濡*
縱* 醜 縮 駿* 曙* 礁 鍬* 篠* 償
燭* 穗* 績 纖 禪* 鮮 燥 霜 戴
濯 鍛 檀* 聴 擢* 謄 瞳 謎 鍋
繁* 彌* 瓢* 頻 瞥* 闇 優 輿* 謠*
翼 螺* 覧 療 瞭 齢 嶺* 錬*

18画

281〜283ページ

鵜* 襖* 鎧* 穫 額 顎 簡 観 韓
顔 騎 襟 謹* 藝* 顕 験 繭 鎖
雜* 瞬 醬* 穣* 職 織 雛* 蹟* 繕
蟬* 礎 藏* 騒 贈 叢* 題 簞* 儲*
懲 鎮 鎭* 轉* 櫂* 闘 藤 難 藩

覆 璧 癖 鞭* 翻 磨* 藥* 癒 曜
燿* 濫 藍 鯉* 糧 臨 類 壘* 禮*
鎌

19画 283〜284ページ

韻 艷 蟹* 壞* 懷* 願 麒* 鏡 繰
警 鯨 繫* 鷄 璽 識 櫛* 繡* 蹴
獸* 髓 瀬 瀨* 蘇* 臟 贈* 藻 寵*
徵* 鯛* 顚* 禱* 難* 禰* 覇 爆 曝*
瀕* 譜 簿 鵬* 霧 羅 蘭* 離 類*
麗 簾* 櫓* 瀧* 麓

20画 284〜285ページ

巌* 議 競 響 馨* 懸 嚴* 護 纂*
孃* 鐘 醸 譲 籍 騷* 騰 耀* 欄

21画 285ページ

鰯* 櫻* 鶴 艦 鷄* 顧 轟* 攝* 纏*
鰍* 魔 躍 欄* 露 蠟*

22画 285ページ

鷗* 饗* 驚 驍* 響* 讃* 襲 疊* 穰*
臟* 灘* 鑄* 聽* 覽* 籠

23画 285ページ

鑑 巖* 顯* 驗* 鷲* 纖* 鱒*

24画 285ページ

釀* 讓* 鷹* 麟* 鱗* 鷺*

25画

廳*

29画

鬱

Memo

出生届の書き方と提出の仕方

赤ちゃんが生まれたら、役所に出生届を提出しなければなりません。出生届が受理されると、法律上、子どもが生まれたことが認められ、親の戸籍に記載されます。

用紙の入手先

基本的には出産した病産院でもらえます。病院で用意していない場合や、自宅出産などの場合は、市区町村の役所の戸籍係で入手できます。なお、出生届の右半分は、医師や助産師が記入する出生証明書になっているので、病産院から受け取る場合は、すでに出生証明書に記載され、署名と捺印されている状態です。

提出先

次の4つのうちのいずれかになります。

❶親の住民票がある役所の戸籍係
❷親の本籍地にある役所の戸籍係
❸子どもの出生した地域（病産院など）の役所の戸籍係
❹親のいる場所（勤務地、出張先、旅行中の滞在地）の役所の戸籍係

ただし、出産一時金の申請などは、住民票のある役所でないと手続きできないので、出生届以外の手続きのことも考えれば、住民票のある役所へ届けたほうが手間は省けます。なお、いずれの場合も、戸籍に記載される赤ちゃんの出生地は、「実際に生まれた場所」になります。

提出期限

戸籍法により、誕生した日を含め14日以内に提出しなければならないと定められています。たとえば9月1日の深夜1時に生まれても、23時に生まれても1日目となり、出生届の提出期限は、ともに9月14日になります。ただし、14日目が土・日曜、祝祭日など、役所の休日にあたる場合は、休日明けに提出しても大丈夫です。

出生届を期限内に提出しなかった場合には、遅延として処罰の対象になります（→P440）。

受付時間

役所の営業時間外や土日・祝日でも受け取りは可能で、基本的には24時間、年中無休で受け付けてくれます。

ただし、営業時間外は担当者がいません。そのため守衛の人などが預かり、休み明けに戸籍担当者が審査したのち、提出した日付で受理します。記載内容に不備があると、後日また役所へ行かなくてはなりません。出産一時金の申請や、母

子健康手帳の証明など、出生届以外の細かい手続きも別の日にあらためて行うことになります。

提出する人

出生届の「届出人欄」の署名・捺印は、原則として赤ちゃんの父親または母親になりますが、実際に用紙を窓口に提出するのは、代理人でもかまいません。ただし、担当者に質問されることもあるので、できるだけ親が行くのがベターです。代理人に頼む場合も、記載内容をきちんと理解している人にお願いしましょう。

なお、出生届に署名・捺印する「届出義務者」は、その順位が法律で以下のように決められています。

1位　赤ちゃんの父母
2位　同居人
3位　出産に立ち会った医師、助産師
4位　その他立会人

赤ちゃんが生まれる前に離婚した場合や婚姻届を出していない場合、父親がすでに死亡している場合などは、母親が届出義務者となります（届出人の欄に母親が署名・捺印する）。

提出時に必要なもの

❶出生届、出生証明書

記入済の出生届と、医師の証明がある出生証明書。子ども1人につき1通必要です。双子なら2通、三つ子なら3通必要です。

❷届出人の印鑑

記入ミスがあったときに、訂正箇所に印鑑が必要になります。印鑑登録したものでなくてよいですが、出生届の届出人欄に捺印したものと同じ朱肉タイプの印鑑が必要です。

❸母子健康手帳

母子健康手帳には「出生届証明」がついています。出生届が役所で受理されたことが記入され、捺印を受けます。

❹国民健康保険証（加入者のみ）

その場で、赤ちゃんの名前を書き入れてくれるので、赤ちゃんが病気になったりケガをしたときにすぐに役立ちます。

届出後は戸籍の確認を

戸籍謄本に子どもの名前を登録する際の作業は、役所の人の手作業です。パソコンで入力しているとはいえ、間違って登録されてしまうこともゼロではありません。なかには､読みにくい字で記入したために、勘違いされて違った字で入力されてしまうこともあり得ます。間違った名前の訂正は、戸籍謄本に記載された直後であれば、比較的簡単にできますが、何か月、何年も経過してから訂正する場合は、家庭裁判所で間違いの申請をし、受理されないとできません。

通常は出生届を提出して10日ほどで戸籍謄本に子どもの名前が記載されるので、2週間くらいたったら、念のため戸籍謄本を取り寄せて確認してみるとよいでしょう。

出生届の記入例と注意点

出生届は、医師などが記入する出生証明書と同じA3の1枚の紙になっていて、左側が「出生届」、右側が「出生証明書」になっています。

出生証明書

病産院で出産する場合には、出生証明は医師または助産師が記入。自宅で出産した場合には、母親または立会人が記入する。

生まれた時間

夜の12時は「午前0時」、昼の12時の場合は「午後0時」と表記する。

生まれたところ

病産院出産の場合は病産院の所在地、自宅出産の場合は自宅住所を記入。

体重、身長

医師や助産師が立ち会わない出産で、子どもの計量ができなかった場合には記入しなくてよい。

出産した子どもの数

過去に出産、死産した子どもの数も含めて記入。

証明する人

出産に立ち会った医師、助産師、その他で、この優先順の高い人が記入する。

出生証明書

	子の氏名		男女の別	1 男　2 女
	生まれたとき	令和　年　月　日	午前 午後	時　分
(10)	出生したところ及びその種別	出生したところの種別	1 病院　2 診療所　3 助産所　4 自宅　5 その他	
		出生したところ		番地 番　号
		(出生したところの種別1−3) 施設の名称		
(11)	体重及び身長	体重　グラム	身長	センチメートル
(12)	単胎・多胎の別	1単胎　2多胎（　子中第　子）		
(13)	母の氏名		妊娠週数	満　週　日
(14)	この母の出産した子の数	出生子（この出生子及び出生後死亡した子を含む）		人
		死産児（妊娠満22週以後）		胎
(15)	1 医師　2 助産師　3 その他	上記のとおり証明する。	令和　年　月　日	
		(住所)		番地 番　号
		(氏名)		印

記入上の注意点

- 鉛筆やにじみやすいインクのペンで書かない。
- 子どもの名前は常用漢字、人名用漢字、ひらがな、カタカナなど日本で使用してよい文字で書く。
- 崩した字ではなく、はっきりと読める楷書で書く。
- 各記入欄はきゅうくつなため、いきなり本番で記入すると、書き切れないことも。用紙をコピーしたりして余分に用意しておき、下書きしてから清書を。
- 書き損じてしまい、ほかに用紙がない場合には、間違った部分に二重線を引き、二重線の上に訂正印を押すことで間違い箇所を打ち消す。

出生届

出生届は、子どもの父・母が記入するのが原則。
記入の仕方がわからない場合には、
提出先の役所で教えてくれる。

日付

記入した日ではなく、提出した日を記入。

名前の読み方

漢字の読み方はひらがなで記入。

生まれたところ

赤ちゃんが生まれた病産院などの所在地を記載。

世帯主

住民登録所在地の世帯主の氏名を記入。世帯主が赤ちゃんの祖父の場合は、「続柄」は「子の子」と記入する。

父母の生年月日

昭和や平成などの元号で記入。外国人の場合は西暦で記入。

本籍

本籍地は、本籍の入っている住民票で確認。都道府県から書く。「筆頭者の氏名」は、戸籍の最初に記載されている人の氏名を記入。

父母の職業

国勢調査の年のみ記入。

その他

赤ちゃんの親が戸籍の筆頭者となっていない場合は、新しい戸籍をつくるため、希望する本籍地を記入する。

続き柄

「摘出子」とは婚姻関係による子どもをいい、「摘出でない子」とは婚姻届を提出していない女性から生まれた子どもをいう。また、はじめての子どもなら、「長」、2番目なら「二」、3番目なら「三」と記入。男女のチェックも入れる。

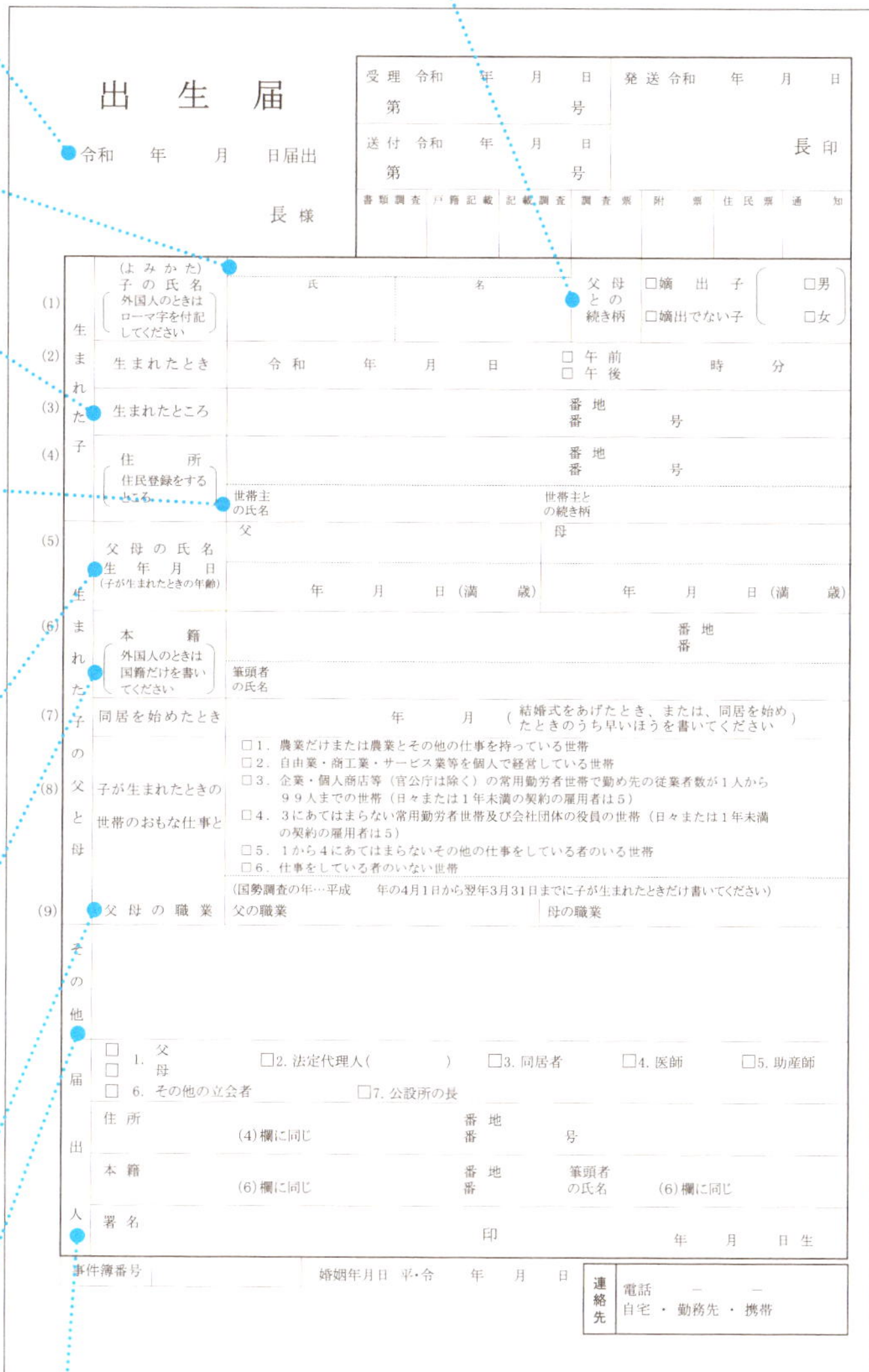

出生届

令和　年　月　日届出

長 様

受理 令和　年　月　日
第　号
送付 令和　年　月　日
第　号
発送 令和　年　月　日
長 印
書類調査 戸籍記載 記載調査 調査票 附票 住民票 通知

(1) 生まれた子	(よみかた) 子の氏名 (外国人のときはローマ字を付記してください)	氏　名	父母との続き柄 □嫡出子 □嫡出でない子 □男 □女
(2)	生まれたとき	令和　年　月　日	□午前 □午後　時　分
(3)	生まれたところ		番地 番　号
(4)	住所 (住民登録をするところ)		番地 番　号
		世帯主の氏名	世帯主との続き柄
(5) 生まれた子の父と母	父母の氏名 生年月日 (子が生まれたときの年齢)	父　年　月　日(満　歳)	母　年　月　日(満　歳)
(6)	本籍 (外国人のときは国籍だけを書いてください)	筆頭者の氏名	番地 番
(7)	同居を始めたとき	年　月	(結婚式をあげたとき、または、同居を始めたときのうち早いほうを書いてください)
(8)	子が生まれたときの世帯のおもな仕事と	□1. 農業だけまたは農業とその他の仕事を持っている世帯 □2. 自由業・商工業・サービス業等を個人で経営している世帯 □3. 企業・個人商店等(官公庁は除く)の常用勤労者世帯で勤め先の従業者数が1人から99人までの世帯(日々または1年未満の契約の雇用者は5) □4. 3にあてはまらない常用勤労者世帯及び会社団体の役員の世帯(日々または1年未満の契約の雇用者は5) □5. 1から4にあてはまらないその他の仕事をしている者のいる世帯 □6. 仕事をしている者のいない世帯	
(9)	父母の職業	(国勢調査の年…平成　年の4月1日から翌年3月31日までに子が生まれたときだけ書いてください) 父の職業	母の職業
その他			
届出人	□1. 父 □母 □2. 法定代理人(　) □3. 同居者 □4. 医師 □5. 助産師 □6. その他の立会者 □7. 公設所の長		
	住所	(4)欄に同じ	番地 番　号
	本籍	(6)欄に同じ　番地 番	筆頭者の氏名 (6)欄に同じ
	署名	印	年　月　日生

事件簿番号　婚姻年月日 平・令　年　月　日

連絡先 電話　―　― 自宅・勤務先・携帯

届出人

役所に実際に提出する人ではなく、「届出義務者」を書く。通常は父親か母親になる(→P437)。

出生届にまつわるQ&A

期限に間に合わないときや、
海外出産の出生届など
について解説します。

Q 出生届を出したあとに間違いに気づいた！

A 出生届を出したあとに、漢字のミスに気づいたとしても、簡単に訂正できません。のちのち家庭裁判所に改名を申し立てることもできますが、その漢字を使うことで著しく生活をおびやかすとか、よほどの理由がないかぎり認められないのです（→P21）。

ただし、旧字を新字に変えるといった変更は容易です。旧字を新字に変更したい場合は、本籍地の役所で「文字更正の申し出」をすれば、新字体に変更できます（新字から旧字への変更は不可）。変更したことは戸籍上に記録として残ります。

なお、名前の読み方は変更可能です。出生届にふりがな欄はありますが、戸籍には読み方の記載はなく、改名とはみなされないからです。よほど非常識な読み方でないかぎり、役所に報告するだけで済ませられます。ただし、簡単に変更できるといっても、読み方をコロコロ変えるようなことは絶対に避けましょう。最初に真剣に考えて名づけをするのが親の務めです。

Q うっかり提出期限を過ぎてしまった！

A 提出期限の14日を過ぎてから届けた場合、役所で「戸籍届出期間経過通知書」に遅れた理由等を記入します。「届出期間経過通知書」は簡易裁判所に通知され、簡易裁判所の判断によっては５万円以下の過料を徴収されることもあります。

災害や事故などの不可抗力により提出できなかった場合は、「届出遅延理由書」を警察や医師に書いてもらって出生届と一緒に提出すれば、過料はとられません。

Q どうしても14日以内に名前が決まらない！

どうしてもという場合には、出生届の「子の氏名」欄を空欄にしたまま出生届を提出できます。そして名前が決まりしだい早急に「追完届」を提出して手続きをすれば、過料はとられません。

しかし、この場合、あとから名前を加えた記録が戸籍上に残るため、将来、子どもが戸籍を見たときの気持ちを考えると、あまりおすすめはできません。よほどのことがないかぎり、提出期限は守りましょう。

Q 日本国籍のない外国人が日本で出産した場合は？

A 外国人が日本国内で出産した場合は、所在地の役所の戸籍係に出生届を提出しなければなりません。

また、日本に長く滞在するなら外国人登録をしないと、定期検診や予防接種など、赤ちゃんの児童福祉に関係する諸サービスを受けられなくなる可能性があります。

Q 双子や三つ子の出生届はどう書くの？

A 出生届には赤ちゃんの名前の記入欄はひとつしかないので、1人の赤ちゃんに対し、1通ずつ出生届を提出します。双子なら2枚、三つ子なら3枚提出することになります。

Q シングルマザーの場合はどう書くの？

A 婚姻届を出していない状態で子どもが生まれた場合は、出生届の「父母との続き柄」欄の「嫡出子でない子」にチェックを入れます。父親が子どもを認知している場合は「父母の氏名」欄に父親の名前を記入し、認知していない場合は母親の名前だけ書きます。認知の有無に関わらず、子どもは母親の戸籍に入り、母親の姓を名乗ることになります。親権も母親にあります。

なお、認知届を提出すれば、子の戸籍に父親の名前が記載され、父親の戸籍にも子の名前が記載されます。

Q 海外で出産した場合は？

A その国にある日本大使館や領事館で用紙をもらい、出生証明書は、出産した病産院で発行してもらいます。これらを3か月以内に日本の戸籍に入るように提出します。届出先は、大使館か領事館、あるいは夫婦の本籍地の役所です（郵送可）。

なお、父親か母親が日本国籍なら、子どもも日本国籍を取得でき、アメリカなどのように、その国で生まれた者のすべてに国籍を与える国（出生地主義という）で出産した場合は、日本と出生地の両方の国籍を持つことになります（二重国籍。22歳までにいずれかの国籍を選択）。ただし、二重国籍の場合、出生届と同時に、国籍留保の意思表示をしないと、のちのち日本国籍が取得できなくなる可能性があるので注意が必要。出生届の「その他」欄に、「日本の国籍を留保する」と記入し、署名・捺印することで、国籍留保が可能になります。

いずれにしても海外での手続きは煩雑だったり、時間がかかったりします。あらかじめ現地の大使館などに手続き内容を確認し、早めに済ませましょう。

命名書の書き方

生後7日目に行われるお七夜で、「命名書」を飾って、親類などに子どもの名前をお披露目する習慣があります。ここでは「命名書」の書き方や飾り方を紹介します。

命名書とは

出生届は生後14日以内に出せばよいのですが、生後7日目の夜に行われる「お七夜」の席で、名前を発表するという習慣もあります。

お七夜は、赤ちゃんのすこやかな成長を願うとともに、赤ちゃんの名前を書いた「命名書」を神棚などに飾って親類一同にお披露目し、赤ちゃんが正式に社会の一員になることを認めてもらう儀式です。昔は、赤ちゃんの死亡率が高かったこともあり、生後6日目までは赤ちゃんは「神の子」とされ、7日目でようやく人間の子として認められる、という考え方があったからです。

現代のお七夜は、昔のようにたくさんの人を呼ばず、退院祝いも兼ねて、パパとママのふたり、あるいはそれぞれの親などを招いて内々でお祝いするのが一般的です。

お七夜も命名書も、あくまでも習慣として行われているだけで、必ずしも必要なわけではありません。それでも、わが子の誕生の記念として、祝宴の規模はともかく、何かしらお祝いをし、命名書を飾るというケースは多いようです。

飾る場所と時期

命名書は神棚か床の間に飾るのが正式です。神棚も床の間もない場合は、ベビーベッドの横や、赤ちゃんが寝ている部屋などに飾ります。

飾る時期は、習慣に従えば7日目の夜からです。しかし、その時期に名前が決まっていなければ、7日目以降でもかまいません。

命名書を下げる時期もとくに決まりはありませんが、一般的には生後1か月の「お宮参り」の時期までに下げることが多いようです。下げた命名書は、記念として大切に保管しておき、わが子が大きくなったときに見せてあげるのもいいと思います。

命名書は奉書紙（ほうしょがみ）や半紙に筆で書くのが正式ですが、最近はさまざまスタイルのものがあり、色紙に書くタイプや写真を挟めるタイプのもの、キャラクターものなども販売されています。業者に依頼して、オリジナリティのあるかわいい命名書をつくってもらうケースも増えています。形式にとらわれず、好みのものを選びましょう。

命名書の書き方のポイント

命名書は奉書紙に筆で書くのが正式ですが、半紙や色紙に書いたり、
さまざまなデザインの専用の命名書に書くスタイルもあります。

正式

奉書紙に筆で手書きするのが正式。
筆で上手に書けない場合は、専門の業者に頼んだり、
パソコンの毛筆体を利用して作成するケースも増えている。
奉書紙は文房具店で20円程度で購入できる。

書き方

❶奉書紙を横に二つ折りにし、折り目を下にして、さらに縦に3等分に折り、左右から折りたためるようする。
❷折り目を下にして、三つ折りの中央の1/3スペースのなかで、中央に赤ちゃんの名前、その右側に父親の名前と続柄、左に生年月日を書く。
❸三つ折りの左側1/3スペースのなかに、命名年月日と両親（または名づけ親）の名前を書く。
❹左右を折って三つ折にし、上になる面に「命名」と書く。

裏

山崎健太郎　長男
大輝（だいき）
令和〇年七月十五日誕生

令和〇年七月二十一日
山崎健太郎
直美

表

命名

略式

半紙や色紙、さまざまなデザインの専用の命名書に書くスタイル。
文字の記入も含め、業者に依頼するケースも増えている。

書き方

❶半紙や色紙の中央に赤ちゃんの名前を書き、その上に名前より小さい字で「命名」と書く。
❷左側に赤ちゃんの生年月日を書く。生年月日を右側に書くケースもある。

命名
大輝（だいき）
令和〇年七月十五日誕生

書き込み式

名前チェックシート

候補の名前はこの表に記入して、書きやすさ、読みやすさ、文字のバランス、姓名判断の結果など、さまざまな角度からチェックしましょう。一覧にしておけば、それぞれの名前を比較して、よりよい名前を選べます。名前の候補をたくさん書き込みたいときは、コピーしてお使いください。

	例	
姓名（読み・画数）	今（いま・4）井（い・4）遥（はる・12）斗（と・4）	
書きやすさ	○	
読みやすさ	○	
漢字の意味	○	
文字のバランス	○	
性別のわかりやすさ	○	
聞き取りやすさ	○	
説明のしやすさ	○	
パソコン変換のしやすさ	○	
愛称	はる	
ローマ字表記（イニシャル）	IMAI HARUTO（I.H）	
姓名判断 天格	8 ○	
姓名判断 人格	16 ◎	
姓名判断 地格	16 ◎	
姓名判断 外格	8 ○	
姓名判断 総格	24 ◎	
メモ		

チェックシートの使い方

- 書きやすさ、読みやすさ、文字のバランスなどは○△×で記入します。Part1の「名づけで気をつけたい10のポイント」（→P22〜28）も参考に、客観的な視点でチェックしましょう。
- ローマ字表記は29ページで確認してください。
- 姓名判断については、Part5（P329〜400）を参照してください。
- メモ欄は、パパ・ママのお気に入り度や、そのほかの漢字の候補、気になることなど、自由にお使いください。

総格	外格	地格	人格	天格	総格	外格	地格	人格	天格	総格	外格	地格	人格	天格	総格	外格	地格	人格	天格	総格	外格	地格	人格	天格

姓名（読み・画数）				
書きやすさ				
読みやすさ				
漢字の意味				
文字のバランス				
性別のわかりやすさ				
聞き取りやすさ				
説明のしやすさ				
パソコン変換のしやすさ				
愛称				
ローマ字表記（イニシャル）				
姓名判断	総格 外格 地格 人格 天格	総格 外格 地格 人格 天格	総格 外格 地格 人格 天格	総格 外格 地格 人格 天格
メモ				

総格	外格	地格	人格	天格	総格	外格	地格	人格	天格	総格	外格	地格	人格	天格	総格	外格	地格	人格	天格	総格	外格	地格	人格	天格

●監修者紹介

東伯 聰賢

［とうはく あきます］

1958年生まれ。日本大学法学部卒業後、金融機関に勤務。人間の本質とは、人生とはの答えを求め、占いの門をたたく。今雲珠寶（こん・じゅほう）氏に師事し、独立。姓名判断に易占、手相、九星気学、方位などを組み合わせた独自の東洋占い術で20年のキャリアを有す。東京の巣鴨や日本橋を拠点に鑑定中。監修書に『赤ちゃんのハッピー名前事典』『女の子のハッピー名前事典』『男の子名前事典』『女の子名前事典』（すべて西東社刊）がある。

連絡先：090-3819-7353

E-mail：touhaku@ezweb.ne.jp

●デザイン――mill design studio（原 てるみ、坂本真理、岩田葉子、星野愛弓）
●DTP――明昌堂
●カバーイラスト―東 ちなつ
●本文イラスト――松田 学　ワタナベカズコ　仲西 太
●編集協力――三浦真紀　中谷 晃　みずのひろ　目黒智子　渡辺桃子　清水 香
●Webコンテンツ
制作協力――いいな（iiner.com）

男の子のハッピー名前事典

●監修者――東伯 聰賢
●発行者――若松 和紀
●発行所――株式会社西東社
〒113-0034 東京都文京区湯島 2-3-13
電話　03-5800-3120（代）
URL：https://www.seitosha.co.jp/

ISBN978-4-7916-1870-5